OEUVRES

DE

JACQUES DELILLE.

IMPRIMÉ PAR LES PRESSES MÉCANIQUES DE BÉTHUNE ET PLON.

DE

J. DELILLE,

AVEC LES NOTES

DE DELILLE, CHOISEUL-GOUFFIER,
PARSEVAL-GRANDMAISON, FÉLETZ, DESCURET,
AIMÉ-MARTIN, ETC.

TOME DEUXIÈME.

A PARIS,
CHEZ LEFÈVRE, ÉDITEUR,
RUE DE L'ÉPERON, 6.

1844.

LES TROIS RÈGNES,

POEME

EN HUIT CHANTS.

DISCOURS PRÉLIMINAIRE.

Ce poëme ne peut se disculper d'appartenir au genre descriptif. Les inconvénients et les avantages de ce genre d'ouvrages sont encore un objet de contestation entre les critiques et les auteurs. C'est faute de s'entendre que cette discussion dure encore. Décrire pour décrire, est une sottise; mais décrire pour rendre plus sensibles les procédés des arts et les phénomènes de la nature physique ou morale, est non-seulement permis, mais nécessaire; et ce qui est nécessaire est toujours irrépréhensible. On veut ne trouver d'intérêt que dans les actions épiques ou dramatiques; mais il est des lecteurs plus raisonnables, qu'on peut intéresser par des scènes plus calmes et des impressions moins vives. Comme je l'ai remarqué ailleurs, il y a dans tout ouvrage de poésie deux sortes d'intérêt: celui du sujet, et celui de la composition.

Je me suis aperçu trop tard que ma nouvelle entreprise était bien au-dessus de mes forces. Comment trouvez-vous mon langage? disait un étranger à un citoyen d'Athènes. Pour un Thessalien, vous ne parlez pas mal, lui répondit l'Athénien. Étranger moi-même à l'empire des sciences, voilà le seul genre d'éloges que j'ambitionne et que j'espère.

J'ai cru devoir hasarder ici quelques réflexions sur le sujet de cet ouvrage, et sur ceux qui l'ont traité avant moi, soit en prose, soit en vers.

Je me suis plaint plus d'une fois que quelques-uns des plus grands poëtes de l'antiquité aient négligé de nous faire connaître les lieux et les gouvernements où ils vivaient; le plus ou moins de bonheur dont ils ont joui, le dessein et la première conception de leurs ouvrages.

Virgile n'a pas toujours été coupable de ces omissions. Dans l'éloge charmant qu'il fait de la vie champêtre, au second livre de ses Géorgiques, il exprime ouvertement la jalousie que lui cause le bonheur qu'a eu Lucrèce de chanter le premier la Nature, sujet plus philosophique et plus fécond que celui des Géorgiques. Pour faire connaître imparfaitement ses regrets à ceux qui ne peuvent les lire dans la langue latine, je citerai ici quelques vers de la traduction que j'ai faite de ce passage, et qu'on retrouvera dans le premier livre de ce poëme :

> O vous à qui j'offris mes premiers sacrifices,
> Muses, soyez toujours mes plus chères délices!
> Dites-moi quelle cause éclipse dans leur cours
> Le clair flambeau des nuits, l'astre pompeux des jours;
> Pourquoi la terre tremble, et pourquoi la mer gronde;
> Quel pouvoir fait enfler, fait décroître son onde;
> Comment de nos soleils l'inégale clarté
> S'abrége dans l'hiver, se prolonge en été;
> Comment roulent les cieux, et quel puissant génie
> Des sphères, dans leur cours, entretient l'harmonie.
> Mais si mon sang trop froid m'interdit ces travaux,
> Eh bien! vertes forêts, prés fleuris, clairs ruisseaux,
> J'irai, je goûterai votre douceur secrète.
> Adieu, gloire, projets. O coteaux du Taygète,
> Par les vierges de Sparte en cadence foulés,
> Oh! qui me portera dans vos bois reculés!
> Où sont, ô Sperchius, tes fortunés rivages!
> Laissez-moi de Tempé parcourir les bocages!
> Et vous, vallons d'Hémus, vallons sombres et frais,
> Couvrez-moi tout entier de vos rameaux épais.

Dans les vers suivants, Virgile continue d'exprimer son admiration pour le poëte qui a osé remonter aux principes des choses, et détrôner la superstition :

> Heureux le sage instruit des lois de la nature,
> Qui du vaste univers embrasse la structure,
> Qui dompte et foule aux pieds d'importunes erreurs,

Le sort inexorable et les folles terreurs ;
Qui regarde en pitié les fables du Ténare,
Et s'endort au vain bruit de l'Achéron avare !

Mais ce qu'il y a de remarquable, c'est que le chantre du pieux Énée, après avoir félicité Lucrèce de son audace philosophique, reprend son caractère religieux, et se plaît à rentrer sous les douces lois

Et du dieu des troupeaux, et des nymphes des bois.

C'est ici le lieu d'exprimer ce qui a décidé le caractère et les principes du poëme de Lucrèce, et à quelles causes on doit attribuer ses beautés et ses défauts. La première est sans doute le peu de progrès qu'avait fait, dans le siècle de Lucrèce, l'histoire naturelle. Sénèque et Pline, qui écrivirent long-temps après lui, prouvent l'indigence des connaissances physiques de leur siècle. Il faut avouer aussi que si l'humanité a eu des plaintes à faire contre les Romains, les sciences n'ont pas moins à s'en plaindre. Si les consuls, les proconsuls, les préteurs, les questeurs, et tous ces magistrats despotes que Rome envoyait dans les diverses parties du monde, avaient employé leurs moyens à faire des recherches et des collections de tout ce qu'offraient de plus curieux et de plus intéressant en histoire naturelle les provinces soumises à leur administration ; si, lorsqu'ils envoyaient à Rome cette quantité innombrable de tigres, de lions, et d'autres animaux qui, comme l'atteste une lettre très curieuse de Cicéron, périssaient quelquefois, en un jour, dans l'horrible boucherie de leurs cirques ensanglantés ; si, dis-je, jusqu'au moment où tous ces animaux étaient sacrifiés à l'amusement du peuple-roi, on eût étudié leurs habitudes et leurs mœurs ; ces mœurs et ces habitudes, toutes contraintes et tout effacées qu'elles étaient par l'ennui de leur longue captivité, auraient donné, sur le règne animal, des connaissances sans nombre, et le monde entier aurait appartenu aux naturalistes romains. Mais tant de dépenses, la mort de tant d'animaux, étaient perdues pour les connaissances humaines. Le magistrat avait fait sa cour au peuple ; le sang avait coulé ; ce spectacle avait accoutumé le cœur et les yeux aux scènes de carnage : c'était assez pour Rome.

Malgré cette ignorance, si Lucrèce avait tenu les promesses de son titre, il aurait pu nous laisser un poëme très curieux et très intéressant. Les arts et les sciences avaient déjà fait à Rome d'assez grands progrès : déjà les matières minérales, végétales, et animales, étaient employées avec succès dans leurs ateliers et leurs manufactures; déjà la terre offrait partout l'empreinte de l'action continuelle de l'air, de l'eau, et du feu. Leur navigation, toute timide et tout ignorante qu'elle était, ne leur avait pas laissé méconnaître les grands effets des vents, des trombes, et des tempêtes. Si, au lieu de perdre son temps à composer son absurde univers du concours fortuit des atomes, à peindre leurs chutes perpendiculaires et le hasard de leurs déviations en tous sens, il eût exprimé ce qu'on savait alors de positif, nous aurions aujourd'hui le plaisir, en le lisant, de comparer la pauvreté des connaissances anciennes avec la richesse des découvertes modernes, la philosophie romaine avec la philosophie grecque, et les Romains avec les Français. Voilà pour le poëte naturaliste. Le poëte moraliste a été influencé par des causes plus remarquables encore. L'époque à laquelle Lucrèce écrivit son poëme en décida le caractère et les principes : Rome alors avait perdu ses anciennes vertus; depuis long-temps les citoyens avaient quitté le soc pour l'épée, le char des moissons pour celui de la victoire, leur Jupiter de bois pour un Jupiter d'or, et leurs maisons rustiques pour des palais superbes. Une horrible émulation de richesses et de luxe s'était emparée des premiers hommes de l'État; dans la même place où se vendaient autrefois les bestiaux, se marchandaient publiquement les consulats et les prétures. La guerre civile, en rompant tous les liens de la société, et même de la parenté, avait produit en foule des crimes exécrables; des clients avaient égorgé leurs patrons, des enfants leurs pères; un énorme poids de vices et de forfaits pesait sur toutes les consciences. A cette époque, un poëte qui venait, sur les pas d'Épicure, annoncer aux Romains l'indifférence des dieux pour les choses humaines, recommander la jouissance du présent, traiter de fable un avenir vengeur, enfin rompre les derniers liens qui retenaient encore le vice craintif et l'ignorance timorée, devait, escorté des passions pleinement affranchies, arriver rapidement à la faveur publique, et se faire lire avec plaisir par une génération avide de crimes et d'impunité.

Cependant, une chose digne de remarque, c'est que Lucrèce n'a pas osé attaquer le fond de la religion romaine; il aurait bien voulu éteindre le tonnerre de Jupiter, briser la lance de Pallas, arracher à Neptune son trident, sa ceinture à Vénus, à l'Amour son carquois, et leurs fouets aux Furies; il s'est contenté de combattre l'existence des Scylles, des Centaures, de la Chimère, et de tous ces êtres fantastiques, enfants de la superstition et de la poésie. Son exorde même commence par une invocation à Vénus, qu'il supplie d'obtenir de Mars la pacification du monde.

Essayons maintenant d'apprécier les beautés et les défauts de Lucrèce. Considéré comme poëte, on ne peut lui refuser un degré de force, d'abondance et d'originalité remarquable, qu'on peut attribuer en partie à l'énergie brute et sauvage de la poésie naissante des Romains, indépendante encore du joug capricieux de l'usage, et de la délicatesse d'un goût trop raffiné. Si l'on pouvait définir par des comparaisons, je trouverais l'image de cette poésie riche et vigoureuse, mais souvent âpre et incorrecte, dans ce lion que Milton nous représente, dans son sublime tableau de la création, moitié formé, moitié informe, d'un côté se débattant contre la terre, qui le retient encore; de l'autre, présentant déja au grand jour ses yeux pleins de feu, et le visage auguste du roi des animaux. Enfin les beautés de Lucrèce appartiennent à son génie, et une grande partie de ses défauts à sa langue, fort supérieure à celle d'Ennius, mais fort inférieure à celle de Virgile. On chercherait en vain, dans les vers de Lucrèce, cette finesse de goût, ce beau choix d'expressions et d'images, cette continuité d'élégance, cette harmonie imitative qui peint par les sons, surtout cette aimable sensibilité que l'auteur des *Géorgiques* a répandue dans toutes ses compositions. La nature, toujours avare pour notre curiosité, et toujours prodigue pour nos besoins, semble avoir traité ces deux poëtes avec une partialité providentielle : elle n'a donné au poëte spéculatif qu'une partie du talent poétique; elle l'a donné tout entier au poëte agriculteur.

C'est surtout dans les épisodes que Virgile me paraît l'emporter de beaucoup sur Lucrèce ; on s'en convaincra, en comparant la description qu'ils ont faite tous deux de la peste. On ne trouve guère, dans le tableau qu'en a fait Lucrèce, que des symptômes dégoûtants de cet horrible fléau ; cependant son sujet lui donnait un grand avantage : dans sa description, ce sont les hommes qui périssent; dans celle de Virgile, ce sont les animaux. Mais combien le poëte de Mantoue a su nous les rendre intéressants, tantôt par des oppositions heureuses, tantôt par un choix de circonstances et de détails touchants et presque pathétiques! S'il fait périr l'agneau, c'est au milieu d'une pâture abondante; le chien, naturellement caressant, meurt dans des accès de rage; le coursier superbe oublie l'amour de la gloire, les champs de bataille, et les palmes olympiques; le taureau, plus intéressant encore, regrette le compagnon de ses travaux, qui tombe près de lui dans le sillon qu'il vient de creuser; ce n'est point un camarade qu'il pleure, c'est un frère,

 Mœrentem..... fraterna morte juvencum.

Pour donner plus d'intérêt à ce poëme philosophique, et par conséquent d'un genre un peu froid, j'y ai moi-même introduit quelques épisodes, la plupart historiques. J'ai quelquefois préféré ce dernier genre, parce qu'il réunit l'attrait de la vérité et le charme de la fiction. L'art de traiter un sujet n'est que l'art d'en sortir sans s'en éloigner; on en trouve l'image dans la navigation ancienne, qui se tenait toujours à portée de la terre et à la vue des côtes.

Qu'on me permette, sur cette sorte d'ornement, quelques idées assez nouvelles. Ce qui n'est pas nouveau, c'est que les épisodes doivent être liés adroitement au sujet principal. Virgile nous offre plus d'un modèle de ce genre. On a surtout justement admiré l'épisode le plus long et le plus remarquable du IV⁰ livre des *Géorgiques*. Il y a loin des abeilles à la mort d'Eurydice, et à la descente d'Orphée aux enfers ; mais le berger Aristée a perdu ses essaims ; il va consulter Protée. Ce demi-dieu lui apprend que cette perte est une punition de la mort d'Eurydice, causée par ce berger ; il lui raconte les regrets qui l'ont suivie, la descente de son époux dans le royaume de Pluton, où il va chercher son épouse,

> Et, la lyre à la main, redemander sa vie
> Au gendre de Cérès.
>
> J.-B. ROUSSEAU.

Ainsi, dans le chant sur les abeilles, l'épisode est lié au sujet par le sujet lui-même. Non-seulement il faut que les épisodes soient liés au fond du poëme, il faut encore que, dans ces ornements accessoires, l'objet principal soit ressenti et reparaisse par intervalles. Ainsi Virgile, dans le premier chant des *Géorgiques*, raconte les prodiges qui présagèrent la mort de César, et les batailles sanglantes de Pharsale et de Philippes, qui suivirent cette mort. Voilà le poëte bien loin des occupations paisibles de la campagne ; mais le sage et judicieux Virgile, par un art admirable, sait faire reparaître le laboureur sur ces mêmes champs de bataille. Un jour, dit-il,

> Un jour le laboureur, dans ces mêmes sillons
> Où dorment les débris de tant de bataillons,
> Heurtant avec le soc leur antique dépouille,
> Trouvera, plein d'effroi, des dards rongés de rouille ;
> Entendra retentir les casques des héros,
> De leurs tombeaux rouverts exhumera leurs os,
> Et dans ces grands débris, monuments du carnage,
> Mesurera de l'œil les Romains du vieil âge.

Cependant cette règle ne doit point être prise à la rigueur ; et s'il est nécessaire que les épisodes se rattachent au dessein général de l'ouvrage, il ne l'est pas que l'idée principale de chaque épisode soit en rapport immédiat avec le fond du sujet ; au contraire, plus ces ornements accessoires lui sont étrangers, plus ils jettent dans la composition et de nouveauté et de variété, premiers charmes de tous les ouvrages d'imagination. Qu'on me pardonne d'en offrir un exemple tiré de ce poëme. Lorsque, dans le chant des végétaux, je peins Colomb après une longue navigation, entouré de son équipage révolté, attaché au grand mât de son vaisseau, menacé par les poignards et les regards farouches des rebelles, mais tout-à-coup averti, par une odeur végétale, que la terre n'est pas loin; alors reprenant courage, l'inspirant à ses compagnons, et leur promettant, d'un air prophétique, la fin prochaine de leurs malheurs; abordant enfin, et félicité sur le rivage par ceux dont les poignards venaient de menacer sa vie : l'imagination, transportée tout-à-coup, des scènes riantes et paisibles de la végétation, sur un vaisseau assiégé par la tempête, en proie à toutes les horreurs de la révolte, de la contagion et de la faim, est plus vivement frappée par ce contraste, qu'elle n'aurait pu l'être par des images moins étrangères au sujet; et si le récit paraît d'abord s'éloigner de l'intention principale par la peinture des dangers qui menacent un grand homme, la fin de cet épisode se rattache naturellement aux végétaux par la guirlande de fleurs dont son équipage, heureusement abordé, couronne son habile prévoyance et sa persévérante intrépidité.

Cependant il ne faut pas croire que de longs épisodes soient toujours nécessaires aux poëmes didactiques ou philosophiques; plusieurs poëtes, tels que Pope, dans l'*Essai sur la Critique* et l'*Essai sur l'Homme*, Horace et Boileau, dans l'*Art poétique*, s'en sont dispensés : mais alors l'auteur doit dédommager le lecteur de cette privation, par quelques idées d'un genre plus intéressant, embellies de couleurs plus brillantes, et qui, se détachant du fond du tableau, s'y montrent en relief. Virgile nous donne encore ici le meilleur des préceptes, celui de l'exemple. Après une longue énumération d'arbres peu distingués par la beauté de leur port et de leurs formes, le détail des soins qu'exige leur culture, il arrive au chêne, le plus majestueux de tous; il le peint dans toute la force de sa végétation, plongeant dans la terre ses racines profondes, étendant de tous côtés ses branches vigoureuses, dominant au loin les champs par sa hauteur, les embrassant par l'immensité de son ombre; et son vieux tronc, par sa durée séculaire, insultant à la fragilité des générations humaines : voilà ce que l'on peut appeler un court épisode, dont le lecteur est d'autant plus frappé, que dans un sujet ingrat il n'avait pas le droit de s'attendre à ce magnifique tableau.

Après avoir apprécié Lucrèce et Virgile, il est temps d'arriver à nos propres richesses. Ce que Lucrèce a fait en vers pour les Romains, M. de Buffon l'a fait en prose pour les Français. S'il m'était permis d'exprimer mon opinion sur le style de ce grand homme, j'avouerais franchement que de tous ses ouvrages celui dont la diction m'a paru la plus convenable au sujet, c'est son traité sur les minéraux. Là tout est juste, clair, précis; noble sans emphase, riche sans profusion : point d'images ambitieuses, d'ornements superflus; rien qui dépasse le sujet. M. de Buffon connaissait les minéraux par les yeux de l'expérience; mais il a écrit sur les animaux avec l'intérêt qu'inspirent leurs caractères, leurs graces, leurs beautés, les rapports qu'ils ont avec nous, et les services qu'ils nous rendent. De là la pompe du style, les idées exaltées, cette diction brillante et poétique, qui, après avoir fait la fortune de son ouvrage, sont devenues, pour beaucoup de lecteurs, un sujet de reproche. En effet, la prose poétique a l'inconvénient de n'avoir point un caractère décidé : d'un côté, elle n'a pas les tournures rapides, les mouvements impétueux, les expressions audacieusement figurées de la poésie; de l'autre, elle perd en grande partie la clarté, la justesse et la simplicité, qui conviennent à la prose. Toute chose, comme toute personne, doit conserver son caractère : deux natures différentes réunies dans les Centaures n'en ont fait que des monstres. Les animaux qui appartiennent à deux éléments n'appartiennent à aucun. Le mot amphibie est même devenu une injure dans le style figuré; et je crois entendre dire à la prose poétique comme à la chauve-souris, dans La Fontaine :

Je suis oiseau, voyez mes ailes.

Cependant, malgré ces observations, Buffon, Fénelon, et quelques écrivains plus modernes, ont fait un grand honneur à ce genre mitoyen, et méritent une honorable exception. M. de Buffon surtout, ayant à peindre les merveilles de la nature, était plus autorisé à déployer, dans son ouvrage, toute la pompe de son style et toute la richesse de son imagination ; et comment n'en savoir pas gré à celui qui, par la magie de son langage, a donné à son siècle une impulsion si puissante ?

Lorsque les anciens entraient dans le Panthéon, ils passaient légèrement entre deux haies de divinités subalternes ; mais lorsqu'ils arrivaient à la statue colossale de Jupiter, ils s'inclinaient avec respect devant le maître et le moteur du monde : telle est mon adoration pour M. de Buffon. J'oublie, en le lisant, l'observateur paresseux ou inattentif, les erreurs qu'on lui reproche, et même l'audace et la bizarrerie de quelques-uns de ses systèmes, pour ne m'occuper que de ce génie puissant qui a répandu dans le monde entier le goût de l'histoire naturelle, a tiré les observateurs citadins de l'ombre de leurs cabinets, de la mollesse des villes, les a fait gravir les montagnes, s'enfoncer dans les bois, plonger dans les cavernes, franchir les précipices, et s'asseoir au bord des volcans. En un mot, on pourrait appliquer à M. de Buffon, sous le rapport de son influence sur l'étude de l'histoire naturelle, ce que Virgile a dit de l'influence de l'air sur la terre, dans sa description du printemps :

> Le dieu de l'air descend dans son sein amoureux,
> Lui verse ses trésors, lui darde tous ses feux,
> Remplit ce vaste corps de son ame puissante :
> Le monde se ranime, et la nature enfante.

Cependant j'avoue avec honte que M. de Buffon est celui de tous les naturalistes à qui j'ai pris le plus petit nombre d'idées, parce que les vols faits aux gens riches sont les plus aisément reconnus et les plus sévèrement punis par la police littéraire. Plusieurs naturalistes, dont les travaux ont eu moins d'éclat et quelquefois plus d'utilité, m'ont été d'un grand secours, particulièrement M. Valmont de Bomare, également recommandable par ses vertus et par ses connaissances.

De tout temps, les poëtes philosophes ont eu le droit d'emprunter aux sciences les matériaux qu'ils mettent en œuvre.

Rem tibi Socraticæ poterunt ostendere chartæ.

En cela même, les sciences peuvent avoir quelques obligations à la poésie. Le moins populaire de tous les langages a seul le droit de populariser ce qu'il y a dans le monde de plus brillant et de plus utile; c'est à lui que doivent avoir recours les belles actions, les procédés des arts, les phénomènes de la nature physique et morale. On sait d'ailleurs quelle distance il y a du fond des idées aux formes brillantes, et à l'intérêt que sait leur donner la poésie. La Bruyère est souvent meilleur observateur que Boileau; mais celui-ci a écrit en vers, et ses vers sont devenus *proverbes en naissant*. Les préceptes, d'ailleurs si justes et si sages, d'Aristote sont, à force d'élégance et d'esprit, presque méconnaissables dans l'*Art poétique* d'Horace et de Despréaux; et les auteurs du *Système de l'Optimisme* ne vivent plus que dans l'admirable *Essai sur l'Homme* de Pope, et dans les ridicules que leur a donnés le *Candide* de Voltaire.

On conçoit aisément que j'ai été plus d'une fois effrayé de la difficulté et de l'immensité de cette entreprise; et je me plais à payer ici un juste tribut de reconnaissance au savant distingué [1] à qui je dois le projet de ce poëme et le courage de l'exécuter. Il m'avait entendu lire la description d'un cabinet d'histoire naturelle, qui termine le troisième chant des *Géorgiques françaises*. Après m'avoir assuré qu'il n'avait trouvé aucune erreur dans cette description, il m'invita à faire un grand tableau de cette esquisse, en chantant les quatre éléments et les trois règnes de la nature. Je lui représentai que le sujet, ainsi envisagé, pourrait paraître manquer d'unité : il me répondit que les quatre éléments étant combinés dans les trois règnes, ces

[1] M. Darcet (Jean), médecin et chimiste distingué, né en 1725, mort en 1801, membre de l'Institut et du Sénat conservateur.

deux parties de l'ouvrage n'avaient rien d'incohérent, et pouvaient composer un tout régulier. Je cédai à ses observations et à ses instances; mais, en supposant que cet ouvrage obtienne quelque succès, il manquera toujours à mon plaisir d'en offrir l'hommage au savant vertueux dont il ne reste plus qu'un nom cher aux sciences qu'il a enrichies, et à l'amitié qui le pleure.

LES TROIS RÈGNES.

CHANT PREMIER.

LA LUMIÈRE ET LE FEU.

Apparition du génie de la nature, qui ordonne au poëte de le chanter; le poëte obéit, et commence par la lumière. Invocation à Apollon. Éloge de l'astronome Delambre. De la décomposition des rayons solaires dans le prisme de Newton. Les différents effets de la lumière, qui donne à la nature ses couleurs variées. Phénomènes de la lumière sous le pôle glacé. L'Aurore boréale s'adresse à Jupiter pour obtenir les mêmes honneurs que sa sœur. Jupiter est sensible à sa prière, et l'Aurore boréale, célébrée par le génie de Mairan, a recouvré ses droits. Théorie du feu; les effets qu'il produit entre les mains de la nature. Utilité du feu dans les arts; avantages que l'homme en retire. Le feu considéré dans les scènes terribles de la nature; la foudre et le tonnerre; l'électricité; les volcans. Effets du feu dans l'explosion de la poudre et de l'artillerie. Le feu considéré dans le sein de nos foyers. Tableau du coin du feu pendant l'hiver.

Un jour, pour la campagne abandonnant la ville,
Dans un beau paysage en spectacles fertile
J'avais erré long-temps, j'avais gravi les monts,
Visité les coteaux, parcouru les vallons,
Prolongé dans les bois ma libre promenade,
Traversé le torrent, écouté la cascade,
Suivi des frais ruisseaux le cours capricieux,
Étudié la terre, interrogé les cieux.
Le soir, ayant fini ma course vagabonde,
Plein des tableaux du ciel, de la terre et de l'onde,
Je cherchai le repos; et jusques au réveil
La douce illusion amusa mon sommeil.
Je crus voir, dans l'éclat de sa riche parure,
Apparaître à mes yeux le dieu de la nature.
Dans ses traits doux et fiers une mâle beauté
Semblait joindre la grace à la sévérité;
Son front touchait le ciel, ses pieds foulaient la terre;
Ses accents ressemblaient à la voix du tonnerre;
Mille astres éclataient sur son front radieux,
La foudre dans ses mains, et l'éclair dans ses yeux.
Douze signes ornaient sa ceinture flottante;
Au tissu varié de sa robe éclatante

Les sept rayons d'Iris prodiguaient leurs couleurs ;
Sous ses pieds les gazons se tapissaient de fleurs ;
Il ordonnait : les eaux s'échappaient de leurs sources,
Le tonnerre grondait, les vents prenaient leurs courses,
Autour de lui le Temps, sous mille aspects nouveaux,
Achevait, renversait, reprenait ses travaux ;
Les débris s'animaient, la mort était féconde,
Et la destruction renouvelait le monde.
Plus j'attachais sur lui mon regard curieux,
Et plus il paraissait s'agrandir à mes yeux.
Tout à coup les accents de sa voix immortelle
Jusqu'à moi sont portés : « Assez long-temps, dit-elle,
Du globe tu peignis les visibles beautés,
Ses riches ornements, ses aspects enchantés ;
Ose plus aujourd'hui : pénètre sa structure,
Ses vastes fondements, sa noble architecture,
Les formes, les couleurs, les principes des corps,
Et leur guerre féconde, et leurs secrets accords ;
Suis dans tous ses degrés la nature vivante,
Fais naître les métaux, fructifier la plante,
Soumets la brute à l'homme, élève l'homme à Dieu :
Du ciel sur tes tableaux je verserai le feu ;
Et tandis qu'un faux goût, de tant d'œuvres légères
Fait prospérer un jour les formes passagères,
Sur ma base éternelle, édifiés par toi,
Tes ouvrages seront durables comme moi. »
    J'obéis ; mais d'abord loin l'esprit de système,
Qui souvent, pour tromper abusant du vrai même,
Sur un fragile amas d'arguments pointilleux
Bâtit du faux savoir le trophée orgueilleux,
Met, pour le soutenir, le monde à la torture,
Et veut à sa chimère asservir la nature ;
Long-temps enorgueilli de son culte usurpé,
Il règne, il en impose à l'univers trompé ;
Quand soudain, triomphant d'un frivole artifice,
Un fait inattendu vient briser l'édifice.
Ainsi, trop long-temps chers à nos yeux éblouis,
Ces tourbillons fameux se sont évanouis ;
Ainsi, disparaissant avec ses cieux de verre,
L'astronome du Nil [1] laissa tourner la terr

Ainsi, de la nature audacieux romans,
Périront, renversés sur leurs vains fondements,
Tant de rêves fameux ; tel de ce roi superbe
Dont l'orgueil abruti rampa courbé sur l'herbe,
Le colosse formé d'argent, d'or et d'airain,
D'un côté jusqu'au ciel levait son front hautain ;
De l'autre s'appuyait sur ses deux pieds d'argile ;
Tout à coup, s'élançant vers sa base fragile,
Du haut de la montagne une pierre a roulé,
Et sur son frêle appui le colosse a croulé.

Évitons cet écueil ; laissons de ses entraves
L'esprit systématique enchaîner ses esclaves ;
La seule expérience est un guide pour moi ;
Instruire est son devoir, et peindre est mon emploi ;
Mes pinceaux sont trempés, et la vive lumière
Dans mes riches tableaux brillera la première ;
La lumière inconnue, en ses secrets ressorts,
Qui frappe, échauffe, éclaire et pénètre les corps,
Donne à l'air respiré sa pureté vitale,
Aux plants organisés leur ame végétale,
Épanche ses torrents de la hauteur des airs,
Au centre de la terre, aux profondeurs des mers ;
Inonde incessamment des régions sans nombre ;
Et, traversant d'un trait les royaumes de l'ombre,
Du trône ardent du jour prend un essor pareil
Au coup d'œil de ce Dieu qui créa le soleil ;
De bienfaits, de beautés source immense et féconde ;
Enfin, l'ame, la vie, et le peintre du monde.

Viens, Apollon, dis-moi ses prodiges divers,
Et, comme des beaux jours, sois le dieu des beaux vers ;
Ou plutôt, quand je vole à la céleste voûte,
C'est à toi, cher Delambre [2], à diriger ma route ;
Toi qui sus réunir, par un double pouvoir,
Les beaux-arts au calcul et le goût au savoir.
L'immortel Isaac, de ses mains souveraines,
Des mondes étoilés te confia les rênes ;
Viens ; et, sans m'effrayer du sort de Phaéton,
Que je monte avec toi sur le char de Newton !
Guide-moi, montre-moi les sphères éternelles,
Leurs chemins journaliers, leurs marches annuelles.

La gloire d'expliquer leurs cours mystérieux
Seule n'y conduit pas tes regards curieux ;
Tu n'y vas point chercher les combats des systèmes,
Les nuages du doute et la nuit des problèmes,
Mais la grandeur du monde et du Dieu qui l'a fait ;
Mais des sociétés le modèle parfait,
Où, dans les rangs divers de ce brillant empire,
A l'ordre général chaque sujet conspire ;
Où la comète même, objet de nos terreurs,
S'égare sans désordre, et revient sans erreurs.
Là, tu puises le beau dans sa source première ;
Et de tous ces soleils, d'où l'ange de lumière
Jette sur notre boue un regard de pitié,
Pour toi l'attraction est encor l'amitié.
Je ne te suivrai pas dans cette mer profonde
Où chaque astre est un point, et chaque point un monde :
Ces sublimes objets ne sont pas faits pour moi ;
Jadis Virgile même en recula d'effroi.
Épris ainsi que lui des demeures agrestes,
J'abandonne à ton vol les domaines célestes,
Les révolutions de l'empire de l'air,
Et les gardes brillants du char de Jupiter.
Mais tandis qu'à l'Olympe arrachant tous ses voiles,
Tu graveras ton nom sur le front des étoiles,
Moi, des bords d'un ruisseau te suivant dans les cieux,
De leur lumière au moins je décrirai les jeux.

    Suivant les corps divers la lumière varie ;
Dédaigneuse des uns, aux autres se marie.
Si l'obscure matière absorbe les rayons,
Le noir frappe nos yeux : mais lorsque nous voyons,
Des corps où vient tomber l'éclatante lumière,
La masse des rayons rejaillir tout entière ;
De la blancheur alors l'œil ressent les effets.
Observez son départ, sa chute, ses reflets :
Les traits qu'elle a lancés, quand leurs courses s'achèvent,
Par des angles égaux tombent et se relèvent ;
La matière tantôt de ces rayons subtils,
Décompose la trame et sépare les fils ;
Et le corps, à son gré, de la clarté céleste,
Admet une partie et refuse le reste ;

Quelquefois le rayon, dépendant du tissu
Des objets différents où le jour est reçu,
Pénètre de ces corps les masses transparentes,
Et brisant dans leur sein ses flèches divergentes,
Suivant leur densité, par des angles divers,
Du corps qu'il traversa repasse dans les airs.

Avant que de Newton la science profonde
Eût surpris ce mystère et les secrets du monde,
La lumière en faisceaux se montrait à nos yeux :
Son art décomposa ce tissu radieux,
Et, du prisme magique armant sa main savante,
Développa d'Iris l'écharpe éblouissante.

Dans les mains d'un enfant, un globe de savon
Dès long-temps précéda le prisme de Newton;
Et long-temps, sans monter à sa source première,
Un enfant dans ses jeux disséqua la lumière :
Newton seul l'aperçut [3]; tant le progrès de l'art
Est le fruit de l'étude et souvent du hasard!

Enfin, des sept couleurs la brillante famille
Prête à chaque rayon l'éclat dont elle brille;
Du mélange divers des diverses couleurs
Naît l'éclat des métaux, le coloris des fleurs,
L'or flottant des moissons, et le vert des feuillages,
Et le changeant émail qui peint les coquillages,
La pourpre des raisins, l'azur foncé des mers,
Et l'éclat varié de la voûte des airs.

Eh! qui ne connaît pas les dons de la lumière?
Sans elle tout languit dans la nature entière;
Les végétaux flétris regrettent ses faveurs;
La fleur est sans éclat, et les fruits sans saveurs.
Ainsi loin du soleil, dans nos celliers captive,
Pâlit la chicorée et se blanchit l'endive;
Ainsi vers cette zone où le ciel plus vermeil
Épanche en fleuves d'or les rayons du soleil,
De ses plus riches dons la lumière suivie
Prodigue les couleurs, les parfums et la vie :
L'onctueux aromate y verse ses ruisseaux,
De plus vives couleurs y parent les oiseaux,
Les fleurs ont plus d'éclat; la superbe nature
Revêt pompeusement sa plus riche parure :

II.

Tandis que, déployant son lugubre coup d'œil,
Le Nord décoloré languit dans un long deuil.
Mais, que dis-je? le Nord, dans ses vastes domaines,
Contient de la clarté les plus beaux phénomènes :
Eh! qui ne connaît pas, dans ces climats glacés,
Ces feux par qui du jour les feux sont remplacés ¹ ?
Là le pôle, entouré de montagnes de neige,
Conserve de ses nuits le brillant privilége,
Ces immenses clartés, ces feux éblouissants,
Au sein de l'ombre obscure au loin resplendissants,
Qui même avec les cieux, où le jour prend naissance,
Rivalisent de luxe et de magnificence :
Long-temps l'erreur les crut, dans ces âpres climats,
Le reflet des glaçons, des neiges, des frimas ;
Des esprits sulfureux exhalés de la terre
Qui présageaient la mort, la discorde et la guerre,
Et jusque sur leur trône épouvantaient les rois.
Enfin, la vérité fait entendre sa voix,
Nous dit que le soleil enfante les aurores,
Ces merveilles du ciel, ces pompeux météores.
Abaissés, élevés, l'air, pur ou nébuleux,
Refuse, admet, accroît ou tempère leurs feux ;
Souvent l'épais brouillard tient leurs flammes captives,
Souvent laisse percer leurs clartés fugitives ;
Ils glissent en reflets, s'échappent en lingots,
Ou d'une mer de feu roulent au loin les flots ;
Ici blanchit l'argent, et là jaunit l'opale ;
Là se mêle à l'azur la pourpre orientale :
Tantôt en arc immense ils prennent leur essor,
Roulent en chars brûlants, flottent en drapeaux d'or,
S'élancent quelquefois en colonnes superbes,
S'entassent en rochers, ou jaillissent en gerbes,
Et, variant le jeu de leurs reflets divers,
De leur pompe changeante étonnent ces déserts.
De là, si l'on en croit les récits des poëtes,
De la riche nature élégants interprètes,
Deux lumineuses sœurs, au visage riant,
Rayonnent l'une au nord, et l'autre à l'orient.
Un jour, ajoutent-ils, l'Aurore boréale,
Lasse de voir sa sœur, l'Aurore orientale,

Seule étaler des dieux les brillants attributs,
Et du monde idolâtre usurper les tributs,
Parut, les yeux en pleurs, dans la cour paternelle :
« O roi brillant du jour! ô mon père! dit-elle,
Souffriras-tu long-temps que des récits trompeurs,
Du reflet des frimas, de grossières vapeurs,
Des phosphores légers fassent naître ta fille,
Et qu'un si long opprobre outrage ta famille?
Ne voudras-tu jamais, aux peuples mal instruits,
Dire quel est mon père, et montrer qui je suis?
Ah! toi-même, éteins donc l'éclat qui m'environne,
Déchire mes festons, foule aux pieds ma couronne,
De mes riches couleurs reprends-moi le trésor,
Et mon voile de pourpre, et ma couronne d'or.
Eh! que m'importe; hélas! cet éclat dont je brille,
Si mon père rougit de m'avouer pour fille?
Ah! combien de ma sœur le destin est plus beau!
Son lit du jour naissant est nommé le berceau;
L'univers la bénit, les poëtes la chantent :
Quelles sont toutefois ces beautés qu'ils nous vantent?
D'où lui vient tant de gloire, à moi tant de mépris?
Des roses sans jeunesse et des festons flétris,
Voilà ses ornements; toujours même couronne,
Toujours même couleur peint sa cour monotone :
Et moi, sous mille traits, sous mille aspects divers,
J'embellis à mon gré le trône des hivers;
A peine à l'orient luit ma faible rivale,
Moi dans les champs du nord je marche son égale.
Même après ton départ ta lumière me suit;
Elle orne le matin, je décore la nuit;
Et l'obscure déesse, oubliant ses ténèbres,
Change en voiles brillants ses vêtements funèbres.
Si de sombres vapeurs montent jusqu'à ma cour,
J'en fais les ornements de mon brillant séjour;
Loin d'en être obscurci, mon triomphe s'en pare.
Une autre cependant de tous mes droits s'empare;
Chaque jour, nous dit-on, exacte à son réveil,
Elle ouvre la barrière aux coursiers du Soleil.
Oui, l'Olympe le sait; amante matinale,
Des bras du vieux Tithon, dans ceux du beau Céphale

Elle vient s'oublier, et, jusqu'à son retour,
Au monde impatient fait attendre le jour.
Ah! mon heureuse sœur a seule ta tendresse;
Je suis aussi ta fille, et ne suis point déesse! »
« O mon sang, répond-il, apaise tes douleurs!
Je vengerai ton nom, je tarirai tes pleurs;
J'ai fait choix d'un mortel, ta douleur peut m'en croire,
Qui doit au monde entier manifester ta gloire,
Il dira ta naissance, et les astres en toi
Reconnaîtront enfin la fille de leur roi. »
Il achève, elle part, et sa main paternelle
Choisit un des rayons de sa tête immortelle,
Un des rayons divins qu'il garde à ces esprits,
De la belle nature interprètes chéris :
Lui-même de sa fille y grave la naissance :
Au célèbre Mairan [5] aussitôt il le lance.
Le trait vole et l'atteint; Mairan parle; à sa voix
La brillante immortelle a recouvré ses droits,
L'erreur s'évanouit, et le ciel de Borée
Voit, comme l'orient, son Aurore adorée.
Elle eut, comme sa sœur, son empire, sa cour,
Et jusqu'au fond du nord lança les feux du jour.

Ne croyez pas pourtant que la vive lumière
Naisse insubordonnée aux lois de la matière;
Ainsi que tous les corps, des mains de leur auteur
Chaque rayon naquit doué de pesanteur.
Mais qui peut expliquer leur nature première?
La chaleur quelquefois existe sans lumière;
Quelquefois sans chaleur nous sentons la clarté [6] :
Tel le poisson, dissous par la putridité,
Luit, sans nous échauffer, en écailles brillantes;
Tel le phosphore éclate en flammes pétillantes [7];
Et tels, de leurs amours donnant le doux signal,
Des vers à nos buissons suspendent leur fanal [8].
Mais, quels que soient du feu le principe et l'essence,
Les éléments rivaux éprouvent sa puissance,
Il échauffe, il éclaire, il anime les corps;
Là resserre leurs nœuds, ici rompt leurs accords,
Et prépare, en brisant leurs chaînes mutuelles,
Avec des corps nouveaux des unions nouvelles.

Fluide par lui-même, à son activité
Plus d'un autre élément doit sa fluidité.
Le feu dilate l'air; des lacs, des mers profondes,
En globules roulants il divise les ondes.
Des êtres qu'il dissout, les uns sont transformés
En légères vapeurs, en globes enflammés;
D'autres réduits en chaux, d'autres réduits en cendre.
Ici, libre en tous sens, il aime à se répandre.
Là, fixé dans les corps en un profond sommeil,
D'une cause imprévue il attend son réveil.
Il échauffe, il embrase, il dissout les solides,
D'une âcreté mordante il arme les acides
Sans peine comprimé, sans peine détendu,
Son ressort quelquefois demeure suspendu :
Il change avec les corps, et, suivant leur nature,
En fait son aliment, ou devient leur pâture;
Par la destruction aime à se propager.
Enfin, libre ou captif, durable ou passager,
Le plus simple des corps, et le plus indomptable,
Lui seul altère tout, et reste inaltérable.

 Ainsi deux grands pouvoirs furent créés par Dieu,
L'un c'est l'attraction, et l'autre c'est le feu :
A ces agents secrets la nature est soumise;
L'un réunit les corps, et l'autre les divise;
L'un pousse chaque atome en un centre commun,
Et d'innombrables corps se combinent en un;
Et l'autre, pénétrant leurs moindres corpuscules,
Laisse jouer entre eux leurs libres molécules :
Sans lui rien ne vivrait, sans lui l'amas des corps,
Ainsi que sans chaleur, languirait sans ressorts;
Et, tenant en repos cette masse inféconde,
Une froide inertie engourdirait le monde.
Lui seul anime tout, l'air, la terre et la mer :
Il rayonne en étoile, étincelle en éclair,
Circule répandu dans le sein de la terre;
De la flamme électrique il arme le tonnerre,
Gronde dans les volcans, mûrit les végétaux,
S'unit au suc des fleurs, aux veines des métaux,
Embrase en serpentant les vapeurs souterraines,
Ou d'esprits sulfureux échauffe les fontaines.

Depuis que le hasard à nos yeux vint l'offrir,
Dirai-je par quel art l'homme sait le nourrir,
L'aiguillonne à son gré, l'étend ou le condense,
De ses traits réunis redouble la puissance?
Ici l'air le ranime, et le soufflet mouvant
Tour à tour emprisonne ou déchaîne le vent;
Ailleurs des troncs brûlants, dont sa fureur s'augmente,
Le brasier affamé sans cesse s'alimente;
Là dans leurs frottements, l'un par l'autre frappés,
Les corps lancent les feux de leur sein échappés;
Là des sucs fermentés, qu'un vase étroit rassemble,
Les globules heurtés s'électrisent ensemble.
Dans son foyer concave ici l'ardent miroir,
En rassemblant la flamme, exalte son pouvoir:
L'or ne peut résister au feu qui le dévore,
Le diamant lui-même en brûlant s'évapore;
Et du haut de ces tours, au sein même des eaux,
Le terrible Archimède embrase les vaisseaux [9].

Sous combien de couleurs, de formes séduisantes,
Le feu montre à nos yeux ses forces complaisantes!
Agent de la nature, instrument de nos arts,
Il forge la charrue, hélas! et les poignards;
Donne à Mars son tonnerre, à Cérès sa faucille,
Éclaire nos lambris, dans nos foyers pétille;
Change le fer rebelle en élastique acier,
En verre transparent forme un limon grossier,
Durcit la fange vile en pierres précieuses:
Redoutables poisons, liqueurs délicieuses,
Par lui tout est formé, tout respire ou fleurit.
Il dissout, il compose, il dévore, il nourrit,
Et prompt, infatigable et constant dans sa course,
Roule en fleuve brûlant sans épuiser sa source.

Autrefois, nous dit-on, la déesse des arts,
Des riches Rhodiens déserta les remparts,
Parcequ'à ses autels, devenus moins propices,
Le feu ne brûlait point durant les sacrifices:
Cet emblème nous peint la puissance du feu;
Que dis-je? de nos arts il est le premier dieu.
Il prévient la nature, il devance les âges,
Il imite, il détruit, il refait leurs ouvrages,

Décompose les corps, forme des corps nouveaux,
Et fait au temps lui-même envier ses travaux.
Mais quelquefois sa force est trompeuse peut-être.
Qui sait ce qu'il ajoute et ravit à chaque être,
Et s'il ne laisse pas, à travers ses vapeurs,
Un résidu factice en des vases trompeurs?
Sachez donc distinguer ces divers phénomènes,
De quel être il dénoue ou resserre les chaînes,
Le corps qui lui résiste et ceux qu'il asservit,
Ce qu'il laisse ou reprend, ce qu'il donne ou ravit :
Telle, du cœur humain une attentive étude
Sait de la passion distinguer l'habitude,
L'instinct de la raison, la nature de l'art,
Le caprice d'un vœu, le projet d'un hasard,
D'un mouvement contraint un élan volontaire,
Et du cachet du jour le sceau du caractère.

   Mais c'est peu que nos arts règnent en souverains
Sur ces terrestres feux que gouvernent nos mains :
Le feu des dieux lui-même a connu leur puissance,
Et la foudre à nos pieds vient mourir en silence.
Qu'on ne me vante plus ce mortel dont le sein
Sous le bec d'un vautour expia son larcin ;
Ni ce folâtre Amour, au maître de la terre,
De sa main enfantine, enlevant le tonnerre :
D'un prodige réel emblème fabuleux !
Ici le vrai lui-même est plus miraculeux.
Dans le temple des arts, asile où la Science
Fait auprès du Génie asseoir l'Expérience,
Avançons : contemplons comment un art mortel
Ravit aux dieux la foudre [10], et ses flèches au ciel.
Du coussin, échauffé par le verre qui roule,
La matière éthérée en longs ruisseaux s'écoule ;
Le conducteur, empreint de ces légers courants,
Au cylindre enflammé fait passer ces torrents :
Soudain, de tous les points au loin rejaillissante,
Éclate et resplendit la flamme éblouissante [11].

   Tantôt dans un cristal, de minces feuillets d'or,
Tout à coup animés, semblent prendre l'essor ;
Attirés, repoussés, s'approchent, se retirent :
Dans l'abri transparent, tantôt nos yeux admirent

Ces papiers bondissants, pleins d'un feu passager,
Des nymphes, des silvains, simulacre léger :
Leur être est d'un moment ; mais l'éternel prodige
Varie en cent façons son étonnant prestige.
D'un air mêlé d'audace et de timidité,
Souvent sur l'isoloir une jeune beauté
Se place en rougissant, curieuse et tremblante :
A peine elle a touché la baguette puissante,
Autour d'elle le feu jaillit en longs éclairs,
La flamme en jets brillants s'élance dans les airs,
Se joue innocemment autour de sa parure,
Glisse autour de son cou, baise sa chevelure ;
La belle voit sans peur ces flammes sans courroux,
Et dans le cercle entier répand un feu plus doux.
Soudain la scène change, et l'éther, ô merveille !
De Leyde vient remplir la magique bouteille ;
Fond le métal ductile, et ses esprits brûlants
Se répandent dans l'air en flots étincelants.
L'acier la touche-t-il? le coup part, le feu brille :
Je redouble ; l'éclair sort, éclate et petille ;
Tantôt au bout d'un fer voltigent à nos yeux
Et des globes de flamme et des langues de feux.
Ici les spectateurs forment de longues chaînes ;
Soudain de mains en mains et de veines en veines
Du fluide éthéré les torrents ont jailli,
Et dans tous leurs rameaux les nerfs ont tressailli.
Ainsi lorsqu'un beau trait nous saisit au théâtre,
Tout à coup, dans les rangs de la foule idolâtre,
D'un mouvement commun l'effet contagieux
Pénètre tous les cœurs, enflamme tous les yeux :
L'étonnement, l'effroi, le plaisir se confondent,
Et par un même cri tous les cœurs se répondent.
Que dis-je ? ô feu sacré, noble enfant du soleil,
Toujours tu n'offres pas un stérile appareil !
Souvent la froide main de la paralysie
Dans un débile corps joint la mort à la vie :
Tu veux ; et tout à coup, frappé de ton pouvoir,
L'organe languissant apprend à se mouvoir ;
Le sang revient au cœur, la fibre est ranimée,
Et la vie a repris sa route accoutumée.

Source de mouvement, de force et de clarté,
Viens donc, prends en pitié ma triste cécité :
Donne à mes yeux de voir tes riches phénomènes.
La nature te doit ses plus brillantes scènes ;
Dans les cieux, dans les mers, dans les plus durs métaux,
Au flanc de l'animal, au sein des végétaux,
Partout vit ton esprit et circule ta flamme ;
Par toi les sens grossiers commercent avec l'ame.
Ah ! rends-moi, rends-moi donc quelques faibles rayons
Qui conduisent ma main et guident mes crayons.
Que, d'un dernier regard embrassant la nature,
Je puisse de tes dons achever la peinture !
Que l'univers alors disparaisse à mes yeux ;
Par la pensée encor je jouirai des cieux ;
Je rêverai les bois, les monts, la terre et l'onde,
Et dans mes souvenirs j'habiterai le monde.

 Heureux le genre humain, si du feu bienfaisant
Il n'eût dans ses fureurs corrompu le présent !
Jadis sous nos remparts, dans le champ des batailles,
La mort d'un vol moins prompt semait les funérailles.
Des dards, des javelots donnaient un lent trépas :
Depuis, un art affreux précipite ses pas.
Plus savamment cruel, par quelques grains de poudre,
L'homme imite l'éclair, son bras lancé la foudre ;
Et le nitre irascible, irrité par les feux,
Ébranle au loin les airs, et la terre et les cieux.
Pour en alimenter les foudres de la guerre,
Tantôt en blanc duvet on l'enlève à la pierre ;
Et tantôt, dans la nuit des antres souterrains,
En blocs cristallisés il se livre à nos mains.
Ainsi quand, de nos jours, des cavernes profondes
La France eut épuisé les entrailles fécondes,
Pour porter le trépas à cent peuples vaincus,
J'ai vu Mars profaner les caveaux de Bacchus,
Lieux sacrés ! où ce dieu, père de l'allégresse,
Promettait à nos vœux une plus douce ivresse.
Ses murs sont envahis, son asile est souillé ;
Du salpêtre fougueux son sol est dépouillé ;
Et la mort dévorante, avide de sa proie,
Vient chercher la ruine où nous puisons la joie.

De ces grains foudroyants, par combien de secrets
L'art a multiplié les terribles effets!
Tantôt dans un cylindre, où l'homme l'amoncelle,
Il sommeille, il attend la rapide étincelle :
Elle entre ; le feu part ; le salpêtre enflammé,
Dans le tube brûlant chasse l'air comprimé.
Soudain l'éclair jaillit, et le tonnerre gronde ;
Au même instant, vomi de sa prison profonde,
Le globe destructeur vole, siffle, et fend l'air.
L'horrible catapulte et le tranchant du fer
N'ont rien de comparable à ce nouveau tonnerre ;
Des bataillons entiers jonchent au loin la terre ;
Des remparts sous ses coups les débris ont roulé,
Les murs sont abattus, et les tours ont croulé.
De son lit embrasé, tantôt l'affreuse bombe
En longs sillons de feu part, s'élève et retombe,
Se roule, se déchire avec un long fracas,
De son globe de fer disperse les éclats,
Poursuit, menace, atteint la foule épouvantée,
Et couvre au loin de morts la terre ensanglantée.
 Ailleurs, Mars de la ruse emprunte le secours.
Pour attacher la flamme aux fondements des tours,
L'art creuse sous la terre une secrète route ;
L'adroit mineur pénètre à l'abri de sa voûte,
Et, dans le sein du mur que le fer a creusé,
Laisse le grain fatal par ses mains déposé.
Il fuit ; bientôt le long de la mèche perfide
Le feu glisse et s'avance en dévorant son guide ;
Jusqu'au dépôt funeste il se fraie un chemin ;
A peine il l'a touché, tout s'embrase ; et soudain,
S'indignant de ses fers, la flamme impatiente
Part, soulève en grondant cette masse pesante,
Et, parmi des torrents de fumée et de feux,
Rochers, armes, soldats ont volé vers les cieux.
 Mais tandis que du feu je chante la puissance,
L'hiver, de la chaleur nous fait sentir l'absence :
Quel dieu nous la rendra? C'est ce feu bienfaiteur,
Notre hôte, notre ami, notre consolateur,
Le feu, fils du soleil, et sa plus pure essence,
Qui remplace sa flamme et charme son absence ;

Et, bien souvent utile et rarement cruel,
Pour féconder la terre est descendu du ciel.
Il est l'âme des arts, l'agent de la nature:
Par lui, quand l'aquilon nous souffle la froidure,
Ces chênes, ces ormeaux, dont les feuillages verts
Rafraîchissaient l'été, réchauffent nos hivers.
Ah! des biens qu'il prodigue à nos riants hospices,
Comment a pu ma muse oublier les délices?

    Laissons donc, il est temps, ces effets merveilleux,
Et l'éclair électrique, et ses rapides feux,
Et la forge brûlante où le métal bouillonne,
Et le volcan qui gronde, et la foudre qui tonne :
Et d'un accent moins fier, d'un ton plus familier,
Chantons du coin du feu l'asile hospitalier.
La variété plaît : ainsi l'aigle intrépide,
Qui vers l'astre du jour a pris son vol rapide,
Redescend de l'Olympe, et des pompes du ciel
Revient se délasser dans le nid paternel.
Le foyer, des plaisirs est la source féconde ;
Il fixe doucement notre humeur vagabonde.
Au retour du printemps, de nos toits échappés,
Nous portons en cent lieux nos esprits dissipés ;
Le printemps nous disperse, et l'hiver nous rallie.
Auprès de nos foyers notre ame recueillie
Goûte ce doux commerce à tous les cœurs si cher :
Oui, l'instinct social est enfant de l'hiver.
En cercle un même attrait rassemble autour de l'âtre
La vieillesse conteuse et l'enfance folâtre.
Là courent à la ronde et les propos joyeux,
Et la vieille romance, et les aimables jeux ;
Là, se dédommageant de ses longues absences,
Chacun vient retrouver ses vieilles connaissances.
Là s'épanche le cœur : le plus pénible aveu,
Long-temps captif ailleurs, échappe au coin du feu.
Près du feu, deux époux bravant le tête-à-tête,
De leur antique hymen se rappellent la fête ;
Et, mieux que leur foyer, de leurs jeunes amours
Le doux ressouvenir réchauffe leurs vieux jours.
Près du feu, deux amants, pleins d'un tendre délire,
D'un regard de côté se parlent sans rien dire.

Là Vénus s'aperçoit qu'elle est chère à Vulcain;
L'Amour y vient forger les chaînes de l'hymen.
Comme aux jours fortunés des pénates antiques,
Le foyer est le dieu des vertus domestiques.
Là reviennent s'unir les parents, les maris,
Qui vivaient séparés sous les mêmes lambris.
En vain des deux côtés la mésintelligence
Amène le soupçon, le dégoût, la vengeance,
Le fol entêtement, l'inflexible roideur,
Et la froide réserve au visage boudeur,
Et le reproche amer, et la piquante injure,
Et le dépit qui cache et nourrit sa blessure;
Le pardon en riant vient s'asseoir au milieu,
Et le lit conjugal rend grâce au coin du feu.
Là vient se renouer la douce causerie :
Chacun en la contant recommence sa vie;
L'un redit ses combats, un autre son procès,
Cet autre ses amours; d'autres plus indiscrets,
Comme moi d'un ami tentant la patience,
De leurs vers nouveau-nés lui font la confidence [1,2].
Le foyer, du talent est aussi le berceau :
Là je vois s'essayer le crayon, le pinceau,
Le luth mélodieux, l'industrieuse aiguille.
Tantôt c'est un roman qu'on écoute en famille;
Au milieu du récit, Églé par sa rougeur
Marque d'abord l'endroit qui répond à son cœur;
Et, d'un amant sensible apprenant la victoire,
Tremble que le roman n'ait conté son histoire.
 Vous dirai-je ces jeux, dont les amusements
De la journée oisive occupent les moments,
Abrégent la soirée et prolongent la veille?
Mais la maternité, de l'œil et de l'oreille,
Suit leurs joyeux ébats, tempère la gaieté,
Et la sagesse impose à la témérité.
Ici, sous des genoux qui se courbent en voûte,
Une pantoufle agile, en déguisant sa route,
Va, vient; et quelquefois, par son bruit agaçant,
Sur le parquet battu se trahit en passant.
Ailleurs, par deux rivaux, la raquette empaumée
Attend, reçoit, renvoie une balle emplumée,

Qui, toujours arrivant et repartant toujours,
Par le même chemin recommence son cours ;
Retombe quelquefois, et par un coup habile,
Relevée aussitôt, reprend son vol agile.
La beauté quelquefois se mêle à ces combats,
Et se plaît à montrer la rondeur d'un beau bras.
Ailleurs un jeune aveugle, un bandeau sur la tête,
Poursuit, saisit, devine et nomme sa conquête ;
Et souvent, dans ses jeux, l'heureux colin-maillard
Trouve mieux qu'il ne cherche, et rend grâce au hasard.
Des tablettes ailleurs étalent à la vue
Des beaux esprits du temps l'innombrable cohue,
Et des journaux malins font passer les auteurs
Des bravos du parterre au rire des lecteurs.
Là sont accumulés, pour amuser les belles,
Histoires et romans, et contes et nouvelles ;
Là, chacun s'endormant sur les rêves d'autrui,
Peut changer de sottise et choisir son ennui.
Enfin, au coin du feu, nos aimables convives
Vont achever du soir les heures fugitives.
Autour d'eux sont placés des damiers, des cornets :
L'un se plaint d'un échec, et l'autre d'un sonnez.
Tour à tour on querelle, on bénit la fortune ;
Enfin contre l'hiver tous font cause commune.

Suis-je seul ? je me plais encore au coin du feu.
De nourrir mon brasier mes mains se font un jeu ;
J'agace mes tisons ; mon adroit artifice
Reconstruit de mon feu le savant édifice.
J'éloigne, je rapproche, et du hêtre brûlant
Je corrige le feu trop rapide ou trop lent.
Chaque fois que j'ai pris mes pincettes fidèles,
Partent en petillant des milliers d'étincelles.
J'aime à voir s'envoler leurs légers bataillons.
Que m'importent du nord les fougueux tourbillons ?
La neige, les frimas, qu'un froid piquant resserre,
En vain sifflent dans l'air, en vain battent la terre.
Quel plaisir, entouré d'un double paravent,
D'écouter la tempête et d'insulter au vent !
Qu'il est doux, à l'abri du toit qui me protége,
De voir à gros flocons s'amonceler la neige !

Leur vue à mon foyer prête un nouvel appas :
L'homme se plaît à voir les maux qu'il ne sent pas.
Mon cœur devient-il triste et ma tête pesante?
Eh bien! pour ranimer ma gaieté languissante,
La fève de Moka, la feuille de Canton,
Vont verser leur nectar dans l'émail du Japon.
Dans l'airain échauffé déjà l'onde frissonne;
Bientôt le thé doré jaunit l'eau qui bouillonne,
Où des grains du Levant je goûte le parfum.
Point d'ennuyeux causeur, de témoin importun.
Lui seul, de ma maison exacte sentinelle,
Mon chien, ami constant et compagnon fidèle,
Prend à mes pieds sa part de la douce chaleur.
   Et toi, charme divin de l'esprit et du cœur,
Imagination! de tes douces chimères
Fais passer devant moi les figures légères.
A tes songes brillants que j'aime à me livrer!
Dans ce brasier ardent qui va le dévorer,
Par toi, ce chêne en feu nourrit ma rêverie :
Quelles mains l'ont planté? quel sol fut sa patrie?
Sur les monts escarpés bravait-il l'aquilon?
Bordait-il le ruisseau? parait-il le vallon?
Peut-être il embellit la colline que j'aime,
Peut-être sous son ombre ai-je rêvé moi-même.
Tout à coup je l'anime : à son front verdoyant
Je rends de ses rameaux le panache ondoyant,
Ses guirlandes de fleurs, ses touffes de feuillage,
Et les tendres secrets que voila son ombrage.
Tantôt, environné d'auteurs que je chéris,
Je prends, quitte et reprends mes livres favoris;
A leur feu tout à coup ma verve se rallume;
Soudain sur le papier je laisse errer ma plume,
Et goûte, retiré dans mon heureux réduit,
L'étude, le repos, le silence et la nuit.
   Tantôt, prenant en main l'écran géographique,
D'Amérique en Asie, et d'Europe en Afrique,
Avec Cook et Forster, dans cet espace étroit,
Je cours plus d'une mer, franchis plus d'un détroit,
Chemine sur la terre et navigue sur l'onde,
Et fais, dans mon fauteuil, le voyage du monde.

Agréable pensée, objets délicieux,
Charmez toujours mon cœur, mon esprit et mes yeux !
Par vous tout s'embellit, et l'heureuse sagesse
Trompe l'ennui, l'exil, l'hiver, et la vieillesse.

CHANT SECOND.

L'AIR.

Idée générale de l'air ; sa nature ; ses combinaisons ; son utilité ; ses effets dans la réflexion de la lumière ; sa pesanteur. Expériences de la machine pneumatique. Hommage à Pascal. Élasticité de l'air ; effets de cette élasticité. Tableau des vents et de l'orage. Une armée entière ensevelie par les vents dans les sables de l'Asie. Les vents tantôt troublant les mers, et tantôt conduisant le navigateur au terme de sa course. Les vents, cause de la chaleur des étés et du froid des hivers. Description d'une sécheresse causée par le vent du midi. Spectacle des frimas, sous l'influence des vents du nord. Exhalaisons portées par les vents. Description de la peste et de ses ravages.

Ouvrez-vous à ma voix, vastes champs de l'éther !
Que de fois j'enviai l'oiseau de Jupiter,
Qui, traversant vos flots de ses rapides ailes,
Superbe, prend l'essor aux voûtes éternelles ;
Et, lorsque nous rampons au terrestre séjour,
Monte, d'un vol hardi, jusqu'aux sources du jour !
Que dis-je ? quel essor égale la pensée ?
Elle veut ; et soudain jusqu'au ciel élancée,
Vole, devance l'aigle, et les vents, et l'éclair :
Par elle, franchissant les campagnes de l'air,
J'ose de ce fluide approfondir l'essence,
Décrire ses effets et chanter sa puissance.
Sur nous, autour de nous, de deux airs différents
L'Éternel répandit les fluides errants ;
L'un, en courant moins pur, dans l'immense atmosphère
Règne plus abondant ; l'autre, plus salutaire,
A la plus faible part dans les champs de l'éther ;
De leurs flots réunis la nature a fait l'air [1] :
Sur nous, comme l'esprit d'une liqueur active,
L'un d'eux exercerait une action trop vive ;
L'autre serait mortel, et de nos faibles corps
Ses dormantes vapeurs détruiraient les ressorts [2].

Dévoré par le feu, fluide comme l'onde,
L'air, d'effets variés est la cause féconde.
Respiré par la plante et par les animaux,
L'air, ainsi que le feu, circule dans les eaux ;
L'air, ainsi que le feu, court au sein de la terre ;
De la flamme électrique il arme le tonnerre,
Remonte de nos champs aux plaines de l'éther ;
Il roule dans l'espace en une immense mer.
De ces grands mouvements qui décrira l'histoire ?
C'est là, dans l'éternel et grand laboratoire,
Que, sans cesse essayant mille combinaisons,
Récipient commun de tant d'exhalaisons,
La nature distille, et dissout, et mélange,
Décompose, construit, fond, désordonne, arrange
Ces innombrables corps l'un sur l'autre portés,
Quelques-uns suspendus, d'autres précipités ;
Des soufres et des sels fait l'analyse immense,
Des trois règnes divers enlève la substance,
Les œufs de l'animal et la graine des fruits,
Et leur premier principe, et leurs derniers produits,
Et la vie et la mort, et les feux et les ondes,
Et dans ce grand chaos recompose les mondes.
Mais d'abord essayons d'exprimer dans mes vers
Ses divers attributs et ses effets divers.
A notre œil curieux dérobant sa naissance,
A tous les éléments l'air unit sa substance :
Dilatable, élastique, invisible et pesant,
Il est toujours du feu l'allié complaisant.
Peut-être, comme l'eau, le feu le rend fluide ;
De ce principe actif chacun d'eux est avide ;
Pénétré par les corps, lui seul les presse tous ;
Océan invisible, il roule autour de nous ;
Chaque être tour à tour et l'attire et le chasse ;
Il vit dans le rocher, et même dans la glace ;
Du corps qui le reçut, du corps qui le produit,
Il sort avec fracas ou s'exhale sans bruit ;
Lui-même agit sur eux, il dessèche la terre,
Il rouille les métaux, il pénètre la pierre.
   Cet élément fluide est aussi transparent :
A travers le cristal, ainsi notre œil errant

CHANT II.

Atteint au haut des cieux ces soleils, ces étoiles
Dont la nuit radieuse illumine ses voiles.
L'air conduit la lumière, et du palais des cieux
Par lui ses doux rayons arrivent à nos yeux ;
Par lui nous respirons l'œillet, la marjolaine [3];
D'une bouche adorée il nous porte l'haleine,
Souffle plus embaumé que le parfum des fleurs ;
L'air humide, d'Iris compose les couleurs [4] ;
L'air par ses doux reflets forme le crépuscule [5] ;
Par lui l'aurore avance, et le soir se recule;
Sans lui l'œil passerait, par un brusque retour,
Du plein jour à la nuit, de la nuit au grand jour ;
C'est lui qui, nuançant leur marche régulière,
Par degrés nous fait perdre et revoir la lumière.
Enfin, multipliant ces mobiles reflets,
Le jour, comme dans l'onde, y vient briser ses traits ;
De là ces jets brillants, ces vapeurs colorées
Dont se peignent du ciel les voûtes azurées,
Surtout dans les climats où l'ardent équateur
De l'astre ardent du jour redouble la splendeur,
Et déploie avec pompe, entre les deux tropiques,
Du luxe des couleurs les teintes magnifiques.
Là, l'éclat des métaux, des fleurs le vif émail,
L'émeraude, l'azur, l'opale et le corail,
Versent tous leurs trésors sur de riches nuages ;
L'illusion y joint ses magiques images,
Et, d'un hasard heureux secondant la beauté,
D'êtres qui ne sont pas peuple un ciel enchanté ;
L'œil y voit resplendir de brillantes campagnes,
Éclater des volcans, s'élever des montagnes,
La lumière frapper des rocs étincelants,
D'un gouffre ténébreux sortir des flots brûlants ;
Sous de riches couleurs, sous de mobiles formes,
S'agiter des lions et des coursiers informes ;
L'Océan dans son sein balance ces tableaux,
Les lacs resplendissants en colorent leurs eaux,
Les arbres leurs sommets, les montagnes leur faîte,
Et la nature y donne une éternelle fête.
Spectacle éblouissant, éclatant appareil
Dont le ciel est la scène, et que peint le soleil.

Toutefois, oubliant ces magnifiques scènes,
De l'air même peignons les riches phénomènes :
Oh! de l'homme ignorant quel eût été l'effroi,
Si quelque sage eût dit : « Regarde autour de toi,
Homme faible! de l'air l'océan t'environne,
Sur toi pèse en tout sens sa fluide colonne [6]! »
Mais la raison bientôt, venant le rassurer,
Lui dit : Cet océan dont l'air vient t'entourer,
Lui-même t'appuyant contre sa masse immense,
Par un juste équilibre au dehors se balance,
Et l'air intérieur, par un contraire effort,
De sa force élastique exerce le ressort.
Sans elle, au même instant, de ta mortelle argile
Sa masse écraserait l'édifice fragile.
Toi-même en veux-tu voir un indice certain?
Pompe l'air que ce vase enferme dans son sein.
Dès qu'il s'est échappé, qu'une exacte clôture
A l'air extérieur en ferme l'ouverture,
Et tout à coup, privé d'un heureux contre-poids,
Le vase en mille éclats se brise sous tes doigts.
Le poids de l'air agit sur la nature entière;
En solide pesant s'unit à la matière;
Des beaux jours, de l'orage, exact indicateur [7],
Le mercure captif ressent sa pesanteur.
L'air élève à son gré les eaux obéissantes,
Du tronc dans les rameaux conduit le suc des plantes;
Le poids de l'air enfin, par un plus doux bienfait,
Dans le sein maternel fait arriver le lait,
Et le guide, à travers les veines qu'il arrose,
De deux globes d'albâtre à deux lèvres de rose.

 Qui de sa gravité nous enseigna la loi?
C'est toi, Toricelli ; divin Pascal, c'est toi [8].
Salut, champs paternels! salut, fière montagne
D'où se déploie au loin cette riche Limagne,
Où d'un sang que chérit mon pays et le sien,
Une goutte sacrée a passé dans le mien!
Pour la première fois quand je gravis ta cime,
Plein de son souvenir, plein de son nom sublime,
Je ne voyais que lui ; en vain, sous de beaux cieux
S'étendaient à tes pieds des champs délicieux.

CHANT II.

Je me disais : Ici Pascal, dans son audace,
Des colonnes de l'air osa peser la masse ;
Mais, hélas ! de cet air, ignoré si long-temps,
L'illustre infortuné jouira peu d'instants ;
La mort l'enlève au monde au printemps de son âge [9].
Cependant l'Éternel veut qu'en son noble ouvrage
Il adore sa main : ô regrets superflus !
Il vient, jette un coup d'œil, voit, admire, et n'est plus !
Mais toi, mont renommé, mont rempli de sa gloire,
Atteste ses travaux et garde sa mémoire.
A Misène autrefois toute une armée en deuil
Offrit en gémissant l'hommage d'un cercueil :
Sur ce beau promontoire où son nom vit encore,
On plaça son épée et son clairon sonore.
Toi, la gloire et l'amour de mon pays natal,
O mont majestueux ! sois le mont de Pascal,
Qu'on y grave son nom, et ce tube fidèle
Par qui le poids de l'air au monde se révèle ;
Et que chaque printemps, mêlés à tes pasteurs,
Les enfants d'Uranie y répandent des fleurs.

C'est peu : des corps tombants à qui l'air fait passage,
Sa fluide épaisseur ralentit le voyage.
Ainsi qu'en pesanteur en vitesse inégaux,
Tous d'un cours différent ils traversent ses flots ;
Mais tous, d'un mouvement également rapide,
Lorsque l'air est absent retombent dans le vide ;
Et le métal pesant, et la plume sans poids,
Au terme du voyage arrivent à la fois.

De l'élasticité l'impulsion puissante
Ne distingue pas moins l'élément que je chante ;
Son ressort captivé, tout à coup détendu,
Regagne en un instant autant qu'il a perdu.
Par sa captivité doublant sa violence,
A l'instant qu'elle cesse il s'échappe, il s'élance
Loin de l'espace étroit qu'il occupait d'abord.
Qui ne sait l'action de ce puissant ressort ?
Par lui, sans le secours des feux et de la poudre,
Du cylindre muet l'air fait voler la foudre,
Et, dans le fer concave avec force pressé,
Fait partir en sifflant le plomb qu'il a lancé [10].

Souvent encore, aidé de l'art qui le seconde,
Pour mieux dilater l'air, le feu dilate l'onde.
Mais puis-je me flatter que le dieu des beaux vers
M'apprenne à célébrer tous ces effets divers?
Ces procédés des arts que le vrai sage honore,
Aux arts brillants du goût sont étrangers encore ;
Toutefois essayons d'en tracer le tableau :
S'il n'est pas relevé, le sujet est nouveau.

 Au-dessus des bassins sur qui l'onde bouillonne,
Dans les concavités d'une longue colonne,
Son épaisse vapeur, du bassin écumeux
S'exhale dans le vide en tourbillon fumeux ;
Suivant que son nuage ou s'élance ou s'affaisse,
Le docile piston ou remonte ou s'abaisse :
L'industrie à son choix en gouverne le jeu.
A peine la fumée, enfant léger du feu,
Dans le tube d'airain où sa vapeur s'amasse,
Du piston qu'il refoule a soulevé la masse,
Une eau froide, avec art introduite en son sein,
Dans son canal brûlant la refroidit soudain ;
Et, par le froid magique arrêtée en sa route,
Une immense vapeur tombe réduite en goutte :
Alors le lourd piston sent le fardeau de l'air,
Et retombe en glissant dans sa prison de fer.
Cependant un levier, qui dans l'air se balance,
Suivant que la fumée ou s'abaisse ou s'élance,
Monte ou tombe, et s'en va jusqu'aux antres profonds
Arracher leurs trésors aux entrailles des monts,
Ravit le noir charbon à la mine féconde,
Extrait le plomb, l'airain, puise et reverse l'onde ;
Ainsi l'art asservit, pour ses travaux divers,
Et la terre, et les eaux, et la flamme, et les airs.

 Quand la nature et l'art leur laissent un cours libre,
L'air est, ainsi que l'onde, ami de l'équilibre.
Est-il rompu? soudain, des nuages errants
Les flottantes vapeurs s'épanchent en torrents ;
Ou leur sein se déchire, et lance sur la terre
Les flèches de l'éclair et les traits du tonnerre.
D'autres fois, conduisant la tempête et la nuit,
Les vents impétueux accourent à grand bruit ;

Et, rival effréné des tempêtes de l'onde,
Dans l'océan des airs l'affreux orage gronde;
Souvent aussi, d'Éole enfant audacieux,
Du pied rasant la terre, et le front dans les cieux,
Le terrible ouragan mugit, part et s'élance;
La ruine le suit, et l'effroi le devance;
Il détruit les hameaux, déracine les bois;
Le rocher vainement se défend par son poids;
Le fer cède en éclats, l'eau s'enfuit à sa source,
L'œil suit avec effroi la trace de sa course.
Des révolutions tel l'ange désastreux
Va semant la terreur sur son passage affreux;
Mœurs, lois, trônes, autels, tout tombe : et d'un long âge
L'ouragan politique anéantit l'ouvrage.
Ainsi de l'air troublé les tourbillons mouvants
Livrent au loin la terre aux ravages des vents.
Eh! qui ne sait comment leurs fougueuses haleines
Des déserts africains tourmentent les arènes,
Enterrent en grondant les kiosques, les hameaux,
La riche caravane et ses nombreux chameaux?
Que dis-je? quelquefois sur une armée entière
L'affreux orage roule une mer de poussière;
La nature se venge, et dans d'affreux déserts
Abîme ces guerriers, l'effroi de l'univers.

 C'est toi que j'en atteste, ô malheureux Cambyse [11] !
Rapide conquérant de l'Égypte soumise,
Déjà des Libyens tu menaçais les dieux.
Plus nombreux que les flots, tes essaims belliqueux
De trente nations présentaient le mélange;
Les uns avaient quitté les rivages du Gange,
D'autres ceux de l'Indus; et le fer et l'airain
Réfléchissaient les feux du soleil africain.
Aux lueurs de l'éclair, aux éclats de la foudre,
Tout à coup sont partis des nuages de poudre;
L'air gronde, le jour fuit; de ce nouveau combat
Le courage étonné vainement se débat.
Tel qu'un coursier fougueux sous un maître intrépide,
L'ouragan autour d'eux tourne d'un vol rapide,
Les enveloppe tous de ses noirs tourbillons :
D'abord serrés entre eux, leurs épais bataillons

Bravent et la tempête et l'arène mouvante.
Bientôt courent partout le trouble et l'épouvante :
Tous aux vents en courroux errent abandonnés,
Le courage est vaincu, les rangs désordonnés ;
Tous ces peuples divers, qu'un même lieu rassemble,
S'agitant, se poussant, s'entrechoquant ensemble,
Sur des monceaux de dards, de boucliers brisés,
L'un sur l'autre abattus, l'un par l'autre écrasés,
Dans la profonde horreur de la nuit ténébreuse,
Présentent, sans combattre, une mêlée affreuse.
Un même effroi saisit l'homme et les animaux :
Les chameaux renversés roulent sur les chameaux,
Cavalier et coursier l'un sur l'autre succombe ;
Lui-même avec ses tours, l'énorme éléphant tombe.
Comme une vaste mer, le souffle impétueux,
Écartant, ramenant ces flots tumultueux,
Fouette d'un sable ardent leur brûlante paupière,
Ferme leur bouche à l'air, leurs yeux à la lumière ;
Tous s'enfoncent vivants dans ces vastes tombeaux,
Et l'orage, en triomphe, emporte leurs drapeaux.
Parmi ces noirs amas qui sur eux s'amoncellent,
L'un l'autre vainement ces malheureux s'appellent :
Leurs cris meurent dans l'air, le trouble croît ; les vents
Redoublent leurs fureurs, le sable ses torrents.
Si l'effroyable assaut laisse un moment de trêve,
La foule renversée en tremblant se relève,
Et pose sur l'arène un pied mal affermi.
Bientôt l'air plus fougueux de colère a frémi ;
Il tourmente, il enlève, il rejette la terre,
Mêle à des flots de poudre une grêle de pierre :
Le vent pousse le vent, les flots suivent les flots,
La lutte est sans espoir, l'ouragan sans repos.
Il vole, il frappe l'air d'une aile infatigable,
Pousse, entasse sur eux des montagnes de sable.
A peine on voit sortir des sommets d'étendards,
Des bras sans mouvement, et des pointes de dards.
De moment en moment l'orage qui s'anime
Sur eux ouvre, referme et rouvre encor l'abîme.
Tour à tour le jour fuit et se montre à leurs yeux ;
Par d'effroyables cris tous lui font leurs adieux.

Enfin ce grand débris, luttant contre la tombe,
Par un dernier effort se soulève et retombe.
Alors de longs soupirs s'entendent un moment,
D'un peuple enseveli vaste gémissement.
La nuit vient, le jour meurt, et la terre en silence
N'offre qu'un calme affreux et qu'un désert immense.

Malheureux ! c'en est fait ; non, vous ne boirez plus
Ou les ondes du Gange, ou les flots de l'Indus !
En vain vous espériez revoir votre famille,
Et reprendre en vos mains l'innocente faucille.
Vous-mêmes moissonnés mourez sous d'autres cieux ;
Aujourd'hui même encor vos ossements poudreux
Frappent le voyageur ; et, dans son trouble extrême,
De son propre danger l'épouvantent lui-même.

Mais comment expliquer tous ces grands mouvements,
Ces révolutions de l'empire des vents ?
Où sont ces temps heureux des rêves poétiques,
Ces siècles de féerie, où les fables antiques,
D'un peuple ingénieux heureuses fictions,
Nous peignaient, dans la nuit de leurs antres profonds,
Les vents tumultueux, les tempêtes bruyantes,
S'agitant de fureur dans leurs prisons tremblantes,
Luttant contre leurs fers et s'indignant du frein ;
Tandis que sur son trône, Éole, un sceptre en main,
Irritant à son choix ou calmant leurs haleines,
Leur lâchait tour à tour ou resserrait les rênes ?
Tout était expliqué ; mais de savants débats
Pour définir les vents imitent leurs combats ;
Tout est trouble et discorde, et les cris de l'école
Égalent en fracas les cavernes d'Éole.

Mais laissons là des vents les mystères secrets,
Et sans sonder la cause expliquons les effets :
Viens donc à mon secours, Gineau [12], dont la main sûre
Organise le monde et sonde la nature ;
De ces sentiers obscurs fais-moi sortir vainqueur ;
J'aime à voir par tes yeux, à jouir par ton cœur.
De la matière morte à l'argile vivante,
Du roc au diamant, du métal à la plante,
Des ailes du condor aux pieds rampants du ver,
De l'instinct de l'aimant à la masse du fer,

Le monde à tes regards déploya ses merveilles.
Laisse-moi m'enrichir du produit de tes veilles ;
Jamais sujet plus beau n'inspira l'art des vers ;
La nature est mon plan, mon tableau l'univers.
De la terre, et des feux, et de l'air, et de l'onde,
C'est toi qui me montras l'alliance féconde ;
Mais par de plus beaux nœuds, de plus rares accords,
Le ciel, qui te doua des plus riches trésors,
Du talent et des mœurs fit l'heureux amalgame :
Oui, des combinaisons la plus belle est ton ame.
Des éléments rivaux dis-moi donc le secret :
Mon œil est curieux, et non pas indiscret.
 Parmi les vents divers, despote peu durable,
L'un exerce un moment son règne variable,
S'empare en souverain de l'empire de l'air ;
Il part comme la foudre, il meurt comme l'éclair ;
Et, calmant tout à coup ses fougues passagères,
Dans les airs à leur tour laisse régner ses frères :
Tantôt sur l'Océan, soufflant sous un ciel pur,
De sa surface à peine il effleure l'azur,
Et tantôt, s'élançant sur ses plaines profondes,
Il frappe, élève, abaisse et tourmente les ondes,
Et, troublant en tout sens cet humide chaos,
Arme l'air contre l'air, les flots contre les flots.
Malheur au nautonier ! Dans sa barbare joie,
Le brigand sur la côte attend déja sa proie.
Dans son cours plus égal, l'autre, plus régulier,
Parcourt des mers du sud le sein hospitalier ;
Et lorsque, poursuivant sa course courageuse,
Le vaisseau que battait la tempête orageuse
A laissé loin de lui le brûlant équateur,
Heureux, il trouve enfin ce vent consolateur,
Embaumé des parfums que le rivage exhale ;
Le nocher suit en paix sa route orientale,
Et sur les flots unis, sans crainte, sans effort,
Son souffle, ami constant, le conduit dans le port.
Laisse-t-il ces beaux lieux ? des rives de l'aurore,
Guide fidèle et sûr, il l'accompagne encore ;
Et, comme à son voyage, utile à son retour,
Soumet les faibles vents qui règnent alentour.

Tel, des vœux passagers domptant la fantaisie,
Le penchant dominant nous suit toute la vie.
Allez, heureux nochers! de ces fertiles bords,
Des tributs étrangers apportez les trésors,
Cet or, ces diamants dont l'Europe est avare,
Et ces frêles tissus dont la beauté se pare.
Par les nœuds du commerce unissez l'univers,
Mais ne lui portez pas nos vices et nos fers.

   Les saisons à leur tour, dans leur vicissitude,
Nous ramènent un air ou plus doux ou plus rude,
Et les vents inconstants, en dépit des climats,
Redoublent les chaleurs ainsi que les frimas :
Tout à coup l'air s'embrase, et des vapeurs brûlantes
Versent de toutes parts leurs flammes dévorantes;
Des mines, des volcans, et des marais fangeux,
L'air emporte avec lui les gaz contagieux;
Il souffle : tout se fane et tout se décolore;
La fleur craint de s'ouvrir, et le germe d'éclore :
Le midi, de ses feux enflamme le matin :
La terre est sans rosée, et le ciel est d'airain;
Les monts sont dépouillés; de la plaine béante
La soif implore en vain une eau rafraîchissante;
L'arbre perd ses honneurs; dans ses canaux tari,
Le suc arrive à peine au feuillage flétri;
Le lac est desséché, le fleuve aux mers profondes
Roule, pauvre et honteux, ses languissantes ondes;
La truite ne fend plus les rapides torrents;
L'anguille avec lenteur traîne ses plis mourants;
La cascade se tait; dans sa marche plus lente,
Le berger voit dormir la rivière indolente;
A peine avec effort la nymphe du ruisseau
De ses cheveux tordus tire une goutte d'eau.
Plus d'amour, plus de chants! le coursier moins superbe
En vain d'un sol brûlé sollicite un brin d'herbe.
Le cerf au pied léger repose au fond des bois.
Partout l'air accablant pèse de tout son poids;
L'homme même succombe, et son ame affaissée
Sent défaillir sa force et mourir sa pensée.

   Et toi, tyran du monde, inexorable hiver,
De quel souffle piquant tu viens irriter l'air!

Pareil à la Gorgone, en son pouvoir terrible,
Tout se change en rocher à ton aspect horrible.
L'immobile océan n'est qu'un brillant chaos,
Des masses de cristal, des montagnes de flots;
Le lac porte des chars; jusqu'au fond de la terre,
Dans ses derniers canaux la sève se resserre;
Des éléments troublés l'hiver se fait un jeu,
Le froid démon du nord insulte au dieu du feu.
Près du chêne brûlant l'eau se durcit en glace;
La laine sur les corps se roidit en cuirasse,
La hache fend le vin, le froid brise le fer,
Glace l'eau sur la lèvre et le souffle dans l'air :
Même au pied des autels, dans le sacré calice,
La glace ose saisir le vin du sacrifice,
Et, dans les cœurs pieux jetant un saint effroi,
Épouvante le prêtre, et fait douter la foi.
L'hiver au midi même a fait souvent la guerre,
Et son brillant soleil n'en défend point la terre.

   Toutefois, quand le ciel en adoucit les traits,
Les rigueurs de l'hiver se changent en bienfaits :
Il raffermit les nerfs; son souffle salutaire
Va balayer les cieux et purger l'atmosphère,
Et d'un mélange impur de mille exhalaisons
Son utile âpreté dissipe les poisons.
Ainsi que les humains l'air a ses maladies :
Que de fois, propageant ses vastes incendies,
Des infectes vapeurs dont le charge l'été,
Il fait naître, il nourrit ce monstre détesté,
Des fléaux le plus grand, des maux le plus funeste,
Que La Fontaine enfin tremble à nommer : la peste!
Surtout dans ces climats où des soleils plus beaux,
Ainsi qu'à leurs trésors ajoutent à leurs maux.
Les animaux d'abord éprouvent son ravage;
L'agneau naissant expire en un frais pâturage;
Les loups ont oublié leur instinct dévorant,
La colombe son nid, Philomèle son chant;
Le tigre furieux cède au mal qui l'oppresse,
Le lion perd sa force, et le cerf sa vitesse;
Le timide chevreuil ne songe plus à fuir;
Le farouche taureau s'étonne de languir;

Le coursier, qui jadis, noble amant de la gloire,
Superbe, l'œil en feu, volait à la victoire,
Maintenant, terrassé sans avoir combattu,
Marche les crins pendants et le front abattu.
Mais combien plus cruel, malheureux que nous sommes,
Ce terrible fléau vient fondre sur les hommes !
De rameaux en rameaux court moins rapidement
D'une forêt en feu le vaste embrasement ;
La flamme que conduit une mèche perfide
Saisit d'un vol moins prompt le salpêtre homicide.
Le mal corrompt le sang, infecte les humeurs,
Couvre les corps flétris de livides tumeurs,
D'ulcères dévorants ronge la chair brûlante :
Après lui le trépas, devant lui l'épouvante,
Sur les ailes des vents il court se propager ;
Chaque souffle est mortel, chaque être a son danger ;
Le desir est craintif, le besoin se défie,
La faim goûte en tremblant l'aliment de la vie ;
La main craint de toucher, l'odorat de sentir.
De tous les éléments la mort semble sortir ;
Des feux d'un ciel impur elle embrase le monde,
La mort roule dans l'air, elle empoisonne l'onde ;
Les terrestres vapeurs lui prêtent leur poison :
Terrible, elle poursuit sa hideuse moisson.
L'un meurt dans ses vieux ans, un autre à son aurore ;
De la jeune beauté le teint se décolore ;
Le délire effaré trouble ces yeux si doux,
Et l'objet des desirs le devient des dégoûts ;
Sans linceul, sans flambeau, dans des fosses profondes,
En foule sont jetés ces cadavres immondes.
Adieu les saints concerts et le culte de Dieu !
L'un de l'autre effrayés, tous quittent le saint lieu :
Le malheur les unit, la terreur les sépare,
Chacun craint ce qu'il aime, et la peur est barbare ;
Le zèle, le devoir, la pitié, tout se tait ;
L'amour lui-même est sourd, et le sang est muet.
L'enfant épouvanté s'écarte de son père,
Le frère fuit la sœur, et la sœur fuit son frère,
La mère de son fils redoute le berceau,
Dans le lit nuptial l'hymen voit un tombeau.

Mais, ô retour cruel! celui dont la faiblesse
Par une lâche crainte étouffa la tendresse,
Expiant par l'oubli le refus des secours,
Finit dans l'abandon ses misérables jours.
D'heure en heure le mal prend des forces nouvelles;
Avec la faux du temps il emprunte ses ailes,
Vole de couche en couche, erre de seuil en seuil :
La mort produit la mort, le deuil sème le deuil;
Le monstre affreux triomphe, et son haleine immonde
Infecte la nature et dépeuple le monde.

Mais quand je puis de l'air célébrer les bienfaits,
Pourquoi vous raconter ses funestes effets?
L'air, de tous nos besoins ce bienfaiteur utile,
Quelquefois des beaux-arts est l'instrument docile.
Je t'en prends à témoin, ô toi qui de tes sœurs
Par tes accords divins surpasses les douceurs!
O charme de l'oreille, aimable Polymnie!
C'est lui qui, secondant ta céleste harmonie,
Au gré du souffle humain, de l'archet et des doigts,
En accents modulés fait résonner le bois ;
Par lui l'airain bruyant, la corde frémissante,
Du mobile clavier la touche obéissante,
Parlent tantôt ensemble et tantôt tour à tour;
Il fait siffler le fifre et gronder le tambour,
Anime le clairon, inspire la musette,
Fait soupirer la flûte, éclater la trompette;
Tandis qu'entretenant commerce avec les cieux,
L'orgue divin exhale un son religieux,
Et de sa voix sonore, à nos voix réunie,
Verse dans le lieu saint des torrents d'harmonie.
Jubal lui fit une ame [13] ; et ses sons éclatants
Dans les murs de Sion retentirent long-temps.

Vainqueur mélodieux des antiques merveilles,
Quels accents tout à coup ont frappé mes oreilles!
J'entends, je reconnais ces chefs-d'œuvre de l'art,
Trésors de l'harmonie, et la gloire d'Érard.
De l'instrument sonore animant les organes,
Séjan a préludé [14] : loin d'ici, loin, profanes!
De l'inspiration les sublimes transports
Échauffent son génie et dictent ses accords :

Sous ses rapides mains le sentiment voyage;
Chaque touche a sa voix, chaque fil son langage;
Il monte, il redescend sur l'échelle des tons,
Et forme, sans désordre, un dédale de sons.
Quelle variété! que de force et de grace!
Il frappe, il attendrit, il soupire, il menace;
Tel, au gré de son souffle, ou terrible ou flatteur,
Le vent fracasse un chêne ou caresse une fleur.

CHANT TROISIÈME.

L'EAU.

Les différents effets de l'eau dans les ouvrages et les scènes de la nature. Propriétés de l'eau. Tableau d'une inondation. Épisode de Musidore surprise au bain par son amant. Les ruisseaux, les lacs et les rivières. Les eaux minérales. Utilité des eaux dans les arts mécaniques. Différentes combinaisons de l'eau soumise à l'action du feu. L'eau réduite en glace. Vue des glaces pittoresques de l'hiver. Description de la grêle. La neige. Mort déplorable d'un bûcheron surpris loin de sa cabane, et englouti dans la neige. L'instinct généreux des chiens, qui ramènent les voyageurs égarés dans l'hospice du Saint-Bernard.

O que ne puis-je, instruit des principes des choses,
Connaître les effets, approfondir les causes!
Pourquoi l'été des nuits précipite le cours,
Pourquoi le sombre hiver nous abrège les jours,
Pourquoi la terre tremble, et pourquoi la mer gronde,
Quel pouvoir fait enfler, fait décroître son onde!
Mais si mon sang trop froid m'interdit ces travaux,
Eh bien! vertes forêts, prés fleuris, frais berceaux,
Objets si chers au sage, et plus chers au poëte,
J'irai, je goûterai votre douceur secrète;
Trop heureux de cacher dans un asile sûr
Mes jours inglorieux et mon destin obscur.
Ainsi parlait Virgile [1]; et moi, dans mon audace,
Non sans quelque frayeur, j'abandonne sa trace.
Oui, des sentiers battus je détourne mes pas;
Oui, les déserts du Pinde ont pour moi des appas:
Il est temps de puiser, dans ma soif téméraire,
Aux sources dont jamais n'approcha le vulgaire;

Il est temps de marcher, couronné de festons
Dont nuls mortels encor n'ont vu ceindre leurs fronts :
La gloire ne voit point d'obstacle insurmontable.
   Liquide comme l'air, comme lui dilatable,
Suivant les lieux, le sol, le froid et la chaleur,
Changeant de goût, de poids, de forme et de couleur,
L'eau, comme la lumière, en fluide est fondue,
Fixée en corps solide, en vapeurs répandue.
Fluide, de ses flots endormis ou courants,
Elle forme les lacs, les marais, les torrents ;
Se filtre en frais ruisseaux à travers les montagnes ;
Tantôt, féconde pluie, arrose nos campagnes ;
En dissolvants actifs pénètre tous les corps,
En change la nature, en dissout les accords ;
Agit sur les métaux, les sels, l'air, et la terre.
Elle nourrit la plante [2], elle pétrit la pierre ;
En courant elle creuse ou comble les vallons,
Baisse, élève, crevasse ou dépouille les monts ;
Et si Thalès trompé fit tout naître de l'onde [3],
Du moins l'eau pure altère et refait notre monde.
C'est peu ; pour l'équilibre un invincible attrait
A niveler ses flots la conduit en secret :
Ainsi du réservoir si l'onde languissante
Coule, tombe et ressort en gerbe jaillissante,
Du bassin paternel, autrefois son berceau,
Son jet irrésistible atteindra le niveau.
Sur elle tout agit ; le tube qui la presse,
Le penchant du terrain, sa masse, sa vitesse,
Sans fin multipliant ses rapides progrès,
Ainsi que sa puissance augmentent ses effets.
   Les corps pèsent aussi de diverse manière ;
Des solides sur nous pèse la masse entière ;
L'onde plus divisée écoute d'autres lois ;
Chaque colonne d'eau, chaque goutte a son poids,
Et, traversés par l'air, les atomes fluides
Dispersent en tombant leurs globules liquides :
Mais qu'un souffle glacé les réunisse en bloc,
L'eau redouble de poids, de vitesse et de choc ;
Et tous les points compacts que son volume assemble
Doivent partir, tomber, peser, frapper ensemble.

CHANT III.

Les fluides encor, par leur mobilité,
Agissent en tout sens, pressent de tout côté [1];
Tandis que le corps dur, ou que le froid condense,
Garde de ses tissus la secrète adhérence,
Et par un poids commun dans son cours vertical
Descendant tout entier d'un mouvement égal,
Sans écart, dans l'air libre achève sa carrière.
Si l'on peut comparer l'ame avec la matière,
Ainsi l'homme léger, de mille objets épris,
Va dispersant entre eux ses volages esprits;
Tandis que, concentrant sa force réunie,
Toujours au même but s'avance un grand génie.

Enfin de l'hydraulique interrogeons les lois;
L'onde unit dans son choc sa vitesse et son poids [5].
De ce double pouvoir que ne peut l'assemblage?
Souvent, comme nos biens, nos maux sont son ouvrage.
Eh! qui ne connaît pas ses ravages affreux,
Soit que le ciel s'épanche en torrents désastreux,
Soit qu'aux antres profonds les ondes prisonnières
De ces grands réservoirs aient brisé les barrières?
Ne perdez point de temps, malheureux, sauvez-vous.
Fuyez; je vois venir les vagues en courroux;
Elles viennent. Déja, telle que le tonnerre,
Leur masse impétueuse ébranle au loin la terre :
Ainsi que, de leurs flots inondant nos sillons,
Les bataillons pressés suivent les bataillons;
Ainsi, précipitant leur course vagabonde,
La vague suit la vague, et l'onde pousse l'onde.
L'épouvante a saisi le peuple des hameaux;
Il emmène en tremblant ses brebis, ses taureaux.
L'un emporte son fils, cet autre son vieux père;
Chacun fuit le trépas et prévoit la misère.
Celui qu'en ses foyers l'espoir a retenu,
Bientôt voit jusqu'à lui le torrent parvenu;
De moment en moment, et d'étage en étage,
Tout prêt à l'engloutir, s'accroît l'affreux orage :
Des caveaux de Bacchus aux greniers de Cérès
Il s'élance, il poursuit ses terribles progrès.
Lui, du haut de son toit, dans un morne silence,
Pâle, les mains au ciel, voit le déluge immense

Entraîner en grondant arbres, bergers, troupeau,
Le vieillard dans son lit, l'enfant dans son berceau,
Des moulins, des maisons les solives flottantes,
Les barques sans rameurs sur l'onde bondissantes,
La dépouille des prés, les trésors des sillons.
Déja l'onde, à ses pieds écume à gros bouillons,
L'assiége, le poursuit, l'atteint et l'environne.
Enfin, sous les assauts de la vague qui tonne,
Tremblant, il sent fléchir ses fragiles lambris ;
Il tombe, il se confond dans ce vaste débris,
Tandis qu'au haut d'un mont sa famille plaintive
Pleure et suit sur les eaux sa maison fugitive.
Adieu des soirs d'hiver les entretiens joyeux,
Et la vieille romance, et les folâtres jeux,
Et l'âtre où, le matin, de la cendre fidèle
Un souffle haletant réveillait l'étincelle ;
Et le buffet modeste où l'humble pauvreté
Au lieu de la richesse offrait la propreté.
Mais du courroux des eaux oublions les images ;
Célébrons leurs bienfaits, et non pas leurs ravages.
   L'eau baigne nos jardins, coule dans nos buffets,
Compose nos liqueurs et prépare nos mets ;
Pour tempérer l'ardeur de nos vins délectables,
En des cristaux brillants elle assiste à nos tables :
En source jaillissante arrose nos remparts.
Ainsi que la nature, elle anime nos arts :
Le grain par son secours sous la meule se broie ;
Elle apprend à la roue à dévider la soie ;
Elle conduit la scie, élève les marteaux
Qui foulent le papier ou domptent les métaux.
Utile à nos plaisirs, à nos maux nécessaire,
Nous lui devons du bain l'usage salutaire ;
Soit que dans nos foyers, par de secrets canaux,
L'art, d'un ruisseau captif apprivoise les eaux ;
Soit que des saules verts, déployant leur feuillage,
Joignent à sa fraîcheur la fraîcheur de l'ombrage.
A ces rustiques bains se plaisaient autrefois
Et la chaste Diane, et les nymphes des bois ;
Là Junon elle-même, oubliant son injure,
Revenait de Vénus essayer la ceinture ;

Et le paon orgueilleux, corrigeant ses mépris,
Se montrait familier aux pigeons de Cypris.
Le bain est votre charme, adorables mortelles;
Belles il vous reçut, vous en sortez plus belles!
Là quelquefois l'Amour, alarmant la pudeur,
Cherche d'un œil furtif l'objet de son ardeur:
Heureux, lorsque, enfermant sa pudique tendresse,
Il obtient la beauté pour prix de la sagesse!
Offrons-en le modèle, et, rival des Thompsons,
Osons par un récit égayer mes leçons.
 Au bord d'un frais ruisseau, dont les eaux cristallines
Tombaient parmi des rocs du sommet des collines,
Damon était assis; là, parmi les roseaux
Et les saules touffus qui couronnent les eaux,
Tranquille et nourrissant son amoureux délire,
Au murmure de l'onde, au souffle du Zéphire,
Amant sans espérance, il rêvait; et son cœur
D'une amante adorée accusait la rigueur.
Soit orgueil, soit pudeur, la jeune enchanteresse
D'un air d'indifférence accueillait sa tendresse:
Seulement quelquefois un regard de côté,
Jeté timidement, trahissait sa fierté;
Ou par un long soupir, trop sincère interprète,
Son cœur, gros de chagrins, avouait sa défaite.
Enfin elle feignait, et sa fausse froideur,
Dissimulant ses feux, en augmentait l'ardeur.
Dans le désert qui plaît à sa douleur rêveuse,
Son tendre amant cherchait par quelle adresse heureuse,
Sans blesser Musidore, il pourrait quelque jour
Arracher de son cœur les secrets de l'amour;
Et par des vers touchants, tout remplis de sa flamme,
Les presser de sortir des replis de son ame.
Le hasard le servit; le hasard quelquefois
Fait le sort des amants comme celui des rois.
Le teint bruni des feux dont l'été la colore,
La fraîcheur de ces lieux attira Musidore.
Timide, elle y revient, contre un ciel enflammé
Retrouver de son bain l'asile accoutumé:
Sa pudeur se confie à ce lieu solitaire.
Damon en veut d'abord respecter le mystère;

Sentiment délicat d'un amant dont le cœur
Veut conserver l'estime en cherchant le bonheur!
Mais l'amour le retient; et comment s'en défendre?
La nymphe était si belle, et son amant si tendre!
Musidore paraît, et ses timides yeux
D'abord d'un air craintif interrogent ces lieux.
Damon la voit : jadis le beau pasteur de Troie
Dans son cœur palpitant ressentit moins de joie,
Quand sur le mont Ida trois jeunes déités
Sans voile à ses regards livrèrent leurs beautés.
La nymphe, dont la grace à leurs graces égale
Même auprès de Vénus n'eût point eu de rivale,
Déja prête à goûter les délices du bain,
S'assied au bord des eaux; déjà sa belle main
Sur ses jambes d'albâtre a replié la soie.
Enivré de désirs, d'espérance et de joie,
Damon brûle en secret. Mais quels nouveaux combats
Quand la jeune beauté, de ses doigts délicats,
De son corps virginal dénouant la ceinture,
Laisse voir affranchis des nœuds de la parure
Ce sein éblouissant, dont le double contour
Palpite de santé, de jeunesse et d'amour;
Ces deux globes charmants qu'avec grace compose
Un frais amas de lis, que surmonte la rose!
Pars, ô jeune imprudent! pars : eh! comment peux-tu
Maîtriser tes transports et garder ta vertu,
Lorsque l'habit jaloux qui cache ton amante
Descend, glisse à longs plis sur sa taille élégante,
Et qu'un dernier tissu, moins blanc que son beau corps,
Tombe, et révèle aux yeux tous ses secrets trésors;
Ces formes qu'à plaisir arrondit la nature,
D'un incarnat si vif, d'une blancheur si pure!
C'en est fait; tout entiers se montrent ses appas :
Alors quelle frayeur et quel chaste embarras!
Musidore se voit; et dans son trouble extrême
Craint ses propres regards et rougit d'elle-même.
Elle hésite, elle tremble, et comme au moindre bruit
La biche, encore enfant, d'épouvante bondit;
Une ombre, un souffle, un rien alarme Musidore.
Enfin s'abandonnant au péril qu'elle ignore,

Le ruisseau la reçoit, et le flot innocent
Vient se jouer autour de ce corps ravissant.
Le courant azuré qui mollement l'embrasse
Adoucit chaque trait, relève chaque grace,
Rehausse ses attraits par leur voile embellis.
A travers le cristal tel brille un jeune lis ;
Telle, dans la rosée, avec le jour éclose,
D'un plus doux incarnat se colore la rose.
Tantôt la nymphe plonge, et le frais élément
Voile, sans le cacher, cet objet si charmant ;
Tantôt elle remonte, et les gouttes limpides
Roulent sur son beau sein en diamants liquides,
Glissent sur ses cheveux, et leur jais déployé
D'un humide réseau l'enveloppe à moitié.
Ravi de ses attraits, de sa forme divine,
Des beautés qu'il parcourt, entrevoit ou devine,
Damon vole : il était criminel en ce jour,
Si l'on est criminel par un excès d'amour.
Tout à coup il s'arrête, et jette sur la rive
Ce billet, qu'il adresse à la pudeur craintive,
Ce billet qu'il traça d'une tremblante main :
« Calme-toi, bel objet ; tu t'effraierais en vain ;
L'œil sacré de l'amour paraît causer ta crainte :
Calme-toi ; je m'en vais, protégeant cette enceinte,
Des profanes regards défendre ce réduit.
Adieu ; Damon t'a vue, il t'adore, et te fuit. »
Il part : de l'autre bord la chaste Musidore
Voit voler le billet de l'amant qu'elle adore ;
Tous ses sens ont frémi : l'effroi de la pudeur
Et la peur d'un affront font palpiter son cœur ;
Un long étonnement la retient immobile.
On croirait voir ce marbre où le sculpteur habile
Peint la jeune Vénus au sortir de son bain,
Protégeant ses appas de sa timide main ;
Ce marbre où, pour former une seule déesse,
L'art réunit le choix des beautés de la Grèce.
Tremblante, elle s'élance, et prend sur l'autre bord
Sa robe et ce billet, et reconnaît d'abord
La main de son amant. Alors à ses alarmes
Succèdent tout à coup des pensers pleins de charmes ;

Ces remords d'un cœur pur, cet amour vertueux,
Qui maîtrisent des sens l'instinct impétueux ;
La chaste expression d'un penchant qui l'honore,
Que tant de modestie embellissait encore.
Elle-même, en secret, félicite son cœur
D'approuver tant d'amour sans outrager l'honneur.
De ce burin grossier fait pour l'amant champêtre,
Elle grave aussitôt sur l'écorce d'un hêtre
Ce peu de mots : « O toi, qui dans cet heureux jour,
Servi par le hasard, mieux encor par l'amour,
Seul en pourras comprendre et juger le langage ;
Va, sois, comme aujourd'hui, discret, modeste et sage ;
Conserve l'espérance : un moment doit venir
Où tu pourras enfin m'adorer sans me fuir. »
Que de beautés encore ou riantes ou fières
Vous offrent les ruisseaux, les fleuves, les rivières !
Ici, du haut des monts une colonne d'eau
Se précipite en masse ou s'étend en rideau ;
Ailleurs, tout un grand fleuve en une obscure arène
S'en va perdre en mourant son onde souterraine ;
Ailleurs, laissant à nu son canal sablonneux,
L'eau s'engouffre en grondant dans son lit caverneux,
Et se fraie, en sortant, une route nouvelle.
Ainsi j'ai vu le Rhône, à son lit infidèle,
Se perdre avec fracas, quitter son noir séjour,
Et rouler plus pompeux à la clarté du jour.
En le voyant sortir de sa prison profonde,
Les bois, les prés, les cieux félicitent son onde.
Tel souvent le commerce aux yeux des nations
S'abîme dans la nuit des révolutions,
Sort, rouvre ses canaux, reprend son cours immense,
Et porte au loin les arts, la vie et l'abondance.
Dans cet espoir si juste, ô ciel, exauce-moi !
Nantes, sors de ton deuil ; Marseille, éveille-toi !
Que la Seine orgueilleuse, et la vaste Gironde,
Sous de nombreux vaisseaux roulent encor leur onde !
Et toi, dont l'univers ne croira point les maux,
Lyon, respire enfin, et reprends tes travaux !
Change en vivants tissus l'or, la laine et la soie ;
Que de ton siége affreux l'histoire s'y déploie ;

Et que, frappés d'un art et d'un malheur si grand,
Tous les peuples émus t'admirent en pleurant!
    Faut-il encor des eaux peindre les phénomènes?
Que d'effets merveilleux, que d'étonnantes scènes!
Tels ces ruisseaux, des monts enfants capricieux;
Disparus tout à coup ou rendus à nos yeux,
Semblent chercher et fuir leurs humides demeures;
Et, comme le génie, ont leurs jours et leurs heures.
D'autres, de leur saison attendant le retour,
Croissent dans leur bassin et baissent tour à tour;
Telle j'ai vu Vaucluse et sa source inconstante:
Du sensible Pétrarque et de sa tendre amante
Telles ne furent point les célèbres amours;
Laure ne changea point, Pétrarque aima toujours.
    Eh! pourrais-je oublier ces eaux miraculeuses [6]
Que cachent à nos yeux leurs grottes caverneuses,
Et dont les flots, glacés par de fréquents éclairs,
Aux approches du feu font petiller les airs?
Et celles que le soufre attiédit et colore,
Où la brillante Hygie et le dieu d'Épidaure,
Dans un bain salutaire ont mêlé de leur main
Les métaux de Cybèle et les feux de Vulcain;
Et de qui la vertu, riche en métamorphoses,
Rend au teint pâlissant et le lis et les roses?
Là viennent tous les ans, exacts au rendez-vous,
Les vieillards écloppés, un jeune essaim de fous,
La sottise, l'esprit, l'ennui, le ridicule:
Le vaudeville court, l'épigramme circule;
Là, la coquette vient, réparant ses attraits,
Aux fats de tout pays tendre encor ses filets;
Là, même lieu rassemble, et l'aimable boudeuse,
Et la jeune éventée, et la vieille joueuse
Que l'aube au tapis vert surprend à son retour,
Veillant toute la nuit, se plaignant tout le jour.
    Plus la foule est nombreuse, et plus elle est active;
L'un vient et l'autre part, l'un part et l'autre arrive.
Là, chaque coterie a ses arrangements;
Chacun y fait emplette et d'amis et d'amants.
Que de vœux passagers, de liaisons soudaines,
De Pylades du jour, qui dans quelques semaines,

L'un de l'autre oubliant les serments superflus,
Doutent en se voyant s'ils se sont jamais vus !
D'autres prennent l'avance, et deux tendres amies
Arrivent s'adorant, et partent ennemies.
Assemblage piquant de costumes, d'humeurs,
D'âges, de nations, et d'états, et de mœurs !
   Peindrai-je du matin les fraîches promenades,
Les bruyants déjeuners, les folles cavalcades ?
Chaque belle a choisi son galant écuyer :
Les deux pieds suspendus sur son double étrier,
Assise de côté, l'une trotte à l'anglaise ;
L'autre va sautillant sur la selle française ;
L'autre lance un wiski ; d'autres, de leur talon
Aiguillonnant en vain un paresseux ânon,
Maudissent de Sancho l'indocile monture.
Mais déjà midi sonne, et l'appétit murmure ;
La table les appelle, et chacun à son choix
Court de son médecin suivre ou braver les lois.
   « Heureux qui dans ses vers sait, d'une voix légère,
» Passer du grave au doux, du plaisant au sévère ! »
Ainsi parlait Boileau. Muse, change de ton,
Et reviens sur les pas de Pline et de Buffon.
D'un sujet moins riant l'austérité t'appelle ;
Prends un nouveau courage, une force nouvelle.
De l'eau liquide encor j'ai tracé les effets ;
De l'eau montée en gaz révélons les secrets.
   L'eau présentée à l'air aisément s'évapore ;
Ses vapeurs sur le feu montent plus vite encore ;
Sitôt qu'à gros bouillons on la voit s'agiter,
La flamme à sa chaleur ne peut rien ajouter ;
Mais la vapeur du feu, qui, portée à s'étendre,
Avec égalité demande à se répandre,
Avec elle emportant, en nuages subtils,
Du fluide élément les esprits volatils,
Laisse paraître aux yeux l'exhalaison humide,
Et tient en gaz légers sa matière liquide.
   L'eau, quand l'air libre encor communique à ses flots,
Bout moins rapidement ; mais dans un vase clos
(Surtout quand de Papin l'hermétique clôture
Concentre dans l'airain la chaleur qu'il endure)

L'eau captive s'échauffe, et sa moite prison
Du fluide attiédi reçoit l'exhalaison.
Mais cette onde échauffée, avant qu'elle bouillonne,
Doit du gaz épaissi soulever la colonne,
Et vaincre, pour monter dans son bassin de fer,
Et ses propres vapeurs, et le ressort de l'air.
Triomphante une fois de leur double puissance,
Elle ne contient plus sa vive effervescence;
Fougueuse elle bondit; et de ses flots roulants
Agite avec fureur les tourbillons brûlants.
En vain, s'agenouillant à son foyer antique,
Et se courbant sur l'onde où cuit un mets rustique,
Baucis veille sur elle, et, la suivant des yeux,
Tour à tour la rapproche ou l'éloigne des feux;
Souvent, malgré les soins de sa main attentive,
De moment en moment plus ardente et plus vive,
L'eau bout, le vase éclate, et les marmots surpris
De leur dîner perdu saisissent les débris.

Des eaux, assez long-temps j'ai parcouru l'empire;
Poursuivons ma carrière: il est temps de vous dire
Quel ordre invariable et quel puissant secours
Dans leur marche éternelle entretiennent le cours
Des fleuves, des étangs, des lacs, des mers profondes,
De cet immense amas d'inépuisables ondes,
Pour l'océan des cieux. Voyez l'astre du jour
Enlever les vapeurs de l'humide séjour.
De cette masse d'eau dans les airs emportée,
La force du calcul recule épouvantée.
Au globe qui fournit ces humides tributs,
Le ciel qui les pompa rend les flots qu'il a bus;
La mer reprend sa part; à la terre arrosée
L'autre revient en pluie, en frimas, en rosée.
De ces gaz, de la terre assidus messagers,
Les uns sont plus pesants, les autres plus légers.
Les uns vont sans détours à la céleste voûte:
Les autres, par les monts arrêtés dans leur route,
S'infiltrent dans leur sein; des fleuves, des ruisseaux,
Dans leurs profonds bassins vont former les berceaux.
Sans cesse le soleil emporte ces nuages,
Exacts à leur retour, constants dans leurs voyages;

Le soleil entretient cet échange éternel
Des vapeurs de la terre et des ondes du ciel :
Ainsi l'eau, l'air, le feu, la terre se répondent,
L'Océan se répare, et nos champs se fécondent.
    J'ai fait couler, monter, évaporer les eaux :
L'onde en glace, à son tour, appelle mes pinceaux.
De sa fluidité véritable principe,
Le feu seul la divise, et seul il la dissipe;
Mais souvent il la quitte, et ses flots épaissis
En givre, en neige, en glace, en frimas sont durcis [7].
De là des mers du Nord les immobiles masses,
Ces flots cristallisés en montagnes de glaces :
L'onde aux vaisseaux surpris n'offre que des rochers,
Et le froid en statue a changé les nochers.
    Toutefois de l'hiver la rigueur intraitable
A la glace souvent prête un aspect aimable,
Et, comme ses horreurs, l'hiver a ses beautés.
L'œil aime ces frimas, ces tapis argentés,
Ces rocs de diamants, ces aigrettes flottantes,
En mobiles cristaux à nos arbres pendantes.
Même dans ces climats où l'astre des saisons
De ses rayons à peine effleure les glaçons,
Souvent ces blocs grossiers dont l'art fait la conquête
Deviennent l'ornement d'une superbe fête.
Le Nord n'a-t-il point vu, transportés à grands frais,
Tes glaçons, ô Newa, se changer en palais [8] ?
La glace s'élevait en colonnes brillantes,
La glace vomissait des foudres innocentes.
L'hiver a ses plaisirs; son souffle rigoureux
Souvent est le signal des courses et des jeux.
C'est alors qu'emporté par un coursier rapide,
Court le traîneau léger sur la neige solide;
Alors, en se jouant, des pieds armés de fer
Vont sillonnant les flots endurcis par l'hiver.
L'œil se plaît à les voir dans leurs joutes rivales,
Poursuivant à l'envi leurs courses inégales,
Se chercher, s'éviter et se croiser entre eux.
Souvent le fer glissant trahit un malheureux ;
Il court, il tombe, on rit : lui, reprenant courage,
Se relève, repart, et venge son outrage.

Mais c'est loin de nos yeux, aux plaines de l'éther,
Que s'exercent en grand les rigueurs de l'hiver :
Là des molles vapeurs monte l'amas immense;
Son souffle les surprend, les saisit, les condense.
Quel magasin du ciel fournit ces froids amas
De globules glacés, de givre, de frimas?
Quand l'eau monte en vapeur à la céleste voûte,
Si le froid la saisit déjà formée en goutte,
Alors la grêle tombe, et ses grains bondissants
Battent à coups pressés nos toits retentissants.
Quelquefois d'autres corps, en traversant l'espace,
Grossissent dans leur cours ces globules de glace;
Alors, bien plus funeste à nos champs dévastés,
Tombe du haut des cieux, à coups précipités,
Cette grêle tranchante, effroi de nos vendanges,
Qui hache les épis, frêle espoir de nos granges;
Dépouille nos forêts, les jardins, les vergers,
Écrase les troupeaux, quelquefois les bergers.
Terrible, impétueuse, elle frappe; et sa rage
D'une année, en un jour, anéantit l'ouvrage.
Le givre, les frimas, sont des brouillards durcis,
Et par d'autres vapeurs en tombant épaissis;
Mais avant que cette onde en gouttes se rassemble,
Si ces molles vapeurs sont surprises ensemble,
Alors des champs de l'air l'empire nuageux
Nous verse à gros flocons tous ces amas neigeux
Qui comblent nos vallons, recouvrent nos montagnes.
 Ah! que je plains alors l'habitant des campagnes!
Malheur au bûcheron qui, revenant des bois,
Retourne sur le soir à ses rustiques toits!
Il ne reconnaît plus le fleuve, la vallée;
Sa vue est éblouie et son âme est troublée :
Il s'égare, il s'enfonce en de mouvants tombeaux.
Dans un lointain obscur, à travers des rameaux,
Il croit voir sa cabane; à cette douce image
Il rassemble sa force, excite son courage :
Mais, soudain dissipé, le fantôme trompeur
Au lieu du toit chéri lui montre une vapeur!
Il traverse en tremblant ces effroyables scènes;
Son œil y cherche en vain quelques traces humaines.

Autour de lui, des vents la colère mugit,
L'air siffle, le loup hurle, et l'ours affreux rugit.
Le jour meurt, la nuit vient; des nuages plus sombres
De moment en moment s'épaississent les ombres,
Et son horreur ajoute à l'horreur du désert :
L'épouvante s'accroît, l'espérance se perd;
Et l'effroi, qui déjà lui peint sa mort prochaine,
Fait frémir chaque nerf et court dans chaque veine.
Dans un sentier perfide il craint de s'engager,
Il voit partout un piége, et partout un danger :
D'un terrain infidèle il peut être victime;
Sous ses pas tout à coup peut s'ouvrir un abîme;
Peut-être un noir marais, recouvert de frimas,
Sous leur tapis trompeur lui cache le trépas :
Il se peint un étang, un lac dont la surface
Couvre des flots bouillants sous sa voûte de glace,
Un précipice affreux, des carrières sans fonds.
L'imagination dans ces gouffres profonds
Déjà le précipite; il tressaille, il s'arrête;
Devant lui le désert, et sur lui la tempête.
Enfin, tremblant de crainte, épuisé de vigueur,
A côté d'un glaçon il tombe de langueur.
La mort vient, et son âme à cette idée horrible
Joint les déchirements de cet adieu pénible
Que la nature envoie, avec de longs regrets,
A des objets chéris, et perdus pour jamais.
En vain, en l'attendant sa femme prévoyante
Prépare du sarment la flamme pétillante,
Et de chauds vêtements, et son sobre festin;
Par ses touchants regrets le rappelant en vain,
De ses enfants chéris la troupe aimable pleure:
En vain, d'un air timide entr'ouvrant leur demeure,
Ils avancent la tête, et, le cherchant de l'œil,
De frayeur et de froid frissonnent sur le seuil :
Sa femme, ses enfants, sa cabane chérie,
Il ne les verra plus!... Aux sources de la vie
Déjà du froid mortel le poison s'est glissé;
Tous ses nerfs sont roidis, tout son sang s'est glacé:
Le malheureux expire, et le vent qui l'assiége
Ne bat plus qu'un cadavre étendu sur la neige.

Vous donc soyez bénis, animaux courageux,
Que nourrit Saint-Bernard sui son front orageux ;
Vous qui, sous les frimas qu'un long hiver entasse,
Des voyageurs perdus courez chercher la trace !
L'homme accourt à vos cris ; il enlève ces corps
Dont le froid homicide engourdit les ressorts :
Il se ranime, il prend une chaleur nouvelle ;
Le rayon de la vie en ses yeux étincelle,
Et l'art vient redonner, par ses soins triomphants,
Un époux à sa femme, un père à ses enfants.
Ainsi de tous les cœurs quand la pitié s'exile,
Sur ces monts désolés elle trouve un asile ;
Dans ces chiens généreux l'homme admire ses mœurs,
Et l'écho des déserts se plaît à leurs clameurs.
Salut, des malheureux charitables hospices !
Et vous, nobles chasseurs, à leurs malheurs propices,
Ayez part à mes chants ! trop soumise à ses lois,
Votre race aide l'homme à dépeupler les bois ;
Votre instinct dépravé seconde sa furie ;
Elle donne la mort ; vous conservez la vie.

CHANT QUATRIÈME.

LA TERRE.

Les différentes espèces de terres découvertes et analysées par les savants. Expérience de Lavoisier sur l'eau composée de deux principes distincts. Les différents changements et combinaisons des éléments de la terre. Les analyses de la chimie ; leurs produits et leurs résultats. Couleurs du diamant, de la porcelaine. Jeux brillants de la lumière produits par le verre et les cristaux. Éclat donné au vermillon, aux vases, aux tapis, aux étoffes qui parent la beauté et décorent les appartements. Spectacle de la terre, de ses richesses, de ses beautés. Les changements et les révolutions qu'a éprouvés le globe. Causes assignées par les savants aux différents changements de la terre. Quelques races perdues ; les débris du vieux monde retrouvés par les naturalistes modernes. Les mœurs et les arts de l'Europe portés dans un autre hémisphère. Phénomènes et combinaisons diverses dans les entrailles de la terre. Formation des pyrites et autres substances souterraines. L'aimant et ses effets. Spectacle merveilleux des grottes et des antres souterrains. Les jeux de la nature dans leur intérieur. Les volcans, leurs irruptions et leurs ravages.

Enfin j'arrive à toi, terre à jamais féconde !
Jadis de tes rochers j'aurais fait jaillir l'onde ;

J'aurais semé de fleurs le bord de tes ruisseaux,
Déployé tes gazons, tressé tes arbrisseaux,
De l'or de tes moissons revêtu les campagnes,
Suspendu les chevreaux aux buissons des montagnes,
De leurs fruits savoureux enrichi les vergers,
Et chaque antre eût redit la chanson des bergers :
D'autres temps, d'autres soins ; sur les pas des Lucrèces
Je chante ton essence, et non pas tes richesses.

 Cinq terres [1], si j'en crois tous nos Plines nouveaux,
Se trouvent sous nos pas : l'une, fille des eaux,
Et des marbres divers origine féconde,
Naquit des vieux débris des habitants de l'onde [2].
Madrépores, coraux, coquilles et poissons,
L'un sur l'autre entassés, composèrent ces monts
Dont sur le monde entier se prolonge la chaîne.
L'œil croit la retrouver dans la nature humaine,
Et des fils membraneux qui composent les os,
Son suc, de couche en couche, incruste les réseaux,
S'insinue en secret dans les cristaux de plâtre,
S'effeuille avec le spath, s'épure dans l'albâtre ;
Tout acide l'altère, et, sous la main des arts,
Son limon détrempé cimente nos remparts.
Enfin, son goût trahit le feu qu'elle recèle,
Et de son sel mordant l'âcreté la décèle.

 La baryte pesante, écoutant d'autres lois,
Aux acides s'unit des nœuds les plus étroits ;
De l'acide du soufre assigne la mesure ;
Des extraits colorants de sa verte teinture
Empreint la violette, et ressemble à ces chaux
Que dans l'ardent creuset déposent les métaux.

 La fine magnésie est lente à se dissoudre.
D'une molle farine elle imite la poudre,
Des plus ardents fourneaux peut endurer les feux.
Sa douceur plaît au tact, et sa blancheur aux yeux ;
Son grain, léger de poids, cède au mordant acide :
Des acides pourtant mille fois plus avide,
La chaux les lui ravit, et plus d'un corps admet
Ses principes amis et son pouvoir secret.
L'amiante aux longs fils, l'ardoise feuilletée,
La verte serpentine en naissant tachetée,

CHANT IV.

Les micas en sont pleins, et, pareille à ses sœurs,
Rien ne peut séparer ses principes vainqueurs.
  L'argile, de l'alun cette source féconde,
S'endurcissant au feu, se pétrissant dans l'onde,
Toujours douce au toucher, mais non pas au palais,
D'acides altérée, et séchée en feuillets,
Ainsi que dans la glaise abonde dans les schistes,
Se montre complaisante à la voix des artistes.
Elle entre dans le moule, elle obéit au tour :
Ici d'un simple vase elle prend le contour,
Là prête au statuaire une pâte docile ;
Le ciseau de Scopas fit adorer l'argile ;
En coupe elle sortait des mains d'Alcimédon,
Et Voltaire en naquit, à la voix de Houdon [3].
  Enfin vient la silice, au tact moins agréable,
Aux acides divers constamment intraitable :
En vain notre art contre elle arme les sels mordants ;
Son rebelle tissu brave tous les fondants.
Mêlée au spath, au quartz, aux plus brillantes pierres,
La silice offre aux yeux la plus pure des terres ;
Dans leurs rapports secrets ses principes cachés,
Plus semblables entre eux, entre eux plus rapprochés,
Ne se séparent plus ; indissoluble à l'onde,
Et, si des alcalis le sel ne nous seconde,
Inaltérable au feu ; grace à ce sel puissant,
On lui doit des cristaux l'éclat éblouissant,
Ces miroirs que fondit la flamme dévorante,
Dans les palais des grands muraille transparente,
Et nos brillants flacons, et le vase grossier
Où cuit le mets du pauvre en son humble foyer.
Les vents et les ruisseaux l'instruisirent à moudre
Tous ces grains farineux que son poids met en poudre ;
A travers un gros tube elle conduit nos yeux ;
Notre planète enfin, fille antique des feux,
De silice, dit-on, a vu former la terre,
Et son globe poudreux fut un globe de verre.
  Tels sont les corps parés du grand nom d'élément :
Des corps analysés retirés constamment,
Parmi tous les objets qu'enferme la nature,
Leur essence à nos yeux sans doute est la plus pure ;

Mais dans le monde entier rien n'est simple que Dieu.
Avant qu'on pénétrât les principes du feu,
Il semblait de l'esprit rapprocher la matière :
Et cependant notre art disséqua la lumière ;
Et, le prisme à la main, l'audacieux Newton
Des diverses couleurs distingua chaque ton.
N'ai-je pas dit comment ce lumineux fluide,
Transparent comme l'air, et comme lui liquide,
Des autres éléments subtil usurpateur,
Des masses qu'il pénètre accroît la pesanteur ?
Qui pourra nous montrer quels minces corpuscules
De la terre en secret forment les molécules ?
Halles, de l'air captif dilatant les ressorts,
En fluide subtil le fait sortir des corps.
 Mais un nouveau prodige étonne encor le monde.
Long-temps en élément nous érigeâmes l'onde :
Lavoisier, tu parais, et par toi l'univers
Apprend que l'eau contient deux principes divers [1].
L'oxygène, propice aux facultés vitales,
L'hydrogène inflammable, en deux parts inégales,
De leur vieille union par le feu dégagés,
En deux gaz différents sont déjà partagés ;
Ils partent : délivrés de leur antique chaîne,
L'un et l'autre se porte où son penchant l'entraîne ;
Puis tous deux à ta voix, ô prodige nouveau !
Séparés en vapeur, se rassemblent en eau :
Du liquide élément double métamorphose !
Ton art le détruisit, ton art le recompose.
Tantôt les corps divers, dans leurs combinaisons,
Confondent leur nature et démentent leurs noms.
Ici l'onde avec l'air combine sa substance,
Là dans un corps solide en secret se condense ;
Le feu consume l'air, l'air se transforme en eau :
L'eau, dissoute en vapeur, devient un air nouveau,
Qui peut-être à son tour, redevenu plus rare,
Rentre en minces vapeurs dans l'onde qu'il répare ;
Et dans ce jeu constant, auquel préside un dieu,
L'eau redevient à l'air ce que l'air est au feu.
L'air et l'eau condensés forment les coquillages,
L'onde et l'air infiltrés font l'arbre et les feuillages ;

Et la feuille et le bois, que tous deux ont produits,
Par leur décrépitude en terre sont réduits.
En d'autres éléments chaque élément s'engage :
L'air libre est captivé, l'air libre se dégage;
Les mers, des monts altiers ont été les berceaux,
Les monts de leur barrière environnent les eaux;
Le soufre monte en gaz; le gaz devient solide;
L'eau se change en rocher, le rocher en fluide.
Tout donne, et tout reçoit : les feuillages flétris
Alimentent le sol dont ils furent nourris;
Le pré, qui donne au bœuf sa riante verdure,
D'une grasse litière attend la fange impure,
Et des sels du fumier se forment en secret
Le parfum de la rose et le teint de l'œillet.

Ainsi ce dieu puissant dont la marche féconde
Vieillit incessamment et rajeunit le monde,
Qui fait croître des bois où germaient des moissons,
Qui fait bondir le cerf où nageaient des poissons,
Et change, dans le cours de ces métamorphoses,
Les causes en effets, et les effets en causes;
Sans cesse ramenant ces échanges divers,
Le Temps, un cercle en main, plane sur l'univers.
Combien de l'homme encor les étonnants ouvrages
Secondent dans leurs jeux la nature et les âges !
En limpide nectar il fond les végétaux;
Le fer se tourne en cendre, et la cendre en métaux.
Heureux donc le rival de la toute-puissance,
Qui, des êtres divers analysant l'essence,
Les détruit, les refait, les combine à son gré !
Approchons, pénétrons dans ce temple sacré,
Où sont du grand Hermès renfermés les mystères.
Voyez, de ces secrets féconds dépositaires,
Clos, ouverts, chauds ou froids, à l'air humide ou sec,
Ces vaisseaux au gros ventre, au cou tors, au long bec
Là ces corps, exaltant ou tempérant leur force,
Essayant de s'unir, méditant leur divorce,
Les uns précipités, les autres suspendus,
Fixes ou volatils, ou brûlés ou fondus;
Ici marquant aux yeux leur vive effervescence,
Là se décomposant en molle efflorescence;

L'un de l'autre ennemis, l'un par l'autre attirés,
Tour à tour colorants, tour à tour colorés ;
S'enlevant, se cédant l'air, l'eau, le feu, la terre ;
Enrichis par leur perte et puissants par leur guerre,
Divisés par les eaux, par le feu pénétrés,
Quelquefois par l'air libre en brûlant dévorés,
Trahissent à nos yeux leur nature première.
Souvent à la chaleur vous joignez la lumière.
Les uns dans le creuset fondent rapidement,
D'autres rendent leurs sucs distillés lentement.
L'art, des corps les plus durs dompte la résistance,
A des corps inconnus il donne l'existence.
Tous, amis, ennemis, ou vaincus, ou vainqueurs,
Échangent leurs vertus, leurs formes, leurs liqueurs.
D'heureux médiateurs souvent les concilient ;
Contre un rival plus fort quelquefois ils s'allient.
Que de variétés les distinguent entre eux !
L'un est altéré d'air, l'autre affamé de feux ;
C'est le grain des métaux, la poudre des oxydes,
Les brillants alcalis, et les piquants acides ;
C'est de leurs sels douteux les sucs neutralisés ;
De leurs cubes polis les pans cristallisés :
Les uns sont le produit des tribus minérales,
Les autres sont l'extrait des races végétales ;
Ou, né de nos débris, mais propice à nos maux,
Leur sel fut exprimé du corps des animaux.
De leurs cristaux divers vous classez les familles.
L'eau, le feu, vous les donne en prismes, en aiguilles ;
De la pulpe des fruits, du calice des fleurs,
Vous retirez leurs sucs, leurs parfums, leurs couleurs ;
Leur sève à votre gré fermente ou se dépose,
Se concentre ou s'étend, s'enlève ou se repose ;
Et vous, combinant l'air, l'eau, la terre et le feu,
Vous observez en sage, et vous créez en dieu.

 Jadis dans un vénal et vil laboratoire
Cet art inestimé semblait cacher sa gloire ;
Enfin il prit l'essor : les Rouelles, les Macquers
Montrèrent à nos yeux tous ses trésors ouverts,
Et son dieu trop discret rompit son long silence.
Vous donc que berce en paix une oisive opulence,

CHANT IV.

Aux noirs fourneaux d'Hermès je ne vous conduis pas,
Qu'avides de savoir, d'autres portent leurs pas
Aux antres souterrains, sur les monts solitaires,
Où Dieu, de la nature a caché les mystères!
Vous, sans quitter vos toits, combien d'objets divers
Composent pour vous seuls un petit univers,
Ravissant pour les yeux, intéressant pour l'ame!
Le débris de ce bois que dévore la flamme,
Vous le voyez sans cesse, et n'avez pas cherché
De la combustion le principe caché;
S'il est vrai qu'un air libre et pur dans son essence
De ce feu qui l'absorbe entretient la puissance;
Si, perdant son ressort avec sa pureté,
Ainsi que la chaleur il donne la clarté;
Ou si, des aliments que la flamme dévore,
La chaleur doit sortir et la lumière éclore;
Comment ce feu mobile est fixé dans les corps;
Quelles affinités cimentent leurs accords;
Pourquoi des sucs laiteux, des tiges résineuses,
Un feu plus vif s'échappe en gerbes lumineuses;
Et tant d'autres secrets du roi des éléments,
D'un studieux loisir nobles amusements!
Ce marbre, l'ornement du foyer qu'il surmonte,
L'embellit à vos yeux; mais pouvez-vous, sans honte
Ignorer que ce roc, débris des animaux,
A mûri dans la terre et naquit sous les eaux?
La mer fut son berceau; mais vingt siècles peut-être
Ont changé le bassin des eaux qui l'ont fait naître.
Vous vous levez : soudain, par un charme secret,
Ces glaces à vos yeux ont doublé chaque objet;
Vous y reconnaissez (quelle surprise extrême!)
Vos vases, vos tapis, vos tableaux et vous-même.
A ce portrait frappant vous avez hésité
Entre l'objet réel et l'objet imité;
Et, sans se détourner, Églé voit derrière elle
Son amant enchanté s'écrier : Qu'elle est belle!
Quel prestige produit ces traits inattendus?
Le mercure et l'étain, l'un sur l'autre étendus,
Recueillent les rayons surpris à leur passage,
Et des traits réfléchis vous présentent l'image:

Ainsi le verre unit le sel des végétaux,
Et l'extrait de la terre, et celui des métaux.
Et cette magnifique et riche girandole,
Qui du soleil absent dans l'ombre vous console,
Ces cristaux par le temps lentement travaillés,
Ces prismes qu'à six pans le rouet a taillés ;
Quand leur vive lumière, au loin rejaillissante,
Accroît de vos salons la pompe éblouissante,
Qui peut, de sa lumière observateur ingrat,
Sans en chercher la cause, en admirer l'éclat ?
Interrogeons Romé [8] : dans ces grottes humides,
Le quartz, vous dira-t-il, qui fit ces pyramides,
Filtra, dissous par l'onde, à travers le rocher,
Ces minces sédiments qui, prompts à s'approcher,
Formèrent, en perdant leurs eaux évaporées,
Ces masses d'un blanc pur et souvent colorées.
Long-temps, chef-d'œuvre obscur d'un travail clandestin,
Ce rocher précieux ignora son destin ;
Mais l'homme s'en empare ; et de sa nuit profonde
Il sort pur comme l'air, transparent comme l'onde :
D'industrieuses mains l'ont poli lentement.
Enfin, de votre luxe admirable ornement,
Vases éblouissants, candélabres superbes,
Qui du jour réfléchi lancent au loin les gerbes,
Leurs prismes des palais décorent le séjour,
Prodiguent à la nuit la lumière du jour,
Et, des jeunes beautés éclairant les conquêtes,
Sont l'astre des salons et le soleil des fêtes.

Ne vous bornez donc pas au seul plaisir des yeux ;
En le connaissant plus, vous en jouirez mieux.
Mais j'ai vu scintiller le diamant son frère,
Jadis de son berceau nous cachant le mystère ;
Il rayonne à vos doigts, il pare vos cheveux :
Pouvez-vous ignorer la source de ses feux !
Daubenton [9] vous dira quelle arène féconde
Aux champs de Visapour, aux rochers de Golconde,
Dans les flots détrempée et retrempée encor,
Laissa du sable avare échapper le trésor.
Dans son sein quelquefois l'onde le voit éclore ;
Quelquefois des métaux la vapeur le colore,

Et, de sa croûte épaisse enlevant les débris,
L'art en le polissant en rehausse le prix.
Les rois, les potentats, ainsi que la victoire,
D'un diamant fameux se disputent la gloire.
Son éclat de leur trône accroît la majesté ;
Il pare la grandeur, il orne la beauté ;
Et, pour comble d'honneur, ce Newton qui des mondes
Dirigea dans les cieux les sphères vagabondes,
Jetant un œil perçant dans l'avenir lointain,
Devina son essence et prédit son destin [10].
Du choix des éléments, formé par un long âge,
Des pouvoirs minéraux le plus parfait ouvrage ;
Tant de beauté vaut bien qu'en se parant de lui,
Églé pour le connaître endure un peu d'ennui.
J'aime à voir cette perle [11], étrangère merveille,
Que son luxe ignorant suspend à son oreille :
Un jour elle saura quels bras vont l'arracher
Aux abîmes de l'onde, aux pointes du rocher,
Et comment la forma la mer orientale.

Ces tissus précieux que votre luxe étale,
Ces superbes carreaux, ces tapis somptueux,
Que foulent mollement vos pieds voluptueux,
Flattent encor votre œil par leurs teintes brillantes.
N'osez-vous demander comment des mains savantes
Y peignirent ces fruits, ces fleurs et ces oiseaux ?
Des extraits empruntés aux plantes, aux métaux,
Fournirent la matière, et leur riche teinture
Les abreuva des sucs si chers à la peinture.
Le fer donne le rouge, et le cuivre un vert pur ;
Le plomb produit le jaune, et le cobalt l'azur ;
Du plomb mêlé de fer sort cette double teinte
Du rouge jaunissant qu'étale l'hyacinthe ;
L'or seul donne le pourpre, et l'art qui peint les fleurs
Fit du roi des métaux la reine des couleurs.
Regardez ce portrait ; admirez quelle adresse
Donne aux yeux tant d'éclat, aux traits tant de noblesse !
C'est encore un métal, et l'art du coloris
Du fer chéri de Mars fit le teint de Cypris.

Mais la toilette presse ; allons, il faut de l'âge
Sur vos traits pâlissants dissimuler l'outrage :

Cette boîte magique enferme vos attraits;
Venez : le vermillon, la céruse sont prêts.
Le bal s'ouvre, et des ans nous déguisant la trace,
De trois lustres au moins les yeux vous ont fait grace;
Le fat même en est dupe. Eh bien! du temps jaloux
La craie et le cinabre ont triomphé pour vous :
Et votre orgueil l'oublie! et votre indifférence
Garde pour l'art d'Hermès son ingrate ignorance!

En tous temps, en tous lieux, cet art fait nos destins,
Prescrit notre régime, ordonne nos festins;
Loin d'un peuple ignorant d'empoisonneurs perfides,
D'un mélange savant d'alcalis et d'acides
Le code des gourmands forme plus d'un ragoût;
Et l'homme sans chimie est cuisinier sans goût.

N'est-ce pas encor lui dont la magique adresse,
De vos brillants festins aimable enchanteresse,
Sauve des feux du jour vos vins et vos desserts,
Et prête aux fruits d'été la glace des hivers?
Pourquoi dans ces travaux n'osez-vous donc le suivre?
Qui ne sait comme il vit, n'est pas digne de vivre.

Ces vaisseaux même enfin, honneur de vos banquets,
Où pétillent vos vins, où sont servis vos mets,
Objets indifférents pour l'œil de l'habitude,
Pour le sage attentif sont un objet d'étude.

Le jour vient de paraître, et l'heure du réveil
Hâte du déjeuner l'élégant appareil.
Sur l'acajou veiné la porcelaine brille;
L'onctueux cacao, qu'embaume la vanille,
Le thé doré remplit des vases précieux.
Darcet vous apprendra quel art industrieux
Du quartz pulvérisé, du gypse, de l'argile,
En coupe façonna leur merveille fragile;
Comment le feu, montant ou baissant par degré,
Durcit dans les fourneaux leur limon épuré;
De quels métaux fondus la pâte blanchissante
Forma d'un riche enduit leur couverte brillante;
Comment du peintre, enfin, l'ingénieux travail
Des plus riants tableaux embellit leur émail.
On pense voir des fruits, des fleurs fraîches écloses,
Et boire le nectar dans un bouquet de roses.

CHANT IV.

Ainsi, quelques objets qui s'offrent à vos yeux,
Tout instruit, tout ravit vos regards curieux :
Étoffe, vêtement, tapis, glace, tenture ;
Et l'art dans un salon enferma la nature.
Vous que doua le ciel de curiosité,
Belles, de ces travaux sentez donc la beauté !
Mais à ces noirs fourneaux où veille l'œil du sage,
N'allez pas enfumer votre charmant visage.
Un temps fut où ce sexe, à plaire destiné,
Tenta ces grands travaux ; Églé n'eût point dîné,
Qu'elle n'eût, combinant l'air, l'eau, le feu, la terre,
Fait son petit volcan ou son petit tonnerre,
Et de son grand savoir effrayé son époux.
Sexe aimable, ces soins ne sont pas faits pour vous :
Laissez là ces siphons, ces matras, ces cornues,
Ces machines sans nombre, aux Grâces inconnues :
Du doux extrait des fleurs parfumez vos boudoirs ;
Sachez quels minéraux, par leurs secrets pouvoirs,
Décorent vos salons, préparent vos parures ;
D'où vient ce diamant, orgueil de vos coiffures ;
Voilà votre chimie : à moins d'un grand dessein,
Vénus visite peu les fourneaux de Vulcain.

Mais loin de mon sujet votre intérêt me jette ;
La terre de nouveau réclame son poëte ;
O terre ! enfant du ciel, et sœur des éléments,
Source immense de biens et de ravissements !
Soit que, se détachant de sa masse enflammée,
Un éclat du soleil en tombant t'ait formée [12],
Soit que l'onde en roulant ait exhaussé tes monts,
Ait pétri tes coteaux, ait creusé tes vallons ;
Oh ! que j'aime ta grace et ta magnificence,
Et quel riche appareil entoura ta naissance !
Agréables ruisseaux, fleuves majestueux,
Solennelles forêts, bosquets voluptueux,
Le ciel pour pavillon, pour tapis la verdure,
Les bois pour diadème, et les mers pour ceinture,
Le doux flambeau des nuits, l'astre éclatant du jour,
Quelle pompe manquait à ton riche séjour ?
Mais depuis ton berceau jusqu'à tes derniers âges,
Par quels heureux travaux, par quels affreux ravages,

L'homme, les feux et l'onde ont du globe habité
Rajeuni la vieillesse ou flétri la beauté !
Le changement parcourt ce théâtre mobile :
Strabon méconnaîtrait le globe de d'Anville [13],
Et chercherait en vain, dans le vieil univers,
Ses villes, ses forêts, et ses monts, et ses mers :
Tout a changé d'aspect, et de nom et de place.
   De ce grand mouvement osons suivre la trace.
L'œil l'aperçoit partout : là les frimas fondus
Ont mêlé, transporté les terrains confondus ;
Plus loin, de chute en chute, ébranlant les campagnes,
L'avalanche a roulé les débris des montagnes ;
Ailleurs, la terre cede au vol des aquilons ;
Ici, l'onde en grondant a creusé les vallons ;
Là, des antiques monts les flots minent la base,
Leur fondement s'écroule, et leur voûte s'écrase ;
La terre ailleurs s'enfonce, et du gouffre profond
Les yeux épouvantés cherchent en vain le fond.
Tantôt c'est le volcan, dont le bruyant tonnerre
Avec un long fracas secoue au loin la terre :
Vainqueur de son rivage incessamment frappé,
L'Océan dévora la terre de Calpé.
Une île disparaît sous les eaux écumantes ;
Naguère, avec ses monts et ses roches fumantes,
Santorin a paru sur les flots étonnés ;
Et la vigne fleurit sur ses rocs calcinés.
Des tours sortent du sein des humides campagnes ;
Les monts ont eu leurs mers, la mer a ses montagnes :
Où furent des vallons, des gouffres sont ouverts ;
Où brillaient des cités, s'étendent des déserts ;
Messine en feu descend sous la terre qui gronde ;
Fille aimable des mers, Venise sort de l'onde ;
Et des produits du temps, et des feux, et des flots,
L'aspect désordonné rappelle le chaos.
La mer surtout, la mer, de rivage en rivage,
Sans fin renouvelant son éternel voyage,
Se plaît à varier le terrestre séjour :
Son lit d'un de ses bords s'éloigne chaque jour.
Elle quitta Fréjus, et des flottes romaines
Les voiles ondoyaient sous l'antique Ravennes.

CHANT IV.

Un pouvoir inconnu sur les bords d'Occident
Précipita les flots de l'abîme grondant ;
Sur d'immenses pays ses ondes se répandent :
Mais ce qu'ont pris les mers, les rivières le rendent ;
Et le limon, sans cesse amené par les eaux,
Compose lentement des rivages nouveaux.
Ces lits horizontaux des collines nouvelles,
C'est la mer qui forma leurs couches parallèles ;
Et souvent, des deux bords de nos vallons ombreux,
Ces lits contemporains se répondent entre eux.
Voyez au bord des eaux, sous mille aspects informes,
Monter jusques aux cieux ces falaises énormes :
La mer en se roulant les tira de son sein ;
Et, pour former ses bords, déchira son bassin.
Mais prenons de plus haut les terrestres annales.
Si j'en crois nos savants, des secousses fatales,
Par un choc violent, du midi redressé,
Jetèrent l'Océan sur le nord affaissé ;
Ils en trouvent partout les frappants témoignages.
« Tous ces caps, disent-ils, élancés des rivages,
Plus larges vers le nord, au midi plus étroits ;
Ces îles d'aujourd'hui, continents d'autrefois,
Que rompirent les mers ; tout dans le nord atteste
De l'Océan austral l'irruption funeste. »
C'est toi qui, le premier, de son cours orageux
Observas les effets ; toi, l'ami courageux,
Le digne compagnon de cet homme intrépide
Pour qui dressa ma muse une humble pyramide ;
Brave et savant Forster [1] ! ! Dans votre noble ardeur
Plus d'une mer vous vit sonder sa profondeur,
Interroger ses caps, ses îles, ses rivages,
Porter nos lois, nos mœurs à des hordes sauvages.
Hélas ! l'affreuse mort brisa de si beaux nœuds ;
Mais l'Élysée enfin vous réunit tous deux.
Là, vous vous racontez vos plaisirs et vos peines,
Les usages, les mœurs des nations lointaines.
Ulysse vous écoute ; et ce prince, orgueilleux
D'avoir vu tant d'états, visité tant de lieux,
En vous voyant franchir l'un et l'autre hémisphère,
Rougit, puis se console en regardant Homère.

Pallas joint à ce dogme un dogme plus hardi.
« Tout, dit-il, de ces flots élancés du midi
Parle au nord étonné ; de là toutes ces plantes,
Nourrissons exilés des régions ardentes.
Fouillez le sein des monts ; dans les schistes germains,
L'œil trouve de Ceylan les arbrisseaux empreints.
Joignez aux végétaux ces races animales
Des régions du sud familles colossales,
Ces grands rhinocéros, ces vastes éléphants,
Du midi dépeuplé gigantesques enfants,
En foule dans le nord plongés aux mêmes tombes,
Et du règne animal immenses hécatombes. »
 Mais que sert de chercher au bout de l'univers
Tous ces vieux monuments du ravage des mers ?
N'a-t-on pas vu Cuvier, dans son heureuse audace,
De ces corps naufragés reconnaissant la trace,
Au sein de ces coteaux qui dominent Paris,
De l'empire animal retrouver les débris [15] ?
Pour nous en retracer les fidèles images,
Dans les bancs sablonneux, dans les antres sauvages,
Son œil les redemande aux abîmes profonds,
Aux dépôts de la mer, aux entrailles des monts ;
Distingue d'un regard, dans ces vastes archives,
Des races de nos jours les races primitives,
Les êtres existants, de ces êtres perdus
Que le temps détruisit et ne nous rendra plus.
Empreints sur la fougère ou ces marbres antiques,
De l'ancien continent médailles authentiques,
Souvent dans ce grand livre à ses yeux sont offerts
Les annales du globe et les fastes des mers ;
Et des corps enterrés dans leur couche profonde,
Le tombeau le ramène au vieux berceau du monde.
C'est peu : son art puissant recompose ces corps,
Des ossements épars rétablit les accords ;
Par lui d'un long sommeil leur dépouille est sortie :
A la mort étonnée il rend un air de vie :
Triomphante des eaux, du trépas et du temps,
La terre a cru revoir ses premiers habitants ;
Il révèle leurs noms, leurs genres, leurs espèces ;
Et des pertes du monde il a fait ses richesses.

CHANT IV.

Sur ces grands changements du terrestre séjour,
Cent systèmes sont nés et sont morts tour à tour ;
Et, plus que les volcans, le déluge et la guerre,
Notre orgueil curieux a tourmenté la terre.
Je ne prends point parti dans tous ces grands débats :
Le poëte raconte, et ne discute pas.
Nous voyons les effets : Dieu seul connaît les causes.
    Faut-il d'autres témoins de ces métamorphoses ?
Voyez au haut des monts ces immenses rochers,
Qui de loin sur la mer dirigent les nochers ;
Ces masses de granit qu'un si long âge enfante,
De ce globe changeant si robuste charpente,
De la commune loi ne se défendent pas ;
L'été les met en poudre, et l'hiver en éclats ;
Le dégel les poursuit, le vent les déracine ;
Ou leur masse pendante entraîne leur ruine,
Ou le volcan les brûle, et les fougueux torrents
De leurs débris pierreux gonflent leurs flots errants ;
Ou leur longue vieillesse au moindre choc succombe,
Et dans les vallons creux leur masse énorme tombe.
Regardez à leurs pieds, voyez de toutes parts
Ces sables dispersés et ces graviers épars ;
Dans leurs plus humbles grains, dans leurs moindres parcelles,
L'œil reconnaît d'abord les roches paternelles :
Le temps, qui suit partout la vie et le trépas,
Jamais dans aucun lieu n'imprime en vain ses pas.
    Ainsi sont conjurés les vents et les orages,
Les ondes et les feux, la nature et les âges ;
L'art même a son pouvoir, et ses puissants travaux
Nous montrent l'univers sous mille aspects nouveaux.
Voyez-le transporter sur nos monts, dans nos plaines,
Des arbres empruntés aux nations lointaines :
Que de plants inconnus, d'arbustes étrangers,
Ombragent nos jardins et peuplent nos vergers !
Tels, du globe terrestre et des races humaines,
Si l'on peut comparer les divers phénomènes,
Mélangés, transportés, ou vaincus, ou vainqueurs,
Les peuples ont changé leurs costumes, leurs mœurs.
Même des bords lointains les nations sauvages
Ont subi notre joug ; et nos arts, nos usages,

Cruels ou bienfaisants, ont traversé leurs mers.
Le bonnet de Marat parut dans leurs déserts;
Plus d'une île a reçu nos génisses fécondes;
Notre soc fend leur terre, et nos vaisseaux leurs ondes;
Le foudre européen remplace leurs carquois;
Jusque sur leurs rochers, jusqu'au fond de leurs bois,
Nos arts, de jour en jour, étendent leurs conquêtes.
Hâtons-nous; leurs combats, leurs travaux, et leurs fêtes,
Encore quelque temps, ne se reverront plus,
Et tous ces grands tableaux sont à jamais perdus.
Trop heureux cependant si de notre domaine
La main seule des arts eût varié la scène!
Mais, plus puissante encor que le feu du volcan,
Et la mer turbulente, et l'affreux ouragan,
La guerre aux pieds d'airain, l'inexorable guerre,
Bouleverse en courant la face de la terre.
Parcourez l'univers, voyez de toutes parts
Des plus fières cités les cadavres épars :
Sion pleure son temple, Athènes son portique;
Rome à ses murs nouveaux demande Rome antique;
Et, de sa vieille pourpre étalant les lambeaux,
Son ombre ensanglantée erre sur des tombeaux.
Tombeaux, trônes, palais, tout périt, tout s'écroule;
Dans le même torrent le même sort les roule;
Tandis que, de l'Olympe habitant les sommets,
Dieu seul voit tout changer, et ne change jamais.
  Du globe toutefois oublions la surface;
Et tandis qu'au dehors tout s'altère et s'efface,
Pénétrons, il est temps, dans ces noirs souterrains
Qui cachent leur richesse aux regards des humains.
O vous, abîmes sourds, lieux muets, antres sombres,
Pardonnez-moi si j'ose interroger vos ombres,
Et percer, de mes yeux noblement indiscrets,
La nuit mystérieuse où dorment vos secrets.
Là sont accumulés les trois règnes ensemble;
Mais des objets divers que la terre rassemble,
Les uns sont étrangers à ses propres trésors :
Tels déja j'ai décrit ces innombrables corps,
Ces membres d'éléphants, ces débris de baleines,
Des tigres, des tapirs les peuplades lointaines,

De l'empire animal d'antiques monuments,
Déposés par la mer, épargnés par le temps.
 Tairai-je ces amas, ces longs bancs de coquilles,
Qui, disposés par couche et rangés par familles,
Et dans ces lieux profonds ensemble ensevelis,
Forment des monts entiers de leurs immenses lits?!
Par d'étranges hasards apportés sur nos plages,
Plusieurs n'ont leurs pareils qu'aux plus lointains rivages;
Quel que soit leur pays, indigène, étranger,
Tous attestent des mers le séjour passager:
Ailleurs, imbu de soufre, imprégné de bitume,
Des débris des forêts un noir amas s'allume;
Le feu croît et s'étend, il couve sous nos pas;
Et des siècles entiers ne le consument pas.
Plus loin, un suc pierreux distillé dans leurs veines
Incruste lentement des forêts souterraines;
Remplit tous leurs vaisseaux; et ces rameaux mouvants,
Dont les panaches verts obéissaient aux vents,
Endurcis maintenant et transformés en pierre,
Dorment inanimés dans le sein de la terre.
 Dans ses antres profonds la terre cache enfin
Les êtres qu'elle-même a formés dans son sein;
Là gisent en monceaux ces brûlantes pyrites[16],
Des métaux leurs amis obscures favorites.
Malheureux qui se fie à leur repos trompeur!
Souvent il meurt frappé de leur noire vapeur;
Souvent par leur concours l'onde et l'air les embrasent,
Et du roc foudroyé les décombres l'écrasent.
Mais l'art peut corriger ces funestes effets,
Et change quelquefois leurs dangers en bienfaits.
Ainsi dans Whithaven une heureuse industrie,
Au profit des nochers fait servir leur furie;
Dans les concavités de l'antre ténébreux
L'art a su leur ouvrir des soupiraux nombreux;
Leur gaz impur s'échappe; il s'élève, il s'allume;
Leur infecte vapeur nuit et jour se consume:
En colonne brûlante elle monte dans l'air;
Elle éclaire les monts, illumine la mer;
La nuit, sur l'Océan que son vaisseau sillonne,
De ce phare nouveau le pilote s'étonne;

Avance à ses clartés, et, plein d'un doux transport,
A travers les écueils arrive dans le port.
Ainsi des passions quand les funestes flammes
Infectent nos esprits et dévorent nos âmes,
Que l'on donne une issue à leur foyer brûlant,
Il éclaire les arts, échauffe le talent ;
Et, de mille bienfaits sa lumière suivie,
Nous prête son fanal sur la mer de la vie :
Tant d'un mal quelquefois peut éclore le bien !

Là, de ces fils des monts obscur concitoyen,
Repose aussi l'aimant [17], l'aimant vainqueur de l'onde,
Le lien, le miracle et l'énigme du monde ;
Soit que, par son fluide évaporé dans l'air,
Tour à tour il attire et repousse le fer,
Soit qu'à l'acier qu'il aime il prête sa puissance,
Soit qu'il cherche du Nord la secrète influence,
Soit qu'il paraisse fuir l'objet de ses amours,
Et s'écartant sans cesse y revienne toujours ;
Soit qu'enfin, écoutant une force intestine,
Aux approches du pôle il tressaille, il s'incline.
Dors, des malheurs du monde auteur mystérieux,
Dors dans ta nuit profonde : assez d'audacieux,
Bien loin de leurs foyers, de leur douce patrie,
Portant aux bords lointains leur avare industrie,
Pour le fruit d'un arbuste ou la pourpre d'un ver,
Iront de leurs combats ensanglanter la mer ;
Assez, sans ton secours, nos erreurs vagabondes
Iront de leur folie infecter les deux mondes.

Avancez sous ces monts ; dans leur sein recélés,
Combien d'autres trésors y sont amoncelés !
Le succin, le jayet, l'agate, la turquoise,
Les schistes feuilletés, les lames de l'ardoise,
Le basalte noirâtre et les marbres divers,
L'un ouvrage des feux, et les autres des mers ;
Les laves des volcans et leurs masses poreuses.
Enfin tous ces amas de matières terreuses,
Dans leurs noirs magasins confusément épars,
Trésors qu'à la nature emprunteront les arts.
Voyez-vous, à l'aspect d'une médaille antique,
Palpiter du vieux temps l'amateur fanatique ?

La terre dans son sein jadis la recueillit,
Et sa rouille bleuâtre à nos yeux l'embellit.
D'autres fois, s'égayant dans ses sombres retraites,
La nature a son luxe et ses pompes secrètes.
Entendez donc ma voix; ouvrez-vous à mes yeux,
Antres où, mûrissant les ouvrages des dieux,
Dans les veines du roc ou dans le sein des terres,
Le temps compose, épure et colore ces pierres
Dont l'éclat le dispute au vif émail des fleurs.
Quelle variété dans leurs riches couleurs !
Le bleu teint le saphir, le jaune la topaze;
D'un pourpre ensanglanté l'ardent grenat s'embrase,
D'un incarnat plus doux le rubis est empreint,
Du plus aimable vert l'émeraude se peint.
Du sol, des éléments, les vives influences
A ces couleurs encor joignent mille nuances :
Tous ont leur propre éclat, et dans leur noir séjour
Se partagent entre eux les sept rayons du jour.
Ailleurs c'est une voûte, en merveilles féconde,
Où brillent suspendus les chefs-d'œuvre de l'onde.
Architecte, sculpteur et peintre en même temps,
L'onde seule embellit ces lambris éclatants,
Descend en girandole et se courbe en arcade,
S'arrondit en bassin, s'élève en colonnade,
Se découpe en festons, se moule en chapiteaux,
Se groupe quelquefois en brillants végétaux.
A suivre tous ces jeux dans leur caprice extrême,
L'imagination se fatigue elle-même.
Jouissant, admirant et créant à la fois,
L'inconstante souvent les compose à son choix;
Elle en fait des bouquets, des lances, des trophées :
On dirait qu'en ces lieux habitèrent les fées ;
On dirait que Cybèle a, dans ces antres frais,
Chargé le dieu des eaux de bâtir son palais.
Non, jamais, dans ses traits jetés à l'aventure,
Le hasard ne sut mieux embellir la nature.

Enfin, viens à ton tour prendre place en mes vers,
Ornement de la Grèce, antique enfant des mers,
Superbe Antiparos, dont les brillantes routes,
De dédale en dédale, et de voûtes en voûtes,

Conduisent dans cet antre auguste et ravissant,
D'un éclatant albâtre amas éblouissant,
Que sans nous façonna l'Architecte suprême !
Là, digne d'un tableau si digne de lui-même [18],
Descendit Tournefort ; là le pieux Nointel,
Changeant ces lieux en temple et l'albâtre en autel,
Voulut solenniser avec magnificence
Cette nuit que, du Christ consacra la naissance ;
Et, sans autre ornement que ces brillants cristaux,
A l'éclat de leur voûte, aux clartés des flambeaux
Qui relevaient encor leur riche architecture,
La nature fêta le dieu de la nature.

Et toi, de cette terre hôte tumultueux ;
Toi, de tous les pouvoirs le plus impétueux,
Volcan ! le feu nourrit ta fougue triomphante ;
Le feu te réclamait, mais la terre t'enfante :
Viens donc, viens de mon vers ranimer les élans,
Toi qui ronges ta mère et déchires ses flancs.

Tel qu'avant d'éclater dans le sein de nos villes,
Couve en secret le feu des discordes civiles ;
Tel, préparant la mort et les embrasements,
Le volcan contre nous arme les éléments ;
Il les appelle tous à cette horrible guerre ;
Il part ; il va chercher dans le sein de la terre
Des bois pétrifiés les amas charbonneux,
De l'huile des rochers les flots bitumineux,
Les pyrites, les sels, les gaz incendiaires,
De son prochain ravage ardents auxiliaires.
Déja, de l'incendie affreux avant-coureurs,
De sourds frémissements annoncent ses fureurs.
Le feu dilate l'air, il évapore l'onde ;
Le monstre se débat dans sa prison profonde ;
Des rochers escarpés, des montagnes, des bois,
En vain pèse sur lui l'épouvantable poids.
Tel que, pour expier sa rebelle escalade,
Sous des rocs entassés le superbe Encelade,
Là bouche haletante et le sein enflammé,
Soulève le fardeau dont il est opprimé ;
Et, changeant de côté pour changer de torture,
Ébranle au loin la terre avec un long murmure ;

Ou tel qu'un peuple ardent tout à coup révolté,
A travers des débris cherchant la liberté,
De sa propre fureur, en désastres fécondé,
Se dévore lui-même, et ravage le monde :
Tel, et plus furieux, le volcan effréné
Lutte contre le mont qui le tient enchaîné :
Plus il fut captivé, plus il sera terrible.
L'instinct a pressenti l'explosion horrible ;
Les troupeaux consternés quittent ce sol brûlant,
L'oiseau part effrayé, le chien fuit en hurlant.
Enfin il rompt sa voûte, il brise ses murailles ;
De ses flancs déchirés il vomit ses entrailles ;
Mélange de fumée, et de cendre, et d'éclairs,
En colonne rougeâtre il monte dans les airs :
Du noir abîme aux cieux il fait voler la pierre,
De ses sillons brûlants laboure au loin la terre,
Et des rochers dissous, et des métaux fondus,
Roule en flots enflammés les torrents confondus.
Adieu les fleurs, les fruits, et la moisson naissante ;
Tout tremble, tout frémit ; la terre mugissante
Secoue avec fureur ses abîmes profonds,
Et les tours des cités, et les forêts des monts.
Les vallons sont comblés, et les sommets s'abaissent ;
Des fleuves sont formés, des fleuves disparaissent ;
Il parcourt, il enflamme et la terre et les airs ;
Il gonfle les torrents, il soulève les mers ;
Et le ciel réunit, pour châtier le monde,
Au déluge de feu, le déluge de l'onde.
Oh ! quels mortels un jour, Empédocles nouveaux,
Oseront pénétrer dans ces brûlants caveaux¹⁹ ?
Moi-même quelquefois de ces grands phénomènes
Je crois au fond du gouffre interroger les scènes ;
J'ose affronter de près, sans craindre son réveil,
Du volcan assoupi le terrible sommeil ;
Fouler aux pieds ce sol qu'un feu secret dévore,
Aspirer ces vapeurs qui menacent encore,
Reconnaître du feu les vestiges fumants,
Du terrain crevassé les longs déchirements,
Les éclats refroidis de ces voûtes ardentes,
Leurs décombres épars, leurs ruines pendantes,

Des métaux embrasés les débris sulfureux,
Les rocs minés, rongés, calcinés par les feux ;
Et, sorti triomphant de leur prison profonde,
De leurs foudres éteints j'effraie encor le monde.
    Que dis-je? ces volcans, rapides destructeurs,
Mais quelquefois aussi hardis fabricateurs,
Mêlent de grands travaux à d'horribles ravages.
Osons donc à leur tour décrire les ouvrages
De ce dieu qui bâtit d'un art audacieux
Les prisons de l'enfer et les palais des cieux.
On l'a vu, de la terre embrasant les entrailles,
Changer le noir basalte en superbes murailles :
Tels, aux champs de Staffa [20], ses étonnants travaux
D'un palais volcanique ombragèrent les eaux.
Le voyageur le voit : il s'arrête, il admire
Ce chef-d'œuvre où la mer vient, gronde, et se retire ;
Ces cubes entassés, ces prismes merveilleux,
Dont Vulcain décora son fronton orgueilleux,
Et le cintre hardi de sa pompeuse arcade,
Et sa majestueuse et double colonnade,
Et, des brûlants débris du globe tourmenté,
Le désordre enfantant la régularité.
    Cette grotte enchantée, et ce séjour magique,
De Fingal, nous dit-on, fut la demeure antique.
Là résonnaient sa lyre et ses chants solennels.
Laissons là ces récits : dans ses vers immortels,
Son fils lui construisit un plus superbe temple [21].
Ce vaste monument que l'œil surpris contemple,
Sorti du sein des eaux, et bâti par les feux,
Un jour peut-être, un jour sera détruit par eux ;
Mais ceux où de Fingal la mémoire se fonde
N'auront d'autre tombeau que les débris du monde.

CHANT CINQUIÈME.

RÈGNE MINÉRAL.

Les différentes substances minérales. Énumération des divers métaux. Phénomènes produits par la nature dans l'intérieur des mines. Le proscrit cherchant un refuge dans les mines, contre les factions qui ont mis sa tête à prix.

Oh! que le temps sait bien, dans sa marche féconde,
Sous mille aspects nouveaux reproduire le monde!
Qui l'eût cru qu'un amas de légers sédiments
Brillerait en cristaux, luirait en diamants?
Que la terre, oubliant sa vertu végétale,
Des sucs dus à la fleur colorerait l'opale [1]?
Qu'un ver emprisonné formerait le corail [2]?
Mais ce noble arbrisseau, ces pierres, cet émail,
Ne sont que l'ornement et le luxe du monde :
En biens plus précieux notre terre est féconde.
Pénétrez dans son sein : d'abord s'offre aux regards
Ce sel, dans la nature abondamment épars.
Le temps, qui l'accumule en de vastes carrières,
En forme lentement des montagnes entières;
Et ces riches trésors, qu'ignore l'œil du jour,
De la mer vagabonde annoncent le séjour.
J'atteste, ô Wiliska [3], tes carrières fécondes.
Tremblant et suspendu sur tes voûtes profondes,
Le voyageur descend, et son œil enchanté
Dans ces antres obscurs voit toute une cité:
Des murailles de sel se montrent à sa vue.
Le sel se forme en voûte, en colonne, en statue :
Le sel se creuse en temple, et se dresse en autel :
Le travailleur s'assied à des tables de sel.
Au milieu d'un ruisseau court l'onde salutaire
Que jamais de ces lieux l'amertume n'altère :
Telle on dit qu'Aréthuse, au sein des flots amers,
Sans perdre sa douceur, voyageait sous les mers.
Au-dessus, distillée en larmes abondantes,
L'eau des sels congelés brille en gouttes pendantes.
Là, chacun a son chef : il commande; à sa voix
Des milliers de marteaux résonnent à la fois.

Tous, d'un égal effort, tous, d'une ardeur commune,
Attaquent ces remparts, ouvrage de Neptune :
Leurs pans tombent en blocs confusément épars.
Là, glissent des traîneaux ; ici, roulent des chars.
Le tonneau suit dans l'air le tonneau qui s'élève ;
La mobile poulie, en criant, les enlève.
Chaque bloc est un prisme, et l'éclat des flambeaux
En palais de cristal a changé ces tombeaux.
L'œil voit sans se lasser ces brillants phénomènes.
 Du métal à son tour parcourons les domaines.
Là, de plus grands tableaux frappent encor nos yeux ;
Là, tout est plus savant et plus mystérieux :
Entrons. Le vent mugit sous ces voûtes profondes ;
Des torrents souterrains j'entends gronder les ondes.
Tout à coup jusqu'à moi parviennent d'autres sons ;
C'est le bruit des travaux, c'est le bruit des chansons,
C'est la voix des humains. Alors de ces lieux sombres
Je crois voir s'éclaircir et s'égayer les ombres :
Aussi, malgré leur triste et ténébreuse horreur,
Mes regards assurés s'y plongent sans terreur.
Je descends, je parcours la longueur de ces routes ;
Je mesure de l'œil la hauteur de ces voûtes ;
J'aime à voir ces grands blocs, ces rochers suspendus
En arceaux naturels sur ma tête étendus
C'est là, c'est encor là que, cachant sa puissance,
L'éternel ouvrier, dans un profond silence,
Compose lentement et décompose tout :
Il colore, il distille, il unit, il dissout.
 Là, différents de poids, de forme, de figure,
Dans la dure épaisseur de leur matrice obscure,
Se forment ces métaux [4] qu'on tâche d'arracher
Aux veines de la terre, aux fentes du rocher :
Le fer cultivateur et le bronze qui tonne,
Et ce métal docile où l'onde s'emprisonne [5] ;
L'étain, l'argent, et l'or qui brille sans rivaux ;
Et ce nouveau métal, le plus lourd des métaux,
Que long-temps à nos yeux déroba la nature,
Et de nos arts féconds la richesse future [6] ;
Et le mercure enfin, qui, connu par son poids,
En globules roulants glisse et fuit sous nos doigts.

CHANT V.

Il est d'autres métaux moins purs dans leur essence,
Tous différents de poids, de couleur, de puissance :
Le tung-stène grisâtre, et l'arsenic rongeur,
Qui du cuivre blanchi déguise la rougeur,
Et par deux attentats sert, doublement perfide,
Le monnayeur coupable et le lâche homicide ;
Mais qui, par ses couleurs réparant ses forfaits,
A nos arts innocents prodigue ses bienfaits.
Ailleurs c'est le nickel, le douteux molybdène,
Dont nul ne connaissait la substance incertaine,
En grains noirs et brillants se montrant à nos yeux,
S'évaporant à l'air, et résistant aux feux ;
Le cobalt, qui, de l'art sujet involontaire,
Garde dans le creuset sa roideur réfractaire,
Et, par les feux ardents lentement pénétré,
Se fond avec le verre en fluide azuré ;
Le bismuth peu ductible et peu rebelle aux flammes,
Qui se forme en cristal et se déploie en lames ;
Le manganèse à peine entamé par les feux,
Mais au contact de l'air tombant en grains pondreux ;
Et le zinc indien, qui, lorsqu'un grand théâtre
Étale à tout Paris ces jeux qu'il idolâtre,
De si riches couleurs, de rayons si brillants,
Pare ces faux soleils dans l'ombre pétillants,
Dont Tivoli plaintif à regret s'illumine,
Et, pour Ruggieri, fait déserter Racine ;
Et l'antimoine [8] enfin, utile aux animaux,
Proscrit par des arrêts, ordonné par nos maux,
Et qui, de vains débats source long-temps féconde,
Avant de le guérir, scandalisa le monde [9] :
Tant les vieux préjugés fascinent nos regards,
Et dans leur cercle étroit emprisonnent les arts !
  Je ne citerai point tous ces métaux modernes,
De leurs nombreux aînés familles subalternes ;
J'attends que le savoir, parmi leurs vieux parents,
A leur race nouvelle ait assigné les rangs.
  De ces métaux récents, dont l'art fit la conquête,
Chacun a son pouvoir : le chrome est à leur tête ;
Peintre des minéraux, de nos plus belles fleurs
Il distribue entre eux les brillantes couleurs ;

L'émeraude par lui d'un beau vert se colore,
Il transmet au rubis la pourpre de l'aurore ;
Quelquefois, du plomb vil fidèle associé,
Teint d'un vif incarnat son obscur allié ;
Tantôt, rival heureux des couleurs japonaises,
Avant qu'il ait de Sèvre enduré les fournaises,
Il peint la porcelaine, et lui prête à nos yeux
Ces fonds verts et brillants qui résistent aux feux.
Notre siècle en est fier, et, par un juste hommage,
Un jour de Vauquelin y gravera l'image [10].

   Tous ces métaux divers sont pesants ou légers,
Ou purs, ou se mêlant de métaux étrangers ;
Les uns cassants et durs, d'autres avec souplesse
En fils longs et brillants déployant leur richesse ;
L'un prompt à s'amollir aux feux les moins brûlants,
L'autre à peine dompté par des feux violents ;
L'un fier de son éclat, l'autre de son usage ;
L'un vil aux yeux du peuple, et l'autre aux yeux du sage.
Souvent ils sont cachés sous des masques trompeurs ;
Souvent des minéraux les subtiles vapeurs
Pénètrent lentement dans le sein de la terre ;
Le métal à son tour couvre souvent la pierre.

   Du monde minéral étonnants végétaux,
Les uns sont dessinés en bouquets, en rameaux ;
D'autres sont en plumage arrangés avec grace [11] ;
Ceux-ci n'offrent aux yeux qu'une grossière masse :
Tous, destinés pour nous, passent à nos regards
Des ateliers du temps aux ateliers des arts ;
Et notre œil voit sortir, de cette nuit profonde,
L'espoir, les biens, les maux et les crimes du monde.

   Mais la mine s'épuise, et dans son sein muet
La nature sommeille, et le travail se tait.
Que dis-je ? la nature, en tout temps agissante,
Répare incessamment leur source renaissante.
Déja sa main reprend en secret ses travaux,
Et fait de nouveaux plans pour des siècles nouveaux :
Mais l'espoir pour long-temps de ces antres s'exile.
Quelquefois seulement ils deviennent l'asile
De l'infame assassin, du brigand ténébreux,
Hélas ! et quelquefois l'abri du malheureux ;

Surtout quand les tyrans, sur leurs listes sanglantes,
Inscrivent sans pitié leurs victimes tremblantes.
Essayons ce récit des publiques horreurs;
Il convient à mes chants, il convient à nos mœurs.

De mille factions mère désordonnée,
Florence à leurs fureurs vivait abandonnée;
Dans ses murs, sans repos, sans police et sans lois,
Sur les partis rivaux se promenant sans choix,
Des bourreaux fatigués la hache indifférente
De leur sang confondu sans cesse était fumante;
Et le meurtre, toujours nommant leur successeur,
Jetait sur l'opprimé le superbe oppresseur.
Un vain peuple à la fois, et féroce et volage,
Après l'avoir formé, détruisait son ouvrage;
Et, toujours entraîné, croyait toujours choisir.
Chacun, de sa faveur ardent à se saisir,
Du nom de liberté flattait sa servitude;
Lui, dans son orageuse et vague inquiétude,
Instrument et jouet de vingt partis rivaux,
Passait de trouble en trouble à des tourments nouveaux.
Ainsi de tous côtés lorsque souffle l'orage,
La mer doute à quels vents doit obéir sa rage.

Ormond régnait alors; sa tête en cheveux blancs
Annonçait et le calme et le froid des vieux ans.
Mais la paix de son front n'était point dans son ame;
L'ardente ambition le brûlait de sa flamme;
Ainsi sous les frimas l'Etna cache ses feux.
Si l'orgueil pouvait l'être, Ormond était heureux.
Une fille charmante, aux succès politiques
Ajoutait la douceur des plaisirs domestiques.
Elvire était son nom; et son cœur, et ses traits,
A toutes les vertus joignaient tous les attraits.

Florence dans ce temps, au milieu des tempêtes,
Aimait encor les jeux, les pompes et les fêtes;
Et dans le même jour, et dans les mêmes lieux,
Où des scènes de sang avaient frappé les yeux,
Le bal était ouvert, et le plaisir barbare
Passait des cris de mort aux sons de la guitare.
Elvire soupirait, et, pleurant son pays,
Fuyait l'œil du public: Tel un sauvage lis,

Confiant au désert les parfums qu'il exhale,
Cache aux vents indiscrets sa beauté virginale;
Ou tel, au pied d'Athos où gronde l'aquilon,
Se renferme et se tait un modeste vallon.
Seulement, pour charmer sa tranquille retraite,
Sa jeune main tenait l'aiguille ou la navette.
Tantôt, de son pays peignant les longs malheurs;
Elle en chargeait la toile et l'arrosait de pleurs;
Tantôt, de ses aïeux réveillant la mémoire,
De leur vieille discorde elle lisait l'histoire;
Et, dans ces souvenirs le présent retracé,
Lui montrait l'avenir écrit dans le passé.

Un jour enfin au cirque ayant suivi sa mère,
Elvire aux spectateurs se montra la dernière,
Et des autres beautés l'éclat s'évanouit.
Ainsi lorsque des fleurs l'essaim s'épanouit,
La rose entre ses sœurs, plus tardive et plus belle,
Se montre, et tout éclat disparaît devant elle.
Le jeune et beau Dolcé vint, la vit, et l'aima;
D'un feu non moins rapide Elvire s'enflamma :
Ainsi d'un même essor, l'une à l'autre fidèles,
Se suivent dans leur vol deux jeunes hirondelles;
Ou tels, se rencontrant, deux amoureux ruisseaux
Unissent leur murmure et confondent leurs eaux.
Auprès du vieil Ormond, jaloux de son empire,
Le sensible Dolcé brigua la main d'Elvire :
Ormond lui préféra l'ambitieuse ardeur
D'un jeune audacieux, soutien de sa grandeur.
Jusqu'au fond de son cœur Dolcé sentit l'offense,
Et l'amour dans son ame alluma la vengeance.
Dolcé jusqu'à ce jour, aux beaux-arts, aux plaisirs,
Avait abandonné ses innocents loisirs ;
Mais lorsque enfin l'amour, l'affront fait à sa flamme,
A cette douce paix eut arraché son ame,
Rien ne le contint plus; et son cœur outragé,
Par l'honneur, par l'amour jura d'être vengé.
Tout ce qui peut gagner la faveur populaire,
La noblesse du sang, l'heureux désir de plaire,
Le talent rehaussé par d'aimables dehors,
La vertu qu'embellit la grace d'un beau corps,

L'art touchant des bienfaits, l'art brillant du langage,
Le trop heureux Dolcé reçut tout en partage :
Il en arma sa haine, et, bientôt renversé,
Par son jeune rival Ormond fut remplacé.

Malheureux ! dans sa chute où trouver un asile ?
Ce n'était plus le temps où le vaincu tranquille
Pouvait, cédant au sort un pouvoir abhorré,
Retomber dans la foule, et s'y perdre ignoré.
L'implacable vengeance accablait sa disgrâce ;
Le vainqueur au vaincu n'eût osé faire grâce :
Dépendant des ressorts qu'il avait fait mouvoir,
Lui-même obéissait au faîte du pouvoir ;
Et, tremblant d'arrêter le cours de sa vengeance,
Était libre en sa haine, et non dans sa clémence.
A l'aspect des bourreaux, du fer ensanglanté,
Le citoyen proscrit fuyait épouvanté,
Confiait à la nuit son départ solitaire,
Du plus obscur réduit recherchait le mystère.
Malheur à tout mortel dont le zèle imprudent,
De son timide asile eût été confident !
Plus malheureux celui dont le toit secourable
Eût osé recueillir cet hôte redoutable !
Tout se taisait, le sang, l'amour et l'amitié ;
Les larmes se cachaient dans l'œil de la pitié ;
Et l'hospitalité, dans ces malheureux âges,
N'était plus qu'aux déserts et qu'aux antres sauvages.

Au milieu du tumulte, et du sang, et des cris,
Qui proclamaient le nom et la mort des proscrits,
Ormond fuit, et, hâtant sa course vagabonde,
Rencontre près d'un bois une mine profonde,
Fréquentée autrefois, et déserte aujourd'hui ;
Antre affreux où du jour jamais l'astre n'a lui.
D'effroyables ravins en gardent les approches ;
Du sommet escarpé de ses hideuses roches
On n'entend que les cris des oiseaux dévorants,
Le murmure des bois, et le bruit des torrents.
Là, quittant ses foyers, ses amis, sa famille,
Le malheureux vieillard s'enfonce avec sa fille ;
Là, contre son vainqueur, contre le sort jaloux,
En imprécations éclatait son courroux.

Ainsi sur son rocher, jeté par des perfides,
Philoctète en fureur maudissait les Atrides.
Ormond marchait, errait sous ces rocs ténébreux :
Leur silence désert, leur abandon affreux,
Semblaient de son destin lui peindre la tristesse.
« Autrefois, disait-il, la soif de la richesse
Attirait dans ces lieux des cœurs intéressés ;
Leur richesse n'est plus, les voilà délaissés :
Tel est mon sort. Ma sombre et triste défiance,
Enfant de la vieillesse et de l'expérience,
M'a fait cacher à tous l'abri de mes malheurs ;
Pas un ami ne sait dans quel antre je meurs !
J'ai tout perdu ! Que dis-je ? en mon destin funeste,
Elvire est avec moi, mon Elvire me reste ! »
Tout ce que la touchante et noble antiquité
De la tendre Antigone autrefois a conté,
N'a rien de comparable aux tendres soins d'Elvire.
Tantôt, quand le sommeil reprenait son empire,
A son père assoupi ses soins compatissants
Faisaient un doux chevet de ses bras innocents :
Tantôt, s'ils le troublaient par leurs affreux mensonges,
D'un regard inquiet elle épiait ses songes,
Les lisait sur son front, et, hâtant son réveil,
Pour le rendre au repos l'arrachait au sommeil :
Tantôt elle sortait, et, d'une main tremblante,
Saisissait à la hâte, ou la fraise odorante,
Ou le fruit savoureux que donne le figuier,
Ou de son fruit amer dépouillait l'olivier.
Souvent ses beaux cheveux, pour un plus noble usage
Courbant en arc ou l'if ou le cormier sauvage,
De leur tresse tendue envoyaient le roseau
Dont la pointe dans l'air allait frapper l'oiseau ;
Soudain elle rentrait, et sa timide joie
A son père attendri courait porter sa proie.
D'autres fois, de sa soif pour apaiser l'ardeur,
Dans une coupe d'or, débris de leur splendeur,
Que jadis emplissait de sa liqueur choisie,
De Smyrne ou de Chio l'odorante ambroisie,
Sur la croupe du mont ses mains allaient chercher
L'eau qui tombait des cieux dans le creux du rocher.

CHANT V.

Osaient-ils un instant quitter leur solitude ?
Avec quelle attentive et tendre inquiétude
Elvire observait tout, et, lui servant d'appui,
Lui choisissait sa place et veillait près de lui !
Du malheureux alors la douleur affaiblie
Quelquefois faisait place à la mélancolie.
  Un soir que dans ces lieux, avec un front riant,
Diane aux doux rayons éclairait l'orient,
Cet air frais, ce ciel pur, cette pâle lumière,
Ce repos étendu sur la nature entière,
Pénétrant par degrés dans le fond de son cœur,
Par un charme inconnu suspendit sa douleur.
Tout à coup, se tournant vers sa consolatrice :
« O charme de mes jours, ma douce bienfaitrice !
Je ne sais quel attrait ont ces riants tableaux ;
Mais je sens moins ici la vengeance et mes maux !
L'homme devient plus calme auprès de la nature.
De Dolcé, dans ces lieux, j'oublie enfin l'injure :
Je suis las de haïr, et sans peine mon cœur
Excuse en lui l'amant, et pardonne au vainqueur.
Toi, pardonne un refus qui fit notre infortune !
Que la mienne à tes yeux ne soit pas importune !
S'il existe un pouvoir ami des malheureux,
Crois qu'il reconnaîtra des soins si généreux !
C'est toi dont le printemps console ma vieillesse ;
C'est toi qui de mon antre adoucis la tristesse :
De l'astre qui nous luit l'aspect consolateur
Est moins doux à mes yeux que tes soins à mon cœur. »
  Il dit, serra sa main, répandit quelques larmes.
Dès ce moment, la vie eut pour lui plus de charmes ;
Et, respirant enfin du poids d'un long courroux,
Son cœur fut plus tranquille, et son sommeil plus doux.
  Cependant les partis, les vengeances, les haines,
Troublaient encor l'état de leurs sanglantes scènes ;
Et Dolcé, par la force au plus haut rang monté,
Par la force, à son tour, s'en vit précipité.
De son règne plus doux les successeurs féroces
Signalèrent sans fin leurs vengeances atroces.
Il fallut par la fuite échapper à la mort.
Mais, ô coups imprévus ! ô caprices du sort !

Dans le tumulte affreux du revers qui l'exile,
Son unique ressource et son unique asile,
Ce fut cet antre même où s'était enfoncé
Le malheureux vieillard par ses mains renversé :
Tant à ses jeux cruels la fortune obstinée,
Des mortels au hasard roule la destinée !
  Sombre et pensif, il entre en cet affreux séjour,
Furieux de regrets, de vengeance et d'amour.
L'amour, dont tant de soins n'ont pas éteint la flamme,
Plus violent alors se rallume en son ame.
« Que fait Elvire ? hélas ! en proie à ses douleurs,
Elle pleure, et c'est moi qui fais couler ses pleurs !
Sort cruel, va, transporte où tu voudras l'empire,
Les honneurs, les trésors ; mais rends-moi mon Elvire !
Que je revoie Elvire, et je meurs consolé ! »
  Ainsi Dolcé parlait, furieux, désolé.
Durant deux jours entiers, dans sa rage tranquille,
Sur le même rocher il demeure immobile ;
Mais enfin, excité d'un desir curieux,
Il veut interroger et connaître ces lieux.
Il entre, il se confie à ces lugubres voûtes ;
Il traverse à pas lents leurs ténébreuses routes.
Tout à coup, ô surprise ! il croit entendre un bruit...
Il approche, on l'évite ; il avance, on le fuit :
Enfin il les atteint, et reconnaît sans peine
La fille à son amour, et le père à sa haine.
Interdits tous les deux, et muets un moment,
Ces superbes rivaux restent sans mouvement :
A l'aspect l'un de l'autre, ils admirent ensemble
Le sort qui les unit, le lieu qui les rassemble.
Tels deux vaisseaux guerriers qui, dans un choc affreux,
Sur le vaste Océan se foudroyaient entre eux,
Jetés par l'aquilon sur le même rivage,
Confondent leurs débris et mêlent leur naufrage.
Elvire en pleurs gémit ; le jeune et fier Dolcé
Jette au superbe Ormond un regard courroucé.
D'un air calme et serein le vieillard l'envisage.
« Oui, lui dit-il enfin, je t'ai fait un outrage :
Mais de quoi t'a servi ton imprudent courroux ?
Toi-même du destin tu ressens donc les coups !

CHANT V.

Déplorable désir de gouverner les hommes !
Dolcé, dans quel état et dans quel lieu nous sommes !
Regarde ; ici vivaient des mortels malheureux,
Déterrant des trésors qui n'étaient pas pour eux ;
Dont les yeux ignoraient, dans cette nuit profonde,
S'il était un soleil, s'il existait un monde :
Eh bien ! chargé de fers, accablé de travaux,
Ils chantaient, et leurs chants adoucissaient leurs maux.
Et nous, nous, au milieu des discordes civiles,
Du ravage des champs, du pillage des villes,
L'un par l'autre abhorrés, l'un par l'autre abattus,
Oppresseurs sans pouvoir, malheureux sans vertus,
Privés des vrais plaisirs, des vrais biens de la vie,
Le moindre de nos maux eût consolé l'envie.
Vaincu, proscrit, jeté dans ce séjour d'effroi,
Je t'ai haï long-temps ; puis j'ai pleuré sur toi.
Toi, si ta haine encor peut conserver sa rage,
Contemple ces lambeaux, et regarde mon âge. »
Dolcé long-temps se tait, regarde tour à tour
L'objet de sa fureur, l'objet de son amour.
Elvire enfin laissa tomber d'un œil humide,
Avec un doux regard, une larme timide.
Que ne peut sur l'amour une larme, un regard ?
Il s'élance, il se jette aux genoux du vieillard :
« O toi dont j'ai causé, dont j'ai plaint la misère,
C'en est fait, à tes pieds j'abjure ma colère.
Non, je n'étais point né pour sentir la fureur,
Qu'un sentiment plus doux était fait pour mon cœur !
Me voilà devant toi, mets ta main dans la mienne,
Et puisse Elvire un jour y joindre aussi la sienne.
Alors je ne suis point proscrit ni malheureux ;
Alors je trouve ici ma patrie et mes dieux.
Trop heureux si je puis, partageant vos disgrâces,
Consoler le malheur, la vieillesse et les grâces ! »
Ainsi Dolcé parlait ; et, dans le même instant,
Vers l'issue opposée un bruit confus s'entend.
Surpris et curieux, il approche, il écoute.
Un mortel empressé marchait sous cette voûte,
Non point avec ce pas timide, suspendu,
Qui craint de se trahir, tremble d'être entendu ;

Mais d'un pas ferme et sûr, mais avec ce visage,
D'une heureuse nouvelle infaillible présage :
C'est un confident sûr, de qui l'avis certain
Vient instruire Dolcé de son nouveau destin.
Tout est changé : le peuple, inquiet et volage,
Pour la troisième fois a brisé son ouvrage ;
Et du parti d'Ormond, du parti de Dolcé,
Les débris réunis l'ont déjà remplacé.
S'ils veulent ressaisir les rênes de l'empire,
A leur pouvoir nouveau l'état entier conspire ;
Et déjà, ralliant toutes les factions,
La faveur populaire a proclamé leurs noms.
 Au malheureux vieillard, de cet avis fidèle
L'impatient Dolcé court porter la nouvelle.
« Le ciel, dit le vieillard, a puni ces brigands ;
Le ciel est juste enfin : mais vois ces cheveux blancs,
Dois-je à des chocs nouveaux exposer mon vieil âge ?
C'est assez d'une erreur, c'est assez d'un naufrage.
Au bord d'une forêt, sur la rive des mers,
Un vieux château me reste en des vallons déserts :
Là peut-être m'attend un destin plus tranquille.
Si tu peux, jeune encor, supporter cet asile,
Mon Elvire est à toi : vers ce nouveau séjour
Un facile trajet nous conduit en un jour. »
Il dit, Dolcé l'embrasse ; et la douce rosée,
Qui rafraîchit le sein de la terre embrasée,
Apporte moins de joie au sillon altéré,
Que Dolcé n'en goûta dans son cœur enivré.
Mais avant son départ il veut que l'hyménée
Et d'Elvire et de lui fixe la destinée.
 Sur la cime du mont un agreste ruisseau,
Dont l'onde souterraine y cachait son berceau,
A travers les rochers de leurs sombres retraites
Se glissant lentement par des routes secrètes,
Baignait leur antre obscur ; et ses flots épaissis,
Suspendant aux rochers leurs sédiments durcis,
De spaths [12] et de cristaux différents de figure
Ornaient du noir lambris la brute architecture.
Des siècles et des eaux ouvrage naturel,
Au milieu s'élevait un magnifique autel,

CHANT V.

Que le suc minéral, distillé de la voûte,
En colonne d'albâtre a bâti goutte à goutte [13] :
Et lorsque dans l'horreur de cet obscur séjour
Des brandons allumés reproduisaient le jour,
De leurs reflets divers la pompe éblouissante,
De rochers en rochers au loin rejaillissante,
Défiait dans la nuit les rayons du soleil.
Là, sans suite, sans faste, et sans vain appareil,
Pour temple les arceaux de cette voûte obscure,
Ces prismes pour flambeaux, pour témoin la nature,
Pour offrande leur cœur, un rocher pour autel,
Le dieu d'hymen reçut leur serment mutuel;
Et jamais, dans l'éclat de ses plus riches fêtes,
Ce dieu n'avait reçu de plus nobles conquêtes.
Enfin ils sont unis : la nuit vient; et l'amour
Aux mystères d'hymen les appelle à son tour.
Là, ne se montra point cette pompe qu'étale
Des riches et des grands la couche nuptiale;
Ces superbes rideaux, ces coussins fastueux,
Des amours opulents trône voluptueux :
L'art ne profana point cette union si douce;
La nuit prêta son ombre, et les rochers leur mousse.
Dans les cieux cependant l'aurore est de retour :
Il est temps de partir pour leur nouveau séjour;
Il est temps de quitter cette grotte chérie,
Dès long-temps leur asile, et déjà leur patrie :
Mais, ô douleur nouvelle ! en désertant ces toits,
Ils pensent s'exiler pour la seconde fois.
En vain ce lieu lugubre, arrosé de leurs larmes,
De la société leur refusait les charmes ;
En vain les profondeurs de cet antre écarté
Des doux rayons du jour ignoraient la clarté :
Ils l'aimaient; chaque jour la puissante habitude
Rendait sa nuit moins sombre et son séjour moins rude.
Témoin de leurs plaisirs, témoin de leurs douleurs,
Cet antre le premier adoucit leurs malheurs,
Accueillit leur misère. Eh ! quel rocher sauvage
Ne plaît au malheureux échappé du naufrage ?
Ils partent cependant, et, les larmes aux yeux,
Sur le seuil de la grotte ils lui font leurs adieux.

Une nacelle est prête : ils voguent, et peu d'heures
Leur montrent de plus près leurs nouvelles demeures,
Qu'en cercle environnait un rivage charmant.
A peine ils l'ont touché, dieux, quel ravissement !
Là, soudain de leurs cœurs s'apaise la tempête ;
L'air plus calme et plus pur pèse moins sur leur tête ;
Des vainqueurs, des vaincus, des bourreaux, des proscrits,
Leurs tranquilles bosquets n'entendent point les cris.
Bien loin d'eux vont mourir les clameurs populaires,
Et le rugissement des factions contraires.
Aucun fiel n'aigrit plus ces deux rivaux fameux ;
Elvire est le lien qui les unit entre eux.
Telle entre deux couleurs, médiatrice heureuse,
Glisse d'un ton plus doux la teinte harmonieuse.

Il fallait cependant par d'utiles plaisirs,
Par d'aimables travaux varier leurs loisirs :
Le crayon, le pinceau, la lyre, la lecture,
De leur nouveau séjour l'agréable culture,
Des coteaux, des vallons l'aspect délicieux,
Les trésors de la terre et l'étude des cieux,
Charmaient innocemment leur douce solitude.
Surtout des minéraux l'intéressante étude
Occupait leurs moments : tous, rangés avec art
Et classés avec ordre, instruisaient leur regard.
A leur tête éclatait sur ce brillant théâtre
Un fragment précieux de cet autel d'albâtre,
Dépositaire heureux de leur premier serment,
Et de leur tendre amour fidèle monument.
Dès lors tous trois sans soins, sans trouble, sans envie,
Crurent ou retrouver ou commencer la vie.
Plus de jours malheureux, plus d'inquiètes nuits !
Leurs nuits étaient sans trouble, et leurs jours sans ennuis.
Tel un fleuve rapide, enfant d'un mont sauvage,
Qui, tourmentant ses eaux son lit et son rivage,
Parmi d'affreux rochers mugissait en courroux,
Arrivé par degrés sur un terrain plus doux,
Se calme, s'abandonne à sa pente insensible,
Et, de torrent fougueux, devient ruisseau paisible.

CHANT SIXIÈME.

RÈGNE VÉGÉTAL.

De la formation des plantes. Circulation et produits de la sève. De la greffe et de ses effets. Distribution de la sève nourricière, et des différentes formes qu'elle fait prendre à la matière végétale. Les caractères et la nature des diverses plantes ; leurs couleurs, leurs attributs, leurs variétés. Les plantes des différents climats. Éloge de Linnée ; sa naissance ; sa passion pour la botanique ; ses travaux et sa gloire adoptés par la France. La naissance et la multiplication des plantes. Éducation, habitudes des plantes. Horloge de Flore. Hymen et amours des plantes. Des polypes et des plantes qui forment la nuance intermédiaire entre le règne végétal et le règne animal. Usage des plantes pour la santé, la vie et les plaisirs de l'homme. Le café, le vin, la bière, le vin-de-Champagne. Les plantes céréales. L'Amérique indiquée à Christophe Colomb par l'aspect des plantes emportées sur les flots.

Ils sont passés ces temps des rêves poétiques,
Où l'homme interrogeait des forêts prophétiques ;
Où la fable, créant des faits prodigieux,
Peuplait d'êtres vivants des bois religieux.
Dodone inconsultée a perdu ses oracles ;
Nos vergers sont sans dieux, nos forêts sans miracles.
Au sang du beau chasseur adoré de Cypris,
La rose ne doit plus son brillant coloris ;
L'eau ne répète plus le beau front de Narcisse,
Ce long cyprès n'est plus le jeune Cyparisse,
Ces pâles peupliers les sœurs de Phaëton,
Ce vieux tilleul Baucis, ce chêne Philémon :
Tout est désenchanté ; mais, sans tous ces prestiges,
Les arbres ont leur vie, et les bois leurs prodiges.
Je veux les célébrer ; je dirai quels ressorts
Des peuples végétaux organisent les corps.
Tantôt ma voix chantait les vertus minérales ;
Un nœud secret les joint aux races végétales.
L'arbuste, l'arbrisseau, les herbes et les fleurs,
Des éléments divers puissants combinateurs,
Sont le laboratoire où leur force agissante
Exerce incessamment son action puissante,
Et, de tous ces agents dans la plante introduits,
Forme l'éclat des fleurs et la saveur des fruits.
Admirable chimie, où l'air, la terre et l'onde
Forment mille unions de leur guerre féconde !

Interrogez ces plants : des milliers de vaisseaux,
Qui sur un même tronc s'assemblent en faisceaux,
D'un côté, dans la terre, en racine s'étendent,
De l'autre, en longs rameaux, dans les airs se répandent ;
Puis, divisés encor, vont, dans leurs frais boutons,
Du feuillage léger préparer les festons.
Dois-je vous dire encor ces minces vésicules
Qui ramassent la sève en d'étroites cellules,
Et ces nombreux canaux, où les sucs épaissis
En un solide bois par degrés sont durcis ?
Comment, pour pomper l'air, de l'active trachée
La spirale élastique en leur sein est cachée ?
Chaque plante en sa tige enferme ses vaisseaux ;
Que dis-je ? chaque part du tronc et des rameaux
Contient ce triple organe, et de chaque partie
Un arbre tout entier peut recevoir la vie :
Tant le ciel a voulu dans leur fécondité
Placer l'heureux espoir de leur postérité !

   Pour embellir encor cette race future,
La greffe unit son art aux dons de la nature :
Art sublime, art fécond, dont les secrets divers
Remontent au berceau de l'antique univers.
Mais comment de la greffe expliquer le mystère ?
Comment l'arbre adoptant une plante étrangère
Peut-il, fertilisé par ces heureux liens,
Former des fleurs, des fruits, qui ne sont pas les siens ?
Dans le sein maternel, sa retraite vivante,
L'homme encore naissant peut expliquer la plante.
De vaisseaux en vaisseaux égaré dans son cours,
Le sang qui toujours part, et remonte toujours,
Parcourt, en circulant par des routes certaines,
Un million de fois des millions de veines ;
Et, dans sa longue route épuré lentement,
Ne porte à l'embryon qu'un utile aliment.
Ainsi par une plante une plante adoptée
Élabore les sucs de la sève empruntée ;
Et, de ces aliments qu'il a reçus d'autrui,
L'arbre nouveau n'admet que les sucs faits pour lui.
Soit donc que d'un rameau la blessure féconde
Reçoive un plant choisi dans sa fente profonde ;

Soit que le sauvageon que l'art veut corriger,
Dans ses bourgeons admette un bourgeon étranger,
Ce dédale savant de vaisseaux innombrables
N'admet ou ne retient que des sucs favorables.
L'arbre adopté s'élève : il se couvre de fruits
Que le tronc paternel n'aurait jamais produits :
Et l'arbre hospitalier, où la greffe prospère,
De ces enfants nouveaux s'étonne d'être père.

Ainsi de cet hymen, admiré tant de fois,
Ma muse audacieuse interprétait les lois.
Mais dans la même espèce, et sur les mêmes tiges,
Qui peut, sans s'étonner, voir tant d'autres prodiges?
Le même suc, changeant de parfum, de saveur,
Forme le bois, le fruit, le feuillage et la fleur;
Tapisse de duvet la pêche cotonneuse,
Arme de dards aigus la châtaigne épineuse,
Donne aux pois une cosse, une écaille à la noix,
De son mol épiderme environne le bois;
Revêt le tendre aubier d'une écorce plus dure;
Là rougit la cerise, ici noircit la mûre;
Donne aux fleurs leur émail, sa verdure au gazon;
Tantôt est un remède, et tantôt un poison;
Et, plus étrange encor dans ses métamorphoses,
Il court infecter l'ail et parfumer les roses.

Qui produit ces effets? Les différents tissus
Façonnent à leur gré les sucs qu'ils ont reçus,
Et, suivant les canaux que leur liqueur inonde,
Moulent différemment la sève vagabonde :
Tel le feu, se jouant dans ses tubes divers,
En javelots brûlants s'élance dans les airs,
En vase s'arrondit, ou se déploie en gerbe;
Roule en globe étoilé, monte en dragon superbe,
Se change en dôme, en voûte, en palais, en berceaux,
Et d'un seul élément compose cent tableaux.

Chaque arbuste d'ailleurs, ainsi que sa structure,
A ses propres vaisseaux choisis par la nature;
Chacun est abreuvé par des sucs différents :
Ici le baume coule en ruisseaux odorants;
Là son sein entr'ouvert verse une manne utile;
Là nous cueillons le miel que l'écorce distille,

Et cet heureux tribut, amassé par nos mains,
En soulageant la plante enrichit les humains.
   Combien d'autres vertus et d'autres caractères,
Des nombreux végétaux marques héréditaires,
Et de chaque famille immortels attributs,
A l'œil observateur distinguent leurs tribus !
L'un naquit dans nos champs ; grâce à notre industrie,
L'autre pour notre sol a quitté sa patrie ;
Les uns s'élèvent seuls : l'autre aux bras tortueux
Suce, vil parasite, un chêne fastueux ;
Les uns sont paresseux, d'autres pressés d'éclore ;
L'un dure un siècle entier, l'autre n'a qu'une aurore ;
L'un rampe sur la terre, et l'autre atteint les cieux :
Quelle variété pour le goût, pour les yeux !
Des feuillages divers dont les rameaux abondent,
Les uns sont alternés, les autres se répondent [1] ;
L'un de ses bras tendus regarde l'horizon :
L'autre, les bras pendants, vient baiser le gazon.
Eh ! qui pourrait compter leurs couleurs, leurs figures,
Leurs contours élégants, leurs riches ciselures ?
Leurs feuillages sont verts, blancs, découpés, unis,
Vêtus d'un doux coton, ou glacés de vernis ;
Veulent un terrain sec ou d'humides rivages.
Les uns, malgré nos soins, gardent leurs mœurs sauvages ;
D'autres, de nos jardins hôtes civilisés,
Croissent, dans leur parquet avec art disposés.
Deleuze [2], aux soins de l'art confiant la nature,
A ce luxe charmant invita la culture,
Signala tous ces plants qui, fiers de notre choix,
Viennent orner nos parcs et le jardin des rois.
Dans ce jardin fameux, capitale des plantes,
C'est lui qui, rassemblant leurs tribus différentes,
En de riches herbiers et de nombreux cartons,
Aux peuples végétaux assigne leurs cantons ;
Aux familles d'Europe, aux races d'Amérique,
Il joint les nourrissons de la brûlante Afrique ;
De leur riche peuplade heureux concitoyen,
L'archiviste de Flore en est l'historien ;
Des arbres étrangers nous conte les voyages,
Et le hasard heureux qui les mit sur nos plages :

CHANT VI.

Chacun lui doit son rang, ses titres, ses honneurs,
Et son écrit charmant est le blason des fleurs.
 Des aspects variés que leur fit la nature,
Achevons cependant la fidèle peinture :
La racine, le bois, la tige, les festons,
Tout sert à distinguer leurs nombreux rejetons.
L'un, caché dans la terre, où son destin l'attache,
Attend que d'un gourmand le luxe l'en arrache ;
L'autre, ami du grand jour, dans un riche appareil
S'offre tout rayonnant aux regards du soleil.
Chacun a ses penchants, sa saison et sa place.
Habite les lieux chauds, ou se plaît sous la glace,
Ou tapisse les murs, ou de ses verts rameaux
Court vêtir les rochers, égayer les tombeaux.
 Là cette jeune plante, en vase disposée,
Dans sa coupe élégante accueille la rosée [4] ;
Dans son palais natal, brillant de pourpre et d'or,
L'autre [5] d'un doux nectar enferme le trésor.
L'une s'enorgueillit de sa robe pompeuse :
De ces riches atours une autre dédaigneuse
Laisse à ses sœurs l'azur, la pourpre, le saphir,
Et se livre sans voile aux baisers du zéphyr [6].
L'une, telle en tout temps que la fit naître Flore,
Garde fidèlement l'émail qui la colore ;
Véritable Protée entre toutes les fleurs,
Une autre aime à changer de robe et de couleurs [7] ;
D'un feuillage nombreux celle-ci s'environne,
L'autre d'un seul pétale a formé sa couronne.
 Comparez cette mousse et cet arbuste nain
A cet énorme enfant du rivage africain [8],
Ou même à ce figuier [9], dont les vastes branchages,
Qui jadis dans les cieux buvaient l'eau des nuages,
S'affaissant sous leurs poids, et descendant des airs,
S'en vont chercher des sucs jusqu'auprès des enfers.
De leurs bras enfouis s'élèvent d'autres plantes,
Qui, ployant à leur tour sous leurs charges pesantes,
Forment d'autres enfants, dont la fertilité
Est le gage immortel de leur postérité.
 Ainsi de tige en tige, ainsi de race en race,
De ces troncs populeux la famille vivace

Voit tomber, remonter ses rameaux triomphants,
Du géant leur aïeul gigantesques enfants ;
Et leur fécondité, qui toujours recommence,
Former d'un arbre seul une forêt immense.

De ces arbres amis du soleil, des frimas,
Souvent la seule vue annonce leurs climats.
Des aspects raboteux, sombres, secs et sans grâces,
Des arbres africains nous décèlent les races ;
Je ne sais quels tissus, durs, serrés, amaigris,
Marquent les végétaux sur les Alpes nourris ;
Et leur tronc lisse et pur, et leurs formes riantes,
Du sol américain nous indiquent les plantes.

Dépendante à son tour et des lieux et des ans,
La racine tantôt glisse en filets rampants,
Tantôt descend plus bas dans le sein de la terre
Que l'arbre ne s'élève au séjour du tonnerre.
Ici, pour soutenir le poids le plus léger,
Bien avant dans la terre elle court se plonger ;
Là, du cèdre orgueilleux qui dans les airs s'élance,
Sur de faibles appuis soutient la masse immense ;
Quelquefois se choisit un terrain sablonneux ;
D'autres fois dans les lacs, les marais limoneux,
Aime à se propager ; là ses branches velues
Étendent en tout sens leurs fibres chevelues ;
Et, d'épais filaments ceintes de toutes parts,
Offrent la longue queue, ornement des renards.
Non, quand j'aurais reçu cent voix infatigables,
Je ne pourrais nombrer ces races innombrables
Qui, diverses de port, de formes, de couleurs,
De feuilles, de parfums, et de fruits, et de fleurs,
Filles des monts, des bois, de la terre et de l'onde,
Sont les trésors de l'homme et l'ornement du monde.

Quels qu'ils soient, l'Éternel à d'immuables lois
Soumet tous les enfants des vergers et des bois ;
Lui-même il les nourrit, il veille à leur défense.
Par quels soins prévoyants il soutient leur enfance !
Admirez par quel art le germe nouveau-né
Dans son propre aliment végète emprisonné ;
Comment à ses côtés deux feuilles protectrices,
De l'arbrisseau naissant défendant les prémices,

Allaitent d'un doux suc le jeune nourrisson;
Comment il développe, en brisant sa prison,
La feuille d'un côté, de l'autre sa racine.
Chacune suit son sort; des sucs qu'il lui destine,
L'une à son sol natal demande le trésor;
L'autre déjà dans l'air médite son essor.
Observez ses progrès, et quelle défiance
Retient la plante frêle et sans expérience.
Le génie indulgent du fragile arbrisseau
Ne l'abandonne pas au sortir du berceau;
Il réprime l'élan de sa tige imprudente.
Malgré les doux tributs d'une sève abondante,
Des langes du maillot à peine déliés,
Ses membres délicats, l'un sur l'autre pliés,
N'osent prendre l'essor : enfin, l'air qui le frappe
Enhardissant l'arbuste, il s'élance, il s'échappe :
Les rameaux sont sortis, la feuille a vu les cieux,
Et l'arbre tout entier se découvre à nos yeux.
Non, jamais une mère, avec plus de tendresse,
De l'enfant le plus cher ne soigna la faiblesse.

Toutefois cet amas d'insensibles vaisseaux,
Tous ces sucs déployant leurs fluides réseaux,
Tout cet art merveilleux, ces machines vivantes,
D'êtres si délicats combinaisons savantes,
Long-temps inaperçus échappèrent aux yeux.
Enfin l'adroit scalpel, le verre officieux,
Trahirent ces secrets; le hardi botaniste
Devint des végétaux l'habile anatomiste;
Et, rivaux mieux connus de l'empire animal,
Le fruit eut ses Herschell, et la fleur ses Portal [10].

Linné surtout, Linné [11] dévoila ces mystères,
Leurs haines, leurs amours, leurs divers caractères;
Leurs tubes infinis, leurs ressorts délicats.
Flore même en naissant le reçut dans ses bras;
Flore sourit d'espoir à sa première aurore :
Non point cette éternelle et ridicule Flore,
Qui pour les vieux amours compose des bouquets;
Mais celle qui du monde enseigne les secrets.
Le Zéphire, agitant ses ailes odorantes,
Porta vers son berceau les doux parfums des plantes;

Déja ses yeux fixaient leurs formes, leurs couleurs;
Et ses mains, pour hochet, demandèrent des fleurs.
Faible enfant, on le vit dans le fond des campagnes,
Sur le flanc des rochers, au penchant des montagnes,
Braver la ronce aiguë et les cailloux tranchants,
Et rentrer tout chargé des dépouilles des champs.
Aussi quel lieu désert n'est plein de sa mémoire!
Il fit de chaque plante un monument de gloire;
Et Linné sur la terre, et Newton dans les cieux,
D'une pareille audace étonnèrent les dieux.
Linné, réjouis-toi : le Nord vit ta naissance,
Mais ton plus beau trophée enorgueillit la France.
Elle ne choisit point, pour y placer tes traits,
Ou l'ombre d'un lycée, ou les murs d'un palais;
Mais dans ce beau jardin dont l'enceinte féconde
Accorde une patrie à tous les plants du monde,
Où, joignant sa récolte à tes amples moissons,
Desfontaine [12] embellit le trône des saisons;
Où s'exilent pour nous de leurs terres natales
Des règnes différents les familles royales;
Le tigre, le lion, le cèdre aux longs rameaux,
Et l'énorme éléphant, et le roi des oiseaux;
Où l'œil voit rassemblés le trépas et la vie,
La nature et les arts, l'instinct et le génie;
Tranquille, tu vivras au lieu même où Jussieu
Est présent par sa gloire, et vit dans son neveu [13].
Viens : dans cet Élysée, autrefois son domaine,
L'ombre du grand Buffon [14] attend déja la tienne;
Et de tous les climats, de toutes les saisons,
Les fleurs briguent l'honneur de couronner vos fronts.

   Mais de ces plants, formés par une main divine,
Je n'ai point dit encor la première origine;
Où, quand, comment sont nés les germes de ces corps.
Oh! que n'ai-je reçu les sublimes accords,
L'éloquente raison, l'élégante justesse,
Que dans ses grands tableaux nous déploya Lucrèce,
Pour embellir ici du prestige des vers
De nos sages nouveaux les systèmes divers!
L'un, d'un style fleuri vantant ses molécules,
Forme les corps vivants de minces corpuscules;

L'autre sème dans l'eau, dans les champs, sur les mers,
Les germes destinés à peupler l'univers ;
L'autre veut que l'enfant ne doive qu'à son père
Son être déposé dans le sein de sa mère ;
Et l'autre, sans respect pour leurs tendres amours,
Des deux sexes unis rejette le concours.
Enfin, tous à leur choix discutaient ces problèmes ;
Et le vrai se perdait dans la nuit des systèmes :
Un œuf [15] le renfermait ; et, dans les animaux,
Nous retrouvons encor les lois des végétaux.
Voyez ce point vivant et cette ligne obscure
Où nage du poulet la douteuse figure :
Ce point, encor noyé dans sa jaune liqueur,
Une loupe à la main, suivez-le : c'est le cœur.
Déja vous distinguez, à travers le fluide,
D'un battement réglé le mouvement rapide ;
Cette masse liquide et ces informes traits,
De l'être déguisé préludes imparfaits,
Sont du frêle animal l'ébauche languissante.
Il dort ; il attendait qu'une liqueur puissante,
De son cœur en secret irritant les ressorts,
Contraignît à s'unir les deux moitiés du corps,
Qui, déja préparant leurs douces harmonies,
Par un commun attrait ensemble sont unies.
Voilà le grand secret : cet être inanimé,
Même avant sa naissance il était donc formé !
Telle est du Créateur la puissance infinie :
A deux règnes divers ses lois donnent la vie.
Observez le bouton qui perce ce rameau ;
Là vit un arbre entier ; là se cache un ormeau :
Obscurément nourrie au fond de sa retraite,
L'œil à peine aperçoit cette plante imparfaite.
Est-ce donc là ce tronc, cet arbre audacieux
Qui doit couvrir la terre et s'élancer aux cieux ?
C'est lui : déja marquant sa feuille, sa racine,
Dans sa verte prison la loupe les devine ;
Ainsi dans leurs berceaux dorment, déja formés,
Ces germes éternels l'un dans l'autre enfermés.
Dans les champs, dans les airs, sous la terre et dans l'onde,
Tout ce qui doit un jour renouveler le monde,

Le chêne et le fucus, la mite et l'éléphant,
Ces peuples embryons, cet univers enfant,
D'avance l'Éternel, de ses mains créatrices,
En avait dès long-temps dessiné les esquisses.
Tous suivent cette loi : l'animal, l'arbrisseau,
Vivaient contemporains, cachés dans leur berceau.
Ainsi qu'en sa profonde et vivante retraite,
Des milliers de vaisseaux, dans leur route secrète,
S'en vont de veine en veine à l'embryon obscur
Chercher de tous côtés l'aliment le plus pur :
Tel le bourgeon naissant que l'écorce recèle
Boit par mille vaisseaux la sève maternelle.
Tous deux, mûris enfin dans leur secret séjour,
Sortent impatients de se montrer au jour,
Et tous deux, oubliant leur demeure première,
En brisant leurs liens viennent à la lumière.
Mais leur âge encor frêle et leurs premiers besoins
Des auteurs de leurs jours veulent encor les soins :
De leur fragilité soigneuses protectrices,
Leurs mères bien souvent sont encor leurs nourrices,
Jusqu'au jour où tous deux, à l'abri des dangers,
S'en vont chercher ailleurs des secours étrangers.
Comme des os naissants les lames s'épaississent,
Ainsi des jeunes bois les couches se durcissent;
Leur progrès est le même, et, cachée en dedans,
La moelle les nourrit de ses sucs abondants.
Une lame argentée, en flexible spirale,
Des plus minces vaisseaux remplissant l'intervalle,
Par l'admirable jeu de ses ressorts secrets,
Chassant l'air altéré, repompe un air plus frais.
Aussi bien que le bois, les os ont leur écorce;
Ainsi que leur grandeur le temps accroît leur force;
Tous deux vont à la mort par la caducité;
Tous deux se survivront dans leur postérité ;
Et, comme l'animal, la plante cache en elle
D'enfants qui la suivront une race immortelle.
Ainsi tout se répond; ainsi les mêmes lois
Aux deux règnes divers président à la fois;
Et, par un art semblable, une main économe
Formé la fleur et l'arbre, et l'animal et l'homme.

Mais où sont renfermés tous ces germes divers
Qui doivent à jamais réparer l'univers?
Quel lieu peut contenir ces frêles créatures,
Ces êtres inconnus, ces nations futures,
Tout cet immense amas dès long-temps enfanté?
L'esprit, à ce tableau, recule épouvanté;
Et jamais la raison, en les forçant à croire,
N'emporta sur les sens de plus belle victoire.
Mais le sage, des arts reculant l'horizon,
A fait taire les sens et vaincu la raison;
D'un Dieu, sans le comprendre, il adore l'ouvrage :
S'étonner est du peuple, admirer est du sage.
 Dans les règnes divers combien d'autres rapports
Du sage observateur excitent les transports!
A ces jeux étonnants la nature est sujette :
Les plantes ont leur vie, et l'animal végète.
Ce principe irritant, dont le ressort vainqueur
Fait tressaillir les nerfs et palpiter le cœur,
Ce moteur de nos sens, ce ressort de la vie,
Que de fois l'animal à la plante l'envie!
La tremelle, à son gré mouvant ses doigts subtils,
Étend, roule, déroule et promène ses fils.
Voyez cet arbrisseau si funeste à la mouche [16] :
Que, d'un vol étourdi, l'insecte ailé le touche,
Son sein armé de dards se referme soudain,
Et perce l'imprudent qui se débat en vain.
Qui ne croit reconnaître une vierge craintive
Dans cette délicate et tendre sensitive,
Qui, courbant sous nos mains son feuillage honteux,
De la douce pudeur offre l'emblème heureux?
Enterrez, dans un sens contraire à la nature,
Cette graine où déja vit une plante obscure :
D'abord trompés tous deux, de l'arbuste naissant
La racine s'élève et le sommet descend;
Mais bientôt, par un art que leur instinct devine,
Le sommet d'un côté, de l'autre la racine,
En un sens opposé se recourbant tous deux,
Tendent, l'un vers la terre, et l'autre vers les cieux.
Pour l'œil inattentif il n'est point de prodiges;
Le mouvement des fleurs, des feuilles et des tiges,

Échappe à son dédain; le sage mieux instruit
Les admire le jour, les observe la nuit.
Il connaît leurs penchants, leurs mœurs, leurs habitudes ;
Il voit, comme, avec art changeant ses attitudes,
La feuille, en se tournant, s'expose tour à tour
A la fraîche rosée, à la chaleur du jour ;
Et souvent, par instinct se creusant en gouttière,
Recueille avidement la vapeur printanière.

Quelle amante jamais vers l'objet de ses feux
Tourna plus constamment ses regards amoureux,
Que la manne qui suit depuis l'aube naissante
Jusqu'au déclin du jour l'astre heureux qui l'enchante ?
Clytie à ses clartés ouvrant ses rayons d'or,
De son premier penchant se ressouvient encor.
Placez dans un cachot cette fleur prisonnière,
Et son disque bientôt, amant de la lumière,
Se retourne, et la cherche à travers les barreaux.

Le soir, de nos jardins parcourez les carreaux ;
Voyez, ainsi que nous, sur leurs tiges baissées
S'assoupir de ces fleurs les têtes affaissées,
Et, dormant au lieu même où veilleront leurs sœurs,
Du nocturne repos savourer les douceurs.
Voyez comment l'instinct qui gouverne les plantes
Assigne à leur réveil des heures différentes :
L'une s'ouvre la nuit, l'autre s'ouvre le jour ;
Du soir ou du midi l'autre attend le retour.
Je vois avec plaisir cette horloge vivante :
Ce n'est plus ce contour où l'aiguille mouvante
Chemine tristement le long d'un triste mur ;
C'est un cadran semé d'or, de pourpre et d'azur,
Où, d'un air plus riant, en robe diaprée,
Les filles du printemps mesurant la durée,
Ou nous marquant les jours, les heures, des instants,
Dans un cercle de fleurs ont enchaîné le temps.

C'est peu : des jardiniers les savants artifices
Savent leur faire un jour et des ombres factices,
Et par cette nuit feinte, et par ce faux soleil,
Retarder, avancer, prolonger leur sommeil.
Suivant que dans leurs mains une branche allumée,
Visitant ou quittant leur couche parfumée,

CHANT VI.

S'approche ou se retire, et leur rend tour à tour
Ou la noirceur de l'ombre, ou les clartés du jour,
Dans l'abri reculé de leurs fraîches demeures,
Du coucher, du lever méconnaissant les heures,
Par les feux dont l'absence ou l'éclat l'a frappé,
De la crédule fleur le calice est trompé [17] ;
Et, de cet art magique ignorant la merveille,
Ouvre ou ferme son sein, s'endort ou se réveille.
Souvent dans les sujets de l'empire animal
Notre œil retrouve encor le règne végétal.
Ainsi tout est lié dans toute la nature ;
Et de ces végétaux l'admirable structure,
Leurs nerfs si délicats, leur flexibilité,
Leur repos, leur réveil, leur sensibilité,
Semblaient les rapprocher de la nature humaine ;
Quand tout à coup parut un plus grand phénomène,
Et partout retentit cet étonnant discours :
« La plante a son hymen, la plante a ses amours [18]. »
   Pour offrir de leurs feux une pudique image,
Chastes sœurs d'Hélicon, épurez mon langage ;
Que mon style ressemble au nuage doré
Qui, sur ce mont fameux des Troyens adoré,
Cachait l'amour des dieux à des regards profanes !
Des deux sexes divers, de leurs divers organes,
Ces peuples végétaux jouissent comme nous :
L'œil distingue d'abord et l'épouse et l'époux.
   Le pistil, où la graine a choisi son asile,
L'étamine enfermant la poussière fertile,
Les distinguent aux yeux. Dans la saison d'amour,
Si l'épouse et l'époux ont le même séjour,
Le signal est donné : l'aurore matinale
Vient frapper de ses feux la couche nuptiale ;
Le couple est éveillé, l'amant brûle, et soudain
Les esprits créateurs s'échappent de son sein,
Dans l'organe secret dont l'ardeur les seconde.
Son amante attendait cette vapeur féconde ;
Elle entre ; et le pistil avec avidité
Ouvre sa trompe humide à la fécondité.
La graine en se gonflant boit le suc qui l'arrose ;
C'est un œillet naissant, c'est un lis, une rose ;

Et l'organe qui verse ou reçoit ce trésor
D'un doux tressaillement frémit long-temps encor.
Cependant autour d'eux s'embellit la nature ;
Le papillon folâtre, et le ruisseau murmure ;
Les essaims bourdonnants voltigent alentour,
Et les oiseaux en chœur chantent l'hymne d'amour.

Mais si les deux époux habitent sur deux tiges,
Quels spectacles nouveaux, et quels nouveaux prodiges !
Réunis par l'amour, séparés par les lieux,
L'amant darde dans l'air les gages de ses feux :
Les vents les ont reçus ; leur aile officieuse
Porte à l'objet chéri la vapeur précieuse,
L'hymen est consommé ; des zéphyrs complaisants
L'épouse avec transport reçoit ces doux présents,
Et, se reproduisant dans des fils dignes d'elle,
A son époux absent se montre encor fidèle;
Ils naissent vêtus d'or, de pourpre et de saphir.
Ce n'est donc pas en vain qu'on nomma le zéphyr
Le favori de Flore : et dans cette imposture
L'esprit, avec plaisir, reconnaît la nature.

Eh ! même dans le sein de l'humide séjour
Les peuples végétaux n'ont-ils pas leur amour ?
Je t'en prends à témoin, ô toi, plante fameuse [19]
Que le Rhône soutient sur son onde écumeuse !
Même lieu n'unit point les deux sexes divers ;
Le mâle dans les eaux cachant ses épis verts,
Y végète ignoré ; sur la face de l'onde
Son épouse, suivant sa course vagabonde,
Y goûte, errant au gré des vents officieux,
Et les bienfaits de l'air, et la clarté des cieux.

Mais des flots paternels la barrière jalouse
Vainement de l'époux a séparé l'épouse ;
L'un vers l'autre bientôt leur sexe est rappelé :
Le temps vient, l'amour presse, et l'instinct a parlé.
Alors, prêts à former l'union conjugale,
Les amants, élancés de leur couche natale,
Montent, et, sur les flots confidents de leurs feux,
Forment à leur amante un cortége nombreux.
L'épouse attend l'époux que l'onde lui ramène ;
Zéphire à leurs amours prête sa molle haleine ;

CHANT VI.

Le flot les réunit, la fleur s'ouvre, et soudain
L'espoir de sa famille a volé dans son sein.
L'amour a-t-il rempli les vœux de l'hyménée ?
Sûre de ses trésors, la plante fortunée,
Prête à donner aux eaux de nouveaux citoyens,
De ses plis tortueux raccourcit les liens,
Redescend dans le fleuve, et sur la molle arène
De sa postérité s'en va mûrir la graine,
Attendant qu'elle vienne au milieu de sa cour
Retrouver le printemps, le soleil et l'amour.
Ainsi de l'Éternel la sagesse féconde
Fait servir à la fois, pour repeupler le monde,
L'hôte des bois, des airs, des monts et des roseaux,
La Vénus de la terre et la Vénus des eaux.

Ces amours, ces hymens observés par nos sages,
Croit-on qu'ils aient été méconnus des vieux âges ?
Non : le peuple du Nil précéda nos savants ;
Lui-même il suppléait à l'haleine des vents ;
Lui-même, à leur défaut, sur la palme stérile
Secouait les rameaux de son époux fertile ;
Et le besoin avait devancé le savoir.
Le même art dans la Grèce exerça son pouvoir.
Les insectes nourris sur le figuier sauvage,
Du figuier domestique approchant le feuillage,
Faisaient pleuvoir sur lui ces globules féconds
Dont leur trompe en volant avait saisi les dons.
Sprengel, de ces secrets savant dépositaire,
A plus avant encor pénétré ce mystère.
L'insecte, nous dit-il, adroit propagateur,
Des hymens végétaux est le médiateur ;
Chaque plante a le sien : au fond de leurs calices
Le ciel d'un doux nectar déposa les délices ;
L'insecte, s'y plongeant avec avidité,
Sort chargé des trésors de la fécondité.
Bien plus, par les couleurs dont la beauté l'invite,
L'insecte reconnaît sa plante favorite,
Y charge ses longs poils de tous ces grains légers,
Espoir de nos jardins, trésors de nos vergers.
Eh ! d'où vient qu'en effet dans leur nouvelle terre
Ces plants alimentés sous leurs abris de verre

Demeurent inféconds; et, malgré ces chaleurs,
Nous promettent en vain et des fruits et des fleurs?
Ah! c'est que l'arbrisseau que notre hiver respecte
Retrouve son climat, mais non pas son insecte :
Tant Dieu dispose tout, tant par d'utiles nœuds
Les règnes différents correspondent entre eux!
Ce papillon lui-même, à nos yeux si futile,
Qui sait si de son vol l'erreur n'est pas utile?
Peut-être, en son essor vif et capricieux,
Il hâte en se jouant le grand œuvre des cieux :
Peut-être, quand il semble inutile et volage,
Nos fruits sont ses présents, et nos fleurs son ouvrage;
Et, suivant dans les airs son léger tourbillon,
Flore attend ses destins des jeux d'un papillon.

 Pourtant ne croyez pas, par une erreur grossière,
Que, des plantes au loin dispersant la poussière,
Les insectes volants, et les zéphyrs légers,
Des amours végétaux soient les seuls messagers;
Des arbres et des fleurs les graines vagabondes,
Ou tombent sur la terre, ou glissent sur les ondes :
Et, pour renaître un jour dans des climats nouveaux,
L'espoir des bois futurs voyage sur les eaux.
Plusieurs furent taillés en nacelle, en gondole ;
Sur les champs de Thétis les caprices d'Éole
Promènent à leur gré ces fruits navigateurs ;
Ou la fourmi les roule, ou les oiseaux planteurs
S'en vont les dispersant sur des plages nouvelles ;
Ou le ciel pour voler leur a donné des ailes ;
Ou, de leur sein fécond détendant les ressorts,
La nature loin d'eux élance leurs trésors.
Ainsi l'art, la nature, et le zéphyr, et l'onde,
Et l'insecte, et l'oiseau, fertilisent le monde;
Et Dieu, conservateur de ses propres bienfaits,
Éternise par eux les dons qu'il nous a faits.

 Enfin, des végétaux la naissance varie.
A la fleur qu'il aimait celui-ci se marie;
Dans leur être équivoque androgynes parfaits,
D'autres d'un double sexe unissent les bienfaits;
Et d'autres, de l'hymen méconnaissant l'empire,
Par leurs propres vertus semblent se reproduire.

CHANT VI.

Voyez-vous se mouvoir ces vivants arbrisseaux,
Dont l'étrange famille habite sur les eaux,
Et qui, de deux états nuance merveilleuse,
Confondent du savoir l'ignorance orgueilleuse?
De l'humide séjour ces douteux habitants
A l'œil inattentif échappèrent long-temps;
Ils vivaient inconnus, et, sujets de deux mondes,
En se multipliant voyageaient sur les ondes.
Nos sages cependant, d'un regard curieux
Sondaient, les uns la terre, et les autres les cieux;
Celui-ci dirigeait les flèches du tonnerre,
Ou sur son double pôle aplatissait la terre.[20]
Des mines, des volcans, d'autres fouillaient le sein :
Le polype parut, tout s'éclipsa soudain.
Tous ces nomenclateurs qui, séparant les classes,
Aux règnes différents avaient marqué leurs places,
Virent un corps nouveau, fier de ses nouveaux droits,
Des règnes étonnés braver les vieilles lois;
Et, joignant en lui seul leur nature rivale,
De leur borne incertaine occuper l'intervalle.
Eh! qui n'admirerait cet être mitoyen,
Des règnes qu'il unit étrange citoyen[21]?
Une plante en flottant se présente à ma vue :
Tout à coup je la vois, ô surprise imprévue!
Vers l'humble vermisseau choisi pour son repas,
S'élancer de sa tige et déployer ses bras.
Sur le haut de l'arbuste une étroite ouverture
Est la bouche où ses doigts portent sa nourriture;
Et bientôt, vil rebut d'un viscère secret,
De ses mets consommés le vestige paraît.
Souvent la fleur modeste, en coupe façonnée,
S'arrondit en olive à la vue étonnée,
Se partage, descend, et, glissant sur les eaux,
Forme de ses débris des arbustes nouveaux.
Sur sa tige sensible un peuple entier fourmille;
Même instinct, même vie anime la famille;
Des milliers d'animaux semblent n'en former qu'un,
Communs sont leurs besoins, leur mouvement commun :
Chacun transmet sa proie à l'arbuste vorace.
J'approche, je le prends, sans détruire sa race,

Ma main tourne en tout sens et retourne sa peau;
Je la coupe : il repousse un nouvel arbrisseau ;
Je redouble, il renaît; je le mutile encore,
Un troisième arbrisseau tout à coup vient éclore.
Lui-même il donne l'être à de nouveaux enfants,
Du fer mutilateur comme lui triomphants,
Dont la race à son tour, de vingt races suivie,
Semble de chaque point reproduire la vie.
Je fais plus : sur son corps ma main greffe un tronçon,
Du fertile animal fertile nourrisson :
Tous pullulent sans fin ; de cette hydre innocente
Je vois se propager la tige renaissante,
Et renaître, en dépit des ciseaux destructeurs,
Des bouquets d'animaux et des peuples de fleurs.

 C'est toi qui le premier nous montras ce miracle,
Ami de la nature, et son plus digne oracle,
Ingénieux Trembley ! L'aimant, vainqueur des mers,
Ne guida point ta voile au bout de l'univers ;
Mais ta loupe atteignit ce peuple obscur de l'onde ;
Mais sans franchir les mers tu découvris un monde ;
Et, spectateur hardi de deux règnes voisins,
Tu resserras leurs nœuds et marquas leurs confins.
Oh! quel que soit leur rang, heureux l'ami des plantes !
Il parcourt, il décrit leurs beautés ravissantes ;
Il admire, il adore, il chérit l'Éternel,
Et voit dans chaque mousse un chef-d'œuvre du ciel.

 Parmi ces végétaux observés par le sage,
Chacun a ses vertus, chacun a son usage.
Par ses puissants secours la feuille de Chiron [22]
Souvent ravit sa proie à l'avide Achéron ;
Nos aïeux bénissaient la manne salutaire ;
La casse prolongea les vieux jours de Voltaire :
Heureux si du pavot le perfide secours,
Pour adoucir ses nuits, n'eût abrégé ses jours !
D'Homère et de Platon, durant les premiers âges,
Le papyrus du Nil conservait les ouvrages.
Le Nord fournit son chanvre aux ailes des vaisseaux :
Le lin, de la bergère exerce les fuseaux.
Combien de végétaux, différents de nature,
Forment notre boisson, nos mets, notre parure !

CHANT VI.

La feuille, les rameaux des arbres et des fleurs,
Fournissent à nos arts le luxe des couleurs ;
Des sucs de l'indigo plus d'une étoffe brille;
Le moelleux cacao s'embaume de vanille ;
Du pommier neustrien ainsi le jus brillant
Prodigue au moissonneur son nectar pétillant;
Le houblon, froid rival de l'arbuste bachique,
Entretient des cafés le babil politique.
Le feuillage chinois, par un plus doux succès,
De nos dîners tardifs corrige les excès [25],
Et, faisant chaque soir sa ronde accoutumée,
D'une chère indigeste apaise la fumée.
Mais deux plantes surtout, par leurs tributs divers,
Se disputent l'honneur de nourrir l'univers.
Ainsi fut adopté par la moitié du monde
Le riz, fils de la terre et nourrisson de l'onde,
Qu'adore l'Indien, dont le grain savoureux
Défie et la tempête et les vents rigoureux ;
Et qui, pour la beauté se tressant en coiffure,
Fournit de ses chapeaux l'élégante parure.
Tel surtout le froment que Cérès nous donna,
De ses premiers épis couvrit les champs d'Enna ;
Salutaire aliment payé de tant de peines,
Premier besoin de l'homme, et l'honneur de nos plaines.
La poésie, enfin, dans un ingrat oubli
Peut-elle sans honneur laisser enseveli
L'arbuste tortueux, dont la grappe féconde
Verse l'espoir, l'audace et l'allégresse au monde ?
Mille vins différents, sous mille noms divers,
Vont charmer, égayer, consoler l'univers :
Aï brille à leur tête, Aï, dans qui Voltaire
De nos légers Français vit l'image légère ;
C'est l'âme du plaisir, le charme du festin.
Dans le cristal brillant son nectar argentin
Tombe en perle liquide, et sa mousse fumeuse
Bouillonne en pétillant dans la coupe écumeuse ;
Puis, écartant son voile avec rapidité,
Reprend sa transparence et sa limpidité.
Au doux frémissement des esprits qu'il recèle,
L'allégresse renaît, la saillie étincelle ;

Son bruit plait à l'oreille, et sa couleur aux yeux;
Son ambre en s'exhalant va faire envie aux dieux;
Et l'odorat charmé, savourant ses prémices,
Au goût qu'il avertit en promet les délices.
Après lui plus d'un vin, rebut de nos gourmets,
Du peuple endimanché vient charmer les banquets,
Anime sous l'ormeau la danse villageoise,
Inspire au grenadier une chanson grivoise,
Des ménages brouillés raccommode les torts,
Insulte aux créanciers, et nargue les recors;
De l'heureux savetier fait reposer l'alêne,
Par une heure d'oubli lui paie un jour de peine;
Du triste buveur d'eau colore la boisson,
Avance au laboureur le prix de sa moisson,
Promet au père un gendre, une dot à la fille,
Met l'espoir dans un broc, l'Olympe à la Courtille.
　　Mais, comme les plaisirs, le vin a ses dangers :
Souvent on paya cher ses charmes passagers :
Ce verre qu'en riant a rempli l'allégresse,
Trop souvent on le vit profané par l'ivresse ;
Et, d'un bras forcené s'échappant en éclats,
La coupe des plaisirs servit d'arme aux combats.
　　Il est une liqueur, au poëte plus chère,
Qui manquait à Virgile, et qu'adorait Voltaire.
C'est toi, divin café [21], dont l'aimable liqueur
Sans altérer la tête épanouit le cœur :
Aussi, quand mon palais est émoussé par l'âge,
Avec plaisir encor je goûte ton breuvage.
Que j'aime à préparer ton nectar précieux !
Nul n'usurpe chez moi ce soin délicieux :
Sur le réchaud brûlant moi seul tournant ta graine,
A l'or de ta couleur fais succéder l'ébène :
Moi seul contre la noix, qu'arment ses dents de fer,
Je fais, en le broyant, crier ton fruit amer ;
Charmé de ton parfum, c'est moi seul qui dans l'onde
Infuse à mon foyer ta poussière féconde ;
Qui tour à tour calmant, excitant tes bouillons,
Suis d'un œil attentif tes légers tourbillons.
Enfin, de ta liqueur lentement reposée,
Dans le vase fumant la lie est déposée ;

CHANT VI.

Ma coupe, ton nectar, le miel américain,
Que du suc des roseaux exprima l'Africain,
Tout est prêt : du Japon l'émail reçoit tes ondes,
Et seul tu réunis les tributs des deux mondes.

Viens donc, divin nectar, viens donc, inspire-moi !
Je ne veux qu'un désert, mon Antigone, et toi.
A peine j'ai senti ta vapeur odorante,
Soudain de ton climat la chaleur pénétrante
Réveille tous mes sens ; sans trouble, sans chaos,
Mes pensers plus nombreux accourent à grands flots.
Mon idée était triste, aride, dépouillée ;
Elle rit, elle sort richement habillée ;
Et je crois, du génie éprouvant le réveil,
Boire dans chaque goutte un rayon du soleil.

Mais, parmi tous ces plants prodigués sans mesure,
Puis-je oublier les fleurs, luxe de la nature ?
Les fleurs, son plus doux soin, les fleurs, berceaux des fruits !
Quelle forme élégante et quel frais coloris !
C'est l'azur, le rubis, l'opale, la topaze,
Tournés en globe, en frange, en diadème, en vase :
Les fleurs charment le goût, l'odorat et les yeux ;
Dans les palais des rois, dans les temples des dieux,
Souvent l'or fastueux le cède à leurs guirlandes :
Amour ne reçoit point de plus douces offrandes.
Agréables encor même dans leurs débris,
Nous changeons en parfums leurs feuillages flétris.
Odorante liqueur, pâte délicieuse,
Quels dons ne nous fait pas leur sève précieuse !
Les fleurs, du doux plaisir sont l'emblème riant,
Si j'en crois le récit des peuples d'Orient.
Pour donner un langage à ses douleurs secrètes,
Souvent plus d'un captif en fit ses interprètes ;
Et, peignant par leur teinte où l'espoir ou l'ennui,
Les fleurs interrogeaient et répondaient pour lui.
Pour rendre leurs contours, leur flexible souplesse,
Le marbre même semble emprunter leur mollesse ;
Le peintre les chérit ; sous les doigts du brodeur,
L'art n'en laisse au desir regretter que l'odeur,
Et dresse un piége adroit au papillon volage :
Tant l'homme aime les fleurs jusque dans leur image !

Si ces temps ne sont plus où, dans les jours de deuil,
Les fleurs suivaient les morts ou paraient leur cercueil,
Si nous ne voyons plus dans les jeux funéraires
Les fleurs s'entrelacer aux urnes cinéraires,
La pastourelle encore en forme ses bouquets ;
Elles parent nos fronts, parfument nos banquets ;
Et parmi les cristaux, belles sans artifice,
De nos brillants desserts couronnent l'édifice.
Hôte aimable des champs, ce peuple quelquefois
Vient vivre parmi nous, et se plaît sous nos toits,
Trompe l'hiver jaloux dans l'abri d'une serre,
Se mire dans les eaux et tapisse la terre ;
Et sur la mer, enfin, souvent aux matelots
Leur parfum présagea la terre et le repos.
   Eh ! qui du grand Colomb ne connaît point l'histoire,
Lui dont un nouveau monde éternisa la gloire ?
Illustre favori du maître du trident,
L'heureux Colomb voguait sur l'abîme grondant ;
Sa nef avait franchi les colonnes d'Alcide ;
Les phoques, les tritons, la jeune néréide,
Voyaient d'un œil surpris ces drapeaux, ces soldats,
Ces bronzes menaçants, cette forêt de mâts,
Et ces hardis vaisseaux, flottantes citadelles,
A qui les vents vaincus semblaient céder leurs ailes.
Depuis six mois entiers ils erraient sur les eaux,
Dépourvus d'aliments, épuisés de travaux.
Les matelots sentaient défaillir leur courage,
Et d'une voix plaintive imploraient le rivage.
Mille maux à la fois leur présagent leur fin,
Et la contagion se ligue avec la faim.
Pour comble de malheurs, sur l'Océan immense
Les airs sont en repos, les vagues en silence :
Dans la voile pendante aucun vent ne frémit ;
Et, dans ce calme affreux dont le nocher gémit,
L'oreille n'entend plus, durant la nuit profonde,
Que le bruit répété des morts tombant dans l'onde.
Plusieurs au haut des mâts interrogent de loin
Les terres et les mers, sourdes à leur besoin ;
Rien ne paraît : des cœurs un noir transport s'empare
(Lorsqu'il est sans espoir, le malheur rend barbare) ;

CHANT VI.

Tous fondent sur leur chef : à son poste arraché,
Au pied du plus haut mât Colomb est attaché.
Cent fois de la tempête il défia la rage;
Mais qu'opposera-t-il à ce nouvel orage?
Sans changer son destin, l'astre du jour a lui;
De farouches regards errent autour de lui :
Inutiles fureurs pour son ame intrépide!
La mort, l'affreuse mort n'a rien qui l'intimide.
Mais avoir vainement affronté tant de maux!
Mais mourir près d'atteindre à des mondes nouveaux?
Ce grand espoir trompé, tant de gloire perdue,
Plus que tous les poignards, voilà ce qui le tue.
Sur ce cœur, que déja déchire le regret,
Le fer enfin se lève, et le trépas est prêt :
Plus d'espoir. Tout à coup de la rive indienne
Un air propice apporte une odorante haleine;
Il sent, il reconnaît le doux esprit des fleurs;
Tout son cœur s'abandonne à ces gages flatteurs;
Un souffle heureux se joint à cet heureux présage.
Alors avec l'espoir reprenant son courage :
« Malheureux compagnons de mon malheureux sort,
Vous savez si Colomb peut redouter la mort!
Mais si, toujours fidèle au dessein qui m'anime,
Votre chef seconda votre ame magnanime;
Si pour ce grand projet je bravai, comme vous,
Et l'horreur de la faim et les flots en courroux,
Encor quelques moments! je ne sais quel présage
A cette ame inspirée annonce le rivage.
Si ce monde où je cours fuit encor devant nous,
Demain tranchez mes jours; tout mon sang est à vous. »
    A ce noble discours, à sa mâle assurance,
A cet air inspiré qui leur rend l'espérance,
Un vieux respect s'éveille au cœur des matelots;
Ils ont cru voir le dieu qui maîtrise les flots :
Soudain, comme à sa voix les tempêtes s'apaisent,
Aux accents de Colomb les passions se taisent.
On obéit, on part, on vole sur les mers;
La proue en longs sillons blanchit les flots amers.
Enfin, des derniers feux quand l'Olympe se dore,
Et brise ses rayons dans les mers qu'il colore,

Le rivage de loin semble poindre à leurs yeux.
Soudain tout retentit de mille cris joyeux.
Les coteaux par degrés sortent du noir abîme,
De moment en moment les bois lèvent leur cime,
Et de l'air embaumé que leur porte un vent frais,
Le parfum consolant les frappe de plus près.
On redouble d'efforts, on aborde, on arrive;
Des prophétiques fleurs qui parfument la rive
Tous couronnent leur chef; et leurs festons chéris,
Présages des succès, en deviennent le prix.

CHANT SEPTIÈME.

RÈGNE ANIMAL.

Différence marquée par la nature entre le règne végétal et le règne animal; ce qu'ils ont de commun. De l'organisation générale des animaux. Variétés et formes des animaux qui vivent dans les eaux et sur la terre. Qualités distinctes des animaux divers. De l'instinct animal. Les castors, les éléphants, les abeilles. Description des travaux et des mœurs des abeilles. Les travaux et les mœurs des fourmis. Industrie de l'araignée, du ver à soie, de plusieurs insectes et animaux qui peuplent la terre et l'onde; les moyens que la nature leur a donnés pour leur conservation. Poison des insectes et des serpents. Les serpents divinisés. L'industrieux instinct des animaux. Instinct des oiseaux voyageurs, etc.

Jadis, quand je lisais les fastes de la gloire,
Des peuples et des rois j'interrogeais l'histoire:
Je marchais à travers les états ébranlés,
Les empires détruits, les remparts écroulés;
Je suivais dans leur course, en merveilles féconde,
Ces Grecs, pères des arts; ces Romains, rois du monde.
Mais ce n'est plus le temps: les divers animaux
Ayant ainsi que l'homme et leurs biens et leurs maux;
Dont une loi constante éternise la race,
Dans mes vers à leur tour demandent une place.
Déjà j'entends de loin le fier taureau mugir,
Les oiseaux gazouiller, et le tigre rugir;
En replis tortueux le ver rampant se traîne,
La fourmi va creusant sa grange souterraine,
L'aigle altier fend les cieux; brillant de pourpre et d'or,
L'hôte léger des fleurs prend son volage essor.

Buffon, de la nature éloquent interprète,
Fut leur historien ; je serai leur poëte.
   Dans ce vaste sujet, si nous ne trouvons pas
De grandes passions, d'illustres attentats ;
Ni cette illusion et ce charme magique
Qu'ont reçus l'épopée et la muse tragique ;
L'homme avec intérêt y verra quelquefois
L'image de ses mœurs, de ses arts, de ses lois ;
Les sentiments du cœur, la tendresse des pères,
Les transports des amants, le doux instinct des mères ;
L'ordre de l'univers, la grace, la beauté,
Et l'immense trésor de la variété.
Ainsi, qu'un autre Eschyle, ensanglantant la scène,
De malheurs en malheurs péniblement se traîne ;
D'Orosmane jaloux qu'il trouble la raison ;
Qu'il aiguise le fer, prépare le poison :
Moi, le chantre innocent des arbres et des plantes,
Je chante aujourd'hui l'homme et les races vivantes.
Mais une autre couleur convient à ces objets :
Ce ne sont plus ici les végétaux muets,
Leur languissant instinct, leur sentiment débile,
Leur race sédentaire et leur pompe immobile ;
Le ciel aux animaux comblés de ses bienfaits
Donne un instinct plus noble et des sens plus parfaits.
Suivons donc ses travaux dans le monde sensible.
Il est temps de marquer la limite invisible
Qu'aux règnes différents assignèrent les dieux.
Les végétaux en vain semblent vivre à nos yeux ;
Aucun d'eux ne choisit, aucun ne délibère :
D'un principe inconnu la force involontaire
En vain prête à leur vie un air de sentiment :
Chacun, sans le juger, saisit son aliment ;
Et cet aveugle instinct qu'aucun doute n'égare
Se décide toujours, et jamais ne compare.
L'animal voit, connaît, délibère ; et les dieux
Par ce signe éternel les séparent entre eux.
   C'est peu : du souvenir la faculté puissante,
Donnée à l'animal, refusée à la plante,
Montre à l'un l'avenir écrit dans le passé ;
Pour l'autre, ce qui fut est d'abord effacé,

Tous deux ont des amours, des sexes et des pères;
Mais l'instinct paternel et les doux soins de mères,
La plante les ignore, et ses aveugles soins,
Élèvent ses enfants sans juger leurs besoins.
Sur tous les deux enfin un Dieu créateur veille,
Mais l'un en est l'ouvrage, et l'autre la merveille;
Et, nous vantant ses arts, sa police, ses lois,
Souvent à l'homme même il dispute ses droits.
Sous quelque forme enfin que s'offre la matière,
Rien ne marche par sauts dans la nature entière;
Et le sage attentif voit l'empire animal
S'éloigner par degrés du monde végétal.
Nous retrouvons encor dans les races vivantes
Les éléments divers qui composent les plantes;
Ces alcalis féconds, ces acides, ces sels,
Des trois règnes rivaux agents universels :
L'ammoniaque seul, distinguant leur essence,
A l'empire animé prête encor sa puissance.
Qui l'eût dit que notre art, ainsi que des rameaux,
L'un sur l'autre aurait pu greffer des animaux¹?
Qui l'eût cru, que des corps de ce vivant empire
Les membres mutilés pussent se reproduire?
Eh bien! cet animal aux longs crocs, au pas lent,
Dont le cours rétrograde, avance en reculant,
Montre au sage étonné, que ce prodige enchante,
Les débris renaissants de sa serre tranchante.
Ne voit-on pas du cerf, par un art merveilleux,
Renaître tous les ans le branchage orgueilleux?
Ces crins du fier coursier ondoyante parure,
De nos fronts ombragés la longue chevelure,
La laine des brebis et le poil des chevreaux,
Repoussent, sous le fer, des rejetons nouveaux :
Tout naît, végète et meurt, pour végéter encore.
Observez dans nos cours ce chantre de l'aurore
Qui conduit fièrement son sérail emplumé :
Cet éperon aigu dont les dieux l'ont armé,
Qu'un art capricieux le greffe sur sa crête,
En corne végétale il grandit sur sa tête;
Et l'oiseau, tout honteux des progrès de son front,
De ce triste ornement montre à regret l'affront.

CHANT VII.

Vous parlerai-je encor de tant d'autres merveilles
Dont cent fois le récit a frappé vos oreilles?
Ce reptile gluant qui traîne sa maison,
Qu'avilit l'ignorant, qu'admire la raison,
Et dont le double étui par degrés développe
Ou renferme, à son gré, son double télescope :
Qu'avec ces nerfs sans fin où tant d'art est caché,
L'organe de ses yeux par le fer soit tranché;
Ces yeux, pour l'œil de l'homme admirable spectacle,
Dont les nôtres à peine égalent le miracle,
Et que Dieu seul peut-être une fois put former,
Coupés vingt fois, vingt fois ils vont se ranimer;
Et du front mutilé, toujours prompts à renaître,
Au bout de leur long tube on les voit reparaître.
Sur le ver à son tour abaissons nos regards :
Que le tranchant acier le divise en cent parts;
Ma main peut à son choix, (quelle surprise extrême!)
L'enter sur d'autres vers, le greffer sur lui-même :
Sous les ciseaux féconds prompte à fructifier,
Chaque part du reptile est un reptile entier.
Par un pouvoir secret qu'aucun pouvoir n'arrête,
Il aiguise sa queue, il arrondit sa tête :
Ainsi l'arbre taillé repousse en rejeton;
Tel un germe caché vit dans chaque bouton.
Mais du règne vivant oublions les nuances :
Hâtons-nous; avançons vers ces peuples immenses
Qui, du monde animé citoyens moins douteux,
D'organes plus parfaits sont doués par les dieux.
C'est là que, déployant de plus brillantes scènes,
La vie offre à nos yeux ses plus beaux phénomènes.
Eh! qui peut sans effroi compter tous les ressorts
Dont l'ouvrier suprême organise leurs corps?
Ces muscles, ces tendons, ces membranes ductiles,
De l'esprit qui les meut instruments si dociles;
Ce vélin délicat qui recouvre leurs os,
L'art de leur action, celui de leur repos,
De leurs emboîtements les fortes ligatures,
Cette huile dont le suc assouplit leurs jointures;
Ces tubes si nombreux l'un sur l'autre posés,
L'un à l'autre soumis, l'un à l'autre opposés;

Le dédale des nerfs et le réseau des fibres ;
La route des humeurs, leurs savants équilibres ;
Ces mobiles poumons, dont le jeu toujours sûr,
Chassant l'air altéré, rapporte un air plus pur ;
Ces pores si nombreux, chargés par la nature
D'aspirer, d'exhaler, d'attirer et d'exclure ;
Le foie épurateur, dont le crible en passant
Se saisit de la bile et tamise le sang ;
Et ce foyer brûlant, avide de sa proie,
Qui reçoit l'aliment, le saisit et le broie ;
Les filets chatouilleux des houppes du palais ;
L'oreille, écho des sons ; l'œil, miroir des objets ;
Les nerfs si délicats dont le tissu compose
Ce sens voluptueux pour qui fleurit la rose ;
Le cœur surtout, le cœur, ce viscère puissant,
Le réservoir, la source et le ressort du sang,
Qui, pour y retourner par des routes certaines,
De l'artère sans cesse emporté dans les veines,
De détour en détour, de vaisseaux en vaisseaux,
De sa pourpre en courant épure les ruisseaux ;
Rencontre dans son cours ces valvules légères
Qui rouvrent tour à tour et ferment leurs barrières ;
Une fois introduit tâche en vain de sortir,
Au cœur qui l'envoya revient pour repartir ;
Et, reprenant sa marche incessamment suivie,
Roule en cercle éternel le fleuve de la vie.
   Admirons et tremblons ; de ces fils délicats
Un seul, en se brisant, peut donner le trépas.
Eh ! pourrais-je oublier l'inexplicable organe
Où l'ame qui l'habite échappe à l'œil profane !
Les yeux sur chaque fibre, et le scalpel en main,
Nos regards obstinés l'y poursuivent en vain :
Les nerfs, du sentiment secrets dépositaires,
Dans leurs derniers rameaux vont cacher ces mystères :
Ainsi le Nil, dit-on, dérobe son berceau.
Mais comment de ces nerfs le mobile faisceau
De notre ame à nos sens, de nos sens à notre ame,
Va-t-il du sentiment communiquer la flamme ?
Pour expliquer ces faits, les sages de nos jours
D'un système nouveau nous offrent le secours :

Osons de l'art des vers lui prêter le langage,
Et parsemer de fleurs la route où je m'engage.
Toujours, pour éclairer et charmer l'univers,
La raison emprunta le prestige des vers ;
Toujours la poésie habilla la sagesse :
Les faux dieux ont péri, détrônés par Lucrèce ;
Le modeste Virgile aux superbes Romains
Recommande le soc, ennobli par ses mains ;
Bolingbroke dans Pope admira son système,
Et le dogme embelli rendit grâce au poëme ;
Horace donna en vers les préceptes des mœurs,
Et Despréaux rima contre les plats rimeurs.
De ces maîtres fameux osons suivre les traces !
Le bon sens fait sans honte un sacrifice aux grâces.

Un fluide, dit-on, dans les nerfs enfermé,
Poursuit rapidement son cours accoutumé ;
Extrait divin du sang, esprit de la matière,
Aussi pur que l'éther, plus prompt que la lumière.
Les sens parlent ; soudain ces globules subtils
Du sensible faisceau vont ébranler les fils ;
Et les nerfs, parcourant leur obscur labyrinthe,
Des objets au cerveau vont apporter l'empreinte.
La mémoire attentive écoute leurs rapports,
Et, fidèle archiviste, en garde les trésors.
Ainsi des corps vivants Dieu créa le système.
Mille fois, admirant sa sagesse suprême,
Je contemplai l'Olympe et son astre enflammé ;
Mais son plus bel ouvrage est un être animé ;
Et, de cet humble monde admirant l'architecte,
Même à l'aspect du ciel, j'admire encor l'insecte.

Observons maintenant de quels tableaux divers
Leur foule variée embellit l'univers.
Voyez au fond des eaux ces nombreux coquillages ;
La terre a moins de fruits, les bois moins de feuillages.
Tout ce que le soleil prodigue de couleurs,
Les sept rayons d'Iris, l'émail brillant des fleurs,
Les jets de la lumière et les taches de l'ombre,
S'épuisent pour former leurs nuances sans nombre.
Dans leurs contours divers quelle variété !
Chacun d'eux a sa grâce et son utilité.

Volutes, chapiteaux, fuseaux, navette, aiguilles,
Quelles formes n'ont pas leurs nombreuses familles!
Partout le grand artiste a varié son plan..
Ici c'est un étui, là se montre un cadran;
L'un en casque brillant est sorti de son moule,
L'autre en vis tortueuse élégamment se roule;
L'autre de l'araignée a la forme et le nom;
Un autre imite aux yeux la trompe ou le clairon;
Là c'est une massue, ailleurs une tiare;
Celui-ci d'un long peigne offre l'aspect bizarre,
L'autre en boîte de nacre est joint à son rocher.
Cet autre est un vaisseau dont le petit nocher,
Son instinct pour boussole, et son art pour étoile,
Est lui-même le mât, le pilote et la voile [3] :
Un autre moins heureux, sous un toit emprunté
Est contraint de cacher sa triste nudité [4],
Et contre ses rivaux dispute une coquille.
Observons des oursins l'épineuse famille,
Qui, de longs javelots s'armant de toutes parts,
Chemine, au lieu de pieds, sur des milliers de dards;
Et, de ses aiguillons dirigeant la piqûre,
Atteint ses ennemis, ou saisit sa pâture.
  Quelle diversité de races, de tribus!
Chacun a son instinct, ses mœurs, ses attributs;
La nature, économe ou prodigue pour elles,
Refuse à l'un des pieds, donne à l'autre des ailes.
Nul être, nul insecte à l'autre n'est pareil :
Dieu borne ici la vie au plus simple appareil;
Là, déployant un luxe où sa richesse brille,
D'innombrables leviers meuvent une chenille.
Le ciel d'un télescope arme le limaçon,
Donne à l'oiseau des dents, donne un bec au poisson.
Doué par la nature, instruit à son école,
Chacun marche ou gravit, court, saute, rampe ou vole.
Au bruit le plus léger, voyez-vous le chevreuil
Fuir plus prompt que l'éclair, plus rapide que l'œil?
L'herbe à peine fléchit sous le daim qui l'effleure;
Tandis que, parcourant une toise en une heure,
Prisonnier dans l'espace, et veillant endormi,
Le paresseux n'existe et ne vit qu'à demi [5].

CHANT VII.

Ce superbe coursier, votre esclave farouche,
Que votre main légère interroge sa bouche,
Il répond à l'instant; et, docile à vos lois,
Comprend chaque signal du frein et de la voix;
Tandis que sous vos coups le baudet imbécile
Conserve obstinément sa paresse indocile.
Le lion de son sang ne peut calmer les flots;
Le loir six mois entiers s'endort d'un lourd repos.
Cet immonde animal, enfant d'une eau dormante,
Durant trois jours entiers fatigue son amante;
Et, dans un seul instant, l'hôte léger de l'air
Vient, voit, aime, jouit, et part comme l'éclair.
Mais cet oiseau volage errant dans la campagne,
Pour de nouveaux amours néglige sa compagne;
Et l'autre, par ses soins réparant sa laideur,
Quand elle met au jour les fruits de son ardeur,
Ne quitte point leur mère; époux tendre et fidèle,
Accoucheur vigilant, il veille à côté d'elle;
Et ses doigts recourbés, secourable instrument,
De sa ponte tardive abrégent le tourment [6].
Quel contraste de goût, d'aliment, de parure !
Comparez pour les mœurs, la couleur, la figure,
Pour le charme des sons, l'agilité du vol,
Le corbeau qui croasse au brillant rossignol;
Le tigre au doux agneau, l'aigle au pigeon timide,
Le faon pusillanime au lion intrépide,
Le front nu, le long cou, le long pied des chameaux
Au cerf agile, et fier de ses pompeux rameaux;
Le sot oiseau de l'Inde et sa maussade roue
Au paon où des couleurs l'essaim brillant se joue,
Qui, d'astres tout couvert, et de lui-même épris,
Offre, en traînant Junon, tous les rayons d'Iris.
Rapprochez la corneille et ses couleurs funèbres,
Le lugubre hibou, triste amant des ténèbres,
De ces brillants oiseaux que, sous un ciel vermeil,
Du luxe des couleurs embellit le soleil.

Combien des animaux l'inégale structure
De ses variétés pare encor la nature !
Sur ses deux courts jarrets accroupissant son corps,
La girafe en avant reçut deux longs supports;

Ailleurs le kanguroo, dont l'étrange famille
Sort de son sein, y rentre, en ressort et sautille,
Sur ses deux longs appuis en arrière exhaussé,
Est sur sa double main en avant abaissé.
Enfin, pour achever ces nombreux parallèles,
Avec la lourde autruche et ses mesquines ailes
Comparez cet oiseau qui, moins vu qu'entendu,
Ainsi qu'un trait agile à nos yeux est perdu,
Du peuple ailé des airs brillante miniature
Où le ciel des couleurs épuisa la parure ;
Et, pour tout dire enfin, le charmant colibri,
Qui, de fleurs, de rosée et de vapeurs nourri,
Jamais sur chaque tige un instant ne demeure,
Glisse et ne pose pas, suce moins qu'il n'effleure :
Phénomène léger, chef-d'œuvre aérien,
De qui la grace est tout, et le corps presque rien ;
Vif, prompt, gai, de la vie aimable et frêle esquisse,
Et des dieux, s'ils en ont, le plus charmant caprice.

Tous contre l'ennemi sont armés avec art :
L'un contre le danger est muni d'un long dard ;
De sa noire liqueur teignant la mer profonde,
L'autre plonge, s'esquive et disparaît dans l'onde [7].
Par un bruit qu'accompagne une obscure vapeur,
L'autre, à son ennemi pour renvoyer la peur,
Fait jouer d'un ressort la détente secrète,
Se détourne, s'échappe, et cherche une retraite.
Celui-ci sur son dos promène sa maison :
Le ciel enseigne à l'autre à bâtir sa cloison,
Donne à l'un sa tarrière, à l'autre sa tenaille,
Revêt l'un d'une croûte, et l'autre d'une écaille.
Nul d'eux ne vit, n'habite et ne couve au hasard ;
Tous ont leurs mets, leur couche et leur asile à part.
Les uns vivent cachés dans le sein de la terre,
Plusieurs percent le bois, plusieurs creusent la pierre ;
Et d'autres, à nos frais insolemment nourris,
Habitent l'homme même, et vengent ses mépris.

N'oublions point ces vers dont les races brillantes
Montrent sur l'Océan des lumières flottantes,
Et, sous chaque aviron qui fend les flots mouvants,
Offrent aux nautoniers des phosphores vivants.

Les bois même, les bois, quand la nuit tend ses voiles,
Offrent aux yeux surpris de volantes étoiles [8],
Qui, traçant dans la nuit de lumineux sillons,
Partent de chaque feuille en brillants tourbillons.
Les airs sont étonnés de leur clarté nouvelle,
La forêt s'illumine et la nuit étincelle :
Ils s'arrêtent, soudain meurt ce rapide jour,
Et l'ombre et la clarté renaissent tour à tour.

 C'est peu ; fécond chez soi, partout ailleurs stérile,
Aucun impunément de ses champs ne s'exile :
Chacun a sa patrie, et chacun ses climats ;
L'un aime le soleil, et l'autre les frimas.
Le lion de Barca ravage la Nubie ;
Le chameau voyageur traverse l'Arabie,
Et ses cinq estomacs, réservoirs abondants,
Bravent l'aridité de ces sables ardents.
Le renne vit de mousse aux plages boréales ;
Le lama s'apprivoise aux régions australes ;
L'Ohio sur son rivage admire le castor,
Et du Chimboraço s'élance le condor [9] :
D'animaux faits pour lui chaque pays abonde :
L'homme, leur roi commun, est citoyen du monde.
Dans la durée encor même variété,
Chacun jouit un temps de la douce clarté :
Un soleil voit périr le fragile éphémère [10] ;
Un long âge blanchit la carpe centenaire.
Souvent, sans le briser suspendant son ressort,
La vie à nos regards prend les traits de la mort.
Ce crin rouge et vivant dont chaque source abonde,
Privé durant six mois de l'aliment de l'onde,
Si ma main l'y rejette, ô prodige inouï !
De son débris séché renaît épanoui,
Et, sillonnant les flots de sa course folâtre,
Reprend avec ses jeux sa vie opiniâtre.
Ridé, durci, flétri, ce ver poudreux des toits [11]
Se ranime dans l'onde une seconde fois ;
Et, cédant à la mort une entière victoire,
L'homme à son avenir refuserait de croire !
Lui qu'ont doué les dieux de l'immortalité !
 Combien, soigneuse encor de leur postérité,

Par des moyens divers la nature puissante
Conserve chaque espèce à jamais renaissante !
L'un met au jour ses fils déja tout animés,
L'autre pond ses enfants dans leur coque enfermés ;
Souvent l'insecte ailé répand ses œufs sur l'onde ;
Souvent l'hôte des eaux à l'arène féconde
Vient confier les siens, et laisse au feu du jour
Couver de ses rayons les fruits de son amour.
Chaque espèce a ses lois, ses règles, ses caprices.
Dans les naseaux du cerf, dans le cuir des génisses,
Les uns vont déposer les germes créateurs ;
Les uns peuplent la fange, et les autres les fleurs ;
L'autre cherche un cadavre, et son amour confie
Aux débris de la mort les germes de la vie.

 Plus étonnants encor, ces minces serpents d'eaux
Qui, l'un à l'autre unis par de vivants anneaux,
Et par nous appelés du beau nom de naïades,
Promènent sur les eaux leurs flottantes peuplades.
L'enfant navigateur que la nymphe enfanta
Ne sort point tout entier du corps qui le porta ;
Quelque temps retenu par le nœud qui l'arrête,
Dans le sein maternel il cache encor sa tête.
Sa mère l'y nourrit, et la fille à son tour
Tient de même attaché le fruit de son amour ;
La troisième sur l'eau remorque aussi sa fille ;
Les naïades ainsi voyagent en famille,
Et, formant un seul corps d'un long rang d'animaux,
Trois générations se suivent sur les eaux :
De leurs étranges nœuds la chaîne ici s'arrête.
Quels qu'ils soient, de l'amour ils sont tous la conquête ;
Tous brûlent de s'unir, tous prompts à s'enflammer
Ont leur temps pour produire, ont leur saison d'aimer.
De l'homme en tous les temps la race impériale
Seule à se propager sent une ardeur égale :
Comme si de nos sens l'instinct victorieux
Veillait pour conserver le chef-d'œuvre des dieux.

 Ne croyez pas non plus que, constamment suivie,
La chaîne de l'hymen donne seule la vie :
Plusieurs en sont exempts ; libre d'un nœud si doux,
Le puceron n'a point d'épouse ni d'époux ;

Et, de son chaste lit dérobant le mystère,
Sans connaître l'hymen a le droit d'être mère [12].
Que dis-je? rassemblant deux organes féconds,
Des deux sexes divers cet autre unit les dons,
Et, doublement heureux des pouvoirs qu'il rassemble,
Est père, mère, épouse et mari tout ensemble [13].
Ainsi, de ses moyens se réservant le choix,
La nature maintient ou viole ses lois;
Et, quand de ses desseins on croit tenir la chaîne,
Nous échappe, et se rit de l'ignorance humaine.
Tel échappait Protée aux regards indiscrets.
Ce dieu qu'elle instruisait à cacher ses secrets,
Ce dieu l'a peinte encor dans ses métamorphoses:
J'en dirai les effets; nul n'en connaît les causes.
Eh! qui pourrait compter tous ces êtres sans fin
Qui changent d'éléments, de forme, de destin,
Qui naissent pour mourir, qui meurent pour renaître?
Venez, baissez les yeux; apprenez à connaître
Ce ver miraculeux qui, dans trois temps divers,
Vit sur terre, dans l'onde, et vole dans les airs.
Dédaigneux de l'arène et déserteur de l'onde,
Cet autre étend aussi son aile vagabonde:
L'amour ne fixe pas son instinct pétulant;
Il vole à son amante, et jouit en volant.
Les mers ont moins de flots, les fleurs moins de familles,
Qu'il n'est de vers ailés, jadis humbles chenilles.
 Voyez ce papillon échappé du tombeau,
Sa mort fut un sommeil, et sa tombe un berceau;
Il brise le fourreau qui l'enchaînait dans l'ombre:
Deux yeux paraient son front, et ses yeux sont sans nombre;
Il se traînait à peine, il part comme l'éclair;
Il rampait sur la terre, il voltige dans l'air;
Il languissait sans sexe, et ses ailes légères
Portent à cent beautés ses erreurs passagères:
Que dis-je? dès long-temps calomnié par nous,
Moins infidèle amant que malheureux époux,
Lui-même à son amour souvent se sacrifie,
Et son premier plaisir est payé de sa vie.
Ainsi son destin change, et passe tour à tour
De la vie au tombeau, de la tombe au grand jour.

Mais de son sort nouveau faveur plus merveilleuse;
Sa tête, en rejetant sa dépouille écailleuse,
Dans le même cerveau garde même desirs :
Il chérissait les fleurs, les fleurs font ses plaisirs;
Son instinct l'y ramène, et dans leur sein fidèle
Vient déposer l'espoir de sa race nouvelle.
Telle on dit que notre ame aux champs élysiens
Garde ses souvenirs en brisant ses liens.
Aussi du grand Leibnitz ¹⁴ l'aimable fantaisie
Osait aux animaux promettre une autre vie,
Un destin plus heureux, et presque un paradis.

A ce dogme touchant de bon cœur j'applaudis;
J'aime à voir l'animal, qui des races humaines
Ainsi que les plaisirs a partagé les peines,
Dans son humble Élysée attendre un sort plus doux;
Et ce ver merveilleux, conservant tous ses goûts,
Après un long sommeil son changement extrême,
Son être transformé, quoique toujours le même,
Excusent aisément ce rêve des bons cœurs.

Et si je parcourais l'échelle des grandeurs,
De l'insecte invisible à l'immense baleine,
De ce monstre des mers, dont la puissante haleine,
Avec un bruit horrible élance en gerbes d'eaux
L'océan revomi par ses larges naseaux;
Jusqu'à l'humble tribu qui sous l'onde orageuse
Vit dans les derniers grains de la vase fangeuse;
Si j'allais, descendant de l'aigle au moucheron,
De l'énorme éléphant jusqu'à l'humble ciron!
Là s'arrêtent les yeux : mais, graces à ce verre
Qui nous déploie en grand et les cieux et la terre,
Au-dessous du ciron je regarde, et je vois
Des milliers d'animaux plus petits mille fois.
Là du verre à son tour s'arrête la puissance;
J'admire avec effroi sa petitesse immense;
Mais pour d'autres tribus que je n'aperçois pas,
Cet insecte lui-même est peut-être un Atlas;
La goutte qu'il habite est une mer profonde,
Chaque œil est un soleil, et chaque fibre un monde.
Que dis-je? sans chercher un nouvel univers,
Dans l'atome animé combien d'êtres divers!

CHANT VII.

Là sont un cœur, des nerfs, des veines, des viscères ;
Ces nerfs ont des esprits, et ces cœurs des artères,
Ces veines des humeurs ; ainsi de tout côté,
Même auprès du néant trouvant l'immensité,
Dans tous ces univers croissant de petitesse ;
L'imagination descend, descend sans cesse ;
Et, tel que ce mortel qu'en un sommeil profond
Un rêve suspendit sur un gouffre sans fond,
D'épouvante saisi tout à coup je m'éveille,
Et du monde en tremblant j'adore la merveille.

Mais comment admirer le monde et son auteur,
Sans nommer, sans chanter leur noble observateur?
Gloire te soit rendue après l'Être suprême,
Profond Spallanzani [15] ! toi dont l'adresse extrême
Nous ouvrit ces trésors ; Herschell des animaux,
C'est toi qui donnes l'être à ces êtres nouveaux,
A tous ces vers nageurs, à ces peuples d'anguilles,
D'une graine féconde innombrables familles.
Ton verre créateur nous montre leurs combats,
Leurs légers tourbillons, leurs amoureux ébats.
Là, même en décroissant, les merveilles grandissent ;
Dans une bulle d'eau des baleines bondissent ;
La feuille, où plus d'un peuple a ses lois et ses mœurs,
Et l'écorce des fruits, et la tige des fleurs,
Et la vie et la mort à ta voix sont fécondes,
Et d'un grain desséché tu fais sortir des mondes.

Mais n'exagérons rien : l'un dans l'être vivant
Veut voir de Vaucanson [16] l'automate mouvant ;
L'autre, s'extasiant au moindre phénomène,
Veut égaler l'instinct à la raison humaine ;
S'étonne de son singe et de son perroquet,
Admire en l'un son geste, en l'autre son caquet,
Et ne saurait douter que, vu leur prud'homie,
Les éléphants un jour n'aient leur académie.
Évitons ces excès. Cet admirable don,
L'instinct, sans doute est loin de l'auguste raison :
Mais, quoique dépourvu de sa vive lumière,
L'instinct n'appartient pas à la vile matière.
Voyez quels dons le ciel daigne lui dispenser,
Comment l'être qui sent paraît presque penser ;

Non de cette pensée, indépendante et pure,
Qui sonde Dieu, le ciel, le cœur et la nature,
Mais de celle qui rampe esclave du besoin,
Qui du bonheur des sens fait son unique soin,
Et semble quelquefois dans les corps qu'elle anime
Rapprocher leur instinct de notre ame sublime !
Chaque sens des objets reçoit l'impression ;
Sur les pas du besoin marche l'attention ;
Les besoins répétés amènent l'habitude ;
De l'instinct vigilant l'utile inquiétude
Compare les effets, les causes, les moyens :
Ces chaînons chaque jour resserrent leurs liens,
Leur féconde union produit l'intelligence ;
Celle-ci pèse tout dans sa juste balance,
Et, jugeant les objets, leurs vices, leur bonté,
L'intelligence enfin produit la volonté.
Tel des êtres vivants Dieu créa le système ;
Tels sont les animaux, tel est l'homme lui-même.

 Ainsi que la raison, l'instinct a ses degrés.
S'il faut que de nos sens les rapports assurés
Nous peignent les objets que notre instinct compare,
Plus ces rapports sont sûrs, et moins l'instinct s'égare.
Si donc respire un être en qui les dieux puissants
Aient dans un seul organe associé trois sens,
Dont la flexible main, de ces trois sens pourvue,
Corrigeant par le tact les erreurs de la vue,
Des qualités des corps habile à s'assurer,
Puisse à la fois sentir, et sucer, et flairer ;
Qui, toujours redoutable et souvent caressante,
Tantôt renverse tout par sa force puissante,
Tantôt, avec plaisir savourant les odeurs,
Ainsi qu'un doigt léger sache cueillir des fleurs,
Reconnaisse l'enfant du conducteur qu'il pleure,
Enlève des fardeaux, ferme, ouvre sa demeure,
Et, roulant, déroulant ses replis tortueux,
Serve sa faim, sa soif, sa colère et ses jeux ;
Enfin, qui dans un point, dans un instant rassemble
Trois forces, trois effets, trois jugements ensemble,
Le monde admirera ce pouvoir triomphant ;
Et puisqu'il n'est point l'homme, il sera l'éléphant.

L'admirable éléphant, dont le colosse énorme
Cache un esprit si fin dans sa masse difforme,
Que pour son rare instinct dans un corps si grossier,
Presque pour ses vertus, adore un peuple entier;
L'éléphant, en un mot, qui sait si bien connaître
L'injure, le bienfait, ses tyrans et son maître.
Chacun des animaux excelle dans son art :
Le fermier connaît trop l'astuce du renard;
Le cerf ingénieux dans ses frayeurs extrêmes
Varie en cent façons ses adroits stratagèmes,
Et, des chiens égarés déconcertant l'ardeur,
De ses pas, en sautant, lui dérobe l'odeur.
Le lapin a sa ruse : inspiré par la crainte,
Il se creuse avec art un savant labyrinthe;
Et, chassant en commun, dans son poste marqué
Le loup sait se tenir prudemment embusqué;
Mais le noble éléphant ne voit rien qui l'égale.
Sous lui, mais séparé par un court intervalle,
Dans ses hardis travaux le peuple des castors
Étale de l'instinct les plus riches trésors.
L'éléphant dans les bois, et le castor dans l'onde,
Sont tous deux à jamais l'étonnement du monde.
S'il n'a point cette trompe, organe merveilleux
Dont ce noble animal a droit d'être orgueilleux,
Quatre dents, ou plutôt quatre terribles scies
Qu'en un tranchant acier la nature a durcies,
Et sa queue aplatie, et ses agiles doigts,
Voilà de ses travaux les instruments adroits :
D'autres les ont vantés, d'autres ont su décrire
Tous ces grands monuments de leur petit empire ;
Ces arbres renversés, façonnés avec art,
De leur digue à la vague opposant le rempart;
Des écluses, des ponts l'habile architecture,
Des voûtes, des cloisons la solide jointure;
Ces soins si prévoyants et cet art merveilleux,
Accommodés aux temps, appropriés aux lieux ;
Cette Hollande enfin et cette humble Venise,
Sur ses longs pilotis solidement assise;
L'étranger retrouvant l'homme dans le castor,
Le voit, s'étonne, rêve, et le regarde encor.

Mais quel bourdonnement a frappé mes oreilles?
Ah! je les reconnais mes aimables abeilles!
Cent fois on a chanté ce peuple industrieux;
Mais comment sans transport voir ces filles des cieux?
Quel art bâtit leurs murs, quel travail peut suffire
A ces trésors de miel, à ces amas de cire?
Chacun voit par ses yeux leur police, leurs lois;
L'un lui donne une reine, et les autres des rois.
L'instituteur fameux du conquérant du monde [17]
Voulut que sans époux l'abeille fût féconde,
Et de sa chasteté Réaumur [18] moins jaloux
Prostitua leur reine à de nombreux époux :
Chacun l'aime à son tour; leur auguste maîtresse
Entre tous ces rivaux partage sa tendresse,
Et les adorateurs qu'enferme son sérail,
Voués à ce doux soin, sont exempts de travail.
Mais du miel tous les ans ces artisans habiles,
Massacrant ces époux devenus inutiles,
En dépeuplent la ruche; enfin juillet pour eux
De notre affreux septembre est le retour affreux :
Ainsi l'erreur crédule expliquait le mystère.
Enfin, de leur hymen savant dépositaire,
L'aveugle Huber [19] l'a vu par les regards d'autrui,
Et sur ce grand problème un nouveau jour a lui.
La reine, nous dit-il, au jour de l'hyménée
Sort, de ses nouveaux feux inquiète, étonnée,
Aux portes du palais long-temps hésite encor;
Enfin son aile s'ouvre, elle a pris son essor;
Et, loin des yeux mortels, mystérieuse amante,
Emporte dans les airs l'ardeur qui la tourmente :
Son amant l'observait, et, plein des mêmes feux,
Il part, vole, l'atteint, et jouit dans les cieux :
Elle s'élança vierge, elle descend féconde.
Combien d'autres secrets cache une nuit profonde!
Je ne vous dirai point leurs combats éclatants,
Si la mort est donnée à l'un des combattants,
Si ce peuple est régi par une seule reine;
S'il peut d'un ver commun créer sa souveraine;
Si leur cité contient trois peuples à la fois;
Époux, reine, ouvrière, hôtes des mêmes toits;

D'autres décideront : mais leur noble industrie,
Mais les hardis calculs de leur géométrie,
Leurs fonds pyramidaux savamment compassés,
En six angles égaux leurs bâtiments tracés,
Cette forme élégante autant que régulière,
Qui ménage l'espace autant que la matière ;
Cette reine étonnante en sa fécondité,
Qui seule tous les ans fait sa postérité,
Et les profonds respects de son peuple qui l'aime,
Sont toujours un prodige, et non pas un problème.
Aussi de nos savants le regard curieux
Souvent pour une ruche abandonne les cieux.
Les Geer [20], les Réaumur ont décrit ses merveilles,
Et le chantre d'Auguste a chanté les abeilles.

La guêpe de Cayenne, avec plus d'art encor
Sous des toits de carton sait cacher son trésor :
D'un papier composé de la plus fine écorce,
Qui joint dans son tissu la finesse à la force,
Elle forme ses murs ; et ses légers châteaux,
Peuplés de ses enfants, remplis de ses gâteaux,
Ne sont que des feuillets redoublés l'un sur l'autre.
Son art, grâce à Schœffer [21], vient d'enrichir le nôtre,
Et d'un papier nouveau qu'il a su copier,
L'homme doit le modèle aux travaux d'un guêpier.
Art charmant ! j'aime à voir la mouche papetière,
Du bel art dès Didot, inventant la matière,
Des cuves d'Annonay suppléer les chiffons,
Un ver offrir sa toile aux plumes des Buffons,
Qui peut-être bientôt, éternisant sa gloire,
Sur ses propres feuillets vont tracer son histoire.

Souvent aussi l'instinct varie avec les lieux.
Comparez ces fourmis, moins dignes de nos yeux,
Méconnaissant les arts de la paix, de la guerre,
Durant l'hiver entier sommeillant sous la terre,
Mais qui rôdent sans cesse, et d'un amas de grains
Remplissent à l'envi leurs greniers souterrains,
A ces nobles fourmis dont se vante l'Afrique,
En trois classes rangeant leur sage république ;
Peuple heureux d'ouvriers, de nobles, de soldats.
Que de grands monuments dans leurs petits états !

De leurs toits, dont dix pieds nous donnent la mesure,
Les yeux aiment à voir la ferme architecture;
Sur leur cône aplati le buffle quelquefois
Guette, pour l'éviter, le fier tyran des bois.
Au dedans quelle heureuse et savante industrie
De leurs compartiments règle la symétrie,
Aligne leur cité, dessine leurs maisons,
Leurs escaliers tournants et leurs solides ponts,
Qui partout présentant de faciles passages,
Pour alléger leur peine, abrégent leurs voyages!
Au centre, tout entière à sa postérité,
Et mêlant la grandeur à la captivité,
Leur noble souveraine en une paix profonde
Ne quitte point sa couche incessamment féconde,
Et par son ventre énorme et son énorme poids
Surpasse ses sujets un million de fois.
Quatre-vingt mille enfants la connaissent pour mère;
Au fond de son palais, auguste sanctuaire,
Des serviteurs, choisis entre tous ses sujets,
Dans sa chambre royale ont seuls un libre accès:
Leur foule emplit ses murs, et par une humble porte
Déposent en leur lieu les œufs qu'elle transporte.
L'ordre règne partout : épars de tout côté,
Leurs riches magasins entourent la cité;
Ailleurs sont élevés les enfants de la reine;
La cour habite enfin près de sa souveraine;
Le voyageur, de loin découvrant leurs travaux,
D'une heureuse peuplade a cru voir les hameaux.
O Nil! ne vante plus ces masses colossales,
Des sommets abyssins orgueilleuses rivales;
L'insecte constructeur est plus grand à mes yeux
Que l'homme amoncelant ces rocs audacieux;
Et quand une fourmi bâtit des pyramides,
Nos arts semblent bornés, et nos travaux timides.
 Je ne vous tairai point, vous, loyales fourmis,
Que l'homme voit s'armer contre ses ennemis.
De leur noir bataillon la terre au loin se couvre,
Il marche : à son abord chaque demeure s'ouvre;
A peine le logis leur est abandonné,
Rats, insectes, serpents, tout est exterminé.

Tel, voyageur guerrier et vengeur redoutable,
Hercule d'Augias jadis purgea l'étable ;
Ou tels nos chevaliers allaient sur d'autres bords
Châtier les brigands et redresser les torts :
Aussi dans les cités des fourmis africaines
L'œil croit voir de l'instinct les plus beaux phénomènes.
    Le sage aime à passer, dans ses réflexions,
Des portiques de Rome aux murs des Robinsons.
Je plains l'observateur qui ne voit de merveille
Que l'homme ou l'éléphant, le castor ou l'abeille ;
Et, jetant sur le ver un regard de mépris,
De ses humbles travaux ne connaît point le prix.
Non, les ponts du castor et ses riches bourgades,
Non, des essaims actifs les nombreuses peuplades,
Et les brillants travaux de leurs toits populeux,
Ne peuvent surpasser ces vers miraculeux,
Qui, citoyens obscurs de notre grand domaine,
Rivalisent d'adresse avec la race humaine.
Ainsi que ses besoins leur vie a ses travaux :
Là combien vont s'offrir de prodiges nouveaux !
L'un, habile sapeur, en minant les feuillages,
S'en va de proche en proche avançant ses ouvrages ;
Et dans l'enfoncement de ses réduits secrets
Trouve à la fois son nid, sa demeure et ses mets ;
Sage ouvrier, que dis-je ? ingénieux artiste,
L'autre, assemblant le bois en adroit ébéniste,
Dans sa maison qu'il taille et construit avec art,
Loin des yeux importuns s'établit à l'écart ;
L'autre roule en cornet une feuille docile,
Et dans ce simple abri choisit son domicile.
L'un d'une double coque a construit son palais ;
Cet autre dans les fruits se loge à peu de frais ;
L'autre dans son alcôve élégamment déploie
Sa tenture de gaze et ses tapis de soie.
En adresse, en moyens, l'instinct ne tarit pas.
Voyez cette fileuse, émule de Pallas [22],
Et de l'onde aujourd'hui paisible citoyenne ;
Là d'une bulle d'eau, demeure aérienne,
Elle a su se construire un séjour enchanté,
En sort, monte et replonge avec agilité,

Et dans son palais d'eau que tapisse la soie
Vient goûter la fraîcheur ou rapporter sa proie.
Près d'elle est son époux ; dans la saison d'amour
Pour celui d'une amante il quitte son séjour :
Il entre, satisfait à l'ardeur conjugale,
Et la bulle se change en couche nuptiale.
Quel art est plus magique, et quel enchantement
Eût fait pour l'heureux couple un boudoir plus charmant?

 De la bulle légère au sein des mers profondes
Quels yeux iront chercher le grand peuple des ondes?
Peu savent son instinct, ses armes, et ses arts ;
Ses fastes sont obscurs et ses feuillets épars :
Quelque intérêt pourtant anime son histoire.
Grâce à leur queue agile, à leur prompte nageoire,
Plus adroits que l'oiseau, les enfants de la mer
Volent mieux dans les eaux qu'ils ne nagent dans l'air,
Et leur court aileron peut défier ses ailes.
Les races, je l'ai dit, offrent souvent entre elles
Quelques traits ressemblants. Ainsi que les oiseaux,
L'hôte des mers émigre en des pays nouveaux,
Et, voyageant ensemble en flottantes colonnes,
De l'avide pêcheur s'en vont remplir les tonnes.
A travers l'élément qui les cache à nos yeux,
L'œil surprend quelquefois leurs arts ingénieux :
Des fileuses des champs défiant les familles,
L'onde a ses Arachnés et la mer ses chenilles,
Dont la langue, pareille au doigt le plus subtil,
Sait former, sait mouler et déployer son fil.
Ainsi plus d'un poisson, lorsque le flot l'accable,
Sait s'amarrer lui-même, et se filer son câble.
D'autres filles des mers, avec plus d'art encor,
D'un fil plus délié dévident le trésor ;
Et, livrant à nos arts sa souplesse docile,
De ses légers tissus étonnent la Sicile.

 Combien d'autres talents que l'œil n'aperçoit pas !
Que de piéges adroits ! que de savants combats !
Une guerre éternelle arme ce peuple immense.
Les uns ont leurs épieux, et les autres leur lance [23] :
L'un, d'une encre cachée en de secrets vaisseaux
Noircit l'onde, s'échappe, et s'enfuit sous les eaux ;

CHANT VII.

D'un large tablier qu'avec force il déploie,
L'autre enveloppe, étouffe, et dévore sa proie.
Quel nocher n'a connu ce combat si fameux,
Qui trouble au loin d'effroi tout l'empire écumeux?
Ces fiers dominateurs de la liquide plaine,
Le terrible espadon et l'énorme baleine,
Voyez-les s'attaquer, se heurter à la fois,
L'un armé de sa scie, et l'autre de son poids.
L'un agile et fougueux rapidement s'élance,
Sur son lourd ennemi fond avec violence;
L'autre, avec pesanteur roulant son vaste corps,
De sa queue effroyable arme tous les ressorts;
Et malheur à celui que d'un coup redoutable
Frapperait en fureur ce fouet épouvantable!
Son ennemi l'esquive, et, sautant dans les airs,
Tombe plus acharné sur le géant des mers;
Et de son arme affreuse entame la baleine.
Alors de l'Océan l'immense souveraine,
Secouant l'ennemi sur son énorme dos,
Presse, foule, soulève et tourmente les flots.
L'horrible scie accroît ses blessures profondes;
Le monstre ensanglanté se débat sur les ondes;
Des bords du Groënland aux rives de Thulé,
Il agite en mourant son empire ébranlé :
La mer gronde, et du sein des humides campagnes
Tout l'Océan s'élève et retombe en montagnes.

Habitant des forêts, et des monts, et des champs,
Le serpent à son tour a des droits à mes chants.
Par ses beaux mouvements et sa riche parure,
Cher à la poésie ainsi qu'à la peinture,
Le serpent a ses mœurs, ses combats, ses amours,
Son port audacieux, ses habiles détours;
Mais il fuit nos regards: dans le sein des broussailles,
Dans les fentes des rocs ou le creux des murailles,
Il semble qu'affligé de son triste renom,
Il cache ses remords, sa honte et son poison.
Je n'en décrirai point les nombreuses espèces,
Différentes d'aspects, de penchants et d'adresses;
Je compterais plutôt les sables des déserts,
Les feuillages des bois et les vagues des mers,

Que les variétés de sa race effrayante.
Il court, nage, bondit, gravit, vole, ou serpente;
Tantôt, au bruit lointain des agrestes pipeaux,
Caché dans la moisson, il attend les troupeaux,
Et, des plis écaillés qu'avec force il déploie,
Saisit, étreint, étouffe, et dévore sa proie.
Le chevreau, la brebis, souvent un bœuf entier,
Tout à coup engloutis dans son large gosier,
Se débattent en vain dans sa gueule béante ²¹;
Mais, bientôt expiant sa fureur dévorante,
Il s'endort sous le poids de l'énorme festin,
Et, livrant au chasseur un facile butin,
Sous la lourde massue ou le fer du sauvage,
Tombe gonflé de sang et gorgé de carnage.
Tantôt au fond des bois, à l'entour d'un vieux tronc,
Il enlace sa queue et redresse son front.
Ailleurs, au haut d'un arbre où sa race fourmille,
Superbe, il réunit sa hideuse famille.
L'œil voit avec effroi ces milliers d'animaux
Envelopper la tige, entourer les rameaux :
On croit voir les cheveux de l'horrible Mégère,
Ou les crins hérissés de l'aboyant Cerbère
Qui défend jour et nuit le trône de Pluton,
Ou les serpents tressés dont se coiffe Alecton.
Me préserve le ciel d'aller dans le bocage
Respirer la fraîcheur ou dormir sous l'ombrage,
Lorsqu'en un jour d'été, de son obscur séjour
Il sort brûlant de soif, de colère et d'amour !
Sur la cime des bois, sur les monts, dans la plaine,
Les animaux tremblants l'évitent avec peine :
Contre eux il a du ciel reçu ses yeux ardents,
Son étouffante haleine et ses terribles dents.
Telle est de son poison la violence extrême,
Souvent par sa piqûre il se détruit lui-même.
Son venin dans la plaie à peine s'est glissé,
La chair tombe en lambeaux, et le sang est glacé.
Pour son rapide élan il n'est point de distance;
Il part comme l'éclair, atteint comme la lance.
Quels contrastes frappants il présente à nos yeux !
Reptile sur la terre, étoile dans les cieux;

CHANT VII.

Ici nous déguisant son approche mortelle,
Ailleurs faisant crier sa bruyante crécelle,
Couvé dans sa coquille ou formé tout vivant ²³,
Assaillant furieux, tacticien savant,
Sinon astucieux, Polyphème vorace,
Victime quelquefois et bourreau de sa race;
Formidable aux oiseaux, à l'hôte des forêts,
Aux reptiles criards qui peuplent les marais ;
Du tigre affreux lui-même affrontant la colère;
Redoutable poison, remède salutaire ;
Paresseux en hiver, plein d'ardeur au printemps ;
Favori d'Esculape, et l'emblème du temps ;
Ancien dominateur des forêts d'Amérique,
Détesté dans l'Europe, adoré dans l'Afrique ;
De l'Indien, pour lui toujours hospitalier,
Convive caressant et démon familier;
Prudent et courageux, vigoureux et flexible,
Célébré par la fable et maudit par la Bible ;
Dans les vers de Milton, organe de Satan,
Il ravit l'innocence à l'épouse d'Adam,
Avec elle perdit l'homme, hélas ! trop fragile ;
Par lui Laocoon est puni dans Virgile ;
Et son supplice encore, objet de nos douleurs,
Sur un marbre souffrant nous fait verser des pleurs.

Mais plus digne de nous un peuple entier m'appelle :
C'est vous, charmants oiseaux, de nos chants le modèle !
Bientôt je chanterai vos mœurs et vos penchants ;
Maintenant vos arts seuls sont l'objet de mes chants.
Combien d'adroits pêcheurs et de chasseurs habiles !
Observez cet oiseau redouté des reptiles :
Si du plus haut des airs il découvre un serpent,
Aussitôt, pour saisir son ennemi rampant,
Sur lui d'un vol rapide il s'élance avec joie,
L'emporte dans les airs, laisse tomber sa proie,
Descend, la ressaisit, prend de nouveau l'essor ;
La jette, la reprend, et la rejette encor,
Et ne s'arrête pas que sa chute fréquente
N'abandonne à sa faim sa victime mourante.
Ainsi qu'adroits chasseurs, architectes savants,
Contre leurs ennemis, les frimas et les vents,

Avec combien d'adresse, instruits par la nature,
Ils savent de leur nid combiner la structure !
Chaque race choisit et la forme et le lieu :
L'une, en ces longs canaux où petille le feu,
Sur nos toits, sur nos murs hospitaliers pour elle,
Construit de ses enfants la demeure nouvelle ;
L'un au chêne orgueilleux, l'autre à l'humble arbrisseau,
De ses jeunes enfants confia le berceau ;
Là, des œufs maternels nouvellement éclose,
Sur le plus doux coton la famille repose ;
Et la laine et le crin, assemblés avec art,
De leur tissu serré leur forment un rempart
Dont le tour régulier, l'exacte symétrie,
Défierait le compas de la géométrie.
Par un soin prévoyant d'autres placent leurs nids
Au lieu le plus propice à nourrir leurs petits :
Ici l'amour craintif les cache sous la terre ;
Là, de leurs ennemis pour éviter la guerre,
Les suspend aux rameaux mollement balancés,
Et dans ce doux hamac les enfants sont bercés.
Quelques-uns ont leur toit, leur auvent, leur issue,
Qui de leurs ennemis ne peut être aperçue :
Chacun a son instinct inspiré par l'amour.
Voyez, de ses enfants préparant le séjour
En architecte adroit, mais en père timide,
Cet oiseau leur construit une humble pyramide,
Mille fois préférable à celles de l'orgueil.
Son air mystérieux d'abord étonne l'œil ;
Introduit par la porte au sein du vestibule,
L'oiseau monte et descend dans une autre cellule
Où, cachés et bravant les piéges, les saisons,
Reposent mollement ses tendres nourrissons.
Ainsi nos toits, nos murs, les forêts, les charmilles,
Tout a ses constructeurs, ses berceaux, ses familles ;
Tout aime, tout jouit, tout bâtit à son tour.
Protége, Dieu puissant, ces enfants de l'amour,
Le doux chardonneret, la fauvette fidèle,
Le folâtre pinson, et surtout Philomèle !
  Dirai-je encor comment, pour chercher d'autres cieux,
L'oiseau quitte les champs qu'habitaient ses aïeux ?

A peine à cet exil le vent les sollicite,
Je ne sais quel instinct en secret les agite;
Même les nouveau-nés, qui par de faibles sons
Semblaient, en gazouillant, essayer leurs chansons,
Tout à coup avertis par une voix secrète,
Expriment à l'envi leur ardeur inquiète :
Tout se meut, tout s'empresse, et du sommet des toits,
De la pointe des rocs, de la cime des bois,
De mille cris confus le bizarre mélange,
Des oiseaux voyageurs appelle la phalange.
Ainsi, dans leur saison, les canes du Lapland
Partent, formant dans l'air un triangle volant :
Chaque oiseau tour à tour à la pointe se place,
Un autre le relève aussitôt qu'il se lasse ;
Chacun du dernier rang se transporte au premier,
Chacun du premier rang se replace au dernier.
Ils abordent : les bois, les monts et les rivages
Retentissent du vol de ces vivants nuages,
Que l'instinct, le besoin, aidés d'un vent heureux,
Poussent dans des climats qui n'étaient pas pour eux.
Revenez, peuple heureux, revoir votre patrie ;
Revenez habiter votre rive chérie !
Quel bien manque à vos vœux, intéressants oiseaux?
Vous possédez les airs, et la terre et les eaux ;
Sous la feuille tremblante un zéphyr vous éveille ;
Vos couleurs charment l'œil, et vos accents l'oreille ;
Vos desirs modérés ignorent à la fois
Et les vices du luxe, et la rigueur des lois ;
Un coup d'aile corrige une amante coquette,
Un coup de bec suffit à sa simple toilette.
Si vous prenez l'essor vers des bords reculés,
Vous êtes voyageurs, et non pas exilés ;
Le bocage qui vit votre famille éclore,
Sur le même rameau vous voit bâtir encore ;
Même ombrage revoit vos amoureux penchants,
Et les mêmes échos répondent à vos chants.
Hélas ! à notre sort ne portez point envie !
Un seul de vos printemps vaut toute notre vie.
Sans planter ni semer, vos errantes tribus
Sur l'apanage humain prélèvent des tributs ;

Vous avez comme nous vos moissons, vos vendanges;
Du grain de nos sillons, des gerbes de nos granges,
Vous prenez votre part; le poil de nos brebis
Compose vos berceaux et tapisse vos nids;
Pour vous, aux espaliers, aux rameaux de la treille,
Pend la grappe dorée et la pomme vermeille.
Tantôt, loin des cités, et des riches lambris,
Pour chercher vos amours, vos mets et vos abris,
Libres, vous voltigez de bocage en bocage;
Tantôt, fiers d'habiter une brillante cage,
Déserteurs des forêts et transfuges des bois,
Paisibles casaniers, vous vivez sous nos toits.
Là, sans aller au loin quêter à l'aventure
De vous, de vos enfants, l'incertaine pâture,
D'une jeune-maîtresse esclaves favoris,
Par elle caressés et par elle nourris,
Au lieu du ver rampant, de la sale chenille,
Le sucre, le mouron nourrit votre famille;
Chaque jour la beauté revient d'un air riant
Vous offrir le biscuit et l'échaudé friand;
Porte sur vos besoins une vue attentive,
Soigne la propreté du lieu qui vous captive,
A vos maux passagers assure un prompt secours,
Prépare vos hymens et soigne vos amours;
Vous apprête du bain la fraîcheur délectable :
Vous buvez dans sa coupe, assistez à sa table,
Folâtrez sur son sein, perchez sur ses cheveux;
Et son amant lui-même est jaloux de vos jeux.
    Tel ce moineau fameux, digne sujet de larmes,
Dont la triste élégie, en des vers pleins de charmes,
Nous fait pleurer encor le destin rigoureux,
D'une belle Romaine ami tendre, hôte heureux,
Aimable parasite et compagnon fidèle,
Sautillait, babillait, tourbillonnait près d'elle,
Sur ses lèvres de rose accourait à sa voix,
Baisait son cou d'albâtre ou becquetait ses doigts;
Et, des jeunes Romains voluptueux émule,
Fut pleuré par Lesbie, et chanté par Catulle.

CHANT HUITIÈME.

Les amours et les caresses du ramier. L'éclat du cygne. Description des animaux domestiques. Portrait du cheval, de l'âne, etc. Variété des animaux. La fierté du lion et de l'aigle. Les nids des oiseaux; leur éducation. Les mœurs, le caractère et les habitudes des animaux. Tendresse d'une chienne pour ses petits. De la classification des animaux. Échelle des animaux, à la tête de laquelle l'homme est placé. Puissance de l'homme, et son ascendant sur tous les êtres qui respirent. La pensée de l'homme au-dessus de l'instinct. Excellence des sentiments qui l'élèvent vers le ciel et le rapprochent de ses semblables.

J'ai peint l'instinct, l'esprit, les arts des animaux;
Maintenant, que leurs mœurs occupent mes pinceaux.
Oui, l'instinct a ses mœurs comme son industrie,
Chérit le bien public, connaît une patrie.
Le pigeon en amour ne connaît point d'égal;
Le chevreuil est fidèle au pacte conjugal;
L'abeille, royaliste et pourtant populaire,
Joint Rome monarchique et Rome consulaire,
Travaille pour l'état, et défend à la fois
Et son humble cellule et le trône des rois;
La fourmi, préférant les mœurs républicaines,
Change en greniers publics ses granges souterraines.
Tout l'atteste à vos yeux : Dieu par les mêmes lois
Lui seul sait gouverner plus d'un monde à la fois;
Mais de ces nœuds formés par sa main souveraine,
L'impérieux amour est la plus forte chaîne.
Tout ressent ici-bas ses fécondes ardeurs;
Comme chez les humains, on aime chez les fleurs.
J'ai chanté les amours et les hymens des plantes;
Mais combien plus puissant chez les races vivantes,
L'inévitable Amour perce des mêmes traits
L'homme et les animaux, le maître et les sujets!
Sur des ailes de feu l'Amour parcourt le monde.
Il embrase les airs, il brûle au sein de l'onde :
La baleine pour lui bondit au sein des mers;
Pour lui l'ardent lion rugit dans les déserts;
Le renne dans le Nord reconnaît son empire,
Et son feu vit encore où le soleil expire.

Mais laissons ces amours, dont l'appétit fougueux
N'est qu'un instinct brutal et qu'un besoin honteux.
Combien d'êtres vivants, dont les douces tendresses
N'ignorent point d'amour les adroites caresses,
Savent de leur penchant dissimuler l'ardeur,
Connaissent le mystère et même la pudeur !
Là, plus d'un couple aimable a ses agaceries,
Ses refus irritants et ses coquetteries.
Chez les oiseaux surtout que de soins caressants !
Qu'ils savent avec art attendrir leurs accents !
Écoutez du pigeon, épris de sa maîtresse,
Le doux roucoulement exprimer sa tendresse ;
Il s'approche, il s'éloigne, il revient mille fois,
Arrange son maintien, passionne sa voix :
J'aime à suivre de l'œil ces timides approches ;
Je comprends ces soupirs et ces tendres reproches.
Avec quelle pudeur son amante à son tour,
En déguisant ses feux, irrite son amour,
Au moment de céder, avec art se retire,
Le rappelle, le fuit, le repousse et l'attire !
Quel peintre en ses tableaux, quel poëte en ses chants
Représente l'amour sous des traits plus touchants ?
On croit voir Galatée en sa ruse ingénue,
Fuyant derrière un saule, et brûlant d'être vue [1].

    Mais quel heureux amant égale en volupté
Le cygne au cou flexible, au plumage argenté ?
Le cygne toujours beau, soit qu'il vienne au rivage,
Certain de ses attraits, s'offrir à notre hommage ;
Soit que, de nos vaisseaux le modèle achevé,
Se rabaissant en proue, en poupe relevé,
L'estomac pour carène, et de sa queue agile
Mouvant le gouvernail en timonier habile,
Les pieds pour avirons, pour flotte ces oiseaux
Qui se pressent en foule autour du roi des eaux ;
Pour voile enfin son aile au gré des vents enflée,
Fier, il vogue au milieu de son escadre ailée.
Mais quand son feu l'atteint dans l'humide séjour,
De quel charme nouveau vient l'embellir l'amour !
Que de folâtres jeux, que d'aimables caresses !
Qu'il prélude avec grace à ses vives tendresses !

L'homme ne sait pas mieux, dans ses nobles desirs,
Provoquer, varier, nuancer les plaisirs,
Les hâter, les calmer, les quitter, les reprendre.
Doux et passionné, majestueux et tendre,
Déployant mollement son plumage amoureux,
De quel air caressant à l'objet de ses feux
Il tend son cou d'albâtre, et s'enlace autour d'elle!
Il l'invite du bec, il l'excite de l'aile;
Enfin par ses transports, ses doux frémissements,
Brûlants avant-coureurs de ses embrassements,
Il prouve aux flots émus, par son ardeur féconde,
Que la mère d'Amour est la fille de l'onde;
Et de son corps, choisi pour plaire à deux beaux yeux,
Justifie, en aimant, le monarque des dieux.
La fable, de sa voix a vanté la merveille;
L'œil enchanté sans doute avait séduit l'oreille.
Eh! qu'avait-il besoin de ce titre emprunté?
Lui seul réunit tout, force, graces, fierté;
Il habite à son choix les airs, l'onde et la terre;
Modéré dans la paix, valeureux dans la guerre,
Terrible, impétueux, il fond sur ses rivaux :
Leur choc trouble les airs, il agite les eaux.
Tel Antoine jadis, sur les plaines de l'onde,
Disputait Cléopâtre et l'empire du monde.

Ainsi, source féconde et de biens et de maux,
L'amour aux mêmes lois soumet les animaux;
Mais chacun a ses mœurs : nés pour l'indépendance,
Plusieurs de leur instinct gardent la violence,
Tandis que le lion que son maître nourrit
Le respecte toujours, et souvent le chérit;
Et lorsque, tout à coup secouant sa crinière,
Déja la gueule ouverte il rugit de colère,
Que son maître paraisse, et ses sens sont calmés.
Quelques-uns, de nos toits hôtes accoutumés,
Se plaisent dans nos cours, vivent dans nos étables,
Quelquefois sont nourris des débris de nos tables;
Et, sujets fortunés d'un roi voluptueux,
Semblent lui dévouer leurs soins affectueux.

A leur tête est le chien, aimable autant qu'utile,
Superbe et caressant, courageux mais docile.

Formé pour le conduire et pour le protéger,
Du troupeau qu'il gouverne il est le vrai berger.
Le ciel l'a fait pour nous; et dans leur cour rustique
Il fut des rois pasteurs le premier domestique.
Redevenu sauvage, il erre dans les bois :
Qu'il aperçoive l'homme, il rentre sous ses lois;
Et, par un vieil instinct qui jamais ne s'efface,
Semble de ses amis reconnaître la race.
Gardant du bienfait seul le doux ressentiment,
Il vient lécher ma main après le châtiment;
Souvent il me regarde; humide de tendresse,
Son œil affectueux implore une caresse :
J'ordonne, il vient à moi; je menace, il me fuit;
Je l'appelle, il revient; je fais signe, il me suit;
Je m'éloigne, quels pleurs! je reviens; quelle joie!
Chasseur sans intérêt, il m'apporte sa proie.
Sévère dans la ferme, humain dans la cité,
Il soigne le malheur, conduit la cécité;
Et moi, de l'Hélicon malheureux Bélisaire,
Peut-être un jour ses yeux guideront ma misère.
Est-il hôte plus sûr, ami plus généreux?
Un riche marchandait le chien d'un malheureux;
Cette offre l'affligea : « Dans mon destin funeste
Qui m'aimera, dit-il, si mon chien ne me reste? »
Point de trêve à ses soins, de borne à son amour;
Il me garde la nuit, m'accompagne le jour.
Dans la foule étonnée on l'a vu reconnaître,
Saisir et dénoncer l'assassin de son maître;
Et quand son amitié n'a pu le secourir,
Quelquefois sur sa tombe il s'obstine à mourir.
Enfin le grand Buffon écrivit son histoire,
Homère l'a chanté, rien ne manque à sa gloire :
Et lorsqu'à son retour le chien d'Ulysse absent,
Dans l'excès du plaisir meurt en le caressant,
Oubliant Pénélope, Eumée, Ulysse même,
Le lecteur voit en lui le héros du poëme.

 Tel nous aimons le chien, mais tel n'est point le chat;
Indocile sujet, ami froid, hôte ingrat,
Serviteur défiant, cauteleux égoïste,
Conservant avec nous son air sournois et triste,

De son butin sanglant se jouant sans pitié,
Fixé par l'habitude, et non par l'amitié.
 Mais soit qu'on juge l'homme ou le reste du monde,
Sur des exceptions la vérité se fonde.
Ainsi que des humains, les diverses humeurs
Changent des animaux les penchants et les mœurs.
Plus d'un chat sait aimer, et caresser, et plaire ;
Moi-même j'ai du mien vanté le caractère [2] ;
Long-temps de son poëte il partagea le sort :
J'ai célébré sa vie et déploré sa mort.
 Je ne vous tairai point la horde malheureuse
Des rats, famille obscure, indigente et peureuse,
Qui, par d'adroits chasseurs savamment embusqués,
Dans les fentes d'un mur étroitement bloqués,
Autour de leurs cités nuit et jour investies,
Hasardent en tremblant leurs nocturnes sorties :
Maraudeurs obstinés, faméliques rongeurs,
En vain s'arment contre eux les trébuchets vengeurs ;
L'instinct propagateur de leur race amoureuse
Sans cesse reproduit leur foule populeuse ;
Du fond de nos caveaux, du haut de nos greniers,
La gent trotte-menu s'assemble par milliers,
Envahit la cuisine, ou dévaste l'office,
Ou de mes manuscrits d'avance fait justice :
Mais comme les Romains et leur grave sénat,
Les rats sont gouvernés par la raison d'état ;
Eux-mêmes quelquefois, quand la faim les menace,
Ne pouvant la nourrir, exterminent leur race ;
Et la terrible loi de la nécessité
D'un peuple trop nombreux soulage leur cité.
 Mais pourquoi m'arrêter à cette engeance obscure ?
Parmi ceux qu'à nos lois a soumis la nature,
Qui vivent sous nos toits, qui paissent dans nos champs,
N'est-il pas des sujets plus dignes de mes chants ?
Voyez ce fier coursier, noble ami de son maître,
Son compagnon guerrier, son serviteur champêtre,
Le traînant dans un char, ou s'élançant sous lui ;
Dès qu'a sonné l'airain, dès que le fer a lui,
Il s'éveille, il s'anime, et, redressant la tête,
Provoque la mêlée, insulte à la tempête ;

De ses naseaux brûlants il souffle la terreur;
Il bondit d'allégresse, il frémit de fureur;
On charge, il dit: Allons¹, se courrouce et s'élance;
Il brave le mousquet, il affronte la lance,
Parmi le feu, le fer, les morts et les mourants,
Terrible, échevelé, s'enfonce dans les rangs,
Du bruit des chars guerriers fait retentir la terre;
Prête aux foudres de Mars les ailes du tonnerre,
Il prévient l'éperon, il obéit au frein,
Fracasse par son choc les cuirasses d'airain,
S'enivre de valeur, de carnage et de gloire,
Et partage avec nous l'orgueil de la victoire;
Puis revient dans nos champs, oubliant ses exploits,
Reprendre un air plus calme et de plus doux emplois;
Aux rustiques travaux humblement s'abandonne,
Et console Cérès des fureurs de Bellone.

Moins vif, moins valeureux, moins beau que le cheval,
L'âne est son suppléant et non pas son rival;
Il laisse au fier coursier sa superbe encolure,
Et son riche harnois, et sa brillante allure.
Instruit par un lourdaud, conduit par le bâton,
Sa parure est un bât, son régal un chardon;
Pour lui Mars n'ouvre point sa glorieuse école:
Il n'est point conquérant, mais il est agricole;
Enfant, il a sa grace et ses folâtres jeux;
Jeune, il est patient, robuste et courageux,
Et paie, en les servant avec persévérance,
Chez ses patrons ingrats sa triste vétérance.
Son service zélé n'est jamais suspendu;
Porteur laborieux, pourvoyeur assidu,
Entre ses deux paniers de pesanteur égale,
Chez le riche bourgeois, chez la veuve frugale,
Il vient, les reins courbés et les flancs amaigris,
Souvent à jeun lui-même, alimenter Paris.
Quelquefois, consolé par une chance heureuse,
Il sert de Bucéphale à la beauté peureuse,
Et sa compagne enfin va dans chaque cité
Porter aux teints flétris la fleur de la santé.
Il marche sans broncher au bord du précipice,
Reconnaît son chemin, son maître et son hospice:

De tous nos serviteurs c'est le moins exigeant ;
Il naît, vieillit et meurt sous le chaume indigent :
Aux injustes rigueurs dont sa fierté s'indigne,
Son malheur patient noblement se résigne.
Enfin, quoique son aigre et déchirante voix
De sa rauque allégresse importune les bois,
Qu'il offense à la fois et les yeux et l'oreille,
Que le châtiment seul en marchant le réveille,
Qu'il soit hargneux, revêche et désobéissant,
A force de malheur l'âne est intéressant.
Aussi le préjugé vainement le maltraite :
En dépit de l'orgueil il aura son poëte.
Homère, qui chanta tant de héros divers,
Auprès du grand Ajax le plaça dans ses vers.
La fable le nomma le coursier de Silène :
Ami des voluptés, il naquit pour la peine.
Et moi qui déplorai le sort des animaux,
J'ai dû peindre ses mœurs, ses bienfaits et ses maux.

Tel qu'un peintre savant joint la lumière et l'ombre,
Dieu se plaît à créer des nuances sans nombre ;
Mais parmi ce contraste et d'instincts et de goûts,
De haine et d'amitié, de douceur, de courroux,
De paresse et d'ardeur qu'à chaque créature,
En ses dons inégaux, départit la nature,
Souvent son art sublime offre à l'œil enchanté
La ressemblance unie à la variété.
Au lion dans les bois, à l'aigle dans son aire,
Qui ne reconnaît pas le même caractère ?
Tous deux sont fiers ; tous deux, tyrans de leurs vassaux,
Dans leur désert royal ne veulent point d'égaux ;
L'impérieux amour, le besoin d'une épouse,
Domptent seuls les fureurs de leur fierté jalouse ;
Tous deux, rois des états par la victoire acquis,
Ne veulent de festins que ceux qu'ils ont conquis ;
Ennemis généreux et vainqueurs magnanimes,
Enfin tous deux font grace à de faibles victimes :
Ainsi le même instinct produit mêmes humeurs ;
Et, différents de race, ils sont joints par les mœurs.
Combien la liberté rebelle ou dépendante
Ouvre encore à mes vers une source abondante !

En vain, des animaux se proclamant le roi,
L'homme à tout ce qui vit croit imposer la loi ;
Des êtres animés dont l'univers abonde
Peu vivent avec nous : leur foule vagabonde
Cherche dans les forêts ou dans les antres sourds
Un sort indépendant et de libres amours.
Le besoin d'échapper à l'ennemi vorace,
Le soin de se nourrir, de propager leur race,
Voilà toute leur vie ; et dans ces mœurs encor,
De méditations quel fertile trésor !
Que de charmes n'ont point leurs amours maternelles !
　Voyez le tendre oiseau réchauffer sous ses ailes
Ses petits enfermés dans leur frêle séjour ;
Tantôt j'ai peint son nid : qui peindra son amour ?
Eh ! qui peut surpasser le courage du père ?
Quel soin peut s'égaler au doux soin de la mère ?
Cet être si léger que le frêne ou l'ormeau
Ne voit pas deux instants sur le même rameau,
Mère aujourd'hui constante et nourrice assidue,
Demeure jour et nuit sur ses œufs étendue.
Le père, heureux époux autant qu'heureux amant,
De sa tendre moitié va chercher l'aliment,
Ou, sur les bords du nid se plaçant auprès d'elle,
Soulage par ses chants sa compagne fidèle.
Des ennemis souvent l'un et l'autre est vainqueur,
Et dans de faibles corps se déploie un grand cœur.
Souvent avec ses fils une mère enlevée
Vit pour eux, les nourrit, et meurt sur sa couvée.
Enfin, avec quel soin et quel zèle nouveau
Ses parents à voler forment le jeune oiseau !
C'est aux heures du soir, lorsque dans la nature
Tout est repos, fraîcheur, et parfum et verdure ;
L'adolescent, ravi de ce bel horizon,
S'agite dans son nid devenu sa prison ;
Il sort, et, balancé sur la branche pliante,
Il hésite, il essaie une aile encor tremblante :
Le couple en voltigeant provoque son essor,
Gourmande sa frayeur, l'appelle, et vole encor :
Enfin il se hasarde, et, déployant ses ailes,
Non sans crainte il se fie à ses plumes nouvelles.

L'air reçoit ce doux poids, il touche le gazon;
Les parents enchantés répètent la leçon.
D'une aile moins novice alors le jeune élève
S'enhardit, prend l'essor, s'abat, et se relève;
Enfin, sûr de sa force et plus audacieux,
Il part; tout est fini, tous se font leurs adieux,
Et l'instinct dénouant la chaîne mutuelle,
Un nouveau nœud commence une race nouvelle.
 Cependant qui l'eût cru? si constant dans ses lois,
Cet admirable instinct se trompe quelquefois.
La poule, qui, pour nous, modèle de tendresse,
A l'aspect du milan se hérisse et se dresse,
Des canards quelquefois échauffe le berceau :
Tout à coup à leurs yeux s'il se montre un ruisseau,
Leur instinct se trahit; la troupe vagabonde
Reconnaît sa patrie et s'élance dans l'onde :
La fausse mère alors, ignorant leur destin,
Vole d'un bord à l'autre, et les rappelle en vain.
A peine encor sorti de sa coque fragile,
Déjà l'heureux essaim, navigateur agile,
Vogue, et, sans écouter son inutile cri,
Parcourt avec transport son élément chéri.
Le sage les observe, et sa raison compare
Et l'instinct qui devine, et l'instinct qui s'égare.
 Cet oiseau, dont l'hymen craint le sinistre nom,
D'une erreur plus barbare étonne la raison;
Le cruel, écoutant son appétit funeste,
Dans un festin pareil à celui de Thyeste,
De ses propres enfants se nourrit quelquefois.
De son sang, il est vrai, connaissant mieux la voix,
Leur mère se refuse à cette horrible idée :
Non, parmi les oiseaux il n'est point de Médée.
Aussi, de ses petits redoutant les dangers,
La prévoyante épouse, en des nids étrangers
Va déposer ses œufs qu'adopte un autre père,
Et leur race deux fois doit la vie à sa mère.
 Eh! sans ce tendre amour et ces liens si chers,
Dont le pouvoir fécond répare l'univers,
Qui des êtres vivants reproduirait les races?
Que d'animaux cruels, que de monstres voraces,

L'un par l'autre attaqués, l'un par l'autre expirants,
Sans cesse dévorés, sans cesse dévorants !
Pour leur faim sanguinaire à peine assez féconde,
La nature se lasse à repeupler le monde.
Tyran de ses vassaux, fléau de ses sujets,
L'homme à tant de fureur joint ses propres excès.
C'était peu d'inventer et l'hameçon perfide,
Et le gluau tenace, et la balle rapide :
Partout aidant leur rage, et redoublant leurs maux,
L'homme l'un contre l'autre arma les animaux.
On a vu le lion, terrible auxiliaire,
Seconder son adresse et servir sa colère ;
Le faucon obéit à notre art meurtrier,
Le chien devint chasseur ; et l'éléphant guerrier,
Jadis hôte innocent des forêts indiennes,
Vint fouler de ses pieds les légions romaines.
Tous naissent pour détruire ; et, par un triste accord,
L'hyménée est partout pourvoyeur de la mort.

    Pourtant le ciel a fait peu d'animaux voraces ;
Cet instinct furieux n'appartient qu'à ces races
Qui quêtent leur pâture, et dont l'avide faim
Souffre encor de la veille, et craint le lendemain.
La génisse paisible et le bœuf débonnaire
Broutent innocemment leur pâture ordinaire ;
Et l'hôte ailé des airs, indulgent ennemi,
S'il rencontre un grain d'orge, épargne une fourmi.
Mais le tigre cruel, dont l'ardeur vagabonde
Rôda sans aliment durant la nuit profonde,
S'il découvre au matin, du sommet des coteaux,
Le daim aux pieds légers, le cerf aux longs rameaux,
Soudain, les crins dressés et la gueule béante,
Part, court, saisit, abat sa victime tremblante,
Se couche sur sa proie, et, fouillant dans son flanc,
Se soûle de carnage et s'enivre de sang.

    L'amour répare tout, et ses flammes fécondes
Repeuplent au printemps l'air, la terre et les ondes.
Eh ! quels taillis obscurs, quel asile secret
N'offrent quelques tableaux de ce tendre intérêt ?
Sous ces obscurs berceaux observez l'araignée,
Qui vit dans tous les fils de sa toile alignée ;

CHANT VIII.

Une bourse, d'un fil plus délicat encor,
Renferme de ses œufs le précieux trésor;
Elle traîne en tous lieux ce doux tissu de soie,
Ne le quitte un instant que pour chercher sa proie.
Toi qui charmas un temps mon loisir studieux,
Digne sang d'Arachné, tel te virent mes yeux.
J'avais cru qu'à mes soins, docile, apprivoisée,
Tu vivrais près de moi ; mais en vain ma croisée
Me livrait pour ton nid ces insectes errants
Que trompent des vitraux les abris transparents ;
Moi-même à leur berceau portant leur subsistance,
En vain à tes petits j'épargnais ton absence.
En vain j'avais chanté tes soins pour Pellisson :
Tu charmas son cachot, tu quittes ma maison ;
Adieu : quelle que soit ta nouvelle retraite,
Mon souvenir te suit, et mon cœur te regrette ;
Tant j'admirais en toi ton instinct maternel !

Que dis-je ? est-il au monde un être si cruel
Qui n'écoute sa voix ? Ce tigre impitoyable
Qui se fait du carnage une joie effroyable,
Sitôt que, moins rebelle aux attraits du plaisir,
A l'amour qu'il repousse il s'est laissé saisir,
Quand l'Hymen étonné d'un tigre a fait un père,
Que l'imprudent chasseur approche son repaire,
Terrible, hérissé, roulant des yeux ardents,
Le monstre ouvre sa gueule et ses terribles dents.
Tantôt vers le chasseur il bondit, il se dresse ;
Tantôt vers ses enfants se tourne avec tendresse,
S'en éloigne, y revient, et son œil tour à tour
Ou s'enflamme de rage, ou s'attendrit d'amour.

Même au sein des tourments ce cri de la nature,
Des plus vives douleurs étouffe le murmure.
Une mère (et le chien, dont j'ai vanté les mœurs,
De cet effort sublime eut encor les honneurs)
Souffrait sur l'échafaud l'adroite barbarie
Qui cherche dans la mort le secret de la vie.
Soit hasard, soit pitié, soit desir de savoir
De l'amour maternel jusqu'où va le pouvoir,
Ses fils, qui vainement imploraient sa mamelle,
Sur le marbre cruel étaient placés près d'elle.

Ah! qui peut retracer l'aspect attendrissant
D'un tableau que mon cœur admire en frémissant?
Déja le sang coulait, une main inhumaine
Tenant l'affreux scalpel, errait de veine en veine;
Déja plus près du cœur déchiré lentement,
Interrogeant des nerfs le dédale fumant,
De saisir leur secret l'impitoyable envie
Promenait la douleur et poursuivait la vie;
Et la victime enfin, condamnée à souffrir,
Joignait l'horreur de vivre à l'horreur de mourir.
Eh bien! quel cœur d'airain n'en verserait des larmes?
A l'aspect de ses fils trouvant encor des charmes,
Elle tournait vers eux ses regards languissants,
Et leur donnait encor des baisers caressants.
Barbares, arrêtez! quelle horrible constance
Peut voir, peut endurer cette horrible souffrance?
Malheur à l'art affreux qui peut à tant de maux
Condamner sans pitié d'innocents animaux,
Et, sur eux prolongeant des tortures savantes,
Déchirer de sang-froid leurs entrailles vivantes!
Et pourquoi? pour chercher dans leur sanglant faisceau
Ou la place d'un muscle, ou le jeu d'un vaisseau;
Et sur ces corps sanglants qu'à loisir il compare,
Faire de leurs ressorts une étude barbare.
Ah! le ciel, en plaçant la pitié dans son sein,
De l'homme a fait leur maître, et non leur assassin.
Tu le savais, ô toi dont l'ame fut si belle,
Lyonnet [4], des savants le plus parfait modèle;
Ton talent fut sublime, et ton art fut humain.
Que de fois la pitié vint désarmer ta main!
Quand ton œil pénétrant observait sa famille,
Ton cœur se reprochait la mort d'une chenille,
Et de ces vers rongeurs qui dévorent nos bois,
Trois victimes à peine ont péri sous tes doigts.
Ah! puisse être imitée une vertu si rare,
Et qu'un art bienfaisant cesse d'être barbare!

  Autrefois, dans Carthage, un roi syracusain [5],
Stipulant en vainqueur les droits du genre humain,
Abolit à jamais ces sanglants sacrifices
Que de ses dieux cruels exigeaient les caprices;

CHANT VIII.

Et moi, plaidant leur cause auprès de mes égaux,
Je stipule aujourd'hui les droits des animaux :
Que dis-je? d'un bon cœur la vertu bienfaisante
Ne peut même souffrir l'assassin d'une plante.
A tout ce qui l'entoure étendant son bonheur,
Le sage s'intéresse au destin d'une fleur :
Dans le bois qu'il planta, dans l'ormeau qui l'ombrage,
Il voit son bienfaiteur, son ami, son ouvrage;
Ainsi, plein des besoins d'un cœur compatissant,
Sur tout ce qui respire et sur tout ce qui sent
Il verse cet amour dont son cœur surabonde;
La terre alors sourit au monarque du monde,
Le ciel voit le bonheur se répandre en tout lieu,
Et l'homme bienfaisant est l'image de Dieu.

Quels qu'ils soient, Dieu n'a point en des bornes précises
Rangé des animaux les classes indécises;
Mes vers déjà l'ont dit : du règne minéral
Si je veux remonter au règne végétal,
Je vois entre eux les talcs et leurs lames fibreuses,
L'amiante allongeant ses membranes soyeuses,
Qui, se changeant en fil, donne ce tissu fin,
Triomphant de la flamme, et l'émule du lin.
La tendre sensitive, aux yeux surpris du sage,
Semble lier entre eux, par un plus doux passage,
La race qui végète et l'empire animé ;
Le polype des eaux, prodige renommé,
Dont tantôt je peignais la tige renaissante,
Parut pour réunir l'animal à la plante.
Dans le monde vivant combien d'autres anneaux
Joignent l'hôte des airs, de la terre et des eaux !
Le limaçon, vêtu de sa frêle coquille,
Des poissons écailleux rappelle la famille;
Les lacs ont leurs oiseaux; la mer a ses serpents,
Et ses poissons ailés, et ses poissons rampants;
Quelques uns, habitants de la terre et de l'onde,
Touchent à deux degrés de l'échelle du monde.
De l'autruche, trottant sur ses pieds de chameau,
L'aileron emplumé la rejoint à l'oiseau;
De l'écureuil volant la famille douteuse [6],
L'oreillard déployant son aile membraneuse,

Joignent le quadrupède avec le peuple ailé :
Ainsi rien n'est tranchant, ainsi rien n'est mêlé;
Ainsi sont réunis sur cette échelle immense
Le degré qui finit et celui qui commence.
L'homme seul est au faîte; et quel être orgueilleux
Oserait approcher du chef-d'œuvre des dieux?
Dans les êtres vivants Dieu défend qu'aucun être
Réunisse à lui seul tous les traits de son maître;
Mais, sans lui ressembler, de son divin portrait
Des animaux choisis obtinrent quelque trait.
L'un imite sa voix, et l'autre sa figure;
L'éléphant, pour venger sa grossière structure,
De sa raison sublime obtint quelques rayons :
Là l'auteur du portrait a brisé ses crayons.
En vain nous étalant sa forme presque humaine,
Et sa large poitrine, et sa taille hautaine,
Et ses adroites mains, l'homme inculte des bois
Sur nous des animaux revendique les droits [7];
Entre l'être mortel et l'ame impérissable,
Dieu lui-même a tracé la ligne ineffaçable.
Des fibres et des nerfs qu'importe le vain jeu?
Aucun ne touche à l'homme, et l'homme touche à Dieu :
Oui, sur quelques vains droits que leur orgueil se fonde,
Tous sont nés les sujets du monarque du monde.
La nature à chacun impose peu de soins;
Ils ont peu de pensers, ayant peu de besoins :
Les faciles plaisirs, objet de leur envie,
L'impérieux desir de conserver leur vie,
Les mets inapprêtés qui forment leur repas,
Leurs amours passagers, leurs chasses, leurs combats,
Là s'arrête l'instinct. Le moment le décide;
Son action est sûre, et son repos stupide;
Les objets desirés sont seuls intéressants;
Sa courte attention s'endort avec les sens;
Il n'a point la pensée indépendante et pure
Qui sait pour elle-même admirer la nature,
Des êtres observer les mutuels rapports,
Interroger son ame, étudier son corps.
Pour lui meurent des faits les traces fugitives;
La vie est sans époque, et le temps sans archives,

CHANT VIII.

Le présent sans passé, l'instant sans avenir,
La volupté sans choix, l'amour sans souvenir.
　Tels sont les animaux ; mais tel n'est point leur maître.
Sujets, abaissez-vous, votre roi va paraître.
Lui seul de la raison suit le divin flambeau,
Sait distinguer le bon, sait admirer le beau ;
Lui seul dans l'univers sait, par un art suprême,
Se séparer de lui pour s'observer lui-même ;
Aux spectacles pompeux dont ses yeux sont témoins
S'unit par ses pensers comme par ses besoins ;
Par la réflexion accroît sa jouissance ;
Il connaît sa faiblesse, et voilà sa puissance ;
L'être que Dieu fit nu dut inventer les arts :
Il file ses habits, il bâtit des remparts ;
Lui seul au vêtement sait unir la parure,
Joint les besoins du luxe à ceux de la nature,
L'exercice au loisir, le loisir aux travaux.
De ses nouveaux besoins sont nés des arts nouveaux,
Mais ces arts bienfaisants que l'instinct fit éclore,
Dans leur obscur berceau semblaient languir encore ;
Enfin, avec des sons et des signes divers,
Le langage parut et changea l'univers,
Et de la brute à l'homme agrandit la distance.
Non que des animaux l'imparfaite éloquence
N'ait ses propres accents et ses expressions,
Signes de ses besoins et de ses passions :
Même son ne rend pas leur joie et leur tristesse ;
Ils ont leur cri de rage et leur cri de tendresse.
Combien d'accents divers du coq, roi de nos cours,
Expriment les desirs, les haines, les amours !
Tantôt, sollicitant la poule rigoureuse,
Il attendrit l'accent de sa voix langoureuse ;
Tantôt, aigre et criard, parle en maître irrité,
Prend le ton caressant de la paternité,
Provoque à haute voix ses émules de gloire ;
Il sonne mon réveil, il chante sa victoire,
Et l'air répète au loin ses éclats triomphants.
　La poule qui partage un ver à ses enfants
N'a pas le même cri que la poule éperdue
Dont l'horrible faucon vient de frapper la vue.

Mais ces accents si sûrs, cette foule de tons,
Qui dit tout par les mots, qui rend tout par les sons,
Des objets différents distingue la nuance,
Marque ici leur contraste, et là leur ressemblance;
Peint tantôt fortement, tantôt avec douceur,
Les mouvements divers de l'esprit et du cœur,
Calme les passions ou réveille leurs flammes,
Échange nos pensers, fait commercer nos ames;
L'organe humain lui seul sait les articuler :
D'autres s'exprimeront, l'homme seul sait parler.
C'est peu : son art divin fixe le mot qui vole,
Fait vivre la pensée et grave la parole;
Mille fois reproduite, elle vole en tous lieux :
Au défaut de l'oreille, elle instruit par les yeux;
De là des arts sacrés l'immortel héritage;
Un âge s'enrichit des pensers d'un autre âge,
Le temps instruit le temps; médiateurs heureux,
Les signes vont unir tous les peuples entre eux.
Par eux les nations s'entendent, se répondent,
En un trésor commun leurs trésors se confondent :
Ainsi naît la richesse et la variété;
Et tandis que l'instinct, à sa place arrêté,
Des cités du castor, du palais de l'abeille,
Jamais n'a su changer l'uniforme merveille,
L'homme sait varier les chefs-d'œuvre de l'art,
Mettre à profit l'étude et même le hasard;
Sa main saisit du feu la semence féconde;
Le feu dompta le fer, le fer dompta le monde.
L'homme lit dans les cieux, il navigue dans l'air,
Il gouverne la foudre, il maîtrise la mer,
Emprisonne les vents, enchaîne la tempête;
Et, roi par la naissance, il l'est par la conquête..
    Que dis-je? de lui-même admirable vainqueur,
Ainsi que la nature, il subjugue son cœur.
L'animal, sans vertu gardant son innocence,
N'a point de l'avenir la noble conscience;
L'instinct fait sa bonté, la crainte ses remords;
L'homme seul sent le prix de ses nobles efforts,
Sait choisir ce qu'il hait, éviter ce qu'il aime,
Puiser l'amour d'autrui dans l'amour de lui-même;

CHANT VIII.

Lui seul pour être libre il se donne des lois,
S'abstient par volupté, se captive par choix.
Dieu, cette consolante et terrible pensée,
Il l'apporte en naissant dans son ame tracée;
Il l'appelle au secours de son cœur abattu,
Sait mettre un frein au crime, un prix à la vertu;
Et seul, de l'avenir perçant la nuit profonde,
Pressent, desire, espère, et craint un autre monde.
Mais c'est la mort surtout, dont les touchants tableaux
Placent l'homme au-dessus de tous les animaux;
Là, dans tout l'intérêt de sa dernière scène,
Paraît la dignité de la nature humaine.
Dans leur stupide oubli les animaux mourants
Jettent vers le passé des yeux indifférents:
Savent-ils s'ils ont eu des enfants, des ancêtres,
S'ils laissent des regrets, s'ils sont chers à leurs maîtres?
Gloire, amour, amitié, tout est fini pour eux:
L'homme seul, plus instruit, est aussi plus heureux.
Pour lui, loin d'une vie en orages féconde,
Quand ce monde finit, commence un autre monde;
Et, du tombeau qui s'ouvre à sa fragilité,
Part le premier rayon de l'immortalité;
Son ame se ranime, et dans sa conscience
Auprès de la vertu retrouve l'espérance.
De loin il entrevoit le séjour du repos;
De ses parents en pleurs il entend les sanglots;
Il voit, après sa mort, leur troupe désolée
D'un long rang de douleurs border son mausolée.
Au sortir d'une vie où de maux et de biens
La fortune inégale a tissu ses liens,
Il reprend fil à fil cette trame si chère
Dont la mort va couper la chaîne passagère;
Le souvenir lui peint ses travaux, ses succès,
La gloire qu'il obtint, les heureux qu'il a faits.
Ainsi, sur les confins de la nuit sépulcrale,
L'affreuse mort, au fond de la coupe fatale,
Laisse encore pour lui quelques gouttes de miel:
Il touche encor la terre en montant vers le ciel.
Sur sa couche de mort, il vit pour sa famille,
Sent tomber sur son cœur les larmes de sa fille,

II.

Prend son plus jeune enfant, qui, sans prévoir son sort,
Essaie encor la vie et joue avec la mort;
Recommande à l'aîné ses domaines champêtres,
Ses travaux imparfaits, l'honneur de ses ancêtres;
Laisse à tous en mourant le faible à secourir,
L'innocent à défendre, et le pauvre à nourrir;
De ses vieux serviteurs récompense le zèle;
Jouit des pleurs touchants de l'amitié fidèle,
Reçoit son dernier vœu, lui fait son dernier don;
De ses ennemis même emporte le pardon;
Et, dans l'embrassement d'une épouse chérie,
Délie et ne rompt pas les doux nœuds de la vie.

FIN DU POEME.

NOTES

PAR LE DOCTEUR DESCURET.

CHANT I.

> 1 Ainsi, disparaissant avec ses cieux de verre,
> L'astronome du Nil laissa tourner la terre.

Ptolémée (Claude), le plus célèbre mais non le plus grand astronome de l'antiquité, florissait vers l'an 125 de l'ère vulgaire. Les savants ne sont pas d'accord sur le lieu de sa naissance, mais ils pensent généralement qu'il a fait la plupart de ses observations dans la ville d'Alexandrie, située, comme on le sait, à quelques lieues de l'embouchure occidentale du Nil. L'*admirable*, *l'étonnant*, *le divin* Ptolémée, ainsi que l'appelaient ses contemporains et les commentateurs de sa *Syntaxe mathématique*, passera sans doute à la postérité la plus reculée, ne fût-ce que par le système qui porte son nom, quoiqu'il ne soit pas son ouvrage, mais celui de ses prédécesseurs, et surtout d'Hipparque, dont il se montre fort souvent le copiste.

Ptolémée n'a su appuyer son système d'aucune raison plausible; il n'oppose aucune objection raisonnable au système contraire, c'est-à-dire à celui d'après lequel la terre tourne autour du soleil : il se borne à dire *que ce système est trop ridicule pour mériter un sérieux examen*.

> 2 C'est à toi, cher Delambre, à diriger ma route.

Delambre (Jean-Baptiste-Joseph), célèbre astronome, secrétaire perpétuel de l'Académie des sciences, professeur au Collége de France, né à Amiens en 1749, mort à Paris en 1822, fit ses premières études au collége de sa ville natale, où Delille était alors répétiteur. Depuis, la carrière de la célébrité s'ouvrit pour le maître et pour le disciple; ils y marchèrent d'un pas égal, et liés d'une étroite amitié.

MM. Cuvier, Biot et Arago, ont payé un juste tribut d'éloges à la mémoire de Delambre, que Lalande, qui fut aussi son maître et son ami, se plaisait à nommer *son meilleur ouvrage*.

> 3 Et long-temps, sans monter à sa source première,
> Un enfant dans ses jeux disséqua la lumière :
> Newton seul l'aperçut.

Newton (Isaac), le plus grand des géomètres et des physiciens, naquit en 1642, à Woolstrop, dans le comté de Lincoln, l'année même de la mort de Galilée, et mourut en 1737, âgé de quatre-vingt-quinze ans.

Avant Newton, on connaissait, il est vrai, la loi de la réflexion et celle de la réfraction ; on savait exécuter des miroirs brûlants, rapprocher et grossir les objets par la réfraction de la lumière au travers d'une lentille. Cependant la lumière était encore inconnue ; l'origine des couleurs était ignorée : on ne doutait pas qu'elles ne fussent occasionnées par quelque jeu de ce fluide ; mais personne ne soupçonnait qu'un rayon de lumière fût composé d'un grand nombre de rayons simples, capables, chacun à part, de donner une couleur qui lui fût propre ; et, chose étonnante! cette admirable théorie de la décomposition de la lumière, celle de la pesanteur universelle, et la méthode des fluxions, c'est-à-dire les trois grandes découvertes dont le développement a fait la gloire de la vie de Newton, étaient nées dans son esprit avant qu'il eût atteint sa vingt-quatrième année.

> 4 Mais que dis-je ? le Nord, dans ses vastes domaines,
> Contient de la clarté les plus beaux phénomènes.
> Eh! qui ne connaît pas, dans ces climats glacés,
> Ces feux par qui du jour les feux sont remplacés ?

L'aurore boréale, dont le poëte va nous donner une brillante description, n'est pas un phénomène qui appartient exclusivement aux régions septentrionales du globe terrestre : il s'y montre, à la vérité, fréquemment, dans toutes les saisons et sous toutes les formes ; mais le pôle du midi a aussi ses aurores ; de savants voyageurs les ont observées, et aujourd'hui l'existence des *aurores australes* est aussi certaine que celle des *aurores boréales*.

> 5 Au célèbre Mairan aussitôt il le lance.
> Le trait vole et l'atteint ; Mairan parle ; à sa voix,
> La brillante immortelle a recouvré ses droits.

Mairan (Jean-Jacques Dortous de), membre de l'Académie des sciences et de l'Académie française, né à Béziers en 1678, mort en 1771, à l'âge de quatre-vingt-treize ans, est auteur d'un savant et ingénieux *Traité de l'Aurore boréale*. Selon lui, ce phénomène est dû à l'atmosphère du soleil, où cet astre est plongé, comme notre globe dans l'air. Cette atmosphère s'étendrait assez loin du soleil pour arriver jusqu'au globe terrestre, s'y mêler avec notre air, et là s'enflammer et produire de la lumière, ou réfléchir celle du soleil. Cette hypothèse, qu'a suivie Delille, est abandonnée aujourd'hui par la plupart des physiciens, qui pensent que les fusées, les jets, les nappes de lumière des aurores, ne sont que des courants d'électricité qui se meuvent dans l'air extrêmement raréfié des régions élevées de l'atmosphère.

> 6 Quelquefois sans chaleur nous sentons la clarté.

Très-souvent eût été plus juste que *quelquefois*. La lumière, en effet, se montre sans chaleur dans une foule de circonstances : la lune en fournit un premier exemple fort remarquable ; la liqueur du thermomètre le plus sensible ne s'élève nullement, si on le retire de l'ombre pour l'exposer à la clarté de la pleine lune. Dans les amphithéâtres d'anatomie, il n'est pas rare de voir des cadavres lumineux ; les ossements des poissons de mer répandent fréquemment de la lumière, même après la cuisson ; on trouve dans les forêts des souches d'arbres, des branches pourries, qui sont assez lumineuses pour faire distinguer de petits objets qu'on en approche; souvent encore la mer étincelle sous la rame, et dans aucun de ces phénomènes on ne voit la chaleur accompagner la lumière. Il en est de même de la luciole, du ver luisant, du diamant, et des pierres que l'on calcine pour les rendre lumineuses. Enfin, nous voyons tous les jours l'électricité circuler en torrents de lumière autour de nos instruments, sans que la température soit changée.

>   7. Tel le phosphore éclate en flammes pétillantes.

Le phosphore est un corps simple non métallique, combustible à une température peu élevée. Au-dessous de dix degrés, il brûle en répandant une faible lumière, visible seulement dans l'obscurité, et n'échauffe pas sensiblement les corps voisins de lui. Mais au-dessus de quinze degrés, il répand une fumée blanchâtre, suivie bientôt d'une lumière vive, et de l'embrasement des substances combustibles sur lesquelles il est déposé.

Des figures, des caractères tracés avec du phosphore sur une étoffe ou sur du papier, y demeurent invisibles pendant le jour, et se font voir avec une lumière bleuâtre dans l'obscurité.

Le phosphore se trouve souvent dans la nature combiné avec d'autres corps; mais il n'y existe jamais à l'état de pureté. On le retire des os; et, quand on l'a obtenu pur, on le conserve en le tenant enfermé dans une bouteille suffisamment remplie d'eau pour le couvrir entièrement.

Le nom de phosphore vient de deux mots grecs qui signifient *porte-lumière*.

>   8. Et tels, de leurs amours donnant le doux signal,
>   Des vers à nos buissons suspendent leur fanal.

Le ver luisant, ou *lampyre*, brille à l'état de larve et à celui de nymphe aussi bien que dans son dernier état, le seul où il ait acquis le développement nécessaire pour concourir à la reproduction de son espèce. L'éclat de ce ver n'est donc pas, comme on l'a cru long-temps, un symptôme d'amour; mais il peut être un moyen de reconnaissance pour le mâle, qui est ailé, et qui n'a que quelques points faiblement lumineux sur le ventre.

Les vers luisants se trouvent en abondance au mois de septembre dans les environs de Paris, et dans une grande partie de l'Europe. Ils ne brillent que la nuit, ainsi que la *luciole*, insecte volant très-commun en Italie, et paraissent jouir de la faculté d'affaiblir ou de rallumer à leur gré le fanal dont la nature les a pourvus.

>   9. Et du haut de ces tours, au sein même des eaux,
>   Le terrible Archimède embrase les vaisseaux.

« S'il est vrai, dit M. Libes, qu'Archimède ait embrasé la flotte de Marcellus, au siége de Syracuse (212 ans avant J.-C.), il n'a pu le faire qu'avec le secours d'un miroir ardent, c'est-à-dire d'un miroir qui se distingue par la propriété de renvoyer les rayons solaires vers un même point, qu'on appelle *foyer*, et où ils exercent une étonnante activité sur les substances inflammables; encore même eût-il tenté vainement une entreprise de ce genre avec un seul miroir de courbure continue, soit sphérique, soit parabolique. Il faut, pour donner de la vraisemblance à l'invention de ce grand homme, et au succès qu'on lui attribue, concevoir son miroir formé d'un grand nombre de petits miroirs plans et mobiles, qu'on puisse incliner à volonté, pour diriger les rayons solaires vers un même point. C'est ainsi que Kirker a prouvé la possibilité de la découverte d'Archimède. De nos jours, Buffon l'a rendue probable en enflammant du bois à deux cents pas de distance, et à celle de cent cinquante, plusieurs substances métalliques. »

Du reste, en admettant la découverte d'Archimède comme possible, on doit encore douter du fait lui-même, puisque Polybe, Tite-Live et Plutarque n'en font aucune mention.

10 . . . . . Contemplons comment un art mortel
Ravit aux dieux la foudre, et ses flèches au ciel.

Franklin avait découvert que les pointes présentées à une certaine distance d'un corps électrisé lui enlevaient totalement son électricité : bientôt, son génie, toujours porté aux applications, lui inspira l'idée de faire descendre sur la terre l'électricité des nuages, si toutefois les éclairs et la foudre étaient des effets de l'électricité. Mais pendant qu'il attendait avec impatience qu'on élevât un clocher à Philadelphie pour y planter une barre métallique terminée en pointe, afin de voir si la foudre n'était autre chose que du fluide électrique, il fut devancé dans ses expériences par Dalibard, physicien français, qui avait eu connaissance de ses idées.

Celui-ci fit élever près de Marly-la-Ville une verge de fer ronde, d'un pouce de diamètre, longue de quarante pieds, et effilée en pointe vers son extrémité supérieure ; il l'assujettit dans une position verticale avec des cordons de soie, et posa son extrémité inférieure sur une planche soutenue par trois bouteilles. Dans cette position, la verge se trouvait isolée, et propre à conserver quelque temps le fluide qu'elle pourrait enlever au nuage. L'appareil ainsi disposé, il ne s'agissait plus que de voir si, à l'approche d'un nuage porteur de la foudre, la barre ne donnerait aucun signe d'électricité. Dalibard était absent, lorsque le 10 mai 1752, entre deux et trois heures du soir, un coup de tonnerre annonça au nommé Coiffier, qui le remplaçait, qu'il fallait se rendre à l'appareil. Il y vole, présente un fil d'archal à la verge, en voit sortir une petite étincelle, et entend le petillement ; il en tire une seconde plus forte que la première, et avec plus de bruit. Il appelle ses voisins, envoie chercher le curé du bourg, qui accourt avec précipitation et tire à son tour de fortes étincelles. Le bruit de cette audacieuse et belle expérience se répandit bientôt dans toute l'Europe ; des verges électriques furent dressées en plusieurs endroits ; on recueillit la matière de la foudre, par les mêmes procédés que celle de l'électricité ; on la concentra dans les mêmes vases ; les effets de l'une furent les effets de l'autre ; enfin, l'expérience ne laissa plus aucun doute sur l'identité de ces deux fluides.

Pendant ce temps, Franklin suivait toujours ses idées ; mais, désespérant de pouvoir faire bientôt son expérience, faute de clocher, il imagina d'envoyer, par un temps d'orage, un cerf-volant vers les nuages ; il suspendit une clef au bas de la corde, et parvint à en tirer quelques étincelles, qui lui firent conclure que la foudre n'est autre chose que de l'électricité. Franklin, qui ignorait complétement ce qui s'était passé près de Paris, fit cette expérience au mois de juin 1752, un mois après celle de Dalibard. Tout autre aurait pu s'arrêter là ; mais le génie de Franklin saisit le parti qu'on pouvait tirer de cette découverte pour préserver les édifices de la foudre : il inventa les paratonnerres.

> 11 Du coussin, échauffé par le verre qui roule,
> La matière éthérée en longs ruisseaux s'écoule ;
> Le conducteur, empreint de ces légers courants,
> Au cylindre enflammé fait passer ces torrents :
> Soudain, de tous les points au loin rejaillissante,
> Éclate et resplendit la flamme éblouissante.

Tous les corps de la nature jouissent, plus ou moins, dans certains états, de la propriété d'attirer et de repousser ensuite les corps légers qu'on leur présente ; on a désigné cette propriété sous le nom d'*électricité*. Les résines surtout, et le verre, acquièrent par le frottement une forte influence électrique ; c'est sur cette propriété combinée avec celle qu'ont ces deux substances, d'être mauvais conducteurs, tandis que les métaux la propagent facilement, qu'est fondée la construction de la *machine électrique*, dont Delille vient de nous donner la description.

> 12 . . . . D'autres, plus indiscrets,
> Comme moi d'un ami tentant la patience,
> De leurs vers nouveau-nés lui font la confidence.

On lit, dans les *Mémoires et Souvenirs* de M. de Ségur, l'anecdote suivante, que j'ai entendu raconter par madame Dubourg, à qui Delille faisait souvent confidence de ses vers nouveau-nés :

« Notre poëte, émule d'Homère, et aveugle comme lui, ne laissait jamais lire ses vers inédits : il les déclamait, et craignait cependant qu'on ne les retînt, qu'on ne les copiât, et qu'un plagiaire ne s'en enrichît. Un jour madame la baronne Dubourg, son amie, femme très-aimable, voulut lui faire la petite malice d'en écrire quelques uns tandis qu'il les récitait. A cet effet, elle prit une plume de corbeau très-fine, et commença. Tout semblait réussir à son gré, lorsque Delille, entendant le léger frottement de cette plume sur le papier, s'écrie :

> Et, tandis que je lis mes chefs-d'œuvre divers,
> Le corbeau devient pie, et me vole mes vers. »

CHANT II.

> 1 Sur nous, autour de nous, de deux airs différents
> L'Eternel répandit les fluides errants ;
> L'un, en courant moins pur, dans l'immense atmosphère
> Règne plus abondant ; l'autre, plus salutaire,
> A la plus faible part dans les champs de l'éther ;
> De leurs flots réunis la nature a fait l'air.

L'air atmosphérique est un fluide invisible quand il est en petites masses, insipide, inodore, pesant, compressible et très-élastique. Il est composé d'environ soixante-dix-neuf parties de gaz azote, de vingt et une parties de gaz oxygène, et d'une très-petite quantité de gaz acide carbonique, dont le poëte n'a pas tenu compte.

> 2 L'autre serait mortel, et de nos faibles corps
> Ses dormantes vapeurs détruiraient les ressorts.

Le gaz azote, dont il s'agit ici, est, comme son nom l'indique, essentiellement impropre à la respiration, à la vie; mais il sert à diminuer l'action trop vivifiante de l'oxygène.

> 3 Par lui nous respirons l'œillet, la marjolaine.

Les plantes aromatiques exhalent continuellement les particules les plus ténues de leur propre substance. Ces particules, suspendues ou dissoutes dans l'air, sont portées par lui sur notre membrane pituitaire, la stimulent, et font naître la sensation connue sous le nom d'olfaction.

> 4 L'air humide, d'Iris compose les couleurs.

Le phénomène de l'*iris* ou *arc-en-ciel* n'a effectivement lieu que quand il pleut, et que le soleil luit en même temps. Il faut pour l'apercevoir que l'observateur ait le dos tourné vers le soleil, et les yeux fixés vers le nuage qui se résout en pluie. Lorsque la lumière solaire traverse les globules d'eau qui forment le nuage, elle éprouve, en pénétrant dans ces globules, une véritable décomposition, et donne ainsi naissance aux brillantes couleurs qui constituent l'arc-en-ciel.

> 5 L'air par ses doux reflets forme le crépuscule;
> Par lui l'aurore avance, et le soir se recule.

L'air réfléchit en partie la lumière solaire qui tombe directement sur lui; il renvoie également celle qui a été réfléchie par les corps, et concourt ainsi à les éclairer.

Quand le soleil se trouve plongé sous l'horizon, et que son abaissement n'excède pas dix-huit degrés, la lumière qui frappe les hautes régions de l'air est en partie réfléchie vers la surface de la terre, et donne par là naissance au crépuscule et à l'aurore, qui ont d'autant moins de clarté que le soleil est plus éloigné de l'horizon. Si la terre pouvait être privée de son atmosphère, on aurait nuit close depuis le coucher du soleil jusqu'à son lever.

> 6 Homme faible, de l'air l'océan t'environne;
> Sur toi pèse en tout sens sa fluide colonne!

La pression de l'air atmosphérique sur un homme de moyenne taille équivaut à celle d'un poids de plus de trente mille livres.

> 7 Des beaux jours, de l'orage exact indicateur,
> Le mercure captif ressent sa pesanteur.

Le baromètre, dont nous devons l'invention à Torricelli, sert à mesurer les variations qu'éprouve la pression de l'atmosphère. Il consiste dans un tube, long de plus de trente pouces, rempli de mercure et privé d'air. L'une des extrémités du tube est fermée hermétiquement; l'autre est ouverte, et plonge dans une cuvette contenant du mercure, ou bien se recourbe en forme d'ampoule : c'est sur le mercure de cette cuvette que l'air exerce sa pression ; le métal monte dans l'intérieur du tube, et reste suspendu à une hauteur variable, suivant que l'air est plus ou moins pesant ; il est ordinairement à vingt-huit pouces au-dessus du niveau de la mer. Le baromètre est donc véritablement une balance où le poids de la colonne d'air est donné par celui de la colonne de mercure.

Voyez la note suivante.

> 8 Qui de sa gravité nous enseigna la loi ?
> C'est toi, Torricelli ; divin Pascal, c'est toi.

Galilée soupçonna bien le premier que l'ascension de l'eau dans les pompes était produite par la pesanteur de l'air ; mais la mort, qui le surprit en 1642, ne lui permit pas de donner à ses idées le développement dont elles avaient besoin. Il était réservé à Torricelli, son disciple, né en 1608, mort en 1647, à l'âge de 39 ans, de trouver la véritable explication de ce phénomène. Ce célèbre physicien pensa donc que la pression de l'air était cause de l'ascension de l'eau, et que cette pression égalait celle de trente-deux pieds d'eau ; il vit en outre que dans un tube de verre, fermé à l'une de ses extrémités, le mercure ne s'élevait qu'à vingt-huit pouces, et que cette hauteur était précisément à celle de l'eau en raison inverse de la densité de ces deux liquides ; sa conjecture fut alors changée en certitude. Quatre ans après, Pascal voulant jeter un dernier trait de lumière sur la découverte de Torricelli, engagea son beau-frère Perrier à la répéter sur le Puy-de-Dôme. A mesure que Perrier s'élevait sur la montagne, la colonne de mercure s'abaissait dans le tube ; au sommet du Puy-de-Dôme, elle était de plus de trois pouces moins longue qu'au pied de la montagne. Ainsi la diminution de la colonne de mercure suivant celle de la colonne d'air, le poids de l'une s'affaiblissant par la même cause que le poids de l'autre, il ne resta plus aucun doute sur cette loi de la pesanteur de l'air, savoir : que la pression de l'atmosphère sur une surface donnée est égale à celle que trente-deux pieds d'eau ou vingt-huit pouces de mercure exerceraient sur cette même surface.

> 9 . . . . . . Ici Pascal, dans son audace,
> Des colonnes de l'air osa peser la masse ;
> Mais, hélas ! de cet air ignoré si long-temps,
> L'illustre infortuné jouira peu d'instants ;
> La mort l'enlève au monde au printemps de son âge.

Blaise Pascal, né à Clermont en Auvergne le 19 juin 1623, mourut à Paris le 19 août 1662.

« Il y avait, dit M. de Chateaubriand, un homme qui, à douze ans, avec des *barres* et des *ronds*, avait créé les mathématiques ; qui, à seize, avait fait le plus savant traité des coniques qu'on eût vu depuis l'antiquité ; qui, à dix-neuf, réduisit en machine une science qui existe tout entière dans l'entendement ; qui, à vingt-trois ans, démontra les phénomènes de la pesanteur de l'air, et détruisit une des grandes erreurs de l'ancienne physique; qui, à cet âge où les autres hommes commencent à peine de naître, ayant achevé de parcourir le cercle des sciences humaines, s'aperçut de leur néant, et tourna ses pensées vers la religion ; qui, depuis ce moment jusqu'à sa mort, arrivée dans sa trente-neuvième année, toujours infirme et souffrant, fixa la langue que parlèrent Bossuet et Racine, donna le modèle de la plus parfaite plaisanterie comme du raisonnement le plus fort ; enfin qui, dans les courts intervalles de ses maux, résolut par abstraction un des plus hauts problèmes de géométrie, et jeta sur le papier des pensées qui tiennent autant du dieu que de l'homme : cet effrayant génie se nommait *Blaise Pascal.* »

10   Par lui, sans le secours des feux et de la poudre,
     Du cylindre muet l'air fait voler la foudre,
     Et, dans le fer concave avec force pressé,
     Fait partir en sifflant le plomb qu'il a lancé.

Le ressort de l'air est en effet le seul moteur employé dans le fusil à vent, dont nous allons décrire le mécanisme.

La principale pièce de cette arme, qui, extérieurement, ressemble assez aux fusils ordinaires, consiste en une crosse métallique, creuse, très-solide, et garnie à sa partie supérieure d'une soupape qui s'ouvre de dehors en dedans. On introduit de l'air dans cette crosse, à l'aide d'une petite pompe foulante qui s'y monte à vis, et à laquelle on substitue le canon du fusil. L'air comprimé, agissant par son ressort sur tous les points de l'intérieur de la crosse, maintient la soupape fermée. Mais le mécanisme de la détente ouvrant cette soupape, une petite quantité d'air s'échappe avec rapidité, et chasse devant elle la balle que l'on a préalablement introduite dans le canon. La soupape se referme aussitôt par la pression de l'air, ce qui permet de tirer plus de six fois de suite, sans recharger la crosse.

Cette arme est certainement beaucoup plus curieuse qu'utile : la difficulté de la fabriquer, et surtout de l'entretenir long-temps en bon état, la rend plus chère et d'un service moins sûr et moins commode que nos fusils ordinaires.

Le bruit que font les fusils à vent est très faible comparativement à celui d'une arme à feu, parce que ni la balle, ni l'air comprimé qui la pousse, ne frappent jamais l'air extérieur avec autant de force que le fait une charge de poudre enflammée ; la balle d'un fusil à vent peut néanmoins être projetée avec assez de force pour percer une planche assez épaisse à une distance de plus de cinquante pas.

11   C'est toi que j'en atteste, ô malheureux Cambyse,
     Rapide conquérant de l'Égypte soumise.

M. Darwin, dans son poëme sur *les Amours des Plantes*, a le premier raconté cette destruction de l'armée de Cambyse ; mais cet événement appartenant à l'histoire, appartient au poëte qui a le mieux su l'employer, en peignant avec plus d'énergie et de variété le désordre, le tumulte et la confusion de cette effroyable scène, en nous faisant passer rapidement de la crainte à l'espoir et de l'espoir à la crainte, en marquant d'une manière plus sensible la progression de terreur et de pitié, qui, dans le récit de ce désastre, doit conduire le lecteur à l'épouvantable catastrophe d'une armée entière ensevelie dans une mer de sable; surtout en donnant à cette description une place plus convenable ; car les traits qui doivent la composer conviennent mieux à la peinture des révolutions orageuses de l'air, qu'à celle de la végétation et de l'amour des plantes. (*Note de Delille.*)

> 12 Viens donc à mon secours, Gineau, dont la main sûre
> Organise le monde et sonde la nature.

Lefebvre-Gineau, de l'Institut, savant physicien, ami et collègue de Delille au Collége de France ; né en 1754, mort en 1829.

> 13 L'orgue divin exhale un son religieux,
> Et de sa voix sonore, à nos voix réunie,
> Verse dans le lieu saint des torrents d'harmonie.
> Jubal lui fit une ame.

Jubal, qui vivait avant le déluge, est regardé comme l'inventeur de la musique. Il est dit de lui dans la *Genèse*, chap. IV, vers. 21. : *Il fut le père de ceux qui jouent de la harpe et de l'orgue.*

Les premières orgues qu'on ait vues en France furent apportées par des ambassadeurs de l'empereur Constantin Copronyme, qui les offrirent au roi Pepin, dans une assemblée de la nation tenue à Compiègne en 757. Ce prince en fit présent à l'église de Saint-Corneille de cette ville : l'usage n'en a commencé dans nos églises qu'en 1250.

> 14 J'entends, je reconnais ces chefs-d'œuvre de l'art,
> Trésors de l'harmonie et la gloire d'Erard.
> De l'instrument sonore animant les organes,
> Séjan a préludé.

On est dispensé de faire une note, quand il s'agit de MM. Érard et Séjan, tous deux connus depuis long-temps, l'un, par la beauté de son exécution, l'autre, par le mécanisme ingénieux qui a porté au plus haut degré de perfection ses harpes et ses pianos. (*Note de Delille.*)

CHANT III.

> 1 Oh ! que ne puis-je, instruit des principes des choses,
> Connaître les effets, approfondir les causes !...
> Ainsi parlait Virgile.

Voyez ci-après l'épisode que Virgile a consacré au bonheur de la vie champêtre, dans le deuxième chant des *Géorgiques.*

> 2 Elle (l'eau) nourrit la plante...

Les végétaux tirent leur nourriture de l'air et de l'eau qui les environnent. On a cru pendant long-temps que la terre était la nourriture favorite des plantes, et qu'elle se transformait en leur propre substance. Cette erreur des anciens est aujourd'hui complétement détruite : il a été prouvé par un grand nombre d'expériences que la terre n'influe sur l'accroissement des plantes qu'en faisant pour ainsi dire l'office d'une éponge qui conserve à leur racine l'humidité dont elles ont besoin.

> 3 Et si Thalès trompé fit tout naître de l'onde,
> Du moins l'eau pure altère et refait notre monde.

Thalès, le premier des sept sages de la Grèce, naquit à Milet en Ionie, environ 640 ans avant Jésus-Christ. De retour dans sa patrie après un assez long séjour en Égypte, il y fonda cette célèbre école de philosophie connue sous le nom de *secte ionique.* « Les planètes, le soleil, les étoiles, tout se nourrit de vapeur, disait-il dans ses leçons; un principe unique alimente tous les corps de la nature, et ce principe c'est l'eau. » Il avait emprunté cette doctrine des Égyptiens, qui attribuaient au Nil la production de tous les êtres.

> 4 Les fluides encor, par leur mobilité,
> Agissent en tout sens, pressent de tout côté.

La pression en tous les sens est une loi qui caractérise les fluides, tandis que les corps solides n'exercent leur pression que dans le sens de la pesanteur, c'est-à-dire de haut en bas : ainsi un liquide pèse sur les parois du vase qui le contient, tandis qu'un solide n'exerce son poids que sur le fond du vase. Tout le monde sait que si l'on fait un trou à l'une des parois d'un vase enfermant un liquide, ce liquide s'échappe aussitôt par l'ouverture pratiquée.

> 5 Enfin, de l'hydraulique interrogeons les lo's;
> L'onde unit dans son choc sa vitesse et son poids.

L'hydraulique, ou plutôt l'hydrodynamique, montre en effet que la force qu'une eau courante exerce sur un obstacle qu'elle rencontre, se compose de sa vitesse combinée avec sa masse; et l'on sait que la masse d'un corps quelconque est toujours proportionnelle à son poids.

> 6 Eh! pourrais-je oublier ces eaux miraculeuses.

Les eaux minérales médicinales, dont va parler le poëte, sont celles qui sortent du sein de la terre, naturellement chargées de substances propres à déterminer la guérison de quelques maladies.

On divisait autrefois les eaux minérales en eaux thermales ou chaudes, et en eaux froides. Aujourd'hui on les range sous les quatre classes suivantes : 1º eaux hydro-sulfureuses; 2º eaux acidules gazeuses; 3º eaux ferrugineuses; 4º eaux salines. La chimie a soumis la plupart des eaux minérales à une analyse exacte, ce qui a donné le moyen d'en composer d'artificielles. On doit toutefois préférer les eaux naturelles, surtout quand on les prend à la source.

> 7 L'onde en glace, à son tour, appelle mes pinceaux.
> De sa fluidité véritable principe,
> Le feu seul la divise, et seul il la dissipe;
> Mais souvent il la quitte, et ses flots épaissis
> En givre, en neige, en glace, en frimas sont durcis.

L'eau doit sa liquidité à la présence d'une certaine quantité de calorique ; augmentez cette quantité, l'eau passe à l'état aériforme ; diminuez-la, l'eau devient solide.

Lorsque la température de l'air s'abaisse jusqu'au degré de congélation, les gouttes d'eau solidifiées qui en résultent se changent en neige, et, par leur réunion, forment, en tombant, des étoiles à six rayons lorsque l'air est calme, et des flocons lorsqu'il est agité.

> 8 Le Nord n'a-t-il point vu, transportés à grands frais,
> Tes glaçons, ô Newa, se changer en palais ?
> La glace s'élevait en colonnes brillantes ;
> La glace vomissait des foudres innocentes.

M. de Mairan, dans une savante Dissertation sur la glace, rapporte que, pendant l'hiver de 1740, on construisit à Saint-Pétersbourg, suivant les règles de la plus élégante architecture, un palais de glace, de cinquante-deux pieds et demi de longueur, sur seize pieds et demi de largeur et vingt pieds de hauteur, sans que le poids des parties supérieures et du comble, qui était aussi de glace, portât le plus léger dommage au pied de cet édifice, dont la glace de la Newa, qui avait environ trois pieds d'épaisseur, avait fourni les matériaux. On plaça en outre, devant cette merveilleuse construction, six canons de glace avec leurs affûts de la même matière, et douze mortiers à bombes de la même proportion que ceux de fonte. Ces pièces, du calibre de celles qui portent ordinairement trois livres de poudre, n'en reçurent cependant qu'un quarteron : on les tira, et le boulet de l'une d'elles alla percer, à soixante pas, une planche épaisse de deux pouces, sans que le canon, qui avait tout au plus quinze pouces d'épaisseur, éclatât par cette explosion.

CHANT IV.

> 1 Cinq terres, si j'en crois tous nos Plines nouveaux,
> Se trouvent sous nos pas.

Le poëte admet ici l'existence de cinq terres, connues depuis longtemps, savoir : la *chaux*, la *baryte*, la *magnésie*, l'*alumine*, qu'il désigne sous le nom d'*argile*, et la *silice*. De nouvelles recherches avaient conduit les chimistes à en doubler le nombre ; enfin, les travaux du célèbre Anglais Davy ont démontré ce que Lavoisier avait entrevu : c'est que les terres et les alcalis ne sont que des oxydes métalliques. Ainsi, d'après la nomenclature chimique la plus récente, la chaux est du *protoxyde de calcium* ; la baryte, du *protoxyde de barium* ; la magnésie, de l'*oxyde de magnesium* ; l'alumine, de l'*oxyde d'aluminium* ; et la silice, de l'*oxyde de silicium*.

> 2 .... L'une, fille des eaux,
> Et des marbres divers origine féconde,
> Naquit des vieux débris des habitants de l'onde.

Cette fille des eaux, origine féconde des diverses espèces de marbres, est la chaux, appelée aujourd'hui protoxyde de calcium. Cette substance ne se trouve presque jamais à l'état de pureté ; elle est le plus souvent unie à différents acides, particulièrement à l'acide carbonique ; et c'est dans ce dernier état de carbonate de chaux qu'elle forme les coquilles et les marbres.

> 3 Le ciseau de Scopas fit adorer l'argile ;
> En coupe elle sortait des mains d'Alcimédon,
> Et Voltaire en naquit, à la voix de Houdon.

Scopas, l'un des artistes les plus célèbres de l'antiquité, naquit à Paros environ 462 ans avant Jésus-Christ, quelques années après la mort de Phidias. Comme architecte, il n'est connu que par son temple de Minerve *Alea*. Comme sculpteur, il se fit une immense réputation par une foule d'ouvrages dont il peupla la Béotie, l'Attique et le Péloponnèse. Les sculptures de la face du levant du tombeau de Mausole furent, à ce qu'il paraît, son dernier ouvrage. Mais les deux statues qui lui ont fait le plus d'honneur, et que l'antiquité a louées avec le plus d'enthousiasme, étaient une Bacchante dans l'ivresse, et un Mercure, dont son ciseau *avait fait véritablement un dieu*.

Le sculpteur Alcimédon n'est guère connu que par quelques vers de la troisième églogue de Virgile.

M. Houdon, de l'Institut, mort il y a peu d'années, dans un âge très-avancé, doit surtout sa célébrité à ses magnifiques bustes de J.-J. Rousseau et de Voltaire.

> 4 Long-temps en élément nous érigeâmes l'onde ;
> Lavoisier, tu parais, et par toi l'univers
> Apprend que l'eau contient deux principes divers.

Lavoisier (Antoine-Laurent), célèbre chimiste français, né à Paris en 1743, mort sur l'échafaud révolutionnaire le 8 mai 1794.

L'analyse de l'air atmosphérique est une découverte qui a mérité à Lavoisier le titre de créateur de la chimie moderne. Quant à la décomposition de l'eau, s'il est vrai que Cavendish l'ait prévenu dans cette découverte, on ne peut disputer au chimiste français l'honneur d'avoir établi le premier, par des expériences rigoureuses, l'exacte proportion des deux élémens dont ce liquide est composé.

D'après la nomenclature chimique la plus récente, l'eau est du *protoxyde d'hydrogène*; elle est composée d'un volume de gaz oxygène et de deux volumes de gaz hydrogène.

> 5 Approchons, pénétrons dans ce temple sacré,
> Où sont du grand Hermès renfermés les mystères.

Hermès ou Mercure Trismégiste est le Thoth des Égyptiens. Ce prétendu dieu, que l'on considère comme l'inventeur des arts, avait, dit-on, confié aux prêtres de ce pays le dépôt de ses secrets.

> 6 Ces vaisseaux au gros ventre, au cou tors, au long bec.

Le poëte désigne ici les vaisseaux connus dans les laboratoires sous le nom de *cornues* (en latin *retortæ*).

> 7 Jadis dans un vénal et vil laboratoire
> Cet art inestimé semblait cacher sa gloire;
> Enfin il prit l'essor : les Rouelles, les Macquers
> Montrèrent à nos yeux tous ses trésors ouverts.

Rouelle (Guillaume-François), démonstrateur de chimie au Jardin du Roi, et membre de l'Académie des sciences, né près de Caen en 1703, mort à Paris en 1770, a enrichi les recueils académiques de plusieurs mémoires intéressants.

Macquer (Pierre-Joseph), élève de Rouelle, et comme lui professeur de chimie au Jardin du Roi, et membre de l'Académie des sciences, naquit à Paris en 1718, et y mourut en 1784. Son *Dictionnaire de chimie* a vieilli, mais la méthode et la précision qui le distinguent font encore honneur à son auteur, qui a puissamment contribué à répandre le goût de cette science.

> 8 Interrogeons Romé : Dans ces grottes humides,
> Le quartz, vous dira-t-il, qui fit ces pyramides,
> Filtra, dissous par l'onde, à travers le rocher, etc.

Romé de Lisle (Jean-Baptiste-Louis), physicien et minéralogiste distingué, né à Gray en 1736, mort à Paris en 1790.

Le quartz, l'une des substances naturelles les plus répandues, est presque entièrement formé de silice. On en distingue plusieurs variétés; les principales sont : le *quartz hyalin*, qui comprend le cristal de roche, le *quartz résinite*, le *quartz jaspe*, et le *quartz pseudomorphique*.

> 9 Daubenton vous dira, etc.

Daubenton (Louis-Jean-Marie), naturaliste et anatomiste célèbre, né à Montbard, en Bourgogne, en 1716, mort à Paris le 1er janvier 1800, à l'âge de 84 ans, fut l'ami et le collaborateur de Buffon.

> 10 Et, pour comble d'honneur, ce Newton qui des mondes
> Dirigea dans les cieux les sphères vagabondes,
> Jetant un œil perçant dans l'avenir lointain,
> Devina son essence et prédit son destin.

Newton ayant mesuré la force réfringente du diamant, trouva qu'elle est plus grande que ne le comporte la densité de ce corps; et dès lors il annonça que le diamant appartenait à la classe des corps combustibles. La prédiction de Newton a été complètement justifiée par les expériences de Macquer, de Darcet, et de Lavoisier. Le diamant n'est, en effet, que du *carbone pur*.

> 11 J'aime à voir cette perle, étrangère merveille, etc.

La perle est une concrétion plus ou moins arrondie, d'un blanc argentin, d'une grande dureté et d'un poli brillant, qui se forme dans plusieurs espèces de coquillages, particulièrement dans l'*avicula margaritifera*, qui vit dans les mers des pays chauds. Les perles sont composées d'une petite quantité de matière animale et de carbonate de chaux; elles se dissolvent facilement dans les acides, même les plus faibles.

12 Soit que, se détachant de sa masse enflammée,
   Un éclat du soleil en tombant t'ait formée.

Delille rappelle ici une des hypothèses de Buffon sur la formation de la terre, qu'il regardait comme une portion de la croûte embrasée du soleil, qui, après s'être détachée de cet astre, s'était refroidie, et fixée à la distance que lui assignaient les lois de la pesanteur.

13 Strabon méconnaîtrait le globe de d'Anville.

Strabon, célèbre géographe de l'antiquité, né à Amasie, dans la Cappadoce, environ cinquante ans avant J.-C., nous a laissé une *Géographie* en dix-sept livres.

D'Anville (Jean-Baptiste Bourguignon), né à Paris en 1697, mort en 1782, a fait faire un pas immense à la géographie moderne, et a éclairci celle des anciens avec une exactitude qu'il devait à une finesse de tact extraordinaire et à un jugement des plus sains.

14 Brave et savant Forster.

Forster (Jean-George-Adam), professeur d'histoire naturelle, né près de Dantzig en 1754, mort à Paris en 1794, n'avait pas encore atteint sa dix-neuvième année lorsque, accompagnant son père, il s'embarqua avec Cook, pour le second voyage autour du monde qu'entreprit ce célèbre navigateur. De retour de cette expédition, qui dura près de quatre ans, Forster en publia le récit en anglais en 1777, et en donna, en 1779, une traduction allemande, conjointement avec son père Forster (Jean-Reinhold), naturaliste distingué.

15 N'a-t-on pas vu Cuvier, dans son heureuse audace,
   De ces corps naufragés reconnaissant la trace,
   Au sein de ces coteaux qui dominent Paris,
   De l'empire animal retrouver les débris?

Cuvier (George), né à Montbéliard (Doubs), en 1769, mort en 1832.

Laissons parler cet immortel savant : « J'ai, dit-il, découvert, dans les carrières à plâtre des environs de Paris, une vingtaine d'espèces d'animaux qui appartiennent à des genres entièrement inconnus aujourd'hui sur le globe ; leurs os sont épars, en partie brisés et enchâssés dans la pierre, d'où il faut les retirer péniblement ; on les rapproche ensuite entre eux suivant les lois de l'anatomie, pour en reformer, autant qu'il est possible, le squelette de chaque espèce ; opération où il est assez difficile de ne remettre ensemble que les os qui s'appartiennent véritablement : mais l'anatomie comparée en est venue aujourd'hui à ce point de reconnaître par un seul os, par une seule articulation d'os, le genre de l'animal auquel l'os appartenait. On peut donc avec de l'attention réussir dans cette recomposition ; et c'est ainsi que je suis parvenu à déterminer les caractères de plusieurs nouveaux genres que j'ai découverts. »

Voyez l'ouvrage de ce savant, intitulé *Recherches sur les ossements fossiles*.

16   Là gisent en monceaux ces brûlantes pyrites,
     Des métaux leurs amis obscures favorites.

Les métaux ont généralement de l'affinité pour le soufre ; ils s'unissent à ce corps combustible, et forment un composé connu sous le nom de *sulfure métallique*. Le nom de *pyrite*, dérivé d'un mot grec, πῦρ, feu, a été donné à quelques sulfures métalliques natifs, qui jouissent de la propriété de s'enflammer lorsqu'ils sont placés dans des circonstances particulières.

17   Là, de ces fils des monts obscur concitoyen,
     Repose aussi l'aimant, l'aimant vainqueur de l'onde,
     Le lien, le miracle et l'énigme du monde.

L'aimant est une mine de fer oxydulé amorphe, assez commune dans l'île d'Elbe, qui exerce particulièrement de l'attraction sur le fer non aimanté, et qui a la propriété de manifester des pôles, c'est-à-dire de diriger constamment une de ses extrémités vers le nord. Cette mine, à l'aide d'un frottement prolongé, communique au fer ses propriétés magnétiques, et forme ainsi des *aimants artificiels*. Le fer a joui longtemps du privilège exclusif d'être attirable à l'aimant. Plus tard, cette propriété fut reconnue dans le nikel, le platine et le cobalt; enfin, un célèbre physicien, Coulomb, imagina des expériences ingénieuses et délicates qui attestent l'influence de l'aimant sur tous les corps de la nature, et qui prouvent que le globe terrestre n'est lui-même qu'un grand aimant.

Le père Fellon, dans un petit poëme latin (*Magnes*), qui fait partie des *Poemata didascalica*, a décrit avec beaucoup de talent et d'esprit les diverses propriétés de l'aimant.

18   Là, digne d'un tableau si digne de lui-même,
     Descendit Tournefort ; là le pieux Nointel, etc.

Tournefort (Joseph Pitton de), célèbre botaniste, né à Aix en 1656, mort en 1708.

Nointel (Charles-François Olier, marquis de), dix-septième ambassadeur de France à Constantinople, pénétra dans la grotte d'Antiparos, où il passa les trois fêtes de Noël de l'année 1673, accompagné de plus de cinq cents personnes, tant de sa suite que marins, marchands et habitants du pays, qui jusque-là n'osaient pas y entrer. Il y fit célébrer la messe sur deux demi-colonnes, près d'une pyramide, sur la base de laquelle fut gravée l'inscription latine suivante, en mémoire de cet événement :

Hic ipse Christus adfuit, ejus natali die media nocte celebrato 1673.

Cent torches et quatre cents lampes éclairèrent continuellement cette grotte pendant ces trois jours ; et, au moment de l'élévation, le bruit de vingt-quatre boîtes et de plusieurs pierriers placés à l'entrée du souterrain se joignit au son d'un grand nombre d'instruments de musique.

Delille a déjà célébré cette grotte merveilleuse dans l'hymne à la Beauté, qui ouvre le cinquième chant du poëme de *l'Imagination*.

19   Oh! quels mortels un jour, Empédocles nouveaux,
　　Oseront pénétrer dans ces brûlants caveaux ?

Empédocle, l'un des philosophes les plus célèbres de la secte de Pythagore, naquit à Agrigente, en Sicile, 444 ans avant Jésus-Christ. Quelques historiens rapportent qu'il se précipita dans les flammes du mont Etna, afin de faire croire qu'il avait disparu comme un dieu.

20   Tels aux champs de Staffa, etc.

Staffa, l'une des îles Hébrides (Écosse), est célèbre par la superbe grotte de Fingal.

21   . . . . Dans ses vers immortels,
　　Son fils lui construisit un plus superbe temple.

Le fils de Fingal, roi de Morven, est le célèbre et infortuné Ossian, barde écossais du troisième siècle. Ce *superbe temple* élevé à la mémoire de son père est le recueil de ses *Poésies galliques*, demeurées inconnues à l'Angleterre pendant près de quatorze siècles, découvertes enfin par Macpherson, qui en publia, vers 1760, quelques fragments traduits en prose poétique anglaise, et, plus tard, la traduction et le texte; Londres, 1765, 2 vol. in-fol.

CHANT V.

1   Qui l'eût cru. . . . . .
　　Que la terre, oubliant sa vertu végétale,
　　Des sucs dus à la fleur colorerait l'opale ?

L'opale est une variété de *quartz résinite*, dit *opalin*. Cette pierre précieuse, qui est très-cassante, a une teinte laiteuse, et répand de beaux reflets d'iris, dus aux nombreuses fissures qui la traversent en tous sens, et qui décomposent et renvoient diversement la lumière.

2.   Qui l'eût cru. . . . . . .
　　Qu'un ver emprisonné formerait le corail.

« Cette sorte d'arbre pierreux et d'un beau rouge, dont on fait des bijoux et que l'on nomme *corail*, est, dit M. Cuvier, un dépôt formé dans l'intérieur d'un animal composé de la famille des polypes. Dans l'état de vie, le corail est enveloppé d'une écorce charnue, creusée d'une multitude de petites cellules ; chaque cellule contient un polype, qui peut à volonté s'y tenir renfermé ou s'étendre au dehors. Ces polypes ressemblent à autant de petites fleurs, parce que leurs bras, disposés en rayons autour de leur bouche, représentent des pétales. Ils s'en servent pour saisir les petits animaux qui passent à leur portée, et dont ils font leur nourriture ; et tous les polypes d'un même tronc de corail communiquent tellement ensemble par l'écorce générale à laquelle ils adhèrent, que ce que chacun d'eux mange profite également à tout l'ensemble de cet animal composé. Le dépôt pierreux, que l'on appelle proprement *corail*, se forme par couches du dedans au dehors, la couche extérieure étant toujours la plus nouvelle, à peu près comme dans les arbres. » Le corail est presque entièrement composé de carbonate de chaux : on le trouve dans la mer Méditerranée et dans la mer Rouge. On l'employait autrefois en médecine comme astringent et comme absorbant.

3 J'atteste, ô Wiliska, tes carrières fécondes.

Les mines de sel gemme de Wielitska, en Pologne, sont exploitées depuis 1251 ; elles donnent annuellement cent mille quintaux de sel ; elles ont quatre étages ; leur plus grande profondeur est de neuf cents pieds, et leur étendue horizontale de plus de trois lieues en différents sens.

Malgré leur profondeur, ces mines ne sont pas humides ; l'air y est même assez salubre. Elles renferment une source d'eau douce qui se sera filtrée au travers de quelque banc d'argile non imprégné de sel.

4 Là, différents de poids, de forme, de figure,
Dans la dure épaisseur de leur matrice obscure,
Se forment ces métaux.

L'on ne connaissait avant le quinzième siècle que sept métaux : l'or, l'argent, le fer, le cuivre, le plomb, l'étain et le mercure. Aujourd'hui le nombre des métaux s'élève à quarante.

5 Et ce métal docile où l'onde s'emprisonne.

Ce métal est le plomb ; il est assez mou pour qu'on puisse le rayer avec l'ongle, et plus malléable que ductile ; l'eau ne l'oxyde pas : aussi l'on en fait des tuyaux de fontaine et des réservoirs.

6 Et ce nouveau métal, le plus lourd des métaux,
Que long-temps à nos yeux déroba la nature,
Et de nos arts féconds la richesse future.

Le platine a été découvert en 1741, par Wood. A l'état de pureté, ce métal est plus lourd et aussi inaltérable que l'or ; sa couleur approche de celle de l'argent, et sa dureté, de celle de l'acier, dont il prend aussi le poli ; il est en outre très-malléable, résiste au plus grand feu, et est inattaquable par tous les acides, si ce n'est par l'eau régale, qui en opère la dissolution. Toutes ces qualités rendent le platine extrêmement précieux dans les arts : l'on en fait des creusets, des cornues, des capsules, des miroirs de télescope, la lumière des canons de fusils, divers ustensiles de cuisine, et des chaudières dans lesquelles on concentre l'acide sulfurique.

7 Et par deux attentats sert, doublement perfide,
Le monnayeur coupable et le lâche homicide ;
Mais qui, par ses couleurs réparant ses forfaits,
A nos arts innocents prodigue ses bienfaits.

A l'état pur, ce métal est noirâtre, se réduit facilement en poudre, et ne s'emploie guère que pour purifier le platine et tuer les mouches.

Quant à son oxyde (acide arsenieux, arsenic du commerce), c'est l'un des poisons les plus violents que l'on connaisse. Mêlé au cuivre, l'arsenic forme une composition blanche, appelée vulgairement *argent haché*, dont les faux monnayeurs se servent quelquefois. Combiné avec plus ou moins de soufre, il donne l'orpiment et le réalgar, deux couleurs indispensables dans la peinture. A cet état de sulfure jaune ou rouge, il est encore vénéneux, mais beaucoup moins qu'à celui d'oxyde.

> 8   Et le zinc indien, qui. . . . . . .
> De si riches couleurs, de rayons si brillants,
> Pare ces faux soleils dans l'ombre petillants,
> Dont Tivoli plaintif à regret s'illumine,
> Et, pour Ruggieri, fait déserter Racine.

Ce métal est solide, blanc-bleuâtre, lamelleux, très-ductile et très-combustible. Il entre dans la composition des feux d'artifice, et produit ces flammes blanches et brillantes connues sous le nom de *feux du Bengale*. Mêlé au cuivre, il donne le laiton et le similor. Appliqué en lames sur le cuivre, il forme les éléments de la pile Voltaïque. On s'en sert encore pour faire des conduits, des gouttières, des baignoires, etc.

Il s'agit ici de l'ancien Tivoli, jardin planté autrefois par M. Boutin, et où l'artificier Ruggieri attirait, les jours de fête, la foule qui se portait ordinairement au Théâtre-Français.

> 9   Et l'antimoine enfin, utile aux animaux,
> Proscrit par des arrêts, ordonné par nos maux,
> Et qui, de vains débats source long-temps féconde,
> Avant de le guérir, scandalisa le monde.

L'antimoine natif ayant, dit-on, été administré comme remède à des moines, en fit périr plusieurs, ce qui lui valut son nom.

En 1631, Adrien de Mynsicht, premier médecin du duc de Meckelbourg, découvrit l'émétique. Ce médicament, préconisé outre mesure par les alchimistes, fut employé d'une manière abusive, et produisit des effets nuisibles. Toutes les préparations antimoniales furent bientôt enveloppées dans une proscription commune.

Gui Patin, alors doyen de la faculté de Paris, se montra l'un des plus ardents antagonistes de ces médicaments, et la Faculté obtint du parlement un arrêt qui en défendit l'usage. Toutefois, quelques praticiens continuèrent d'employer l'émétique, mais en secret. Louis XIV, encore mineur, tomba malade, et dut, à ce qu'on assure, son rétablissement à ce remède. L'arrêt du parlement ne fut révoqué qu'en 1665.

> 10   De ces métaux récents dont l'art fit la conquête,
> Chacun a son pouvoir : le chrome est à leur tête... .
> Notre siècle en est fier, et, par un juste hommage,
> Un jour de Vauquelin y gravera l'image.

Le chrome a été découvert en 1797 par M. Vauquelin. Le protoxyde de chrome est vert : c'est lui qui donne à l'émeraude la couleur qui la caractérise ; il fournit à la porcelaine un bel émail vert-foncé qui supporte le plus grand feu.

Vauquelin (Nicolas-Louis), de l'Académie des sciences, né en 1763, mort en 1829, fut l'un des chimistes les plus célèbres de l'Europe. Sa modestie égalait son savoir.

>11 D'autres sont en plumage arrangés avec grâce.

On voit de l'argent en plumes, en cheveux, en paillettes, de l'antimoine en longues aiguilles, du cuivre en velours dans la malachite, du fer en herborisations ou en cristaux brillants, comme dans le fer spéculaire de l'île d'Elbe.

>12 De spaths et de cristaux différents de figure.

L'on a donné le nom de spath aux minéraux feuilletés qui se trouvent unis aux mines, mais plus particulièrement au carbonate de chaux (spath calcaire). Cette substance est depuis long-temps célèbre par la propriété de doubler les images des objets que l'on regarde à travers.

>13 Au milieu s'élevait un magnifique autel,
>Que le suc minéral, distillé de la voûte,
>En colonne d'albâtre a bâti goutte à goutte.

Les minéralogistes donnent le nom de *stalagmites* aux concrétions de carbonate de chaux dont parle ici le poëte, et qui se forment de bas en haut; tandis qu'ils appellent *stalactites* celles qui croissent de haut en bas.

CHANT VI.

>1 Des feuillages divers dont leurs rameaux abondent,
>Les uns sont alternés, les autres se répondent.

D'après leur disposition sur la tige ou sur les rameaux, les feuilles sont appelées *alternes*, ou *opposées*. Les feuilles alternes sont celles qui, placées une à une en échelons autour de la tige, décrivent une spirale depuis le haut jusqu'en bas : telles sont les feuilles des rosiers. Les feuilles opposées sont attachées par paire à la même hauteur, et partent de points diamétralement opposés, comme dans la sauge, le thym, etc.

>2 Deleuze, aux soins de l'art confiant la nature,
>A ce luxe charmant invita la culture.

M. Deleuze, ancien aide-naturaliste au Muséum d'Histoire naturelle, est auteur d'une histoire très-intéressante des plantes d'ornement et de leur introduction dans les jardins.

>3 L'un, caché dans la terre, où son destin l'attache,
>Attend que d'un gourmand le luxe l'en arrache.

Il s'agit ici de la truffe. Ce corps charnu, dont le mode de développement et de propagation est au nombre des plus grands mystères de la botanique, se trouve *sous la terre*, en différents lieux de l'Italie et du midi de la France. C'est, comme on le sait, un aliment très-échauffant.

> 4 Là cette jeune plante, en vase disposée,
> Dans sa coupe élégante accueille la rosée.

Tels sont les liserons et les campanules.

> 5 Dans son palais natal, brillant de pourpre et d'or,
> L'autre d'un doux nectar enferme le trésor.

L'antirrhinum ou *mufle de lion*.

> 6 Et se livre sans voile aux baisers du zéphyr.

Le poëte désigne ici les fleurs sans corolles ou apétales, telles que celles du saule, du peuplier, etc.
Linné appelle la corolle le *lit nuptial* des plantes.

> 7 Véritable Protée entre toutes les fleurs,
> Une autre aime à changer de robe et de couleurs.

C'est l'*hortensia*, ainsi appelée par le botaniste Commerson en l'honneur d'*Hortense Le Paute*. Cette belle plante, qui fait l'ornement de nos parterres, est originaire de la Chine et du Japon. Les nuances de vert, de blanc et de rose lilas par lesquelles son calice passe successivement, l'ont fait nommer *hortensia mutabilis*.

> 8 Comparez cette mousse et cet arbuste nain
> A cet énorme enfant du rivage africain.

C'est le *baobab* (*adansonia*), celui de tous les arbres connus qui devient le plus gros. Son tronc acquiert trente pieds de diamètre, et sa tête plus de cent; mais il ne s'élève pas à proportion. D'après les observations faites au Sénégal par le botaniste Adanson, il paraît que ce végétal n'acquiert ces énormes dimensions qu'après plus de vingt siècles. Son fruit est appelé dans le pays *pain de singe;* il a une pulpe aigrelette, assez agréable à manger; on en prépare une boisson rafraîchissante; quand il est gâté, les nègres le brûlent, et font avec ses cendres et de l'huile de palmier un excellent savon. Toutes les parties du baobab abondent en mucilage ; ses feuilles séchées à l'ombre, et réduites en une poudre appelée *lalo*, servent d'aliment aux nègres.

> 9 Ou même à ce figuier, dont les vastes branchages,
> Qui jadis dans les cieux buvaient l'eau des nuages,
> S'affaissant sous leur poids, et descendant des airs,
> S'en vont chercher des sucs jusqu'auprès des enfers.

Ce figuier dont parle ici le poëte est le figuier des pagodes (*ficus religiosa*). Cet arbre, l'un des plus curieux des Indes orientales, a ses branches pendantes; quand elles sont arrivées jusqu'à terre, elles y prennent racine, et, donnant des troncs nouveaux, finissent par former une énorme voûte de verdure, soutenue sur autant de piliers fixés dans le sol. Cet arbre est sacré dans ces contrées.

> 10 Le fruit eut ses Herschell, et la fleur ses Portal.

Herschell (William), célèbre astronome, né dans le Hanovre en 1738, mort en 1822, a découvert plus de mondes qu'on n'en connaissait avant lui.

Portal (le baron), professeur d'anatomie humaine au Muséum d'Histoire naturelle et au Collége de France, né en 1742, mort en 1832.

> 11 Linné surtout, Linné dévoila ces mystères,
> Leurs haines, leurs amours, leurs divers caractères.

Charles Linnæus, le plus célèbre botaniste du XVIIIe siècle, et celui de tous les naturalistes qui a exercé sur la science l'influence la plus universelle, né à Roeshult, village de Smolande en Suède, en 1704, mort en 1778.

> 12 Desfontaine embellit le trône des saisons.

Desfontaines (René Louiche), de l'Académie des sciences, né à Tremblay en 1742, remplit depuis 1786 la chaire de botanique et de physique végétale au Muséum d'Histoire naturelle.

> 13 Tranquille, tu vivras au lieu même où Jussieu
> Est présent par sa gloire, et vit dans son neveu.

Antoine-Laurent de Jussieu, de l'Académie des sciences, professeur de botanique rurale au Muséum d'Histoire naturelle, né à Lyon en 1748, est auteur des *Familles naturelles des plantes*, ouvrage classique dont il reconnaît devoir les premières idées à son oncle Bernard de Jussieu, dont parle ici Delille.

Depuis quelques années M. Adrien de Jussieu remplace comme professeur titulaire son père, qui a conservé le titre de professeur honoraire.

Le Jardin du Roi a été créé par Louis XIII en 1635.

> 14 Viens : dans cet Elysée, autrefois son domaine,
> L'ombre du grand Buffon attend déjà la tienne.

George-Louis Leclerc, comte de Buffon, membre de l'Académie française, né à Montbard en 1707, mort à Paris en 1788.

Du Fay, son ami, intendant du Jardin du Roi, le demanda pour son successeur en 1739. Dès ce moment, Buffon, aidé de Daubenton, de Guéneau de Montbelliard et de Bexon, n'a cessé de travailler avec ardeur au grand édifice de *l'Histoire naturelle* qui a immortalisé son nom. En même temps il donna ses soins à l'augmentation du Cabinet et à l'agrandissement du local ; s'occupa de l'embellissement du jardin, dont il doubla l'étendue ; acquit d'immenses collections, s'entoura d'hommes habiles, tels que les Jussieu, les Daubenton, les Lemonnier, les Thouin, les Rouelle, les Macquer, les Winslow, les Antoine Petit, les Vicq-d'Azyr, les Fourcroy, les Lacépède, les Portal, les Desfontaines. L'enseignement acquit alors un nouveau degré d'activité, et le Jardin du Roi fut cité à juste titre comme l'un des plus beaux établissements qui aient jamais été formés pour l'avancement des sciences.

> 15 Enfin, tous à leur choix discutaient ces problèmes,
> Et le vrai se perdait dans la nuit des systèmes :
> Un œuf le renfermait.

« La génération des êtres organisés sera toujours, dit M. Cuvier, le mystère le plus incompréhensible de la physique ; mais on ne peut disconvenir que, de tous les systèmes imaginés pour l'expliquer, celui de la préexistence des germes ne soit le plus tranquillisant pour l'imagination. Il ne fait que reculer la difficulté ; mais il la reporte si loin, qu'elle semble disparaître. »

16   Voyez cet arbrisseau si funeste à la mouche.

C'est la dionée attrape-mouche (*dionæa muscipula* de Linné), plante curieuse par son irritabilité. On la trouve dans l'Amérique septentrionale, principalement dans les marais de la Caroline. Dès qu'une mouche ou un autre insecte vient se placer sur une de ses feuilles, les deux panneaux qui les composent se rapprochent rapidement, les cils épais et visqueux dont ils sont bordés s'entre-croisent fortement avec ceux du côté opposé, et l'insecte se trouve pendant quelques instants enfermé comme dans une sorte de prison. On remarque un phénomène à peu près semblable dans les feuilles des diverses espèces de rossolis.

17   Par les feux dont l'absence ou l'éclat l'a frappé,
     De la crédule fleur le calice est trompé,
     Et, de cet art magique ignorant la merveille,
     Ouvre ou ferme son sein, s'endort ou se réveille.

On peut faire ouvrir et fermer les fleurs par un jour et par une nuit artificiels, et à des heures toutes différentes de celles de leur lever ou de leur coucher ; mais il faut un certain temps pour leur faire prendre ces nouvelles habitudes.

18   La plante a son hymen, la plante a ses amours.

Vaillant (Sébastien), de l'Académie des sciences, démonstrateur de botanique au Jardin du Roi, né en 1669, mort en 1722, a le premier prouvé la nécessité du concours des deux sexes dans les végétaux. Les anciens savaient à la vérité que le palmier femelle avait besoin de la poussière du palmier mâle pour être fécondé, mais ils n'avaient pas étendu cette découverte aux autres plantes. Le docteur Trante, naturaliste du siècle dernier, a reproduit le système de Vaillant sur les sexes et l'hymen des fleurs, dans un petit poëme latin intitulé *Connubia florum*, dont Delille s'est inspiré pour la description qui va suivre de la fécondation des plantes, et pour l'épisode de Colomb, qui termine ce sixième chant.

19   Je t'en prends à témoin, ô toi, plante fameuse
     Que le Rhône soutient sur son onde écumeuse !

La plante dont le poëte décrit ici la fécondation, avec une exactitude à laquelle on ne saurait rien ajouter, est la vallisnérie (*vallisneria spiralis* de Linné), plante aquatique et dioïque, assez commune dans les rivières de l'Europe méridionale, où ses feuilles forment quelquefois des amas si considérables qu'elles nuisent au trajet des bateaux. A.-L. de Jussieu a décrit la merveilleuse fécondation de la vallisnérie avec la plus élégante latinité, et Castel en a reproduit la description en beaux vers français, dans son poëme sur *les Plantes*.

> 20   Celui-ci dirigeait les flèches du tonnerre,
>   Ou sur son double pôle aplatissait la terre.

Le poëte désigne ici le célèbre Franklin, dont nous avons parlé plus haut (note 10 du chant 1er), et pour qui Turgot composa cette belle épitaphe :

> Eripuit cœlo fulmen, sceptrumque tyrannis.

Quant à l'aplatissement de la terre sur son double pôle, la découverte en est due à Maupertuis, de l'Académie des sciences, né à Saint-Malo en 1698, mort en 1759.

> 21   Eh ! qui n'admirerait cet être mitoyen,
>   Des règnes qu'il unit étrange citoyen ?

Cet être mitoyen est le polype. Comme tous les zoophytes ou *animaux-plantes*, il a une forme étoilée, semblable à celle d'un grand nombre de fleurs. Il jouit, comme les végétaux, de la propriété de se reproduire par division, et de se laisser greffer sur un autre individu : pour tout le reste, c'est un véritable animal qui sent, se meut, mange et digère. La découverte de cet être curieux est due au célèbre naturaliste Trembley (Abraham), né à Genève en 1710, mort en 1784.

> 22   Par ses puissants secours la feuille de Chiron
>   Souvent ravit sa proie à l'avide Achéron.

La *feuille de Chiron* est la plante appelée petite centaurée (*gentiana centaurium* de Linné, *chironia centaurium* de Lamarck). Elle a souvent été employée avec succès dans le traitement des fièvres intermittentes, à cause du principe amer qu'elle contient.

> 23   Le feuillage chinois, par un plus doux succès,
>   De nos dîners tardifs corrige les excès.

Le thé est un arbrisseau de la famille des hespéridées, qui croît à la Chine et au Japon. Ses feuilles, après avoir été roulées au moyen d'une sorte de torréfaction, sont journellement employées en infusion, dans ces deux vastes contrées, pour rendre potables les eaux, qui y sont généralement mauvaises. Les Arabes purifient également les eaux saumâtres des déserts avec le thé. L'importation du thé en Europe ne remonte pas au delà du milieu du dix-septième siècle : ce sont les Hollandais qui l'y ont apporté. L'infusion du thé est une boisson stimulante, dont il faut user avec mesure.

> 24   C'est toi, divin café, dont l'aimable liqueur
>   Sans altérer la tête épanouit le cœur.

Le cafier ou caféyer, arbre originaire de l'Arabie Heureuse, appartient à la famille des rubiacées. Les Hollandais l'ont transporté à Batavia, d'où il a été envoyé à Amsterdam, pour passer de cette ville au Jardin du Roi à Paris. C'est de cet établissement qu'est parti en 1723 le pied de cafier d'où proviennent tous ceux qui font aujourd'hui la richesse des Antilles, et en particulier de la Martinique. Le lieutenant de roi Desclieux, qui y transportait ce pied de cafier, en prit pendant la traversée un soin tout particulier, au point que l'eau douce étant devenue rare à bord, il arrosait cet arbuste avec sa propre ration.

Nous possédons sur le café deux charmants poëmes latins modernes, auxquels Delille a emprunté quelques détails : l'un, sous le titre de *Caffæum*, par l'abbé Massieu ; et l'autre, sous celui de *Faba arabica*, par le P. Fellon. Ces deux opuscules font partie des *Poemata didascalica*, recueil justement apprécié par tous ceux qui cultivent les muses latines.

CHANT VII.

1 Qui l'eût dit, que notre art, ainsi que des rameaux,
L'un sur l'autre aurait pu greffer des animaux ?
Qui l'eût cru, que des corps de ce vivant empire
Les membres mutilés pussent se reproduire ?

Le célèbre naturaliste Trembley, dont nous avons déjà parlé (note 21 du chant VI), en tenant deux polypes rapprochés pendant quelque temps, les a vus se souder et n'en plus former qu'un seul. La salamandre aquatique et l'écrevisse reproduisent leurs pattes autant de fois qu'on les coupe. Si l'on coupe en deux le ver de terre, la moitié antérieure repousse une queue, et la postérieure une tête ; quand on le coupe en trois, le fragment du milieu pousse une tête d'un côté et une queue de l'autre.

2 Sur le ver à son tour abaissons nos regards.

Voyez, à la note précédente, l'étonnant phénomène que présente la section du ver de terre, phénomène dont la découverte est due au savant Bonnet.

3 Cet autre est un vaisseau dont le petit nocher,
Son instinct pour boussole, et son art pour étoile,
Est lui-même le mât, le pilote et la voile.

L'*argonaute*, dont il s'agit ici, est une coquille légère, d'une forme symétrique fort élégante, et qui ressemble à une petite chaloupe. Elle est habitée par un poulpe de l'ordre des céphalopodes octopodes. L'argonaute ne s'élève du fond de la mer que par un temps fort calme. Parvenu à sa surface, il agite, comme autant de petits balanciers, les huit bras charnus qui couronnent sa tête ; il introduit dans sa coquille l'eau nécessaire pour la lester ; puis, étendant ses bras, il s'en sert comme de rames pour voguer sur la surface de la mer. Un vent doux se fait-il sentir, il dresse perpendiculairement ses deux bras palmés, les tient écartés, et s'en sert comme de voiles. Les six autres bras antérieurs assurent son équilibre, et le bas du corps, qui forme un crochet hors de la coquille, remplit la fonction de gouvernail. L'argonaute vogue ainsi dans la direction qu'il veut suivre ; mais si quelque ennemi le menace, ou s'il survient quelque agitation, il retire avec rapidité, dans sa coquille, les avirons, la voile et le gouvernail, il vide son lest, fait chavirer la nacelle, et descend au fond de la mer.

4 Un autre, moins heureux, sous un toit emprunté
   Est contraint de cacher sa triste nudité.

Le pagure Bernard, communément appelé *Bernard l'ermite*, est une sorte d'écrevisse de mer, dont la queue est molle et sans écailles, mais qui a l'instinct de se loger dans des coquilles vides qu'elle rencontre sur le rivage, et qu'elle traîne partout après elle. Ce crustacé choisit de préférence les coquilles dont le sommet finit en spirale, afin de pouvoir s'y cramponner plus facilement. Quand il est devenu trop grand pour sa maison d'emprunt, ce qui arrive tous les ans à l'époque de la mue, il en choisit une autre; mais ce n'est qu'après avoir essayé son abdomen dans un grand nombre de coquilles, qu'il parvient à en trouver une dont la capacité lui convient. Le genre *pagure* renferme plus de trente espèces : celle dont nous venons de parler est commune sur toutes nos côtes.

5 Prisonnier dans l'espace, et veillant endormi,
   Le paresseux n'existe et ne vit qu'à demi.

On a beaucoup exagéré la lenteur du paresseux, genre de mammifère de l'ordre des édentés. Du reste, cet animal est plus actif la nuit que le jour, et a la vie extraordinairement dure. On ne le décroche ordinairement des arbres qu'après plusieurs coups de fusil.

6 Accoucheur vigilant, il veille à côté d'elle ;
   Et ses doigts recourbés, secourable instrument,
   De sa ponte tardive abrégent le tourment.

Le crapaud accoucheur est une petite espèce assez commune dans les environs de Paris. Sa couleur est grisâtre; il est ponctué de noir sur le dos et de blanc sur les côtés; l'iris de l'œil est doré, les parotides sont peu saillantes. « L'accoucheur, dit M. Bory de Saint-Vincent, vit à terre et loin des eaux, que la femelle ne fréquente pas, même au temps de la ponte. A cette époque, le mâle débarrasse sa compagne de ses œufs, qui sont assez gros, et au nombre de soixante environ. Après cette opération, il se les attache sur le dos au moyen de filets de matière glutineuse dont ils sont accompagnés, et, chargé de ce précieux fardeau, il le porte partout avec lui, prenant les plus grandes précautions pour qu'il n'arrive aucun accident à une progéniture dont, contre l'ordre habituel de la nature, la mère ne s'occupe plus, laissant au père tous les soins de la famille. Lorsque les yeux des têtards que renferment ces œufs commencent à devenir apparents dans leur transparence, ce qui arrive après quelques jours, et qui indique que les petits ne tarderont pas à éclore, le crapaud accoucheur recherche une eau stagnante pour les y abandonner : ici finit son ministère; les têtards ne tardent pas à éclore, et nagent aussitôt, destinés par le mécanisme de leur organisation à reproduire la merveille de leur accouchement sans en avoir reçu de leçons que par le développement d'un instinct irrésistible. »

7 Par un bruit qu'accompagne une obscure vapeur,
   L'autre, à son ennemi pour renvoyer la peur,
   Fait jouer d'un ressort la détente secrète,
   Se détourne, s'échappe, et cherche une retraite.

C'est le *carabus crepitans*, petit insecte qui, par ce procédé, se soustrait momentanément à la poursuite d'une autre espèce de carabus acharné à sa perte.

  8 Les bois mêmes, les bois, quand la nuit tend ses voiles,
    Offrent aux yeux surpris de volantes étoiles.

Les lucioles ou vers luisants de l'Italie et de la Grèce, dont les deux sexes brillent également, se tiennent pendant le jour cachées sous les feuilles ou sous l'herbe. Mais pendant la nuit elles forment un joli spectacle de feux mobiles, qui s'élèvent, s'abaissent, et se croisent en tous sens.

Dans l'espèce de ver luisant de notre pays, la femelle qui brille beaucoup n'a pas d'ailes, tandis que le mâle vole, mais n'est que faiblement lumineux. Dans l'Inde, à la Louisiane, à Saint-Domingue, à Cayenne, on trouve plusieurs autres insectes luisants, beaucoup plus gros et plus lumineux que ceux de l'Europe; tels sont le porte-lanterne et les acudias. Un seul de ces derniers suffit, dit-on, pour écrire, pendant la nuit, aussi facilement qu'avec une chandelle.

  9 Et du Chimboraço s'élance le condor.

Le condor est le plus grand des oiseaux de proie : il habite les sommités les plus escarpées du Chimboraço, la plus haute montagne des Andes, au Pérou, et qui est couverte de glaces et de neiges éternelles.

  10 Un soleil voit périr le fragile éphémère.

Cet insecte, arrivé à l'état parfait, ne vit ordinairement que quelques heures, et n'a d'autre fonction à remplir que de perpétuer son espèce.

  11 Ridé, durci, flétri, ce ver poudreux des toits
    Se ranime dans l'onde une seconde fois.

« Sur des observations mal faites et mal refaites, dit M. Bory de Saint-Vincent, on imprime depuis un siècle que les *rotifères* desséchés, privés long-temps d'eau, demeurés comme morts au fond des lieux où l'on en conservait, revivent aussitôt qu'on les remouille. Il n'est pas de moyens que nous n'ayons employés pour arriver à un tel résultat; nous n'y sommes jamais parvenu. Nous avons quelquefois, en trempant des tuyaux de frigane long-temps desséchés, ou en remettant de l'eau dans des vases remplis de sédiments d'animalcules long-temps entassés sur nos fenêtres, retrouvé des rotifères avec beaucoup d'autres animalcules, mais ils n'y ressuscitaient pas ; ils s'y développaient comme les daphnies et autres petits entomostracés, dont les ovules sont demeurés dans le sol et aptes à éclore dès que la saison pluvieuse ramène le fluide nécessaire à leur développement. Depuis vingt ans nous réitérons cette assertion, mais on y revient encore, parce que les personnes qui font du *microscopisme* copient les œuvres de Spallanzani. »

  12 Le puceron n'a point d'épouse ni d'époux,
    Et, de son chaste lit dérobant le mystère,
    Sans connaître l'hymen a le droit d'être mère.

Les pucerons sont de petits insectes qui se nourrissent de la sève des végétaux. Quelques espèces vivent même dans le parenchyme des feuilles, et y occasionnent par leur présence des excroissances remplies d'une liqueur sucrée assez abondante. La maladie de certains arbres, désignée sous le nom de *miellat*, est produite par ces animaux. Vers la fin de l'été et en automne, il y a parmi eux des mâles et des femelles. Ces dernières pondent des œufs sur des branches; ces œufs y restent tout l'hiver, et il n'en sort, au printemps suivant, que des femelles. La première fécondation dont nous avons parlé suffit à sept générations, toutes composées de femelles, qui produisent sans mâles des petits vivants, sortant à reculons du ventre de leur mère : à la septième génération les mâles reparaissent.

> 13 Des deux sexes divers cet autre unit les dons,
> Et, doublement heureux des pouvoirs qu'il rassemble,
> Est père, mère, épouse et mari tout ensemble.

Les escargots et les limaces sont hermaphrodites, ou pourvus des deux sexes; mais ils ont besoin d'une union réciproque, d'où chaque individu sort fécondé et va pondre de son côté.

> 14 Aussi du grand Leibnitz l'aimable fantaisie
> Osait aux animaux promettre une autre vie.

Leibnitz (Godefroy-Guillaume, baron de), philosophe et mathématicien du premier ordre, et le savant le plus universel des temps modernes; né à Leipsick en 1646, mort en 1716.

> 15 Gloire te soit rendue après l'Être suprême,
> Profond Spallanzani, toi dont l'adresse extrême
> Nous ouvrit ces trésors !

Spallanzani (Lazare), célèbre professeur d'histoire naturelle; né à Scandiano en 1729, mort à Pavie en 1799. Quelques-unes de ses assertions ont été corrigées par des observations plus récentes, entre autres celle sur le rotifère. Voyez la note 11 de ce VIIe chant.

> 16 Mais n'exagérons rien : l'un dans l'être vivant
> Veut voir de Vaucanson l'automate mouvant.

Vaucanson, de l'Académie royale des sciences, né à Grenoble en 1709, mort en 1782, s'est rendu célèbre par ses automates, qui sont peut-être ce qui a été fait de mieux en ce genre. Son canard, entre autres, prend du grain avec le bec, l'avale, le triture et le rend par les voies ordinaires, dans l'état apparent d'un grain digéré. Ce n'est pas là sans doute le phénomène complet de la digestion ; mais il est impossible que la mécanique puisse aller plus loin.

> 17 L'instituteur fameux du conquérant du monde.

Aristote, né à Stagyre en Macédoine, 384 ans avant Jésus-Christ, mort à l'âge de 63 ans, fut le premier des naturalistes en même temps que l'un des plus grands philosophes. Son *Histoire Naturelle* est fondée sur une immensité d'observations que le mirent à même de faire les généreux secours d'Alexandre-le-Grand, dont il fut le précepteur.

18 Et de sa chasteté Réaumur moins jaloux
   Prostitua leur reine à de nombreux époux.

René-Antoine Ferchault de Réaumur, né à La Rochelle en 1683, mort en 1757, a été l'un de nos plus ingénieux naturalistes. Son *Histoire des Insectes*, en 6 vol. in-4°, est le fruit d'une constante application, et présente l'intérêt le plus soutenu.

19 L'aveugle Huber l'a vu par les regards d'autrui.

Huber (François), savant naturaliste, né à Genève vers 1750, fut atteint dès l'âge de quinze ans d'une cécité complète. Son domestique François Burnens, devenu depuis un magistrat distingué, lui servait à la fois d'explorateur, de lecteur et d'écrivain. Une de leurs découvertes est que la mère abeille est fécondée en l'air par l'approche des faux bourdons. Madame Huber a souvent aussi aidé son mari dans ses observations entomologiques.

20 Les Geer, les Réaumur ont décrit ses merveilles.

Geer (Charles, baron de), maréchal de la cour de Suède, né en 1720, mort en 1778, fut le disciple et l'ami de Linné. Il publia à Stockholm, de 1752 à 1778, en 7 vol. in-4°, des *Mémoires pour servir à l'Histoire des Insectes*, qui lui ont valu à juste titre le surnom de *Réaumur suédois*.

21 Son art, grace à Schœffer, vient d'enrichir le nôtre.

M. Schœffer, naturaliste de Ratisbonne, est l'un des premiers qui aient cherché à fabriquer du papier avec les écorces de diverses plantes, sans attendre qu'elles aient passé par l'état de linge : ses essais n'ont eu aucun résultat important pour le commerce.

22 Voyez cette fileuse, émule de Pallas,
   Et de l'onde aujourd'hui paisible citoyenne.

L'argyronète ou *araignée aquatique*, dont il s'agit ici, se trouve assez communément en France. Elle vit dans les eaux tranquilles, mais non dormantes. On a comparé avec raison sa coque à une cloche à plongeur.

23 Les uns ont leurs épieux, et les autres leur lance.

Le narwal, sorte de cétacé, est armé d'une dent droite, pointue, longue de 7 à 8 pieds, connue vulgairement sous le nom de *corne de licorne*. Chez le *xiphiar espadon*, le museau s'allonge en forme d'épée.

24 Le chevreau, la brebis, souvent un bœuf entier,
   Tout à coup engloutis dans son large gosier,
   Se débattent en vain dans sa gueule béante.

Le serpent devin (*boa constrictor*), qui a quelquefois plus de trente pieds de longueur, fait sa proie des plus grands animaux. Cet énorme reptile n'est nullement venimeux : il n'est redoutable qu'en raison de la force que lui donne sa taille. Dans quelques marchés des Indes, on en vend la chair par tronçons.

> 25   Couvé dans sa coquille ou formé tout vivant.

Les couleuvres pondent des œufs, mais les *vipères* sont *vivipares* : c'est de là qu'elles tirent leur nom.

> 26   Hélas ! à notre sort ne portez point envie !
> Un seul de vos printemps vaut toute notre vie.

Voyez dans la première partie du *Génie du Christianisme*, liv. V, ch. VII, les belles pages que M. de Chateaubriand a consacrées à décrire les migrations des oiseaux.

CHANT VIII.

> 1   Avec quelle pudeur son amante à son tour,
> En déguisant ses feux, irrite son amour......
> On croit voir Galatée, en sa ruse ingénue,
> Fuyant derrière un saule et brûlant d'être vue.

Il serait difficile de rendre plus heureusement ces deux vers charmants de la troisième églogue de Virgile :

> Malo me Galatea petit, lasciva puella,
> Et fugit ad salices, et se cupit ante videri.

Quelques traits de ce charmant tableau des amours des animaux, et principalement celui qui le termine, sont évidemment empruntés à ce passage de la *Lettre de J.-J. Rousseau à d'Alembert, sur les spectacles* : « Dans les amours des animaux, je vois des caprices, des choix, des refus concertés, qui tiennent de bien près à la maxime d'irriter la passion par des obstacles. A l'instant même où j'écris ceci, j'ai sous les yeux un exemple qui le confirme. Deux pigeons, dans l'heureux temps de leurs premières amours, m'offrent un tableau bien différent de la sotte brutalité que leur prêtent nos prétendus sages. La blanche colombe va suivant pas à pas son bien-aimé, et prend chasse elle-même aussitôt qu'il se retourne ; reste-t-il dans l'inaction, de légers coups de bec le réveillent ; s'il se retire, on le poursuit ; s'il se défend, un petit vol de six pas l'attire encore ; l'innocence de la nature ménage les agaceries et la molle résistance, avec un art qu'aurait à peine la plus habile coquette. Non, la folâtre Galatée ne faisait pas mieux ; et Virgile eût pu tirer d'un colombier l'une de ses plus charmantes images. »

> 2   Plus d'un chat sait aimer, et caresser, et plaire ;
> Moi-même j'ai du mien vanté le caractère.

Voyez l'éloge de Raton, qui termine le chant troisième de *l'Homme des Champs*.

> 3   De ses naseaux brûlants il souffle la terreur ;
> Il bondit d'allégresse, il frémit de fureur ;
> On charge, il dit : Allons...

Cette description du cheval est imitée du *Livre de Job*, si élégamment traduit par M. Levavasseur, que la mort a enlevé aux lettres au moment où il s'occupait de la traduction en vers des Psaumes et des Prophètes.

« Numquid præbebis equo fortitudinem, aut circumdabis collo ejus hinnitum? Numquid suscitabis eum quasi locustas? gloria narium ejus terror. Terram ungula fodit, exultat audacter: in occursum pergit armatis. Contemnit pavorem, nec cedit gladio. Super ipsum sonabit pharetra, vibrabit hasta et clypeus. Fervens et fremens sorbet terram, nec reputat tubæ sonare clangorem. Ubi audierit buccinam, dicit : Vah ! procul odoratur bellum, exhortationem ducum et ululatum exercitus. » (Job, XXXIX, 19-25.)

Voici comment M. Levavasseur a traduit ce passage :

« Le coursier belliqueux qui cherche les hasards
Te doit-il de son cou l'ondoyante crinière?
Te doit-il sa valeur, son audace guerrière,
Son fier hennissement, le feu de ses regards?
Le feras-tu bondir comme la sauterelle?
Sous lui la poudre vole et le sol étincelle:
Orgueilleux de sa force, il fond sur le guerrier ;
Il méprise la peur, il insulte à l'acier.
Entend-il près de lui siffler le trait rapide,
Voit-il briller le glaive ou le dard homicide,
Il agite dans l'air ses naseaux frémissants ;
Il se couvre d'écume, il s'enflamme, il bouillonne ;
Terrible, il bat la terre, et du pied la sillonne.
A-t-il de la trompette entendu les accents,
Allons, dit-il ; soudain comme un trait il s'élance ;
Intrépide, il affronte et la flamme et la lance.
Il dévore l'espace, et, bravant le trépas,
S'enivre du tumulte et du bruit des combats. »

4 Lyonnet, des savants le plus parfait modèle,
Ton talent fut sublime, et ton art fut humain.

Lyonnet (Pierre), non moins célèbre comme naturaliste que comme anatomiste et comme graveur, naquit à Maestricht en 1707, et mourut en 1789. Il s'est immortalisé par son *Traité anatomique de la chenille qui ronge le bois de saule* (phalæna cossus de Linné). Un trait qui fait honneur à la sensibilité de Lyonnet, non moins qu'à sa dextérité, c'est l'attention qu'il a de faire remarquer qu'il n'a eu qu'un très-petit nombre d'individus à faire périr pour ses observations : pour les empêcher de souffrir, il les suffoquait dans l'esprit-de-vin avant de les ouvrir.

« Le Traité anatomique de la chenille du bois de saule, par Lyonnet, est à la fois, dit M. Cuvier, le chef-d'œuvre de l'anatomie et de la gravure ; mais c'est surtout celui de la patience, et il n'y a point de livre plus propre à nous faire admirer la prodigieuse complication des ressorts qui animent des êtres organisés. Cet insecte, dont l'existence est à peine connue du vulgaire, a pour ses mouvements plus de quatre mille muscles, et un nombre peut-être double de rameaux reconnaissables de nerfs pour ses sensations, et de trachées pour sa respiration ; le tout sans préjudice des viscères propres à digérer et à filer, ainsi que de ses nombreux organes extérieurs ; l'imagination s'effraie, quand on songe que le moindre insecte, le moindre ver jouit d'une organisation au moins aussi développée, et que les naturalistes ont déjà compté plus de vingt mille espèces de ces petits êtres, dont aucun ne ressemble complétement à l'autre. »

Lyonnet employa dix années à faire cet ouvrage et à en graver les dix-huit planches, qui sont autant de chefs-d'œuvre. La Haye et Amsterdam, 1760, 1 vol. in-4° de plus de 600 pages.

> 5   Autrefois, dans Carthage, un roi syracusain,
> Stipulant en vainqueur les droits du genre humain,
> Abolit à jamais ces sanglants sacrifices
> Que de ses dieux cruels exigeaient les caprices.

Gélon, roi de Syracuse, ayant par ses victoires contraint les Carthaginois à conclure la paix, exigea d'eux le paiement de deux mille talents pour les frais de la guerre, et l'abolition des sacrifices humains qu'ils avaient coutume d'offrir à Saturne. Ce prince mourut vers l'an 478 avant Jésus-Christ.

> 6   De l'écureuil volant la famille douteuse.

Les écureuils volants ou polatouches ont la peau des flancs prolongée entre les jambes de devant et celles de derrière. Ce prolongement forme une large surface qui les soutient quelques instants dans l'air, et leur permet de s'élancer d'un arbre à l'autre à une distance assez considérable : mais c'est là tout leur vol.

> 7   En vain, nous étalant sa forme presque humaine,
> Et sa large poitrine, et sa taille hautaine,
> Et ses adroites mains, l'homme inculte des bois
> Sur nous des animaux revendique les droits.

« On a en effet, dit M. Cuvier, ridiculement exagéré la ressemblance de l'*orang-outang* avec nous ; et quoiqu'un écrivain moderne soit allé jusqu'à dire que l'homme est un orang-outang dégénéré, la vérité est que le célèbre orang-outang de Bornéo, le singe qui s'approche le plus de l'homme, n'atteint qu'à trois ou quatre pieds de haut, est incapable de marcher debout sans l'aide d'un bâton, se traîne même à quatre pieds plutôt qu'il n'y marche, et ne jouit de quelque agilité que lorsqu'il grimpe aux arbres. Sa physionomie rappelle un peu celle du nègre quand on le voit de face ; mais, de profil, la saillie de son museau décèle bientôt la brute. La longueur démesurée de ses bras lui donne un air hideux d'araignée ; et quoique ses mouvements aient quelque chose de moins brusque, de moins pétulant que ceux des autres singes, que son naturel soit plus doux, plus aimant, plus docile, il ne paraît pas qu'il soit beaucoup supérieur au chien par son intelligence ; mais sa conformation donnera toujours à ses actions et à ses gestes une ressemblance avec les nôtres, faite pour frapper le vulgaire. »

LA CONVERSATION,

POEME

EN TROIS CHANTS.

PRÉFACE.

Une société de personnes spirituelles et polies, réunies pour s'entretenir ensemble et s'instruire, dans une conversation agréable, par la communication mutuelle de leurs idées et de leurs sentiments, m'a toujours paru la plus heureuse représentation de l'espèce humaine et de la perfection sociale. Là, chacun apporte son désir et ses moyens de plaire, sa sensibilité, son imagination, son expérience, le tout embelli par la politesse et contenu par la décence; là, se montre un instinct mutuel d'affections bienveillantes, un doux sentiment de confiance, inspirée par le caractère et fortifiée par l'habitude; là, sans règlement, sans contrainte, s'exerce une douce police, fondée sur le respect qu'inspirent les uns aux autres les hommes réunis, sur le besoin qu'ils ont d'être bien ensemble, et sur une sorte de pudeur qui, devant un certain nombre d'auditeurs et de témoins, repousse tout ce qu'il y a d'offensant, de maladroit et d'injuste; là, un mot, un coup d'œil, fait sortir un aveu, prévient une inconvenance, commande un égard, réveille l'attention, réprime la pétulance; là, l'esprit, exercé par l'observation et par l'expérience, lit dans les yeux, sur le visage, dans le maintien de chacun, ce que son amour-propre craint ou desire d'entendre, et, assurant à la société l'équilibre des prétentions opposées et des vanités rivales, forme, de tout ce qui pourrait dégénérer en luttes et en combats, l'accord le plus harmonieux, rend agréables les uns aux autres les hommes réunis, leur inspire le désir de se revoir, et sème la veille les jouissances du lendemain.

Quand je me suis décidé à composer un poëme sur l'art de converser, il m'a fallu choisir entre deux moyens différents : celui des préceptes, qui conduisent à l'art de plaire, et celui des portraits, qui, en peignant les ridicules et les travers incommodes à la société, avertissent les interlocuteurs de les éviter. Lorsque, dans une ville de l'antiquité, on voulut détourner la jeunesse de l'ivrognerie, on fit jeter dans la place publique un esclave ivre, qui, se montrant dans toute la difformité de son vice, contribua beaucoup à en dégoûter les spectateurs. Un trait historique moins connu et non moins digne de l'être, nous apprend qu'un souverain, ami passionné de la peinture, érigea, pour l'instruction des jeunes peintres, un monument où se trouvaient placées, d'un côté les productions estimables, de l'autre les compositions défectueuses des peintres connus à cette époque. Là, les artistes trouvaient dans la même galerie les défauts qu'il fallait éviter, et les beautés qu'il fallait atteindre.

La morale et les arts étant le choix de ce qui est beau et bon, et la préférence donnée par le talent et la vertu à tout ce qui est digne d'admiration et d'estime, j'ai cru que la peinture fidèle des qualités et des caractères que la société craint ou chérit le plus pouvait donner à mon ouvrage tout l'intérêt et toute l'utilité dont le sujet est susceptible, et que, dans les portraits que j'ai tracés, le double exemple du bien et du mal pouvait tenir lieu de préceptes et de leçons. Renonçant donc à la forme didactique, toujours un peu froide et un peu monotone, j'ai fait passer sous les yeux du lecteur les travers de l'esprit et du caractère les plus remarquables, et qui nuisent le plus à l'agrément de la société.

Les torts de l'esprit sont l'objet du premier chant; ceux du caractère composent le second; dans le troisième, je leur oppose la peinture de l'homme aimable, dont on chérit également le bon goût et la moralité.

Les personnages une fois choisis, il ne suffisait pas de les faire voir; j'ai dû les faire entendre, et rapprocher de la comédie ce genre qui lui est inférieur sous tant d'autres rapports.

Chaque portrait bien tracé est une scène comique, *brevis comœdia*. Chacun doit donner lui-même la clef de son caractère, et se rendre ridicule par ses propres discours.

> Laurent, serrez ma haire avec ma discipline,
> Et priez que toujours le ciel vous illumine.
> Si l'on vient pour me voir, je vais aux prisonniers,
> Des aumônes que j'ai, partager les deniers.

Voilà les premiers vers que prononce le Tartufe, et rien de ce que l'on dit de lui dans le reste de la comédie ne le peint d'une manière plus comique et plus piquante. Le premier soin que doit s'imposer un peintre de portraits, c'est de bien connaître et de bien tracer les traits principaux de chaque caractère. Qu'on me permette de prendre dans mon ouvrage un exemple de ce genre de mérite. Le babillard veut garder pour lui le plus de temps possible, et en laisser le moins aux autres; il a pris en haine l'écriture et l'impression, parcequ'elles usent d'avance ce qu'il se promet de dire et de conter. Le poëte pouvait nous l'apprendre, mais il vaut mieux que le babillard nous l'apprenne lui-même; c'est ce qu'il fait dans les vers suivants :

> Je vois des voyageurs, de leur itinéraire,
> Qui pouvait enrichir la conversation,
> A leur retour affubler un libraire,
> Et d'un manuscrit téméraire
> Avant le temps risquer l'impression.
> Misérable parti dont il faut se défendre!
> Celui qui vous a lu ne veut plus vous entendre;
> Et, pour entretenir la curiosité,
> Il faut un peu de nouveauté.
> Je l'éprouvai cent fois; aussi les gens que j'aime
> De mes récits ont toujours la primeur;
> Je ne fais point dire par l'imprimeur
> Ce que je puis dire moi-même.
> Aux mêmes lieux réunis une fois,
> Nous pourrons converser enfin de vive voix.
> Dans l'absence on a beau s'écrire,
> Le papier transmet tout, mais il n'explique rien :

> C'est en parlant qu'on s'entend bien ;
> Et combien nous avons de choses à nous dire !

Pour donner plus d'effet à ces caractères, peut-être faudrait-il placer à côté l'un de l'autre deux personnages dominés par la même passion; mais alors, il faut que l'un des deux porte plus loin que l'autre le vice ou le travers qui leur est commun. Là, se trouve le mérite de la difficulté vaincue. C'est ce que j'ai essayé de faire dans la peinture de l'avare :

> En sortant il rencontre un rival d'avarice :
> Deux Harpagons ensemble : quel bonheur !
> Et que Molière en eût ri de bon cœur !
> Le premier, saisissant l'occasion propice,
> Dit au second : « Monsieur, mille pardons,
> Je vous ai, l'an dernier, fait passer de mes vignes
> Quelques vins, qui de vous n'étaient pas trop indignes.
> Si vous pouvez renvoyer les poinçons,
> Et les flacons vidés, et même les bouchons,
> Je vous saurai gré du message.
> C'est vous faire descendre à de bien petits soins ;
> Mais vous vous occupez comme moi du ménage,
> Et sûrement, si vous m'en aimez moins,
> Vous m'en estimez davantage. »

Ce genre de poésie étant privé de l'intérêt de l'action et des deux grands ressorts de la crainte et de l'espérance, la variété est presque le seul moyen d'attacher les lecteurs. Il faut, quand on le peut, y joindre l'artifice des oppositions et des contrastes; je l'ai employé le plus souvent qu'il m'a été possible. J'ai opposé au nouvelliste qui voit tout en bien, celui qui voit tout en mal ; à la maussaderie de l'humoriste chagrin, l'insipide adulateur; à tous deux, la circonspection vaniteuse de l'homme réservé, qui

> Demeure retranché dans sa grave sottise,
> Doute par vanité de tout ce qu'il apprit,
> Et meurt sans avoir eu l'esprit
> De se permettre une bêtise.

J'ai dit que je m'étais proposé de donner aux portraits qui composent mon ouvrage quelque ressemblance avec le genre comique. Il a donc fallu que la peinture de chaque caractère, que j'appelais tout à l'heure une courte comédie, fût une scène, qu'elle eût son action et ses personnages. Pour ajouter au petit intérêt dramatique dont le sujet est susceptible, j'ai dû les placer dans des situations telles, que leur caractère, irrité par l'obstacle et la contrariété, eût plus de force comique. Je suppose que le poëte place un homme possédé de la manie de parler entre deux hommes du même genre, dont l'un raconte l'histoire de ses procès, et l'autre celle de ses amours; voilà déja une situation embarrassante pour la personne contrariée, et amusante pour les spectateurs : mais si l'on suppose que le babillard, appelé dans un cercle nombreux, et dans lequel il desire vivement de réussir, ait préparé tous ses sujets de conversation, et qu'en arrivant il rencontre dans le salon les préparatifs d'une longue lecture, et un auditoire déja envahi par l'écrivain à la mode, la situation devient encore plus forte et plus comique.

Je demande la permission de citer le passage où j'en ai placé le tableau.

> Il frémit, si quelqu'un commence
> Un récit détaillé de procès ou d'amour;
> Il sait combien, en racontant leurs rixes,
> Les plaideurs sont diffus, et les amants prolixes.
> Mais à quel saint n'aura-t-il pas recours,
> Si, préludant à sa gloire future,
> L'écrivain à la mode, entre un double flambeau,
> Et son verre et son sucre, et sa carafe d'eau,
> Dans son fauteuil cherchant une posture,
> Et tenant en main son rouleau,
> Vient, de son chef-d'œuvre nouveau,
> Aux assistants proposer la lecture !
> Quels beaux moments va lui coûter
> Cette épouvantable aventure !
> Une soirée entière on eût pu l'écouter !
> Combien faut-il que son supplice dure !
> Énorme est le cahier, et fine l'écriture.
> Puis, de l'in-folio qu'il vient d'apercevoir,
> Le format menaçant aisément fait prévoir
> L'éternité de la torture.
> . . . .
> Adieu son espérance et ses projets du soir !
> Quel tourment est égal au tourment qu'il redoute !
> Il venait pour parler; il faudra qu'il écoute.

Théophraste, chez les Grecs, et La Bruyère, en France, ont écrit avec un grand succès des Caractères qu'on a regardés comme une peinture fidèle du siècle où ils ont vécu. On ne conteste plus la supériorité de l'écrivain français sur l'écrivain grec qui lui a servi de modèle, et dont l'ouvrage n'a presque de commun avec le sien que le titre. Le temps et le peuple pour lesquels La Bruyère a écrit lui ont donné de grands avantages sur son prédécesseur. Dans le siècle où Théophraste écrivit, la société, dans la Grèce, était encore loin du degré de politesse et de perfection auquel elle arriva sous Périclès. Aussi, dans ses *Caractères,* le lecteur se trouve souvent en mauvaise compagnie. En voyant passer devant soi les personnages qu'il décrit, on croit quelquefois être à la lisière des bois, au moment où les hommes, encore sauvages, sortaient de leurs forêts et de leurs cavernes. Presque tous ses portraits offrent l'empreinte grossière d'un commencement de civilisation ; la volonté y paraît sans noblesse, le caprice sans esprit, la fantaisie sans grace ; à chaque page, on trouve des descriptions dégoûtantes des fonctions les plus communes de la vie populaire, des marchés et des repas d'Athènes. La Bruyère, tantôt dans les sociétés polies, tantôt dans la cour la plus magnifique de l'Europe, entouré de personnes distinguées par de grands noms, de grandes places ou de grandes qualités, d'extravagances et de sottises titrées, tourne autour du crédit, de la puissance et de la gloire, en observe, en saisit le côté faible ; et, sans malveillance comme sans flatterie, écrit la plus noble et la plus intéressante partie de l'histoire du monde ; peint la ville et la cour mutuellement influencées, l'une par l'envie de dominer, l'autre par la manie bourgeoise de singer les manières des courtisans, et même leurs travers ; saisit les rapports des petits et des grands, et montre tout à coup l'autorité suprême, remettant tous les rangs au niveau, et ramenant à soi toutes les illusions de la multitude idolâtre de la grandeur.

Le caractère du gouvernement influe peut-être plus encore sur celui de la société. Dans Athènes et dans Rome, la place publique et le Forum étaient le théâtre habituel des conversations politiques. Là, des ambitieux et des intrigants, poussés par des orateurs passionnés, traversaient, en l'excitant, une populace effrénée; là, ne s'entendaient ni les insinuations de l'amitié, ni les conseils de la prudence, mais les cris violents de la faveur ou de la haine. Les spectateurs et les acteurs de ces scènes violentes les transportaient dans leurs sociétés particulières, aux lieux mêmes où les citoyens réunis venaient conférer paisiblement ensemble. Les fauteurs et les partisans de ceux qui se disputaient l'autorité, conservant les impressions qu'ils avaient reçues ou données, faisaient du salon un champ de bataille; aucun n'était lui; chacun était ou Marius ou Sylla, ou Pompée ou César, Antoine ou Auguste, et combattait pour un intérêt dont le desir de plaire ou de réussir avait fait le sien. Là retentissaient encore les vociférations bruyantes et les mouvements impétueux qui avaient éclaté dans les places publiques.

Quelle différence entre ces assemblées turbulentes, et ces sociétés aimables, où la France admettait avec plaisir les étrangers les plus distingués par leurs titres ou leurs lumières, et qui, s'ils emportaient quelquefois chez eux des mécontentements chagrins, et des préventions jalouses contre les formes ordinaires de nos sociétés, plus souvent partaient surpris et charmés de tout ce que la vivacité de l'imagination, l'amabilité du caractère, la grace du langage, la finesse du tact, l'observation délicate des bienséances, les concessions mutuelles de la politesse, leur avaient paru jeter d'agréments et de charmes dans les rendez-vous délicieux de ces conversations polies, souvent préférées aux fêtes les plus brillantes, aux divertissements les plus recherchés, et aux spectacles les plus magnifiques! C'est dans ces cercles polis, où tous les rangs, tous les états, tous les âges contribuaient ou à l'ennui ou au plaisir commun, que La Bruyère étudia les hommes, choisit ses caractères, et forma sa morale.

Ce n'est ni dans leurs études, ni dans leurs connaissances, que les plus fameux moralistes ont pris leurs manières distinctives; c'est dans leur naturel et dans leurs penchants: on s'en aperçoit en lisant Montaigne et La Bruyère. Né avec un desir extrême de se signaler, et par la singularité de ses idées et par celle de son style, Montaigne se place souvent à une trop grande distance des idées communes et des habitudes sociales. Un accent d'égoïsme se fait entendre dans son langage philosophique : *Je veux, je ne veux pas, je ne puis souffrir, je ne puis approuver, j'aime, je hais.* Voilà ses formules accoutumées ; il se rend raisonnable pour être extraordinaire ; il copie les anciens pour être neuf ; se fait trivial pour être énergique ; veut toujours dire mieux et surtout autrement que tout le monde. Il se fait une place à part par ses idées paradoxales, par ses principes tranchants, et par l'audace de son langage : aussi a-t-il dépassé quelquefois les limites de la morale et celles du bon goût. Dans La Bruyère, rien d'exagéré, rien de factice ; en parcourant le monde, il marche entre l'attention et l'indulgence ; il entre dans la société sans intérêt et sans prévention, il en sort sans engouement et sans humeur ; il traverse la foule sans la pousser, et sans se laisser entraîner par elle ; il passe à côté des préjugés et des opinions reçues, sans les heurter ni les caresser ; mais il accorde aux faiblesses humaines toute la condescendance que lui permettent la raison et la vertu ; ne se détache du monde que par des principes plus hauts et des idées plus justes ; se rend libre sans être insociable, et se tient à l'écart sans paraître isolé.

Pour peindre La Bruyère il faudrait avoir son génie, et ce talent inimitable qui renferme tant de sens dans une phrase, tant d'idées dans un mot, exprime d'une manière si neuve ce qu'on avait dit avant lui, d'une manière si piquante ce qu'on n'avait pas encore dit. Son ouvrage est, de tous les livres de morale, celui qui donne le mieux à la jeunesse la connaissance anticipée de ce monde, où les mêmes passions, les mêmes vices, les mêmes ridicules, malgré quelques changements passagers de costumes, d'usages, de modes et de mœurs, donnent à la génération présente une grande ressemblance avec celles qui la précèdent ou celles qui la suivent.

Je n'ai emprunté de La Bruyère que deux portraits, légèrement ébauchés dans son excellent ouvrage, et que j'ai tâché de m'approprier par l'exécution. En traçant des portraits, je n'ai pu lui dérober ses pinceaux; mais j'ai long-temps étudié sa manière, et peut-être lui devrai-je quelques-uns des suffrages que j'ambitionne. Les plus indulgents de mes lecteurs seront sans doute ceux qui savent les obstacles que me présentaient à vaincre l'exécution d'un ouvrage sans modèle dans aucune langue, la difficulté de distinguer tant de caractères, souvent voisins les uns des autres; surtout le travail des transitions, dont Boileau félicitait, ou, peut-être, accusait La Bruyère de s'être affranchi.

Je désavoue d'avance toutes les applications que la malveillance pourrait faire des caractères que j'ai tracés. Tous ont été pris dans la connaissance générale du monde, et ne doivent rien aux observations que je puis avoir faites dans les sociétés où j'ai vécu. J'ai toujours méprisé ceux qui, admis dans des maisons choisies par leur intérêt ou leur vanité, au lieu de conserver, en les quittant, l'impression de l'accueil qu'ils ont reçu, de la bienveillance qu'on leur a témoignée, des services qu'on leur a rendus, n'emportent que les froideurs de l'ingratitude, les observations de la malignité, quelquefois même les souvenirs de la haine; et, par le plus horrible abus de l'hospitalité confiante, donnent une publicité scandaleuse aux torts ou aux ridicules dont ils ont été les confidents ou les témoins. J'ai quelquefois usé de l'intimité à laquelle m'ont admis des personnes estimables, pour célébrer leurs vertus et leurs talents; mais si j'en avais abusé pour publier leurs fautes ou leurs faiblesses, là auraient commencé de mes repentirs le plus amer, et de mes chagrins le plus inconsolable.

Une femme poëte (madame Ph. de Vannoz), déjà connue par une élégie intéressante sur les tombeaux de Saint-Denis, a, dans la plus modeste des préfaces, annoncé son poëme sur la *Conversation*, comme le précurseur du mien. Je voudrais m'acquitter envers elle de ce qu'elle a dit pour moi d'honorable et de flatteur; mais ses éloges ont d'avance décrédité les miens, et mes louanges les mieux méritées seraient toujours suspectes de reconnaissance.

LA CONVERSATION.

PROLOGUE.

Je suis content de ma journée;
De mes poétiques travaux,
Ma diligente matinée
A vu naître les fruits nouveaux.
Dans ma paisible solitude
J'ai rassemblé mes amis les plus chers,
Amateurs, comme moi, des beaux-arts, des beaux vers,
Éclairés par l'usage et polis par l'étude,
Que chaque soir, dans mon humble réduit,
Auprès de moi l'habitude conduit;
Non l'habitude routinière
Qui, se traînant dans son ornière,
Dans la même assemblée et dans les mêmes lieux,
S'en va porter sa face coutumière
Et ses propos fastidieux;
Mais l'habitude libre et fière
Qui chez ses bons amis, les mêmes qu'autrefois,
S'acheminant par goût et s'arrêtant par choix,
Dans sa visite journalière,
Sans faste, sans bruit, vient à pied,
Avec sa grace familière,
Vider, en causant, la théière
Ou le flacon de l'amitié.
Par une amère et douce souvenance,
Nous sommes remontés aux jours de notre enfance :
Ces jours d'insouciance et de captivité,
Ces jours de crainte et d'espérance,
Et de tristesse et de gaieté.
Nous aimions à revoir, dans cette douce image,
Et les fruits de l'étude et les fleurs du jeune âge;

Nos peines, nos amusements,
Nos raquettes, nos rudiments,
La liberté des champs, les barreaux du collége ;
En hiver nos boules de neige,
Et dans l'été nos ricochets ;
Nos frivoles plaisirs, nos douleurs passagères ;
Pour tromper nos pédants, nos ruses mensongères,
Et leur férule et nos hochets ;
La balle, le sabot tournant sous la courroie ;
Le cerf-volant, objet de surprise et de joie
Pour les marmots qui, le suivant des yeux,
Croyaient monter avec lui dans les cieux.
Souvent encore, avec délices,
De nos scolastiques essais
Nous nous rappelions les esquisses,
Et nos premiers travaux, et nos premiers succès ;
Qui de nous, du laurier classique,
Vit ceindre son front jeune encor ;
Qui dans la lice poétique
Risqua le premier son essor.
Tantôt des mœurs, du caractère,
Boudeur ou gai, folâtre ou sérieux,
Dans notre enfance et dans nos premiers jeux,
Nous recherchions l'élan involontaire ;
Ces premiers traits, ces préludes obscurs
Des défauts, des vertus, et des talents futurs ;
Qui de nous, sous les lois d'un pédagogue austère,
Sujet obéissant et docile écolier,
De bonne heure apprit à plier
Au joug d'une règle sévère
Son caractère moutonnier ;
Lequel de nous, malgré sa chaire dominante,
Sa coiffure carrée et sa robe imposante,
Sur le nez du régent faisait, d'un doigt hardi,
Voler le pain en boulette arrondi.
Sans pesanteur, sans morgue doctorale,
Souvent nous raisonnions des lois, de la morale,
Des défauts de l'esprit et des vices du cœur ;
De la science, peu commune,
D'unir la gloire et le bonheur ;

PROLOGUE.

Du grand chemin de la fortune,
Du sentier étroit de l'honneur :
Aucun, par un babil frivole,
Sur son voisin n'usurpait la parole ;
Chacun parlant, se taisant à son tour,
Du discours circulaire attendait le retour ;
Et comme ces pinces fidèles
Qui, des tisons de mon ardent foyer,
De temps en temps, pour m'égayer,
Font pétiller les vives étincelles,
Par un commun accord passaient de main en main ;
Ainsi venant, revenant à la ronde,
L'entretien, tour à tour sérieux ou badin,
Sans désordre suivait sa marche vagabonde,
Et faisait jaillir à propos
Le feu de la saillie et l'éclair des bons mots.

De ces aimables causeries,
Qui me charmèrent tant de fois,
J'ai conservé les images chéries ;
J'en goûtai les plaisirs ; j'en dicterai les lois.

Dans les sociétés et les âges antiques,
Causer fut le premier des plaisirs domestiques ;
Et dans cette altière cité,
Mère du despotisme et de la liberté,
Dont les bandes républicaines,
Aux bords de l'Eurotas, aux rives africaines,
A travers les débris de vingt trônes divers,
Allaient porter ses lois, ses drapeaux et ses fers ;
Si du Forum les fougueuses cabales,
Ou du sénat les discordes fatales,
Ou les attentats des méchants,
Les avaient exilés dans leurs maisons des champs,
Ce qui restait d'illustres personnages,
Édiles, consuls, dictateurs,
Magistrats renommés, ou fiers triomphateurs ;
Sitôt que dans leurs paysages
Les bosquets paternels reprenaient leurs ombrages,
De leur sainte union resserrant les liens,

Chaque jour renouait leurs graves entretiens.
Là n'étaient point traités ces objets inutiles,
Ces petits intérêts, ces nouveautés futiles,
Qui des grandes cités composent les rumeurs ;
De la mode du jour le caprice fantasque,
Ou les plis d'une toge, ou les plumes d'un casque :
    Les bonnes lois, les bonnes mœurs,
Le chemin du bonheur, la route de la gloire ;
Les règles de la vie et de l'art oratoire ;
    Les grands tableaux de la terre et des cieux ;
Les droits des citoyens, la nature des dieux ;
La constante amitié, la tranquille vieillesse,
    Cueillant en paix les fruits de la sagesse :
Voilà leurs entretiens. De frivoles esprits
Aux interlocuteurs ne donnaient point le prix.
A Tuscule, à Tibur, aussi bien que dans Rome,
De grands hommes toujours écoutaient un grand homme.
C'étaient les Cicéron, les Caton, les Brutus,
    Les grands talents et les grandes vertus.
  Tous oubliaient, dans leurs riants domaines,
Et les ambitions et les pompes romaines ;
Et, dans le fond d'un bois, sous l'abri d'un berceau,
    Au bord paisible d'un ruisseau,
D'où leurs discours pesaient sur les destins du monde,
Entre eux se préparaient, dans une paix profonde,
    Ces grands édits et ces puissantes lois
Qui commandaient à Rome et maîtrisaient les rois.

  D'Athènes, plus galante et moins majestueuse,
    L'habitude voluptueuse,
Dans ce séjour des arts et de la liberté,
A qui Rome, à regret, cédait son cher Virgile,
    Donnait souvent à la beauté,
    Sur un auditoire docile,
    Une plus douce autorité.
Sa grace commandait à la foule attentive ;
    Et sa douceur persuasive,
Des plus mâles vertus et des plus hauts talents,
Quelquefois, j'en conviens, arrêtait les élans ;
    Mais plus souvent, d'une austère sagesse,

Son tact, plus délicat, corrigeait la rudesse ;
Du génie encor brut polissait l'âpreté ;
Des naturels hautains abaissait la fierté.
 Tous, à ses lois soumettant leur audace,
De leur brillant modèle ils admiraient la trace ;
Inspirés par l'amour, par le goût applaudis,
Et discoureurs plus gais, novateurs moins hardis,
Ce qu'ils perdaient en force, ils le gagnaient en grace.
Ainsi dans son salon, par les arts embelli,
  Encor brillante de jeunesse,
Aspasie assemblait ce que toute la Grèce
  Avait de grand et de poli.

Sur ce terrain brillant de grace et de richesse,
   Tous les fruits avaient leur saison ;
La gravité sévère y suivait la vieillesse,
Le calme l'âge mûr, l'audace la jeunesse.
   Instruits, par la comparaison,
   De ce qui plaît, de ce qui blesse,
Tous devaient l'un à l'autre une heureuse souplesse.
   Le riant épicurien
   Y déridait l'âpre stoïcien ;
   Sous les yeux de l'enchanteresse,
Pleins de grace à la fois et de sévérité,
Le bon sens n'eût osé se montrer sans finesse,
   L'illusion sans vérité,
   L'enthousiasme sans justesse ;
   Le bon exemple y formait le bon ton ;
La critique sévère avait sa politesse,
   L'éloge sa délicatesse ;
   C'était la fleur de la raison
   Et la moisson de la sagesse.
Là, dans les doux transports d'une amoureuse ivresse,
   Le front paré de fleurs ou de lauriers,
Les fameux orateurs, l'élite des guerriers,
Parlaient de leurs combats ou de leurs ambassades,
Rapportant d'un grand nom l'illustre autorité,
   Déployaient avec liberté,
Sans froid raisonnement, sans folles incartades,
Leur vieille expérience ou leur jeune gaieté.

II. 14

Là, brillaient sans orgueil, mais non sans dignité,
　Les Périclès et les Alcibiades,
　　Qui, parant leur autorité
　　Du suffrage de la beauté,
L'aimaient comme la gloire, et bien plus que la vie ;
　　Et, pour un regard d'Aspasie,
　　Oubliaient la postérité.
Là, les yeux petillants et d'amour et de verve,
　Le divin Phidias venait à la beauté
　　Offrir, avec timidité,
　　Son Jupiter et sa Minerve.
　Là, de Platon le maître respecté,
　　Par des accents pleins de noblesse,
Ramenant à l'espoir la triste humanité,
　　Faisait entendre à la faiblesse
Le dogme consolant de l'immortalité.
　　Aussi son amante ravie
Aspirant, pour lui plaire, à la célébrité,
　Après l'avoir aimé toute sa vie,
Voulait suivre son vol vers la postérité.

Tous deux, en même temps admirés dans la Grèce,
L'un à l'autre payaient un encens mérité.
Aspasie, en beaux vers, célébrait la sagesse,
Et Socrate amoureux encensait la beauté.
D'accord avec ses yeux, son cœur l'avait choisie ;
　　Comme lui, ses concitoyens,
　Fiers d'être admis à ses doux entretiens,
De la belle adoraient l'aimable fantaisie ;
Et les plus beaux esprits, les plus fameux héros,
　　Ne tenaient pas contre un des mots
　　Ou des sourires d'Aspasie.
　　Mais toute chose a son danger :
　　A ces réunions charmantes,
　Où quelquefois accouraient se ranger
Des amants en crédit, d'illustres intrigantes,
L'intérêt de l'état n'était point étranger.
Là, comme parmi nous, aux époques fameuses
De nos princes ligueurs, de nos belles frondeuses,
Dans un cercle affidé d'ambitieux amants,

PROLOGUE.

Pour dominer par eux la fortune publique,
Oubliant du plaisir les vains amusements,
Et l'humble autorité du pouvoir domestique ;
Par d'adroites faveurs, des entretiens charmants,
La beauté préparait les grands événements ;
    Et, par une double tactique,
  Avec adresse employait tour à tour
    Et l'amour et la politique,
    Et la politique et l'amour.

    Ainsi, d'une voix éloquente
    Dictant la paix ou les combats,
Aspasie entraînait la foule obéissante ;
Ou, des troubles publics prévenant les éclats,
    Composait sa triple couronne
Des myrtes de Vénus, du laurier de Bellone,
    Et de l'olivier de Pallas.

FIN DU PROLOGUE.

CHANT PREMIER.

Exposition du sujet. Invocation du poëte à sa muse. Portrait du nouvelliste. L'auteur tombé; les intrigues du parterre et du théâtre. L'homme qui raconte ses procès et les affaires dont il est chargé; l'érudit, qui rappelle les lois et les coutumes de l'antiquité; l'esprit léger, qui raconte ce qu'il a lu dans la gazette. Comparaison de ces deux personnages. Conversation du dîner; conversation dans le salon. Portrait du bavard; ses efforts pour se faire écouter; son embarras lorsqu'il ne peut plus parler. Portrait du bavard voyageur. Le conteur minutieux. Le bel esprit bourgeois, qui débite à lui seul tout l'esprit du quartier. Le conteur qui se pique d'exactitude dans les détails, et qui s'embarrasse dans ses récits. Le fâcheux interrogateur; le questionneur qui interroge, non pour savoir, mais pour montrer ce qu'il sait. Le rieur ridicule; l'homme ennuyé; le farceur ou Roquelaure bourgeois.

De l'art de converser, ce doux présent des cieux,
J'étais impatient de peindre les délices;
Mais je dois, avant tout, présenter à vos yeux
    Des dialogueurs ennuyeux
    Les ridicules et les vices :
Qui les connaît le plus, les évite le mieux.

    Toi donc, qui chantais les batailles,
  Forçais des camps, renversais des murailles,
      Muse, quitte le ton guerrier;
      Prends un accent plus familier,
      Une mine moins sérieuse,
  Et ne sois plus qu'une aimable rieuse;
      Causant au coin de ton foyer,
Fais-nous de nos travers des peintures fidèles;
      Tu ne manques pas de modèles.
  Dans ce salon, avant la fin du jour,
Combien d'originaux vont passer tour à tour!
Dans nos sociétés les ennuyeux foisonnent;
    Ton crayon seul peut les rendre amusants :
Dédommage-nous donc, par leurs portraits plaisants,
  De tout l'ennui que leurs discours nous donnent.

    D'abord, dans le cercle banal
    Arrive un couple nouvelliste :
L'un, triomphant et gai; l'autre, confus et triste;

CHANT I.

L'un d'eux voit tout en bien, l'autre voit tout en mal ;
Dès long-temps il prévoit un armement fatal ;
    Dès long-temps le premier ministre
    D'un des princes les plus puissants
A fait jusques à lui d'une ligue sinistre
    Parvenir les bruits menaçants.
    De crainte de le compromettre,
    En poche il a gardé sa lettre.
    Déjà, par l'ordre des Césars,
  Le fier Hongrois, la Bohême, l'Autriche,
    Se rassemblant de toutes parts,
Pour marcher contre nous laissent leurs champs en friche ;
Et, des monts du Frioul, des gorges du Tyrol,
  L'aigle rapide a déjà pris son vol.
L'autre voit tout en beau : pour nous, met en campagne
    Toutes les forces d'Allemagne ;
    Sur la Moselle et sur le Rhin
Impose un contingent à chaque souverain ;
    De toutes parts, sur la terre et les ondes,
Au secours de la France amène les deux mondes ;
Déjà sur le Weser nos foudres ont grondé ;
Déjà de nos soldats le Nord est inondé ;
Il forme un siége, il livre une bataille ;
Et, tandis qu'au milieu des rangs les plus épais
    Il frappe d'estoc et de taille,
  Nous apprenons qu'on a signé la paix.
    L'univers lui fait banqueroute :
    N'importe, il se remet en route,
Range ses bataillons, poursuit ses armements,
    Ses marches et ses campements.
Mais tandis qu'à son gré, troublant toute la terre,
Son babil triomphant fait ployer sous nos coups
L'aurore et le couchant, le Nord et l'Angleterre,
  De tous côtés l'ennui gagne, et c'est nous
    Qui payons les frais de la guerre.

Après lui, quel mortel, l'air triste et consterné
    Comme un criminel condamné
    Sortant de l'interrogatoire,
A son tour vient grossir le nombreux auditoire ?

C'est d'un drame nouveau l'auteur infortuné,
　　Encor tout froissé de sa chute.
Il conte à quels complots sa pièce fut en butte ;
De la réception l'effroyable tracas ;
　　Des malveillants les intrigues affreuses ;
　　　Des amoureux, des amoureuses,
Pour les premiers emplois les terribles débats ;
　　Quelle épouvantable aventure
　　Fit échouer la pièce à la lecture ;
　　Comment, malgré l'organe de Molé,
　　Aux intrigants l'auteur fut immolé ;
　　　Par quelle puissante entremise
A la correction la pièce fut admise.
Le jour enfin, le jour, où, si long-temps caché,
　　Sur tous les murs son nom fut affiché,
　　　Dans une attention profonde
Ont d'abord écouté les loges, le beau monde ;
Bientôt de tous côtés les spectateurs ont fui :
Les femmes ont donné le signal de l'ennui ;
　　Pour étouffer la cohue infernale,
En vain de l'amitié l'impuissante cabale,
　　Avec des mains telles que des battoirs,
　　　Faisait au loin sonner la salle,
　　　Et les foyers et les couloirs.
　　Déja les voix devenaient plus timides,
　　Des vétérans, jusqu'alors intrépides,
　　　Le courage était ébranlé :
Les uns étaient trop lents, les autres trop rapides ;
L'un avait mal compris, l'autre était mal soufflé ;
Desessarts même était sorti tout essoufflé.
Pourtant, de ses beaux vers, les connaisseurs avides
　　Voulaient aller jusqu'à la fin.
L'ordre était revenu : la pièce était en train,
　　　Lorsque des bravos, plus perfides
　　　Que les ronflements des dormeurs
　　　Et les sifflets et les clameurs,
Prenant de l'amitié la trompeuse apparence,
　　Mais dictés par la malveillance
　　　De quelque ennemi clandestin,
Ont du malheureux drame achevé le destin.

Tout espoir s'est perdu, l'on a baissé la toile,
Et l'auteur est parti, maudissant son étoile.
 Mais le public n'est pas au bout;
 Malgré sa chute, il est encor debout;
  On reviendra de la méprise :
La scène a ses appels pour un auteur tombé;
Et si la pièce a d'abord succombé,
  Il les attend à la reprise.
 Il a raison : un drame, de nos jours,
Tombe souvent, mais rebondit toujours.

  Pour exercer votre courage,
  Arrive un grave personnage,
Qui, chargé par état des affaires d'autrui,
Revient dans les salons en reverser l'ennui.
  A quatre heures de relevée
  Il vient, la séance levée;
  De terminer un grand procès
  De successions, d'héritages,
  De légitimes, de partages,
 Aux tribunaux pendant après décès :
Sur tous ces cas dès long-temps il s'exerce :
  Mais, durant cette controverse,
  Pour éclairer son jugement,
Plus d'une fois chaque partie adverse
A l'audience est venue humblement
  Lui présenter plus d'un mémoire,
  Qu'il a fait lire ou qu'il a lu.
Enfin, de ce procès il a toute la gloire,
Et, par ses soins, le bon droit a vaincu.
On se croyait quitte de cette affaire;
  Mais rien n'est encor décidé :
  Sur cette importante matière
Il ranime vingt fois l'auditoire excédé;
  Sa mémoire vient à son aide :
Il la discute, il la juge, il la plaide;
Prend tantôt le ton grave et tantôt les éclats,
  Et le fausset des jeunes avocats;
   Examine le pétitoire;
  De là revient au possessoire,

Cite le tribunal, les juges, le ressort;
Dans le procès-verbal découvre plus d'un tort;
　　Discute à fond l'avancement d'hoirie.
Maint plaidoyer succède à cette plaidoirie,
　　Et l'ennui seul met le salon d'accord.

Si l'entretien languit, ne soyez point en peine :
De la maison voisine arrive un érudit,
Qui dans les murs de Sparte, et de Rome et d'Athène,
Sait tout ce qu'on a fait, et tout ce qu'on a dit;
　　　Son érudition profonde
Vous dit d'où sont partis tous les peuples du monde :
Il sait par cœur les noms des princes du sénat,
Tous les Romains promus au grand-pontificat,
　　　Au rang d'édile, au tribunat;
　　Qui, sur la scène, a pris le premier masque;
　　Qui, chez les Grecs, porta le premier casque.
　　Du casque il passe au bonnet augural,
　　　　Au lituus pontifical;
Puis viennent les extraits des poudreux antiquaires,
Les temples, les tombeaux, les urnes cinéraires;
　　Puis il vous mène au mont Capitolin,
　　　　Au Quirinal, à l'Esquilin,
Au temple de la Paix, au vaste Colisée;
Compte les chapiteaux de sa masse brisée;
　　　Vous dit par quels heureux hasards
Il vient de découvrir un vieux camp des Césars.
Las des antiquités et romaines et grecques,
Des Latins, des Gaulois, des Volsques et des Èques,
　　　J'arrive enfin, quoique un peu tard,
A nos aïeux les Francs, à leurs premiers évêques.
Menacé de subir les annales d'un czar,
　　　D'un soudan, ou d'un hospodar,
　　　Je maudis les bibliothèques,
Et suis près d'excuser l'incendiaire Omar.

Cet autre est moins pesant; mais, comme une coquette,
Son esprit, tous les jours, se met à sa toilette;
Tous les jours reprenant son travail clandestin,
　　　Par le secours de la gazette,

CHANT I.

Du journal, ou du bulletin,
Avec qui, franc de port, son mérite s'achète,
A son lever s'instruisant en cachette,
Il compile, chaque matin,
Quelque sentence ou quelque historiette ;
Puis, quand il a rassemblé son butin,
De salon en salon, à quiconque l'approche,
De son savoir d'emprunt il prodigue l'ennui.
Dans ces jours de combat, ne craignez rien pour lui :
D'avance il aiguisa tous les traits qu'il décoche,
Et tout son esprit d'aujourd'hui
Était, en brouillon, dans sa poche.
Chez lui, rien de soudain, de naïf, d'imprévu :
Aucun des traits heureux que l'à-propos amène,
Qu'inspire le moment, que dicte le hasard :
Il arrange son air, son discours, son regard ;
Ennuie avec méthode, et déplaît avec art ;
Met son ame en parade et son esprit en scène ;
D'un savoir compilé fait une montre vaine,
Nous dit ce que l'on sait, nous rend ce qu'il a lu :
J'aimerais mieux cent fois qu'il fût sot impromptu.
Or, du pédant dont la docte arrogance
Avec l'instruction nous prodigue l'ennui,
Ou du fat recouvert d'un vernis de science,
Lequel doit obtenir de nous la préférence ?
Tous les deux, aux dépens d'autrui,
Font leur recette et leur dépense;
Mais l'un a l'étalage, et l'autre l'abondance.
L'un est ce fleuve fastueux
Qui, dans ces campagnes chéries,
Le long des bois, à travers les prairies,
Roulant pompeusement ses flots majestueux,
Des eaux du ciel, ou de sa propre source,
S'entretient dans sa longue course ;
L'autre ressemble à ce maigre ruisseau
Qui, tarissant au sortir du berceau,
Pour nourrir son eau mensongère,
Attend qu'un malheureux cheval,
Toute la nuit tournant d'un pas égal,
Lui porte le tribut d'une source étrangère;

Soutient quelques instants sa course passagère;
    Puis, laissant à sec son canal,
  Pour réparer sa richesse précaire,
A besoin de nouveau que le triste animal,
D'un pas laborieux recommençant sa ronde,
Au gré d'un seau qui monte et descend tour à tour,
Remplisse le bassin d'où son eau vagabonde
Va baigner de nouveau les bosquets d'alentour,
Et fait, en un instant, sa dépense d'un jour.
    Quelquefois l'heure de la table,
A ces groupes bavards, semble un temps respectable :
Que dis-je? du babil l'incommode fracas
    Nous poursuit même à l'heure du repas.
Quelque temps, sourde au bruit et lasse de la diète,
      La première faim est muette;
     Mais bientôt les vins et les mets
Ont, avec la gaieté, réveillé les caquets;
Chacun vide, en jasant, sa mémoire et son verre :
L'un conte son cartel, et l'autre son procès,
Un banquier ses calculs, un auteur ses succès,
    Ou l'inclémence du parterre.
    Dans le récit de ses projets,
L'un bâtit son château, l'autre plante sa terre.
Ou menace les cieux de son paratonnerre;
    Un papa gronde son marmot :
Tous, en faisant du bruit, pensent faire merveille;
   Les amants seuls chuchotent à l'oreille,
     Et s'entendent à demi-mot.
L'Amphitryon du lieu, durant ce cailletage,
    Dont le tumulte l'étourdit,
    Se plaint tout bas que ce tapage
Des convives distraits lui dérobe l'hommage,
    Que le dîner se refroidit.
Le gourmand, à son tour, qui, suivant son usage,
Très-sérieusement s'occupe de juger
    Les vins, le service et la chère,
    Dans cette intéressante affaire
    Gémit de se voir déranger :
    « Hé! messieurs, dit-il en colère,
A la digestion le calme est nécessaire,

CHANT I.

Et l'on ne s'entend pas manger. »
Enfin la scène change : on se lève, et la foule,
Les deux battants ouverts, dans le salon s'écoule.
  Là, se trouve un nombreux concours
  D'originaux qui, tous les jours,
 La tête vide et l'ame désœuvrée,
  Viennent autour de votre feu
  Perdre à vos dépens leur soirée.
  Entre les caquets et le jeu.
  Il faut bien passer en revue
 Cette nouvelle et bruyante cohue.

  Parmi ces êtres différents
 De goûts, de mœurs, de naissance et de rangs,
De loin, à son babil, je reconnais un homme
Dont le bruit m'assourdit, dont le fracas m'assomme.
On connaît cet oiseau, dont la fable autrefois
  Nous a peint l'étrange assemblage;
 Dont chaque plume a ses yeux, son langage;
Qui, sur le haut des tours, sur le sommet des toits,
  Jour et nuit prolongeant ses veilles,
  Des grands, des peuples et des rois,
Raconte au monde entier la honte ou les merveilles;
Dans qui tout voit, écoute et raisonne à la fois :
Le babillard n'en a les yeux ni les oreilles,
  Mais il en a les langues et les voix.
  A son approche menaçante
Tout fuit : malheur à ceux qui tombent sous sa main !
  De son bavardage inhumain,
Les yeux étincelants et la bouche écumante,
  Il vous harcèle, il vous tourmente.
Harassé, fatigué, je succombe au sommeil,
Et c'est lui que j'entends encore à mon réveil.
En vain vous espériez échapper par la fuite :
Inutile secours ! bientôt à votre suite,
  Pour vous atteindre il a pris son essor.
Vous êtes déja loin, il vous harangue encor;
  Fuyez : gardez qu'il ne vous voie;
Dans quelque abri voisin, quelque asile écarté,
  Enfoncez-vous : un bavard évité,

Dès qu'il la ressaisit, ne lâche plus sa proie.
« A propos, j'avais oublié,
Dit-il ; ce point ne fut discuté qu'à moitié ;
Votre bonheur veut que je m'en souvienne ;
Puisque je vous retrouve, il faut que j'y revienne. »
Il dit, reprend son homme, et, s'accrochant à lui,
Lui paie, en l'assommant, l'arriéré de l'ennui.
 Rencontre-t-il des auditeurs revêches,
  Il part : dans le groupe voisin
  Va chercher des oreilles fraîches
  Qui l'écoutent jusqu'à la fin.
  Eh ! qu'a-t-il besoin qu'on l'écoute,
 Qu'on lui réponde ? Il a d'autres moyens
 De prolonger sans vous ses entretiens :
  Se taire est tout ce qu'il redoute.
Jadis, quand de la scène il imagina l'art,
 Thespis, dit-on, créa le dialogue ;
  Mais l'inventeur du monologue
  Fut probablement un bavard
Qui, d'un cercle lassé de son impertinence,
  Ayant usé la patience,
  Imagina de se parler à part.
  Ce moyen est encore en France
  La ressource du babillard.
  Du cercle indulgent qui l'écoute
Quand il a mis la constance en déroute,
Il parle seul : son tour en revient plus souvent ;
Il parle à ses tableaux, à la muraille, au vent.
N'allez pas lui parler de ses biens, de ses terres,
  De ses amours et de ses guerres,
  De sa maison, de son loyer,
 De son poëme et de son plaidoyer :
 Pour exercer sa manie incurable,
  Le prétexte le plus léger
  Lui suffit ; et le misérable
Dont l'ennui patient tâche en vain d'alléger
  De son babil le poids intolérable,
Craignant d'entretenir, au lieu de l'abréger,
  Son bavardage inexorable,
Feint de comprendre, et craint d'interroger :

Tout est pour lui danger, crainte, ou souffrance.
Si je parle, réduit au tourment du silence,
Mais prêt à renouer le fil de son discours,
Il trépigne d'ardeur, il bout d'impatience :
 Il frémit, si quelqu'un commence
Un récit détaillé de procès ou d'amours ;
 Il sait combien, en racontant leurs rixes,
Les plaideurs sont diffus, et les amants prolixes :
 Mais à quel saint n'aura-t-il pas recours,
  Si, préludant à sa gloire future,
L'écrivain à la mode, entre un double flambeau,
Et son verre, et son sucre, et sa carafe d'eau,
 Dans son fauteuil cherchant une posture,
  Et tenant en main son rouleau,
  Vient, de son chef-d'œuvre nouveau,
 Aux assistants proposer la lecture !
  Quels beaux moments va lui coûter
  Cette épouvantable aventure !
Une soirée entière on eût pu l'écouter !
 Combien faut-il que son supplice dure ?
Énorme est le cahier, et fine l'écriture ;
Puis, de l'in-folio qu'il vient d'apercevoir,
Le format menaçant aisément fait prévoir
  L'éternité de la torture.
  Long-temps, pour mieux se faire voir,
Et se sauver, s'il peut, d'une épreuve si dure,
Parmi les auditeurs hésitant de s'asseoir,
  Il parle, il tousse : vain espoir !
Déja le cercle entier a, par un doux murmure,
Invité le lecteur, qui se met en devoir ;
Déja, pour secourir son oreille peu sûre,
  Orgon vers lui tourne son écoutoir.
Adieu son espérance et ses projets du soir.
Quel tourment est égal au tourment qu'il redoute !
Il venait pour parler : il faudra qu'il écoute.
 Il n'y tient plus, et gagne son manoir ;
 Mais se console en parlant sur la route.
 Malheur à vous s'il revient sur ses pas !
  Par hasard, ou par prévoyance,
Si quelquefois j'ai pris sur lui l'avance,

De son rôle passif, pour finir l'embarras,
Combien d'expédients n'imagine-t-il pas !
    Exercé dans cette tactique,
  Sur la morale ou sur la politique
    S'il s'élève quelques débats,
   De crainte que je ne m'explique,
    Et de voir ainsi reculer
L'heureux moment, le moment de parler,
A mes raisonnements il n'a point de réplique,
Fait semblant de céder ; à l'interlocuteur,
   Craint de laisser quelque prétexte,
   Et de doubler l'ennui du texte
    Par celui du commentateur.
Chaque phrase le tue ; et, prodigue des siennes,
  Il est toujours économe des miennes ;
Il ne demande point les comment, les pourquoi :
Les définitions le font pâlir d'effroi.
Si ma mémoire souffre, ou si ma langue hésite,
    A mon aide il accourt bien vite,
    M'importune de ses secours ;
Si quelque terme obscur en a brouillé le cours,
Lui-même il éclaircit ma phrase embarrassée,
Accélère les tours, diligente les mots,
   Vient au-devant de mes propos,
Appelle la parole, accouche la pensée ;
   Et, pour sauver le temps perdu,
    Par un habile stratagème,
Me fournissant le mot trop long-temps attendu,
Se délivre de moi pour m'accabler lui-même.

  Enfin, voici venir un grand conteur ;
    De ses projets, de ses affaires,
De ses travaux guerriers, civils ou littéraires,
    Infatigable narrateur,
D'avance minutant l'histoire qu'il prépare,
   Pour en venir à sa narration,
Il n'attend plus qu'une transition
Ridiculement plate ou follement bizarre.
    Peu délicat sur les moyens,
    Quelquefois à nos entretiens

Donnant tout à coup une entorse,
Sa brusque incursion en écarte l'objet,
Et de plein saut il arrive à son fait.
D'autres fois, préférant la finesse à la force,
Pour placer son récit, par lui seul attendu,
L'oreille au guet, l'esprit tendu,
Et du discours qui roule observant chaque phase,
Long-temps prêt à saisir le rapide à-propos,
Il tourne autour de chaque phrase,
Tâte tous les sujets, et guette tous les mots :
Heureux s'il peut hâter l'occasion tardive !
A-t-il perdu, par un fâcheux écart,
La transition fugitive ;
Dans sa tyrannie attentive,
L'imperturbable babillard,
Occupé de tenir votre oreille captive,
Au premier incident se rattache avec art,
S'en fait un texte, et se jette au hasard
Dans son récit. Malheur à qui l'écoute !
Si de Rome ou de Naple on a nommé la route,
Il connaît ces pays : lui-même sur les lieux
En dessina les monuments pompeux ;
La collection en est prête ;
Rome n'est plus dans Rome ; elle est toute en sa tête.
Avec raison tout bavard nous fait peur :
Mais quel fléau pareil au bavard voyageur?
Pour nous endoctriner, empressé de s'instruire,
Gros de ce qu'il a vu, gros de ce qu'il ouït dire,
Sa plus douce espérance est de le répéter ;
Il va pour voir, revient pour raconter;
Et raconte pour qu'on l'admire.
Mais, pour arriver à son but,
Il a besoin d'un honnête début.
La philanthropie à la mode
Lui fournit un moyen séduisant et commode :
« Messieurs, dit-il, je vous l'avais promis,
J'ai voyagé pour moi, pour mes amis :
Jouir tout seul est un plaisir barbare
Que je m'interdis constamment;
Car je hais presque également

La richesse égoïste et la science avare.
Que font pour nous les oreilles, les yeux
　　D'un voyageur silencieux,
　　Qui, dans sa mémoire discrète,
D'un trésor enfoui receleur odieux,
　　Garde pour lui sa richesse muette?
　　　Je ne suis point de ces gens-là.
　　　De ce qu'on sait, de ce qu'on a,
　　On ne jouit qu'autant qu'on le partage
Avec ses vrais amis. Le profit d'un voyage
　　　(Nul n'oserait le contester),
C'est de connaître, et surtout c'est d'instruire :
Qui voyage long-temps, peut long-temps raconter ;
　　Et beaucoup voir vaut mieux que beaucoup lire.
Le monde est à celui qui sait l'étudier ;
　　　Qui n'a rien vu n'a rien à dire,
Dit très-bien La Fontaine. Un triste casanier
Aux frais des entretiens rarement peut suffire ;
Son savoir paresseux vaut ce qu'il a coûté,
　　Et, qui pis est, il n'est point écouté.
Je vois des voyageurs, de leur itinéraire
Qui pouvait enrichir la conversation,
　　A leur retour affubler un libraire,
　　　Et d'un manuscrit téméraire,
　　Avant le temps, risquer l'impression.
Misérable parti dont il faut se défendre !
Celui qui vous a lu ne veut plus vous entendre ;
Et, pour entretenir la curiosité,
　　Il faut un peu de nouveauté.
Je l'éprouvai cent fois : aussi les gens que j'aime
　　De mes récits ont toujours la primeur ;
　　Je ne fais point dire par l'imprimeur
　　Ce que je puis dire moi-même.
　　Aux mêmes lieux réunis une fois,
Nous pourrons converser enfin de vive voix ;
　　Dans l'absence on a beau s'écrire,
Le papier transmet tout, mais il n'explique rien :
　　C'est en parlant qu'on s'entend bien ;
Et combien nous avons de choses à nous dire !
Vous d'abord, je l'espère, et vous pouvez compter

Sur toute ma reconnaissance,
A dater de ma longue absence,
Vous voudrez bien me raconter,
En peu de mots, les troubles de la France :
Peu dit beaucoup à qui sait écouter ;
A discourir long-temps je n'oblige personne :
Jamais surtout je ne fais répéter.
Quant à moi, je vous abandonne
De tout mon cœur mes notes, mes journaux,
Pleins d'aperçus curieux et nouveaux ;
Je les ai mis en ordre, et je pourrais sans peine
Les dire ici tout d'une haleine :
Mais, attendant que jusqu'au bout,
De point en point, de page en page,
Je vous puisse à loisir commenter mon voyage,
Je veux vous en donner dès ce soir l'avant-goût. »

Ainsi, d'un air de bienfaisance
Masquant son importunité,
Sa caressante vanité
Vous poursuit de sa complaisance,
Et vous fait peur de sa bonté.
Il tient parole ; et, sans miséricorde,
De son itinéraire il entame l'exorde ;
Il vous met du voyage ; il repasse en courant
Tout ce qu'il vit ou de rare ou de grand ;
De la Durance au Pô, du Pô jusqu'à la Loire,
Tout a son incident, son roman, son histoire :
Et l'auditeur infortuné,
De poste en poste à sa suite traîné,
Craint son exactitude et maudit sa mémoire ;
Ou du voyageur inhumain
Se délivre en rêvant, et le perd en chemin.
Alors, averti qu'il abuse,
Au malheureux qui l'écoute à regret,
Et quelquefois d'un air distrait
Lui bégaie en bâillant sa réponse confuse,
Il pense devoir une excuse :
« Monsieur, dit-il, non sans quelque embarras,
Je crains bien, dans ma conscience,

D'avoir trop présumé de votre patience :
   De mes discours vous semblez un peu las.
Ah! monsieur, avec moi mettez-vous à votre aise.
   — Aux gens distraits aucun discours ne pèse,
Lui répond sa victime, et je suis dans ce cas.
Vous avez en effet parlé, ne vous déplaise,
    Assez long-temps!... mais je n'écoutais pas. »

O vous dont la fatigue invoquait le silence,
Malheureux auditeur, maintenant armez-vous
    De toute votre patience!
Voici des rabâcheurs l'insupportable engeance;
C'est à présent qu'il faut l'absence ou les verrous!
Et d'abord sauvez-vous par une fuite prompte
    De ce conteur minutieux,
    Dont l'ennui consciencieux
De quelque omission, pour réparer la honte,
Malgré vous, *ab ovo*, recommence son conte;
Qui marche à reculons, et se gonfle en chemin
    De froids détails et d'incidents sans fin.
Telle, dans ces climats qu'un long hiver assiége,
Ramassant les frimas sur la pente des monts,
    Se grossit de légers flocons
    Une boule énorme de neige.

Ferai-je plus de grace au babil odieux
    Du voyageur fastidieux,
Qu'avec peine souvent l'amitié même endure?
J'en ai déja tracé le profil à vos yeux;
    J'en dois achever la peinture.
Pour nous conduire à Rome, au Mexique, au Japon,
S'il quitte ses foyers et le vol du chapon,
Quel dégoût, pour le suivre, il faut que je surmonte!
Comptable aux auditeurs des faits prodigieux
De cette grande course où son récit remonte,
    En narrateur religieux,
Il croit vous redevoir, pour apurer son compte,
L'histoire du départ, des malles, des adieux,
Le quantième du mois, la distance des lieux:
    Le nom, l'enseigne des auberges,

S'il y mangea des pois ou des asperges ;
　Comment son essieu s'est cassé,
　Sur quel chemin sa voiture a versé ;
Les secours empressés de tout le voisinage,
　Et les rouliers jurant sur son passage.
　Eh! mon ami, soyez moins scrupuleux !
Sur des faits qui n'ont rien de bien miraculeux,
　On vous pardonne un peu de négligence.
　　Peu nous importe, en vérité,
Que loin de votre bourg ou de votre cité
Vous voyagiez en poste, ou bien en diligence.
　　Pour des récits plus curieux
　— Réservez votre exactitude ;
　Tous ces détails, pour vous seul précieux,
Risquent d'être payés d'un peu d'ingratitude ;
Plutôt qu'être diffus, devenez oublieux
Sur des événements de petite importance :
　L'art d'être exact est l'art d'être ennuyeux.
Sans vous appesantir sur chaque circonstance,
　　Racontez la chose en substance :
　　En disant moins, vous direz mieux.
　　Mais où trouver des antidotes
Contre ce rabâcheur d'anciennes anecdotes,
Qui ramène toujours, dans ses contes maudits,
　　Les mêmes faits, les mêmes dits ;
　　Et dont l'oublieuse mémoire
　　Tire de son vieux répertoire
Des faits sans nouveauté, des souvenirs sans choix,
Qu'il emprunte des Francs et même des Gaulois ?
Des récits curieux qu'il veut que l'on admire,
　L'impertinent, jusqu'à satiété
　　Étourdit la société
　　Qui forme son petit empire ;
Des traits plaisants dont il veut faire rire,
Rit le premier : s'il n'en est pas l'auteur,
　　Il en est le commentateur ;
　　Il en explique la finesse,
　　La grace, la délicatesse ;
　　En faveur de chaque *dictum*
Fait un avant-propos, et compose un *factum* ;

Boutiquier sans manufacture,
Il hante tous les lieux propres à son métier,
  Et, des salons Trublet populacier,
    Emmagasine à l'aventure
  Le bel esprit dont il est le courtier;
  De rien créer prudemment se dispense;
    Redit toujours, jamais ne pense,
Et débite, à lui seul, tout l'esprit du quartier.
Le dégoût le précède et l'ennui l'accompagne.
Quelquefois, cependant, le scrupule le gagne :
« Ne vous ai-je conté ce trait-là qu'une fois?
Dit-il. — Quarante au moins, répondez-vous. — N'importe,
  Répond-il en rouvrant la porte.
Avec plaisir encor vous l'entendrez, je crois. »
Alors quelqu'un s'approche, et lui dit : « Cette histoire
(Je l'entendis souvent) plut dans sa nouveauté;
Mais tout récit déplaît, s'il est trop répété.
Ou changez de discours, ou changez d'auditoire. ».
Inutiles conseils! Pour combler notre ennui,
Infatigable écho des autres et de lui,
  Et, suivant sa triste coutume,
Reprenant fil à fil tous les points qu'il traita,
Ce qu'il a déjà dit, le bourreau le résume;
  Il raconte ce qu'il conta ;
  Ses récits sont un *errata,*
  Et ses suppléments un volume.

  Cet autre, encor plus impatientant,
    Soit distraction, soit malice,
Des nombreux démentis qu'il se donne en contant,
Doublant tous ses récits, double notre supplice :
« Un soir, dit-il (j'ai tort, c'était après soupé),
    Enfermé dans une berline...
    Je veux dire dans un coupé,
Je partais pour Anvers, ou plutôt pour Maline...
Non, c'était pour Honfleur... j'oubliais, pour Rouen :
    Mille excuses... c'était pour Caen :
  Hé! non, j'y suis à présent... pour Coutance.
  Le nom du lieu n'est pas sans importance. »
Alors ce qu'on nomma long-temps un persifleur

Lui dit : « Monsieur, votre mémoire
Vous fait souvent faux-bond : écrivez votre histoire,
Et de vos souvenirs rassemblez-y la fleur :
Alors nous vous suivrons sur la terre et sur l'onde ;
Mais, soit que vous veniez du Havre ou de Honfleur,
Ne hasardez jamais vos récits dans le monde.
    Sans être assisté d'un souffleur. »

Cet autre plus rusé, pour être sûr de plaire,
Débitant son esprit sous un titre imposant,
D'un mot de sa façon, et qu'il trouve plaisant,
Charge intrépidement ou Piron, ou Voltaire ;
    Et, sous l'abri de ce nom tutélaire,
      Interrogeant l'opinion,
      Mais jusqu'à la décision
N'osant de son enfant se déclarer le père,
    Réclame le mot, s'il prospère ;
    Et, s'il déplaît, le laisse au prête-nom.
Que d'importunités amène dans la vie,
De se faire valoir la tyrannique envie !
Dans un coin du salon, voyez ces deux parleurs,
Qui n'écoutent jamais de discours que les leurs ;
    L'un raconte, l'autre interroge,
Mais tous deux, l'un de l'autre, attendent un éloge.
N'allez pas vous jeter entre ce double écueil :
    Tous deux sont, l'un de l'autre, ennuyés par orgueil.

    Joignons donc, pour dernier supplice,
A la prolixité d'un pesant narrateur,
    La curiosité factice
    D'un fâcheux interrogateur ;
Non du sot dont tantôt j'ai tracé la peinture,
    Et qui, faute d'amusement,
S'il trouve le jour long, et si le temps lui dure,
De mille questions vous fait une torture,
    Et vous punit de son désœuvrement ;
Mais de cet homme vain, qui finement s'annonce
Pour un observateur instruit et curieux,
Et, faisant à la fois et demande et réponse,
Saisit tous les moyens de briller à vos yeux.

Oh! pour lui quelle joie, et pour vous quel supplice,
Si, quand vous revenez d'Italie ou de Suisse,
   Il vous rencontre à votre débotté!
L'occasion est belle et le moment propice :
Que je vous plains! Sauvé de plus d'un précipice,
Par d'affreux contre-temps en chemin ballotté,
   Par les ornières cahoté,
Et charmé de revoir votre agréable hospice,
  Vous espériez, dans un joyeux banquet,
  De vos enfants entendre le caquet,
Des arbres de leur âge observer la croissance,
Avec vos espaliers refaire connaissance,
   Reposer dans votre bosquet;
De votre épouse en pleurs terminer le veuvage;
  De vos jardins lui porter un bouquet;
Vous montrer bien portant à votre voisinage,
De vos correspondants feuilleter un paquet,
  Et vous remettre au courant du ménage.
  Vaine espérance! un sot questionneur,
Malgré vous introduit, trouble votre bonheur;
  Du peu qu'il sait l'incommode étalage
D'interrogations sans pitié vous poursuit.
De pays en pays, de village en village;
   Sur vos traces vous reconduit,
  Et vous remet, malgré vous, en voyage.
  Un air d'humeur vainement l'éconduit :
Par vos récits, dit-il, mieux que par la lecture,
Il veut des lieux divers connaître la culture,
   Et le commerce et le produit.
Que tous ses beaux semblants n'aillent pas vous séduire;
   Son projet n'est pas de s'instruire,
   Mais de prouver qu'il est instruit.

A ce questionneur succède une autre espèce,
Plus ennuyeuse encore et de plus mauvais goût.
Sans être interrogé, celui-là vous dit tout;
Où sont placés ses fonds, et sur quelle hypothèque;
Ce qui forme sa cave et sa bibliothèque.
Pour vous intéresser, il vous conte souvent
L'histoire du collége et celle du couvent;

Comment son fils, sa fille, y sont couverts de gloire.
  Pour gagner le prix de mémoire,
  Son cadet a dit rondement
  Sa grammaire et son rudiment.
 Puis le détail de toute sa famille ;
Les chagrins, les plaisirs, les torts de ses marmots :
  Aglaé, sa plus jeune fille,
  Si sémillante, si gentille,
  Ce matin n'a pas dit deux mots ;
Charle a brisé son char, et François ses grelots ;
Antoine a mal aux dents, et sa chère Julie
Avec un peu d'humeur a mangé sa bouillie.

  Parmi ce grand nombre de sots,
  Chacun déplaît à sa manière ;
  Le plus fatal à mon repos,
 C'est ce mortel qui, bon par caractère,
  Écrivain sage, ami sincère,
  Mais sans tact et sans à-propos,
 Rencontre juste, en cherchant à vous plaire,
Tout ce qu'il convenait d'éviter et de taire.
  Aux bienséances plus soumis,
Il pourrait vous parler de vous, de vos amis,
 De vos parents, des jours de votre gloire ;
  Sa désobligeante mémoire
S'occupe de vos torts et de vos ennemis ;
 Soigneux de fuir les images paisibles,
Les pensers consolants et les sentiments doux,
Ses tristes entretiens, à la santé nuisibles,
  Ne savent réveiller en vous
Que d'amers souvenirs et des rêves pénibles.
  Aussi, pour ces fous désastreux
  Mettant bas toute complaisance,
  Du discoureur malencontreux
  J'évite avec soin la présence ;
Mais comme on a parfois trop de plaisir en France,
J'aurai recours à lui, si je suis trop heureux.
  Enfin ce fâcheux personnage,
Que l'on redoute encor lorsqu'il ne parle plus,
  Dans la foule se fait passage,

Et de son mortel verbiage
Les derniers mots loin de moi sont perdus.

Alors, tout différent de mœurs et de langage,
Arrive un gros rieur, dont la stupidité,
En tout lieu promenant sa triste hilarité,
Et d'un air enjoué recouvrant sa sottise,
Pense, à force de bruit, racheter sa bêtise,
  Et m'afflige de sa gaieté.
 Apprenez-lui quelque accident funeste,
  Un incendie, un massacre, une peste,
Il rit; racontez-lui vos propres maux, il rit :
Rire est son passe-temps, sa grace, son esprit ;
Rire, à vos questions est sa seule réponse ;
Il rit en vous quittant; il rit quand il s'annonce ;
Et, dans ce grand concours d'importuns et de fous,
Prouve qu'un sot rieur est le pire de tous.
  Par sa tristesse atrabilaire,
  Ou son rire impatientant,
  Si l'homme ennuyeux déplaît tant,
 L'homme ennuyé prétendrait-il à plaire?
Du bonheur même en secret mécontent,
Attristé sans chagrin, soucieux sans affaire,
Des succès qu'il desire et de ceux qu'il espère
  Il vous glace en les racontant.
Parlez-lui des objets de toute sa tendresse,
  De ses amis, de sa maîtresse,
Pour reprendre son somme il s'éveille un instant ;
Avec même froideur vous dit : Je hais ou j'aime ;
Et, désintéressé du monde et de lui-même,
En dormant vous aborde, et bâille en s'écoutant.
  Mieux conseillé par la sagesse,
Il pourrait dans sa chambre enfermer sa tristesse,
Et, pour évaporer son déplaisir secret,
Ou quereller sa femme, ou gronder son valet.
 Mais non : il faut que le public essuie
Le mal contagieux d'un oisif qui s'ennuie.
Vainement l'amitié lui dit : « Imitez-nous ;
Riez, buvez, chantez : deux hommes comme vous
  Attristeraient tout un royaume.

Recourez à Brunet; essayez de la paume;
La balle, dans ce jeu volant de main en main,
Court, tombe, se relève, et reprend son chemin :
Des conversations c'est l'image fidèle.
Sinon pour passe-temps, prenez-la pour modèle;
Sans cesse allant, venant, revenant tour à tour,
Exacte à son départ, exacte à son retour,
Avec la même ardeur, et par la même voie,
Chaque parti l'attend, l'arrête, et la renvoie.
    Mais entre vous et l'interlocuteur
    Les entretiens périssent de froideur,
    Et la demande expire sans réponse.
Le *spleen* gagne partout, sitôt qu'on vous annonce.
Vain discours : on l'évite, on le trouve en tous lieux.
    Pour écarter un visiteur si triste,
    Tous les portiers l'ont inscrit sur leur liste;
    L'homme ennuyé n'est jamais qu'ennuyeux.
Aussi dès qu'il paraît, tremblant à son approche,
La gaieté fuit, l'ennui gagne de proche en proche.

Alors, pour ranimer l'allégresse aux abois,
    Vient un farceur, Roquelaure bourgeois,
        Bien plus fier de l'artillerie
        De sa grosse plaisanterie,
    Que s'il avait trouvé le feu grégeois.
        C'est lui qui, depuis vingt années,
    Traînant partout ses farces surannées,
Des travers étrangers fait nos amusements;
    Singe les lords, les barons allemands ;
Fait le prédicateur, la novice, l'abbesse;
    Vous mène au bal, vous entend à confesse;
    Dans ses panneaux fait tomber un benêt,
        Ou mystifie un Poinsinet.
Puis viennent les rebus et les turlupinades,
    Les quolibets, les pasquinades,
        Le calembour, enfant gâté
    Du mauvais goût et de l'oisiveté,
    Qui va guettant, dans ses discours baroques,
De nos jargons nouveaux les termes équivoques;
    Et, se jouant des phrases et des mots,

D'un terme obscur fait tout l'esprit des sots.
Tandis que de plaisir le cercle entier trépigne,
Un homme sérieux, dont le bon goût s'indigne,
De ses tristes gaietés loin de prendre sa part,
Dans un coin du salon reste seul à l'écart ;
Confus à son aspect, le bouffon se retire,
Et l'on rit du plaisant chargé de faire rire.

CHANT SECOND.

Des ridicules de la conversation qui tiennent aux vices du cœur. L'égoïste qui parle sans cesse de lui ; l'officieux ; l'indifférent et le froid interlocuteur ; le babillard turbulent ; le curieux ; le mystérieux ; le menteur ; le présomptueux ; l'homme susceptible et ombrageux ; le défiant ; le contradicteur ; le flatteur ; le méticuleux ; le médisant et le brouillon ; l'avare.

Des ridicules trop nombreux,
  Qui de l'ennui sont les fâcheux complices,
    J'ai mis les portraits sous vos yeux :
    Il est temps de peindre les vices,
De nos cercles polis tyrans plus dangereux.
    L'orgueil en vain le dissimule :
Les sots et les pervers se rapprochent entre eux.
    Le vice est souvent ridicule,
    Le ridicule est souvent vicieux ;
Dans la société l'un et l'autre circule,
L'un vient du caractère, et l'autre de l'esprit.
Du plaisir social source toujours féconde,
    L'expérience nous l'apprit,
    Le caractère est, dans le monde,
    Un pouvoir plus sûr que l'esprit.
  L'un veut qu'on l'aime, et l'autre qu'on l'admire ;
  L'un se fait craindre, et l'autre nous attire ;
    L'un est ce phosphore brillant
Qui luit sans échauffer et meurt en pétillant ;
L'autre est cette agréable et paisible lumière
Qui de ses doux rayons effleure ma paupière,
    Épure l'air, féconde les vapeurs,

Dissipe de l'ennui les fantômes trompeurs,
Se répand en bienfaits sur la nature entière,
Donne aux fruits leur nectar, et leur émail aux fleurs.

Vous donc qui prétendez à plaire,
Songez-y bien : par la raison sévère
Tous les torts ne sont pas également permis :
De l'esprit aisément les péchés sont remis,
Mais non pas ceux du caractère.
Aussi d'un ton plus gai, jusqu'ici, dans mes vers,
Des causeurs ennuyeux j'ai décrit les travers ;
Mais, dans la nouvelle carrière
Dont ma muse à regret a franchi la barrière,
Que de prétentions, de vices, de défauts,
Vont attrister mon cœur et noircir mes tableaux !
Je vois d'ici la sombre Défiance,
La folle Vanité, la froide Insouciance,
L'Esprit inattentif et l'Esprit curieux,
L'Indiscret, le Mystérieux,
Surtout l'odieux Égoïste,
Du bonheur social le fléau le plus triste.
Voyez ce mortel orgueilleux,
De la société tyran impérieux :
Devant lui sans cesse en extase,
A tout propos, dans chaque phrase,
Le *moi* régnant, le *moi* vainqueur,
Est dans sa bouche ainsi que dans son cœur.
Il n'est point de sujet, il n'est point de matière,
Quelque étranger qu'il soit, où de quelque manière
Le *moi* ne reparaisse avec tout son ennui ;
Il compare, il rapporte, amène tout à lui.
Les grands seigneurs, les subalternes,
Les républiques et les rois,
Les grands et les petits, les nobles, les bourgeois,
Les auteurs anciens et modernes ;
Pour peu qu'il fasse quelque effort
Pour en rapprocher la distance,
Ont toujours avec lui quelque léger rapport,
Ou du moins quelque différence.
Pour nous entretenir de soi,

Heureux quand il trouve un prétexte !
C'est son premier besoin, c'est sa suprême loi :
 Chaque mot lui fournit un texte,
 Où son orgueil fait revenir le *moi*.
On parle de banquet ? il vous cite sa table ;
 De vin ? le sien est délectable ;
 D'un beau jardin, ou d'un hôtel charmant ?
Il vous cite son parc et son ameublement ;
D'un rhume ? de sa goutte il vous conte l'histoire ;
D'astronomie ? il grimpe à son observatoire,
Où jadis de Saturne il observa l'anneau ;
De chimie ? il vous mène à son laboratoire,
 Il vous décrit son creuset, son fourneau ;
D'une maison des champs ? la sienne est enchantée ;
De musique ? la sienne est justement vantée ;
 De baptêmes et de patrons ?
Il a ses quatre saints, et vous cite leurs noms ;
De vos amis ? les siens sont tous gens de mérite,
De la société c'est la brillante élite ;
D'un vice ? il fut toujours l'objet de son mépris ;
D'une vertu ? son cœur en connaît tout le prix ;
 De quelque tragique aventure ?
Il conte son cartel, et montre sa blessure ;
 D'aïeux ? eh ! n'a-t-il pas les siens,
 Tous plus nobles et plus anciens ?
 Depuis la source de sa race,
 De branche en branche il les suit à la trace,
Et de tous ces grands noms, de lui-même enchanté,
Il ajoute à son *moi* toute sa parenté ;
 Le *moi* chez lui tient plus d'une syllabe :
 Le *moi* superbe est l'astrolabe
 Dont il mesure et les autres et lui ;
 Le *moi* partout rencontre un point d'appui ;
 Le *moi* le suit sur la terre et sur l'onde ;
 Le *moi* de lui fait le centre du monde ;
 Mais il en fait le tourment et l'ennui.

Ce mortel cependant, tout entier à lui-même,
Ne vient point à grand bruit vous prouver qu'il vous aime ;
 Mais tel n'est point cet importun,

Autre égoïste assez commun,
Qui, courant en tous lieux offrir ses bons offices,
Vous tourmente de ses services.
Ne vous y trompez pas ; des soins qu'il prend d'autrui,
Tout calculé, l'unique objet, c'est lui :
Quitte envers vous des emplois qu'il s'impose,
Il met à s'en vanter tout le temps qu'il repose :
Et tant de services rendus,
S'ils demeuraient obscurs, lui sembleraient perdus.
« O qu'un grand nom, dit-il, est un poids incommode !
De ma longue obligeance enfin je me sens las ;
Pour y suffire il faudrait un Atlas.
Chez un peintre fameux, que j'ai mis à la mode,
De grand matin Lise m'a dépêché ;
Ce soir, pour un hôtel je conclus un marché ;
Demain, j'arrange un mariage,
Et je réconcilie, en passant, un ménage ;
J'ai fait, pour Florimond, emplette d'un cheval ;
Pour Blesimar, d'un chien de bonne race,
Qui pour l'intelligence est, je crois, sans rival ;
Pour le concert d'Amynte on compte sur ma basse.
A propos, c'est lundi la fête de Chloé ;
Sa maison, on le sait, est l'arche de Noé ;
La ville, les faubourgs, chez elle tout abonde ;
De ce chaos il faudra faire un monde :
Seul je puis m'en charger ; et vous concevez bien
Que, puisque je m'en mêle, il n'y manquera rien.
Enfin, de toutes parts on m'accable, on m'assiége :
Un goûter au couvent, une thèse au collège ;
Mon absence aujourd'hui déparerait la cour ;
A peine dans un mois je suis maître d'un jour. »
Ainsi, quoi qu'on dise ou qu'on fasse,
A son zèle banal il ne met pas de frein :
Vous avez fait un livre ? il fournit la préface ;
Un enfant ? il est le parrain ;
Une maison ? c'est lui qui toisa le terrain ;
Un mémoire ? il corrige, il ajoute, il efface.
Il a partout affaire, il a partout accès ;
De vos enfants surveille les progrès ;
Vous offre ses marchands, vous arrête un mémoire :

A table il coupe, il verse à boire.
Pour votre théâtre des champs,
Voulez-vous ajouter à votre répertoire
Quelques drames gais ou touchants?
Il veut de vos plaisirs avoir toute la gloire;
Le voilà chef de troupe, auteur, souffleur, acteur,
Machiniste, décorateur;
Et même, au besoin, l'auditoire:
Voulez-vous une cave? il vous la remplira;
Une bibliothèque? il vous la choisira;
Un censeur? de vos vers il entend la lecture;
Un protecteur? pour courir les bureaux,
Et vous recommander aux ministres nouveaux,
Avec vous il monte en voiture.
Rencontre-t-il une table de jeu?
Derrière chaque siége exerçant sa faconde,
Et d'un vague intérêt fatiguant tout le monde,
Pour dupes ses voisins, son babil pour enjeu,
Son importunité distribue à la ronde
Les avertissements, les conseils et l'ennui,
Et s'occupe de vous pour occuper de lui.
Il compte vos jetons, il calcule vos fiches,
Console les perdants, félicite les riches;
Et, prodigue de lui sans amitié pour vous,
Voudrait penser, marcher et digérer pour nous.

Dans mes portraits, ces divers caractères
Marquent par des défauts et des vertus contraires.
Après vous avoir peint d'un sot officieux
L'active impertinence et le zèle ennuyeux,
Par un coup d'aiguillon souffrez que je réveille
La langue paresseuse et l'indolente oreille
De ce froid interlocuteur
Qui, dans l'insouciance où son esprit sommeille,
Écoute avec dédain, comprend avec lenteur:
Trop paresseux pour vous entendre,
S'il sort pour un moment de son inaction,
Sa courte méditation
Vainement, après coup, s'efforce de reprendre
Ce que dédaigna de comprendre

Son oisive irréflexion.
L'échange des pensers veut une ame plus vive,
Des sens moins paresseux, un esprit plus dispos.
 N'espérez point que sa langue vous suive,
  Et vous immole son repos :
Avant qu'à son esprit votre pensée arrive,
  Son intelligence inactive
 Laisse dans l'air se perdre vos propos,
  Et de la phrase fugitive
  A peine enfin les derniers mots,
  De leur impulsion tardive
  Frappant son ame inattentive,
Du discours envolé lui portent les échos.
Aussi, pareils en tout au bizarre langage
De ce mortel distrait dont j'ai tracé l'image,
 Les *si*, les *mais*, les *oui*, les *non*,
Toujours à contre-sens, toujours hors de saison,
Échappent au hasard à sa molle indolence,
  Et souvent à sa nonchalance
  Donnent un air de déraison.
A cet esprit distrait qu'il tient de la nature,
Se mêle quelquefois la personnalité
Dont ma muse tantôt a tracé la peinture,
Et qui rompt tous les nœuds de la société.
 Vide de vous, et rempli de lui-même,
  Son amour-propre extrême,
Au plus touchant récit, au trait le plus saillant,
  A l'éloquence la plus vive,
Refuse de prêter une oreille attentive ;
En rêvant vous écoute, et répond en bâillant.
Quelquefois seulement, pour sauver la décence,
Sortant de son sommeil et rompant le silence,
 Par un mot vague, *Oui, je conçois, c'est bon*,
  Et d'autres formules banales
  Qui reviennent par intervalles,
Son ennui déguisé vous demande pardon.
Rien d'étranger à lui ne flatte son oreille.
Voulez-vous l'arracher à sa distraction ?
Avec dextérité touchez sa passion :
L'égoïsme en sursaut tout à coup se réveille ;

Et, charmé de fixer l'attention d'autrui,
 Revient à vous par amitié pour lui,
Mais retombe bientôt dans sa molle apathie.
A des esprits moins froids le ciel a prodigué
Le brillant à-propos, la vive repartie;
Mais pour lui rien n'émeut son ame appesantie.
N'en soyez point surpris, il est né fatigué.
Ainsi lorsque, de Flore arrosant la corbeille,
Le folâtre ruisseau, cher à la jeune abeille,
 De fleurs en fleurs, de détours en détours,
 Roule, murmure et bondit dans son cours;
En son morne repos, qu'aucun souffle n'éveille,
Immobile au milieu de ses dormantes eaux,
Le marais paresseux tranquillement sommeille
Sur le limon fangeux qui nourrit ses roseaux.

Mais je préfère encor l'humeur indifférente,
Le ton froid, l'esprit lourd de cet homme indolent,
 A la vivacité bruyante
 De ce babillard turbulent
 Qui, dans son air, son langage et son geste,
Est moins joyeux que fou, plus étourdi que leste :
Tel que sur le feuillage et le jeune bouton
Bourdonne en voletant l'importun hanneton,
Parcequ'il fait du bruit, il croit faire merveille,
Papillote à mes yeux, et lasse mon oreille.
 Le mouvement, sans doute, a des appas ;
 Sur le duvet où je sommeille,
 Aux doux rayons de l'aurore vermeille,
 J'aime à rêver; mais ne veux pas
 Qu'à coups d'épingle on me réveille.
Chacun du tracassier se venge en le fuyant ;
 De sa sottise sémillante
 Laissez-lui l'ardeur pétillante :
 Le bon ton n'est jamais bruyant.

 Après lui vient un homme insupportable,
 Plus attentif, mais non pas plus aimable,
 Qu'un invincible instinct de curiosité
 Rend incommode à la société.

Il veut tout voir et tout connaître,
Vos nom, surnom, le lieu qui vous vit naître,
Combien de pieds carrés composent votre cour,
Vos rêves de la nuit et vos travaux du jour;
Quels sont vos revenus, quelle est votre dépense;
Ce qu'on vous doit et ce que vous devez,
Les mets que l'on vous sert, les vins que vous buvez;
Quel directeur prend soin de votre conscience;
Ce que perd votre argent sur la baisse des fonds;
Si vous allez au bal, aux Français, aux Bouffons;
Si vous étiez aux loges, au parterre;
Ce que rapporte votre terre;
A quel prix vos moulins sont affermés par an;
Pour combien Florimon vous mit sur son bilan;
Quel âge ont vos enfants, et dans quelle famille
Un mariage heureux fait entrer votre fille.
De votre voyage lointain
Il veut savoir le but, le terme, le chemin,
Les peines, les plaisirs, les dangers de la route;
Questionne toujours, et rarement écoute,
Oubliant que ce ton léger
Dans un étranger est blâmable,
Et que l'amitié seule a droit d'interroger.
Confident sûr, citoyen estimable,
Ami constant, convive aimable,
Cet autre n'est bavard, ni curieux;
Mais son astre en naissant le fit mystérieux:
Il ne peut concevoir, dans son humeur discrète,
Que les journaux et la gazette
Parlent de traités, de combats,
De négociations et d'intérêt d'états;
En saluant craint de se compromettre;
De peur de la signer, n'écrit point une lettre;
N'ose dire tout haut l'adresse d'un billet;
Si son épouse est brune ou blonde;
Si sa poudre est à l'ambre, à l'iris, à l'œillet;
Si le fort a tiré, si le tonnerre gronde;
Le jour du mois, l'heure qu'il est;
Le bruit qui court, le temps qu'il fait.
Dans sa discrétion extrême,

Je l'ai vu, se craignant lui-même,
Prendre un air de mystère, et vous dire tout bas :
« Talma jouera ce soir; mais ne me citez pas. »
  L'homme indiscret, par un défaut contraire,
    Prend plaisir à tout révéler;
    Il parle pour faire parler,
  Et pour s'instruire il consent à se taire;
  Un indiscret est toujours curieux.
  Dans les faubourgs, dans la ville, en tous lieux,
    Son inspection vagabonde
  Tous les matins recommence sa ronde :
Le soir, à l'Opéra, guettant les rendez-vous,
    Les œillades, les billets doux,
    De sa lorgnette inexorable
    Il poursuit un sexe adorable;
Sur les maris, les rivaux, les jaloux,
Braque de loin le tube redoutable.
    Son espionnage odieux
  Trouble le bal, le concert, le spectacle,
Et la loge grillée oppose un vain obstacle
    A ses inévitables yeux.
C'est de lui qu'on apprend le secret des ménages,
    Les divorces, les mariages.
Dans nos cercles galants a-t-il fini son tour ?
Les notes dans sa poche, et la mémoire pleine,
Gazetier scandaleux, sur sa liste inhumaine
    Il enregistre à son retour,
Nuit par nuit, jour par jour, semaine par semaine,
Les revers de l'Hymen, les exploits de l'Amour;
Et si de sa milice il n'est le capitaine,
    Il en est du moins le tambour.
Par lui, par ses agents ou par la renommée,
Il sait tous les emplois de la galante armée;
Avec qui Lise a pris un sot engagement;
    Si Célie a plus d'un amant;
Quel hasard de Floris a décidé la chute;
Combien il faut chez Flore être exact en amour;
A quels périls expose une absence d'un jour,
    Et quelquefois d'une minute.
  Bref, il voit tout, entend tout, redit tout.

Mais attendons : l'étourdi, jusqu'au bout
    Poussant son imprudence extrême,
Dit son propre secret, et se punit lui-même.

De ces fâcheux travers, de ces tristes penchants,
    Dont ma muse a peint les esquisses,
Que j'arrive à regret au plus honteux des vices!
Le Mensonge est son nom. Dès leurs plus jeunes ans
Le père avec horreur le montre à ses enfants;
Mais, hélas! cette horreur de jour en jour s'efface;
On le souffre, on le plaint, on l'excuse, on l'embrasse.
    Voyez cet homme déhonté,
  Qui va portant, dans tout son voisinage,
    Et son impudent verbiage,
    Et son caractère effronté :
S'il répand dans le monde, en quittant son ménage,
    Quelque fausseté de son cru,
    De son valet, pour être cru,
    Il invoque le témoignage,
Et, par lui furieux de se voir délaissé,
Lui dit à son retour, d'un accent courroucé :
« Quoi! dans l'occasion tu m'abandonnes, traître!
Et ne peux d'un seul mot appuyer mes discours!
— Ah! monsieur, qu'avez-vous besoin de mes secours?
    Répond le valet à son maître;
De vos contes hardis les miens n'approchent pas.
Toutes vos fictions ont un charme suprême;
Et si je vous aidais, mon timide embarras
    Vous embarrasserait vous-même.
Mais tout peut aisément s'arranger entre nous;
Vous mentirez pour moi, je rougirai pour vous. »
De l'orgueil charlatan l'impertinence insigne
D'un trait de mon pinceau serait encor bien digne :
En imposer au monde est son unique emploi.
    Dans sa puérile jactance,
  De ne citer que des gens d'importance
    Il s'est fait une expresse loi ;
Il a dit au ministre, il a su de la reine,
    Il a cru devoir dire au roi,
Et doit le lui redire à la chasse prochaine,

>   Du moins au tiré, dont le jour
>   Est (il le sait de science certaine),
>   Remis à la huitaine.
> Le voyage à Marly ; du départ, du retour,
>   Le jour précis, ou du moins la semaine ;
>   Ce qui doit, pendant le séjour,
> Occuper le conseil et divertir la cour :
> Voilà les entretiens que sans cesse il ramène.
>   Jamais l'amitié, ni l'amour,
>   Ni les retours de la reconnaissance,
> Sur les grands de la ville et ses patrons du jour,
> Dans ses fiers souvenirs n'ont eu la préférence.
> Parmi ses familiers sont nommés tour à tour
> Le général en chef, l'altesse, l'excellence.
> Par des hommes sans titre il serait compromis :
> Citer un bon bourgeois, un honnête commis,
>   Serait blesser la convenance ;
> D'un simple homme de bien il n'a point souvenance,
> Et c'est pour s'en vanter qu'il se fait des amis.
>
>   Que mon bon ange aussi me garde
>   De cet homme à prétention,
>   Qui, commandant l'attention,
>   Tient pour sacré chaque mot qu'il hasarde ;
>   En me parlant sans cesse me regarde ;
>   Et, comme l'on voit un archer,
> De son arc détendu quand la flèche s'envole,
> Suivre de l'œil le trait qu'il vient de décocher,
>   Sitôt qu'il lâche une parole,
> Veut lire dans vos yeux l'effet de son discours ;
>   Ne permet pas qu'on en trouble le cours ;
> D'un regard exigeant me presse, m'interroge ;
>   Quête un souris, sollicite un éloge ;
> S'il a cru rencontrer un trait ingénieux,
> M'avertit de la main, m'interpelle des yeux ;
> De mes distractions sans pitié me réveille ;
> Traite de cabaleur l'auditeur qui sommeille ;
> Tremble qu'une pensée, une maxime, un mot,
>   N'aille mourir dans l'oreille d'un sot !
>   Au milieu de sa période,

J'échappe en m'esquivant au parleur incommode,
Et le laisse chercher, dans les regards d'autrui,
La satisfaction que lui seul a de lui.

Cet autre, encor plus fat, prétend, si l'on en cause,
Des grands événements connaître seul la cause.
Intrépide conteur et menteur courageux :
« Messieurs, dit-il d'un air avantageux,
Ce fait n'est pas exact, je sais toute l'affaire,
　　Car la politique est ma sphère;
　J'ai tout appris, poursuit-il sans pudeur,
De Xéphon, mon parent et notre ambassadeur;
Durant sa mission, dans plus d'une rencontre,
　Il m'a tout dit, et son nom seul vous montre
Quelle facilité j'avais de tout savoir. »
　　Au même instant, sans s'émouvoir :
　　« De bon cœur je me félicite,
　Mon cher parent, de cet entretien-ci.
　　— Nous ferons connaissance ici,
Lui répond en riant l'ambassadeur qu'il cite;
　Je suis (le temps pourrait m'avoir changé)
Xéphon, dont vous venez de vanter le mérite,
　　Depuis hier revenu par congé. »

Eh! pourrais-je oublier la faiblesse honteuse
　　De cet homme alarmé d'un rien,
　　Qui de sa crainte vaniteuse
　　Trouble le plus doux entretien?
　　Dans son inquiète folie,
　　Tout l'offusque, tout l'humilie;
Dans un coin du salon s'il médite à l'écart,
Pénétrez dans son cœur, vous l'entendrez se dire :
　　« Que signifiait ce sourire,
　　Ce mot, ce geste, ce regard? »
　En fait-exprès il transforme un hasard,
Fait un tort capital d'une plaisanterie,
　　D'un éloge, une moquerie.
Pour ses prétentions tout devient un danger;
Pour tout autre que lui le soin le plus léger,
　　La plus légère préférence,

Semblent un passe-droit, et souvent une offense,
   A ses yeux troublés et jaloux ;
   Partout semant la gêne et la contrainte,
   En l'inspirant, il éprouve la crainte,
Et le travers d'un seul fait le tourment de tous.
Le traiterai-je mieux, cet homme insociable,
D'hommages, de respects toujours insatiable,
   En sa faveur sottement prévenu,
Qui, s'il n'est adoré, croit être méconnu ?
Ainsi que l'ouvrier qui vient de sa chaussure
   Prendre à genoux la forme et la mesure,
Il faut sur son orgueil ajuster vos égards,
      Votre air, vos discours, vos regards,
      Vos caresses, vos prévenances ;
Lui seul il en connaît les justes convenances.
Tyran des entretiens, fléau de la gaieté,
      De sa vanité chatouilleuse
      La prompte irritabilité,
      D'une exigence pointilleuse
      Fatigue la société.
Son air sombre ou joyeux est un objet d'étude ;
      L'amitié même, avec inquiétude
Observant son visage, et prompte à remarquer
      Ce qui lui plait, ce qui le blesse,
   Souffre à la fois et rit de sa faiblesse,
Et, même en le flattant, tremble de lui manquer.
      Qu'arrive-t-il ? Son amour-propre extrême
Au plus triste abandon le livre sans appui,
Attiédit l'amitié, glace l'amour lui-même,
Et met une barrière entre le monde et lui.
   Tout près de lui plaçons cet humoriste,
      Dont la hargneuse déraison
Dans la société vient verser son poison.
Parlez, ne parlez pas, soyez gai, soyez triste,
   Blâmez, louez, il se fâche d'autant ;
   C'est sa nature ; il est né mécontent.
   Encore enfant, ses caprices farouches
Tourmentaient des oiseaux, persécutaient des mouches :
      Au lieu d'apprivoiser ses mœurs,
L'âge n'a fait qu'aigrir ses sauvages humeurs.

CHANT II.

Son cœur souffre quand on l'oblige,
Il souffre lorsqu'on le néglige ;
Il se plaint des oublis, s'offense des égards ;
Chicane vos discours, vos gestes, vos regards ;
Jamais sur son visage un rayon d'allégresse.
Dans son périlleux entretien
Malheur à qui s'engage! Il s'afflige d'un rien ;
Un rien l'offusque, un rien le blesse.
Pour mieux évacuer la bile qui l'oppresse,
Son humeur vagabonde a partout des relais :
Après sa femme, il gronde ses valets ;
C'est pour vous gronder qu'il vous aime ;
Laissez-le seul, il se gronde lui-même :
Objet de crainte et de pitié,
Dans ses chagrins visionnaires,
Il donne à tout des torts imaginaires ;
Par un éloge il est injurié,
Par un consentement il est contrarié.
Tout s'enlaidit au gré de ses humeurs chagrines ;
Il se fâche du rire, il gourmande les pleurs ;
Et le ciel lui ferait une route de fleurs,
Qu'il les changerait en épines.
Aussi parmi les siens il demeure étranger ;
Sa rencontre est un choc, sa visite un danger ;
On l'évite avec soin, on l'aborde avec crainte ;
Tout lui semble impoli, tout lui semble indiscret ;
Et quand il meurt, au lieu d'exprimer un regret,
Ses derniers mots sont une plainte.

Condamnée aux chagrins et livrée au soupçon,
Voyant partout et l'injure et l'offense,
Survient plus triste encor la sombre Défiance.
Que je plains le mortel dont ce triste poison
Flétrit le cœur et trouble la raison !
En tous lieux promenant la terreur qui l'assiége,
Il voit partout un masque, il craint partout un piége ;
Chaque mot qu'il entend lui semble insidieux ;
Ses yeux, en vous parlant, interrogent vos yeux :
Il compose ses traits, commande à son visage,
Interprète votre air, sonde votre langage ;

Ne croit pas à l'amour, soupçonne l'amitié;
Ses secrets de son cœur ne sortent qu'à moitié.
Aussi chacun l'évite, et chacun l'abandonne :
On aime peu celui qui n'ose aimer personne.
Mais je n'ai point encor tracé le disputeur,
Dans le choc des avis intrépide lutteur.
    Si de son réduit solitaire
Il quitte quelquefois le loisir sédentaire,
Ce n'est pas pour venir dans le sein d'un ami,
    Verser sa joie ou bien ses doléances,
    Ou pour remplir de justes bienséances,
Ou pour tendre les bras à son vieil ennemi :
    Non, d'une assemblée amicale,
  Il vient troubler la douceur sociale.
      Impatient de ferrailler,
    Il cherche avec qui batailler;
      Il a besoin d'une victime.
Sa vie est un combat, son commerce une escrime.
Possédé de l'esprit de contradiction,
S'il arrive au milieu d'une discussion,
A peine dans la chambre il a fait son entrée,
    Il flaire votre opinion ;
    Aussitôt qu'elle s'est montrée,
Que vous ayez dit oui, que vous ayez dit non,
    Que vous ayez tort ou raison,
    Voilà la guerre déclarée.
N'espérez pas fléchir son obstination ;
    Il a besoin d'une querelle;
La dispute est pour lui le feu sacré;
Il en saisit la première étincelle;
Un mot la terminait, un mot la renouvelle.
    Du chicaneur exaspéré,
    Qui se bat en désespéré,
En vain, pour adoucir la sauvage rudesse,
    Du bon sens calme et tempéré
    Vous prenez le ton modéré;
    Vainement de la politesse
    L'attentive délicatesse,
    Autour de son orgueil cabré,
Tourne avec art, se joue avec adresse;

CHANT II.

Rien ne guérit l'amour-propre ulcéré.
    De sa logique qui vous presse,
    Chaque trait part plus acéré.
Hé! comment pardonner, quand votre patience
    En se taisant le condamne au silence,
    Et sans pitié termine les débats?
Rendez-lui ses fureurs, rendez-lui les combats;
La triste jouissance où sa manie aspire
Est d'être contredit, afin de contredire :
Vous le désobligez en vous montrant plus doux;
    Et, pour redoubler son courroux,
    Peut-être il suffisait de dire :
    « Monsieur, je pense comme vous. »
Aussitôt, par dépit et par vanité même,
Depuis qu'il est le vôtre, abjurant son système :
    « Monsieur, dit-il, haussant le ton,
    Je ne suis plus de mon opinion;
La vôtre est à mes yeux d'une évidence extrême,
Et vous avez grand tort de me donner raison. »

    Bien plus insupportable encore
Ce vil adulateur qui toujours nous adore;
Prônant tout ce qu'on fait, louant tout ce qu'on dit,
De son ton doucereux le miel vous affadit :
    « Monsieur, j'ai fait retrancher de ma table
    Un ou deux plats, par raison de santé.
    — Le sacrifice est admirable,
    Répond-il, j'en suis enchanté.
— Je me suis procuré le livre de Licippe.
    — C'est fort bien fait; sur un très-bon principe
Son ouvrage est fondé. Que de sens, que d'esprit! »
    Vous lui lisez votre dernier écrit;
Et le voilà pleurant de joie et de tendresse :
    « Quoi! ce chef-d'œuvre est encor manuscrit!
    De quoi s'occupe donc la presse?
De l'imprimer il faut que l'on s'empresse.
    Par le nombre de vos lecteurs,
Vous compterez celui de vos admirateurs.
    Veuillez bien m'inscrire d'avance
    Sur la liste des souscripteurs;

Car je me meurs d'impatience.
De vous ranger parmi le choix
Des livres que je lis et relis mille fois,
Tels que vos vers et vos harangues,
Qu'on relit en tous lieux, qu'on traduit en vingt langues. »
Tout à coup il voit un portrait :
« Ah ! monsieur, c'est vous trait pour trait,
Et l'art ne pouvait mieux imiter la nature.
Cependant, je vous parle ici de bonne foi,
Dans cette admirable peinture
Je cherche en vain je ne sais quoi
Qui charme dans votre figure. »
Tandis qu'il parle encore, arrivent vos enfants;
Même avant de les voir il les trouve charmants,
Et reconnaît dans tous un grand air de famille,
Le père dans le fils, la mère dans la fille.
La nourrice à son tour, un enfant dans les bras,
Arrive dans la chambre : il ne se contient pas,
Et de la mère il vole à la nourrice ;
Il trouve son air sain, il juge son lait bon.
Enfin le petit chien dans la foule se glisse,
Et pour lui dans sa poche il se trouve un bonbon.
Ainsi sa bassesse aguerrie
Fait de tout une flatterie.
Qu'en revient-il au louangeur banal?
Il vous déplaît en cherchant à vous plaire,
Et vous regrettez le brutal
Qui tantôt vous mit en colère.

Cet autre ne veut pas flatter ;
Mais son avis peureux craint toujours d'éclater.
Entre deux jugements s'il faut qu'il se décide,
Sa circonspection timide
Entre la double opinion
Laisse flotter son indécision;
Et comme, par le jeu d'une manœuvre adroite,
Au gré de l'élastique acier,
D'un cours alternatif le souple balancier
Va de droite à la gauche, et de gauche à la droite :
Ainsi, risquant un double démenti,

CHANT II.

Il prend, quitte et reprend l'un et l'autre parti.
Quelquefois, au milieu de la lutte bruyante,
    Dans son humeur conciliante,
    Il cherche à les mettre d'accord :
« Eh mais ! pourquoi vous échauffer si fort ?
Vous vous battez, faute de vous comprendre,
Et vous pourriez aisément vous entendre :
L'un de vous a raison, mais l'autre n'a pas tort. »
    Et puis voilà le bon apôtre,
    Qui, recomposant son maintien,
    Pour en former un avis mitoyen,
    Prend quelque chose et de l'un et de l'autre;
    Puis tout à coup se jetant entre eux deux :
    « Monsieur, dit-il, s'adressant à l'un d'eux,
Dans un sens je ne puis blâmer votre adversaire;
De l'autre, je me pique en tout d'être sincère.
En y réfléchissant, votre avis a du bon,
Et je serais tenté de vous donner raison,
    Si mon avis avait quelque importance. »
Quel fruit lui revient-il de sa rare prudence ?
    Aucun ne veut de son appui,
    Et, pour prix de sa complaisance,
Chacun sort mécontent et fatigué de lui.
    Or, maintenant, au langage insipide
    Du complaisant adulateur,
    A l'entêtement intrépide
    Du farouche contradicteur,
    Ajoutons le calme stupide,
Le ton méticuleux et l'orgueil circonspect
    De ce mortel pour lui plein de respect,
Qui croit, en conversant, sa gloire compromise;
    Observe beaucoup, parle peu;
    Voudrait faire fortune au jeu,
    Mais craint de hasarder sa mise;
Pour jouer à coup sûr pèse tout ce qu'il dit;
D'un simple amusement se fait une entreprise;
Par son air réservé, son parler triste et sec,
Tient le cercle en arrêt et la joie en échec;
    Sur lui tremble de donner prise;
Craint un malentendu, redoute une méprise;

Contredit rarement, moins souvent applaudit;
Ignore l'abandon, se défend la franchise;
Demeure retranché dans sa grave sottise;
Doute par vanité de tout ce qu'il apprit,
 Et meurt sans avoir eu l'esprit
 De se permettre une bêtise.
Cet homme est fatigant, et non pas dangereux.
 Mais tel n'est point ce personnage affreux,
 Le médisant, qui, semant le scandale,
Distille le poison de sa langue infernale.
Son oreille attentive et ses yeux indiscrets,
 Pour les trahir ont surpris nos secrets.
  Seul il flétrit tout ce qu'il touche;
  A peine il vient d'ouvrir la bouche,
Vingt réputations ont péri sous ses traits.
Cependant on l'écoute : il s'échauffe, il s'anime :
Ce qu'il a dit en prose, il veut le mettre en rime.
Le Zoïle en cela n'est point malavisé :
De la prose à ses vers le passage est aisé.
Dès long-temps ils ont fait une étroite alliance,
Et la prose se plaint de cette ressemblance.
  C'est trop peu de ses ennemis :
  Il n'épargne pas ses amis.
Ses amis pourraient dire au cruel satirique
Ces mots d'un roi prophète et poëte lyrique :
« Que mes persécuteurs s'acharnent contre moi;
 Que mes rivaux me déchirent : mais toi !
  Toi que j'aimai comme mon frère,
 Qui partageais la table de mon père,
A qui j'ouvris mon cœur, dont je serrai la main,
Comment de ton ami te fais-tu l'assassin? »
Inutile reproche ! il veut une victime,
Mais la punition se trouve près du crime;
Il lit dans vos regards qu'à lui seul il a nui,
Et n'a, par ses noirceurs, déshonoré que lui.

Tairons-nous le brouillon, dont autrefois Molière
D'un pinceau vigoureux eût tracé le portrait,
 Et dont Gresset, à sa manière,
Sous le nom du *Méchant,* crayonna quelque trait?

CHANT II.

Lorsque de l'Éternel la sagesse profonde,
    Dans les abîmes du chaos
Séparait l'air, la flamme, et la terre et les flots,
Un génie ennemi, perturbateur du monde,
    Pour retarder le chef-d'œuvre de Dieu,
De nouveau brouillait l'air, l'eau, la terre et le feu;
Le brouillon, de ce monstre et le fils, et l'image,
    De son perfide bavardage,
    De ses propos insidieux
Va partout répandant les poisons odieux.
    A peine le traître à l'oreille
    A dit un mot, la paix n'existe plus;
Tous les cœurs sont aigris, tous les nœuds sont rompus;
Même entre deux amis qu'on avait vus la veille,
    Sans autre conciliateur
Qu'un flacon, de la paix joyeux médiateur,
    Tous deux auprès de la même bouteille,
    A même table assis en un festin,
Le pardon sur la bouche et le verre à la main,
Se verser en riant le doux jus de la treille;
A la voix du brouillon, infâme délateur,
Le soupçon assoupi tout à coup se réveille,
    Et peu s'en faut qu'un cartel inhumain
Ne mette à tous les deux le glaive dans la main.
    Qu'arrive-t-il? les torts s'oublient,
    Les intérêts se concilient;
    Des traités de paix sont conclus;
Chacun les signe, et lui seul est exclus.
Que de prétentions, de travers, de caprices,
De l'art de converser dangereux ennemis,
En rivaux tracassiers transforment des amis!
    Du cœur humain sombres dominatrices,
    C'est vous surtout, fougueuses passions,
    Dont les folles émotions
Des plus chers entretiens nous gâtent les délices;
    Pour en savourer la douceur,
Il faudrait y porter l'heureuse paix du cœur,
    Et s'imposer des sacrifices.
Mais quoi! chacun de nous, dans la société
Que l'exigence blesse et que l'intérêt mine,

Au lieu de l'aimable gaieté,
Porte souvent l'humeur chagrine
De l'intraitable vanité;
Ou les projets que la haine rumine,
Ou de l'amour qui le domine
La morne taciturnité.
Regardez cet avare en proie à sa richesse,
Et d'un gros revenu puni par sa tristesse :
Dans un cercle indulgent de paisibles amis
Si quelquefois par grace il est admis,
Et quitte son trésor pour leurs douces séances,
De ses dettes, de ses créances,
De la perte et du gain chaque jour calculés,
De ses chiffres accumulés,
De son crédit qui décroît ou s'augmente,
Des fonds dormant dans son coffre à trois clés,
En vain il croit pouvoir oublier la tourmente,
Et, dans un groupe aimable où règne la gaieté,
Apporter l'allégresse et la sérénité ;
Toujours à lui-même semblable,
De son cœur avaricieux,
S'il ne gagne au piquet, n'attendez rien d'aimable :
Tout plein de ses calculs, son instinct soucieux,
Comme de ses pensers, de ses discours s'empare.
Il ne parle jamais, dans son jargon barbare,
Que de rentes, de placements,
Et d'intérêts et de remboursements.
Pour vous apitoyer sur ses pertes passées,
Il tire un assignat de ses poches percées.
Là-dessus, redoublant de déclamation,
Il s'élève avec passion
Contre l'amour du mieux dont la France s'enivre,
Et qui fit qu'un beau jour, des rentiers naufragés,
Tous les débris à la fois submergés
Allèrent se noyer dans la mer du grand-livre.
Par ces durs souvenirs tout à coup excité :
« Quoi ! ce luxe, dit-il, dont la folle magie
Amusa si long-temps notre perversité,
Ce maudit luxe est donc ressuscité ?
Vainement donc nous avions suscité

Ces braves citoyens, dont l'austère énergie
Devait, par l'abstinence et par l'adversité,
Corriger pour long-temps cette grande cité? »
Puis, renfrognant sa maigre et dolente effigie,
Qui par le Chambertin ne fut jamais rougie,
  Il blâme avec vivacité
De nos banquets pompeux la ruineuse orgie,
Et permet tout au plus le scandale d'un thé.
Lui-même, en fait d'épargne, il veut être cité;
Et, pour prêcher d'exemple, éteint une bougie
  Qui brûle sans nécessité.
En sortant, il rencontre un rival d'avarice :
  Deux Harpagons ensemble : quel bonheur !
  Et que Molière en eût ri de bon cœur !
Le premier, saisissant l'occasion propice,
  Dit au second : « Monsieur, mille pardons;
Je vous ai, l'an dernier, fait passer de mes vignes
Quelques vins, qui de vous n'étaient pas trop indignes;
  Si vous pouvez renvoyer les poinçons,
Et les flacons vidés, et même les bouchons,
  Je vous saurai gré du message.
C'est vous faire descendre à de bien petits soins;
Mais vous vous occupez comme moi du ménage,
  Et sûrement, si vous m'en aimez moins,
  Vous m'en estimez davantage. »

CHANT TROISIÈME.

Le portrait du discoureur aimable. Les qualités qui font l'homme aimable dans la conversation ; les défauts qu'il évite, tels que la manie de l'érudition, la manie du bel esprit, du purisme, le ton criard, le ton tranchant, le ton querelleur. L'esprit conciliant et tolérant de l'homme aimable ; son éloignement pour la malignité et la satire. De la modestie. Succès qu'obtient l'homme aimable dans la société. Des femmes ; leurs caractères, leurs goûts, leur éloge. Portrait de madame Geoffrin.

  Mais voilà trop de fous, de sots et de méchants;
  Et puisque le mérite a des droits à mes chants,
  Il est temps de mêler à ces tristes peintures
  Et des esprits moins faux, et des ames plus pures.

La Fontaine, toujours utilement cité,
Nous dit que sa devise est la diversité;
Homère, dont la muse, en images fertile,
Chargea de mille objets le bouclier d'Achille,
De l'enfer et du ciel, de la terre et des eaux,
Dans ses vers immortels étale les tableaux,
Et les combats sanglants et la moisson féconde :
Ses chants sont la nature, et son poëme un monde.
L'Homère des Latins, avec plus d'art encor,
De la variété déploya le trésor ;
  Après avoir dans l'infernal abîme
   Creusé la demeure du crime,
D'un triple mur d'airain environné Pluton,
Composé de serpents les tresses d'Alecton,
Peint de l'hydre en fureur la gueule épouvantable,
Et le fougueux Cocyte, et son hideux nocher,
Et des filles d'enfer le courroux indomptable,
Et Sisyphe, au sommet d'un mont insurmontable,
Roulant, les bras tendus, son éternel rocher;
  Bientôt, parmi les fleurs et la rosée,
   Loin de ces abîmes brûlants,
    Dans ses vers consolants
Il ouvre aux morts heureux le riant Élysée :
Sous l'ombrage odorant des jeunes arbrisseaux,
  Les endort au bruit des ruisseaux ;
   Et, dans leur paisible retraite,
Contre les souvenirs d'une vie inquiète,
De l'oublieux Léthé leur fait boire les eaux.
Toi donc qui, sur les pas du maître que j'adore,
Imitas quelquefois avec fidélité
Et sa douce élégance et sa simplicité,
O ma muse, essayons de l'imiter encore
   Dans sa riche variété.
   Des ridicules et des vices
Qui des cercles polis souvent sont les supplices,
  J'ai, par tes mains, dessiné le tableau :
Viens, reprends tes couleurs, ressaisis ton pinceau,
Et peins-nous à son tour le discoureur aimable
   Qui, par un charme inexprimable,
Comme des bons esprits modèle des bons cœurs,

Causeur ingénieux, citoyen estimable,
Et, parant la raison de brillantes couleurs,
Dans les épanchements d'un entretien facile,
　　Ressemble à l'arbre agréable et fertile
Qui nous promet des fruits, en nous donnant des fleurs.

　　Cher même aux rivaux qu'il efface,
Le discoureur aimable est ce mortel charmant,
　　Qui, sans paresse et sans empressement,
Répond avec justesse, interroge avec grâce,
Nourrit l'attention, et jamais ne la lasse ;
　　Parle, s'arrête et reprend à propos :
De sel sans âpreté, de gaieté sans grimace
　　　　Assaisonne ses moindres mots ;
D'inutiles détails ne charge point sa phrase ;
Et, simple avec noblesse et noble sans emphase,
A l'estime du sage et le respect des sots.
　　Dans son aimable conférence,
Les égards attentifs, l'honnête déférence,
　　　La caressante aménité,
　　　La délicate urbanité,
Calment d'un vain babil la folle intempérance,
　　　Font grâce à l'importunité,
　　　Apprivoisent l'intolérance,
　　　Et désarment la vanité.
Réservé sans froideur, doux sans afféterie,
Il fuit également la morgue du docteur,
　　　Et du savant dissertateur
　　　La prolixe pédanterie,
Et la sèche âpreté de l'argumentateur,
　Par qui l'humeur la plus douce est aigrie ;
　　　Et du fade complimenteur
　　　L'insipide cajolerie.
Vous ne le verrez point à ses décisions
　　　Asservir nos opinions.
Jadis, quand je traçai les lois du paysage,
　　De notre aimable fablier
　　Empruntant le simple langage,
　　Je redisais au jardinier :
« Laissez là votre serpe, instrument de dommage. »

LA CONVERSATION.

Je demandais qu'au sortir du berceau
Chaque plante, chaque arbrisseau,
Pût à son gré déployer son feuillage ;
Que, bravant le croissant, l'échelle et le treillage,
Chaque branche, en dépit des vieux décorateurs
Et des ciseaux mutilateurs,
Pût rendre un libre essor à son luxe sauvage,
Suivre sa fantaisie, et dépasser ses sœurs ;
Qu'on affranchît les bois, la terre et l'onde...
Tel doit être un jardin, tel doit être le monde.
Le libre épanchement de l'esprit et du cœur;
Voilà des entretiens la première douceur..
Ils ne connaissent point le pouvoir arbitraire.
Les conversations sont l'état populaire :
Nul n'y veut être dominé;
On y déplaît, en cherchant trop à plaire ;
Et qui veut régner seul est bientôt détrôné.
Dans ses promenades royales,
Autrefois, nous dit-on, le superbe Tarquin
Des plantes de son parc, tyran républicain,
Mutilait sans pitié les tiges inégales
Dont la tête orgueilleuse ombrageait leurs rivales,
Et nivelait les fleurs de son jardin.
Tel est l'orgueil : dans sa fierté chagrine,
Il voit d'un œil jaloux tout ce qui le domine ;
Et, détestant l'empire d'un rival,
Ne souffre point de maître, et craint même un égal.
L'aimable discoureur jamais ne nous occupe
De ses talents, de son emploi ;
Il sait combien l'orgueil est dupe,
Quand il ramène tout à soi.
Ainsi qu'une eau douce, limpide et pure,
Dans le canal où son lit est tracé,
Du terrain qu'elle a traversé
Ne prend l'odeur, le goût, ni la teinture ;
Poète, commerçant, orateur ou soldat,
En discourant il sait oublier son état :
A tous les arts il rend hommage,
Parle à chacun de son métier,
A l'écrivain de son ouvrage,

CHANT III.

Au peintre de dessin, de manœuvre au guerrier;
    Au savant, des siècles antiques;
Au négociateur, d'intérêts politiques,
Au juge, de procès; d'argent, au financier.
Le chantre harmonieux, l'algébriste sauvage,
Le mondain enjoué, l'austère magistrat;
Surpris, dans ses discours, d'entendre leur langage,
    Partent contents de leur état,
    Et se flattant de son suffrage.
Ainsi tous les esprits lui sont conciliés;
    Les amours-propres qu'il ménage
    Autour du sien sont ralliés :
    Soumis sans être humiliés,
    Tous, à l'envi, déposent à ses pieds
    De leur respect l'hommage volontaire;
    La haine même est réduite à se taire,
Et de ses ennemis il fait des alliés.
Son érudition ne bat point nos oreilles
    Des auteurs anciens et nouveaux;
Il ne se venge point sur nous de ses travaux,
    Ne nous punit point de ses veilles :
    Comme un parfum délicieux
    Dont la mollesse orientale
    Remplit un flacon précieux,
En légères vapeurs sa science s'exhale,
Se laisse deviner, et jamais ne s'étale
    Dans des discours ambitieux.
    C'est ce ruisseau, dont les ondes captives
    Caressent mollement leurs rives :
    Sans effort, sans bruit, sans fracas,
Son savoir se répand, et ne déborde pas.
    Mais s'il craint le savoir prodigue
    Dont la profusion fatigue,
Et dont j'ai peint tantôt l'ennui fastidieux,
Il n'évite pas moins le ton mystérieux,
    L'orgueil discret, la morgue taciturne
    De ce savant, lucubrateur nocturne,
    Qui, dans le fond de son docte réduit,
    De ses tablettes vermineuses
    Ayant compilé jour et nuit

  Les richesses volumineuses,
  De ses recherches lumineuses
  Pour lui seul conserve le fruit ;
  Et, semblable à ce riche avare
  Couché sur l'or qu'il accapare,
  Fait de sa tête un coffre-fort
Qu'il referme avec soin, et qu'avec peine il ouvre.
Possesseur moins jaloux, l'homme aimable découvre
Les trésors précieux conquis par ses travaux ;
Lui-même en est payé par des trésors nouveaux.
  Son entretien est un échange ;
Et, pareil au vaisseau qui porte à son retour,
Pour le nectar du Rhin, les étoffes du Gange,
  Il donne et reçoit tour à tour ;
Il évite avec soin les phrases populaires,
 Les lieux communs et les propos vulgaires.
  Il ne dit point qu'il fait chaud, qu'il fait froid ;
  Dans quelle année, en quel endroit
Les vivres furent chers, la moisson abondante,
 Les gens qu'il fuit, les maisons qu'il fréquente ;
Que Corneille est sublime, et Racine galant ;
  Que le Français est parfois turbulent :
Que des fontes de neige ont enflé la Dordogne ;
Que le blé manque en Beauce, et le vin en Bourgogne.
Mais il hait encor plus le jargon précieux
Dont l'hôtel Rambouillet tourmentait nos aïeux,
Quand, sous les étendards des Cotin, des Voiture,
  Des bataillons de beaux esprits,
Régents accrédités de la littérature,
  Que de Boileau l'inflexible censure
De leur trône usurpé jeta dans le mépris,
  Dans leurs phrases entortillées,
Par le faux goût du jour de clinquant habillées,
De l'affectation se disputaient le prix,
  Mettaient la langue à la torture,
 Et triomphaient de n'être pas compris.
  Disciple heureux de la nature,
  D'une phrase naïve et pure
  Il ne demande point pardon,
S'exprime avec clarté, parle avec abandon ;

CHANT III.

N'ambitionne point une finesse obscure;
Fuit d'un style apprêté la pénible tournure;
   De fleurs, sans art, sème son entretien;
Quelquefois à la langue, en dépit du purisme,
Ose faire présent d'un heureux solécisme,
     Scandale du grammairien;
     Et, bravant du logicien
     Le pédantesque rigorisme,
M'instruit de quelque chose ou m'amuse d'un rien.
Surtout il se défend des sons durs que hasarde
Des parleurs mal instruits la nation criarde;
Dans les clubs, ébranlés par leurs rauques accents,
Il laisse s'enrouer leurs gosiers glapissants.
Les Stentors des salons sont pour nous un supplice;
Il faut, en conversant, qu'un heureux artifice,
De l'échelle vocale étudiant les tons,
Adoucisse à propos ou renforce les sons.
L'organe humain ne veut ni roideur ni mollesse :
Trop faible il nous échappe, et trop fort il nous blesse;
Le doux parler nous plaît; et, toujours redouté,
L'homme le plus bruyant est le moins écouté.
Pareil au flot grondant qui vient battre la rive,
Damon le clabaudeur, en mugissant, arrive;
Du bas de l'escalier, par de fréquents éclats
Son formidable abord s'annonce avec fracas;
Il entre : son salut vous a rompu la tête;
Sa bouche est un volcan, sa voix une tempête.
On se plaît à causer avec ses bons amis;
Mais quand leur voix trop forte à l'orage est pareille,
Leur amitié devient un tourment : notre oreille
Appelle la parole et repousse les cris.
Bien plus puissant encor, l'attrait du caractère,
Des plus rares vertus lui prêtant le secours,
D'un causeur agréable embellit le discours;
Sans timide indulgence et sans rigueur austère,
    De ses sentiments vertueux
    L'épanchement affectueux
A ses expressions prête un charme qu'on aime :
Franc sans témérité, discret avec candeur,
   Il parle avec une noble pudeur

De ses entours, des siens et de lui-même ;
Il ne fait point des récits éternels
De ses arrangements, de ses soins paternels.
Pour ceux à qui du sang la chaîne l'intéresse,
Il n'a point d'un badaud la bourgeoise tendresse ;
    Ne vous parle point des leçons
    Que l'on donne à ses enfançons ;
Il ne vous poursuit point des droits de sa famille,
Du rang de ses garçons, de la dot de sa fille ;
    Mais il est loin de ce fou du bel air,
    A l'esprit gauche, au cœur de fer,
Qui, pour mieux s'éloigner des manières antiques,
Cachant dans sa maison ses plaisirs domestiques,
    Croit malséant de parler de ses fils,
    De ses parents les plus chéris ;
Se sépare en public de sa sœur, de son frère,
    N'oserait devant un voisin
    Prononcer le mot de *cousin,*
N'a point de tante, et presque point de mère,
Et, par bon ton, se défend d'être père.

    Dans sa douce amabilité
    Et sa tendresse héréditaire,
L'honnête homme écoutant sa sensibilité,
    N'ordonne point à son cœur de se taire.
Sorti de sa maison comme d'un sanctuaire
Où la seule vertu fut sa divinité,
    Dans ce grand monde, où de la vanité
    La brillante frivolité
Immole la nature au vain desir de plaire,
Il porte, sans rougir, l'esprit de parenté :
Les grands airs n'ont jamais dénaturé son ame ;
Par un heureux instinct, de bonne heure il apprit
A chérir les doux noms et de mère et de femme :
    Le bon cœur fait le bon esprit.
    S'il blâme, il veut que la censure
    Soit un conseil, et non pas une injure ;
    S'il loue, il fuit le ton flatteur ;
    Il sait qu'un mot adulateur,
    Démenti par la conscience,

CHANT III.

D'une juste pudeur fait rougir notre front,
Et qu'un éloge est un affront,
S'il n'est pas une récompense.
On passe à l'homme aimable une juste défense ;
L'honnête homme chemine entre ce double écueil :
Même en le combattant il ménage l'orgueil.
Le sage aux sots peut montrer leur image,
Mais ne leur jette point le miroir au visage.

Il est un art heureux, dont la dextérité
Donne un air d'obligeance à l'âpre vérité.
Le boxeur furieux, tout bouillant de colère,
S'élance sur son adversaire,
Meurtrit, à poings fermés, et sa tête et ses bras,
Fait voler ses dents en éclats :
Son art est un fléau, son triomphe est un crime.
Le bon plaisant est ce maître d'escrime,
Qui, dans le choc d'un cartel inhumain,
Par son cœur indulgent laissant guider sa main,
Loin d'employer à servir sa vengeance
De son bras exercé la vieille expérience,
Fait de son épée un fleuret,
Use en jouant de cette arme innocente,
Retient, près de frapper, la pointe menaçante,
Tantôt, l'œil attentif et le corps en arrêt,
Noblement se présente, adroitement s'efface,
Pare avec art ou riposte avec grace,
Amollit son attaque et faiblit à dessein :
C'est un athlète, et non un assassin.
Il laisse respirer son trop faible adversaire,
Prolonge, sans blessure, un combat sans colère ;
Dans son antagoniste épargne son ami,
Et s'en fait un rival et non un ennemi.

L'homme sensible, ainsi, jamais n'abuse
Des avantages de l'esprit ;
Et quand la vanité confuse
Souffre, en déguisant son dépit,
Du mot piquant dont le cercle s'amuse,
De son succès cruel le premier il s'accuse,

  Et souffre du mot dont on rit :
Il joint un baume heureux à la flèche qu'il lance,
Respecte la faiblesse, épargne l'innocence,
Se joue autour du cœur ; et ses traits délicats
Effleurent l'amour-propre, et ne le blessent pas.
  La bonté fait sa politesse,
Le malheur est sacré pour sa délicatesse ;
Tous ces défauts d'un corps ou difforme, ou grossier,
  De la nature ouvrage irrégulier,
  Le pied tortu, la jambe circonflexe,
  D'un dos voûté l'éminence convexe,
  La langue qui, dans le palais,
  Cherchant des mots qui n'arrivent jamais,
Semble, en balbutiant la plus belle pensée,
Du filet de l'enfance encore embarrassée,
Et dont le bégaiement, consolant le muet,
  A chaque son qu'elle tâche d'émettre,
  Tourmente en vain tout l'alphabet,
  Et lutte contre chaque lettre ;
L'œil isolé qui, seul chargé de voir,
Somme en vain son second de remplir son devoir ;
  Le bras manchot qui, resté sans office,
Laisse au survivancier tout le poids du service,
Ne le trouvent jamais ni malin, ni moqueur ;
Pour lui les seuls défauts sont les défauts du cœur.
  Il s'interdit l'infâme médisance,
L'exigence au ton dur, l'altière suffisance,
Des reproches amers l'injurieuse aigreur,
Les accents du soupçon, l'expression du blâme,
Le sarcasme cruel, la mordante épigramme,
  Et l'ironie au ton moqueur :
Le trait, en s'échappant, déchirerait son cœur.
Surtout d'un tort réel, d'une vérité dure,
  A l'amour-propre il sauve la blessure,
Et ne l'accable point de sa triste raison.
L'expérience apprit à son cœur juste et bon
  Que la plus déchirante injure,
Celle qui, dans un cœur profondément blessé,
Laisse le trait fatal pour jamais enfoncé,
  Que l'orgueil jamais ne pardonne,

CHANT III.

Ce ne sont point les torts qu'on nous prêta,
    Le ridicule qu'on nous donne,
    Mais le ridicule qu'on a.
    Ses vertus n'ont rien de farouche;
Ses moindres mots ont un charme qui touche;
    La compatissante bonté,
    La tendre sensibilité,
Se peignent dans ses yeux, s'expriment par sa bouche.

    Mais quelle autre divinité
Au front serein, à l'air doux et timide,
Sans ornement, et non pas sans beauté,
Les yeux baissés, l'accompagne et le guide ?
Ah! je la reconnais : noble et simple, son nom
(A tous nos jeunes fats j'en demande pardon)
    Est Modestie, aimable enchanteresse,
Qui jamais n'éblouit et toujours intéresse :
De l'esprit social c'est le premier lien.
    L'aveugle Orgueil vainement la condamne,
Sa craintive pudeur ne lui dérobe rien;
Et quand, pour échapper au vulgaire profane,
    Au fond d'un puits loge la Vérité,
    La Modestie, à notre œil enchanté,
    Offre un vêtement diaphane;
Ses attraits sont voilés, mais ne sont pas perdus,
Et ce voile lui-même est un charme de plus.
    Tel le tissu d'une gaze légère,
Embellissant l'objet qu'elle semble cacher,
    Invite l'œil à le chercher
    Sous cette parure étrangère.
L'obstacle a ses plaisirs pour notre œil curieux :
La fable d'un nuage environnait les dieux;
    Et la beauté la plus divine
N'est pas celle qu'on voit, mais celle qu'on devine.
Ainsi l'homme modeste, à lui-même étranger,
Nous plaît sans le savoir, charme sans y songer.
Ainsi de son esprit, qui toujours nous attache,
On aime ce qu'il montre, et même ce qu'il cache;
    Discret, et non mystérieux,
Vous ne le verrez point, d'un regard curieux,

Fouiller dans les secrets des autres :
Il sait garder le sien, et respecter les nôtres ;
Ou si, seul avec vous demeuré sans témoins,
    Son œil curieux vous pénètre,
Sans vous troubler, fiez-vous à ses soins :
      Ce qu'il desire de connaître,
      C'est le secret de vos besoins.

      Que l'indifférent égoïste,
D'un air distrait, insouciant et triste,
Semble, à regret, supporter vos discours ;
L'homme poli sans peine en suit le cours.
Vous pouvez lui conter vos plaisirs, vos affaires,
Vos soins publics, vos travaux solitaires,
      Vos infortunes, vos succès,
      Votre projet de mariage,
      Vos amours et votre procès,
      Les bruits de votre voisinage,
      Les tracas de votre ménage,
Rien n'est perdu ni fatigant pour lui ;
Il sait braver ou déguiser l'ennui :
      De sa courtoisie obligeante,
      Prompte à saisir vos moindres mots,
      L'attention encourageante
Suit avec intérêt le fil de vos propos ;
Il dissipe un chagrin, il éclaircit un doute ;
Son amitié vous parle, et son cœur vous écoute.
    L'impolitesse est prompte à se lasser :
Bien dire et bien entendre est l'art de converser.
S'il raconte, il épargne à l'heureux auditoire
      Les froides inutilités,
    Et de tout l'ennui narratoire
      Les prolixes futilités ;
Ne se croit point chargé de rendre le langage,
Les gestes, les propos de chaque personnage ;
    N'imite point ce conteur qui farcit
D'épisodes traînants un ennuyeux récit,
      A chaque mot fait une pause,
Et répète vingt fois : « J'oubliais une chose...
      Je vous dirai dans un moment ; »

CHANT III.

    Dont les effrayantes préfaces
    Vous annoncent obligeamment.
Ce qu'il promet de dire longuement ;
    Dont les narrés sont un tourment,
    Et les promesses des menaces.
    Son récit, d'un pas diligent,
  Va droit au but, et plaît en abrégeant.
Ainsi, dans son discours, qui jamais ne vous lasse,
Le silence a son prix, le mystère sa grace.
Mais tel est le malheur de la société :
Le dégoût de bien près suit la satiété ;
    Et le talent le plus sublime,
    Pour garder long-temps notre estime,
    A besoin de variété.

Qu'un parleur monotone en causant nous endorme,
Le mien sait éviter un langage uniforme ;
Il sait être à propos folâtre ou sérieux ;
Il s'accommode au temps, aux personnes, aux lieux.
Ainsi, développant sa flexible souplesse,
    Un fleuve heureux avec mollesse
De ses bords variés embrasse les contours ;
    Suivant les lieux change son cours,
Gronde ou se tait, suit sa route ou serpente,
Monte avec le terrain, s'abandonne à sa pente ;
Arrose des champs nus ou des bocages verts ;
    S'attriste dans d'affreux déserts,
    Se plaît dans de riches campagnes,
Traverse les vallons, tourne au pied des montagnes ;
    Dans le cristal de son limpide azur
    Réfléchit l'éclat d'un ciel pur ;
Les moissons d'alentour, les rives bocagères ;
    Est le rendez-vous des pasteurs,
La boisson des troupeaux et le bain des bergères,
La route des vaisseaux et des barques légères,
La ceinture des rocs et le miroir des fleurs.
Dans les cercles nombreux, en pourparler, à table,
    Par ses discours plaisants ou sérieux,
  Quelquefois instructif, et jamais ennuyeux,
    Ainsi nous plaît le parleur agréable ;

Son amabilité rend tout le monde aimable.
De nuage en nuage, ainsi de mille éclairs
L'étincelle électrique embrase au loin les airs :
Telle en brillants reflets la lumière se joue;
Tels tournent sur l'essieu les rayons de la roue,
  Ou tel, sur la scène des eaux,
  Le mouvement qui se propage
Gagne de proche en proche, et, jusques au rivage,
En cercles onduleux on voit rouler les flots.
  Aussi quand il sort, il emporte
 Sur ses rivaux un triomphe complet :
  La reconnaissance l'escorte,
  L'amitié lui rime un couplet;
  L'envieux même lui pardonne,
 Et tous les cœurs lui rendent en secret
  Les hommages qu'il abandonne.
Il plaît à qui lui parle, il charme qui l'entend;
  Et quand l'heure du départ sonne,
  Chacun se retire content,
Moins de l'esprit qu'il a que de celui qu'il donne.

Mais quoi ! parmi tant de portraits divers,
Ce sexe intéressant, modèle de la grâce
  (Et j'en suis honteux pour mes vers),
 Dans mes tableaux n'a pas encor de place;
 Et mes pinceaux, dans leurs premiers essais,
  De ces belles Athéniennes
Qu'adorèrent jadis Socrate et Périclès,
A peine dans l'histoire ont saisi quelques traits!
  Nos aimables concitoyennes
 A mon encens ont-elles moins de droits?
 Rappelons-nous ce fameux Genevois
 Qui, dans Saint-Preux nous peignant son image,
De son brillant génie aux belles fit hommage;
Et, pour mieux les flatter, s'en plaignit quelquefois.
  Si j'en crois son expérience,
Ce qui blesse le plus ce sexe impérieux,
Ce n'est point le dépit, le soupçon, l'exigence,
  Mais le dédain, la tiède négligence,
  Et d'un cœur froid le calme injurieux.

CHANT III.

Par ses accents flatteurs la louange l'attire ;
   Par le silence il se croit avili ;
Son orgueil exigeant lui trouve un air d'oubli,
Et l'oubli lui déplaît bien plus que la satire.
   Parlons-en donc, au risque d'en médire.
     Avec ses penchants et ses goûts,
Ses défauts enchanteurs et ses tendres caprices,
Et ses moments d'humeur, et des moments plus doux,
Ses habiles détours, ses charmantes malices,
   Ce sexe aimable est là... Mais quel pinceau
     Pourrait suffire à ce tableau ?
Dans nos champs émaillés voyez ces fleurs sans nombre ;
L'une aime nos jardins, l'autre des monts déserts ;
Celle-ci les zéphyrs, celle-là les hivers ;
L'une veut le grand jour, l'autre se plaît dans l'ombre ;
L'une aime à s'enlacer à nos jeunes ormeaux,
L'autre croît sur des rocs, l'autre pend sur les eaux ;
    L'une, du ciel qui la colore,
    N'obtient qu'un feuillage inodore ;
    L'autre, mêlée au serpolet,
De la jeune brebis va parfumer le lait.
De ce sexe adorable, à qui tout rend hommage,
Dans ces variétés je pense voir l'image.
Je ne puis à la fois retracer dans mes vers
    Tant de caractères divers ;
Mais si j'en crois mon cœur, c'est à vous, sexe aimable,
Qu'on doit des entretiens le charme inexprimable :
Avec un tact plus fin, des sens plus délicats,
   Vous gouvernez vos modestes états ;
   Vous maniez avec plus de souplesse
   Des passions la sauvage rudesse...
   Nous raisonnons, et vous persuadez.
    Des graces que vous possédez
    Votre langage se colore ;
Du tendre épanchement d'un cœur affectueux
    Votre expression semble éclore :
    Tel un parfum voluptueux
N'attend, pour s'exhaler, qu'un des soupirs de Flore,
Ou les premiers regards d'un ciel pur et vermeil.
   L'esprit de l'homme est un trait du soleil,

Le vôtre un rayon de l'aurore,
Ou du globe argenté qui, de l'azur des cieux,
Nous verse un jour si doux, et repose les yeux.
Sans peine on obéit au pouvoir qu'on adore :
Eh ! quel peuple jamais a mieux connu vos lois ?
   De nos Français l'esprit chevaleresque,
   Pour la beauté leur culte romanesque,
Vos regards séduisants, votre touchante voix,
Le respect et l'amour, tout assure vos droits.
Même lorsque le temps vient sur votre visage
   Graver les injures de l'âge,
Et dépouiller de fleurs votre arrière-saison,
Des sens désenchantés si vous perdez l'hommage,
   Des bons esprits vous avez le suffrage,
   Et le sceptre de la raison.
   La longue habitude du monde,
   Du vrai savoir source féconde,
Le tableau comparé des états différents,
Les égards mesurés sur l'échelle des rangs,
   Tant de prétentions rivales,
   Tant de fortunes inégales,
Les intérêts qui viennent se croiser,
Les passions qu'il faut apprivoiser,
Le besoin de soumettre au joug des circonstances
   De l'intraitable vérité
   L'incommode sévérité,
Le tact de l'à-propos, le soin des convenances ;
   Tant de fugitives nuances,
De bonne heure exerçant votre jeune raison,
Ont de votre pensée étendu l'horizon.
   Dans ses jeunes ans une belle,
Connaissant peu le monde et les secrets du cœur,
De son sexe adoré n'est encor que la fleur ;
   Avec le temps elle en est le modèle ;
Depuis ses premiers ans jusqu'à l'âge avancé,
Tout ce qu'elle a senti, tout ce qu'elle a pensé,
   Le souvenir, l'étude, la lecture,
L'art qui fertilisa les dons de la nature,
Aux succès du présent font servir le passé.
   Son jugement, lentement exercé,

CHANT III.

Comme un fruit mûr s'est fait attendre ;
On aimait à la voir, on se plaît à l'entendre ;
 On ne lit plus son destin dans ses yeux ;
Ses attraits peuvent moins, sa prudence instruit mieux ;
N'excitant plus du cœur les terribles orages,
 Moins turbulent, son pouvoir est plus doux ;
 Ses charmes enivrants l'entourèrent de fous :
Ses charmants entretiens l'environnent de sages ;
 Elle éclaire sans enflammer ;
En elle la raison peut encor nous charmer :
 On la flattait, on la révère,
Et l'art de gouverner remplace l'art de plaire.

 Telle autrefois, dans son brillant déclin,
 J'ai vu la célèbre Geoffrin,
D'un choix de vieux amis aimable présidente,
 Et quelquefois utile confidente.
Son zèle généreux de leurs besoins discrets
Souvent, à leur profit, surprenait les secrets :
Pour elle une bonne œuvre était une conquête,
Les pauvres des amis, leur bonheur une fête,
Son luxe des bienfaits, la vertu son pouvoir ;
Son esprit le bon sens, la raison son savoir ;
Au talent jeune encore elle ouvrait la barrière,
Accueillait la vieillesse au bout de sa carrière ;
 Et ses élèves triomphants
Venaient de leurs lauriers couronner ses vieux ans.
Avec quel art surtout, dans ses mains souveraines,
Des conversations elle tenait les rênes !
Elle rendait l'essor à la timidité,
 En imposait à la témérité ;
 Du froid conteur excitait la paresse ;
De l'argumentateur, dont l'âpre sécheresse
Effarouche les ris et même la sagesse,
 Désarmait la ténacité.
Avec l'âge avancé, l'âge mûr et l'enfance,
 De son utile expérience
 Gardait la vieille autorité ;
 Dans sa naissance étouffait la dispute,
Ou, des opinions encourageant la lutte,

Faisait de nos débats sortir la vérité;
Exerçait sans rigueur sa douce surveillance;
 Par un accent de bienveillance
 Tempérait la sévérité,
Consolait la laideur, conseillait la beauté,
Calmait l'emportement, réprimait la licence,
Maintenait le bon ton, père de la décence;
Rendait la modestie à l'orgueil effronté,
 Le repentir au vice déhonté,
A l'affectation l'aimable négligence,
L'espoir à la faiblesse, au pauvre l'indulgence;
Louait par sentiment, et grondait par bonté.
 Aussi, vainqueur ou vaincu dans la lice,
  Chacun satisfait en partant,
  Dans le beau monde allait contant
Ses piquants entretiens, son aimable police;
Autant que sa louange on aimait sa malice,
  Et l'orgueil même était content.
De là ce long respect et ce pouvoir suprême
Qu'elle exerça dans sa vieillesse même:
Elle plaisait sans art, dominait sans orgueil.
 Aux limites de sa carrière,
Il m'en souvient, j'ai vu l'Europe entière,
D'un triple cercle entourant son fauteuil,
Guetter un mot, épier un coup d'œil:
 Le jeune fou qui, dans le monde,
 Le soir, ayant fini sa ronde,
Gâté par ses succès, en revenait plus fat;
 L'écrivain et l'homme d'état,
Chez elle du bon goût étudiaient le code.
Sans son aveu, nul n'était à la mode;
Les enfants du Midi, les habitants du Nord,
 Le rang, la faveur, la naissance,
Pour être accrédités dans les cercles de France,
Venaient dans son salon prendre leur passe-port,
 Et recevoir leurs lettres de créance.
Seule elle triompha de nos goûts inconstants,
 Et son hiver défiait son printemps.
 Ainsi, dans les bosquets de Flore,
Quand le fougueux Borée emporte leurs débris,

CHANT III.

La rose qui se décolore,
Belle encore au milieu de ses festons flétris,
Seule nous plaît, et seule règne encore.

Ah! permets, ombre que j'adore,
Que dans les champs élysiens,
Entre tes amis et les miens,
Par mes ressouvenirs j'aille jouir encore
De tes aimables entretiens.
Quand mes faibles talents commencèrent d'éclore,
Il m'en souvient, de mon sort rigoureux
Pour corriger la funeste influence,
Ton honorable bienveillance
Me pressa d'accepter ses secours généreux :
Aux offres de ta bienfaisance
Ma fière pauvreté ne consentit jamais;
Mais, en refusant tes bienfaits,
J'ai gardé ma reconnaissance.

FIN DU POEME

LES GÉORGIQUES
DE
VIRGILE.

DISCOURS PRÉLIMINAIRE.

On ne peut publier dans un moment plus favorable la traduction d'un ouvrage sur l'agriculture. Cette matière est devenue l'objet d'une foule de livres, de recherches et d'expériences. Dans toutes les parties du royaume je vois s'élever des sociétés d'agriculture. On a imaginé de nouvelles façons de labourer et de semer. Plusieurs citoyens ont eu la générosité de sacrifier des arpents de terre et des années de récolte à des essais sur l'économie rurale. L'agriculture, comme les autres arts, a ses amateurs. La mode a disputé à la philosophie l'honneur d'ennoblir ce que le luxe et l'orgueil avaient longtemps avili; et la théorie de cet art occupe presque autant de têtes dans les villes que la pratique exerce de bras dans les campagnes. Il est vrai que lorsque j'ai interrogé les cultivateurs de profession, que nos cultivateurs de ville sont tentés de regarder comme des espèces de machines un peu moins ingénieuses que celles qu'ils ont imaginées, je leur ai entendu dire que toutes ces découvertes faites dans le cabinet souffraient de grandes difficultés sur les lieux. Cependant, malgré ces observations, malgré le ridicule de l'agromanie, il faut convenir que l'agriculture ne peut que gagner aux travaux des savants : par leur secours, elle sortira insensiblement des sentiers étroits que lui a tracés la routine, et des ténèbres où la retient un instinct aveugle.

On ne s'est pas contenté de chercher des méthodes nouvelles, on a voulu connaitre celles des anciens. On sait combien l'agriculture était florissante et honorée parmi eux. Pour ne parler que des Romains, avec quel plaisir lisons-nous dans leur histoire les noms des consuls et des dictateurs qu'on allait prendre à la charrue, et qui, comme dit Pline, du Capitole où ils étaient montés triomphants, retournaient dans leurs terres, enorgueillies de se voir cultivées par leurs mains victorieuses !

L'agriculture a exercé non-seulement les plus grands héros, mais encore les plus grands écrivains de l'antiquité. Parmi les Grecs, Hésiode, qui vivait un siècle après la guerre de Troie, a écrit un poëme sur l'agriculture : Démocrite, Xénophon, Aristote, Théophraste, en ont traité en prose. Parmi les Romains, Caton, le fameux censeur, a composé un ouvrage sur l'économie rurale, et a été imité par le savant Varron. Caton écrit comme un vieux cultivateur plein d'expérience : ses ouvrages abondent en sentences; il entremêle aux leçons d'agriculture des préceptes de morale. Varron montre dans ses écrits plus de théorie que de pratique; il se livre à des recherches sur l'antiquité, remonte à l'étymologie des mots, et nous lui devons un catalogue de ceux qui ont écrit avant lui sur l'agriculture. L'ouvrage de Columelle est le plus considérable que les anciens nous aient laissé sur ce sujet. Plusieurs souverains ont aussi honoré l'agriculture en composant des traités sur cette matière. Si les rois sont dispensés aujourd'hui d'écrire sur cet art, ils ne le sont pas de le protéger.

Mais, parmi ces écrivains, Virgile tient sans contredit le premier rang, même indépendamment de la beauté du style. Lui-même cultiva ses terres près de Mantoue jusqu'à l'âge de vingt ans. Ce fut alors qu'il parut à Rome pour la première fois, et qu'il fut admis à la faveur d'Auguste. La longue durée des guerres civiles avait presque dépeuplé les campagnes, et Rome même l'était au point qu'Auguste se vit menacé de ne régner que sur des déserts et des tombeaux. Une grande partie des terres de l'Italie avait été partagée entre les soldats, qui s'étaient occupés trop long-temps à les ravager pour avoir appris à les cultiver. Il fallait donc ranimer parmi les Romains leur premier amour et leur premier talent pour l'agriculture. Mécène, qui mettait toute sa gloire à augmenter celle de son maître et de son ami, engagea Virgile à se charger de cette entreprise. On voit combien les arts, dans les anciens gouvernements, influaient sur la politique. Réduits chez les peuples modernes à distraire l'oisiveté des riches, à exercer la critique des prétendus connaisseurs, à exciter l'envie des artistes, à faire de bas protégés et d'insolents protecteurs, ils étaient chez les anciens un ressort utile, qui remuait puissamment les esprits de la multitude; et les orateurs et les poëtes furent en quelque sorte, les premiers législateurs.

Virgile employa sept ans à la composition de cet ouvrage. On y reconnait partout le dessein dans lequel il l'avait composé, et les vues de Mécène; mais on le reconnait surtout dans ses plaintes touchantes sur la décadence de l'agriculture, qu'on lit à la fin du premier livre; encore plus dans ce bel éloge de la vie champêtre qui termine le second, et dans lequel Virgile semble avoir réuni toute la force et toutes les graces de la poésie, pour rappeler les Romains à leur ancien amour de l'agriculture.

Virgile fut le premier, parmi les Romains, qui introduisit trois genres de poésie empruntés de trois fameux poëtes grecs, Théocrite, Hésiode et Homère. Théocrite et Homère lui ont toujours disputé la palme, l'un dans le poëme pastoral, et l'autre dans le poëme épique; mais il a laissé Hésiode bien loin derrière lui dans le poëme géorgique. Hésiode était plus agriculteur que poëte; il songe toujours à instruire, et rarement à plaire; jamais une digression agréable ne rompt chez lui la continuité et l'ennui des préceptes. Cette manière de décrire chaque mois l'un après l'autre a quelque chose de trop uniforme et de trop simple, et donne à son ouvrage l'air d'un almanach en vers. On retrouve, il est vrai, la nature dans sa poésie; mais ce n'est pas toujours la belle nature. Il n'est pas plus judicieux dans ses préceptes, qui souvent sont entassés sans choix, chargés de détails minutieux, et revêtus d'images puériles. Après tout, il faut regarder son ouvrage comme la première esquisse du poëme géorgique : l'antiquité de ce monument nous offre quelque chose de vénérable. Mais si nous voulons voir cette esquisse s'agrandir, les figures devenir plus correctes, les couleurs plus brillantes et le tableau parfait, il faut l'attendre de la main d'un plus grand maître.

Tel est le poëme de Virgile. Je crois devoir essayer ici de détruire quelques préjugés que j'ai trouvés répandus à ce sujet, même parmi un certain nombre de gens de lettres et de personnes éclairées. A quoi bon, m'a-t-on dit, traduire un ouvrage plein d'erreurs, écrit sans méthode, et dont le fond est peu intéressant?

1° Je crois que ceux qui regardent les *Géorgiques* comme un ouvrage rempli d'erreurs en jugent moins d'après une connaissance exacte de ce poëme, que d'après sa qualité de poëme et son antiquité.

On s'imagine d'abord qu'un poëte, même dans une matière sérieuse, songe plus à plaire qu'à instruire, et sacrifie souvent une vérité ennuyeuse à une erreur agréable. Je crois Virgile absous de cette accusation, par le respect avec lequel tous ceux qui, parmi les Romains, ont écrit après lui sur l'agriculture, parlent de ses ouvrages. Pline le naturaliste s'appuie souvent sur son autorité. Un pareil suffrage est assurément très-décisif en faveur de Virgile. Si quelqu'un de nos premiers poëtes avait écrit sur l'histoire naturelle, de quel poids ne serait pas pour lui l'avantage d'être cité par M. de Buffon! Il est vrai que Virgile n'est point entré dans les détails; il n'a embrassé que les grands principes de l'agriculture; et, comme ils sont à peu près les mêmes dans tous les lieux, c'est une preuve de plus en sa faveur.

On croit, en second lieu, que l'antiquité de ce poëme le rend justement suspect d'erreur. Mais si on veut observer que l'agriculture était, après l'art de vaincre, l'art favori des Romains, qu'ils se vantaient de lui devoir leur grandeur, que l'art le plus honoré est toujours le mieux cultivé, que celui-ci était l'occupation de ce qu'il y avait de plus grand et de plus éclairé; si l'on songe de plus que Virgile avait pu recueillir les observations de plusieurs siècles, s'enrichir des remarques d'une foule d'écrivains ; on conviendra qu'il est possible que le plus grand poëte des Romains ait bien écrit sur un art cultivé, dès les premiers temps de la république, par le premier peuple du monde. La lecture de ses ouvrages, jointe à ces présomptions, achèvera d'en convaincre ceux qui pourraient en douter.

Je ne vois rien de répréhensible que quelques vers sur les lunaisons dans le premier livre, et quelques morceaux du quatrième; encore dans celui-ci les erreurs n'intéressent-elles que les choses de pure curiosité et la partie physique, sur laquelle les anciens, faute d'instruments propres à observer, étaient moins à portée que nous de s'instruire. La partie économique n'offre presque rien à réformer. La reproduction des abeilles est une tradition que Virgile adopta, sans doute, moins comme naturaliste que comme poëte, parce qu'elle amène cette belle fable d'Aristée, qui est reconnue pour un chef-d'œuvre de sentiment et de poésie, et dont on achèterait volontiers les beautés par quelques erreurs.

Est-il bien vrai, en troisième lieu, que les *Géorgiques* manquent de méthode? J'avouerai ici, puisque l'occasion s'en présente, que je trouve peu fondée la préférence que nous accordons en ce genre à nos ouvrages sur ceux des anciens ; et j'observe que ce préjugé a pris naissance dans un temps où Perrault censurait ce qu'il n'entendait pas, où La Motte défigurait Homère pour le corriger. Je crois qu'en fait d'écrits il y a deux sortes de méthodes : celle qui doit se trouver dans les ouvrages de raisonnement, et celle qu'on exige dans les ouvrages d'agrément. Dans les uns, l'esprit, déjà rebuté par la sécheresse des matières ou fatigué de leur obscurité, veut au moins que l'ordre le plus méthodique, la filiation la plus exacte des idées, lui épargne une attention trop pénible. Dans les autres, l'auteur doit songer d'abord à la suite naturelle des idées, sans doute : mais un devoir non moins essentiel, c'est l'effet et la variété ; il faut qu'il place chaque objet dans son plus beau point de vue, qu'il le fasse ressortir par les oppositions, qu'il contraste les couleurs, qu'il varie les nuances, que le doux succède au fort, le riant au sombre, le pathétique aux descriptions. L'esprit, qui veut être amusé, ne demande pas qu'on le traîne lentement sur toutes les idées intermédiaires, qu'on lui fasse compter, pour ainsi dire, successivement tous les anneaux de cette chaîne; il veut voler d'objets en objets, faire une promenade et non pas une route. Voilà la méthode de Virgile.

Un exemple rendra la chose sensible. Prenons le commencement du poëme des *Géorgiques*. Le poëte prescrit d'abord le temps du labour : nous voilà dans la sécheresse didactique. Il recommande ensuite d'étudier la nature du terrain, ce qui amène un morceau agréable et presque épisodique sur les diverses productions des différents sols. La généralité de ce précepte semblait devoir déterminer le poëte à en faire la base des autres; mais, comme il était plus susceptible de poésie que celui qui le précède, Virgile l'a placé le second, pour faire oublier la sécheresse du premier. Ce premier précepte lui-même ne contient que dix vers. Virgile veut nous accoutumer insensiblement à la sévérité du ton didactique; à peine l'a-t-il pris, qu'il l'abandonne aussitôt pour une description riante. Voilà, si je ne me trompe, l'art du grand poëte; et c'est celui qui règne dans tout cet ouvrage.

On reproche aussi à Virgile le défaut de transitions. J'avoue qu'elles sont moins marquées que celles de nos ouvrages de philosophie, et même de poésie et d'éloquence. Elles consistent pour l'ordinaire dans une conjonction, qui marque, entre ce qui précède et ce qui suit, ou une opposition, ou une ressemblance, ou quelque autre rapport. Cette conjonction tient peu de place : par ce moyen le style marche rapidement; point de vide d'idées, point de liaisons froides, allongées : ou nous mettons une phrase, Virgile ne met qu'un mot. Il doit en être d'un poëme comme d'un tableau; les teintes qui séparent les différentes couleurs doivent être si légères que l'œil le plus attentif, même en apercevant leur variété, ne puisse distinguer celle qui finit de celle qui commence. Mais, pour que les liaisons aient cette légèreté, il faut que les idées elles-mêmes se lient naturellement, et que, pour passer de l'une à l'autre, l'auteur n'ait pas besoin d'un long circuit. Personne n'a mieux connu cet art que Virgile : ses transitions sont dans les choses plus que dans les mots; et comme il n'y a jamais un grand intervalle entre l'idée qui suit et celle qui précède, il ne lui faut pas de longues transitions pour le remplir.

Un reproche bien plus grave, c'est le défaut d'intérêt. Deux choses sont nécessaires pour rendre un ouvrage d'esprit intéressant, l'agrément et l'utilité. Les poëtes doivent non-seulement peindre la nature, mais l'imiter dans ses procédés : partout elle réunit dans ses ouvrages l'agréable et l'utile. Les *Géorgiques* réunissent ce double intérêt. L'auteur a pris pour sujet le premier de tous les arts, celui qui nourrit l'homme, qui est né avec le genre humain, qui est de tous les lieux, de tous les temps : rien de plus utile. Pour l'agrément, je ne conçois pas de sujet plus heureux. L'attrait naturel de la campagne, les travaux et les amusements champêtres, l'admirable variété des trésors qui couvrent la terre, l'abondance des moissons, la richesse des vendanges, les vergers, les troupeaux, les abeilles, tous ces objets qui, malgré la dépravation de nos mœurs, les préjugés de l'orgueil, ont des droits si puissants sur notre ame; voilà ce que présente le poëme de Virgile : il est riche comme la nature, il est inépuisable comme elle. Joignez à cela les idées d'innocence, de félicité, de tranquillité, attachées à la vie champêtre; ce plaisir délicieux avec lequel nos yeux, fatigués de la pompe des villes et des merveilles des arts, se rejettent vers les beautés simples de la campagne et les prodiges variés de la nature : est-il rien de plus intéressant pour les ames qui conservent encore quelque sensibilité? Les anciens nous ont laissé des poëmes didactiques sur d'autres sujets. Théognis a écrit en vers sur la morale, Aratus et Lucrèce sur la philosophie naturelle. Le sujet des *Géorgiques* me paraît l'emporter de beaucoup pour l'agrément. Les préceptes moraux, indépendamment de l'aversion naturelle que nous avons pour eux, sont si éloignés de nos sens, que rarement ils fournissent au poëte ces belles descriptions, ces images vives qui font l'essence de la poésie. La philosophie naturelle présente, à la vérité, des objets sensibles; mais souvent elle rebute le lecteur par la sécheresse des définitions, l'ennui des discussions et l'incertitude des systèmes. Le sujet que Virgile a choisi frappe sans cesse l'imagination, sans cesse il parle à notre ame par nos sens : les leçons y sont en images, et les préceptes en tableaux.

La forme n'est pas moins précieuse que le fond. Virgile ennoblit les opérations les plus simples et les instruments les plus vils : il parle aussi noblement de la faux du cultivateur que de l'épée du guerrier, d'un char rustique que d'un char de triomphe; il sait rendre la charrue digne et des consuls et des dictateurs. Enfin, on peut dire que non-seulement il a surpassé les autres écrivains, mais qu'il s'est surpassé lui-même dans le style des *Géorgiques*; la vivacité de ses images nous donne une idée plus claire que n'aurait fait la vue de ces choses mêmes, et l'objet décrit nous aurait moins affectés que la description. Mais, de quelques couleurs que les préceptes soient revêtus, ils fatiguent à la longue, si le poëte n'en corrige l'uniformité. Virgile, dans cette vue, entremêle à ses leçons d'agriculture des traits de morale. S'il conseille de transplanter un arbrisseau dans un terrain semblable à son sol natal, il ajoute noblement :

> Tant de nos premiers ans l'habitude a de force!

Nous recommande-t-il de profiter de la jeunesse des troupeaux pour les multiplier? il y joint cette réflexion touchante :

> Hélas! nos plus beaux jours s'envolent les premiers.

Et comme les poëtes qui écrivent sur la morale embellissent leurs vers d'images empruntées des objets physiques, Virgile, aux descriptions des objets physiques, mêle des traits de morale; mais ces traits, vu leur brièveté, étant insuffisants pour le délassement du lecteur, souvent il abandonne son sujet, pour détendre et amuser notre esprit par d'heureuses digressions. Car si les épisodes sont nécessaires, même dans le poëme épique, où le poëte est soutenu par l'intérêt d'une action importante, ils le sont bien davantage dans la didactique, pour couper la monotonie et adoucir l'ennui des préceptes.

Cependant Virgile, sage même dans ses écarts, a senti que les digressions, quelque agréables qu'elles fussent par elles-mêmes, ne devaient point être un hors-d'œuvre dans son poëme; que les fleurs y étaient nécessaires pour en couvrir les épines; mais qu'elles doivent naître du fond du sujet, et non y être transplantées; que, dans les épisodes les plus étrangers en apparence au sujet des *Géorgiques*, on devait voir la campagne, au moins en perspective. Voyez, à la fin du premier livre, comment, après avoir parlé de la mort de César, des batailles de Pharsale et de Philippes, il rentre ingénieusement dans son sujet, et intéresse le cultivateur au récit de ces grands événements par ces vers, admirables dans l'original :

>   Un jour le laboureur, dans ces mêmes sillons
>   Où dorment les débris de tant de bataillons,
>   Heurtant avec le soc leur antique dépouille,
>   Trouvera, plein d'effroi, des dards rongés de rouille,
>   Verra de vieux tombeaux sous ses pas s'écrouler [1],
>   Et des soldats romains les ossements rouler.

Ainsi, s'il maîtrise partout son sujet, son sujet e domine partout.

Concluons que si l'utilité, l'agrément du sujet, le génie et l'art du poëte, peuvent rendre un poëme intéressant, on ne peut refuser cet éloge aux *Géorgiques*. Je sais qu'elles ne peuvent avoir l'intérêt d'un poëme dramatique; mais serait-il raisonnable de l'exiger? Qu'il me soit permis de remarquer ici que le goût exclusif de nos auteurs pour ce genre leur inspire un dédain injuste pour les autres; et c'est un véritable malheur

---

[1] L'auteur avait mis d'abord ces deux vers :
>   Entendra retentir les casques des héros,
>   Et d'un œil effrayé contemplera leurs os.

pour notre littérature. Les Anglais, plus sensés que nous, encouragent tous les genres de poésie ; aussi ont-ils des poëmes agréables sur toutes sortes de sujets, et une littérature infiniment plus variée que la nôtre : mais, parmi nous, il est si difficile de faire lire des vers qui n'aient pas été récités sur le théâtre, que tous les jeunes talents se jettent dans cette carrière. D'ailleurs, on sait que le style de la tragédie n'est guère que celui de la conversation noble ; le style de la comédie, celui de la conversation familière. Notre langue, resserrée jusqu'ici dans ces deux genres, est restée timide et indigente, et n'acquerra jamais ni richesse ni force, si, toujours emprisonnée sur la scène, elle n'ose se promener librement sur tous les sujets susceptibles de la grande et belle poésie. On ne peut donc savoir trop de gré à ceux qui, au lieu de grossir cette foule de drames platement imités ou monstrueusement originaux, nous ont donné des poëmes sur les travaux des arts ou sur les beautés de la nature : c'est pour notre langue un monde nouveau, dont elle peut rapporter des richesses sans nombre.

Je crois qu'il est à propos de donner ici une idée des quatre livres des *Géorgiques*. Virgile, dans le premier, parle des moissons, du labourage, des instruments nécessaires aux cultivateurs, de la connaissance de la sphère, des différentes saisons où il faut semer les différents grains, des signes qui annoncent l'orage ou les beaux jours. La variété des tableaux, la rapidité du style, caractérisent ce livre, qui est terminé par un magnifique épisode sur la mort de César.

Dans le second, on trouve plus d'art peut-être et plus de hardiesse que dans tous les autres. Le poëte attribue à des arbres toutes les passions et les affections humaines, l'oubli, l'ignorance, le desir, l'étonnement. Le quatrième est riche en métaphores, mais moins hardies que dans celui-ci ; car il est bien plus naturel de prêter les passions de l'homme à des animaux, comme les abeilles, qu'à des êtres inanimés, comme les arbres. On ne peut lire, à la fin du second livre, l'éloge de la vie champêtre dont j'ai déjà parlé, sans être tenté de vivre à la campagne, et sans préférer, contre le sentiment de Virgile lui-même, la vie d'un cultivateur à celle d'un philosophe.

Le troisième paraît le plus travaillé de tous. Il règne une vigueur et une verve admirable dans la description du cheval et des courses de chevaux. La violence de l'amour y est représentée avec des expressions aussi brûlantes que l'amour même. L'hiver de la Scythie y est si bien peint, qu'on frissonne, pour ainsi dire, en le lisant. Dans la description de la peste, il s'est efforcé de surpasser Lucrèce; et il faut avouer que si dans l'un on aperçoit mieux le physicien, dans l'autre on reconnaît bien mieux le poëte.

Mais Virgile semble n'avoir rien traité avec autant de complaisance que les abeilles. Il ennoblit toutes les actions de ces petits animaux par des métaphores empruntées des plus importantes occupations des hommes. Il ne peint pas en vers plus forts les batailles d'Énée et de Turnus que le choc de deux essaims. Si, dans l'*Énéide*, il compare les travaux des Troyens à ceux des abeilles et des fourmis, ici il compare les occupations des abeilles à celles des Cyclopes. Enfin, le quatrième livre des *Géorgiques* semble être un prélude de l'*Énéide* : en parlant si magnifiquement d'un insecte, il nous annonçait sur quel ton il était capable de traiter un objet véritablement grand. En un mot, les *Géorgiques* de Virgile ont toute la perfection que peut avoir un ouvrage écrit par le plus grand poëte de l'antiquité, dans l'âge où l'imagination est la plus vive, le jugement le plus formé, où toutes les facultés de l'esprit sont dans toute leur vigueur et dans leur entière maturité.

Dans cet éloge, je ne crains pas d'être accusé de prévention par les véritables connaisseurs, ni d'avoir vu les beautés de Virgile avec le microscope des commentateurs et des traducteurs. Voulons-nous prendre de cet ouvrage une juste idée? consultons Virgile lui-même. C'était son ouvrage favori, celui sur lequel il fondait l'espoir de son immortalité. L'*Énéide*, malgré ses défauts, fait, depuis plus de dix-sept cents ans, les délices des amateurs de la poésie : cependant ce poëme, admiré des Romains, immortel comme leur gloire, dont il est le plus beau trophée, qui avait arraché à Octavie des larmes si célèbres, qui valut à Virgile l'honneur d'être salué au théâtre comme l'empereur lui-même, il voulait le jeter au feu comme indigne de lui, malgré le faible des auteurs pour leur dernier ouvrage, tandis qu'il laissait subsister les *Géorgiques,* comme le plus beau monument de sa gloire. On peut dire que, s'il s'est trop défié de l'effet de son *Énéide*, il n'a pas trop présumé de celui des *Géorgiques.*

Je ne puis me dispenser de parler des poëmes dont Virgile a fourni l'idée ou le modèle. Le plus considérable de tous est le *Prædium rusticum* du P. Vanière : il a traité dans le plus grand détail toutes les parties de l'agriculture; et c'est peut-être le défaut de son ouvrage. Il est plus abondant que Virgile, Virgile est plus rapide que lui. Le poëte romain est plus agréable dans les détails arides que le poëte toulousain dans les objets les plus riants. Celui-ci explique quelquefois prosaïquement les objets les plus poétiques; l'autre revêt de la plus belle poésie les objets les plus simples. Je remarque dans l'un une profusion souvent mal entendue; j'admire dans l'autre une économie toujours pleine de goût. Enfin, on trouve plus de variété dans le petit terrain qu'a défriché Virgile, que dans l'espace immense que Vanière a cultivé. Mais ce qu'on ne peut trop admirer dans celui-ci, c'est qu'il loue la campagne de bonne foi, qu'il peint ce qu'il aime, et qu'il fait passer dans l'ame des lecteurs le sentiment qui l'anime.

Ces vers du quatrième livre des *Géorgiques*,

>Si mon vaisseau, long-temps égaré loin du bord,
>Ne se hâtait enfin de regagner le port,
>Peut-être je peindrais les lieux chéris de Flore, etc.,

ont fourni à Rapin l'idée de son poëme sur les *Jardins*. Dryden prétend que cette esquisse de Virgile, que je viens de citer, vaut mieux que tout l'ouvrage de Rapin. Ce jugement me paraît injuste. Le poëme des *Jardins* est plein d'agrément et de poésie. Je n'y trouve pas cependant la précision dont le loue l'abbé Desfontaines : il est moins long que Vanière; mais ni l'un ni l'autre n'ont connu, comme Virgile, cette heureuse distribution, cette sage économie d'ornements. L'harmonie imitative, cette qualité essentielle de la poésie, qui est portée à un si haut point par le poëte romain, se trouve rarement dans les deux poëtes modernes; et presque jamais ils n'ont eu ni sa force ni son élévation. Les épisodes des *Géorgiques* suffisent seuls pour mettre une distance immense entre cet ouvrage et les deux autres, dont les digressions sont toujours froides. Virgile a encore un avantage sur Rapin; c'est l'importance de l'objet de ses leçons. L'art qui féconde les guérets est bien autrement intéressant que celui qui embellit les jardins; et l'on ne partage pas aussi volontiers les transports d'un fleuriste passionné à la vue du plus beau parterre de fleurs, que ceux d'un laboureur à la vue d'une abondante moisson.

Le poëme de Thomson a été traduit dans notre langue. Comme Milton, il a secoué le joug de la rime : il a beaucoup de ressemblance avec ce grand poëte; il est abondant et fécond comme lui. Quelle profusion d'images! quelle magnificence d'expressions! Rien de si frais que son Printemps, de si brûlant que son Été, de si riche que son Automne, de si sombre que son Hiver. Les épisodes sont, en général, infiniment supérieurs à ceux de Vanière et de Rapin. Les mœurs et le séjour de la campagne ont dans son livre un attrait délicieux. Il ne s'est pas contenté de peindre le climat qu'il habitait : l'Afrique, l'Asie, l'Amérique, le monde entier, ont, pour ainsi dire, payé tribut à sa poésie. Mais il ne sait point s'arrêter; il n'abandonne jamais une idée sans l'avoir épuisée; il manque d'ordre et de transitions; il imite souvent Virgile, et l'imite mal; et c'est surtout dans ces morceaux que l'on sent combien le poëte latin connaissait mieux l'art d'écrire, combien ses images sont plus vraies, ses expressions plus justes, ses peintures moins chargées. D'ailleurs Virgile a un but, et Thomson n'en a point : dans Virgile, le retour successif des préceptes et des digressions forme une variété piquante; dans Thomson, la continuité des descriptions rebute à la longue le lecteur, fatigué de cette multitude de tableaux. Quoi qu'il en soit, je conseillerais la lecture de ce poëme non-seulement aux poëtes, mais encore aux peintres, qui y trouveront partout les grands effets et les plus magnifiques tableaux de la nature.

Nous avons sous ce même titre deux poëmes. L'un des deux est attribué à une personne qui a passé quelques instants de sa vie à faire de beaux vers, et le reste à faire de belles actions. Il est plein de graces, de fraîcheur, et de cette harmonie qu'on ne retrouve presque plus dans les poëtes français.

L'autre est beaucoup plus considérable. L'auteur a les grandes beautés de Thomson, et n'a point ses défauts. Il a donné un but moral à son poëme : c'est d'inspirer l'amour de la campagne, et des sentiments d'humanité pour ceux qui la cultivent. Mais ce qui le caractérise surtout, c'est d'avoir toujours placé l'homme au milieu de ses descriptions, d'avoir su émouvoir à la fois l'imagination et le cœur : il contraste ses tableaux, varie leurs couleurs, et tous les traits qui composent chaque morceau concourent à produire un seul et unique sentiment; par là il a évité les peintures vagues, qui sont trop fréquentes dans les *Saisons* anglaises. Ces différents poëmes nous offriront de temps en temps des objets de comparaison.

Il me reste à parler de ma traduction, et des difficultés que j'y ai rencontrées. Comme ces difficultés viennent principalement de la différence des deux langues [1], elles m'ont conduit

---

[1] M. Leibnitz avait formé le projet d'une langue universelle; mais malheureusement ce projet est plus séduisant que possible.

On demande comment les hommes, qui ont eu la même origine, ont pu parler différentes langues : mais on devrait demander plutôt comment il a été possible qu'une grande quantité d'hommes parlât la même langue. En effet, il se trouve une si grande différence dans la conformation de nos organes, la combinaison des sons est si variée, si infinie, qu'il est bien étrange qu'une multitude d'êtres se soit réunie constamment à articuler de la même façon une même suite de sons, pour exprimer une certaine suite d'idées qui aurait pu être exprimée tout aussi facilement par une foule infinie d'autres combinaisons.

Les hommes concentrés dans un même canton ont pu, par la force d'une habitude continuelle, surmonter les obstacles que la nature et la foule des hasards mettaient à l'identité de leur langage ; mais dès qu'ils se sont séparés, la nature a repris ses droits, le langage s'est altéré insensiblement ; et ces altérations ont augmenté de génération en génération, au point que le premier peuple n'a plus entendu la langue du second. Une colonie de Normands, sur la fin du siècle dernier, alla s'établir sur les côtes de Saint-Domingue, et forma les flibustiers et les boucaniers. Etant restés vingt ans sans avoir de relations avec les Français, quoiqu'ils communiquassent entre eux, la langue qu'ils avaient tous

à quelques réflexions sur ce sujet, que je ne crois pas déplacées ici.

Chez les Romains, le peuple était roi ; par conséquent les expressions qu'il employait partageaient sa noblesse. Il y avait peu de ces termes bas dont les grands dédaignassent de se servir ; et des expressions populaires n'auraient pas signifié, comme parmi nous, des expressions triviales. Voilà donc une foule de mots que leurs poëtes pouvaient employer sans dégrader leur style. On peut en dire autant d'une multitude d'i-

apprise et parlée dès leur enfance se trouva tellement dénaturée, qu'il n'était plus guère possible de les entendre.

Non-seulement les mots de la langue se sont corrompus, mais la nouveauté des objets y en a introduit de nouveaux. Par exemple, aurait-on pu parler la même langue en Espagne et à la Chine, lorsque toutes les productions du pays, les plantes, les animaux, sont si différents! Joignez à cela la différence des mœurs : comment est-il possible que la langue d'un peuple ichthyophage soit la même que celle d'un peuple chasseur ; celle d'un peuple chasseur, la même que celle d'un peuple pasteur ; celle d'un peuple pasteur, la même que celle d'un peuple guerrier!

La différence des climats a dû aussi en apporter une considérable dans la langue. Dans les climats du midi, les organes ont toute leur souplesse : aussi les mots sont coulants, harmonieux ; la douce influence de l'air invite à la gaieté, enflamme l'imagination, augmente le babil : les mots y sont allongés, abondants : la nature ne présente que des objets riants, les mots y sont doux et flatteurs. Dans les pays du nord, l'organe est resserré par le froid : aussi la prononciation est dure, paresseuse ; la nature n'y présente que des objets hideux, hérissés ; la tristesse du climat se communique aux esprits ; le silence lugubre de la nature produit la taciturnité, raccourcit les mots, multiplie les monosyllabes. Toutes les langues méridionales, composées de mots différents, ont à peu près le même caractère de douceur et d'harmonie : celles du nord diffèrent de même par les mots, et se ressemblent également par l'âpreté des sons.

La différence des mots qui composent les langues amènera nécessairement celle du génie de ces langues. Ce qui fait les mots d'une langue, c'est la différente combinaison des sons ; et ce qui fait son génie, c'est la différente combinaison des mots entre eux, leurs rapports avec les idées qu'ils expriment ; rapports qui peuvent varier d'une infinité de manières, qui peuvent être plus directs ou plus réfléchis, plus justes ou moins exacts. Ce qui fait encore le génie des langues, c'est leur facilité ou difficulté à exprimer de certaines idées, leur richesse ou leur indigence, leur force ou leur faiblesse, leur précision ou leur prolixité. Mille causes peuvent varier leur génie : plusieurs de celles qui varient les mots d'une langue varient son génie. Nous avons dit que dans telle langue il y aurait une foule de mots qui manqueraient à une autre ; le genre de vie d'un peuple amène nécessairement une foule de mots qui lui seront particuliers. On remarquera tous les objets qui frapperont continuellement : on observera toutes leurs nuances, tous leurs genres, toutes leurs espèces ; on aura des synonymes ; on observera toutes leurs

dées et d'images qui n'étaient point ignobles, parceque le caractère de souveraineté dont le peuple était revêtu imprimait un caractère de noblesse à toutes ses actions, et par contre-coup aux idées et aux images qui les exprimaient ou qui en étaient empruntées. Parmi nous, la barrière qui sépare les grands du peuple, a séparé leur langage; les préjugés ont avili les mots comme les hommes, et il y a eu, pour ainsi dire, des termes nobles et des termes roturiers. Une délicatesse superbe a donc rejeté une foule d'expressions et d'images. La langue,

qualités; on aura des adjectifs : on observera leurs différentes actions sur les corps; on aura des verbes. Les Arabes ont cent cinquante mots pour exprimer le mot *lion*, et trois cents pour exprimer le mot *serpent*.

Nous avons dit aussi que les mots d'une langue seraient doux, que les autres seraient durs; cela détermine encore le génie d'une langue. La première aura plus de facilité à exprimer des choses agréables et voluptueuses; la seconde, des choses horribles et sombres. La peinture aura plus de facilité à exprimer des choses agréables et voluptueuses; la seconde, des choses horribles et sombres. La peinture des jardins d'Armide appartenait à la langue italienne; celle de l'enfer et du combat des anges ne convenait guère qu'à la langue anglaise.

Le génie d'une langue est encore déterminé par celui de la nation; et ce qui détermine le génie d'une nation, c'est d'abord le climat, ensuite le gouvernement. Dans les climats du midi, l'imagination, plus vive, plus exaltée, peindra les objets d'une manière plus brillante; les images seront plus fréquentes, plus hardies; le passage d'une idée à l'autre sera plus brusque. Dans les climats moins chauds, l'imagination, plus tempérée, produira des ouvrages plus froids et plus corrects. Dans les pays plus froids encore, l'imagination laissant plus de flegme, on raisonnera mieux, et on parlera moins bien; on aura plus de profondeur que de saillie; la nation produira plus de philosophes que de poëtes; et ces poëtes seront plus profonds, plus penseurs que ceux des autres nations.

Cependant, ce qu'on dit ici des pays froids ne convient pas à tous les peuples, aux Anglais, par exemple, dont les ouvrages ont une effervescence et une force d'imagination prodigieuses. C'est ce qui prouve l'influence du gouvernement sur le génie d'une nation, et, par contre-coup, sur celui de la langue. Dans un pays où tout le monde est libre, la langue est fière et précise. Dans les monarchies, où l'on dépend d'un prince à qui l'on doit du respect, et de supérieurs qu'on est forcé de ménager, la langue aura moins de fierté et de précision; elle aura de la délicatesse, de l'élégance, de la finesse, qui consiste à ne laisser entrevoir que la moitié de ce qu'on dit. Dans les pays despotiques, où l'esclave n'ose parler à son maître, la langue prendra un ton allégorique et mystérieux, et c'est là que naîtront les apologues et le style figuré.

Enfin, le degré de civilisation d'un peuple influe beaucoup sur sa langue. Les peuples barbares ont une langue très grossière, presque tous les verbes à l'infinitif; point de ces mots abstraits qui lient les idées, qui expriment les propriétés générales des corps, ou les notions purement spirituelles : enfin, le défaut d'idées amène la disette de mots.

en devenant plus décente, est devenue plus pauvre; et comme les grands ont abandonné au peuple l'exercice des arts, ils lui ont aussi abandonné les termes qui peignent leurs opérations. De là la nécessité d'employer des circonlocutions timides, d'avoir recours à la lenteur des périphrases; enfin d'être long, de peur d'être bas; de sorte que le destin de notre langue ressemble assez à celui de ces gentilshommes ruinés, qui se condamnent à l'indigence de peur de déroger.

A la pauvreté s'est jointe la faiblesse. Le peuple met dans son langage cette franchise énergique qui peint avec force les sentiments et les sensations : le langage des grands est circonspect comme eux. Aussi, dans tous les pays où le peuple donne le ton, on trouve dans les écrits des sentiments si profonds, si forts, si convulsifs, si j'ose m'exprimer ainsi, qu'il est impossible de les faire passer dans une langue qui exprime faiblement, parceque ceux qui donnent le ton sentent de même.

Il y a même dans ces langues des idées qui manquent absolument d'expressions. Les Romains, pour rendre l'action de faire du bien, avaient une foule de mots : nous n'avons que depuis peu celui de *bienfaisance*. N'est-ce pas encore parceque à Rome c'était le peuple qui fixait la langue, et que parmi nous ce sont les grands ?

Les mœurs n'influent pas moins sur la langue que le gouvernement. Les Romains se voyaient toujours en public, et pour ainsi dire en perspective : nous nous voyons de plus près et plus en détail. Dans leurs assemblées tumultueuses, l'effervescence de l'ambition, l'enthousiasme de la liberté, faisaient fermenter avec violence leurs passions; dans nos petites sociétés, l'envie de plaire, l'esprit de galanterie, les contraignent, les modifient, ou les masquent. Les grands ressorts de l'ame, les grands éclats des passions, voilà ce qu'ils ont dû peindre avec force : les nuances de ces mêmes passions, la délicatesse des sentiments, et les fibres les plus imperceptibles de l'ame, voilà ce que notre langue sait rendre avec finesse. Ils vivaient davantage dans les campagnes, et nous davantage dans les villes; ils ont dû peindre mieux les objets physiques, et nou avons dû mieux exprimer les idées morales ; ils ont eu des mots pour toutes les productions de la terre, et nous pour tous les mouvements du cœur.

C'est sans doute ce qui a fait long-temps regarder comme étrangère à notre langue la poésie épique, qui vit d'images et de descriptions. Ronsard et quelques autres, imitateurs des anciens plutôt que peintres de la nature, ont écrit sans succès en ce genre, ont rempli leurs poésies de descriptions, d'épithètes dans le goût des Grecs et des Romains. Cette manière n'a eu qu'un temps. Est-ce, comme on l'a dit, parce qu'ils ont méconnu le génie de leur langue ? non, puisqu'elle n'était pas encore formée : mais c'est qu'ils ont méconnu ce qui détermine ce génie, c'est-à-dire celui de la nation et l'influence des mœurs, qui, nous resserrant dans l'enceinte des villes, ont, par un ascendant invincible, détourné nos idées, et par conséquent notre langue, des objets physiques vers les objets moraux. Aussi un poëme sur l'agriculture est-il bien plus difficile à écrire en français qu'un poëme sur la morale.

Outre leur caractère général, les langues ont encore un génie particulier, dépendant des mots qui les composent, de leurs sons, de leurs combinaisons entre eux. A cet égard, la langue française, comparée avec la langue latine, perd encore au parallèle. En latin, la désinence des substantifs marque le cas et le nombre ; la désinence des verbes désigne le temps, la personne, le nombre et le mode. Les Français ont besoin, pour décliner, des articles *de, du*, etc., *le, la*, etc. ; pour conjuguer, des verbes auxiliaires *être* et *avoir* : quand les Latins en emploient un, nous en employons deux. Nous avons encore besoin, pour conjuguer, des pronoms *je, tu, il*, etc. Ainsi, tandis que la langue française, embarrassée d'articles, de prépositions, de verbes auxiliaires, se traîne lentement, la langue latine, que la désinence de chaque mot dispense de se charger de tout cet attirail, s'avance d'un pas rapide et dégagé.

Elle n'a pas moins de supériorité sur la nôtre par l'harmonie. En effet, soit que l'on considère les mots pris séparément, notre langue est pleine d'e muets, de syllabes sourdes, qui trompent l'oreille, amortissent les sons et interceptent l'harmonie; soit que l'on considère les mots liés entre eux, l'inversion permet aux Latins d'essayer une foule de combinaisons, jusqu'à ce qu'ils aient assorti et marié les mots de la manière la plus flatteuse pour l'oreille : au contraire, l'obligation de ranger toujours nos phrases dans le même ordre de construction, donne plus rarement à l'écrivain l'occasion de faire entre les mots des alliances agréables, de varier le nombre du style et la cadence des périodes. Ajoutez que, dans une langue où l'inversion est permise, il est plus aisé de trouver non-seulement la juste proportion qui doit régner dans la coupe des phrases, mais encore la gradation qui doit se trouver entre les idées.

Les règles de la poésie latine sont aussi bien plus faciles à observer que celles de la poésie française : la gêne qu'elle impose n'approche pas de l'esclavage où est réduit le poëte français, par l'obligation de suspendre l'hémistiche, de remplir le nombre des syllabes, d'éviter le froissement des sons qui se heurtent désagréablement, et surtout de porter le joug de la rime, qui seul est plus pesant que toutes les entraves de la poésie latine.

Enfin, malgré cette gêne, l'observation des règles de notre poésie produit de moins grandes beautés que l'observation des règles de la poésie latine. Dans celle-ci, le mélange marqué des syllabes brèves et longues amène nécessairement le rhythme : dans la nôtre, les règles ne prescrivent rien sur la durée des syllabes, mais seulement sur leur nombre arithmétique; de sorte que des vers français peuvent être réguliers, sans être nombreux; et satisfaire aux lois de la versification, sans satisfaire à celles de l'harmonie.

Je n'ai parlé jusqu'à présent que de cette harmonie générale qui, par l'heureux choix, l'enchaînement mélodieux des mots, flatte agréablement l'oreille. Il est une autre espèce d'harmonie nommée *imitative*, harmonie bien supérieure à l'autre, s'il est vrai que l'objet de la poésie soit de peindre. Pope en donne l'exemple et le précepte à la fois dans des vers imités admirablement par l'abbé Duresnel, et que j'ai essayé de traduire :

> Peins-moi légèrement l'amant léger de Flore ;
> Qu'un doux ruisseau murmure en vers plus doux encore.
> Entend-on de la mer les ondes bouillonner !
> Le vers, comme un torrent, en roulant doit tonner.
> Qu'Ajax soulève un roc, et le lance avec peine,
> Chaque syllabe est lourde, et chaque mot se traîne.
> Mais vois d'un pied léger Camille effleurer l'eau ;
> Le vers vole et la suit, aussi prompt que l'oiseau.

Mais, il faut en convenir, c'est peut-être à cet égard que la langue latine l'emporte le plus sur la nôtre. La quantité des syllabes, dont la brièveté ou la longueur précipite ou ralentit le vers, était déterminée chez les Latins. Nous avons aussi des brèves et des longues, mais beaucoup moins marquées ; notre prosodie n'est point décidée comme celle des anciens, et cette indécision laisse tout le jugement et tout le travail de l'harmonie à l'oreille et au goût du poëte.

D'ailleurs, comme je l'ai déjà dit, nous avons dans notre langue trop peu de sons pleins, trop d'e muets, trop de syllabes sourdes. L'enjambement, les mots rejetés, plusieurs coupes de vers propres à l'harmonie imitative, sont proscrits dans nos grands vers. Peut-être aussi notre langue est-elle devenue moins favorable à cette harmonie que les langues anciennes, parceque nous-mêmes y sommes moins sensibles que les anciens. On sait combien ils étaient heureusement organisés à cet égard. Il nous faut des sentiments pathétiques, des pensées fortes ; nous voulons que le poëte aille droit à notre cœur, sans le secours de l'oreille : aussi n'avons-nous guère que des poëmes dramatiques.

Enfin, nos premiers poëtes, Ronsard, Théophile, ont décrédité cette harmonie par l'usage barbare qu'ils en ont fait. Leurs successeurs ont été trop effrayés du ridicule qu'on a justement attaché à certains vers imitatifs, où ces auteurs effarouchaient à la fois l'oreille, tourmentaient la langue et choquaient le bon sens.

Par cette exposition des avantages que la poésie latine a sur la nôtre, on peut juger combien est difficile une traduction des *Géorgiques* en vers français. Cependant, j'ose le dire, j'ai cru sentir plusieurs fois que ces difficultés ne seraient pas invincibles pour un grand écrivain, s'il voulait déroger jusqu'à traduire. Si le climat, le gouvernement, les mœurs, influent, comme je l'ai dit, sur les langues, le génie des grands écrivains n'y influe pas moins : c'est lui qui les dompte, les plie à son gré ; qui rajeunit les mots antiques, naturalise les nouveaux, transporte les richesses d'une langue dans une autre, rapproche leur distance, les force, pour ainsi dire, à sympathiser ; rend fécond l'idiome le plus stérile, rend harmonieux le plus âpre, enrichit son indigence, fortifie sa faiblesse, enhardit sa timidité, met à profit toutes ses ressources, lui en crée de nouvelles, en fait la langue de tous les lieux, de tous les temps, de tous les arts.

La lecture de nos bons poëtes en fournit une infinité d'exemples. Depuis que notre langue a été, j'ose ainsi parler, fécondée par ces grands génies, une foule d'idées, d'expressions, d'images, qu'il aurait paru impossible de transporter dans notre langue, sont déjà adoptées, ou n'attendent pour l'être qu'un écrivain habile. Le briquet est aussi bien exprimé dans ces vers de Boileau,

> Et, du sein d'un caillou qu'il frappe au même instant,
> Il fait jaillir un feu qui pétille en sortant ;

que dans celui-ci de Virgile,

> « Ac primum silicis scintillam excudit Achates. »

Le mot *pavé* semble être banni de la grande poésie ; voyez quelle noblesse il emprunte de ces beaux vers où Racine l'a placé :

> Tu le vois tous les jours, devant toi prosterné,
> Humilier ce front de splendeur couronné ;
> Et, confondant l'orgueil par d'augustes exemples,
> Baiser avec respect le pavé de tes temples.[1]

[1] Louis XIV.

Dévorer un règne d'un moment, dans Corneille; *de David éteint rallumer le flambeau*, dans Racine, sont-ils bien inférieurs pour la hardiesse à ce que les Latins ont de plus fort en ce genre?

A l'égard de l'harmonie, lisons les beaux morceaux de Boileau et de Racine; et nous serons étonnés de voir jusqu'à quel point le génie et le travail peuvent dompter l'inflexibilité d'une langue.

L'harmonie imitative elle-même n'est pas exclue de nos vers. Je ne veux, pour le prouver, que ce beau récit tant critiqué dans *Phèdre*, et qu'on serait si fâché de n'y pas trouver : Racine semble l'avoir travaillé exprès pour prouver que, dans l'art de peindre les objets par des mots énergiques, des images fortes, des sons nombreux, et même des sons imitatifs, nous pouvons souvent lutter contre les anciens. C'est peut-être de tous les morceaux de notre poésie celui qui approche le plus des poésies de Virgile.

Quel vers du poëte latin est plus expressif que celui-ci?

> Des coursiers attentifs le crin s'est hérissé.

On admirait, dans Homère, μέγα δ' ἔβραχε φήγινος ἄξων. *L'essieu crie* vaut ἔβραχε; *et se rompt* vaut mieux assurément que φήγινος, qui est une épithète oiseuse.

Lorsque nous ne pouvons pas peindre par le son des mots, nous le pouvons par le mouvement du style, comme dans ces vers :

> L'onde approche, se brise, et vomit à nos yeux,
> Parmi des flots d'écume, un monstre furieux ;

ou dans ce beau vers de Boileau,

> Soupire, étend les bras, ferme l'œil, et s'endort.

Notre langue, maniée avec adresse, subjuguée par le travail, peut donc descendre sans bassesse aux objets les plus communs, s'élever sans témérité jusqu'aux plus nobles, peindre presque tout par des images, des sons, ou des mouvements.

C'est dans cette persuasion que j'ai hasardé une traduction des *Géorgiques*. Je crois devoir rendre compte au public des vues dans lesquelles j'ai entrepris cette traduction, des raisons qui m'ont décidé à la faire en vers, et du système de version que j'ai cru devoir suivre.

J'ai toujours regardé les traductions comme un des meilleurs moyens d'enrichir une langue. La différence de gouvernements, de climats et de mœurs, tend sans cesse à augmenter celle des idiomes : les traductions, en nous familiarisant avec les idées des autres peuples, nous familiarisent avec les signes qui les expriment; insensiblement elles transportent dans la langue une foule de tours, d'images, d'expressions, qui paraissaient éloignés de son génie, mais qui, s'en rapprochant par le secours de l'analogie, quelquefois s'annonçant comme le seul mot, la seule expression, la seule image propre, sont soufferts d'abord, et bientôt adoptés. Tant qu'on écrit des ouvrages originaux dans sa langue, on n'emploie guère que des tours, des expressions déja reçus; on jette ses idées dans des moules ordinaires, et souvent usés : lorsqu'on fait une version, la langue dans laquelle on traduit prend imperceptiblement la teinture de celle dont on traduit. Écrire un ouvrage original dans sa langue, c'est, si j'ose m'exprimer ainsi, consommer ses propres richesses; traduire, c'est importer en quelque façon dans sa langue, par un commerce heureux, les trésors des langues étrangères. En un mot, les traductions sont pour un idiome ce que les voyages sont pour l'esprit.

La traduction des *Géorgiques* était plus propre qu'aucune autre, si elle eût été entreprise par un grand poëte, à donner à notre langue des richesses inconnues. Une belle version de l'*Énéide* l'enrichirait moins : les aventures héroïques s'éloignent moins de son génie. Les opérations champêtres, les détails de la nature physique, voilà ce qu'il fallait la forcer à exprimer noblement; et c'eût été une véritable conquête sur sa fausse délicatesse et son dédain superbe pour tout ce que nos préjugés ont osé avilir.

J'ai préféré de traduire en vers, parceque, quoi qu'en dise

l'abbé Desfontaines, la fidélité d'une traduction de vers en prose est toujours très infidèle.

Un des premiers charmes des vers est l'harmonie. Or, l'harmonie de la prose ne saurait représenter celle des vers. La même pensée, rendue en prose ou en vers, produit sur nous un effet tout différent. Il y a dans La Bruyère et dans La Rochefoucauld autant de pensées fines et vraies que dans Boileau. Or, on retiendra quarante vers de Boileau contre dix lignes de ces deux auteurs. C'est que l'oreille cherche naturellement le rhythme, et surtout dans la poésie.

Un autre charme de la poésie, comme de tous les autres arts, c'est la difficulté vaincue. Une des choses qui nous frappent le plus dans un tableau, dans une statue, dans un poëme, c'est qu'on ait pu donner au marbre de la flexibilité ; c'est qu'une toile colorée fasse illusion à la vue ; c'est que des vers, malgré la gêne de la mesure, aient la même liberté que le langage ordinaire ; et c'est encore un avantage dont le traducteur en prose prive son original.

Enfin le caractère de la prose diffère trop de celui des vers. Ceux-ci ont une hardiesse qui effraie la timidité de l'autre : une vivacité de mouvement qui contraste avec sa pesanteur, une rapidité de marche que sa lenteur ne saurait atteindre. Ce qui n'est que saillant en vers devient tranchant en prose ; ce qui n'est que fort devient dur ; ce qui n'est que vif devient brusque ; ce qui n'est que hardi devient téméraire. Le traducteur en prose, cédant, sans s'en apercevoir, au caractère de ce genre d'écrire, remplacera la force par la faiblesse, l'expression figurée par l'expression simple, le mètre par le discours non mesuré, le charme de la difficulté vaincue par l'insipidité d'une prose facilement écrite. Après cela, qu'il soit un peu plus fidèle au sens littéral de quelques mots, à la construction de quelques phrases, le traducteur en vers lui abandonne sans peine cette apparente fidélité, qui ne saurait compenser des infidélités réelles, s'il est vrai que la hardiesse, le mouvement, l'harmonie, les figures, fassent le mérite de la poésie.

L'abbé Desfontaines, comme je l'ai dit, est celui qui a soutenu le plus vivement le système des traductions en prose. C'est assurément le meilleur traducteur de Virgile que nous ayons. Or, il est aisé de le réfuter par lui-même, c'est-à-dire en citant quelques morceaux de sa traduction. Pour peu qu'on sente la beauté des vers de Virgile, on sera étonné des énormes infidélités qu'il a faites à son auteur.

> « Multum adeo rastris glebas qui frangit inertes,
> » Vimineasque trahit crates, juvat arva ; neque illum
> » Flava Ceres alto nequidquam spectat olympo ;
> » Et qui, proscisso quæ suscitat æquore terga,
> » Rursus in obliquum verso perrumpit aratro,
> » Exercetque frequens tellurem, atque imperat arvis. »

« Cérès, du haut de l'olympe, jette toujours un regard fa-
» vorable sur le laboureur attentif qui a soin de briser avec la
» herse ou le râteau les mottes de son champ ; elle ne favorise
» pas moins celui qui, avec le soc de sa charrue, sait croiser
» les sillons, et qui ne cesse d'agiter sa terre. »

De bonne foi, qui peut reconnaître Virgile dans cette prose ? Où est l'harmonie, surtout l'harmonie imitative, qui, par des vers travaillés et un rhythme pénible, me peint si bien les efforts du laboureur qui tourmente sa terre pour la forcer à la fécondité ? Où sont ces expressions si pittoresques ou si justes, *glebas inertes, trahit crates, exercet tellurem*, et surtout *imperat arvis* ? Je sens combien mes vers sont au-dessous de ceux de Virgile ; mais si j'ai été plus exact en vers que l'abbé Desfontaines en prose, j'aurai cause gagnée :

> Voyez ce laboureur, constant dans ses travaux,
> Traverser ses sillons par des sillons nouveaux ;
> Écraser, sous le poids des longs râteaux qu'il traîne,
> Les glèbes dont le soc a hérissé la plaine ;
> Gourmander sans relâche un terrain paresseux :
> Cérès à ses travaux sourit du haut des cieux.

> « Ac, dum prima novis adolescit frondibus ætas,
> » Parcendum teneris ; et, dum se lætus ad auras
> » Palmes agit, laxis per purum immissus habenis,
> » Ipsa acie nondum facis tentanda ; sed uncis
> » Carpendæ manibus frondes, interque legendæ.
> » Inde ubi jam validis amplexæ stirpibus ulmos

» Exierint, tum stringe comas, tum brachia tonde.
» Ante reformidant ferum : tum denique dura
» Exerce imperia, et ramos compesce fluentes. »

« Dans le temps qu'elle pousse ses premières feuilles, mé-
» nagez un bois si tendre; et même lorsqu'il est devenu plus
» fort, et qu'il s'est élevé plus haut, abstenez-vous d'y tou-
» cher avec le fer : arrachez les feuilles adroitement avec la
» main. Mais quand le bois est devenu ferme et solide, et que
» les branches de votre vigne commencent à embrasser l'orme,
» alors ne craignez point de la tailler; n'épargnez ni son bois,
» ni son feuillage : elle ne redoute plus le fer. »

Je ne dis rien de la différence que met entre ces deux morceaux, d'un côté la mélodie la plus sensible, de l'autre le défaut total d'harmonie. Voyez seulement comment toutes les
expressions figurées, toutes les images hardies, se sont éva-
nouies dans la traduction :

« Prima ætas adolescit... Dum se lætus ad auras palmes agit... Laxis
» per purum immissus habenis... Nondum acie falcis tentanda... Dura
» exerce imperia... ramos compesce fluentes... »

Enfin, la répétition de ces trois *tum*, qui donne au vers tant
de mouvement et de vivacité.

Je demande encore pardon au lecteur de citer mes vers
après ceux de Virgile; mais si j'ai réussi à conserver la plupart de ses images, que n'aurait pas fait un poëte qui aurait
eu plus de talent que moi pour manier sa langue?

Quand les premiers bourgeons s'empresseront d'éclore,
Que l'acier rigoureux n'y touche point encore :
Même lorsque dans l'air, qu'il commence à braver,
Le rejeton moins frêle ose enfin s'élever,
Pardonne à son audace en faveur de son âge;
Seulement de ta main éclaircis son feuillage.
Mais enfin, quand tu vois ses robustes rameaux
Par des nœuds redoublés embrasser les ormeaux,
Alors saisis le fer, alors sans indulgence
De la sève égarée arrête la licence;
Borne des jets errants l'essor présomptueux,
Et des pampres touffus le luxe infructueux.

Qu'on n'imagine pas que j'aie choisi ces deux morceaux :

toute la traduction de l'abbé Desfontaines est dans ce genre. Il y a sans doute de la faute du traducteur; mais on sent, en le lisant, que presque partout la hardiesse du poëte a effarouché la timidité du prosateur. On peut être plus fidèle que lui, même en prose : mais cette fidélité sera toujours très imparfaite; et pour une image heureusement rendue, mille autres avorteront infailliblement, par l'effet de la circonspection timide nécessairement attachée à ce genre d'écrire.

À l'égard de ceux qui prétendent que la meilleure traduction en vers défigure les originaux et affaiblit leurs beautés, il me suffit de leur opposer celle d'Homère par le célèbre Pope. J'ai vu des personnes très instruites de la langue grecque convenir de bonne foi que la traduction leur avait fait infiniment plus de plaisir que l'original. Celle de Virgile, par Dryden, m'a paru moins nerveuse, moins brillante, plus négligée; mais encore est-il vrai qu'il nous fait mieux connaître Virgile que les meilleures versions en prose : c'est du moins un poëte qui traduit un poëte.

Il me reste à parler du système de traduction que j'ai suivi, et des libertés que je me suis permises. J'ai toujours remarqué qu'une extrême fidélité en fait de traduction était une extrême infidélité. Un mot est noble en latin; le mot français qui y répond est bas : si vous vous piquez d'une extrême exactitude, la noblesse du style est donc remplacée par de la bassesse.

Une expression latine est forte et précise; il faut en français plusieurs mots pour la rendre : si vous êtes exact, vous êtes long.

Une expression est hardie dans le latin, elle est tranchante en français : vous remplacez donc la hardiesse par la dureté.

Une suite de mots est harmonieuse dans l'original; ceux qui y répondent immédiatement peuvent n'être pas aussi mélodieux : l'âpreté des sons va donc prendre la place de l'harmonie.

Une image était neuve dans l'auteur latin; elle est usée en français : vous rendez donc une image neuve par une image triviale.

Un détail géographique, une allusion aux mœurs, pouvait être agréable dans votre auteur au peuple pour lequel il écrivait, et ne l'être pas pour vos lecteurs : vous n'êtes donc qu'étrange lorsque votre auteur est intéressant.

Que fait donc le traducteur habile ? il étudie le caractère des deux langues. Quand leurs génies se rapprochent, il est fidèle ; quand ils s'éloignent, il remplit l'intervalle par un équivalent, qui, en conservant à sa langue tous ses droits, s'écarte le moins qu'il est possible du génie de l'auteur. Chaque écrivain a, pour ainsi dire, sa démarche et sa physionomie ; il est plus ou moins chaud, plus ou moins rapide, plus ou moins ingénieux : on ne prendra donc pas, pour rendre le style toujours vrai, toujours précis, toujours simple, de Virgile, le style brillant, fécond et diffus d'Ovide.

On consultera ensuite le genre d'ouvrage. On ne traduira pas un poëme didactique comme un poëme épique ; les *Géorgiques*, par exemple, comme l'*Énéide*.

Chaque morceau de l'ouvrage a aussi son caractère dépendant du fond des idées et du mouvement du style. Les idées sont simples ou brillantes, gaies ou sombres, riantes ou majestueuses : le traducteur non-seulement ne confondra pas ces différents tons, ces différentes couleurs, mais en saisira, autant qu'il lui sera possible, les nuances principales.

Le mouvement du style dépend surtout de la longueur ou de la brièveté des phrases. Le traducteur ne noiera pas, dans de longues périodes des traits détachés qui doivent s'élancer avec vivacité ; il ne hachera pas non plus des périodes nombreuses qui doivent rouler avec majesté.

Il sera surtout fidèle à l'harmonie : dans une traduction en vers, surtout dans une traduction de Virgile, il vaudrait mieux sacrifier quelquefois l'énergie et la justesse que l'harmonie. Il en est de la poésie comme d'un instrument musical ; il ne suffit pas que les tons soient justes, il faut qu'ils soient mélodieux. Lorsque Virgile a dit,

« Atque metus omnes et inexorabile fatum
» Subjecit pedibus ; »

en vain vous rendrez la force de cette pensée, si vous ne représentez pas la majesté de l'harmonie.

Mais c'est surtout l'harmonie imitative qu'il faut s'attacher à rendre. J'avoue que c'est ce qui m'a le plus coûté dans cette traduction : notre langue à cet égard a si peu de ressources ! Aussi ai-je passé quelquefois sur les règles ordinaires qui ordonnent la suspension de l'hémistiche et qui proscrivent l'enjambement. J'en citerai quelques exemples ; c'est aux connaisseurs à me juger. Lorsque Virgile a dit,

« Et mortalia corda
» Per gentes humilis stravit pavor ; ille flagranti, » etc.

pour rendre cette suspension sublime, j'ai osé dire,

L'univers ébranlé s'épouvante... le dieu, etc.

Lorsque Virgile, peignant un flot qui tombe, a fait ces vers admirables,

« Ad terras immane sonat per saxa, nec ipso
» Monte minor procumbit ; at ima exæstuat unda, » etc.

pour rendre la pesanteur de cette chute, j'ai cru pouvoir hasarder une coupe de vers nouvelle :

Soudain le mont liquide élevé dans les airs
Retombe ; un noir limon bouillonne au fond des mers.

Il n'y a pas dans Virgile un seul endroit imitatif, pour lequel je n'aie fait les mêmes efforts : mais comme il n'est pas possible que j'aie toujours réussi, je m'en suis dédommagé, autant que je l'ai pu, en mettant de l'harmonie imitative dans plusieurs vers où Virgile n'en a point mis ; car il faut être quelquefois supérieur à son original, précisément parce qu'on lui est très inférieur.

Enfin, le traducteur portera le scrupule jusqu'à conserver à chaque membre de phrase la place qu'il occupe, toutes les fois que la gradation naturelle des idées l'exigera. Il s'attachera surtout à rendre chaque trait avec précision. Il ne mettra que rarement en deux vers ce que son auteur exprime en un. Plus un trait gagne en étendue, plus il perd en force : c'est une liqueur spiritueuse qui, lorsqu'on y verse de l'eau, diminue de qualité en augmentant de quantité.

C'est surtout dans un ouvrage didactique, comme les *Géorgiques* de Virgile, que la précision est essentielle : un précepte exprimé brièvement se grave bien mieux dans la mémoire que lorsqu'il est noyé dans une foule de mots qui la surchargent. C'est sans doute dans cette vue que Boileau a rempli son *Art poétique* de vers pleins de précision, et, par cette raison, faciles à retenir.

J'ai fait tous mes efforts pour être aussi précis que mon original : sur deux mille vers et plus, ma traduction n'excède guère que de deux cent vingt; et j'ai cherché en cela, non la gloire puérile de faire à peu près le même nombre de vers que Virgile, mais l'avantage d'égaler, autant qu'il m'a été possible, la rapidité de l'original, qui doit à cette qualité un de ses principaux charmes.

Mais le devoir le plus essentiel du traducteur, celui qui les renferme tous, c'est de chercher à produire dans chaque morceau le même effet que son auteur. Il faut qu'il représente, autant qu'il est possible, sinon les mêmes beautés, au moins le même nombre de beautés. Quiconque se charge de traduire contracte une dette; il faut, pour l'acquitter, qu'il paie, non avec la même monnaie, mais la même somme : quand il ne peut rendre une image, qu'il y supplée par une pensée; s'il ne peut peindre à l'oreille, qu'il peigne à l'esprit; s'il est moins énergique, qu'il soit plus harmonieux; s'il est moins précis, qu'il soit plus riche. Prévoit-il qu'il doive affaiblir son auteur dans un endroit? qu'il le fortifie dans un autre; qu'il lui restitue plus bas ce qu'il lui a dérobé plus haut; en sorte qu'il établisse partout une juste compensation, mais toujours en s'éloignant le moins qu'il sera possible du caractère de l'ouvrage et de chaque morceau. C'est pour cela qu'il est injuste de comparer chaque vers du traducteur au vers du texte qui y répond : c'est sur l'ensemble et l'effet total de chaque morceau qu'il faut juger de son mérite.

Mais, pour traduire ainsi, il faut non-seulement se remplir, comme on l'a dit si souvent, de l'esprit de son poëte, oublier ses propres mœurs pour prendre les siennes, quitter son pays pour habiter le sien, mais aller chercher ses beautés dans leur source, je veux dire dans la nature : pour mieux imiter la manière dont il a peint les objets, il faut voir les objets eux-mêmes ; et, à cet égard, c'est composer jusqu'à un certain point, que de traduire.

C'est en voyant la campagne, les moissons, les vergers, les troupeaux, les abeilles, tous ces tableaux délicieux qui ont inspiré l'auteur des *Géorgiques*, que j'ai cru sentir quelque étincelle du feu nécessaire pour le bien rendre. Jamais je n'ai trouvé la nature plus belle qu'en lisant Virgile ; jamais je n'ai trouvé Virgile plus admirable qu'en observant la nature : la nature, en un mot, a été pour moi le seul commentaire de celui de tous les poëtes qui l'a le mieux imitée.

Voilà les idées que je me suis faites de la traduction : je sens combien je suis loin de les avoir remplies ; mais j'ose dire que cet ouvrage serait parfait, s'il n'avait fallu, pour le rendre tel, qu'un goût vif pour la poésie, la plus grande admiration pour Virgile, et le plus grand respect pour le public.

Il y a plusieurs traductions des *Géorgiques*, en vers français. On ne connaît guère celle de l'abbé de Marolles, qui traduisait encore plus mal en vers qu'en prose. Il en existe une de Segrais, qui n'a été imprimée qu'après sa mort : on ne la lit pas plus que son *Énéide*. Quelque temps après celle-ci, il en parut une de Martin, qu'on a faussement prétendu être le même que Pinchêne, neveu de Voiture, l'un de ces malheureux dont Boileau enchaînait les noms dans ses vers satiriques. Sa traduction, dont on ne peut soutenir la lecture, est cependant supérieure à celle de Segrais, dont Despréaux a vanté les églogues.

Dans les notes qui accompagnent cet ouvrage, on s'est borné, pour ne pas surcharger cette édition, à ce qui était nécessaire pour éclaircir quelques points de mythologie et de géographie ancienne.

LES GÉORGIQUES.

LIVRE PREMIER.

Je chante les moissons : je dirai sous quel signe
Il faut ouvrir la terre et marier la vigne ;
Les soins industrieux que l'on doit aux troupeaux,
Et l'abeille économe, et ses sages travaux.
Astres qui, poursuivant votre course ordonnée,
Conduisez dans les cieux la marche de l'année ;
Protecteur des raisins, déesse des moissons,
Si l'homme encor sauvage, instruit par vos leçons,
Quitta le gland des bois pour les gerbes fécondes,
Et d'un nectar vermeil rougit les froides ondes ;
Divinités des prés, des champs et des forêts ;
Faunes aux pieds légers, vous, Nymphes des guérets,
Faunes, Nymphes, venez ; c'est pour vous que je chante.
Et toi, dieu du trident, qui de ta main puissante
De la terre frappas le sein obéissant,
Et soudain fis bondir un coursier frémissant ;
Pallas, dont l'olivier enrichit nos rivages ;
Vous, jeune dieu de Cée [1], ami des verts bocages,
Pour qui trois cents taureaux éclatants de blancheur
Paissent l'herbe nouvelle et l'aubépine en fleur ;
Pan, qui sur le Lycée, où le riant Ménale,
Animes sous tes doigts la flûte pastorale ;
Vieillard, qui dans ta main tiens un jeune cyprès ;
Enfant [2], qui le premier sillonnas les guérets ;
Vous tous, dieux bienfaisants, déesses protectrices,
Qui de nos fruits heureux nourrissez les prémices,
Qui versez l'eau des cieux, qui fécondez les champs,
Ainsi qu'à nos moissons présidez à mes chants.

Et toi qu'attend le ciel, et que la terre adore,
Sous quel titre, ô César, faudra-t-il qu'on t'implore ?
Veux-tu, le front paré du myrte maternel,
Remplacer Jupiter sur son trône éternel ?

Va, préside aux saisons, gouverne le tonnerre,
Protége les cités, fertilise la terre.
Veux-tu sur l'océan un pouvoir souverain ?
Le trident de Neptune est remis dans ta main ;
Téthys t'offre sa fille ; et, roi des mers profondes,
Tu recevras pour dot tout l'empire des ondes.
Peut-être, plus voisin de tes nobles aïeux,
Nouveau signe d'été, veux-tu briller aux cieux ?
Le Scorpion brûlant [3], déjà loin d'Érigone
S'écarte avec respect, et fait place à ton trône.
Choisis : mais garde-toi d'accepter les enfers !
Qu'on vante l'Élysée et ses bois toujours verts ;
Fière d'un sceptre affreux, que Proserpine y règne ;
Toi, je veux qu'on t'adore, et non pas qu'on te craigne.
De nos cultivateurs viens donc guider les mains,
Et commence par eux le bonheur des humains.

Quand la neige au printemps s'écoule des montagnes,
Dès que le doux zéphyr amollit les campagnes,
Que j'entende le bœuf gémir sous l'aiguillon ;
Qu'un soc long-temps rouillé brille dans le sillon.
Veux-tu voir les guérets combler tes vœux avides ?
Par les soleils brûlants, par les frimas humides,
Qu'ils soient deux fois mûris et deux fois engraissés :
Tes greniers crouleront sous les grains entassés.
Toutefois, dans le sein d'une terre inconnue
Ne va point vainement enfoncer la charrue :
Observe le climat, connais l'aspect des cieux,
L'influence des vents, la nature des lieux,
Des anciens laboureurs l'usage héréditaire,
Et les biens que prodigue ou refuse une terre.
Dans ces riches vallons la moisson jaunira ;
Sur ces coteaux riants la grappe noircira :
Ici sont des vergers qu'enrichit la culture ;
Là règne un vert gazon qu'entretient la nature ;
Le Tmole [1] est parfumé d'un safran précieux ;
Dans les champs de Saba l'encens croît pour les dieux,
L'Euxin voit le castor se jouer dans ses ondes ;
Le Pont s'enorgueillit de ses mines fécondes ;
L'Inde produit l'ivoire ; et dans ses champs guerriers
L'Épire, pour l'Élide, exerce ses coursiers.

Ainsi jadis le ciel partagea ses largesses,
Lorsqu'un mortel sauvé [5] des ondes vengeresses,
De fertiles cailloux semant d'affreux déserts,
D'hommes laborieux, repeupla l'univers.
Connais donc la nature, et règle-toi sur elle.
Si ton terrain est gras, dès la saison nouvelle
Qu'on y plonge le soc, et que l'été poudreux
Mûrisse les sillons embrasés par ses feux ;
Mais si ton sol ingrat n'est qu'une faible arène,
Qu'au retour du Bouvier [6] le soc l'effleure à peine.
Ainsi l'un perd l'excès de sa fécondité ;
L'autre de quelque suc est encore humecté.
Qu'un vallon moissonné dorme un an sans culture,
Son sein reconnaissant te paie avec usure :
On sème un pur froment dans le même terrain
Qui n'a produit d'abord que le frêle lupin,
Ou la vesce légère, ou ces moissons bruyantes
De pois retentissants dans leurs cosses tremblantes.
Pour l'avoine et le lin, et les pavots brûlants,
De leurs sucs nourriciers ils épuisent les champs :
La terre toutefois, malgré leurs influences,
Pourra par intervalle admettre ces semences,
Pourvu qu'un sol usé, qu'un terrain sans vigueur,
Par de riches engrais raniment leur langueur.
La terre ainsi repose en changeant de richesses ;
Mais un entier repos redouble ses largesses.
Cérès approuve encor que des chaumes flétris
La flamme, en pétillant, dévore les débris :
Soit que les sels heureux d'une cendre fertile
Deviennent pour la terre un aliment utile ;
Soit que le feu l'épure, et chasse le venin
Des funestes vapeurs qui dorment dans son sein ;
Soit qu'en la dilatant par sa chaleur active,
Il ouvre des chemins à la sève captive ;
Soit qu'enfin, resserrant les pores trop ouverts
D'un sol que fatiguait l'inclémence des airs,
Aux froides eaux du ciel, au souffle de Borée,
Au soleil dévorant il en ferme l'entrée.

Vois-tu ce laboureur, constant dans ses travaux,
Traverser ses sillons par des sillons nouveaux ;

Écraser, sous le poids des longs râteaux qu'il traîne,
Les glèbes dont le soc a hérissé la plaine,
Gourmander sans relâche un terrain paresseux ?
Cérès à ses travaux sourit du haut des cieux.
  J'aime des hivers secs et des étés humides ;
L'été des sillons frais, l'hiver des champs arides,
Sont un garant certain de la fertilité :
C'est alors que, surpris de leur fécondité,
Et le riche Gargare [7], et l'heureuse Mysie,
Enfantent des moissons qui nourrissent l'Asie.
Au maître des saisons adresse donc tes vœux.
  Mais l'art du laboureur peut tout après les dieux :
Dans les champs la semence est-elle déposée ?
Il la couvre à l'instant sous la glèbe écrasée ;
Puis d'un fleuve coupé par de nombreux canaux [8]
Court dans chaque sillon distribuer les eaux.
  Si le soleil brûlant flétrit l'herbe mourante,
Aussitôt je le vois par une douce pente
Amener, du sommet d'un rocher sourcilleux,
Un docile ruisseau, qui sur un lit pierreux
Tombe, écume, et, roulant avec un doux murmure,
Des champs désaltérés ranime la verdure.
  Tantôt, pour empêcher qu'un frêle chalumeau
Ne languisse accablé sous son riche fardeau,
Dès qu'il voit du sillon sortir ses blés superbes,
Il livre à ses troupeaux le vain luxe des herbes.
Tantôt son bras actif, desséchant des marais,
De leurs dormantes eaux délivre les guérets,
Surtout lorsque, gonflant ses ondes orageuses,
Un fleuve a submergé les campagnes fangeuses,
Et que du noir limon dont les champs sont couverts
L'exhalaison impure empoisonne les airs.
  Mais malgré tant de soins, malheureux que nous sommes !
Malgré les animaux qui secondent les hommes,
Tout n'est pas fait encor : crains pour tes jeunes blés
L'ombre, et l'herbe indomptable, et les brigands ailés [9].
Tel est l'arrêt fatal du maître du tonnerre :
Lui-même il força l'homme à cultiver la terre ;
Et, n'accordant ses fruits qu'à nos soins vigilants,
Voulut que l'indigence éveillât les talents.

Avant lui point d'enclos, de bornes, de partage ;
La terre était de tous le commun héritage ;
Et, sans qu'on l'arrachât, prodigue de son bien,
La terre donnait plus à qui n'exigeait rien.
C'est lui qui, proscrivant une oisive opulence,
Partout de son empire exila l'indolence.
Il endurcit la terre, il souleva les mers,
Nous déroba le feu, troubla la paix des airs,
Empoisonna la dent des vipères livides,
Contre l'agneau craintif arma les loups avides,
Dépouilla de leur miel les riches arbrisseaux,
Et du vin dans les champs fit tarir les ruisseaux.
Enfin l'art à pas lents vint adoucir nos peines ;
Le caillou rend le feu recelé dans ses veines ;
La terre obéissante et les flots étonnés
Par la rame et le soc déjà sont sillonnés ;
Déjà le nocher compte et nomme les étoiles ;
Des chiens lancent un cerf, le chasseur tend ses toiles ;
La glu trompe l'oiseau ; le crédule poisson
Tombe dans des filets, ou pend à l'hameçon.
Bientôt le fer rougit dans la fournaise ardente ;
J'entends crier la dent de la lime mordante ;
L'acier coupe le bois que déchiraient les coins.
Tout cède aux longs travaux, et surtout aux besoins.

Quand Dodone aux mortels refusa leur pâture,
Cérès vint des guérets leur montrer la culture.
De ces nouveaux bienfaits sont nés des soins nouveaux :
La rouille [10] vient ronger le fruit de nos travaux ;
La ronce naît en foule, et les épis périssent ;
D'arbustes épineux les sillons se hérissent ;
Et Cérès, à côté de ses plus riches dons,
Voit triompher l'ivraie et régner les chardons.
Tourmente donc la terre, appelle donc la pluie,
Chasse l'avide oiseau, détruis l'ombre ennemie ;
Où, bientôt affamé près d'un riche voisin,
Retourne au gland des bois pour assouvir ta faim.
Mais les moments sont chers : hâte-toi de connaître
Ce qui doit composer ton arsenal champêtre.
D'abord on forge un soc ; on taille des traîneaux ;
De leurs ongles de fer on arme des râteaux ;

On entrelace en claie un arbuste docile ;
Le van chasse des grains une paille inutile ;
Le madrier pesant te sert à les fouler ;
Et des chars au besoin seront prêts à rouler.
Sans tous ces instruments il n'est point de culture.
  De la charrue enfin dessinons la structure.
D'abord il faut choisir, pour en former le corps,
Un ormeau que l'on courbe avec de longs efforts.
Le joug qui t'asservit ton robuste attelage,
Le manche qui conduit le champêtre équipage,
Pour soulager ta main et le front de tes bœufs,
Du bois le plus léger seront formés tous deux.
Le fer, dont le tranchant dans la terre se plonge,
S'enchâsse entre deux coins, d'où sa pointe s'allonge.
Aux deux côtés du soc, de larges orillons,
En écartant la terre, exhaussent les sillons.
De huit pieds en avant que le timon s'étende ;
Sur deux orbes roulants que ta main le suspende :
Et qu'enfin tout ce bois, éprouvé par les feux,
Se durcisse à loisir sur ton foyer fumeux.
  Il est mille autres soins consacrés par nos pères ;
Ne dédaigne donc pas ces préceptes vulgaires.
D'abord, qu'un long cylindre également roulé
Aplanisse la terre où tu battras le blé.
Si d'un ciment visqueux tes mains ne la pétrissent,
D'herbes et d'animaux les fentes se remplissent :
Là, l'immonde crapaud dans un coin s'assoupit ;
Dans son trou tortueux la taupe se tapit ;
Prévoyant les besoins de la triste vieillesse,
La fourmi diligente y butine sans cesse ;
Le charançon dévore un vaste amas de grains ;
Et le mulot remplit ses greniers souterrains.
  Peut-être voudrais-tu, dès la saison de Flore,
Prévoir ce que pour toi l'été va faire éclore ?
Regarde l'amandier reverdir tous les ans,
Et courber en festons ses rameaux odorants :
Abonde-t-il en fleurs ? par des chaleurs ardentes
Le soleil mûrira des moissons abondantes ;
Si des feuilles sans fruit surchargent ses rameaux,
Le fléau ne battra que de vains chalumeaux.

Des légumes souvent l'enveloppe infidèle
Déguise la maigreur des fruits qu'elle recèle.
Pour qu'ils soient mieux nourris, et pour rendre le grain
Plus prompt à s'amollir en bouillant dans l'airain,
J'ai vu dans le marc d'huile et dans une eau nitrée
Détremper la semence avec soin préparée :
Remède infructueux ! inutiles secrets !
Les grains les plus heureux, malgré tous ces apprêts,
Dégénèrent enfin, si l'homme avec prudence
Tous les ans ne choisit la plus belle semence.
Tel est l'arrêt du sort : tout marche à son déclin.
Je crois voir un nocher qui, la rame à la main,
Lutte contre les flots, et les fend avec peine ;
Suspend-il ses efforts ? l'onde roule et l'entraîne.

Il faut savoir encore interroger les cieux.
L'Arcture, les Chevreaux, le Dragon lumineux,
Sont pour le laboureur d'aussi fidèles guides
Que pour l'adroit nocher qui, sur des mers perfides,
Implorant son pays, la terre, et le repos,
Du détroit de Léandre ose affronter les flots.
Observe donc leur cours. Sitôt que la Balance
Du travail, du repos, du bruit et du silence,
Rendra l'empire égal, et du trône des airs
Entre l'ombre et le jour suspendra l'univers,
Avant que des vents froids le souffle la resserre,
Tandis qu'elle est traitable, on façonne la terre :
De tes taureaux nerveux aiguillonne les flancs ;
Sème l'orge, le lin, les pavots nourrissants ;
Ne quitte point le soc : hâte-toi ; les tempêtes
Vont verser les torrents suspendus sur nos têtes.
Sitôt que dans nos champs Zéphyre est de retour,
On y sème la fève ; et quand l'astre du jour [11],
Ouvrant dans le Taureau sa brillante carrière,
Engloutit Sirius [12] dans des flots de lumière,
Les sillons amollis reçoivent les sainfoins,
Et le millet doré [13] redemande tes soins.
Préfères-tu des blés, dont les gerbes flottantes,
Roulent au gré des vents leurs ondes jaunissantes ?
Attends jusqu'au lever [14] de la Couronne d'or.
Plusieurs jettent leurs grains quand Maïa luit encor :

Mais la terre à regret reçoit cette semence,
Et de maigres épis trompent leur espérance.
La faisole à tes soins a-t-elle quelque part?
Jusqu'à l'humble lentille abaisses-tu ton art?
Attends que dans les cieux [15] disparaisse l'Arcture,
Et poursuis jusqu'au temps où règne la froidure.

 Pour régler nos travaux, pour marquer les saisons,
L'art divisa du ciel les vastes régions.
Soleil, âme du monde, océan de lumière,
Douze astres différents partagent ta carrière.
Cinq zones [16] de l'olympe embrassent le contour :
L'une des feux brûlants est l'aride séjour;
Deux autres, qu'en tout temps attriste la froidure,
Des deux pôles glacés ont formé la ceinture :
Mais, entre ces glaçons et ces feux éternels,
Deux autres ont reçu les malheureux mortels;
Et dans son cours brillant bornent l'oblique voie
Où du dieu des saisons la marche se déploie.

 Le globe, vers le nord [17] hérissé de frimas,
S'élève, et redescend vers les brûlants climats.
Notre pôle des cieux voit la clarté sublime :
Du Tartare profond l'autre touche l'abîme.
Calisto [18], dont le char craint les flots de Téthys,
Vers les glaces du nord brille auprès de son fils;
Le Dragon les embrasse ainsi qu'un fleuve immense.
Le pôle du midi, noir séjour du silence,
N'offre aux tristes humains qu'une éternelle nuit :
Peut-être en nous quittant Phébus chez eux s'enfuit;
Et lorsque ses coursiers nous soufflent la lumière,
Pour eux l'obscure nuit commence sa carrière.

 Le globe ainsi connu t'annonce les saisons;
Quand il faut ou semer, ou couper les moissons,
Abattre le sapin destiné pour Neptune,
Aux infidèles mers confier sa fortune :
Et ce n'est pas en vain que ces astres brillants
En quatre temps égaux nous partagent les ans.

 Plusieurs font à loisir, retenus par l'orage,
Ce qu'il faudrait hâter sous un ciel sans nuage :
Ils aiguisent leur soc, ils comptent leurs boisseaux;
Creusent une nacelle, ou marquent leurs troupeaux;

Préparent des liens à leurs vignes naissantes ;
Taillent des pieux aigus, des fourches menaçantes ;
La meule met en poudre ou le feu cuit leurs grains ;
Et le jonc en panier s'arrondit sous leurs mains.
   Les fêtes même, il est un travail légitime.
Ne peut-on pas alors, sans scrupule et sans crime,
Tendre un piége aux oiseaux, embraser des buissons,
D'un mur tissu d'épine entourer ses moissons,
Ou rafraîchir ses prés que la chaleur altère,
Ou baigner ses brebis dans une eau salutaire ?
C'est dans ces mêmes jours que, libre de travaux,
Chacun porte aux cités les présents des hameaux ;
Et, rapportant chez soi les tributs de la ville,
Presse les pas tardifs de son âne indocile.
   La lune apprend aussi, dans son cours inégal,
Quel jour à tes travaux est propice ou fatal :
Le cinquième est funeste : en ce jour de colère
Naquirent Érinnys, Tisiphone, Mégère,
Et vous, fameux Titans, géants audacieux,
Que la Terre enfanta pour attaquer les cieux.
Trois fois roulant des monts arrachés des campagnes,
Leur audace entassa montagnes sur montagnes,
Ossa sur Pélion, Olympe sur Ossa ;
Trois fois, le foudre en main, le dieu les renversa.
   Au dixième croissant de la lune nouvelle,
On peut du fier taureau dompter le front rebelle,
Planter la jeune vigne, ou d'une agile main
Promener la navette errante sur le lin.
Une clarté plus pure embellit le neuvième :
Le brigand le redoute, et le voyageur l'aime.
Chacun a son emploi ; mais, dans ce choix du temps,
Ainsi que d'heureux jours il est d'heureux instants.
Faut-il couper le chaume ? on le coupe sans peine,
Quand la nuit l'a mouillé de son humide haleine :
Pour dépouiller les prés, attends que sur les fleurs
L'Aurore en souriant ait répandu ses pleurs.
   Plusieurs pendant l'hiver, près d'un foyer antique,
Veillent à la lueur d'une lampe rustique :
Leur compagne près d'eux, partageant leurs travaux,
Tantôt d'un doigt léger fait rouler ses fuseaux ;

Tantôt cuit dans l'airain le doux jus de la treille,
Et charme par ses chants la longueur de la veille.
Mais c'est en plein soleil, dans l'ardente saison,
Qu'au tranchant de la faux on livre la moisson,
Que sur l'épi doré le fléau se déploie.
Donne aux soins les beaux jours, et l'hiver à la joie.
L'hiver, tel qu'un nocher qui, plein d'un doux transport,
Couronne ses vaisseaux triomphants dans le port,
Tranquille sous le chaume, à l'abri des tempêtes,
L'heureux cultivateur donne ou reçoit des fêtes :
Pour lui ces tristes jours rappellent la gaieté ;
Il s'applaudit l'hiver des travaux de l'été.
 Alors même sa main n'est pas toujours oisive ;
De l'arbre de Pallas il recueille l'olive ;
Le myrte de Vénus lui cède un fruit sanglant,
Et le laurier sa graine, et les chênes leur gland :
Les flots sont-ils glacés, les champs couverts de neige ?
Il tend des rets au cerf, prend l'oiseau dans un piége,
Ou presse un lièvre agile, ou, la fronde à la main,
Fait siffler un caillou qui terrasse le daim.
 D'autres temps, d'autres soins. Dirai-je à quels désastres
De l'automne orageux nous exposent les astres,
Quand les jours sont moins longs, les soleils moins ardents,
Ou quels torrents affreux épanche le printemps,
Quand le blé d'épis verts a hérissé les plaines,
Et des flots d'un lait pur déjà gonfle ses veines ?
 L'été même, à l'instant qu'on liait en faisceaux
Les épis jaunissants qui tombent sous la faux,
J'ai vu les vents, grondant sur ces moissons superbes,
Déraciner les blés, se disputer les gerbes,
Et, roulant leurs débris dans de noirs tourbillons,
Enlever, disperser les trésors des sillons.
 Tantôt un vaste amas d'effroyables nuages,
Dans ses flancs ténébreux couvant de noirs orages,
S'élève, s'épaissit, se déchire, et soudain
La pluie, à flots pressés, s'échappe de son sein ;
Le ciel descend en eaux, et couche sur les plaines
Ces riantes moissons, vains fruits de tant de peines ;
Les fossés sont remplis ; les fleuves débordés
Roulent en mugissant dans les champs inondés ;

Les torrents bondissants précipitent leur onde,
Et des mers en courroux le noir abîme gronde.
Dans cette nuit affreuse, environné d'éclairs,
Le roi des dieux s'assied sur le trône des airs :
La terre tremble au loin sous son maître qui tonne ;
Les animaux ont fui ; l'homme éperdu frissonne ;
L'univers ébranlé [19] s'épouvante... le dieu,
D'un bras étincelant dardant un trait de feu,
De ces monts si souvent mutilés par la foudre,
De Rhodope ou d'Athos met les rochers en poudre,
Et leur sommet brisé vole en éclats fumants :
Le vent croît, l'air frémit d'horribles sifflements ;
En torrents redoublés les vastes cieux se fondent ;
La rive au loin gémit, et les bois lui répondent.

 Pour prévenir ces maux, lis aux voûtes des cieux ;
Suis dans son cours errant le messager des dieux ;
Observe si Saturne est d'un heureux présage :
Surtout aux dieux des champs présente un pur hommage.
Quand l'ombrage au printemps invite au doux sommeil,
Lorsque l'air est plus doux, l'horizon plus vermeil,
Les vins plus délicats, les victimes plus belles,
Offre des vœux nouveaux pour des moissons nouvelles ;
Choisis pour temple un bois, un gazon pour autel,
Pour offrande du vin, et du lait, et du miel :
Trois fois autour des blés on conduit la victime ;
Et trois fois, enivré d'une joie unanime,
Un chœur nombreux la suit en invoquant Cérès :
Même, avant que le fer dépouille les guérets,
Tous entonnent un hymne ; et, couronné de chêne,
Chacun d'un pied pesant frappe gaiement la plaine.

 Si ce culte pieux n'obtient pas de beaux jours,
La lune de l'orage annonce au moins le cours ;
Et le berger connaît par d'assurés présages
Quand il doit éviter les lointains pâturages.
Au premier sifflement des vents tumultueux,
Tantôt au haut des monts, d'un bruit impétueux
On entend les éclats ; tantôt les mers profondes
Soulèvent en grondant, et balancent leurs ondes ;
Tantôt court sur la plage un long mugissement,
Et les noires forêts murmurent sourdement.

Que je plains les nochers, lorsqu'aux prochains rivages
Les plongeons effrayés, avec des cris sauvages,
Volent du sein de l'onde ; ou quand l'oiseau des mers
Parcourt en se jouant les rivages déserts ;
Ou lorsque le héron, les ailes étendues,
De ses marais s'élance, et se perd dans les nues !
   Quelquefois, de l'orage avant-coureur brûlant,
Des cieux se précipite un astre étincelant,
Et dans le sein des nuits, qu'il rend encor plus sombres,
Traîne de longs éclairs qui sillonnent les ombres :
Tantôt on voit dans l'air les feuilles voltiger,
Et la plume, en tournant, sur les ondes nager.
Si l'éclair brille au nord, de l'Eure et du Zéphyre
Si la foudre en éclat ébranle au loin l'empire,
Alors, ô laboureur, crains les torrents des cieux ;
Nochers, ployez la voile, et redoublez vos vœux.
Que dis-je ? tout prédit l'approche des orages ;
Nul, sans être averti, n'éprouva leurs ravages :
Déjà l'arc éclatant qu'Iris [20] trace dans l'air
Boit les feux du soleil et les eaux de la mer ;
La grue, avec effroi s'élançant des vallées,
Fuit ces noires vapeurs de la terre exhalées ;
Le taureau hume l'air par ses larges naseaux ;
La grenouille se plaint au fond de ses roseaux ;
L'hirondelle en volant effleure le rivage ;
Tremblante pour ses œufs, la fourmi déménage ;
Et des affreux corbeaux les noires légions
Fendent l'air, qui frémit sous leurs longs bataillons.
   Vois les oiseaux des mers, et ceux que les prairies
Nourrissent près des eaux sur des rives fleuries ;
De leur séjour humide on les voit s'approcher,
Offrir leur tête aux flots qui battent le rocher,
Promener sur les eaux leur troupe vagabonde,
Se plonger dans leur sein, reparaître sur l'onde,
S'y replonger encore, et par cent jeux divers
Annoncer les torrents suspendus dans les airs.
   Seule, errant à pas lents sur l'aride rivage,
La corneille enrouée appelle aussi l'orage.
Le soir, la jeune fille, en tournant son fuseau,
Tire encor de sa lampe un présage nouveau,

Lorsque la mèche en feu, dont la clarté s'émousse,
Se couvre, en petillant, de noirs flocons de mousse.
Mais la sérénité reparaît à son tour :
Des signes non moins sûrs t'annoncent son retour ;
Des astres plus brillants ont peuplé l'hémisphère ;
La lune sur son char le dispute à son frère ;
On ne voit plus dans l'air des nuages errants
Flotter comme la laine éparse au gré des vents ;
Ni l'oiseau de Téthys[21] sur l'humide rivage
Aux rayons du soleil étaler son plumage ;
Ni ces vils animaux dans la fange engraissés
Délier des épis les faisceaux dispersés..
Enfin l'air s'éclaircit ; du sommet des montagnes
Le brouillard affaissé descend dans les campagnes ;
Et le triste hibou, le soir, au haut des toits,
En longs gémissements ne traîne plus sa voix.
Tantôt l'affreux Nisus[22], avide de vengeance,
Sur sa fille, à grand bruit, du haut des cieux s'élance ;
Scylla vole et fend l'air ; Nisus vole et la suit ;
Scylla, plus prompte encor, se détourne et s'enfuit.
Même les noirs corbeaux, bannissant la tristesse,
Annoncent les beaux jours par trois cris d'allégresse,
Et d'un gosier moins rauque expriment leur gaieté :
Souvent, au haut de l'arbre où flotte leur cité,
Vous voyez leurs ébats agiter le feuillage ;
Une douceur secrète attendrit leur ramage :
Ils aiment à revoir, depuis long-temps bannis,
Leur arbre hospitalier, leur famille et leurs nids.
Non que du ciel en eux la sagesse immortelle
D'un rayon prophétique ait mis quelque étincelle :
L'instinct seul les éclaire ; et lorsque ces vapeurs
D'où naissent tour à tour le froid et les chaleurs,
Où des vents inconstants lorsque l'humide haleine
Change pour nous des cieux l'influence incertaine,
Les êtres animés changent avec le temps :
Ainsi, muet l'hiver, l'oiseau chante au printemps ;
Ainsi l'agneau bondit sur le naissant herbage,
Et même le corbeau pousse un cri moins sauvage.
Mais, malgré ces leçons, crains-tu d'être séduit
Par le perfide éclat d'une brillante nuit?

Du soleil, de sa sœur, observe la carrière.
Quand la jeune Phébé rassemble sa lumière,
Si son croissant terni s'émousse dans les airs,
La pluie alors menace et la terre et les mers.
Du fard de la pudeur peint-elle son visage?
Des vents prêts à gronder c'est le plus sûr présage.
Le quatrième jour (cet augure est certain),
Si son arc est brillant, si son front est serein,
Durant le mois entier que ce beau jour amène,
Le ciel sera sans eau, l'aquilon sans haleine,
L'océan sans tempête ; et les nochers heureux
Bientôt sur le rivage acquitteront leurs vœux.

Le soleil à son tour t'instruit, soit dès l'aurore,
Soit lorsque de ses feux l'occident se colore.
Si, de taches semé, sous un voile ennemi
Son disque renaissant se dérobe à demi,
Crains les vents pluvieux ; leurs humides haleines
Menacent tes troupeaux, tes vergers et tes plaines.
Si de son lit de pourpre on voit l'Aurore en pleurs
Sortir languissamment sans force et sans couleurs ;
Si Phébus, à travers une vapeur grossière
Dispersant faiblement quelques traits de lumière,
Semble luire à regret, de leurs feuillages verts
Les raisins colorés vainement sont couverts;
Sous les grains bondissants dont les toits retentissent,
La grêle écrase, hélas! les grappes qui mûrissent.

Surtout sois attentif lorsque achevant leur tour
Ses coursiers dans la mer vont éteindre le jour;
Du pourpre, de l'azur, les couleurs différentes
Souvent marquent son front de leurs taches errantes :
Saisis de ces vapeurs le spectacle mouvant;
L'azur marque la pluie, et le pourpre le vent :
Si le pourpre et l'azur colorent son visage,
De la pluie et des vents redoute le ravage :
Je n'irai point alors, sur de frêles vaisseaux,
Dans l'horreur de la nuit m'égarer sur les eaux.

Mais lorsqu'il recommence et finit sa carrière,
S'il brille tout entier d'une pure lumière,
Sois sans crainte : vainqueur des humides Autans,
L'Aquilon va chasser les nuages flottants.

Ainsi ce dieu puissant, dans sa marche féconde,
Tandis que de ses feux il ranime le monde,
Sur l'humble laboureur veille du haut des cieux,
Lui prédit les beaux jours, et les jours pluvieux.
Qui pourrait, ô soleil, t'accuser d'imposture ?
Tes immenses regards embrassent la nature :
C'est toi qui nous prédis ces tragiques fureurs
Qui couvent sourdement dans l'abîme des cœurs.
Quand César expira, plaignant notre misère,
D'un nuage sanglant tu voilas ta lumière;
Tu refusas le jour à ce siècle pervers;
Une éternelle nuit menaça l'univers.
Que dis-je? tout sentait notre douleur profonde,
Tout annonçait nos maux : le ciel, la terre et l'onde,
Les hurlements des chiens et le cri des oiseaux.
Combien de fois l'Etna, brisant ses arsenaux,
Parmi des rocs ardents, des flammes ondoyantes,
Vomit en bouillonnant ses entrailles brûlantes !
Des bataillons armés dans les airs se heurtaient;
Sous leurs glaçons tremblants les Alpes s'agitaient;
On vit errer, la nuit, des spectres lamentables ;
Des bois muets sortaient des voix épouvantables ;
L'airain même parut sensible à nos malheurs;
Sur le marbre amolli l'on vit couler des pleurs :
La terre s'entr'ouvrit, les fleuves reculèrent;
Et, pour comble d'effroi, les animaux parlèrent.
Le superbe Éridan, le souverain des eaux,
Traîne et roule à grand bruit forêts, bergers, troupeaux ;
Le prêtre, environné de victimes mourantes,
Observe avec horreur leurs fibres menaçantes;
L'onde changée en sang roule des flots impurs;
Des loups hurlant dans l'ombre épouvantent nos murs;
Même en un jour serein l'éclair luit, le ciel gronde,
Et la comète en feu vient effrayer le monde.
Aussi la Macédoine[2] a vu nos combattants
Une seconde fois s'égorger dans ses champs;
Deux fois le ciel souffrit que ces fatales plaines
S'engraissassent du sang des légions romaines.
Un jour le laboureur, dans ces mêmes sillons
Où dorment les débris de tant de bataillons,

Heurtant avec le soc leur antique dépouille,
Trouvera, plein d'effroi, des dards rongés de rouille;
Verra de vieux tombeaux sous ses pas s'écrouler,
Et des soldats romains les ossements rouler.

O père des Romains, fils du dieu des batailles !
Protectrice du Tibre, appui de nos murailles,
Vesta ! dieux paternels, ô dieux de mon pays !
Ah ! du moins que César rassemble nos débris !
Par ces revers sanglants dont elle fut la proie,
Rome a bien effacé les parjures de Troie.
Hélas ! le ciel, jaloux du bonheur des Romains,
César, te redemande aux profanes humains.
Que d'horreurs en effet ont souillé la nature !
Les villes sont sans lois, la terre sans culture ;
En des champs de carnage on change nos guérets,
Et Mars forge ses dards des armes de Cérès.
Ici le Rhin se trouble[21], et là mugit l'Euphrate ;
Partout la guerre tonne et la discorde éclate ;
Des augustes traités le fer tranche les nœuds,
Et Bellone en grondant se déchaîne en cent lieux.
Ainsi, lorsqu'une fois[25] lancés de la barrière,
D'impétueux coursiers volent dans la carrière,
Leur guide les rappelle et se roidit en vain :
Le char n'écoute plus ni la voix, ni le frein.

LIVRE SECOND.

J'ai chanté les guérets et le cours des saisons :
Soyez à votre tour l'objet de mes leçons,
Beaux vergers, sombres bois, et vous, riches vendanges.
Viens ! tout répète ici ton nom et tes louanges ;
Viens, Bacchus ! de tes dons ces coteaux sont couverts ;
L'Automne a sur son front tressé tes pampres verts ;
Et déja sur les bords de la cuve fumante
S'élève en bouillonnant la vendange écumante :
Descends de tes coteaux, mets bas ton brodequin,
Et rougissons nos pieds dans des ruisseaux de vin.

Et toi, de qui la main vint m'ouvrir la barrière,
Mécène, soutiens-moi dans ma longue carrière.
Que d'autres de la fable empruntent les atours,
Que leur muse s'égare en de vagues détours :
Le vrai seul est mon but, et toi seul es mon guide.
Sur la fleur des objets glissons d'un pas rapide :
Pour tout approfondir, tout peindre dans mes vers,
La nature est trop vaste, et tes moments trop chers.
 Les arbres, de la terre agréable parure,
Sortent diversement des mains de la nature.
Les uns, sans implorer des soins infructueux,
Dans les champs, sur les bords des fleuves tortueux,
Naissent indépendants de l'industrie humaine :
Ainsi le souple osier se reproduit sans peine ;
Tels sont l'humble genêt, les saules demi-verts,
Et ces blancs peupliers balancés dans les airs.
 D'autres furent semés : ainsi croissent l'yeuse,
Qui redouble des bois l'horreur religieuse ;
Le châtaignier couvert de ses fruits épineux,
Et le chêne à Dodone interprète des dieux.
 Plusieurs sont entourés de rejetons sans nombre :
Ainsi le cerisier aime à voir sous son ombre
S'élever ses enfants ; ainsi ces vieux ormeaux
Sur leur jeune famille étendent leurs rameaux ;
Et même le laurier, que le Pinde révère,
Lève son front timide à l'abri de son père.
 Tels, sans les soins de l'art, d'elle-même autrefois
La nature enfanta les vergers et les bois,
Et les humbles taillis, et les forêts sacrées.
Depuis, l'art, se frayant des routes ignorées,
Par des moyens nouveaux créa de nouveaux plants.
Là, d'un arbre fécond les rejetons naissants,
Par le tranchant acier séparés de leur père,
Vont recevoir ailleurs une sève étrangère ;
Ici, des souches d'arbre, où des rameaux fendus,
Où des pieux aiguisés, à nos champs sont rendus :
Celui-ci courbe en arc la branche obéissante,
Et dans le sol natal l'ensevelit vivante ;
Cet autre émonde un arbre, et plante ses rameaux,
Qui dans son champ surpris deviennent arbrisseaux.

Un aride olivier, surpassant ces prodiges,
Des éclats d'un vieux tronc pousse de jeunes tiges.
De rameaux étrangers un arbre s'embellit,
D'un fruit qu'il ignorait son tronc s'enorgueillit ;
Le poirier sur son front voit des pommes éclore,
Et sur le cornouiller la prune se colore.

Connais donc chaque espèce, et soigne sa beauté ;
D'un fruit sauvage encore adoucis l'âpreté :
Point d'arbres négligés, point de terres oisives ;
Couvrons de pampre Ismare [1], et Taburne d'olives.

L'arbre né de lui-même [2] étale fièrement
De ses rameaux pompeux le stérile ornement ;
La nature se plut à parer son ouvrage :
Mais qu'on prête à sa tige un rameau moins sauvage,
Ou qu'il soit transplanté dans un sol plus heureux ;
Dompté par la culture, il comblera tes vœux.

Tels encor, si tu veux les ranger dans la plaine,
Ces faibles rejetons paieront un jour ta peine ;
Par l'ombre de leur père étouffés aujourd'hui,
Stériles avortons, ils languissent sous lui.

L'arbre qu'on a semé, croissant pour un autre âge,
A nos derniers neveux réserve son ombrage ;
Sa tige même enfante un fruit décoloré ;
Le pommier méconnaît son suc dénaturé ;
La grappe est des oiseaux la honteuse pâture.
Tous ces arbres enfin ont besoin de culture :
Que tous soient transplantés, rangés dans les sillons,
Et qu'à force de soins on achète leurs dons.

Mais chacun d'eux exige un art qu'il faut connaître.
De tronçons enfouis l'olivier veut renaître ;
D'un rameau sort un myrte agréable à Vénus ;
Et les ceps provignés sont plus chers à Bacchus.
Avec plus de succès on transplante le frêne,
L'arbre de Jupiter, celui du fils d'Alcmène,
Le coudrier noueux, les palmiers toujours verts,
Et le sapin qui croît pour affronter les mers.
D'autres seront greffés : sur les plantes stériles
On porte du pommier les rejetons fertiles ;
Le hêtre avec plaisir s'allie au châtaignier ;
La pierre abat la noix sur l'aride arboisier ;

LIVRE II.

Le poirier de sa fleur blanchit souvent le frêne;
Et le porc, sous l'ormeau, broya le fruit du chêne.
Cet art a deux secrets dont l'effet est pareil :
Tantôt, dans l'endroit même où le bouton vermeil
Déjà laisse échapper sa feuille prisonnière,
On fait avec l'acier une fente légère ;
Là, d'un arbre fertile on insère un bouton,
De l'arbre qui l'adopte utile nourrisson :
Tantôt des coins aigus entr'ouvrent avec force
Un tronc dont aucun nœud ne hérisse l'écorce :
A ses branches succède un rameau plus heureux.
Bientôt ce tronc s'élève en arbre vigoureux ;
Et, se couvrant des fruits d'une race étrangère,
Admire ces enfants dont il n'est pas le père.
  Le même arbre d'ailleurs, diversement produit,
Voit changer son feuillage et varier son fruit.
La terre, dans les bois, nourrit sous plusieurs formes
La race des lotos, des cyprès et des ormes ;
Les saules ne sont pas les mêmes en tous lieux ;
L'olive, ainsi qu'au goût, est différente aux yeux ;
En des moules divers la nature la jette ;
En globe l'arrondit, ou l'allonge en navette :
La poire est distinguée, ici par sa grosseur,
Là par son coloris, plus loin par sa douceur ;
L'une mûrit l'été, l'autre tombe en automne ;
Celle-ci dans l'hiver à la main s'abandonne.
Notre vigne fleurit, suspendue aux ormeaux ;
La grappe de Lesbos rampe sur les coteaux :
Les raisins sont tardifs, ou se pressent d'éclore ;
Le pourpre les rougit, ou le safran les dore :
Ceux-ci sur les rochers se cuiront lentement ;
Ceux-là s'amolliront dans l'airain écumant :
Ici d'un jus vermeil la sève généreuse
Dans nos veines répand une chaleur heureuse ;
Là les esprits fumeux de ce vin sans couleur
Enchaîneront la langue et les pas du buveur.
Vois les vins blancs de Thase et de Maréotide :
L'un veut un terrain gras, et l'autre un sol aride.
Rhétie, on vante au loin tes vins délicieux ;
Mais Hébé verserait notre Falerne aux dieux.

Veut-on boire un vin fort? on choisit l'Aminée,
Vainqueur heureux du Tmole, et même du Phanée.
Argos est renommé pour ses vins bienfaisants,
Dont la sève résiste à l'injure des ans.
Et toi, divin nectar que Rhodes nous envoie,
Du convive assoupi viens réveiller la joie;
Puis-je encore oublier ces énormes raisins...
Mais qui pourrait compter et nommer tous ces vins?
On compterait plutôt sur les mers courroucées
Les vagues vers les bords par l'Aquilon poussées,
On compterait plutôt dans les brûlants déserts
Les sables que les vents emportent dans les airs.
 Tout sol enfin n'est pas propice à toute plante :
Le saule aime une eau vive, et l'aune une eau dormante;
Le frêne veut plonger dans un coteau pierreux :
Au bord riant des eaux les myrtes sont heureux;
Le soleil sur les monts cuit la grappe dorée;
Et l'if s'épanouit au souffle de Borée.
 De l'aurore au couchant parcourons l'univers,
Les différents climats ont des arbres divers :
Chez l'Arabe l'encens embaume au loin la plaine;
Sur les rives du Gange³ on voit noircir l'ébène :
Là d'un tendre duvet¹ les arbres sont blanchis,
Ici d'un fil doré⁵ les bois sont enrichis :
Le Nil du vert acanthe admire les feuillages;
Le baume, heureux Jourdain, parfume tes rivages;
Et l'Inde au bord des mers voit monter ses forêts
Plus haut que ses archers ne font voler leurs traits.
 Vois les arbres du Mède⁶ et son orange amère,
Qui, lorsque la marâtre aux fils d'une autre mère
Verse le noir poison d'un breuvage enchanté,
Dans leur corps expirant rappelle la santé.
L'arbre égale en beauté celui que Phébus aime;
S'il en avait l'odeur, c'est le laurier lui-même :
Sa feuille sans effort ne se peut arracher;
Sa fleur résiste au doigt qui la veut détacher,
Et son suc, du vieillard qui respire avec peine,
Raffermit les poumons et parfume l'haleine.
 Mais l'Inde et ses forêts, et leur riche trésor,
Et le Gange, et l'Hermus qui roule un limon d'or,

Et les riches parfums que l'Arabie exhale,
A l'antique Ausonie ont-ils rien qui s'égale?
Colchos [7], pour labourer tes vallons fabuleux,
Mets au joug des taureaux étincelants de feux;
Que des dents d'un dragon les fatales semences
Hérissent tes guérets d'une moisson de lances.
Le blé pare nos champs, le raisin nos coteaux;
J'y vois mûrir l'olive, et bondir nos troupeaux.
Ici l'ardent coursier s'échappe au loin sur l'herbe;
Là paissent la génisse et le taureau superbe,
Qui, baignés d'une eau pure et couronnés de fleurs,
Conduisent aux autels nos fiers triomphateurs.
Deux fois nos fruits sont mûrs, deux fois nos brebis pleines;
Même au sein des hivers l'été luit dans nos plaines :
Mais le sol ne nourrit ni le tigre inhumain,
Ni le poison qui trompe une imprudente main;
Nul lion n'y rugit, et jamais sur l'arène
Une hydre épouvantable à longs plis ne s'y traîne.
Partout sont de beaux champs qu'éclairent de beaux cieux;
Où la nature est riche, et l'art industrieux.
Vois ces forts suspendus [8] sur ces rochers sauvages,
Ces fleuves dont nos murs couronnent les rivages :
La mer de deux côtés nous présente son sein;
Vingt lacs autour de nous ont creusé leur bassin.
Ici le Larc [9] étend son enceinte profonde;
Là, tel qu'un océan, le Bénac s'enfle et gronde.
Peindrai-je ces beaux ports, ce hardi monument
Qui maîtrise l'orgueil d'un fougueux élément;
Et, dans les lacs voisins lui laissant un passage,
Présente à nos vaisseaux une mer sans orage?
Fouille ces champs féconds : le fer, l'argent, l'airain,
L'or même, en longs ruisseaux circulent dans leur sein.
Ces champs ont vu fleurir cent peuples redoutables,
Les Sabins belliqueux, les Marses indomptables,
Et ces Liguriens qu'indigne le repos,
Et ces Volsques armés d'énormes javelots :
Ces champs ont enfanté les Déces, les Émiles,
Les braves Scipions, les généreux Camilles;
Toi surtout, toi, César, qui sur des bords lointains
Soumets l'Inde tremblante à l'aigle des Romains:

Terre féconde en fruits, en conquérants fertile,
Salut! je chante un art à ta grandeur utile;
Du Permesse pour toi les canaux sont rouverts :
Hésiode aux Romains va parler dans mes vers.

Maintenant des terrains distinguons la nature,
Leur force et leur couleur, leurs fruits et leur culture.
D'abord le sol pierreux de ces arides monts
D'argile entremêlés, hérissés de buissons,
De l'arbre de Pallas aime l'utile ombrage :
En veux-tu des garants? vois l'olivier sauvage
Sur ces coteaux chéris croître de toutes parts,
Et sur la terre au loin semer ses fruits épars.

Mais ces terrains féconds que la nature engraisse,
Qui regorgent de sucs, où croît une herbe épaisse,
Tels qu'au pied de ces rocs s'étend ce beau vallon
Où l'eau des monts voisins porte un riche limon,
Si des feux du midi le soleil les éclaire,
S'ils présentent au soc l'importune fougère,
Ils te prodigueront des vins délicieux,
Ces vins brillant dans l'or, et versés pour les dieux,
Lorsque, auprès des taureaux immolés à leur gloire,
Le Toscan [10] sous ses doigts fait résonner l'ivoire.

Voudrais-tu faire envie aux bergers tes rivaux?
Les forêts de Tarente appellent tes troupeaux :
Va dans ces prés ravis à ma chère Mantoue,
Où le cygne argenté sur les ondes se joue ;
Là tout rit aux pasteurs, la beauté du vallon,
La fraîcheur des ruisseaux, l'épaisseur du gazon ;
Et tout ce qu'un long jour consume de pâture,
La plus courte des nuits le rend avec usure.

Enfin pour le froment choisis ces terrains forts,
Pleins de sucs au dedans, noirâtres au dehors,
Dont la terre est broyée, et pour qui la nature
Semble avoir épargné les frais de la culture :
Aucun champ ne verra tant de bœufs attelés
T'apporter à pas lents le tribut de ses blés.

Tel encor ce terrain couvert d'un bois stérile,
Que son maître rougit de laisser inutile.
D'une main indignée il y porte le fer,
Détruit les vieux palais des habitants de l'air :

L'oiseau tremblant s'enfuit de ses toits qu'on ravage,
Et le soc rajeunit cette plaine sauvage.
 Mais fuis ce mont pierreux, dont le maigre terrain
Offre à peine à l'abeille un humble romarin;
Fuis de ce tuf ingrat la rudesse indocile,
Et ce fonds plein de craie où gît l'affreux reptile;
Aucun champ ne fournit à ses enfants impurs
Ni d'aliments plus doux, ni d'asiles plus sûrs.
 Pour ce terrain poreux où l'air trouve un passage,
Qui pompe sa vapeur et l'exhale en nuage,
Que tapisse à nos yeux un gazon toujours frais,
Où le coutre brillant ne se rouille jamais,
Ce fonds se prête à tout, pourvu qu'on le cultive :
Il se couvre d'épis; il fait mûrir l'olive;
La vigne, si je veux, s'y marie aux ormeaux,
Ou dans des prés fleuris il nourrit mes troupeaux.
Telles on aime à voir [1] ces campagnes fécondes,
Que le Clain trop souvent engloutit sous ses ondes;
Tels les champs du Vésuve, et ces heureux vallons
Dont la riche Capoue admire les moissons.
 Apprenons maintenant par quelle épreuve sûre
On peut des sols divers distinguer la nature.
Ici la terre est forte, et Cérès la chérit;
Ailleurs elle est légère, et Bacchus lui sourit.
Pour ne pas t'y tromper, que la bêche la sonde.
Creuse dans son enceinte une fosse profonde :
Ce qui vient d'en sortir, il faut l'y repousser;
Sur ce monceau poudreux bondis pour l'affaisser.
Descend-il sous les bords? cette terre est légère;
Là ton troupeau s'engraisse, ou ta vigne prospère :
Si cet amas épais, rebelle à ton effort,
Refuse de rentrer dans le lieu dont il sort,
A la plus forte terre il faut dès-lors t'attendre :
Que tes plus forts taureaux gémissent pour la fendre.
 Mais ce terrain amer qu'aucun soin n'adoucit,
Où l'arbre de Pallas jamais ne réussit,
Où le cep dégénère, où le blé craint de naître,
Apprends par quel moyen tu peux le reconnaître
Sous tes toits enfumés prends ces paniers de joncs
Dont le tissu n'admet que de faibles rayons;

Ces vases du pressoir, où des raisins qu'on foule
En ruisseaux épurés le jus brillant s'écoule.
Là, pour mieux l'éprouver, j'ordonne que ta main
Détrempe d'une eau douce et presse ce terrain :
Ces eaux, pour s'échapper se frayant une route,
Coulent le long des joncs, et tombent goutte à goutte :
Alors, fais-en l'essai ; ton palais révolté
Connaît ce sol ingrat à leur triste âcreté.

Un sol maigre est celui qui, prompt à se dissoudre,
Sitôt qu'on l'a touché tombe réduit en poudre :
Un terrain gras, semblable à la gomme des bois,
S'amollit dans tes mains et s'attache à tes doigts.
La hauteur de l'herbage annonce un fonds humide :
Ah! de ces jeunes blés crains la beauté perfide !
De la couleur du sol l'œil décide aisément,
Et la main de son poids t'informe sûrement :
Mais son froid meurtrier coûte plus à connaître.
Quelquefois cependant les plantes qu'il fait naître,
Le pin, le lierre noir, les ifs contagieux,
De ce défaut secret avertiront tes yeux.

Enfin, à ton vignoble as-tu choisi sa terre ?
Dès-lors, pour la dompter, qu'on lui fasse la guerre :
Il faut entrecouper le penchant des coteaux,
Et retourner la glèbe élevée en monceaux ;
Que les froids aquilons, que l'hiver la mûrissent,
Et que tes bras nerveux sans cesse l'amollissent.
Si tu le peux encor, que le cep transplanté
Retrouve un sol pareil au sol qu'il a quitté :
Le jeune arbuste ainsi jamais ne dégénère,
Et ne s'aperçoit pas qu'il a changé de mère.
Plusieurs même, observant dans l'endroit dont il sort
Quel côté vit le sud, et quel côté le nord,
Conservent ces aspects qu'ils gravent sur l'écorce :
Tant de nos premiers ans l'habitude a de force !

Mais avant de creuser, de peupler les sillons,
Il faut choisir d'abord de la plaine ou des monts.
On peut presser les rangs dans de grasses campagnes ;
On doit les élargir au penchant des montagnes :
Enfin dans les vallons, comme sur les coteaux,
Qu'ils soient distribués en espaces égaux.

Vois de longs bataillons rangés sur une plaine,
Où flotte de l'airain la lueur incertaine,
Avant qu'un choc affreux confonde tous ces bras,
Quand Mars prélude encore à l'horreur des combats :
Imite de ces rangs l'exacte symétrie,
Non pour flatter les yeux par ta vaine industrie;
Mais chaque tige ainsi peut croître en liberté,
Et le suc se partage avec égalité.
 Apprends aussi combien tu dois creuser la terre
Qui de tes jeunes plants sera dépositaire;
Comme tes nourrissons diffèrent en grandeur,
Il faut que leur berceau diffère en profondeur.
Dans un léger sillon la vigne croît sans peine;
L'arbre doit plus avant s'enfoncer dans la plaine,
Surtout le chêne altier, qui, perdu dans les airs,
De son front touche aux cieux, de ses pieds aux enfers :
Aussi les noirs torrents, les vents et la tempête,
En vain rongent ses pieds, en vain battent sa tête :
Malgré les vents fougueux, malgré les noirs torrents,
Tranquille, il voit passer les hommes et les temps;
Et, loin de tous côtés tendant ses rameaux sombres,
Seul il jette alentour une immensité d'ombres.
 N'attends rien d'une vigne exposée au couchant :
Que le vil coudrier n'affame point ton plant :
Fais choix, pour le former, de la branche nouvelle
Qui reçoit de plus près la sève maternelle;
Ne la déchire point par un fer émoussé :
Surtout que de tes plants l'olivier soit chassé.
Quelquefois de bergers une troupe imprudente
Laisse au pied de cet arbre une étincelle ardente :
Le feu, nourri du suc dont ce bois est enduit,
Sous l'écorce onctueuse en secret s'introduit;
Il s'empare du tronc, et, gagnant le feuillage,
Dévore en pétillant l'aliment de sa rage;
Il court de branche en branche, il s'élance au sommet,
Il vole d'arbre en arbre, il couvre la forêt,
Et, présentant au loin une plaine enflammée,
Roule un torrent de flamme et des flots de fumée,
Surtout si l'aquilon s'élève en ce moment,
Et chasse devant lui ce vaste embrasement.

Dès-lors plus d'espérance : atteints dans leurs racines,
N'attends pas que tes ceps réparent leurs ruines ;
La race en est éteinte, et jamais ne revit :
L'auteur seul de sa mort, l'olivier lui survit.
Tu n'iras pas non plus, quand le froid la resserre,
Confier vainement tes vignes à la terre :
Alors son suc oisif, glacé dans ses canaux,
Refuse de nourrir les jeunes arbrisseaux.
Avec plus de succès les vignes sont plantées,
Soit lorsque, déployant ses ailes argentées,
L'ennemi des serpents [12] vient, après les frimas,
Retrouver les beaux jours dans nos riants climats ;
Soit lorsque le soleil, sur son char plus rapide,
De l'été vers l'hiver conduit l'automne humide.
Mais le printemps surtout seconde tes travaux ;
Le printemps rend aux bois des ornements nouveaux ;
Alors la terre, ouvrant ses entrailles profondes,
Demande de ses fruits les semences fécondes.
Le dieu de l'air descend dans son sein amoureux,
Lui verse ses trésors, lui darde tous ses feux,
Remplit ce vaste corps de son ame puissante ;
Le monde se ranime, et la nature enfante.
Dans les champs, dans les bois, tout sent les feux d'amour ;
L'oiseau reprend sa voix ; les Zéphyrs de retour
Attiédissent les airs de leurs molles haleines ;
Un suc heureux nourrit l'herbe tendre des plaines ;
Aux rayons doux encor du soleil printanier,
Le gazon sans péril ose se confier ;
Et la vigne, des vents bravant déjà l'outrage,
Laisse échapper ses fleurs et sortir son feuillage.
Sans doute le printemps vit naître l'univers ;
Il vit le jeune oiseau s'essayer dans les airs ;
Il ouvrit au soleil sa brillante carrière,
Et pour l'homme naissant épura la lumière.
Les aquilons glacés et l'œil ardent du jour
Respectaient la beauté de son nouveau séjour.
Le seul printemps sourit au monde en son aurore ;
Le printemps tous les ans le rajeunit encore,
Et, des brûlants étés séparant les hivers,
Laisse du moins entre eux respirer l'univers.

Tes ceps sont-ils plantés ? il faut couvrir de terre,
Engraisser de fumier, le lit qui les resserre :
Là, que la pierre-ponce aux conduits spongieux,
Que l'écaille poreuse enfouie avec eux,
Laissent pénétrer l'air dans leurs couches fécondes,
Et du ciel orageux interceptent les ondes.
J'ai vu des vignerons, du ciel favorisés,
Couvrir leurs ceps de pierre ou de vases brisés :
Ainsi du Chien brûlant ils évitent l'haleine ;
Ainsi la froide Hyade inonde en vain la plaine.
 Mais à la terre enfin dès qu'ils sont confiés,
Que souvent le hoyau la ramène à leurs pieds ;
Qu'on y pousse la bêche, et, sans rompre les lignes,
Que le soc se promène au travers de tes vignes.
 Puis tu présenteras aux naissants arbrisseaux
Ou des appuis de frêne, ou de légers roseaux ;
La vigne les rencontre, et l'arbuste timide,
Conduit sur les ormeaux par ce fidèle guide,
Bientôt unit son pampre à leurs feuillages verts,
Comme eux soutient l'orage, et les suit dans les airs.
 Quand ses premiers bourgeons s'empresseront d'éclore,
Que l'acier rigoureux n'y touche point encore :
Même lorsque dans l'air, qu'il commence à braver,
Le rejeton moins frêle ose enfin s'élever ;
Pardonne à son audace en faveur de son âge ;
Seulement de ta main éclaircis son feuillage.
Mais enfin, quand tu vois ses robustes rameaux
Par des nœuds redoublés embrasser les ormeaux,
Alors saisis le fer ; alors sans indulgence
De la sève égarée arrête la licence ;
Borne des jets errants l'essor présomptueux,
Et des pampres touffus le luxe infructueux.
 Surtout que de buissons la vigne environnée,
Évite des troupeaux la dent empoisonnée ;
Que la génisse avide et les chevreaux gloutons
Respectent sa faiblesse et ses jeunes boutons :
L'hiver dont les frimas engourdissent la terre,
L'été qui fend la plaine et qui brûle la pierre,
Lui seraient moins cruels que ces vils animaux
Dont la dent déshonore et flétrit ses rameaux.

Aussi le dieu du vin, pour expier ce crime,
Partout sur ses autels veut un bouc pour victime :
Un bouc était le prix de ces grossiers acteurs
Qui, de nos jeux brillants barbares inventeurs,
Sur un char mal orné promenaient dans l'Attique
Leurs théâtres errants et leur scène rustique ;
Et, de joie et de vin à la fois enivrés,
Sur des outres glissants bondissaient dans les prés.
Nos Latins, à leur tour, ont des fils de la Grèce
Transporté dans leurs jeux la bachique allégresse :
Ils se forment d'écorce un visage hideux,
Entonnent pour Bacchus des vers grossiers comme eux,
Et de l'objet sacré [13] de leurs bruyants hommages
Suspendent à des pins les mobiles images.
Soudain l'aspect du dieu fertilise les monts,
Les arides coteaux, les humides vallons.
Gloire, honneur à ce dieu ! célébrons ses mystères ;
Chantons pour lui les vers que lui chantaient nos pères ;
Qu'un bouc soit par la corne entraîné vers l'autel ;
Préparons de ses chairs un festin solennel ;
Et que le coudrier, de ses branches sanglantes,
Perce de l'ennemi les entrailles fumantes.

 La vigne veut des soins sans cesse renaissants ;
De la terre trois fois il faut fendre les flancs,
Sans cesse retrancher des feuilles inutiles,
Sans cesse tourmenter des coteaux indociles.
Le soleil tous les ans recommence son cours :
Ainsi roulent en cercle et ta peine et tes jours.
 Même lorsque le cep, privé de sa parure,
Cède aux froids aquilons un reste de verdure,
Déja le vigneron, reprenant ses travaux,
Bien loin vers l'autre année étend ses soins nouveaux ;
Déja, d'un fer courbé, la serpette tranchante
Taille et forme à son gré la vigne obéissante.
 Veux-tu de ses trésors t'enrichir tous les ans ?
Prends le premier la bêche et les hoyaux pesants :
Retranche le premier les sarments inutiles ;
Le premier, jette au feu leurs dépouilles fragiles ;
Renferme leurs appuis, remets-les le premier :
Pour boire du nectar, vendange le dernier.

Deux fois de pampres verts la vigne est surchargée,
Deux fois d'herbage épais sa tige est assiégée.
Ne désire donc point un enclos spacieux :
Le plus riche est celui qui cultive le mieux.
Ne faut-il pas encor, le long des marécages,
Dans le fond des forêts, au penchant des rivages,
Couper le saule inculte et le houx épineux,
Et marier la vigne aux ormeaux amoureux ?
　Enfin au dernier rang tu parviens avec joie :
Tout ton plant façonné sous tes yeux se déploie,
Et je t'entends chanter la fin de tes travaux.
Eh bien ! la bêche encor doit fouiller tes coteaux ;
Et, quand la grappe enfin mûrit sous son feuillage,
Pour noyer ton espoir il suffit d'un orage.
　L'olivier, par la terre une fois adopté,
De ces pénibles soins n'attend pas sa beauté :
Fouille à ses pieds le sol qui nourrit la verdure,
C'est assez : dédaignant une vaine culture,
Et la serpe tranchante, et les pesants râteaux,
L'arbre heureux de la paix voit fleurir ses rameaux.
　Tel encor, quand les ans ont augmenté sa force,
Quand son tronc est muni d'une plus dure écorce,
L'arbre fruitier, sans nous, s'élève dans les airs ;
Sans nous, mille arbrisseaux de leurs fruits sont couverts
Sur le buisson inculte on voit rougir la mûre,
Et l'abri des oiseaux donne aussi leur pâture.
Que d'arbres en tous lieux multipliés par nous !
Ah ! du moins plantez-les, puisqu'ils croissent sans vous
Pour nos jeunes chevreaux les aliziers fleurissent ;
Du suc des pins altiers les flambeaux se nourrissent.
Mais pourquoi te parler de ces rois des forêts ?
Tout sert, même le saule et les humbles genêts ;
Le miel leur doit des sucs, les troupeaux du feuillage,
Les moissons des remparts, les pasteurs de l'ombrage.
J'aime et des sombres buis le lugubre coup d'œil,
Et de ces noirs sapins le vénérable deuil ;
J'aime à voir ces forêts qui croissent sans culture,
Où l'art n'a point encor profané la nature :
Ces bois même d'Athos enfants infructueux,
Et l'éternel jouet des vents impétueux ;

Dans leur stérilité sont encore fertiles.
Pour former nos lambris leurs arbres sont utiles ;
Ici taillés en char, là courbés en vaisseaux,
Ils roulent sur la terre, ils voguent sur les eaux.
Le saule prête aux ceps sa branche obéissante ;
L'orme donne aux troupeaux sa feuille nourrissante ;
L'if en arc est ployé ; le cormier fait des dards ;
Le myrte de Vénus fournit des traits à Mars.
Le tilleul cependant cède au fer qui le creuse ;
Le buis, au gré du tour, prend une forme heureuse ;
L'aune léger fend l'onde ; et des jeunes essaims
Le vieux chêne en ses flancs recèle les larcins.
Les trésors de Bacchus valent-ils ces richesses ?
Mortels, défiez-vous de ses faveurs traîtresses :
C'est par lui que l'on vit les Centaures vaincus,
Et Pholus immolé par la main de Rhétus ;
Et, le plus menaçant de cette horrible troupe,
Hylée à l'ennemi lançant sa large coupe.
Ah ! loin des fiers combats, loin d'un luxe imposteur,
Heureux l'homme des champs, s'il connaît son bonheur !
Fidèle à ses besoins, à ses travaux docile,
La terre lui fournit un aliment facile.
Sans doute il ne voit pas, au retour du soleil,
De leur patron superbe adorant le réveil,
Sous les lambris pompeux de ses toits magnifiques,
Des flots d'adulateurs inonder ses portiques ;
Il ne voit pas le peuple y dévorer des yeux
De riches tapis d'or, des vases précieux ;
D'agréables poisons ne brûlent point ses veines ;
Tyr n'altéra jamais la blancheur de ses laines ;
Il n'a point tous ces arts qui trompent notre ennui.
Mais que lui manque-t-il ? la nature est à lui.
Des grottes, des étangs, une claire fontaine
Dont l'onde en murmurant l'endort sous un vieux chêne ;
Un troupeau qui mugit, des vallons, des forêts ;
Ce sont là ses trésors, ce sont là ses palais.
C'est dans les champs qu'on trouve une mâle jeunesse ;
C'est là qu'on sert les dieux, qu'on chérit la vieillesse :
Là Justice, fuyant nos coupables climats,
Sous le chaume innocent porta ses derniers pas.

O vous, à qui j'offris mes premiers sacrifices,
Muses, soyez toujours mes plus chères délices!
Dites-moi quelle cause éclipse dans leur cours
Le clair flambeau des nuits, l'astre pompeux des jours;
Pourquoi la terre tremble, et pourquoi la mer gronde;
Quel pouvoir fait enfler, fait décroître son onde;
Comment de nos soleils l'inégale clarté
S'abrége dans l'hiver, se prolonge en été;
Comment roulent les cieux, et quel puissant génie
Des sphères dans leur cours entretient l'harmonie.

Mais si mon sang trop froid m'interdit ces travaux,
Eh bien! vertes forêts, prés fleuris, clairs ruisseaux,
J'irai, je goûterai votre douceur secrète :
Adieu, gloire, projets. O coteaux du Taygète,
Par les vierges de Sparte en cadence foulés,
Oh! qui me portera dans vos bois reculés?
Où sont, ô Sperchius, tes fortunés rivages?
Laissez-moi de Tempé parcourir les bocages;
Et vous, vallons d'Hémus, vallons sombres et frais,
Couvrez-moi tout entier de vos rameaux épais.

Heureux le sage instruit des lois de la nature,
Qui du vaste univers embrasse la structure;
Qui dompte et foule aux pieds d'importunes erreurs,
Le sort inexorable et les fausses terreurs;
Qui regarde en pitié les fables du Ténare,
Et s'endort au vain bruit de l'Achéron avare!
Mais trop heureux aussi qui suit les douces lois
Et du dieu des troupeaux et des nymphes des bois !
La pompe des faisceaux, l'orgueil du diadème,
L'intérêt, dont la voix fait taire le sang même,
De l'Ister conjuré les bataillons épais,
Rome, les rois vaincus, ne troublent point sa paix :
Auprès de ses égaux passant sa douce vie,
Son cœur n'est attristé de pitié ni d'envie ;
Jamais aux tribunaux, disputant de vains droits,
La chicane pour lui ne fit mugir sa voix :
Sa richesse, c'est l'or des moissons qu'il fait naître :
Et l'arbre qu'il planta chauffe et nourrit son maître.

D'autres, la rame en main, tourmenteront la mer,
Ramperont dans les cours, aiguiseront le fer :

L'avide conquérant, la terreur des familles,
Égorge les vieillards, les mères et les filles,
Pour dormir sur la pourpre, et pour boire dans l'or ;
L'avare ensevelit et couve son trésor ;
L'orateur au barreau, le poëte au théâtre,
S'enivrent de l'encens d'une foule idolâtre ;
Le frère égorge un frère, et va sous d'autres cieux
Mourir loin des lieux chers qu'habitaient ses aïeux.

Le laboureur en paix coule des jours prospères ;
Il cultive le champ que cultivaient ses pères :
Ce champ nourrit l'état, ses enfants, ses troupeaux,
Et ses bœufs, compagnons de ses heureux travaux.
Ainsi que les saisons, sa fortune varie :
Ses agneaux au printemps peuplent sa bergerie ;
L'été remplit sa grange, affaisse ses greniers ;
L'automne d'un doux poids fait gémir ses paniers ;
Et les derniers soleils, sur les côtes vineuses,
Achèvent de mûrir les grappes paresseuses.

L'hiver vient ; mais pour lui l'automne dure encor :
Les bois donnent leurs fruits, l'huile coule à flots d'or.
Cependant ses enfants, ses premières richesses,
A son cou suspendus disputent ses caresses :
Chez lui de la pudeur tout respecte les lois ;
Le lait de ses troupeaux écume entre ses doigts ;
Et ses chevreaux, tout fiers de leur corne naissante,
Se font en bondissant une guerre innocente.

Les fêtes, je le vois partager ses loisirs
Entre un culte pieux et d'utiles plaisirs :
Il propose des prix à la force, à l'adresse ;
L'un déploie en luttant sa nerveuse souplesse ;
L'autre frappe le but d'un trait victorieux,
Et d'un cri triomphant fait retentir les cieux.

Ainsi les vieux Sabins vivaient dans l'innocence ;
Ainsi des fiers Toscans s'agrandit la puissance ;
Ainsi Rome, aujourd'hui reine des nations,
Seule en sa vaste enceinte a renfermé sept monts.
Même avant Jupiter, avant que l'homme impie
Du sang des animaux osât souiller sa vie,
Ainsi vivait Saturne : alors d'affreux soldats
Au bruit des fiers clairons ne s'entr'égorgeaient pas ;

Et le marteau pesant, sur l'enclume bruyante,
Ne forgeait point encor l'épée étincelante.
   Mais ma seconde course a duré trop long-temps;
Et je détèle enfin mes coursiers haletants.

LIVRE TROISIÈME.

Jeune Palès [1], et toi, divin berger d'Admète,
Qui sur les bords d'Amphryse as porté la houlette;
Déesses des forêts, divinités des eaux,
Ma muse va pour vous reprendre ses pinceaux.
Assez et trop long-temps de vulgaires merveilles
Ont des peuples oisifs fatigué les oreilles :
Eh ! qui n'a pas cent fois [2] chanté le jeune Hylas,
Busiris et sa mort, Hercule et ses combats ?
Qui ne connaît Pélops [3] et sa fatale amante,
Les courses de Latone [4] et son île flottante ?
Osons enfin, osons, loin des vulgaires yeux,
Prendre aussi vers la gloire un vol audacieux.
   Oui, je veux, ô Mantoue, en dépit de la Grèce,
T'amener les neuf Sœurs des bords de son Permesse :
C'est moi qui le premier de son sacré vallon
Transplanterai chez toi les palmes d'Apollon;
Bien plus, sur le penchant de ces rives fécondes
Où, parmi les roseaux qui couronnent ses ondes,
Ton fleuve se promène à flots majestueux,
Mes mains élèveront un temple somptueux.
De César au milieu je placerai l'image,
Et là de ma victoire il recevra l'hommage.
En longs habits de pourpre attirant les regards,
Moi-même au bord des eaux ferai voler cent chars.
La Grèce quittera pour ces jeux magnifiques
Ses combats néméens, ses fêtes olympiques.
Le front ceint d'olivier, c'est moi qui du vainqueur
Couronnerai l'adresse ou la mâle vigueur.
Je me trompe, ou déjà la pompe auguste est prête :
Allons, marchons au temple, et commençons la fête;

Allumons cet encens, égorgeons ces taureaux.
Le théâtre m'appelle à ses mouvants tableaux;
J'y vole : nos captifs à ma vue empressée
Étalent ces tapis où leur honte est tracée :
Sur les portes ma main grave nos fiers combats,
Le Nil au loin roulant sous des forêts de mâts :
Pour mieux représenter sa honte et notre gloire,
L'Indien me fournit son or et son ivoire;
Et l'airain des vaisseaux usurpateurs des mers
En colonne, à ma voix, va monter dans les airs.
Je montrerai l'Asie et ses villes tremblantes,
Le Niphate pleurant sur ses rives sanglantes;
Et le Parthe perfide, en son courroux prudent,
Qui combat dans sa fuite, et résiste en cédant;
Et César aux deux mers étalant deux conquêtes,
Et d'un double trophée embellissant nos fêtes.
Au milieu je ranime en marbre de Paros
Les fils d'Assaracus, les descendants de Tros,
Ces dieux, ces demi-dieux, cette famille immense
Que termine César, que Jupiter commence.
Dans un coin du tableau je mets l'Envie aux fers,
Et j'étale à ses yeux les tourments des enfers,
Les serpents d'Alecton, les ondes de Tantale,
La roue infatigable, et la roche fatale.
  Cependant, ô Mécène, animé par ta voix,
Pour guider les troupeaux je rentre dans les bois.
Viens : déjà des bergers les trompes m'avertissent;
Déjà des chiens ardents les clameurs retentissent;
Le coursier frappe l'air de ses hennissements;
Le taureau lui répond par ses mugissements;
Et l'écho des forêts et l'écho des rivages
Se joignent aux concerts de leurs accents sauvages.
Achevons de dicter ces champêtres leçons;
Et ma muse bientôt, par de plus nobles sons,
Fera vivre les faits du héros que j'adore
Plus long-temps que l'époux de la brillante Aurore.
  Veut-on pour vaincre à Pise un coursier généreux?
Veut-on pour la charrue un taureau vigoureux?
Des mères avec soin il faut choisir l'espèce.
Je veux dans la génisse une mâle rudesse;

Une oreille velue, un regard menaçant,
Des cornes dont les dards se courbent en croissant;
Que son flanc allongé sans mesure s'étende;
Vers la terre en flottant que son fanon descende;
Qu'enfin ses pieds, sa tête, et son cou, monstrueux,
De leur beauté difforme épouvantent les yeux.

   J'aime aussi sur son corps, taché par intervalles,
Et de noir et de blanc des marques inégales;
J'aime à lui voir du joug secouer le fardeau,
Par son mufle sauvage imiter le taureau,
Menacer de la corne, et, dans sa marche altière,
D'une queue à longs crins balayer la poussière.

   L'âge, soit de l'hymen, soit du travail des champs,
Après quatre ans commence, et cesse avant dix ans.
Ces jours sont précieux : dès le printemps de l'âge
Livre au taureau fougueux son amante sauvage;
Qu'elle laisse en mourant de nombreux héritiers.
Hélas! nos plus beaux jours s'envolent les premiers :
Un essaim de douleurs bientôt nous environne;
La vieillesse nous glace, et la mort nous moissonne.
Préviens donc leur ravage, et que dans tes troupeaux
L'hymen forme toujours des nourrissons nouveaux.

   Dans le choix des coursiers ne sois pas moins sévère.
Du troupeau, dès l'enfance, il faut soigner le père :
Des gris et des bais-bruns on estime le cœur;
Le blanc, l'alezan clair, languissent sans vigueur.
L'étalon généreux a le port plein d'audace,
Sur ses jarrets pliants se balance avec grace;
Aucun bruit ne l'émeut; le premier du troupeau
Il fend l'onde écumante, affronte un pont nouveau :
Il a le ventre court, l'encolure hardie,
Une tête effilée, une croupe arrondie;
On voit sur son poitrail ses muscles se gonfler,
Et ses nerfs tressaillir, et ses veines s'enfler.
Que du clairon bruyant le son guerrier l'éveille;
Je le vois s'agiter, trembler, dresser l'oreille;
Son épine se double et frémit sur son dos;
D'une épaisse crinière il fait bondir les flots;
De ses naseaux brûlants il respire la guerre;
Ses yeux roulent du feu, son pied creuse la terre.

Tel, dompté par les mains du frère de Castor,
Ce Cyllare fameux s'assujettit au mor :
Tels les chevaux d'Achille et du dieu de la Thrace
Soufflaient le feu du ciel, d'où descendait leur race :
Tel Saturne [5], surpris dans un tendre larcin,
En superbe coursier se transforma soudain,
Et, secouant dans l'air sa crinière flottante,
De ses hennissements effraya son amante.

 Quel que soit le coursier qu'ait adopté ton choix,
Quand des ans ou des maux il sentira le poids,
Des travaux de l'amour dispense sa faiblesse :
Vénus ainsi que Mars demande la jeunesse.
Pour son corps dévoré d'un impuissant desir,
L'hymen est un tourment, et non pas un plaisir ;
Vieil athlète, son feu dès l'abord se consume :
Tel le chaume s'éteint au moment qu'il s'allume.
Connais donc et son âge, et sa race, et son cœur,
Et surtout dans la lice observe son ardeur.

 Le signal est donné : déja de la barrière
Cent chars précipités fondent dans la carrière ;
Tout s'éloigne, tout fuit : les jeunes combattants,
Tressaillant d'espérance, et d'effroi palpitants,
A leurs bouillants transports abandonnent leur ame ;
Ils pressent leurs coursiers, l'essieu siffle et s'enflamme ;
On les voit se baisser, se dresser tour à tour ;
Des tourbillons de sable ont obscurci le jour ;
On se quitte, on s'atteint ; on s'approche, on s'évite :
Des chevaux haletants le crin poudreux s'agite ;
Et, blanchissant d'écume et baigné de sueur,
Le vaincu de son souffle humecte le vainqueur :
Tant la gloire leur plaît, tant l'honneur les anime !

 Érichthon le premier [6], par un effort sublime,
Osa plier au joug quatre coursiers fougueux,
Et porté sur un char s'élancer avec eux.
Le Lapithe, monté sur ces monstres farouches,
A recevoir le frein accoutuma leurs bouches,
Leur apprit à bondir, à cadencer leurs pas,
Et gouverna leur fougue au milieu des combats.
Mais, soit qu'il traîne un char, soit qu'il porte son guide,
J'exige qu'un coursier soit jeune, ardent, rapide.

Fût-il sorti d'Épire, eût-il servi les dieux,
Fût-il né du trident, il languit s'il est vieux.
  Enfin ton choix est fait, aucun soin ne t'arrête :
Que le chef du troupeau pour son hymen s'apprête.
D'une prodigue main verse-lui sa boisson ;
Qu'il s'engraisse du lait de la jeune moisson :
Autrement il succombe, aux plaisirs inhabile,
Et d'un père affaibli naît un enfant débile.
  Au contraire, sitôt que les tendres desirs
Sollicitent la mère aux amoureux plaisirs,
Éloigne-la des eaux, retranche sa pâture ;
Et quand l'été brûlant fatigue la nature,
Lorsque l'aire gémit sous les fléaux pesants,
Qu'une pénible course amaigrisse ses flancs :
Des routes de l'amour l'embonpoint inutile
Aux germes créateurs ouvre un champ moins fertile.
  Dès que son sein grossit, tous nos soins lui sont dus,
Et le soc et le char lui seront défendus.
Je ne veux plus la voir bondir dans les campagnes,
Lutter contre un torrent, gravir sur les montagnes :
Qu'elle paisse en des prés où les plus clairs ruisseaux
Parmi des bords fleuris roulent à pleins canaux,
Où le sommeil l'invite au fond d'un antre sombre,
Où des rochers voisins versent le frais et l'ombre.
  Surtout je crains pour elle et la rage et le bruit
Des insectes ailés que la chaleur produit.
Aux rives du Silare, où des forêts d'yeuses
Prolongent dans les champs leurs ombres ténébreuses,
Vole un insecte affreux [7], que Junon autrefois,
Pour tourmenter Io, déchaîna dans les bois.
Aux bourdonnements sourds de son aile bruyante,
Tout un troupeau s'enfuit en hurlant d'épouvante :
De leurs cris furieux le Tanagre frémit ;
La forêt s'en ébranle, et l'olympe en gémit.
Fais donc paître la mère au soir ou dès l'aurore,
Lorsque de son hymen les fruits sont près d'éclore.
  Sont-ils nés ? à tes soins ils ont droit à leur tour.
Marque au front de chacun quel sort l'attend un jour :
Les uns sont du troupeau l'espérance certaine ;
D'autres d'un soc tranchant déchireront la plaine ;

D'autres pour les autels de fleurs seront parés,
Et le reste au hasard bondira dans les prés.

Ceux qu'on destine au soc, il faut dès leur jeune âge
Discipliner au joug leur docile courage...
Sur son cou libre encor, ton jeune nourrisson
Porte un collier flottant pour première leçon :
Bientôt deux compagnons, qu'un joug d'osier rassemble,
Apprennent à marcher, à s'arrêter ensemble :
Déjà même un char vide est par eux emporté,
Et glisse sur l'arène avec agilité ;
Puis sous un lourd fardeau, qu'ils ébranlent à peine,
Ils font crier la roue, et sillonnent la plaine.

Cependant, pour nourrir tes élèves naissants,
Au feuillage du saule, au vert gazon des champs,
A l'herbe des marais, joins la moisson nouvelle.
De la mère autrefois on pressait la mamelle :
Pasteur plus indulgent, laisse-la sans regret
Pour ses tendres enfants épancher tout son lait.

Mais veux-tu près d'Élis, dans des torrents de poudre,
Guider un char plus prompt, plus brûlant que la foudre ?
Veux-tu, dans les horreurs d'un choc tumultueux,
Régler d'un fier coursier les bonds impétueux ?
Accoutume son œil au spectacle des armes,
Et son oreille au bruit, et son cœur aux alarmes :
Qu'il entende déjà le cliquetis du frein,
Le roulement des chars, les accents de l'airain ;
Qu'au seul son de ta voix son allégresse éclate ;
Qu'il frémisse au doux bruit de la main qui le flatte.

Ainsi, de la mamelle à peine séparé,
Ton élève à son art est déjà préparé ;
Déjà son front timide et sans expérience
Vient aux premiers liens s'offrir sans défiance.
Mais compte-t-il trois ans ? bientôt mordant le frein,
Il tourne, il caracole, il bondit sous ta main ;
Sur ses jarrets nerveux il retombe en mesure :
Pour la rendre plus libre, on gêne son allure ;
Tout à coup il s'élance, et, plus prompt que l'éclair,
Dans les champs effleurés il court, vole, et fend l'air.

Tel le fougueux époux [8] de la jeune Orythie
Vole, et disperse au loin les frimas de Scythie,

LIVRE III.

Fait frémir mollement les vagues des moissons,
Balance les forêts sur la cime des monts,
Chasse et poursuit les flots de l'océan qui gronde,
Et balaie en fuyant les airs, la terre, et l'onde.

Un jour tu le verras, ce coursier généreux,
Ensanglanter son mors et vaincre dans nos jeux ;
Ou, plus utile encor, dans les champs de la guerre,
Sous de rapides chars faire gémir la terre.

Ne l'engraisse surtout qu'après l'avoir dompté ;
Autrement son orgueil jamais n'est surmonté :
Il se dresse en fureur sous le fouet qui le touche,
Et s'indigne du frein qui gourmande sa bouche.

Crains aussi, crains l'amour, dont la douce langueur
Des troupeaux, quels qu'ils soient, énerve la vigueur :
Que des fleuves profonds, qu'une haute montagne
Sépare le taureau de sa belle compagne ;
Ou que, loin de ses yeux, dans l'étable caché,
Près d'une ample pâture il demeure attaché.

Près d'elle il fond d'amour, il erre triste et sombre,
Et néglige les eaux et la verdure et l'ombre.
Souvent même, troublant l'empire des troupeaux,
Une Hélène au combat entraîne deux rivaux.
Tranquille, elle s'égare en un gras pâturage :
Ses superbes amants s'élancent pleins de rage ;
Tous deux, les yeux baissés et les regards brûlants,
Entre-choquent leurs fronts, se déchirent les flancs ;
De leur sang qui jaillit les ruisseaux les inondent ;
A leurs mugissements les vastes cieux répondent.
Entre eux point de traité : dans de lointains déserts
Le vaincu désolé va cacher ses revers,
Va pleurer d'un rival la victoire insolente,
La perte de sa gloire, et surtout d'une amante ;
Et, vers ces bords chéris tournant encor les yeux,
Abandonne l'empire où régnaient ses aïeux.

Mais l'amour le poursuit jusqu'en ces lieux sauvages :
Là, dormant sur des rocs, nourri d'amers feuillages,
Furieux, il s'exerce à venger ses affronts ;
De ses dards tortueux il attaque des troncs ;
Son front combat les vents, son pied frappe la plaine,
Et sous ses bonds fougueux il fait voler l'arène.

Mais c'en est fait; il part, et, bouillant de desirs,
De l'orgueilleux vainqueur va troubler les plaisirs.
Tel, par un pli léger ridant le sein de l'onde,
Un flot de loin blanchit, s'allonge, s'enfle et gronde :
Soudain le mont liquide, élevé dans les airs,
Retombe; un noir limon bouillonne sur les mers.

    Amour, tout sent tes feux, tout se livre à ta rage;
Tout, et l'homme qui pense, et la brute sauvage,
Et le peuple des eaux, et l'habitant des airs.
Amour, tu fais rugir les monstres des déserts :
Alors, battant ses flancs, la lionne inhumaine
Quitte ses lionceaux et rôde dans la plaine;
C'est alors que, brûlant pour d'informes appas,
Le noir peuple des ours sème au loin le trépas;
Alors le tigre affreux ravage la Libye :
Malheur au voyageur errant dans la Nubie!

    Si le coursier fougueux sent l'attrait du plaisir,
Voyez-vous tout son corps frissonner de désir?
Il ne sent plus le fouet, ne connaît plus les rênes;
Il vole; il franchit tout, et les bois et les plaines,
Et les rocs menaçants, et les gouffres profonds,
Et les torrents enflés par les débris des monts.
L'horrible sanglier se prépare à la guerre;
Il aiguise sa dent, il tourmente la terre;
Contre un chêne ridé s'endurcit aux assauts,
Hérisse tous ses crins, et fond sur ses rivaux.
Que n'ose un jeune amant ⁹ qu'un feu brûlant dévore!
L'insensé, pour jouir de l'objet qu'il adore,
La nuit, au bruit des vents, aux lueurs de l'éclair,
Seul traverse à la nage une orageuse mer;
Il n'entend ni les cieux qui grondent sur sa tête,
Ni le bruit des rochers battus par la tempête,
Ni ses tristes parents de douleur éperdus,
Ni son amante, hélas! qui meurt s'il ne vit plus.
: Vois combattre le lynx, le chien, le cerf lui-même;
N'entends-tu pas le loup hurler pour ce qu'il aime?
Des cavales surtout rien n'égale les feux;
Vénus même alluma leurs transports furieux,
Quand, pour avoir frustré ¹⁰ leur amoureuse ivresse,
Elle livra Glaucus à leur dent vengeresse.

L'impérieux amour conduit leurs pas errants
Sur le sommet des monts, à travers les torrents :
Surtout, lorsqu'aux beaux jours leur fureur se ranime,
D'un rocher solitaire elles gagnent la cime ;
Là, leur bouche brûlante, ouverte aux doux zéphyrs,
Reçoit avidement leurs amoureux soupirs :
O prodige inouï ! le zéphyr les féconde.
Soudain du haut des rocs leur troupe vagabonde
Bondit, se précipite, et fuit dans les vallons ;
Non vers les lieux blanchis par les premiers rayons,
Mais vers les champs du nord, mais vers ces tristes plages
Où l'autan pluvieux entasse les orages.
C'est alors qu'on les voit, dans l'ardeur de leurs feux,
Distiller en courant l'hippomane amoureux,
L'hippomane filtré par la marâtre impie,
Qui joint au noir poison l'infernale magie.
Mais moi-même où m'entraîne, où m'égare l'amour?
Revenons : le temps vole, et s'enfuit sans retour.

   Après les grands troupeaux, il est temps que je chante
Des chèvres, des brebis la famille bêlante.
O vous, heureux bergers, veillez à leurs besoins ;
Leur toison et leur lait vous paîront de vos soins.
Et moi, puissé-je orner cette aride matière !
Des ronces, je le sais, hérissent ma carrière ;
Mais des sentiers battus je détourne mes pas :
Oui, les déserts du Pinde ont pour moi des appas :
Dans ces sentiers nouveaux qu'a frayés mon audace,
Mon œil d'aucun mortel ne reconnaît la trace.
Viens, auguste Palès, viens soutenir ma voix.

   D'abord, que tes brebis, à couvert sous leurs toits,
Jusqu'au printemps nouveau se nourrissent d'herbage ;
Qu'une molle fougère et qu'un épais fourrage,
Sous leurs corps délicats étendus par ta main,
Rendent leur lit moins dur, leur asile plus sain.
Les chèvres, à leur tour, veulent pour nourriture
Des feuilles d'arboisier et l'onde la plus pure :
Écarte de leur toit l'inclémence des airs ;
Qu'il reçoive au midi le soleil des hivers,
Jusqu'aux jours où Phébus, quittant l'urne céleste,
Du cercle de l'année achève enfin le reste.

Oui, comme les brebis, l'humble chèvre a ses droits :
Si leur riche toison, pour habiller les rois
Aux fuseaux de Milet offre une laine pure,
Et du poisson de Tyr boit la riche teinture,
La chèvre a des trésors qui ne lui cèdent pas :
Ses enfants sont nombreux, son lait ne tarit pas ;
Et plus ta main avare épuise sa mamelle,
Plus sa douce ambroisie entre tes doigts ruisselle.
Cependant son époux contre l'âpre saison
Nous cède ces longs poils qui parent son menton.
Le jour, au fond des bois, au penchant des collines,
Elle vit de buissons, de ronces et d'épines ;
Le soir, fidèle à l'heure, elle rentre au hameau :
Elle-même rassemble et conduit son troupeau ;
Et, le sein tout gonflé des tributs qu'elle apporte,
Du bercail avec peine elle franchit la porte.
Soigne-la donc au moins durant les froids hivers,
Et tiens sa maison chaude et tes greniers ouverts.

Mais le printemps renaît, et le zéphyr t'appelle :
Viens, conduis tes troupeaux sur la mousse nouvelle
Sors sitôt que l'aurore a rougi l'horizon,
Quand de légers frimas blanchissent le gazon,
Lorsque, brillant encor sur la tendre verdure,
Une fraîche rosée invite à la pâture.
Mais quatre heures après, quand déja de ses chants
La cigale enrouée importune les champs,
Que ton peuple, conduit à la source prochaine,
Boive l'eau qui s'enfuit dans des canaux de chêne :
A midi, va chercher ces bois noirs et profonds
Dont l'ombre au loin descend dans les sombres vallons ;
Le soir, que ton troupeau s'abreuve et paisse encore.
Le soir rend à nos prés la fraîcheur de l'aurore ;
Tout semble ranimé, gazons, zéphyrs, oiseaux,
Rossignols dans les bois, alcyons sur les eaux.

Selon les lieux pourtant ces lois sont différentes :
Vois les bergers d'Afrique et leurs courses errantes ;
Là, leurs troupeaux épars ainsi que leurs foyers,
Et paissant au hasard durant des mois entiers,
Soit que le jour renaisse ou que la nuit commence,
S'égarent lentement dans un désert immense :

Leurs dieux, leur chien, leur arc, leurs pénates roulants,
Tout voyage avec eux sur ces sables brûlants.
Telle de nos Romains une troupe vaillante
Marche d'un pas léger sous sa charge pesante,
Et, traversant les eaux, franchissant les sillons,
Court devant l'ennemi planter ses pavillons.

Mais aux champs [11] où l'Ister roule ses flots rapides,
Aux bords du Tanaïs et des eaux Méotides,
Aux lieux où le Rhodope, après un long détour,
Termine vers le nord son oblique retour,
Aucun troupeau ne sort de son étable obscure :
Là les champs sont sans herbe et les bois sans verdure;
Là le temps l'un sur l'autre entasse les hivers :
L'œil ébloui n'y voit que de brillants déserts,
Que des plaines de neige ou des rochers de glace,
Dont jamais le soleil n'effleura la surface :
Des frimas éternels et des brouillards épais
Éteignent tous ses feux, émoussent tous ses traits;
Et, soit que le jour naisse, ou qu'il meure dans l'onde,
La nature y sommeille en une horreur profonde :
Là le fleuve en courant sent épaissir ses eaux;
Des chars osent rouler où voguaient des vaisseaux :
Plus loin un lac entier n'est plus qu'un bloc de glace;
La laine sur les corps se roidit en cuirasse;
La hache fend le vin ; le froid brise le fer,
Glace l'eau sur la lèvre et le souffle dans l'air.
Cependant sous les flots de la neige qui tombe
La faible brebis meurt, le fier taureau succombe,
Les daims sont engloutis, et le cerf aux abois
Découvre à peine aux yeux la pointe de son bois.
Contre ces animaux, désormais moins agiles,
Les rets sont superflus, les chiens sont inutiles :
Tandis que, rugissant dans leurs froides prisons,
Ils soulèvent en vain le fardeau des glaçons,
Le barbare les perce, et, mugissant de joie,
Dans ses antres profonds court dévorer sa proie.

C'est là que ces mortels dans d'immenses brasiers
Entassent des ormeaux et des chênes entiers;
Là, brute comme l'ours qui fournit sa parure,
Dans un morne loisir toute une horde obscure

Abrége par le jeu la longueur des hivers,
Et boit un jus piquant, nectar de ces déserts.
 Nourris-tu des brebis pour dépouiller leurs laines?
Fuis les bois épineux et les fertiles plaines ;
Que tes troupeaux, couverts d'un duvet précieux,
D'une laine sans tache éblouissent les yeux.
Qu'on vante du bélier la blancheur éclatante,
Et même eût-il l'éclat de la neige brillante,
Si sa langue à tes yeux offre quelque noirceur,
A l'époux du troupeau choisis un successeur :
Au lieu de rappeler la blancheur de sa mère,
L'enfant hériterait des taches de son père.
Diane, si l'on peut soupçonner que ton cœur
Ait pu dans le dieu Pan reconnaître un vainqueur,
Ce fut une toison plus blanche que l'ivoire
Qui dans le fond d'un bois lui valut la victoire.
 Le laitage à tes yeux est-il d'un plus grand prix?
Engraisse tes troupeaux de cytises fleuris;
Sème d'un sel piquant ¹² l'herbage qu'on leur donne :
Il répand dans leur lait un suc qui l'assaisonne;
Et, leur soif plus ardente épuisant les ruisseaux,
En des sources de lait ils transforment ces eaux.
 Plusieurs, pour conserver ce nectar salutaire,
Défendent aux enfants l'approche de leur mère.
Les laitages nouveaux du matin ou du jour,
On les fait épaissir quand l'ombre est de retour;
Ceux du soir dans des joncs tressés pour cet usage,
La ville au point du jour les reçoit du village;
Ou, le sel les sauvant des atteintes de l'air,
Dans un repas frugal on s'en nourrit l'hiver.
 Il faut savoir aussi dresser des chiens fidèles :
D'un pain pétri de lait nourris ces sentinelles;
Tu braves avec eux et les loups affamés,
Et le voleur nocturne, et les brigands armés :
Tantôt tu les verras, pleins d'adresse ou d'audace,
Du lièvre fugitif interroger la trace,
Lancer le faon timide, ou dans les bois fangeux
Livrer au sanglier un assaut courageux;
Ou, par leur course agile et leur voix menaçante,
Presser des daims légers la troupe bondissante.

Surtout que le bercail soit purgé de serpents :
Poursuis, la flamme en main, tous ces hôtes rampants.
Quelquefois sous la crèche une affreuse vipère
Loin du jour importun a choisi son repaire;
Et souvent la couleuvre y roulant ses anneaux,
Domestique ennemie, infecte les troupeaux.
Dès que tu la verras s'agiter sur la terre,
Va, cours, soulève un tronc, saisis-toi d'une pierre;
Malgré ses sifflements, malgré son fier courroux,
Frappe : déja sa tête est cachée à tes coups;
Tandis que de son corps, déchiré sur l'arène,
Les cercles déroulés la suivent avec peine.

Plus terrible cent fois ce serpent écaillé
Qui rampe fièrement sur son ventre émaillé,
Qui, dressant dans les airs une crête superbe,
Glisse assis sur sa croupe, et se roule sur l'herbe :
Quand le printemps humide et l'autan orageux
Gonflent les noirs torrents, mouillent les champs fangeux,
Il habite des lacs les retraites profondes,
Engloutit les poissons et dépeuple les ondes :
L'été fend-il les champs, a-t-il tari les eaux?
Furieux il bondit du fond de ses roseaux,
Et, les yeux enflammés et la gueule béante,
De sa queue à grand bruit bat la terre brûlante.
Me préservent les dieux d'aller dans les forêts
Goûter le doux sommeil ou respirer le frais,
Lorsque, oubliant ses œufs ou sa jeune famille,
Ce monstre, enorgueilli de l'éclat dont il brille,
Sous sa nouvelle peau, jeune, agile et vermeil,
Darde une triple langue et s'étale au soleil!

Je veux t'apprendre aussi les marques, l'origine
Des maux qui d'un bercail entraînent la ruine.
Si des buissons aigus, ou les âpres hivers,
Ou les eaux de la pluie, ont pénétré leurs chairs;
Si, lorsque le ciseau leur ravit leur dépouille,
Le bain ne lave pas la sueur qui les mouille,
Souvent un mal honteux infecte les agneaux :
Pour les en garantir, plonge-les dans les eaux;
Que le hardi bélier s'abandonne à leur pente,
Et sorte en secouant sa laine dégouttante;

Ou bien enduis leur corps, privé de sa toison,
De la graisse du soufre et des sucs de l'oignon;
Joins-y des verts sapins la résine visqueuse,
L'écume de l'argent, une cire onctueuse,
Et la fleur d'Anticyre, et le bitume noir,
Et le marc de l'olive enlevé du pressoir;
Ou plutôt, pour calmer la sourde violence
D'un mal qui se nourrit et s'accroît en silence,
Hâte-toi; que l'acier sagement rigoureux
S'ouvre au sein de l'ulcère un chemin douloureux.
C'en est fait des troupeaux, si les bergers tranquilles
Ne combattent le mal que par des vœux stériles.
Même quand la douleur, pénétrant jusqu'aux os,
D'un sang séditieux fait bouillonner les flots,
Sous le pied des brebis que la fièvre ravage
Qu'à ces flots jaillissants le fer ouvre un passage;
Art connu, dans le nord [13], de ces peuples guerriers
Qui rougissent leur lait du sang de leurs coursiers.

Vois-tu quelque brebis chercher souvent l'ombrage,
Effleurer à regret la pointe de l'herbage,
Sur le tendre gazon tomber languissamment,
La nuit seule au bercail revenir lentement?
Qu'elle meure aussitôt; le mal, prompt à s'étendre,
Deviendrait sans remède, à force d'en attendre.

Autant qu'on voit de flots se briser sur les mers,
Autant dans un bercail règnent de maux divers :
Encor s'ils s'arrêtaient dans leur funeste course!
Pères, mères, enfants, tout périt sans ressource.
Timave [14], Noricie, ô lieux jadis si beaux,
Empire des bergers, délices des troupeaux,
C'est vous que j'en atteste : hélas! depuis vos pertes,
Vous n'offrez plus au loin que des plaines désertes.

Là, l'automne, exhalant tous les feux de l'été,
De l'air qu'on respirait souilla la pureté,
Empoisonna les lacs, infecta les herbages,
Fit mourir les troupeaux et les monstres sauvages.
Mais quelle affreuse mort! D'abord des feux brûlants
Couraient de veine en veine, et desséchaient leurs flancs;
Tout à coup aux accès de cette fièvre ardente
Se joignait le poison d'une liqueur mordante,

Qui, dans leur sein livide épanchée à grands flots,
Calcinait lentement et dévorait leurs os.
Quelquefois aux autels la victime tremblante
Des prêtres en tombant prévient la main trop lente;
Ou, si d'un coup plus prompt le ministre l'atteint,
D'un sang noir et brûlé le fer à peine est teint :
On n'ose interroger ses fibres corrompues,
Et les fêtes des dieux restent interrompues.
Tout meurt dans le bercail, dans les champs tout périt ;
L'agneau tombe en suçant le lait qui le nourrit ;
La génisse languit dans un vert pâturage :
Le chien si caressant expire dans la rage ;
Et d'une horrible toux les accès violents
Étouffent l'animal qui s'engraisse de glands.

   Le coursier, l'œil éteint et l'oreille baissée,
Distillant lentement une sueur glacée,
Languit, chancelle, tombe, et se débat en vain :
Sa peau rude se sèche, et résiste à la main ;
Il néglige les eaux, renonce au pâturage,
Et sent s'évanouir son superbe courage.

   Tels sont de ses tourments les préludes affreux :
Mais si le mal accroît ses accès douloureux,
Alors son œil s'enflamme ; il gémit ; son haleine
De ses flancs palpitants ne s'échappe qu'à peine ;
Sa narine à longs flots vomit un sang grossier,
Et sa langue épaissie assiége son gosier.

   Un vin pur, épanché dans sa gorge brûlante,
Parut calmer d'abord sa douleur violente ;
Mais, ses forces bientôt se changeant en fureur
(O ciel ! loin des Romains ces transports pleins d'horreur!)
L'animal frénétique, à son heure dernière,
Tournait contre lui-même une dent meurtrière.

   Voyez-vous le taureau, fumant sous l'aiguillon,
D'un sang mêlé d'écume inonder son sillon?
Il meurt : l'autre, affligé de la mort de son frère,
Regagne tristement l'étable solitaire ;
Son maître l'accompagne, accablé de regrets,
Et laisse en soupirant ses travaux imparfaits.

   Le doux tapis des prés, l'asile d'un bois sombre,
La fraîcheur du matin jointe à celle de l'ombre,

Le cristal d'un ruisseau qui rajeunit les prés,
Et roule une eau d'argent sur des sables dorés,
Rien ne peut des troupeaux ranimer la faiblesse ;
Leurs flancs sont décharnés ; une morne tristesse
De leurs stupides yeux éteint le mouvement,
Et leur front affaissé tombe languissamment.

Hélas ! que leur servit de sillonner nos plaines,
De nous donner leur lait, de nous céder leurs laines ?
Pourtant nos mets flatteurs, nos perfides boissons,
N'ont jamais dans leur sang fait couler leurs poisons ;
Leurs mets, c'est l'herbe tendre et la fraîche verdure ;
Leur boisson, l'eau d'un fleuve ou d'une source pure ;
Sur un lit de gazon ils trouvent le sommeil,
Et jamais les soucis n'ont hâté leur réveil.

Pour apaiser les dieux, on dit que ces contrées
Préparaient à Junon des offrandes sacrées :
Pour les conduire au temple on chercha des taureaux ;
A peine on put trouver deux buffles inégaux.
On vit des malheureux, pour enfouir les graines,
Sillonner de leurs mains et déchirer les plaines,
Et, roidissant leurs bras, humiliant leurs fronts,
Traîner un char pesant jusqu'au sommet des monts.

Le loup même oubliait ses ruses sanguinaires ;
Le cerf parmi les chiens errait près des chaumières ;
Le timide chevreuil ne songeait plus à fuir,
Et le daim si léger s'étonnait de languir.

La mer ne sauve pas ses monstres du ravage ;
Leurs cadavres épars flottent sur le rivage ;
Les phoques, désertant ces gouffres infectés,
Dans les fleuves surpris courent épouvantés ;
Le serpent cherche en vain le creux de ses murailles ;
L'hydre étonnée expire en dressant ses écailles ;
L'oiseau même est atteint, et des traits du trépas
Le vol le plus léger ne le garantit pas.

Vainement les bergers changent de pâturage ;
L'art vaincu cède au mal, ou redouble sa rage :
Tisiphone, sortant du gouffre des enfers,
Épouvante la terre, empoisonne les airs,
Et sur les corps pressés d'une foule mourante
Lève de jour en jour sa tête dévorante.

Des troupeaux expirants les lamentables voix
Font gémir les coteaux, les rivages, les bois ;
Ils comblent le bercail, s'entassent dans les plaines ;
Dans la terre avec eux on enfouit leurs laines.
En vain l'onde et le feu pénétraient leur toison,
Rien ne pouvait dompter l'invincible poison ;
Et malheur au mortel qui, bravant leurs souillures,
Eût osé revêtir ces dépouilles impures !
Soudain son corps, baigné par d'immondes humeurs,
Se couvrait tout entier de brûlantes tumeurs ;
Son corps se desséchait, et ses chairs enflammées
Par d'invisibles feux périssaient consumées.

LIVRE QUATRIÈME.

Enfin je vais chanter le peuple industrieux
Qui recueille le miel, ce doux présent des cieux.
Mécène, daigne encor sourire à mes abeilles.
Dans ces petits objets que de grandes merveilles !
Viens ; je vais célébrer leur police, leurs lois,
Et les travaux du peuple, et la valeur des rois ;
Et si le dieu des vers veut me servir de maître,
Moins le sujet est grand, plus ma gloire va l'être.

D'abord, de tes essaims établis le palais
En un lieu dont le vent ne trouble point la paix :
Le vent, à leur retour, ferait plier leurs ailes,
Tremblantes sous le poids de leurs moissons nouvelles.
Que jamais auprès d'eux le chevreau bondissant
Ne vienne folâtrer sur le gazon naissant,
Ne détache des fleurs ces gouttes de rosée
Qui tremblent, le matin, sur la feuille arrosée.
Loin d'eux le vert lézard, les guêpiers ennemis,
Progné sanglante encor [1] du meurtre de son fils,
Tout ce peuple d'oiseaux, avide de pillage !
Ils exercent partout un affreux brigandage,
Et, saisissant l'abeille errante sur le thym,
En font à leurs enfants un barbare festin.

Je veux près des essaims une source d'eau claire,
Des étangs couronnés d'une mousse légère ;
Je veux un doux ruisseau fuyant sous le gazon,
Et qu'un palmier épais protége leur maison
Ainsi, lorsqu'au printemps, développant ses ailes,
Le nouveau roi conduit ses peuplades nouvelles ²,
Cette onde les invite à respirer le frais,
Cet arbre les reçoit sous son feuillage épais.

   Là, soit que l'eau serpente, ou soit qu'elle repose,
Des cailloux de ses bords, des arbres qu'elle arrose,
Tu formeras des ponts, où les essaims nouveaux,
Dispersés par les vents ou plongés dans les eaux,
Rassemblent au soleil leurs bataillons timides,
Et raniment l'émail de leurs ailes humides.

   Près de là que le thym, leur aliment chéri,
Le muguet parfumé, le serpolet fleuri,
S'élèvent en bouquets, s'étendent en bordure,
Et que la violette y boive une onde pure.
Leurs toits, formés d'écorce ou tissus d'arbrisseaux,
Pour garantir de l'air le fruit de leurs travaux,
N'auront dans leur contour qu'une étroite ouverture.
Ainsi que la chaleur, le miel craint la froidure ;
Il se fond dans l'été, se durcit dans l'hiver :
Aussi, dès qu'une fente ouvre un passage à l'air,
A réparer la brèche un peuple entier conspire ;
Il la remplit de fleurs, il la garnit de cire,
Et conserve en dépôt, pour ces sages emplois,
Un suc plus onctueux ³ que la gomme des bois.

   Souvent même on les voit s'établir sous la terre,
Habiter de vieux troncs, se loger dans la pierre.
Joins ton art à leurs soins ; que leurs toits entr'ouverts
Soient cimentés d'argile, et de feuilles couverts.

   De tout ce qui leur nuit garantis leur hospice :
Loin de là sur le feu fais rougir l'écrevisse ;
Défends à l'if impur d'ombrager leur maison ;
Crains les profondes eaux, crains l'odeur du limon,
Et la roche sonore, où l'écho qui sommeille
Répond, en l'imitant, à la voix qui l'éveille.

   Mais le printemps renaît ; de l'empire de l'air
Le soleil triomphant précipite l'hiver,

Et le voile est levé qui couvrait la nature :
Aussitôt, s'échappant de sa demeure obscure,
L'abeille prend l'essor, parcourt les arbrisseaux ;
Elle suce les fleurs, rase, en volant, les eaux.
C'est de ces doux tributs de la terre et de l'onde
Qu'elle revient nourrir sa famille féconde,
Qu'elle forme une cire aussi pure que l'or,
Et pétrit de son miel le liquide trésor.
 Bientôt, abandonnant les ruches maternelles,
Ce peuple, au gré des vents qui secondent ses ailes,
Fend les vagues de l'air, et sous un ciel d'azur
S'avance lentement, tel qu'un nuage obscur :
Suis sa route ; il ira sur le prochain rivage
Chercher une onde pure et des toits de feuillage :
Fais broyer en ces lieux la mélisse ou le thym ;
De Cybèle alentour fais retentir l'airain :
Le bruit qui l'épouvante, et l'odeur qui l'appelle,
L'avertissent d'entrer dans sa maison nouvelle.
 Mais lorsque entre deux rois l'ardente ambition
Allume les flambeaux de la division,
Sans peine l'on prévoit leurs discordes naissantes :
Un bruit guerrier s'élève, et leurs voix menaçantes
Imitent du clairon les sons entrecoupés.
Les combattants épars déja sont attroupés,
Déja brûlent de vaincre, ou de mourir fidèles ;
Ils aiguisent leurs dards, ils agitent leurs ailes,
Et, rangés près du roi, défiant son rival,
Par des cris belliqueux demandent le signal.
Dans un beau jour d'été soudain la charge sonne :
Ils s'élancent du camp, et le combat se donne :
L'air au loin retentit du choc des bataillons ;
Le globe ailé s'agite, et roule en tourbillons ;
Précipité des cieux, plus d'un héros succombe :
Ainsi pleuvent les glands, ainsi la grêle tombe.
A leur riche parure, à leurs brillants exploits,
Au fort de la mêlée on distingue les rois ;
Ils pressent le soldat, ils échauffent sa rage,
Et dans un faible corps s'allume un grand courage :
Mais tout ce fier courroux, tout ce grand mouvement,
Qu'on jette un peu de sable, il cesse en un moment.

Quand les rois ont quitté les plaines de Bellone,
Donne au vaincu la mort, au vainqueur la couronne.
Aisément on connaît le plus vaillant des deux :
De sa tunique d'or l'un éblouit les yeux ;
L'autre, à regret montrant sa figure hideuse,
Traîne d'un ventre épais la masse paresseuse.
  Il faut, comme les rois, distinguer les sujets :
Les uns n'offrent aux yeux que d'informes objets ;
Leur couleur est pareille à la poussière humide
Que chasse un voyageur de son gosier aride :
Les autres sont polis, et luisants, et dorés,
Et d'un brillant émail richement colorés.
Préfère cette race : elle seule, en automne,
T'enrichira du suc des fleurs qu'elle moissonne ;
Elle seule, au printemps, te distille un miel pur,
Qui dompte l'âpreté d'un vin fougueux et dur.
  Cependant si ce peuple, en son humeur volage,
Quittait ses ateliers, suspendait son ouvrage,
Sans peine on le rappelle à ses premiers emplois.
Arrache seulement les ailes de ses rois :
Quels sujets oseront, quand leur chef est tranquille,
Abandonner leur poste et déserter la ville ?
  Toi-même, pour fixer leurs folâtres humeurs,
Parfume tes jardins des plus douces odeurs ;
Ombrage de pins verts les dômes qu'ils habitent ;
Que les vapeurs du thym au travail les invitent ;
Que Priape, en ces lieux, écarte avec sa faux
Et la main des voleurs et le bec des oiseaux ;
Fais-y naître des fruits, fais-y croître des plantes,
Et verse aux tendres fleurs des eaux rafraîchissantes.
  Si mon vaisseau, long-temps égaré loin du bord,
Ne se hâtait enfin de regagner le port,
Peut-être je peindrais les lieux chéris de Flore ;
Le narcisse en mes vers s'empresserait d'éclore ;
Les roses m'ouvriraient leurs calices brillants ;
Le tortueux concombre arrondirait ses flancs ;
Du persil toujours vert, des pâles chicorées,
Ma muse abreuverait les tiges altérées ;
Je courberais le lierre et l'acanthe en berceaux,
Et le myrte amoureux ombragerait les eaux.

Aux lieux où le Galèse[4], en des plaines fécondes,
Parmi les blonds épis roule ses noires ondes,
J'ai vu, je m'en souviens, un vieillard fortuné,
Possesseur d'un terrain long-temps abandonné.
C'était un sol ingrat, rebelle à la culture,
Qui n'offrait aux troupeaux qu'une aride verdure,
Ennemi des raisins, et funeste aux moissons :
Toutefois, en ces lieux hérissés de buissons,
Un parterre de fleurs, quelques plantes heureuses
Qu'élevaient avec soin ses mains laborieuses,
Un jardin, un verger, dociles à ses lois,
Lui donnaient le bonheur, qui s'enfuit loin des rois.
Le soir, des simples mets que ce lieu voyait naître,
Ses mains chargeaient, sans frais, une table champêtre :
Il cueillait le premier les roses du printemps,
Le premier, de l'automne amassait les présents ;
Et lorsque autour de lui, déchaîné sur la terre,
L'hiver impétueux brisait encor la pierre,
D'un frein de glace encore enchaînait les ruisseaux,
Lui déja de l'acanthe émondait les rameaux ;
Et, du printemps tardif accusant la paresse,
Prévenait les zéphyrs, et hâtait sa richesse.
Chez lui le vert tilleul tempérait les chaleurs ;
Le sapin pour l'abeille y distillait ses pleurs :
Aussi, dès le printemps, toujours prêts à renaître,
D'innombrables essaims enrichissaient leur maître ;
Il pressait le premier ses rayons toujours pleins,
Et le miel le plus pur écumait sous ses mains.
Jamais Flore chez lui n'osa tromper Pomone :
Chaque fleur du printemps était un fruit d'automne.
Il savait aligner[5], pour le plaisir des yeux,
Des poiriers déja forts, des ormes déja vieux,
Et des pruniers greffés, et des platanes sombres
Qui déja recevaient les buveurs sous leurs ombres.
Mais d'autres chanteront les trésors des jardins :
Le temps fuit ; je revole aux travaux des essaims.

Jadis, parmi les sons des cymbales bruyantes,
L'abeille, secondant les soins des Corybantes,
Nourrit dans son berceau le jeune roi du ciel :
Son admirable instinct fut le prix de son miel.

Chez elle, les sujets unissent leurs fortunes ;
Les enfants sont communs, les richesses communes :
Elle bâtit des murs, obéit à des lois,
Et prévoit aux temps chauds les besoins des temps froids.
L'une s'en va des fleurs dépouiller le calice ;
L'autre, d'un suc brillant et des pleurs du narcisse
Pétrit les fondements de ses murs réguliers,
Et d'un rempart de cire entoure ses foyers ;
L'autre forme un miel pur d'une essence choisie,
Et comble ses celliers de sa douce ambroisie ;
L'autre élève à l'état des enfants précieux :
Celles-ci tour à tour vont observer les cieux ;
Plusieurs font sentinelle, et veillent à la porte ;
Plusieurs vont recevoir les fardeaux qu'on apporte ;
D'autres livrent la guerre au frelon dévorant :
Tout s'empresse ; partout coule un miel odorant.

 Tels les fils de Vulcain, dans les flancs de la terre,
Se hâtent à l'envi de forger le tonnerre :
L'un, tour à tour, enferme et déchaîne les vents ;
L'autre plonge l'acier dans les flots frémissants ;
L'autre du fer rougi tourne la masse ardente :
L'Etna tremblant gémit sous l'enclume pesante ;
Et leurs bras vigoureux lèvent de lourds marteaux,
Qui tombent en cadence et domptent les métaux.

 Tels, aux petits objets si les grands se comparent,
En des corps différents les essaims se séparent.
La vieillesse d'abord préside aux bâtiments,
Dessine des remparts les longs compartiments ;
La jeunesse, des murs abandonnant l'enceinte,
Sur le safran vermeil, sur la sombre hyacinthe,
Sur les tilleuls fleuris, enlève son butin,
Moissonne la lavande et dépouille le thym.

 On les voit s'occuper, se délasser ensemble.
L'aurore luit, tout part ; la nuit vient, tout s'assemble ;
L'espoir d'un doux repos les invite au retour ;
On s'empresse à la porte, on bourdonne alentour ;
Dans son alcôve enfin chacune se cantonne :
Plus de bruit ; tout ce peuple au sommeil s'abandonne.

 L'air est-il orageux et le vent incertain ?
Il ne hasarde point de voyage lointain :

LIVRE IV.

A l'abri des remparts de sa cité tranquille,
Il va puiser une onde à ses travaux utile ;
Et souvent dans son vol, tel qu'un nocher prudent,
Lesté d'un grain de sable, il affronte le vent.

　Ses enfants sont nombreux ; cependant, ô merveille !
L'hymen est inconnu de la pudique abeille ;
Ignorant ses plaisirs ainsi que ses douleurs,
Elle adopte des vers éclos du sein des fleurs,
De jeunes citoyens repeuple son empire,
Et place un roi nouveau dans des palais de cire :
Aussi, quoique le sort, avare de ses jours,
Au septième printemps en termine le cours,
Sa race est immortelle ; et, sous de nouveaux maîtres,
D'innombrables enfants remplacent leurs ancêtres.

　Plus d'une fois aussi, sur des cailloux tranchants
Elle brise son aile en parcourant les champs,
Et meurt sous son fardeau, volontaire victime :
Tant du miel et des fleurs le noble amour l'anime !

　Quel peuple de l'Asie honore autant son roi ?
Tandis qu'il est vivant, tout suit la même loi :
Est-il mort ? ce n'est plus que discorde civile ;
On pille les trésors, on démolit la ville :
C'est l'ame des sujets, l'objet de leur amour ;
Ils entourent son trône, et composent sa cour,
L'escortent au combat, le portent sur leurs ailes,
Et meurent noblement pour venger ses querelles.

　Frappés de ces grands traits, des sages ont pensé
Qu'un céleste rayon dans leur sein fut versé :
Dieu remplit, disent-ils, le ciel, la terre, et l'onde ;
Dieu circule partout, et son ame féconde
A tous les animaux prête un souffle léger :
Aucun ne doit périr, mais tous doivent changer ;
Et, retournant aux cieux en globe de lumière,
Vont rejoindre leur être à la masse première.

　Enfin veux-tu ravir leur nectar écumant ?
Devant leur magasin porte un tison fumant,
Et qu'une onde échauffée en roulant dans ta bouche
Pleuve, pour l'écarter, sur l'insecte farouche.
L'abeille est implacable en son inimitié,
Attaque sans frayeur, se venge sans pitié,

Sur l'ennemi blessé s'acharne avec furie,
Et laisse dans la plaie et son dard et sa vie.

Deux fois d'un miel doré ses rayons sont remplis,
Deux fois ces dons heureux tous les ans sont cueillis,
Et lorsque, abandonnant l'humide sein de l'onde,
Taygète [6] monte aux cieux pour éclairer le monde,
Et lorsque cette nymphe [7], au retour des hivers,
Redescend tristement dans le gouffre des mers.

Toutefois, si l'hiver, alarmant ta prudence,
Te fait de tes essaims craindre la décadence,
Épargne leurs trésors dans ces temps malheureux,
Et n'en exige point un tribut rigoureux ;
Mais parfume leurs toits, et prends les rayons vides
Dont viennent se nourrir leurs ennemis avides.
La chenille en rampant gagne leur pavillon ;
Le lourd frelon se rit de leur faible aiguillon ;
Le lézard de leur miel se nourrit en silence ;
Leur travail de la guêpe engraisse l'indolence ;
Des cloportes sans nombre assiégent leurs palais,
Et l'impure araignée y suspend ses filets.
Mais plus on les épuise, et plus leur diligence
De l'état appauvri répare l'indigence.

Comme nous cependant ces faibles animaux
Éprouvent la douleur et connaissent les maux ;
Des symptômes certains toujours en avertissent :
Leur corps est décharné, leurs couleurs se flétrissent ;
On les voit dans leurs murs languir emprisonnés,
Ou bien suspendre au seuil leurs essaims enchaînés ;
Tantôt leur troupe en deuil autour de ses murailles
Accompagne des morts les tristes funérailles ;
Tantôt le bruit plaintif de ce peuple aux abois
Imite l'aquilon murmurant dans les bois,
Et le reflux bruyant des ondes turbulentes,
Et le feu prisonnier dans des forges brûlantes.

Veux-tu rendre à l'abeille une utile vigueur ?
Que des sucs odorants raniment sa langueur ;
Et, dans des joncs remplis du doux nectar qu'elle aime,
A prendre son repas invite-la toi-même.
Joins-y du raisin sec, du vin cuit dans l'airain,
Ou la pomme du chêne, ou les vapeurs du thym,

Et la rose flétrie, et l'herbe du centaure.
. Mais il est une fleur plus salutaire encore.
Sur les bords tortueux qu'enrichit son limon,
Le Melle [8] la voit naître, et lui donne son nom.
De rejetons nombreux un amas l'environne ;
D'un disque éclatant d'or sa tête se couronne;
Mais de la violette, amante des gazons,
La pourpre rembrunie embellit ses rayons;
Et souvent les autels, chargés de nos offrandes,
Aiment à se parer de ses riches guirlandes :
Le goût en est pourtant moins flatté que les yeux.
Dans les flots odorants d'un vin délicieux
Fais bouillir sa racine, et devant tes abeilles
De ce mets précieux fais remplir des corbeilles.

 Mais si de tes essaims tout l'espoir est détruit,
Apprends par quels secrets ce peuple est reproduit :
Je vais de ce grand art éterniser la gloire,
Et dès son origine en rappeler l'histoire.

 Le peuple [9] dont le Nil inonde les sillons,
Qui, sur des vaisseaux peints voguant dans ses vallons,
Fend les flots nourriciers du fleuve qu'il adore,
Et de son noir limon voit la verdure éclore ;
Les voisins des Persans qu'il baigne de ses eaux ;
Les lieux où, vers la mer courant par sept canaux,
Il fuit les cieux brûlants témoins de sa naissance,
De cet art précieux attestent la puissance.

 Ce mystère d'abord veut des réduits secrets :
Il te faut donc choisir et préparer exprès
Un lieu dont la surface, étroitement bornée,
Soit enceinte de murs, et d'un toit couronnée;
Et que, des quatre points qui divisent le jour,
Une oblique clarté se glisse en ce séjour.
Là, conduis un taureau dont les cornes naissantes
Commencent à courber leurs pointes menaçantes;
Qu'on l'étouffe; malgré ses efforts impuissants ;
Et, sans les déchirer, qu'on meurtrisse ses flancs.
Il expire : on le laisse en cette enceinte obscure,
Embaumé de lavande, entouré de verdure.
Choisis pour l'immoler le temps où des ruisseaux
Déjà les doux zéphyrs font frissonner les eaux,

Avant que sous nos toits voltige l'hirondelle,
Et que des prés fleuris l'émail se renouvelle.
Les humeurs cependant fermentent dans son sein.
O surprise ¹⁰! ô merveille!, un innombrable essaim
Dans ses flancs échauffés tout à coup vient d'éclore :
Sur ses pieds mal formés l'insecte rampe encore;
Sur des ailes bientôt il s'élève en tremblant;
Plus vigoureux enfin, le bataillon volant
S'élance, aussi pressé que ces gouttes nombreuses
Qu'épanche un ciel brûlant sur les plaines poudreuses;
Ou que ces traits dans l'air élancés à la fois,
Quand les Parthes guerriers épuisent leurs carquois.
Muses, révélez-nous l'auteur de ces merveilles.

   Possesseur autrefois de nombreuses abeilles,
Aristée avait vu ce peuple infortuné
Par la contagion, par la faim moissonné :
Aussitôt, des beaux lieux que le Pénée arrose,
Vers la source sacrée où le fleuve repose
Il arrive; il s'arrête, et, tout baigné de pleurs,
A sa mère, en ces mots, exhale ses douleurs :
« Déesse de ces eaux, ô Cyrène! ô ma mère!
Si je puis me vanter qu'Apollon est mon père,
Hélas! du sang des dieux n'as-tu formé ton fils
Que pour l'abandonner aux destins ennemis?
Ma mère, qu'as-tu fait de cet amour si tendre?
Où sont donc ces honneurs où je devais prétendre?
Hélas! parmi les dieux j'espérais des autels,
Et je languis sans gloire au milieu des mortels!
Ce prix de tant de soins qui charmait ma misère,
Mes essaims ne sont plus; et vous êtes ma mère!
Achevez; de vos mains ravagez ces coteaux,
Embrasez mes moissons, immolez mes troupeaux;
Dans ces jeunes forêts allez porter la flamme,
Puisque l'honneur d'un fils ne touche point votre âme. »

   Cyrène entend sa voix au fond de son séjour :
Près d'elle, en ce moment, les nymphes de sa cour
Filaient d'un doigt léger des laines verdoyantes;
Leurs beaux cheveux tombaient en tresses ondoyantes.
Là sont la jeune Opis aux yeux pleins de douceur;
Et Clio toujours fière, et Béroé sa sœur,

LIVRE IV.

Toutes deux se vantant d'une illustre origine,
Étalant toutes deux l'or, la pourpre, et l'hermine :
Et la brune Nésée, et la blonde Phyllis,
Thalie au teint de rose, Éphyre au sein de lis ;
Près d'elle Cymodocé à la taille légère,
Cydippe vierge encor, Lycoris déjà mère ;
Vous, Aréthuse, enfin, que l'on vit autrefois
Presser d'un pas léger les habitants des bois.

 Pour charmer leur ennui, Clymène au milieu d'elles
Leur racontait des dieux les amours infidèles,
Et Vénus de Vulcain trompant les yeux jaloux,
Et le bonheur de Mars, et ses larcins si doux.
Tandis qu'à l'écouter les nymphes attentives
Font tourner leurs fuseaux entre leurs mains actives,
Du malheureux berger la gémissante voix
Parvient jusqu'à sa mère une seconde fois.
Cyrène s'en émeut ; ses compagnes timides
Ont tressailli d'effroi dans leurs grottes humides :
Aréthuse, cherchant d'où partent ces sanglots,
Montre ses blonds cheveux sur la voûte des flots :
« O ma sœur ! tu sentais de trop justes alarmes ;
Ton fils, ton tendre fils, tout baigné de ses larmes,
Paraît au bord des eaux accablé de douleurs,
Et sa mère est, dit-il, insensible à ses pleurs. »

 « Mon fils ! répond Cyrène en pâlissant de crainte ;
Qu'il vienne : et quel est donc le sujet de sa plainte ?
Qu'on amène mon fils, qu'il paraisse à mes yeux ;
Mon fils a droit d'entrer dans le palais des dieux :
Fleuve, retire-toi. » L'onde respectueuse,
A ces mots suspendant sa course impétueuse,
S'ouvre, et, se repliant en deux monts de cristal,
Le porte mollement au fond de son canal.

 Le jeune dieu descend ; il s'étonne, il admire
Le palais de sa mère et son liquide empire ;
Il écoute le bruit des flots retentissants,
Contemple le berceau de cent fleuves naissants,
Qui, sortant en grondant de leur grotte profonde,
Promènent en cent lieux leur course vagabonde.
De là partent le Phase et le vaste Lycus,
Le père des moissons, le riche Caïcus,

L'Énipée orgueilleux d'orner la Thessalie,
Le Tibre encor plus fier de baigner l'Italie,
L'Hypanis se brisant sur des rochers affreux,
Et l'Anio paisible, et l'Éridan fougueux,
Qui, roulant à travers des campagnes fécondes,
Court dans les vastes mers ensevelir ses ondes.
 Mais enfin il arrive à ce brillant palais
Que les flots ont creusé dans un roc toujours frais :
Sa mère en l'écoutant sourit, et le rassure ;
Les nymphes sur ses mains épanchent une eau pure,
Offrent pour les sécher de fins tissus de lin ;
On fait fumer l'encens, on fait couler le vin.
 « Prends ce vase, ô mon fils ! afin qu'il nous seconde,
Invoquons l'Océan, le vieux père du monde.
Et vous, reines des eaux, protectrices des bois,
Entendez-moi, mes sœurs. » Elle dit ; et trois fois
Le feu sacré reçut la liqueur pétillante ;
Trois fois jaillit dans l'air une flamme brillante.
Elle accepte l'augure, et poursuit en ces mots :
 « Protée, ô mon cher fils, peut seul finir tes maux.
C'est lui que nous voyons, sur ces mers qu'il habite,
Atteler à son char les monstres d'Amphitrite.
Pallène [11] est sa patrie ; et, dans ce même jour,
Vers ces bords fortunés il hâte son retour.
Les nymphes, les tritons, tous, jusqu'au vieux Nérée,
Respectent de ce dieu la science sacrée ;
Ses regards pénétrants, son vaste souvenir,
Embrassent le présent, le passé, l'avenir ;
Précieuse faveur du dieu puissant des ondes,
Dont il paît les troupeaux dans les plaines profondes.
Par lui tu connaîtras d'où naissent tes revers ;
Mais il faut qu'on l'y force en le chargeant de fers.
On a beau l'implorer ; son cœur, sourd à la plainte,
Résiste à la prière, et cède à la contrainte.
Moi-même, quand Phébus, partageant l'horizon,
De ses feux dévorants jaunira le gazon,
A l'heure où les troupeaux goûtent le frais de l'ombre,
Je guiderai tes pas vers une grotte sombre
Où sommeille ce dieu, sorti du sein des flots.
Là, tu le surprendras dans les bras du repos.

Mais à peine on l'attaque, il fuit, il prend la forme
D'un tigre furieux, d'un sanglier énorme ;
Serpent, il s'entrelace ; et lion, il rugit ;
C'est un feu qui petille, un torrent qui mugit.
Mais plus il t'éblouit par mille formes vaines,
Plus il faut resserrer l'étreinte de ses chaînes,
Redoubler tes assauts, épuiser ses secrets,
Et forcer ton captif à reprendre ses traits. »
   Sur son fils, à ces mots, sa main officieuse
Répand d'un doux parfum l'essence précieuse :
Cette pure ambroisie embaume ses cheveux,
Rend son corps plus agile et ses bras plus nerveux.
Au sein des vastes mers s'avance un mont sauvage,
Où le flot mugissant, brisé par le rivage,
Se divise, et s'enfonce en un profond bassin
Qui reçoit les nochers dans son paisible sein.
Là, dans un antre obscur se retirait Protée :
Cyrène le prévient, y conduit Aristée,
Le place loin du jour dans l'ombre de ces lieux,
Se couvre d'un nuage, et se dérobe aux yeux.
   Déja le Chien brûlant dont l'Inde est dévorée
Vomissait tous ses feux sur la plaine altérée ;
Déja l'ardent Midi, desséchant les ruisseaux,
Jusqu'au fond de leur lit avait pompé leurs eaux :
Pour respirer le frais dans sa grotte profonde,
Protée en ce moment quittait le sein de l'onde ;
Il marche ; près de lui le peuple entier des mers
Bondit, et fait au loin jaillir les flots amers :
Tous ces monstres épars s'endorment sur la rive.
Alors, tel qu'un berger quand la nuit sombre arrive,
Lorsque le loup s'irrite aux cris du tendre agneau,
Le dieu sur son rocher compte au loin son troupeau.
   A peine il s'assoupit, que le fils de Cyrène
Accourt, pousse un grand cri, le saisit et l'enchaîne.
Le vieillard de ses bras sort en feu dévorant ;
Il s'échappe en lion, il se roule en torrent.
Enfin, las d'opposer une défense vaine,
Il cède ; et se montrant sous une forme humaine :
« Jeune imprudent, dit-il, qui t'amène en ce lieu ?
Parle, que me veux-tu ? — Vous le savez grand dieu,

Oui, vous le savez trop, lui répond Aristée;
Le livre des destins est ouvert à Protée :
L'ordre des immortels m'amène devant vous :
Daignez... » Le dieu, roulant des yeux pleins de courroux,
A peine de ses sens dompte la violence,
Et tout bouillant encor rompt ainsi le silence :
« Tremble, un dieu te poursuit! pour venger ses douleurs,
Orphée a sur ta tête attiré ces malheurs;
Mais il n'a pas au crime égalé le supplice.
Un jour tu poursuivais sa fidèle Eurydice;
Eurydice fuyait, hélas ! et ne vit pas
Un serpent que les fleurs recelaient sous ses pas.
La mort ferma ses yeux : les nymphes ses compagnes
De leurs cris douloureux remplirent les montagnes;
Le Thrace belliqueux lui-même en soupira;
Le Rhodope en gémit, et l'Èbre en murmura.
Son époux s'enfonça dans un désert sauvage :
Là, seul, touchant sa lyre, et charmant son veuvage,
Tendre épouse, c'est toi qu'appelait son amour,
Toi qu'il pleurait la nuit, toi qu'il pleurait le jour.
» C'est peu : malgré l'horreur de ses profondes voûtes,
Il franchit de l'enfer les formidables routes;
Et, perçant ces forêts où règne un morne effroi,
Il aborda des morts l'impitoyable roi,
Et la Parque inflexible, et les pâles Furies,
Que les pleurs des humains n'ont jamais attendries.
Il chantait; et, ravis jusqu'au fond des enfers,
Au bruit harmonieux de ses tendres concerts,
Les légers habitants de ces obscurs royaumes,
Des spectres pâlissants, de livides fantômes,
Accouraient, plus pressés que ces oiseaux nombreux
Qu'un orage soudain ou qu'un soir ténébreux
Rassemble par milliers dans les bocages sombres;
Des mères, des héros, aujourd'hui vaines ombres,
Des vierges que l'hymen attendait aux autels,
Des fils mis au bûcher sous les yeux paternels,
Victimes que le Styx, dans ses prisons profondes,
Environne neuf fois des replis de ses ondes,
Et qu'un marais fangeux, bordé de noirs roseaux,
Entoure tristement de ses dormantes eaux.

L'enfer même s'émut; les fières Euménides
Cessèrent d'irriter leurs couleuvres livides;
Ixion immobile écoutait ses accords;
L'hydre affreuse oublia d'épouvanter les morts;
Et Cerbère, abaissant ses têtes menaçantes,
Retint sa triple voix dans ses gueules béantes.

» Enfin il revenait triomphant du trépas :
Sans voir sa tendre amante, il précédait ses pas;
Proserpine à ce prix couronnait sa tendresse :
Soudain ce faible amant, dans un instant d'ivresse,
Suivit imprudemment l'ardeur qui l'entraînait,
Bien digne de pardon, si l'enfer pardonnait!

» Presque aux portes du jour, troublé, hors de lui-même,
Il s'arrête, il se tourne... il revoit ce qu'il aime!
C'en est fait, un coup d'œil a détruit son bonheur;
Le barbare Pluton révoque sa faveur,
Et des enfers, charmés de ressaisir leur proie,
Trois fois le gouffre avare en retentit de joie.
Eurydice s'écrie : «.O destin rigoureux!
» Hélas! quel dieu cruel nous a perdus tous deux?
» Quelle fureur! voilà qu'au ténébreux abîme
» Le barbare destin rappelle sa victime.
» Adieu; déja je sens dans un nuage épais
» Nager mes yeux éteints, et fermés pour jamais.
» Adieu, mon cher Orphée! Eurydice expirante
» En vain te cherche encor de sa main défaillante;
» L'horrible mort, jetant un voile autour de moi,
» M'entraîne loin du jour, hélas! et loin de toi. »

» Elle dit, et soudain dans les airs s'évapore.
Orphée en vain l'appelle, en vain la suit encore,
Il n'embrasse qu'une ombre; et l'horrible nocher
De ces bords désormais lui défend d'approcher.
Alors, deux fois privé d'une épouse si chère,
Où porter sa douleur? où traîner sa misère?
Par quels sons, par quels pleurs fléchir le dieu des morts?
Déja cette ombre froide arrive aux sombres bords.

» Près du Strymon glacé, dans les antres de Thrace,
Durant sept mois entiers il pleura sa disgrace :
Sa voix adoucissait les tigres des déserts,
Et les chênes émus s'inclinaient dans les airs.

Telle sur un rameau, durant la nuit obscure,
Philomèle plaintive attendrit la nature,
Accuse en gémissant l'oiseleur inhumain
Qui, glissant dans son nid une furtive main,
Ravit ces tendres fruits que l'amour fit éclore,
Et qu'un léger duvet ne couvrait pas encore.
Pour lui plus de plaisirs, plus d'hymen, plus d'amour.
Seul parmi les horreurs d'un sauvage séjour,
Dans ces noires forêts du soleil ignorées,
Sur les sommets déserts des monts hyperborées,
Il pleurait Eurydice, et, plein de ses attraits,
Reprochait à Pluton ses perfides bienfaits.
En vain mille beautés s'efforçaient de lui plaire,
Il dédaigna leurs feux ; et leur main sanguinaire,
La nuit, à la faveur des mystères sacrés,
Dispersa dans les champs ses membres déchirés.
L'Èbre roula sa tête encor toute sanglante :
Là, sa langue glacée et sa voix expirante,
Jusqu'au dernier soupir formant un faible son,
D'Eurydice, en flottant, murmurait le doux nom,
Eurydice ! ô douleur ! Touchés de son supplice,
Les échos répétaient Eurydice ! Eurydice ! »
Le devin dans la mer se replonge à ces mots,
Et du gouffre écumant fait tournoyer les flots.
Cyrène de son fils vient calmer les alarmes :
« Cher enfant, lui dit-elle, essuie enfin tes larmes ;
Tu connais ton destin. Eurydice autrefois
Accompagnait les chœurs des nymphes de ces bois ;
Elles vengent sa mort : toi, fléchis leur colère :
On désarme aisément leur rigueur passagère.
Sur le riant Lycée, où paissent tes troupeaux,
Va choisir à l'instant quatre jeunes taureaux ;
Choisis un nombre égal de génisses superbes
Qui des prés émaillés foulent en paix les herbes ;
Pour les sacrifier élève quatre autels ;
Et, les faisant tomber sous les couteaux mortels,
Laisse leurs corps sanglants dans la forêt profonde.
Quand la neuvième aurore éclairera le monde,
Au déplorable époux dont tu causas les maux
Offre une brebis noire et la fleur des pavots ;

Enfin, pour satisfaire aux mânes d'Eurydice,
De retour dans les bois, immole une génisse. »
   Elle dit : le berger dans ses nombreux troupeaux
Va choisir à l'instant quatre jeunes taureaux ;
Immole un nombre égal de génisses superbes,
Qui des prés émaillés foulaient en paix les herbes.
Pour la neuvième fois quand l'aurore parut,
Au malheureux Orphée il offrit son tribut,
Et rentra plein d'espoir dans la forêt profonde.
O prodige ! le sang, par sa chaleur féconde,
Dans le flanc des taureaux forme un nombreux essaim ;
Des peuples bourdonnants s'échappent de leur sein,
Comme un nuage épais dans les airs se répandent,
Et sur l'arbre voisin en grappes se suspendent.

   Ma muse ainsi chantait les rustiques travaux,
Les vignes, les essaims, les moissons, les troupeaux,
Lorsque César, l'amour et l'effroi de la terre,
Faisait trembler l'Euphrate au bruit de son tonnerre,
Rendait son joug aimable à l'univers dompté,
Et marchait à grands pas vers l'immortalité.
Et moi je jouissais d'une retraite obscure ;
Je m'essayais dans Naple à peindre la nature,
Moi qui, dans ma jeunesse, à l'ombre des vergers,
Célébrais les amours et les jeux des bergers.

FIN DES GÉORGIQUES.

NOTES.

LIVRE I.

1 Vous, jeune dieu de Céo, ami des verts bocages.

Aristée, fils d'Apollon et de Cyrène, révéré particulièrement des bergers, auxquels il enseigna l'art de recueillir le miel.

2 Vieillard, qui dans ta main tiens un jeune cyprès ;
Enfant, qui le premier sillonnas les guérets.

Il s'agit, dans le premier vers, de Sylvain, par qui le jeune Cyparisse fut changé en cyprès ; dans le second, de Triptolème selon les uns, et d'Osiris suivant les autres.

3 Le Scorpion brûlant, déjà loin d'Érigone....

Érigone est le même signe que la Vierge.

4 Le Tmole est parfumé d'un safran précieux.

Montagne de la grande Phrygie, fertile en vin et en safran.

5 Lorsqu'un mortel, sauvé des ondes vengeresses...

On peut lire dans Ovide l'histoire de Deucalion et de Pyrrha.

6 Qu'au retour du Bouvier le soc l'effleure à peine.

L'Arcture ou le Bouvier, du temps de Columelle et de Pline, se levait pour les Athéniens avec le soleil, quand il était dans le douzième degré un tiers de la Vierge, et pour les Romains trois jours plus tôt, quand le soleil était dans le neuvième degré un quart de la Vierge, l'équinoxe d'automne commençant alors le 24 ou le 25 septembre.

7 Et le riche Gargare, et l'heureuse Mysie...

La Mysie est une partie de l'Asie mineure ; il y a dans cette province une montagne et une ville appelées *Gargare*. Comme les peuples de ce pays devaient moins leurs belles moissons à leur industrie qu'à la bonté du sol, Virgile a dit très bien, *Ipsa suas mirantur Gargara messes*.

8 Puis d'un fleuve, coupé par de nombreux canaux...

Ceci ne se pratique point en France, et n'est plus guère en usage en Italie que pour les jardins.

9 .... Et les brigands ailés...

Virgile parle des oies comme d'un oiseau funeste aux moissons : on en rencontre encore aujourd'hui des troupeaux dans la Campanie, que

Virgile avait principalement en vue en composant ses *Géorgiques*. A l'égard des grues, on sait qu'elles habitaient en foule sur les bords du Strymon, fleuve de la Thrace.

> 10 La rouille vient ronger le fruit de nos travaux.

La rouille est une maladie à laquelle le blé est très-sujet.

> 11 .... Et quand l'astre du jour,
> Ouvrant dans le Taureau sa brillante carrière...

Virgile a dit :

> Candidus auratis aperit quum cornibus annum
> Taurus.

C'est par le Bélier que commence l'année astronomique ; mais comme c'est au mois d'avril que la terre ouvre son sein, et que c'est l'étymologie d'*aprilis*, Virgile a jugé à propos de faire ouvrir l'année rurale par le signe du Taureau, où le soleil entre le 22 avril.

> 12 Engloutit Sirius dans des flots de lumière.

Il y a dans le texte *averso cedens Canis occidit astro*. Ce vers a exercé les plus savants commentateurs ; je le crois le plus inintelligible de toutes les *Géorgiques*. J'ai suivi dans ma traduction l'interprétation de Macrobe, qui m'a paru la plus naturelle.

> 13 Et le millet doré redemande tes soins.

Il y a dans le texte *milio venit annua cura*. Le sainfoin, dont nous venons de parler, dure plusieurs années ; le millet, au contraire, veut être semé tous les ans.

> 14 Attends jusqu'au lever de la Couronne d'or.
> Plusieurs jettent leurs grains quand Maïa luit encor.

Il y a dans le texte :

> Ante tibi Eoæ Atlantides abscondantur.

Par le mot *Eoæ*, Virgile entend le coucher des Pléiades au matin, c'est-à-dire quand les Pléiades descendent sous l'horizon au couchant, en même temps que le soleil paraît sur l'horizon à l'orient. Columelle, en expliquant ce passage de Virgile, nous apprend que cela arrivait au neuvième jour des calendes d'octobre.

Par cet autre vers,

> Gnosiaque ardentis decedat stella Coronæ,

Virgile entend, selon tous les commentateurs, le lever héliaque de la Couronne d'Ariane, qui se fait lorsque cette constellation, éclipsée auparavant par les rayons du soleil, commence à s'en dégager, et à paraître à l'orient avant le lever du soleil : c'était, selon Columelle, le 13 ou le 14 d'octobre. Cette interprétation me paraît suspecte, à cause du mot *decedere*, qui partout marque le coucher d'un astre : il y en a une foule d'exemples. En général, tout ce morceau sur l'astronomie est encore plus obscur que poétique.

15   Attends que dans les cieux disparaisse l'Arcture.

L'Arcture ou le Bouvier (*Bootes*) se couche, selon Columelle, le 21 d'octobre.

16   Cinq zones de l'olympe embrassent le contour.

Sous la zone torride est cette partie de la terre qui est contenue entre les deux tropiques. Les anciens la croyaient inhabitable à cause de son excessive chaleur; mais on a découvert depuis qu'elle était habitée par un grand nombre de nations. Elle contient une partie considérable de l'Asie, de l'Afrique, et de l'Amérique méridionale. Sous les deux zones glaciales sont les parties de la terre que renferment les deux cercles polaires; au nord sont la Nouvelle-Zemble, la Laponie, le Groënland; au midi, des pays qui sont encore sans nom, et où l'on n'a fait encore aucune découverte : sous les zones tempérées sont les parties du globe renfermées entre les tropiques et les cercles polaires. La zone tempérée, qui est entre le cercle arctique et le tropique du Cancer, contient la plus grande partie de l'Europe et de l'Asie, une partie de l'Afrique, et presque tout le nord de l'Amérique. Celle qui est entre le cercle antarctique et le tropique du Capricorne contient une partie de l'Amérique méridionale. Au reste, il est inutile d'expliquer les différents traits qui composent cette description; un coup d'œil jeté sur la sphère en apprendra davantage que le plus long commentaire.

17   Le globe, vers le nord hérissé de frimas,
    S'élève, et redescend vers les brûlants climats.

Virgile parle ici des pôles, et de leur élévation relative à l'horizon de chaque peuple.

18   Calisto, dont le char craint les flots de Téthys...

C'est une manière poétique d'exprimer que l'Ourse est toujours sur l'horizon.

19   L'univers ébranlé s'épouvante... le dieu...

Le texte dit :
    Et mortalia corda
Per gentes humilis stravit pavor...

Pour peu qu'on soit sensible à la belle poésie, on sent l'effet de cette cadence suspendue. J'ai osé passer, pour la rendre, sur la règle de l'hémistiche : je crois que c'est dans ces occasions que les licences sont permises.

20   Déja l'arc éclatant qu'Iris trace dans l'air
    Boit les feux du soleil et les eaux de la mer.

Les anciens croyaient que l'arc-en-ciel pompait les eaux de la mer.

21   Ni l'oiseau de Thétis...

L'alcyon. On peut lire dans les *Métamorphoses* d'Ovide celle d'Alcyon et de Céyx; liv. XI.

22 Tantôt l'affreux Nisus, avide de vengeance...

Nisus avait un cheveu couleur de pourpre, dont dépendait le sort de ses états. Scylla, sa fille, amoureuse de Minos, qui assiégeait Nisus dans Mégare, lui coupa le cheveu fatal. Nisus fut métamorphosé en épervier, et Scylla en alouette. Depuis ce temps-là le père, pour se venger de sa fille, la poursuit dans les airs.

23 Aussi la Macédoine a vu nos combattants
Une seconde fois s'égorger dans ses champs...

Virgile a dit :

> Ergo inter sese paribus concurrere telis
> Romanas acies iterum videre Philippi.

Ce passage a fort embarrassé les interprètes. Il faudrait des pages entières, je ne dis pas pour apprécier, mais pour rapporter les différentes opinions. Le P. Larue est un de ceux qui ont discuté ce passage avec le plus de soin ; mais son explication me paraît peu naturelle. Je crois que Virgile parle ici de deux batailles différentes, livrées dans deux endroits différents qui portaient le même nom : la première à Philippes, près de Pharsale, en Thessalie ; la seconde près d'une autre Philippes, sur les confins de la Thrace.

24 Ici le Rhin se trouble, et là mugit l'Euphrate.

Cet endroit des *Géorgiques* semble avoir été écrit dans le temps qu'Auguste et Antoine rassemblaient leurs forces pour cette guerre dont le succès fut décidé par la défaite d'Antoine et de Cléopâtre au promontoire d'Actium. Antoine tirait ses forces de la partie orientale de l'empire ; c'est ce que Virgile désigne par l'Euphrate : Auguste tirait les siennes de la partie septentrionale ; c'est ce qu'exprime *Germania*.

25 Ainsi, lorsqu'une fois lancés de la barrière...

Cette comparaison est une apologie adroite d'Auguste, qu'il suppose faire la guerre malgré lui, et comme entraîné par le torrent des événements.

LIVRE II.

1 Couvrons de pampre Ismare, et Taburne d'olives.

L'Ismare est une montagne de la Thrace, et le Taburne une montagne de la Campanie. La première était fertile en excellents vins, la seconde en oliviers. On la nomme aujourd'hui *Taburo*.

2 L'arbre né de lui-même...

Virgile, après avoir décrit les manières naturelles et artificielles dont se multiplient les arbres, revient maintenant à ceux qui naissent naturellement, et nous apprend comment l'art peut les rendre fertiles.

3 Sur les rives du Gange on voit noircir l'ébène.

L'ébène est un bois des Indes, dur et pesant, propre à recevoir le plus beau poli. Il y en a de trois sortes, le noir, le rouge et le vert : on trouve ces trois sortes à Madagascar ; l'île de Saint-Maurice fournit une partie de celui qu'on emploie en Europe.

4 Là, d'un tendre duvet les arbres sont blanchis.

Le cotonnier, dont il s'agit ici, est un arbuste qui s'élève à la hauteur de huit à neuf pieds ; son fruit, arrondi intérieurement et divisé en quatre ou cinq loges, s'ouvre par le haut pour laisser sortir les semences enveloppées d'une espèce de laine propre à être filée, et qu'on nomme *coton*, du nom de la plante.

5 Ici d'un fil doré les bois sont enrichis.

Les Romains, qui n'avaient point de commerce immédiat avec la Chine, et chez qui la soie n'arrivait qu'après avoir passé par bien des mains étrangères, avaient entendu dire qu'on la recueillait sur des arbres ; d'où ils concluaient qu'elle était la production des arbres mêmes.

6 Vois les arbres du Mède, et son orange amère...

L'arbre que décrit Virgile n'est autre chose que le citronnier.

7 Colchos, pour labourer tes vallons fabuleux...

Virgile veut dire que l'Italie n'est point riche en fictions comme quelques pays vantés par les Grecs, mais qu'elle possède des biens réels, du blé, du vin, des oliviers, etc. Ces vers font allusion à ces taureaux de la Colchide, dont les naseaux jetaient des flammes.

8 Vois ces forts suspendus sur ces rochers sauvages.

Il y a encore en Italie une multitude de villes situées sur des rochers : dans la route de Rome à Naples, on en voit quatre d'un seul coup d'œil.

9 Ici le Lare étend son enceinte profonde.

Le Lare est un grand lac au pied des Alpes, dans le Milanais ; on le nomme aujourd'hui *lago di Compo*. Le Bénac est un autre grand lac dans le Véronais : on l'appelle *lago di Garda*.

10 Le Toscan sous ses doigts fait résonner l'ivoire.

C'étaient ordinairement des Toscans qui jouaient de la flûte dans les sacrifices.

11 Telles on aime à voir ces campagnes fécondes
Que le Clain trop souvent engloutit sous ses ondes ;
Tels les champs du Vésuve, et ces heureux vallons
Dont la riche Capoue admire les moissons.

Capoue était la capitale de la Campanie. On sait que le mont Vésuve est un volcan de la même province. Le Clain est un fleuve très sujet à se déborder, et qui inonda souvent la ville d'Acerres, bâtie sur ses bords.

12 L'ennemi des serpents vient après les frimas...

Pline nous apprend que dans la Thessalie c'était un crime capital de tuer une cigogne, parcequ'on avait besoin de cet oiseau pour détruire les serpents.

13 Et de l'objet sacré de leurs bruyants hommages
Suspendent à des pins les mobiles images.

C'étaient de petites têtes de Bacchus, que les vignerons suspendaient à des arbres, persuadés que, dans tous les endroits vers lesquels se serait tournée cette image, les vignes deviendraient fécondes. M. Holdsworth dit avoir vu le dieu de la vendange ainsi représenté sur une pierre antique de la collection du grand-duc à Florence.

LIVRE III.

1 Jeune Palès, et toi, divin berger d'Admète.

Palès est la déesse des bergers. Le berger d'Admète est Apollon, qui garda les troupeaux de ce roi sur les bords de l'Amphryse.

2 Eh! qui n'a pas cent fois chanté le jeune Hylas?

Hylas était un jeune homme cher à Hercule : dans le voyage des Argonautes, les nymphes l'enlevèrent près d'une fontaine où il était allé puiser de l'eau.

Eurysthée, roi de Mycènes, fils d'Amphitryon et d'Alcmène, par ordre de Junon condamna Hercule, son frère, à des travaux pénibles.

Busiris était un roi d'Égypte qui immolait à ses dieux les étrangers que le sort jetait dans ses états. Ces sacrifices, assez ordinaires chez les anciens, avaient pour prétexte la religion, et pour véritable motif le soupçon et la crainte. La mort de ce roi est un des travaux d'Hercule.

3 Qui ne connaît Pélops et sa fatale amante?

Hippodamie était fille d'Œnomaüs, roi d'Élide. L'oracle ayant prédit au père qu'il serait tué par son gendre, il déclara que celui-là seul épouserait sa fille, qui pourrait le vaincre à la course des chars; mais que s'il était vaincu, il serait mis à mort. Il avait des chevaux admirables, engendrés par le vent, et qui en avaient la vitesse. Treize princes périrent dans cet exercice ; le quatorzième fut plus heureux. Pélops, fils de Tantale, corrompit l'écuyer du roi, qui mit au char de son maître un essieu qui se rompit : Œnomaüs tomba, et sa chute lui fit perdre la vie. Pélops épousa Hippodamie. Ce Pélops, fils de Tantale, avait une épaule d'ivoire. *Voyez* le Dictionnaire de la Fable de M. Chompré, qui raconte différemment l'histoire d'Hippodamie et d'Œnomaüs. (DESFONTAINES.)

4 Les courses de Latone et son île flottante.

Latone, après de longues courses, accoucha de Diane et d'Apollon dans Délos, qui, ayant été flottante jusqu'alors, fut enfin fixée, pour avoir donné un asile à la déesse. On entrevoit encore ici, dans la manière dont Virgile parle des Grecs, une espèce de mépris pour leurs fables.

5 Tel Saturne, surpris dans un tendre larcin, En superbe coursier se transforma soudain.

Saturne fut surpris avec Phillyre, fille de l'Océan, par Rhéa sa femme : pour échapper à ses reproches, il se sauva sous la figure d'un cheval.

6 Érichthon le premier, par un effort sublime, Osa plier au joug quatre coursiers fougueux.

Il est probable qu'il s'agit ici d'Érichthon, fils de Dardanus et père de Tros, parceque Pline le nomme parmi les Phrygiens auxquels il fait honneur d'avoir su atteler à un char plusieurs chevaux.

7 Vole un insecte affreux....

Varron l'appelle *tabanus*, d'où vient notre mot *taon*.

8 Tel le fougueux époux de la jeune Orythie Vole...

Virgile compare la vitesse du cheval qui galope au souffle rapide de l'Aquilon : de même que l'un ne fait qu'effleurer dans son vol les moissons, les forêts, les champs et la mer ; l'autre, dans sa course, touche à peine la terre. Cette comparaison offre, au premier coup d'œil, quelque chose de vague : et telles sont assez souvent les comparaisons employées par les poëtes anciens ; ils ne cherchent pas des rapports exacts et suivis entre les objets comparés, comme nos auteurs modernes ; ils se proposent moins d'éclaircir leur pensée que de l'embellir : aussi prennent-ils toujours leurs comparaisons dans quelque grand effet de la nature. Les nôtres sont plus ingénieuses en général, plus immédiates, mais moins pittoresques et moins riches.

9 Que n'ose un jeune amant qu'un feu brûlant dévore !

Virgile fait ici allusion à l'histoire de Léandre, qui passait un bras de mer pour aller trouver Héro, son amante.

10 Quand, pour avoir frustré leur amoureuse ivresse, Elle livra Glaucus à leur dent vengeresse.

Glaucus, né à Potnie, ville de la Béotie, près de Thèbes, empêcha quatre cavales de s'accoupler, pour les rendre plus légères à la course. Vénus, dit-on, le punit de les avoir soustraites à ses lois, en inspirant à ces animaux une rage amoureuse si violente qu'ils déchirèrent leur maître.

11 Mais aux champs où l'Ister roule ses flots rapides, Aux bords du Tanaïs et des eaux Méotides...

On a accusé Virgile d'exagération dans la peinture qu'il fait du froid de la Scythie. Mais il faut songer que les anciens entendaient souvent par la Scythie tous les peuples du Nord.

>   12   Sème d'un sel piquant l'herbage qu'on leur donne.

Il faut que le sel soit bien salutaire pour les bestiaux, puisque nos paysans leur en donnent toujours, malgré les précautions qu'on a prises pour rendre chère une chose si commune et si nécessaire.

>   13   Art connu, dans le nord, de ces peuples guerriers
>   Qui rougissent leur lait du sang de leurs coursiers.

Ces peuples étaient les Bisaltes, nation de Macédoine; les Gètes, qui habitaient près du Danube ; les Gélons, que les uns ont placés dans la Thrace, d'autres dans la Scythie.

>   14   Timave, Noricie, ô lieux jadis si beaux!...

La Noricie est une partie de la Bavière; l'Iapydie est le Frioul ou la Carniole; le Timave est un petit fleuve du Frioul, qui va se jeter dans la mer Adriatique.

LIVRE IV.

>   1   Progné, sanglante encor du meurtre de son fils.

L'hirondelle porte des marques rouges sur la poitrine, c'est ce qui a fait imaginer la fable de Progné.

>   2   Ainsi, lorsqu'au printemps développant ses ailes,
>   Le nouveau roi conduit ses peuplades nouvelles...

On sait actuellement que c'est une reine et non pas un roi.

>   3   Un suc plus onctueux que la gomme des bois.

C'est la *propolis*, nom qui lui a été donné par les anciens, et que les modernes lui ont conservé. Cette matière est différente de la cire et du miel.

>   4   Aux lieux où le Galèse en des plaines fécondes...

Le Galèse, aujourd'hui appelé *Galeso*, coule dans la Calabre, et se décharge dans la mer près de Tarente.

>   5   Il savait aligner, pour le plaisir des yeux,
>   Des poiriers déjà forts, des ormes déjà vieux.

Virgile veut dire que ce vieillard avait trouvé le secret de transplanter des arbres déjà forts. En effet, Virgile, dans tout ce morceau, représente ce vieillard comme un cultivateur habile, qui avait su perfectionner le jardinage.

>   6   Taygète monte aux cieux pour éclairer le monde.

Taygète est une des Pléiades. Les Pléiades se lèvent avec le soleil le 22 avril, selon Columelle.

7 Et lorsque cette nymphe, au retour des hivers,
Redescend tristement dans le gouffre des mers.

Le coucher des Pléiades indique ici la fin d'octobre, ou le commencement de novembre.

8 Le Melle la voit naître, et lui donne son nom.

Il y a plusieurs rivières de ce nom : celle dont Virgile parle ici est une rivière de Lombardie.

9 Le peuple dont le Nil inonde les sillons.

Je crois que Virgile veut parler ici de la basse Égypte, autrement nommée le *Delta*.

10 O surprise ! ô merveille ! un innombrable essaim
Dans ses flancs échauffés tout à coup vient d'éclore.

Il n'est pas nécessaire de prouver la fausseté de cette résurrection des abeilles.

11 Pallène est sa patrie.

Pallène est une péninsule de la Macédoine.

POÉSIES FUGITIVES.

FRAGMENTS

D'UNE ODE ADRESSÉE A LE FRANC DE POMPIGNAN.

1758.

De Thémis autrefois soutenant la balance,
Des fragiles mortels tu pesais les destins ;
Et le poids du crédit, celui de la puissance,
Ne l'ont point fait pencher dans tes fidèles mains.
    Vile adulation, ta lâche perfidie
Trompe et séduit les grands avec dextérité ;
Le Franc, ce fut toi seul de qui la voix hardie
Osa faire à ton roi parler la vérité [1].
    Du maître des humains tu nous peins la puissance [2] :
Il parle, l'univers est sorti du chaos ;
Les cieux ont sous ses mains courbé leur voûte immense ;
La terre au loin s'étend, la mer roule ses eaux.
    Il commande, et soudain de l'un à l'autre pôle,
Et la terre et les mers et les cieux confondus,
Par lui créés d'un mot, au son de sa parole,
Dans l'antique chaos tombent, et ne sont plus.
. . . .
    Le luxe impérieux qui règne dans nos villes,
En dégradant la terre, amène un goût pervers :
Le riche l'abandonne à des âmes serviles ;
Le poëte orgueilleux lui refuse ses vers.
. . . .

---

[1] En sa qualité de président de la cour des aides de Montauban, Le Franc avait défendu, avec autant de courage que d'éloquence, la cause et les intérêts du peuple auprès du roi.

[2] Allusion aux poésies sacrées.

Tel on voit le lierre, à l'ombre qui le cache,
Ramper dans les forêts, et languir sans appui ;
S'il rencontre le chêne, à son tronc il s'attache,
Embrasse ses rameaux et s'élève avec lui [1].

ODE

A MONSIEUR LE PREMIER PRÉSIDENT

MOLÉ,

A L'OCCASION DE LA NAISSANCE DE MONSIEUR DE CHAMPLATREUX.

1760.

Précipite, grand Dieu, dans la nuit éternelle
Du superbe oppresseur la race criminelle ;
Ensevelis son nom dans l'oubli du tombeau ;
Et que de ses palais l'édifice fragile,
  Brisé comme l'argile,
De ses derniers enfants écrase le berceau.
 Mais conserve, ô mon Dieu, sous ton aile puissante
Des humains bienfaisants la race florissante :
Qu'ils étendent au loin leurs rejetons nombreux ;
Que des fruits immortels de leur tige féconde
  Ils nourrissent le monde,
Et couvrent l'orphelin de leurs rameaux heureux.
 Famille des Molé, triomphez d'âge en âge ;
Bravez, bravez des ans l'injurieux outrage ;
Que la gloire vous porte à l'immortalité.
Ombres des demi-dieux, puissent mes chants profanes,
  Sans offenser vos mânes,
Se mêler aux accents de la postérité !
 Des siècles et des temps je franchis la barrière ;
De vos pas lumineux empreints dans la carrière,

---

[1] Le jeune Delille, qui s'occupait déjà de la traduction des *Géorgiques*, met ingénieusement ici son travail sous la protection d'un nom alors célèbre dans la littérature.

Jusqu'à votre berceau la trace me conduit :
Tel un astre, élancé de la céleste voûte,
  Vole, et marque sa route
Par des sillons de feu, qui brillent dans la nuit.
 Quel est ce magistrat [1] dont le mâle courage,
Tranquille, inébranlable au milieu de l'orage,
Affronte la fureur d'un peuple impétueux ?
Je le vois, au milieu du trouble et des alarmes,
  Des flambeaux et des armes,
Arrêter d'un regard ces flots tumultueux.

 Ainsi de l'Éternel la sagesse profonde
Choisit dans ses trésors, pour les besoins du monde,
Ces héros destinés aux siècles malheureux ;
Et, parmi les débris des trônes qui succombent,
  Des empires qui tombent,
Commande à l'univers de s'appuyer sur eux.

 O jours infortunés ! temps affreux ! temps barbares !
Les peuples s'égorgeaient pour des monstres avares ;
La licence émoussait le fer sacré des lois ;
Et, d'un glaive perfide armant sa main sanglante,
  La Discorde insolente
Livrait à des tyrans la couronne des rois.

 France, tu ne crains plus ces tempêtes cruelles ;
Ils ne sont plus ces temps où tes enfants rebelles
De leurs coupables mains te déchiraient le flanc !
Le Français, plus heureux que ses tristes ancêtres,
  S'immole pour ses maîtres,
Et contre ses rivaux va prodiguer son sang.

 Mais, dans ces jours brillants, dans ces jours de ta gloire,
De tes anciens appuis tu chéris la mémoire ;
Les Molé pour jamais sont gravés dans ton cœur ;
Tu vois avec transport l'héritier magnanime
  De leur vertu sublime
Dans le temple des lois veiller à ton bonheur.

 Hélas ! de ce grand nom c'est l'unique espérance !
Périra-t-il, grand Dieu ! ce nom cher à la France ?

---

[1] Matthieu Molé, procureur général en 1614 ; premier président le 19 novembre 1641 ; garde des sceaux le 3 avril 1651 ; mort le 3 janvier 1656.

Nous laisses-tu jouir de ses derniers bienfaits?
Et verrons-nous tarir dans son antique source
    Ce fleuve dont la course
Répandait parmi nous l'abondance et la paix?
  Ces héros, descendus dans les royaumes sombres,
Se cachent de douleur dans la foule des ombres :
L'orphelin consterné gémit sur leur tombeau,
Et craint que de la mort l'haleine dévorante
    De leur race expirante
N'éteigne pour jamais le glorieux flambeau.

  O nuit, dissipe-toi; le jour est près d'éclore;
D'un demi-dieu naissant je vois briller l'aurore :
De l'éclat de son front le ciel s'est embelli;
Cet auguste palais arrosé de ses larmes
    A repris tous ses charmes,
Et ses marbres fameux de joie ont tressailli.

  Noble fils des héros, douce et frêle espérance,
Si le sort loin de nous eût placé ta naissance
Dans ces temps fabuleux, la honte des humains,
Des prêtres, entourés de victimes sanglantes,
    Dans leurs veines fumantes
Auraient interrogé les décrets des destins.
  De tes jours fortunés annonçant les miracles,
La sibylle du Tibre eût rendu ses oracles;
La Perse eût assemblé tous ses mages fameux;
L'Élide eût fait parler de ses forêts antiques
    Les chênes prophétiques;
Et pour toi Babylone eût consulté les cieux.

  Moi, j'aurais de ton nom consulté le présage;
Du bonheur des Français ce nom seul est le gage;
L'héritier des Molé doit au monde un héros.
Déjà je vois Thémis qui, pleurant d'allégresse,
    Dans ses bras te caresse,
Te sourit tendrement, et te parle en ces mots :
  « Rejeton précieux d'une tige adorée,
Le ciel enfin t'accorde à Thémis éplorée :
Ma bouche te promet le destin le plus beau :
Souviens-toi seulement qu'au jour de ta naissance
    J'ai reçu ton enfance;
Que mon temple sacré t'a servi de berceau.

«Ah! sans doute le dieu qui préside à la guerre,
Jaloux de mon bonheur et du bien de la terre,
Osera t'inviter à marcher sur ses pas :
Sans doute il t'offrira l'éclat de la victoire,
  Les palmes de la gloire ;
Mais qu'il n'espère point t'arracher de mes bras !

«Que ses barbares mains, en ravages fécondes,
Des fleuves de l'Europe ensanglantant les ondes,
Changent ces beaux climats en de vastes déserts ;
Sous son sceptre d'airain que les arts se flétrissent,
  Que les peuples gémissent :
Avec moi, cher enfant, rends heureux l'univers.

«Déjà le crime tremble, et le faible pupille
Contre l'usurpateur te demande un asile ;
Entends ces cris de joie élancés vers les cieux ;
Et, de l'astre du jour si ta faible paupière
  Peut souffrir la lumière,
Contemple ces palais où régnaient tes aïeux.

«C'est là qu'ils protégeaient la timide innocence ;
Là l'auteur de tes jours enchaîne la licence ;
Tu baiseras ces mains qui domptent l'oppresseur ;
Dans ses embrassements tu puiseras la flamme
  Qui brûle dans son âme,
Et son cœur tout entier passera dans ton cœur.

«Et toi, pour cet enfant épurant ta lumière,
Soleil, va préparer son illustre carrière ;
Ouvre pour lui du Temps le palais immortel ;
Choisis tes jours d'azur dans ces riches demeures ;
  Que la troupe des Heures
Se rassemble en riant sur ton char éternel.

«Que l'innocent plaisir sur leur front se déploie ;
Que leurs yeux, embellis des rayons de la joie,
Écartent pour jamais le chagrin ténébreux.
Viens, descends, ô bonheur, sur leurs brillantes ailes,
  Et que leurs mains fidèles
Forment des plus beaux ans l'enchaînement heureux.»

ODE
A LA BIENFAISANCE

Déesse, idole du vulgaire,
Toi qui, reine de l'univers,
Toujours redoutable et légère,
Donnes des sceptres ou des fers ;
Le peuple, ébloui des richesses,
Envie à ceux que tu caresses
Des biens trop souvent dangereux.
A tous ces grands, le cœur du sage
Envie un plus noble avantage :
Ils peuvent faire des heureux !
   Bienfaisance, ô vertu sacrée,
Noble attribut des immortels,
Pour toi l'homme, aux beaux jours d'Astrée,
Eleva les premiers autels.
Dans ce soleil, dont l'influence
De nos fruits mûrit la semence,
C'est toi que l'homme révérait :
Dans tous ces globes de lumière
Qui suivent pour nous leur carrière,
C'est toi seule qu'il adorait.
   De ce Dieu dont la main puissante
Soutient notre fragilité,
La voix ineffable et touchante
M'annonce la divinité.
S'il ne se montrait à la terre
Qu'au bruit affreux de son tonnerre,
Armé de ses flèches de feu ;
A ces traits je pourrais connaître
L'arbitre du monde et mon maître :
Je chercherais encore un Dieu.
   La nature, prudente et sage,
Unit tous les hommes entre eux ;
Ta main, confirmant son ouvrage,
Resserre ces utiles nœuds :

C'est toi dont le charme nous lie
A nos maîtres, à la patrie,
Aux auteurs même de nos jours ;
C'est toi dont la vertu féconde
Réunit l'un et l'autre monde
Par un commerce de secours.

   Des fortunes, à ta présence,
Disparaît l'inégalité ;
Par toi, les biens de l'opulence
Sont les biens de la pauvreté ;
Sans toi, la puissance suprême,
Et la pourpre, et le diadème,
Brillent d'un éclat odieux ;
Sans toi, sur ce globe où nous sommes,
Les rois sont les tyrans des hommes :
Ils sont par toi rivaux des dieux.

   A ce monarque, ton image,
Qui nous dicte tes sages lois,
Sur nos respects et notre hommage
Tu donnes d'invincibles droits ;
C'est toi, divine Bienfaisance,
Qui règles la juste puissance
Que le ciel remit dans ses mains :
Il sait qu'un pouvoir légitime
Est le privilége sublime
D'être bienfaiteur des humains.

   Que pour des ames généreuses
Un droit si noble est précieux !
O vous, familles malheureuses,
Que la honte cache à nos yeux ;
Mortels, mes semblables, mes frères,
Dans quels asiles solitaires
Allez-vous cacher vos douleurs ?
Heureux qui finit vos alarmes !
La gloire d'essuyer vos larmes
Vaut tous les lauriers des vainqueurs.

   Ah ! malgré vous, mon cœur avide
Va trouver votre affreux réduit :
J'y vole ; la pitié me guide,
Son flambeau sacré me conduit ;

Je perce ces tristes ténèbres,
Je découvre ces lieux funèbres...
O grands ! brillez dans vos palais,
Asservissez la terre entière :
Sur le pauvre, dans sa chaumière,
Je vais régner par mes bienfaits.

  Viens; je t'offre un bras secourable;
Viens, malgré tes destins jaloux,
Revis, famille déplorable...
Quoi ! tu tombes à mes genoux !
Tes yeux, éteints par la tristesse,
Versent des larmes de tendresse
Sur la main qui finit tes maux !
Tu crois voir un dieu tutélaire !
Non; je suis homme : à leur misère
Je viens arracher mes égaux.

  Ne crains pas que mon ame altière,
S'armant d'un faste impérieux,
Offense ta pauvreté fière,
Et souille mes dons à tes yeux.
Malheur au bienfaiteur sauvage
Qui veut forcer le libre hommage
Des cœurs que ses dons ont soumis;
Dont les bienfaits sont des entraves;
Qui veut acheter des esclaves,
Et non s'attacher des amis !

  Vous, dont l'insolente richesse,
Humiliant les malheureux,
Offense, en l'aidant, leur détresse,
Sachez l'art d'être généreux :
L'homme s'élève quand il donne;
L'orgueil ménagé lui pardonne
Des avantages qu'il n'a pas ;
Mais souvent, de la Bienfaisance
Méconnaissant la jouissance,
Les bienfaiteurs sont des ingrats.

  Par une morgue extravagante,
Aux bienfaits n'ôtons point leur prix;
De la Bienfaisance arrogante
Les dons blessent les cœurs flétris :

Par les eaux du torrent sauvage
Qui porte en courant le ravage,
Le sillon n'est point fécondé ;
Et par la pluie impétueuse,
De la semence infructueuse
Le germe périt, inondé.
 Mais lorsque la douce rosée
Abreuve et les fruits et les fleurs,
La campagne fertilisée
Reprend la vie et les couleurs :
Ainsi, dans l'ame libre et fière,
Jamais de la grandeur altière
Les bienfaits n'ont fructifié ;
L'orgueil révolté les repousse :
Mais que la Bienfaisance est douce
Quand elle vient de l'amitié !
 Oui, toujours de la Bienfaisance
Le prix dépend du bienfaiteur,
Et la juste Reconnaissance
Avant les dons juge le cœur.
Tout est sacré dans la misère ;
Souvent son offrande légère
Des plus doux nœuds nous enchaîna :
L'orgueil lui-même lui pardonne,
Et la valeur de ce qu'on donne
Se mesure sur ce qu'on a.
 J'admire cet arbre robuste,
Fertile en fruits délicieux ;
Mais tout à coup d'un maigre arbuste
L'indigence attire mes yeux ;
En vain, à travers son feuillage,
Une haie inculte et sauvage
N'offre qu'une aride moisson ;
J'aime sa grace pastorale,
Et sa pauvreté libérale,
Et l'humble tribut d'un buisson.
 Hélas ! la superbe opulence
Est économe de bienfaits,
Et sans peine la Bienfaisance
Compte les heureux qu'elle a faits.

J'ai vu le temps où ma fortune,
Bravant la misère importune,
Pouvait soulager le malheur ;
Elle a fui : mais mon sort funeste
Trouve, dans le peu qui me reste,
De quoi soulager la douleur.
   Oui, je hais la pitié farouche
D'un grand superbe et dédaigneux ;
Oui, le blasphème est dans sa bouche,
Lorsque l'orgueil est dans ses yeux.
Enflé d'une vaine arrogance,
Même en exerçant sa clémence
Il aime à me faire trembler ;
Et lorsqu'il soutient ma faiblesse,
Son orgueil veut que je connaisse
Que son bras pouvait m'accabler.
   Ainsi nous voyons sur nos têtes
Ces nuages noirs et brûlants
Qui portent les feux, les tempêtes
Et les orages dans leurs flancs :
Tandis que sur nos champs arides
Ils versent ces torrents rapides
Qui vont au loin les arroser ;
Armés des éclairs, du tonnerre,
Même en fertilisant la terre,
Ils menacent de l'embraser.

ÉPITRE.

SUR LES RESSOURCES QU'OFFRE LA CULTURE DES ARTS ET DES LETTRES,

PRONONCÉE AU COLLÉGE DE BEAUVAIS,
à l'ouverture d'une thèse.

1761.

Enfin donc, renonçant à l'ombre de l'école,
Aux vains amusements de l'enfance frivole,
Dans un monde, charmant pour qui ne le voit pas,
Tu vas, mon cher ami, faire le premier pas.

Sans doute je pourrais, pédagogue sévère,
Te fatiguer ici d'une morale austère,
Te donner longuement ces sublimes avis
Si souvent répétés, si rarement suivis :
Mais le droit de prêcher n'est pas fait pour mon âge;
Les ans n'ont point encor sillonné mon visage,
Appesanti ma tête et blanchi mes cheveux :
On ne saurait trop tard devenir ennuyeux.
D'ailleurs que produirait ce langage sévère?
L'art de persuader n'est que celui de plaire.
Je veux te présenter des objets plus riants.
Les arts ont, par leurs soins, formé tes premiers ans;
Même au sein de ce monde, où la mollesse habite,
A cultiver leurs fruits permets que je t'invite.
Pourrais-tu renoncer à leurs aimables jeux?
Ils sont de tous les temps, ils sont de tous les lieux.
Dans l'âge turbulent des passions humaines,
Lorsqu'un fleuve de feu bouillonne dans nos veines,
Ils servent d'aliment à nos brûlants désirs,
Et forment la raison dans l'âge des plaisirs.
Donne-leur tes beaux jours; c'est le temps du génie.
L'oreille s'ouvre alors à la tendre harmonie;
L'esprit est plus ardent, les sens plus vigoureux :
C'est alors que Corneille exhalait tous ses feux;
Et l'illustre Milton orna, dans sa jeunesse,
Le *Paradis* charmant qu'a flétri sa vieillesse.
Lorsque l'âge viril vient mûrir la raison,
Les arts, ces arts divins, sont encor de saison :
Un père quelquefois, pour goûter leurs caresses,
Peut oublier d'un fils les naïves tendresses.
Ils dérident le front du grave magistrat,
Dérobent des instants au ministre d'état;
Délassent le guerrier fatigué de carnage,
Et même osent sourire au financier sauvage.
Enfin, quand la vieillesse arrive à pas glacés,
Des bals, des soupers fins quand les jours sont passés,
Eux seuls de notre hiver dissipent la tristesse;
Le vieillard voit par eux revivre sa jeunesse,
Par eux les ris légers brillent sur son menton,
Et voltigent encore autour de son bâton.

Qu'un grave Genevois tristement examine
Si les arts, des états ont hâté la ruine;
Dans ces grands intérêts je ne m'égare pas :
Oublions un moment la grandeur des états.
Ces plaisirs dangereux, je sens qu'ils me consolent;
Lui-même, pour charmer les maux qui le désolent,
Versant sur le papier les chagrins de son cœur,
En discours éloquents épanche sa douleur.
Sur les cœurs malheureux que ce charme a d'empire!
Tendre époux d'Eurydice, aux doux sons de ta lyre,
Les fleuves suspendaient la course de leurs eaux;
Les chênes en cadence agitaient leurs rameaux;
Tu dissipais l'horreur des déserts solitaires;
Les tigres s'endormaient dans leurs sombres repaires.
Et moi, pour assoupir les maux que je ressens,
D'Homère, de Lulli j'écoute les accents;
Leur voix mélodieuse adoucit mes alarmes :
Que dis-je? à mes pleurs même elle prête des charmes.
Mais sur moi si le sort a versé ses faveurs,
Par les arts éclairé, j'en sens mieux les douceurs.
Les arts donnent le goût, la grace, la finesse.
Que m'importe, sans eux, une vile richesse?
Sans l'art d'en bien jouir, que m'importe un trésor?
L'usage fait le prix des grandeurs et de l'or.
Vois ce riche ignorant : s'il aime la dépense,
Le mauvais goût préside à sa magnificence;
Le mauvais goût se peint sur ses riches tapis,
Charge d'or et d'argent ses maussades habits,
Suspend le lourd plafond de son palais gothique,
Dicte les gros propos de sa gaieté rustique;
A table, avec son vin, fait avaler l'ennui,
Et dans son char doré se promène avec lui.
A ce Crésus stupide, à sa triste opulence,
Viens, compare Lalive et sa noble élégance.
Des artistes savants il sait choisir la main :
L'un, de ce cabinet lui traça le dessin,
De ce salon riant ordonna la structure;
L'autre, sur ce plafond peint la belle nature;
Ceux-ci, de ces jardins ont fait jaillir des eaux,
Ont animé ce marbre, arrondi ces berceaux,

De ces tapis de fleurs varié les nuances,
Dessiné le contour de ces forêts immenses :
Pour lui tout s'embellit ; il réunit partout
Le brillant au solide, et la richesse au goût.
Jamais pour des bouffons il ne quitta Racine,
Ni les traits de Lebrun pour des magots de Chine.
 « Eh quoi ! me diras-tu, n'a-t-il que ces plaisirs ?
Quelle foule d'objets vient remplir ses désirs !
Voir aborder chez soi le marquis, la comtesse ;
Dans un hardi brelan défier la duchesse ;
Se montrer au spectacle, où, traîné dans un char,
De longs flots de poussière inonder le rempart ;
Du Champagne à souper faire blanchir la mousse :
Quels plaisirs ! » Je le veux, mais leur pointe s'émousse ;
Ils traînent après eux le dégoût et l'ennui.
L'esprit a des plaisirs immortels comme lui ;
L'esprit aime à sentir, à sonder, à connaître ;
De sublimes objets il aime à se repaître ;
Il oubliera pour eux, et l'aiguillon des sens,
Et le cri du besoin, et la course du temps.
La Caille, de la nuit perçant le sombre voile,
Pâlit, les yeux fixés sur le front d'une étoile.
 J'entends encor Rousseau, dans ses sombres humeurs,
Crier que *les beaux-arts ont corrompu les mœurs.*
La nature aux beaux-arts a servi de modèle ;
Bien loin de l'étouffer, ils nous rapprochent d'elle,
Nous inspirent le goût des plaisirs innocents.
Transportons avec eux le sage dans les champs.
Il s'arrête enchanté, soit qu'une belle aurore
Donne la vie aux fleurs qui s'empressent d'éclore ;
Soit que l'astre du monde, en achevant son tour,
Jette languissamment le reste d'un beau jour.
 Souvent, dans un vallon, il médite en silence ;
Il promène ses yeux sur cette scène immense ;
Il cherche quelle main fait rouler les saisons,
Verdit l'herbe des prés, et jaunit les moissons ;
Comment un faible grain, renfermé dans la terre,
S'élève en chêne altier et voisin du tonnerre ;
Il voit les sucs, filtrés par de secrets conduits,
Nourrir le tronc, la branche, et la feuille, et les fruits ;

Les rochers se former dans le sein des campagnes ;
L'eau du ciel, en ruisseaux, s'échapper des montagnes.
Il compte ces grands corps qui roulent dans les cieux,
Ou sur l'humble ciron il abaisse les yeux.
　Quelquefois il parcourt cette riche nature,
Qu'imite des beaux-arts la magique imposture.
« Lulli, dit-il, peint bien le doux bruit de ces eaux.
Que Tibulle eût goûté l'ombre de ces berceaux !
Oh ! si Greuze voyait cette noce rustique,
Ces enfants demi-nus, cette chaumière antique !
Admirable Rameau, l'on entend dans tes sons
Le cours de ces torrents, grondant dans les vallons ;
Boucher dessinerait ce riant paysage,
Et Rembrandt eût tracé cette forêt sauvage. »
　D'autres fois, occupé de plaisirs plus touchants,
Il instruit ces mortels qui cultivent les champs ;
Il invente pour eux des instruments utiles :
Leurs guérets, à sa voix, deviennent plus fertiles ;
Le laboureur surpris admire sa moisson,
Et pour son bienfaiteur entonne sa chanson.
Mon Crésus cependant, enfumé de Champagne,
Végète dans sa terre, et maudit la campagne.
　C'est ainsi que les arts, en tous lieux, en tout temps,
De cette courte vie amusent les instants,
Nous sauvent du danger des faiblesses humaines,
Augmentent nos plaisirs et soulagent nos peines.
Beaux-arts ! oui, je vous dois mes moments les plus doux ;
Je m'endors dans vos bras, je m'éveille pour vous.
Que dis-je ? autour de moi tandis que tout sommeille,
Aux clartés d'un flambeau je prolonge ma veille ;
Seul je rêve avec vous loin du trouble et du bruit ;
Par vous, en jour heureux je sais changer la nuit.
　Eh ! comment résister au charme qui m'inspire ?
Tout parle ici de vous [1] ; ces lieux sont votre empire.
Ici, vous conduisiez la plume de Rollin ;

---

[1] Ces vers sont un faible témoignage de la reconnaissance que je dois à la maison où j'ai le bonheur de vivre (le collège de Beauvais, à Paris). L'éloge d'un collège n'est peut-être pas bien intéressant pour ce qu'on appelle *le beau monde ;* mais il peut l'être, je crois, pour ceux qui estiment ce qui est estimable.

Vous accordiez ici la lyre de Coffin ;
J'y vois leur successeur, qui, rival de leur gloire,
En suivant leur exemple, honore leur mémoire ;
Qui, pour les vrais talents, d'un noble amour épris,
Sait juger leurs travaux, sait distinguer leur prix.
J'y vois ce maître aimable [1], et qui, d'un vol agile,
Court d'Horace à Newton, d'Aristote à Virgile.
Et toi [2], que doit bientôt couronner Apollon,
Toi, mon fidèle ami, permets-moi ce beau nom ;
La victoire a trois fois signalé ta jeunesse ;
Trois fois sur tes lauriers j'ai pleuré de tendresse.
Cet amour t'est bien dû : ta généreuse main
M'aplanit des beaux-arts le pénible chemin.
Poursuis ; vole à la gloire, et foule aux pieds l'envie :
Mes jours s'embelliront de l'éclat de ta vie.

ÉPITRE

A M. LAURENT,

CHEVALIER DE SAINT-MICHEL,

A L'OCCASION D'UN BRAS ARTIFICIEL QU'IL A FAIT POUR UN SOLDAT INVALIDE.

1781.

Archimède nouveau, qui, par d'heureux efforts,
Pour dompter la nature, imites ses ressorts ;
Qui sers l'humanité, ton maître et ta patrie ;
Ma muse doit des vers à ta noble industrie.
Assez d'autres sans moi souilleront leur encens :
Qu'ils l'offrent à Plutus ; je le dois aux talents.
Les talents, de nos biens sont la source féconde ;
Ils forment les trésors et les plaisirs du monde.

---

[1] M. Turquet, célèbre professeur de philosophie.

[2] M. Thomas, qui vient de remporter pour la troisième fois le prix d'éloquence à l'Académie française.

Sur cette terre aride, asile des douleurs,
L'un fait naître des fruits, l'autre sème des fleurs.
Pourquoi faut-il, hélas ! que notre esprit volage
N'aime que le brillant dont nos mœurs sont l'image ?
J'aime à voir de Pigal l'industrieuse main
Donner des sens au marbre, et la vie à l'airain.
Je dévore des yeux ces toiles animées
Où brillent de Vanloo les touches enflammées.
Voltaire, tour à tour sublime et gracieux,
Peut chanter les héros, les belles et les dieux.
Je souris à Lani, qui, bergère ou déesse,
Fait briller dans ses pas la grace ou la noblesse.
Et toi, divin Rameau, par tes magiques airs,
Peins les plaisirs des cieux, ou l'horreur des enfers.
Mais serai-je insensible à ces talents utiles
Qui portent l'abondance à nos cités tranquilles ;
Qui pour nous, en tous lieux multipliant leurs soins,
Consacrent leur génie à servir nos besoins ?
Non, ces arts bienfaiteurs sont respectés des sages ;
Et moins ils sont brillants, plus on leur doit d'hommages.
Sans doute ils te sont dus, mortel industrieux !
Oui, tu gagnes mon cœur en étonnant mes yeux.
Cet art qui, suppléant la force par l'adresse,
Fixe la pesanteur, calcule la vitesse ;
Asservit à ses lois et l'espace et le temps,
Et maîtrise à son gré le feu, l'onde et les vents ;
Cet art a signalé l'aurore de ta vie :
Ton ame l'embrassa par l'instinct du génie.
Déja tes faibles mains, que lassait le repos,
Préludaient, en jouant, à tes hardis travaux.
Un astre impérieux nous fait ce que nous sommes,
Et les jeux de l'enfance annoncent les grands hommes.
Tel Buffon, dans le sein d'un germe à peine éclos,
Déja distingue un tronc, des fruits et des rameaux.
Quels prodiges depuis ont rempli ta carrière !
Je te suis dans les champs de la Flandre guerrière :
Tristes champs où Cérès voit naître ses moissons
Du sang dont le dieu Mars engraissa les sillons !
Là ton art, sur l'Escaut, pour défendre nos villes,
Posait des murs de fer et des remparts mobiles ;

Lançait sur l'ennemi des torrents déchaînés [1],
Ou portait nos soldats sur les flots étonnés [2].
  Mais la gloire t'appelle à de plus grands miracles [3].
La puissance d'un art s'accroît par les obstacles.
C'est par eux qu'un Dieu sage, irritant nos efforts,
Nous enchaîne au travail, et nous vend ses trésors.
C'est ainsi que ses mains avares et fécondes
Ont caché sous la terre, en des mines profondes,
Cet or qui fait mouvoir et vivre les états,
Et le bronze et l'airain tonnant dans les combats;
L'acier qui fait tomber les sapins et les chênes;
Le fer qui de Cérès fertilise les plaines,
Et le métal enfin qui, docile à nos lois,
S'arrondit en canaux, ou s'étend sur nos toits.
L'Armorique long-temps, de ce métal utile,
Dans de vastes marais cacha l'amas stérile.
Tu parais : l'onde fuit, la terre ouvre son sein,
Et ne rend ses tributs qu'à ta puissante main.
  Heureux qui sait briller par d'utiles prodiges!
D'autres, féconds pour nous en frivoles prestiges,
Osent prostituer à de pénibles jeux
Un art qu'à nos besoins ont destiné les dieux.
Pour leurs concitoyens que produit leur adresse?
Ils nourrissent le luxe, ils flattent la mollesse.
Oui, dans eux le génie est un enfant badin;
Mais dans toi, c'est un dieu propice au genre humain.
  Tu sentis le pouvoir de ses mains bienfaisantes;
Tu les mouilles encor de tes larmes touchantes,
Infortuné mortel! heureux dans ton malheur,
Par ses rares talents, plus encor par son cœur!
Je crois voir le moment où, des traits de la foudre,
Tes bras au champ de Mars furent réduits en poudre;
Je crois te voir encor, meurtri, défiguré,
Traînant le reste affreux de ton corps déchiré,
Te montrer tout sanglant à sa vue attendrie :
La pitié qui lui parle enflamme son génie.

[1] Écluses.
[2] Ponts portatifs.
[3] Desséchement des mines.

O prodige ! ton bras reparaît sous sa main :
Ses nerfs sont remplacés par des fibres d'airain.
De ses muscles nouveaux essayant la souplesse,
Il s'étend et se plie, il s'élève et s'abaisse..
Tes doigts tracent déja le nom que tu chéris :
La nature est vaincue, et l'art même est surpris..
    Que ne peut point de l'art l'activité féconde ?
C'est par elle que l'homme est souverain du monde.
De la nature en vain tu crois naître le roi :
Mortel ! sans le travail, rien n'existe pour toi.
Ce globe n'est soumis à ta vaste puissance
Qu'à titre de conquête, et non pas de naissance ;
Et tu n'es distingué parmi les animaux
Que par ton noble orgueil, ton génie et tes maux.
Vois l'énorme éléphant, dont la masse effrayante
Fait trembler les forêts dans sa course pesante :
Près de ce mont vivant, que sont tes faibles bras ?
Mais sa force n'est rien ; il ne la connaît pas.
Tu peux bien plus que lui : tu connais ta faiblesse,
Tu sens ton indigence, et voilà ta richesse.
Déja l'art t'a soumis l'air, la terre et les mers ;
Déja je vois éclore un nouvel univers ;
Tes jours sont plus sereins, tes champs sont plus fertiles,
Ton corps devient moins faible, et tes sens plus agiles ;
Le verre aide ta vue ; il découvre à tes yeux [1]
Des mondes sous tes pieds, des mondes dans les cieux :
A l'aide du levier, du poids et de la roue,
Des plus pesants fardeaux ton adresse se joue ;
Les forêts, à ta voix, descendent sur les eaux ;
Les rivages creusés embrassent tes vaisseaux [2] ;
Le ciel règle leur cours écrit sur ses étoiles ;
Le fougueux aquilon est captif dans leurs voiles.
C'est par eux que, comblant les gouffres de Thétis,
Tu joins deux continents l'un par l'autre agrandis.
Là, pour unir deux mers, tu perças des montagnes [3],
Creusas des souterrains, inondas des campagnes.

---

[1] Microscope, télescope.
[2] Les ports.
[3] Canal de Languedoc.

Plus loin, de l'Océan tu reculas les eaux [1];
Un empire s'élève où mugissaient les flots.
Tu changeas des marais en des plaines fertiles;
Sur l'abîme des mers tu suspendis des villes [2].
Les monuments du Nil, vainqueurs du temps jaloux [3],
Nés avec l'univers, ont vécu jusqu'à nous.
Oui, telle est ta faiblesse; et ton pouvoir suprême;
Les œuvres de tes mains survivent à toi-même.
Autour de nous, enfin, promenons nos regards.
Là, je vois de plus près et j'admire les arts :
Le cyclope, noirci des feux qui l'environnent,
Verse à flots embrasés les métaux qui bouillonnent;
La flamme cuit le vase arrondi sous nos doigts;
L'acier ronge le fer, ou façonne le bois.
Sur les fleuves profonds me formant une route,
Des rochers sous mes pas se sont courbés en voûte.
Par les eaux [4] ou les vents [5], au défaut de mes mains,
Le cylindre roulé met en poudre mes grains.
Ici l'or en habit se file avec la soie [6];
En des tableaux tissus la laine se déploie [7].
Là, le sable, dissous par les feux dévorants [8],
Pour les palais des rois brille en murs transparents.
Sur un papier muet la parole est tracée [9];
Par un airain mobile on grave la pensée [10] :
Mille fois reproduite, elle vole en tous lieux.
Le temps a pris un corps, et marche sous mes yeux [11].
O prodige de l'art! sous une main hardie,
Le cuivre, des ciseaux reçoit l'âme et la vie [12];
L'automate, animant l'ivoire harmonieux [13],
Forme, sous des doigts morts, des sons mélodieux.
Vois ces doubles canaux où les eaux rassemblées,
Pour jaillir en torrents, à grand bruit sont foulées.
Si le feu dans la nuit, irrité par les vents,
Se roule en tourbillons dans des palais brûlants,
Mille fleuves soudain s'élèvent jusqu'au faîte [14];

---

[1] Les Hollandais. — [2] Venise. — [3] Pyramides d'Égypte. — [4] Moulin à eau. — [5] Moulin à vent. — [6] Travail de l'or-trait. — [7] Tapisseries des Gobelins. — [8] Glaces. — [9] Écriture. — [10] Imprimerie. — [11] Horlogerie. — [12] La gravure. — [13] Les figures de Vaucanson. — [14] Les pompes pour les incendies.

L'onde combat la flamme, et sa fureur s'arrête.
Avec plus d'art encor, ces utiles canaux
Dans d'arides déserts ont transporté les eaux.
Privé de ce secours, le superbe Versailles
Étalait vainement l'orgueil de ses murailles :
Mais que ne peut un roi ? Près du riant Marly,
Que Louis, la nature et l'art ont embelli,
S'élève une machine, où cent tubes ensemble
Versent dans des bassins l'eau que leur jeu rassemble.
Élevés lentement sur la cime des monts,
Ces flots précipités roulent dans les vallons,
Raniment la verdure, ou baignent les Naïades,
Jaillissent dans les airs, ou tombent en cascades.
Puisse un jour cet ouvrage, avec l'utilité,
Unir, dans sa grandeur, plus de simplicité !
Puisse une main, avare avec magnificence,
Réparer ou créer cette machine immense ;
Retrancher des ressorts l'amas tumultueux,
Rendre leur jeu plus sûr et moins impétueux ;
Sans nuire à leur effet, borner leur étendue,
Et m'étonner encor, sans fatiguer ma vue [1] !
   Mortels, de la nature industrieux rivaux,
Dans leur majesté simple imitez ses travaux.
Avec le grand Newton, admirant sa puissance,
Par un rapide essor jusqu'aux cieux je m'élance.
Là, mon œil voit nager dans l'océan des airs
Tous ces corps, dont l'amas compose l'univers.
Autour du Dieu des ans, tranquille dans sa sphère,
Les astres vagabonds poursuivent leur carrière.
Notre globe, qu'entraîne une commune loi,
S'incline sur son axe, et roule autour de soi ;
La mer, aux temps marqués, et s'élève et s'abaisse ;
La lune croît, décroît, fuit et revient sans cesse :
Autour de leurs soleils, que de mondes flottants !
Un seul ressort produit tous ces grands mouvements.
De la simplicité quel sublime modèle !
Sans elle rien n'est beau ; tout s'embellit par elle.
Laurent, oui, tu connus cette admirable loi :

---

[1] Le vœu du poëte est complétement réalisé aujourd'hui.

Tes ouvrages sont grands et simples comme toi.
Achève; et, déployant ta force tout entière,
De l'art qui t'illustra recule la barrière :
Tout semble t'inviter à de nouveaux efforts;
La gloire de ton nom t'a conduit sur ces bords
Où, de tous les plaisirs le Français idolâtre,
Aux talents qu'il honore ouvre un vaste théâtre,
D'un bout du monde à l'autre assemble tous les arts;
Et des peuples rivaux étonne les regards.
C'est là qu'en t'admirant il va te reconnaître.
Paris s'est applaudi lorsqu'il t'a vu paraître;
Et ses murs, si féconds en pompeux monuments,
Attendent de tes mains de nouveaux ornements.
Là, tandis que, vengeant l'honneur de la patrie,
Le Louvre reprendra sa majesté flétrie;
Tandis que d'un monarque adoré des Français
Le bronze avec orgueil reproduira les traits;
La Seine, s'élevant de ses grottes profondes,
A ta loi souveraine asservira ses ondes;
Et, se multipliant dans de nombreux canaux,
Formera dans Paris mille fleuves nouveaux.
Artiste ingénieux et citoyen fidèle,
Dès long-temps ta patrie a reconnu ton zèle :
En vain ce peuple fier, jaloux de nos succès,
Le rival et surtout l'ennemi des Français;
En vain ce roi fameux par les arts et la guerre[1],
Qui tour à tour instruit et ravage la terre,
Espérait, à prix d'or, acheter ton secours :
Tu dois à ton pays ton génie et tes jours.
Malheur au citoyen, ingrat à sa patrie,
Qui vend à l'étranger son avare industrie !
Et vous, qui des talents voulez cueillir les fruits,
Rois, payez leurs travaux, et connaissez leur prix.
Eugène, ce héros dédaigné par la France,
Fit trembler cet état, qu'eût servi sa vaillance.
Pourquoi vous disputer des provinces, de l'or ?
Les grands hommes, les arts, voilà le vrai trésor.
Osez les conquérir par d'utiles largesses.

[1] Frédéric-le-Grand.

Ils ne demandent point d'orgueilleuses richesses;
Ils laissent à Plutus le faste et les grandeurs.
Que faut-il à l'abeille? un asile et des fleurs.
Ah! s'il est quelque bien qui flatte leur envie,
C'est l'honneur : aux talents lui seul donne la vie.
Louis, qui, rassemblant tous les arts sous sa loi,
Du malheur de régner se consolait en roi;
Louis, de ses regards récompensait leurs veilles :
Un coup d'œil de Louis enfantait les Corneilles.
  Citoyen généreux, ainsi ton souverain,
T'égalant aux héros, ennoblit ton destin [1].
Trop souvent le hasard dispense ce beau titre :
Hélas! si la vertu des rangs était l'arbitre,
Peut-être un malheureux, mourant sur son fumier,
Du dernier des humains deviendrait le premier.
Tes talents, du hasard ont réparé l'outrage;
Ton nom n'est dû qu'à toi; ta gloire est ton ouvrage.
D'autres feront parler d'antiques parchemins :
Ces monuments fameux qu'ont élevés tes mains,
Ces chefs-d'œuvre brillants, ces fruits de ton génie,
Tant d'utiles travaux qu'admira ta patrie;
Voilà de ta grandeur les titres glorieux :
Là, ta noblesse éclate et frappe tous les yeux.
Que font de plus ces grands, dont la fière indolence
Dévore lâchement une oisive opulence?
Que laissent en mourant, à leur postérité,
Ces mortels corrompus par la prospérité?
Des exemples honteux, de coupables richesses;
Un nom jadis sacré, souillé par leurs bassesses.
Tes enfants, plus heureux, hériteront de toi
L'exemple des talents, le zèle pour leur roi.

---

[1] M. Laurent avait été fait chevalier de Saint-Michel.

ÉPITRE

SUR L'UTILITÉ DE LA RETRAITE

POUR LES GENS DE LETTRES.

1761.

Toi qui, malgré nos mœurs, nos écrits et ton âge,
A ton cinquième lustre es déjà vieux et sage,
Tendre et fidèle ami, quel attrait dangereux
T'arrache à la retraite où tu vivais heureux ?
Tu vas donc, égaré sur l'océan du monde,
Affronter cette mer en naufrages féconde !
Ah ! souffre que, plaignant l'erreur où je te vois,
La sincère amitié te parle par ma voix.
 « Ce monde si vanté, que ton cœur idolâtre,
Est, dis-tu, des talents l'école et le théâtre :
Là, je médite l'homme, et lis au fond des cœurs ;
Là, je viens, pour les peindre, étudier les mœurs. »
 Sans doute, si tu veux, élève de Thalie,
Crayonner le tableau de l'humaine folie,
Permets-toi dans ce monde un séjour passager ;
Observe nos erreurs, mais sans les partager.
Au ton fade ou méchant, qu'on nomme l'art de plaire,
Y viendrais-tu plier ton mâle caractère ?
Voudrais-tu t'y glacer dans de froids entretiens,
Orner la médisance et discuter des riens ;
Applaudir un roman, décrier une femme,
Abjurer le bon sens pour la folle épigramme ?
Dans nos cercles oisifs, dans ce vain tourbillon,
Transporte Malebranche, ou Pascal, ou Newton :
Vois leur étonnement, vois leur sombre silence ;
Ils regrettent l'asile où l'ame vit et pense.
 Viendras-tu te soumettre aux petits tribunaux
Où, la navette en main, président nos Saphos ;
Où ce sexe, autrefois content de nous séduire,
Jusque sur les talents exerce son empire,

Efféminc à la fois les esprits et les mœurs,
Étouffe la nature en la chargeant de fleurs;
Et, bornant des beaux-arts la carrière infinie,
Veut réduire à ses jeux les élans du génie ?
Mets à leurs pieds ton cœur, et non pas tes écrits :
L'aigle altier n'est point fait pour le char de Cypris.
   Je sais que du bon ton le vernis et la grace
Prête, même à des sots, une aimable surface;
Donne aux propos légers ce feu vif et brillant
Qui luit sans échauffer, et meurt en petillant :
Mais ces foudres brûlants d'une mâle éloquence,
Ce sentiment profond que nourrit le silence,
Ce vrai simple et touchant, ces sublimes pinceaux
Dont le chantre d'Abel anime ses tableaux,
Veux-tu les demander à ces esprits futiles?
Sybaris était-il le berceau des Achilles?
   Dans ce monde imposteur tout est couvert de fard;
Tout, jusqu'aux passions, est esclave de l'art :
Ces transports effrénés, dont le rapide orage
Bouleverse le cœur, se peint sur le visage,
Sous les dehors trompeurs de la sérénité
Y cachent leur tumulte et leur férocité;
La haine s'y déguise en amitié traîtresse,
La vengeance y sourit, et la rage y caresse;
L'ardente ambition, l'orgueil présomptueux,
Y rampent humblement en replis tortueux;
L'Amour même, ce dieu si terrible et si tendre,
L'impérieux Amour s'y fait à peine entendre :
Tu ne l'y verras pas, plein de joie ou d'horreur,
Palpiter de plaisir, ou frémir de fureur;
Il gémit de sang-froid, avec art il soupire...
Va, fuis; cherche des cœurs que la nature inspire!
   Un autre écueil t'attend : ce tyran des esprits,
La mode, ose régler nos mœurs et nos écrits.
Veux-tu subir le sort du bel esprit vulgaire,
Qui dégrade son siècle, en vivant pour lui plaire;
Qui, consacrant sa plume à la frivolité,
Pour briller un instant perd l'immortalité?
Oui, du siècle où tu vis respecte les suffrages :
Mais, placé dans ce point, embrasse tous les âges;

Rassemble autour de toi les Grecs et les Romains ;
Sois l'émule et l'ami des plus grands des humains ;
Allume ton génie aux rayons de leur flamme ;
Qu'ils revivent pour nous, reproduits dans ton ame ;
Et, citoyen savant de cent climats divers,
Du fond de ta retraite habite l'univers.
　　Mais j'entends à la cour une voix qui t'appelle :
Ami, quitteras-tu ton asile pour elle ?
Va, ne sers point les grands ; tu leur feras la loi :
Ne descends pas pour eux ; qu'ils s'élèvent à toi.
De l'adulation la basse ignominie,
En avilissant l'ame, énerve le génie.
De nos brillants jardins les stériles ormeaux
Courbent servilement leurs timides rameaux :
Vois ce chêne ; nourri dans la forêt sauvage,
Il porte jusqu'aux cieux son superbe feuillage.
Ainsi, loin de la cour, ce Corneille fameux,
Honoré de nos jours dans ses derniers neveux,
Relevait le théâtre où son ame respire,
Et, sans flatter les rois, illustrait leur empire.
Tels Homère et Milton foulaient aux pieds le sort,
Obscurs pendant leur vie, et dieux après leur mort.
Suis leur exemple, ami ; fuis loin de ces esclaves
Qui vont, aux pieds des grands, mendier des entraves.
　　Plus malheureux encor ces lâches beaux esprits,
Parasites rampants, qui vivent de mépris ;
Qui, dépensant leur ame en de froides saillies,
Transforment en bouffons les Muses avilies,
Portent des fers dorés à la cour des Crésus,
Et mettent leur génie aux gages d'un Crassus !
　　L'homme peut, j'en conviens, sans trahir sa noblesse,
Sur l'homme, son semblable, appuyer sa faiblesse :
Tout mortel isolé n'existe qu'à demi.
Mais cent rois, à tes yeux, valent-ils un ami ?
Oui, pour te consoler dans le sein de l'étude,
Que la tendre amitié charme ta solitude.
Amitié ! doux penchant des humains vertueux,
Le plus beau des besoins et le plus saint des nœuds,
Le ciel te fit pour l'homme, et surtout pour le sage.
Trop souvent l'infortune est son triste partage :

Ta bienfaisante main vient essuyer ses pleurs.
Trop heureux deux mortels dont tu charmes les cœurs !
Leurs plaisirs sont plus vifs, et leurs maux s'affaiblissent :
En se réunissant leurs ames s'agrandissent.
　　Mais ce n'est plus le temps : la haine et la fureur
Ont changé le Parnasse en théâtre d'horreur.
Les arts, présents du ciel accordés à la terre,
Ces enfants de la paix se déclarent la guerre ;
Et tandis que Bellone ébranle les états,
Leur empire est en proie à de honteux combats.
Sur les flots agités par les vents et l'orage,
L'astre brillant du jour ne peint point son image.
Viens ; sors de ce chaos d'où fuit la vérité,
Où meurent les talents, l'honneur, l'humanité ;
Où rampe avec orgueil l'intrigante bassesse :
Est-ce là qu'on entend la voix de la sagesse ?
Dans la retraite, ami, la sagesse t'attend ;
C'est là que le génie et s'élève et s'étend ;
Là, règne avec la paix l'indépendance altière ;
Là, notre ame à nous seuls appartient tout entière.
Cette ame, ce rayon de la Divinité,
Dans le calme des sens médite en liberté,
Sonde ses profondeurs, cherche au fond d'elle-même
Les trésors qu'en son sein cacha l'Être suprême ;
S'échauffe par degrés, prépare ce moment
Où, saisi tout à coup d'un saint frémissement,
Sur des ailes de feu l'esprit vole et s'élance,
Et des lieux et des temps franchit l'espace immense ;
Ramène tour à tour son vol audacieux,
Et des cieux à la terre, et de la terre aux cieux ;
Parcourt les champs de l'air et les plaines de l'onde,
Et remporte avec lui les richesses du monde.
　　Vous ne connaissez point ces transports ravissants,
Vous, héros du beau monde, esclaves de vos sens :
Votre esprit égaré, sans lumière et sans force,
N'aperçoit que l'objet, et n'en voit que l'écorce.
L'astre majestueux dont le flambeau nous luit
N'est pour vous que le jour qui succède à la nuit :
Mais du sage attentif frappe-t-il la paupière ?
A de hardis calculs il soumet sa lumière :

Déja, le prisme en main, il divise ses traits ;
De sa chaleur féconde il cherche les effets ;
Il voit jaillir les feux de leur brûlante source ;
Il mesure cet astre, il lui marque sa course ;
Et, cherchant dans les cieux son auteur immortel,
S'élève jusqu'au trône où siége l'Éternel.
O retraite sacrée ! ô délices du sage !
Ainsi, fier de penser, loin du monde volage,
Il voit des préjugés le rapide torrent
Entraîner loin de lui le vulgaire ignorant ;
Et, suivant des humains la course vagabonde,
Jouit, en le fuyant, du spectacle du monde.
Hélas ! si des humains les instants sont si courts,
Faut-il dans de vains jeux perdre nos plus beaux jours ?
Faut-il que la langueur de notre âme assoupie,
Même avant notre mort, nous prive de la vie ?
Dans l'avenir plutôt dressons-nous des autels.
Ami, ce temps qui fuit peut nous rendre immortels.

ÉPITRE

SUR LES VOYAGES [1].

Enfin, grâces aux mains dont la sage culture,
Dans toi, sans l'altérer, embellit la nature,
Nous voyons ton génie éclos avant le temps,
Et les dons de l'automne enrichir ton printemps !
Ton goût s'est épuré, l'étude de l'histoire
A mûri ta raison, en ornant ta mémoire.
L'art des vers t'a prêté ses brillantes couleurs ;
La morale, ses fruits ; l'éloquence, ses fleurs.
A l'heureuse union de ces grands avantages,
Que manque-t-il encor ?... Le secours des voyages.
« Qui ? moi ! que je m'arrache à mes amusements,
Pour des peuples grossiers ou de vieux monuments ?

---

[1] Cette épître a remporté le prix à l'Académie de Marseille, en 1765.

Que j'aille déterrer d'augustes antiquailles,
User mes yeux savants sur d'obscures médailles;
Consulter des débris, admirer des lambeaux,
Et fuir loin des vivants, pour chercher des tombeaux? »
   Ainsi s'exprimerait quelque marquis folâtre,
De ses fades plaisirs amateur idolâtre,
Captif dans un salon de vingt glaces orné,
Et dont l'esprit encore est cent fois plus borné.
   Loin de ce cercle étroit la nature t'appelle,
Va goûter des plaisirs aussi variés qu'elle :
Pour toi sa main féconde, en mille êtres divers,
Nuança le tableau de ce vaste univers.
Aux rives de Marseille, où le commerce assemble
Vingt peuples étonnés de se trouver ensemble,
L'humble sujet des rois, le fier républicain,
Et le froid Moscovite, et le noir Africain,
Et le Batave actif sorti du sein de l'onde;
Tu vois avec plaisir cet abrégé du monde.
Quels seront tes transports, quand des mœurs et des arts
Le spectacle agrandi va frapper tes regards;
Lorsqu'à tes yeux surpris tant de peuples vont naître?
Le premier des plaisirs, c'est celui de connaître :
C'est pour lui qu'un mortel, noblement curieux,
S'arrache au doux pays où vivaient ses aïeux;
Et, loin d'un tendre ami, d'une épouse adorée,
Même loin des regards d'une mère éplorée,
Tantôt chez des humains plus cruels que les ours
Va chercher la nature au péril de ses jours;
Tantôt, parmi des feux et des torrents de soufre,
Approchant de l'Etna le redoutable gouffre,
Pour sonder les secrets de ses feux consumants,
Marche d'un pas hardi sur ses rochers fumants;
Tantôt, courant chercher, dans les murs de Palmyre,
Ces superbes débris que l'étranger admire,
Affronte, et des brigands l'horrible avidité,
Et d'un vaste désert la triste aridité,
Et d'un ciel dévorant la flamme étincelante,
Que le sable embrasé réfléchit plus brûlante;
Et l'arène changée en des tombeaux mouvants,
Où mille malheureux sont engloutis vivants.

De retour sous son toit, tel que l'airain sonore
Qu'on cesse de frapper et qui résonne encore,
Dans la tranquillité d'un loisir studieux,
Il revoit en esprit ce qu'il a vu des yeux;
Et, dans cent lieux divers présent par la pensée,
Son plaisir dure encor, quand sa peine est passée.
Souvent près d'une épouse, à son foyer assis,
Il aime à la charmer par d'étonnants récits;
Et, suspendant leurs jeux, dès l'âge le plus tendre
Ses enfants enchantés se pressent pour l'entendre.
Qu'il porte son tribut à la société:
Dans tous ses entretiens quelle variété!
Savant observateur de ce globe où nous sommes,
Connaissant tous les lieux, connaissant tous les hommes,
Par le charme piquant de mille traits divers;
Il semble, sous nos yeux, transporter l'univers;
Et, toujours agréable, en même temps qu'utile,
Instruit sans être lourd, plaît sans être futile.

« Mais quoi! sans s'exiler, ne peut-on rien savoir?
Moi, dans mon cabinet j'apprends tout sans rien voir, »
Dit de l'esprit d'autrui ce moissonneur avide,
Qui, la mémoire pleine et l'esprit toujours vide,
D'observer par ses yeux se croyant dispensé,
Si l'on n'eût point écrit, n'aurait jamais pensé.
Oui, tes livres sont bons, mais moins que la nature;
Rarement on l'y voit peinte sans imposture.
Pourquoi donc la juger sur leurs fausses couleurs?
A tes propres défauts pourquoi joindre les leurs?
Et, quand ils m'offriraient une image fidèle,
Que me fait le tableau lorsque j'ai le modèle?
Celle dont je puis voir les véritables traits,
Je ne la cherche point dans de vagues portraits;
L'objet me frappe plus qu'une froide peinture;
Un coup d'œil quelquefois vaut un an de lecture.

« J'ai tant vu, dit quelqu'un, de ces hommes fêtés,
Qui, portant leur ennui dans vingt sociétés,
Fiers d'avoir parcouru ce monde ridicule,
Prennent ce cercle étroit pour les bornes d'Hercule;
Prétendent que partout sont les mêmes travers,
Et veulent sur Paris mesurer l'univers! »

Insensé! sors enfin de ton erreur profonde ;
Tu n'as vu qu'un feuillet du grand livre du monde:
Dans ce Paris, séjour de l'uniformité,
Théâtre où tout imite, où tout est imité,
Chaque coin cependant a son ton, a son style :
L'habitant du Marais est étranger dans l'Ile ;
Et ces peuples nombreux, dans l'univers épars,
Séparés à jamais par d'éternels remparts,
Que de l'humanité les seuls liens rassemblent,
Tu veux que leur génie et leurs mœurs se ressemblent!
A des yeux plus instruits, ou plutôt moins distraits,
Comme chaque mortel, chaque peuple a ses traits.
Je sais que, de nos cœurs impérieuses reines,
Les mêmes passions sont partout souveraines :
Mais, de l'esprit humain despotes orgueilleux,
Les préjugés, ami, changent avec les lieux :
Concentrés dans nos murs, comment guérir les nôtres ?
Le mal est parmi nous; le remède chez d'autres :
Qu'ils nous prêtent ces dons loin de nous écartés !
Qu'eux-mêmes, à leur tour, empruntent nos clartés ;
Qu'ainsi, de toutes parts, le vrai se réfléchisse :
Par cet échange heureux que l'esprit s'enrichisse !
Ainsi, de son pays franchissant la prison,
Le voyageur découvre un nouvel horizon ;
Et, mettant à profit cette course féconde,
Cherche les vérités éparses dans le monde;
Tandis que dans sa terre un gentillâtre altier,
De l'esprit paternel fanatique héritier,
Végète obstinément dans ses donjons antiques,
Et dans ses préjugés mille fois plus gothiques.
« Ainsi l'homme ne peut se former qu'en courant!
Pour se rendre estimable, il faut qu'il soit errant,
Et que de peuple en peuple, oubliant sa noblesse,
Il aille, par lambeaux, recueillir la sagesse !
Le soleil ne reçoit ses clartés que de lui :
Et l'ame doit penser par le secours d'autrui !
L'arbre, content des fruits qu'il tient de la nature,
Dans son terrain natal trouve sa nourriture :
Le ciel auprès de nous, avec le même soin,
A placé les secours dont notre ame a besoin.

Pourquoi donc, affamés des richesses des autres,
Mendier leurs trésors, et dédaigner les nôtres ;
Pareils à ces mortels justement odieux,
Qui, pouvant cultiver le champ de leurs aïeux,
Aiment mieux, promenant leur misère importune,
Sur la pitié publique établir leur fortune?

» D'ailleurs, me dites-vous, chaque peuple a ses mœurs :
Ces nuances d'esprit, ces contrastes d'humeurs,
Le ciel les forme-t-il pour que ce caractère
Par tous ces frottements ou s'efface ou s'altère?
S'il faut que par l'esprit l'esprit soit imité,
Condamnez donc le monde à l'uniformité ;
Dérobez donc aux champs cette riche peinture
Qui, sous mille coups d'œil, reproduit la nature ;
Donnez donc à nos fruits, donnez donc à nos fleurs
Et les mêmes parfums et les mêmes couleurs ;
Et, voyant à regret d'inégales campagnes,
Au niveau des vallons abaissez les montagnes.

» Eh ! copier, enfin, n'est-ce pas se borner?
La parure d'autrui me gêne sans m'orner.
Ainsi l'ame affaiblit sa vigueur naturelle,
En adoptant des mœurs qui n'étaient pas pour elle :
Ainsi des étrangers empruntant ses appas,
L'esprit se dénature et ne s'embellit pas.
Une beauté sans art a des défauts qu'on aime :
Le singe est plus choquant que l'ours affreux lui-même.
Ne nous gâtons donc pas, en voulant nous changer :
L'air le plus ridicule est un air étranger.
Le secret de choquer, c'est de se contrefaire :
L'esprit s'égare enfin dès qu'il franchit sa sphère. »

Oui : mais en voyageant si je sais l'enrichir,
C'est agrandir ma sphère, et non pas la franchir.
Le vrai, du monde entier est le commun partage ;
Mais le ciel en cent lieux sema cet héritage.
C'est peu que, pour unir toutes les nations,
Entre elles de la terre il partage les dons :
Pour mieux favoriser cette utile harmonie,
Il leur partage encor les talents du génie,
Et fait ainsi servir aux plus heureux accords
Et les besoins de l'ame et les besoins du corps.

C'est à nous d'assembler les rayons qu'il disperse,
D'augmenter nos trésors par un noble commerce;
C'est à nous de chercher, au prix de cent travaux,
D'anciennes vérités chez des peuples nouveaux.
　L'air d'un autre, dit-on, dans nous pourrait déplaire [1]
Non, non, la vérité n'est jamais étrangère ;
Et, de quelque climat que l'on soit citoyen,
Musulman ou Français, la sagesse sied bien.
　« Mais c'est l'homme surtout que l'homme doit connaître.
Et pourquoi, loin des lieux où le ciel m'a fait naître,
Chercher, ajoute-t-on, ce savoir incertain ?
Tout est nouveau pour moi chez un peuple lointain :
Cette école des mœurs que l'on appelle usages,
L'habillement, la langue, et même les visages,
D'un frivole dehors m'occuperont long-temps,
Et me déroberont de précieux instants.
Comment connaître à fond une terre étrangère,
Qu'à peine effleurera ma course passagère ?
L'homme est-il, loin de moi, plus facile à juger
Sous un masque inconnu, sur un coup d'œil léger,
Que ceux qu'à mes regards ma nation expose,
Dont le masque connu n'a rien qui m'en impose;
Et que par habitude, et pour mes intérêts,
Je revois plus souvent, j'observe de plus près ? »
　Eh ! c'est l'intérêt même, et surtout l'habitude,
Qui, bien loin d'y servir, nuisent à cette étude.
Sur les objets voisins l'une nous rend distraits ;
L'autre, peintre infidèle, en altère les traits ;
L'une nous fait tout voir avec indifférence,
Et l'autre donne à tout une fausse apparence ;
L'un rend passionné, l'autre peu curieux ;
L'une enfin assoupit, l'autre abuse mes yeux.
Pour voir ce grand spectacle avec une ame saine,
Il faut être au parterre, et non pas sur la scène :
Souvent il faut aussi, pour plaire aux spectateurs,
Une pièce nouvelle et de nouveaux acteurs.

[1] Ce n'est que l'air d'autrui qui peut déplaire en moi.
　　　　　　　　　　　BOILEAU, ép. IX, v. 90.

D'ailleurs, puisque, éprouvant diverses influences,
L'homme, selon les lieux, prend diverses nuances,
Pourquoi n'examiner qu'un seul coin du tableau?
Ce fleuve, dont l'aspect semble toujours nouveau,
Suffit-il, pour juger ce qu'il est dans sa course,
De voir son embouchure, ou d'observer sa source?
Non; il faudrait le suivre en son cours tortueux,
Le voir rapide ou lent, humble ou majestueux;
Resserré dans son lit, reculant ses rivages,
Baignant des bords fleuris ou des rives sauvages.
Ainsi l'homme varie; ainsi de toutes parts
Il faut de son portrait chercher les traits épars :
Chez les républicains admirer sa noblesse;
Aux pieds d'un fier despote observer sa faiblesse;
Voir comment son esprit, dépendant des climats,
Est bouillant au Midi, froid parmi les frimas;
Remarquer tantôt l'art, et tantôt la nature;
Voir ici le défaut, là l'excès de culture;
Enfin, chercher en quoi tous ces peuples nombreux
Ressemblent l'un à l'autre, ou diffèrent entre eux,
Depuis l'affreux Huron qui, mugissant de joie,
Égorge les vaincus et dévore sa proie,
Jusqu'aux Européens, brigands ingénieux,
Qui, sans se dévorer, s'égorgent encor mieux.
« Mais enfin, à quoi tend ma course vagabonde?
J'aurai vu les erreurs dont l'univers abonde;
J'aurai vu les mortels en proie aux passions;
Le servile intérêt mouvoir les nations,
Et, sous cent noms pompeux tyrannisant la terre,
Nourrir chez les humains une éternelle guerre.
Eh! pourquoi, recherchant ce dangereux savoir,
M'accoutumer au mal, à force de le voir?
Je serai, dans le monde, étranger et novice;
Hélas! à la vertu que sert l'aspect du vice?
Examinons plutôt notre cœur imparfait;
Voyons ce qu'il faut faire, et non ce que l'on fait;
Connaissons les devoirs, non les erreurs des hommes,
Ce qu'il nous convient d'être, et non ce que nous sommes.
Enfin, qu'importe ici ce que l'on pense ailleurs?
Revenant plus instruits, revenons-nous meilleurs? »

Oui : des maux les plus grands l'ignorance est la mère;
Ainsi que ses vertus, tout peuple a sa chimère.
C'est peu que ce tyran, le préjugé natal,
Sur les yeux de l'esprit mette un bandeau fatal :
Il soumet le cœur même à son joug incommode,
Avilit la vertu, met le vice à la mode;
Corrompt l'homme orgueilleux; d'un faux honneur épris,
Qui, courant à la honte en fuyant le mépris,
Vicieux par usage, insensé par coutume,
En mœurs, comme en habits, obéit au costume;
Et, de l'opinion sujet respectueux,
Pour être citoyen n'ose être vertueux.
N'est-ce pas ce tyran dont l'ordre impitoyable
Prescrit à deux amis un cartel effroyable;
Pour un mot, pour un geste échappé sans dessein,
Les force, par décence, à se percer le sein;
Leur rend, par point d'honneur, le meurtre légitime,
Et leur fait, en pleurant, égorger leur victime?
Voulons-nous vers le bien prendre un vol vigoureux?
Brisons donc de l'erreur les liens rigoureux;
Osons donc, de notre ame agrandissant la sphère,
Apprendre à bien penser, pour apprendre à bien faire;
Et, par la vérité, du vice heureux vainqueurs,
Épurons nos esprits pour corriger nos cœurs !
Mais, pour mieux dissiper ces ombres mensongères,
Il faut leur opposer les clartés étrangères;
Il faut nous arracher au dangereux séjour
Où l'on reçoit l'erreur en recevant le jour.
Toi qui, dans la noblesse où ta fierté se fonde,
Crois voir le lâche droit d'être inutile au monde,
Automate orgueilleux, qui croirais t'abaisser
En cultivant ces arts qui daignent t'engraisser;
Va, chez l'heureux Chinois, voir briller près du trône
Les enfants de Cérès, comme ceux de Bellone;
Va voir, dans ses beaux ports, l'Anglais laborieux
Tirer de nos besoins un tribut glorieux;
Et conclus, à l'aspect de leur noble industrie,
Qu'on ne déroge pas en servant sa patrie;
Que cent vaisseaux, chargés des dons de l'univers,
Valent bien du vélin épargné par les vers!

Et vous, qui, près des rois, adulateurs obliques,
Laissez mourir le cri des misères publiques;
De vos seuls intérêts avides partisans,
Indolents citoyens et zélés courtisans,
Chez les républicains allez puiser ces flammes
Que le patriotisme allume dans leurs âmes;
Voyez-les à l'état consacrer tous leurs vœux :
Et par les maux publics rougissez d'être heureux !
 Voilà comme, éclairé par des leçons vivantes,
L'homme revient meilleur de ses courses savantes :
Ainsi, des préjugés il brave les clameurs,
Prend d'autres sentiments en voyant d'autres mœurs,
Affranchit de ses fers son ame emprisonnée;
Fuit du vice natal l'haleine empoisonnée;
Et, recueillant le vrai, se dépouillant du faux,
Par les vertus d'autrui corrige ses défauts.
 Ainsi, pour adopter des rameaux plus fertiles,
Un arbre cède au fer des branches inutiles;
Et, d'un nouveau feuillage étonnant nos vergers,
Étale le trésor de ses fruits étrangers.
 Mais c'est peu des vertus qu'il trouve à son passage;
Le mal, comme le bien, doit instruire le sage.
En parcourant le monde, il a vu les mortels
Chacun à son idole élever des autels;
Et, séduits par l'orgueil, conduits par l'habitude,
De leurs préventions chérir la servitude :
Lui-même il sent combien son esprit fasciné
Extirpa lentement le faux enraciné :
Dès lors il se guérit de cette confiance,
Enfant présomptueux de l'inexpérience.
Instruit par l'erreur même, il sait la redouter;
Pour apprendre à connaître, il apprend à douter;
Et jamais, employant le fer ou l'anathème,
Il ne trouble un état pour fonder un système.
Exempt de fanatisme, il brave aussi l'orgueil.
Sur ce qu'il parcourut s'il rejette un coup d'œil,
Dans ces vastes états, dans ces cours si pompeuses,
Qu'a-t-il vu? de vrais maux, et des grandeurs trompeuses;
Des crimes décorés de noms éblouissants,
Des peuples malheureux, des favoris puissants;

Des souverains armés pour des monceaux de pierres,
Et d'infidèles paix, après d'injustes guerres.
 Ce vide des grandeurs, ce néant des humains,
Il le retrouve encor dans l'œuvre de leurs mains.
Dans la Grèce, dans Rome, en silence il contemple
Les restes d'un palais, les ruines d'un temple :
Il voit périr du Nil les colosses fameux,
Et les tombeaux des rois mourir enfin comme eux.
S'il cherche ces cités que l'orgueil a construites,
C'est parmi les débris de cent villes détruites.
« Ce monde, où follement l'homme s'enorgueillit,
Dit-il, renaît sans cesse, et sans cesse vieillit :
Un empire s'élève, un autre empire tombe;
A côté d'un berceau j'aperçois une tombe.
L'orgueilleux Pétersbourg sort du sein d'un marais ;
Et toi, fière Lisbonne, hélas ! tu disparais !
Et je crois, à travers tes débris lamentables,
Entendre retentir ces mots épouvantables :
Mortels ! tout doit périr, et tout a son trépas ;
Seule dans l'univers la vertu ne meurt pas. »
 Mais de ce vaste champ que t'offrent les voyages,
Ne crois pas que le fruit se borne à quelques sages ;
Dans des états entiers où germent leurs leçons,
Souvent ils ont produit de fertiles moissons.
Par eux, si du terrain la bonté les seconde,
Des peuples, par degrés, la raison se féconde ;
Par eux mille talents, noblement transplantés,
Vont fleurir loin des lieux qui les ont enfantés.
 Vois du superbe Anglais l'humeur indépendante :
D'esprits forts et nerveux quelle foule abondante !
Chez eux le naturel s'élance en liberté :
On sent avec vigueur, on pense avec fierté.
D'où vient dans les esprits cette sève féconde?
C'est qu'ils sont moins Anglais que citoyens du monde :
Tels des vastes forêts les chênes vigoureux
Cherchent au loin les sucs qui circulent pour eux.
Et nous qui, pour nos mœurs remplis d'idolâtrie,
Aimons trop nos foyers, trop peu notre patrie,
Par des usages vains sans cesse maîtrisés,
Jusque dans nos plaisirs toujours symétrisés,

Innombrable famille en qui tout se ressemble,
Dans un cercle ennuyeux nous tournons tous ensemble;
Et, plus polis que bons, moins grands que fastueux,
Rarement formons-nous un élan vertueux ;
Où bien, si quelquefois, de nos cœurs léthargiques,
Nous laissons échapper quelques traits énergiques;
Si, plus amis des arts, plus enchantés du beau,
Au mâle Crébillon [1] nous dressons un tombeau;
Si le sang de Corneille [2] a reçu notre hommage,
Si du divin Rameau [3] nous conservons l'image,
Si tout redit le nom des héros de Calais,
Nous en devons l'exemple à ces mêmes Anglais;
Qui, plus reconnaissants encor que nous ne sommes,
A côté de leurs rois inhument leurs grands hommes :
Tant des peuples entre eux le commerce a de prix !
 N'outrons rien cependant : je vois avec mépris
Un vain déclamateur qui, par un zèle extrême,
Ayant raison, a tort, et rend faux le vrai même;
Qui, ne haïssant rien, n'aimant rien à moitié,
Approuve sans réserve, ou blâme sans pitié.
Il est des nations que perdraient les voyages.
Un peuple vertueux qui vit sous des lois sages,
Mais qui, par l'indigence au travail excité,
Doit ses âpres vertus à la nécessité;
Qui, graces aux rigueurs de la sage nature,
A des antiques mœurs conservé la droiture;
Que lui peuvent offrir des peuples étrangers?
Des écueils séduisants et de brillants dangers.
Dans leur luxe trompeur il croit voir l'abondance,
Et, pour monter trop haut, il tombe en décadence.
Tel, de nos grands seigneurs rival présomptueux,
Se ruine un bourgeois, sottement fastueux.
Que ce peuple aime donc ce modeste héritage :
Puisqu'il a des vertus, que veut-il davantage?
   Telle Sparte jadis, le chef-d'œuvre des lois,
De qui la pauvreté faisait trembler les rois,

---

[1] Mausolée en l'honneur de Crébillon.
[2] Représentation de *Rodogune* en faveur de mademoiselle Corneille.
[3] Statue en l'honneur de Rameau, proposée par souscription.

Fuyant la cour de Suse et l'école d'Athènes,
Les trésors de Xerxès et l'art de Démosthènes,
Comme une île qui sort du noir gouffre des mers,
Vit le luxe autour d'elle inonder l'univers.
O vous qui l'imitez, nations helvétiques,
Parlez : pourquoi craint-on pour vos vertus antiques?
Faut-il le demander? Ennuyés d'être heureux,
Vous désertez vos champs pour nos murs dangereux.
Venez-vous, dédaignant des biens inestimables,
Échanger vos vertus pour nos vices aimables?
Aux portes des palais vous veillez chez nos grands :
Hélas! en chassez-vous les chagrins dévorants?
Fuyez donc ces palais; allez dans vos campagnes
Revoir vos simples toits et vos chastes compagnes :
Vous n'y trouverez pas nos esprits petillants,
Nos ennuyeux plaisirs, nos spectacles brillants;
Mais des époux constants, des épouses fidèles,
Mais des fils dignes d'eux, des filles dignes d'elles;
Des hommes dont les bras savent encore agir,
Des femmes dont les fronts savent encor rougir.
Ah! bien loin de venir chercher notre licence,
C'est nous que doit chez vous appeler l'innocence.
Oui, pour d'austères mœurs s'ils sont pernicieux,
Des voyages, pour nous, les fruits sont précieux.
Nous pouvons y gagner, et n'avons rien à craindre.
D'ailleurs, nos arts sans eux pourraient enfin s'éteindre.
Puisque nous n'avons pas le charme des vertus,
Gardons au moins celui qui l'imite le plus ;
Privés de la nature, ayons-en l'apparence,
Et n'allons pas au vice ajouter l'ignorance.
Mais nul à voyager n'a de plus justes droits
Que des peuples soumis à de barbares lois :
Soit ceux où des tyrans oppriment des esclaves;
Où le respect contraint languit chargé d'entraves;
Où la loi sait punir, jamais récompenser;
Pour se faire obéir, défend d'oser penser,
Tyrannise les corps et dégrade les ames,
Fait des esprits rampants, produit des cœurs infames;
Et, changeant les mortels en de vils animaux,
Les rend et malheureux et dignes de leurs maux :

Soit ceux où, détruisant un utile équilibre,
Un peuple turbulent se croit un peuple libre,
Compte son insolence au nombre de ses droits,
Brave ses magistrats, ou méconnaît ses rois;
Et, n'ayant aucun frein qui puisse le contraindre,
Parce qu'il ne craint rien, fait qu'il a tout à craindre :
Soit ceux enfin qu'on voit, à peine encor naissants,
Essayer, mais en vain, leurs ressorts impuissants;
Et dont le faible corps, pour recevoir une ame,
Des talents étrangers doit emprunter la flamme.
Tels Lycurgue et Solon, heureux législateurs,
Chez cent peuples d'abord savants contemplateurs,
D'après les nations dès long-temps florissantes
Dessinèrent le plan de leurs cités naissantes,
Et surent transporter dans leurs nouveaux remparts,
L'un toutes les vertus, et l'autre tous les arts.
Mais quoi ! pour te prouver ce qu'on doit aux voyages,
Me faut-il donc fouiller dans la nuit des vieux âges?
Dans des temps plus voisins veux-tu voir leurs effets?
Vois tout un peuple au Nord créé par leurs bienfaits [1].
Là, d'horribles frimas toujours environnée,
Couverte de glaçons, de neige couronnée,
Et d'un deuil éternel effrayant les regards,
La nature hideuse effarouchait les arts.
Chefs-d'œuvre du ciseau, charme de la peinture,
De l'art brillant des vers agréable imposture,
Danse voluptueuse, accords mélodieux,
Vous n'osiez approcher ces climats odieux !
Loin d'eux, et les beaux-arts, et les travaux utiles :
L'esprit était inculte et les champs infertiles ;
Le commerce fuyait ce séjour désolé :
Ce vil ramas d'humains languissait isolé ;
Et, chassant dans les bois, ou dormant sous ses huttes,
N'avait que la dépouille et que l'instinct des brutes ;
L'art même des combats n'existait pas pour eux :
Le Russe, né féroce, et non pas valeureux,
Farouche dans la paix, impuissant dans la guerre,
Ne savait ni charmer, ni subjuguer la terre ;

---

[1] La Russie.

Et les lois, l'enchaînant aux foyers paternels,
Rendaient son ignorance et ses maux éternels.
  Enfin Pierre paraît ; il voit ce coin du monde
Dormir enseveli dans une nuit profonde :
De dix siècles de honte il prétend le venger ;
Et c'est en le quittant qu'il saura le changer.
O prodige ! un grand roi quitte le rang suprême ;
Et, dans son noble exil plus grand qu'en sa cour même,
Pour moissonner les arts dans cent pays divers,
Auguste voyageur, étonne l'univers ;
Dans le palais des rois, sous l'humble toit du sage,
Fait de l'art de régner le noble apprentissage,
Dévore tout chef-d'œuvre offert à ses transports,
Parcourt les ateliers, interroge les ports,
Et des arts, recueillis dans ses courses immenses,
Rapporte au fond du Nord les fertiles semences.
Tout change : dans ces lieux, embellis à sa voix,
La nature a souri pour la première fois ;
Il subjugue les champs, les ondes, les rivages,
Et ses propres sujets, mille fois plus sauvages.
Je vois creuser des ports, bâtir des arsenaux ;
Les fleuves étonnés sont joints par des canaux ;
Les marais sont couverts de moissons jaunissantes ;
Les déserts sont peuplés de villes florissantes ;
Des talents cultivés la fleur s'épanouit,
Et des vieilles erreurs l'amas s'évanouit.
Tels, dans ces mêmes lieux qu'un long hiver assiége,
D'affreux rochers de glace et de vieux monts de neige,
S'ils sentent du soleil les rayons pénétrants,
Dans les champs rajeunis vont se perdre en torrents.
  Peuple heureux ! le jour luit : tremblez qu'il ne s'éteigne !
Que dis-je ? Ai-je oublié que Catherine règne ?
Faite pour tout créer, ou pour tout embellir,
Pour tracer un plan vaste, ou bien pour le remplir,
Ce que Pierre ébaucha, Catherine l'achève ;
Sous ces mains chaque jour l'édifice s'élève,
Et pour le décorer, accourant à sa voix,
Tous les arts à l'envi se rangent sous ses lois.
Moins grand était celui qui, dans Thèbes naissante,
Entraînait les rochers par sa lyre puissante.

Vive, vive à jamais cet écrit précieux [1]
Où, pour former son fils sous ses augustes yeux,
Par l'appât de la gloire à la richesse unie,
Une grande princesse appelle un grand génie !
Et qu'on doute long-temps qui doit frapper le plus,
Ou d'une offre sublime, ou d'un noble refus !
Mais que vois-je ? Un champ clos, des devises, des armes,
Des cartels sans fureur, des combats sans alarmes [2] :
Je vois, je reconnais ces spectacles guerriers
Qui jadis délassaient nos braves chevaliers.
C'est ainsi qu'aux plaisirs associant la gloire,
Ils faisaient, en jouant, l'essai de la victoire ;
Ainsi leur repos même, utile à la valeur,
De l'héroïsme en eux nourrissait la chaleur.
Jeux brillants, qu'à proscrits notre oisive mollesse,
Moscovites heureux, le Français vous les laisse.
Eh quoi ! ce goût du beau, que vous puisiez chez nous,
Faut-il, à notre tour, l'aller trouver chez vous ?
Poursuivez : secondez une illustre princesse :
Ce germe des talents, cultivez-le sans cesse ;
Et, dans de nouveaux lieux cherchant des arts nouveaux,
Par leur propre lumière éclipsez vos rivaux.

Des voyages, ami, tel est sur nous l'empire :
C'est l'air du monde entier que par eux on respire.
Si tous ces grands objets ont des charmes pour toi,
Si l'ardeur de savoir t'entraîne loin de moi,
Sans doute tes adieux me coûteront des larmes ;
Mais un motif bien noble adoucit mes alarmes :
Quoi que perde, dans toi, ton ami désolé,
Tu vas former ton cœur ; le mien est consolé.

---

[1] Lettre de l'impératrice de Russie à M. d'Alembert, pour l'inviter à se charger de l'éducation du grand-duc de Russie.
[2] Carrousels ordonnés par l'impératrice de Russie.

ÉPITRE
SUR LE LUXE.
1774.

Sors de la tombe, sors, réveille-toi, Boileau !
Rembrunis tes couleurs, raffermis ton pinceau;
Mais laisse en paix Cotin, misérable victime
Immolée au bon goût, quelquefois à la rime.
Près des mauvaises mœurs, que font les mauvais vers?
Laisse là nos écrits, et combats nos travers :
Viens; je veux à tes traits les livrer tous ensemble.
Le luxe! dans lui seul ce monstre les rassemble.
— Quoi! sur nos mœurs encor des sermons importuns,
Des déclamations, de tristes lieux communs?
— Des lieux communs! non, non. Si je disais : « Dorante
Fait briller à son doigt deux mille écus de rente;
Ce commis, échappé de l'ombre des bureaux,
Fait courir deux valets devant ses six chevaux;
De l'épais Dorillas, que Paris vit si mince,
Le salon coûte autant que le palais d'un prince;
Ce traitant, dans un jour, consume plus dix fois
Qu'il ne faut pour nourrir son village six mois : »
Voilà des lieux communs, trop communs, je l'avoue.
Mais si je dis : « Cet homme, attendu sur la roue,
Par un faste orgueilleux courbe tout devant lui;
Ce qui perdit Fouquet l'absoudrait aujourd'hui;
Ce vieux prélat se plaint, dans l'orgueil qui l'enivre,
Qu'un million par an n'est pas trop pour bien vivre;
Cette beauté vénale, émule de Deschamps,
Des débris de vingt ducs scandalise Longchamps;
De sa vile moitié ce trafiquant infame
Étale impudemment l'or qui paya sa femme : »
Sont-ce des lieux communs que de pareils tableaux?
Non; grace à vos excès, mes vers seront nouveaux.
Mais n'outrons rien : je hais ceux dont le zèle extrême
Donne tort au bon droit, et rend faux le vrai même.

Équitables censeurs, fuyons dans nos écrits
Les préjugés de Sparte et ceux de Sybaris.
Sur un petit état, jugeant un grand royaume,
Je ne viens point loger nos princes sous le chaume,
Ravaler nos Crassus aux Romains du vieux temps,
Des pots de Curius régaler nos traitants ;
A nos jeunes marquis, si fous de leur parure,
Du vieux Cincinnatus faire endosser la bure ;
A nos galants seigneurs citer le dur Caton.
Non : je serais gothique ; et le morne baron,
Fier du superbe hôtel qu'il veut que l'on admire,
A de pareils discours se pâmerait de rire.
Il est un luxe utile et décent, j'en conviens,
Permis aux grands états, aux grands noms, aux grands biens ;
Qui, jusqu'au dernier rang refoulant la richesse,
Fait redescendre l'or qui remonte sans cesse.
Il est un autre luxe au vice consacré,
De l'active industrie enfant dénaturé.
L'orgueil seul éleva ce colosse fragile ;
Son simulacre est d'or, et ses pieds sont d'argile :
La vanité le sert ; l'orgueil à ses genoux
Immole sans pitié fils, femme, père, époux.
Squelette décharné, son étique figure
Affecte un embonpoint qui n'est que bouffissure ;
Sous la pourpre brillante il cache des lambeaux,
Et son trône s'élève au milieu des tombeaux.
  Mais j'entends murmurer de graves politiques,
Gens d'état, financiers, auteurs économiques :
De leurs discours subtils j'aime la profondeur ;
Mais enfin, avant tout, il s'agit du bonheur.
Voyons : d'un luxe adroit les savants artifices
Ont de nos jours, dit-on, varié les délices.
Malheureux qui se fie à ses prestiges vains !
De nos biens, de nos maux, les ressorts souverains,
Quels sont-ils ? la nature, et surtout l'habitude.
En vain de ton bonheur tu te fais une étude :
Sous l'humble toit du sage, heureux sans tant de soins,
Le vrai plaisir se rit de tes pompeux besoins.
Dis-moi : quand l'air plus pur, quand la rose nouvelle
Loin de nos murs fameux dans nos champs te rappelle,

Si d'un riche parterre, orné de cent couleurs,
Mille vases brillants ne contiennent les fleurs;
Si l'oiseau n'est captif dans de vastes treillages;
Si l'eau ne rejaillit parmi des coquillages;
En retrouves-tu moins le murmure des eaux,
Le doux baume des fleurs, le doux chant des oiseaux?
L'art se tourmente en vain : la fraise, que le verre,
Par de fausses chaleurs, couve au fond d'une serre,
A-t-elle plus de goût? Faut-il que ces pois verts,
Pour flatter ton palais, insultent aux hivers?
Ce melon, avancé par l'apprêt d'une couche,
D'un jus plus savoureux parfume-t-il ta bouche?
Heureuse pauvreté! je n'ai pas les moyens
D'altérer la nature et de gâter ses biens.
L'art te donne, à grands frais, d'imparfaites prémices;
Des fruits, dans leur saison, je goûte les délices.
Ces dons prématurés sont moins piquants pour toi
Que ceux que la nature assaisonne pour moi.
Va, rassemble ces fruits que méconnaît Pomone;
Joins l'hiver à l'été, le printemps à l'automne;
Transporte, pour languir dans l'uniformité,
La cité dans les champs, les champs dans la cité;
Qu'enfin le jour en nuit, la nuit en jour se change :
De tous ces attentats la nature se venge,
Et ne laisse, en fuyant, que des sens émoussés,
Un cerveau vaporeux et des nerfs agacés.
Puis vante-nous le luxe et ses recherches vaines!
Stérile en vrais plaisirs, adoucit-il nos peines?
Charme-t-il nos douleurs? Ce monde de valets
A-t-il du fier Chrysès chassé les maux secrets?
D'importuns tintements frappent-ils moins l'oreille
Où pend d'un gros brillant la flottante merveille?
Demande au vieux Créon si sa bague, une fois,
Calma le dur accès qui vint tordre ses doigts?
Non, dans de vains dehors le bonheur ne peut être,
Et dans l'art de jouir l'orgueil est mauvais maître.
Mais l'homme fastueux cherche-t-il à jouir?
Prétend-il vivre? Non, il ne veut qu'éblouir.
Dans les discours publics il met sa jouissance :
De l'éclat ruineux de sa folle dépense

Veut-on le corriger? Le moyen n'est pas loin :
Ordonnez seulement qu'il soit fou sans témoin.
Faites qu'incognito sa maîtresse soit belle,
Et je veux, dès demain, le voir époux fidèle ;
Que pour son cuisinier il ne soit plus cité,
Et je me fais garant de sa frugalité.
   L'or, pauvre genre humain, vous fut donné, je pense,
Pour être le hochet de votre vieille enfance.
L'un, n'osant y toucher, l'enterre tristement ;
L'autre, au lieu d'en user, le jette follement.
Dis-moi, de ces deux fous, lequel l'est davantage,
Ou l'avare opulent qui s'en défend l'usage,
Ou le sot fastueux qui, fier d'un vain fracas,
Le dépense en objets dont il ne jouit pas ?
Le chef de ses concerts lui choisit sa musique,
Des peintres ses tableaux, des auteurs sa critique ;
Un cuisinier ses mets : jouissant par autrui,
Il ne voit, il n'entend, ni ne mange pour lui.
Heureux encore, heureux si les airs qu'il se donne
Font rire à ses dépens, sans ruiner personne !
Car nous sommes bien loin de ce siècle grossier
Où l'on croyait encor qu'acheter est payer.
Oh ! quels pleurs verserait un nouvel Héraclite,
Que de bon cœur rirait un nouveau Démocrite,
S'ils voyaient chaque état d'un vain faste s'enfler ;
Jusqu'à l'homme opulent le pauvre se gonfler ;
Le seigneur, aux commis, disputer l'élégance ;
Le duc, des traitants même affecter la dépense ;
Et ceux-ci, dans un wisk hasarder sans effroi
Plus qu'en six mois entiers ils ne rendent au roi !
   Toutefois dans le luxe il est un trait que j'aime :
C'est qu'au moins il nous venge et se détruit lui-même,
Et toujours son désastre est près de ses succès.
Car dans un temps fécond en monstrueux excès,
En vain vous m'étalez des sottises vulgaires :
Vite, engloutissez-moi tout le bien de vos pères ;
Ou dans votre quartier, obscurément fameux,
Dans vos salons bourgeois végétez donc comme eux.
Mondor de cet avis sentit bien l'importance :
Déployant dans son faste une noble insolence,

Mondor se ruinait avec un goût exquis :
Boucher lui vendait cher ses élégants croquis ;
Géliote chantait dans ses fêtes superbes ;
Préville et Dugazon lui jouaient des proverbes ;
Sa Laïs, à prix d'or lui vendant son amour,
Traitait, aux frais du sot, et la ville et la cour.
Enfin son bilan vint : plus d'amis ; sa maîtresse
D'avance avait ailleurs su placer sa tendresse ;
Lui, sans pain, sans asile, et d'un fatal orgueil,
En habit jadis noir, portant le triste deuil,
Dans quelque vieux grenier va cacher sa misère,
Et, pour comble de maux..., il est époux et père !

 Damis vous soutiendra (qui l'eût pu soupçonner ?),
Que, pour faire fortune, il faut se ruiner.
Je le veux : toutefois peut-être est-il peu sage
De risquer ce qu'on a, pour avoir davantage.
Il a beau répéter, prodigue intéressé :
« Le roi sait qu'aux états j'ai seul tout éclipsé ;
Au dernier camp (la cour doit en être informée),
J'ai tenu table ouverte, et j'ai traité l'armée : »
Le roi, la cour, malgré des services si beaux,
Laissent, en pleine rue, arrêter ses chevaux.

 Trop heureux le mortel dont la sage balance
Donne un juste équilibre à sa noble dépense ;
Qui sait avec l'éclat joindre l'utilité,
L'abondance au bon goût, au plaisir la santé,
Sans prodigalité comme sans avarice !

 Qui l'eût cru que le luxe unit ce double vice?
Tout est plein cependant d'avares fastueux.
Voyez le fier Orgon : bourgeois présomptueux,
Il pouvait rendre heureux sa famille et lui-même ;
Sa fille eût épousé le jeune amant qu'elle aime ;
Un bon maître eût instruit ses enfants ; ses amis
A sa table, à leur tour, se seraient vus admis,
Et d'un bon vin d'Aï l'influence féconde
Eût fait courir les ris et la joie à la ronde.
Mais, placé par le sort près d'un riche voisin,
Sur sa magnificence il veut monter son train ;
Et, pour l'air d'être heureux perdant le droit de l'être,
Il s'est fait indigent, de peur de le paraître ;

Pour son leste équipage il fondit ses contrats ;
Le foin de ses chevaux est pris sur ses repas ;
En faveur des rubis dont sa femme étincelle,
Hier chez l'usurier on porta sa vaisselle.
Son cocher coûte cher ; en revanche, à son fils
Il achète, au hasard, un pédant à bas prix ;
Et le cruel enfin condamne, dans sa rage,
Sa fille au célibat, et sa femme au veuvage.
Eh ! mon ami, crois-moi, ton éclat fait pitié !
Le bonheur suit souvent un bon bourgeois à pied,
Et ton char fastueux promène la misère.
« En effet, me répond un gros millionnaire,
Ce discours, que j'approuve, est bon pour un faquin
Dont l'aisance éphémère expirera demain.
Avoir du goût, chez lui serait une insolence ;
Mais moi, chargé du poids d'une fortune immense,
Je dois m'en délivrer avec le noble éclat
Que demande mon nom, qu'impose mon état. »
Quoi ! ton or t'importune ? O richesse imprudente !
Pourquoi donc près de toi cette veuve indigente,
Ces enfants, dans leur fleur, desséchés par la faim,
Et ces filles sans dot, et ces vieillards sans pain ?
Ton or te pèse, ingrat ! connais la bienfaisance,
Sois pour les malheureux une autre Providence :
Aux mains d'un bon pasteur cours déposer le prix
Des magots qu'attendait le boudoir de Laïs.
Dote les hôpitaux ; qu'une aumône secrète
Surprenne l'indigent au fond de sa retraite.
Du moins, si tes bienfaits n'osent rester obscurs,
Encourage nos arts, et décore nos murs.
La peinture à tes soins remet ce jeune élève ;
Ce chef-d'œuvre important demande qu'on l'achève ;
Ce monument gothique offense les regards...
Mais que parlé-je ici de chefs-d'œuvres et d'arts ?
Vois-tu, près de tes parcs, sous ton château superbe,
Ces spectres affamés qui se disputent l'herbe ?
Vois-tu tous ces vassaux, filles, femmes, enfants,
De ton domaine ingrat abandonner les champs ?
Sois homme : par tes dons retiens ce peuple utile,
Laisse-lui quelque épi du champ qu'il rend fertile ;

Et que ses humbles toits, réparés à tes frais,
Pardonnent à l'orgueil de tes riches palais.

ÉPITRE
SUR LES VERS DE SOCIÉTÉ.
1768.

J'ai promis des vers à Constance;
Pour moi son ordre est une loi :
Qu'un regard soit ma récompense!
Il est vrai qu'avec répugnance
J'ai d'abord reçu cet emploi :
Je hais le triste personnage
De ces insipides rimeurs
Qui, dans leur importun ramage,
S'en vont bégayant des fadeurs;
Qui ne passent pas votre fête,
Sans qu'une chanson toute prête
Vous compare à votre patron;
Ne permettent point qu'une femme
Mette au jour un petit poupon,
Sans accoucher après madame
D'un petit poëme avorton;
N'apprennent point un mariage,
Que leurs poétiques cerveaux,
D'un insipide verbiage
Affligeant les époux nouveaux,
Ne répandent dans le ménage
Moins de roses que de pavots;
Pour une blonde, une brunette,
Ont en poche une chansonnette;
Enfin, qui, méritant le nom
De poëtes de la famille,
Chantent et la mère et la fille,
Et jusqu'au chien de la maison.
D'ailleurs, pour offrir son hommage,
Surtout pour plaire à la beauté,

Parlons avec sincérité,
Les vers sont d'un bien faible usage !
Les poëtes les plus vantés
Rarement ont eu l'avantage
De plaire aux yeux qu'ils ont chantés.
Leur muse, aimable enchanteresse,
En donnant l'immortalité,
Peut chatouiller la vanité,
Mais n'excite point la tendresse :
Le myrte heureux de la déesse
Qui préside à la volupté
Rarement s'élève à côté
Des lauriers brillants du Permesse.
Le dieu des vers, je le confesse,
Du dieu d'amour est peu fêté ;
Et je plains fort, je vous assure,
Ces amoureux toujours rimants,
Qui, doublement à la torture,
Et comme auteurs et comme amants,
Pour mieux attendrir leur Climène,
Vont présenter à l'inhumaine,
Avec l'hommage de leur cœur,
Quelque poétique fadeur,
Quelque innocente chansonnette
Qu'elle parcourt à sa toilette,
Et qu'elle oublie avec l'auteur,
Pour quelque amant moins bon rimeur,
Mais des charmes de la coquette
Bien plus solide adorateur.
 Constance, je pense de même ;
On peut très-bien, en vérité,
Dire sans rimer : « Je vous aime. »
Un mot seul vaut un long poëme,
Quand c'est le cœur qui l'a dicté.
D'un amant la brûlante ivresse,
Sa douce sensibilité,
Sa touchante timidité
Près de l'objet qui l'intéresse ;
Ses yeux, au gré de sa maîtresse,
Tantôt rayonnants de gaieté,

Tantôt éteints par la tristesse :
Voilà les preuves de tendresse
Dont est jalouse la beauté.
  Je sais que l'amant de Glycère,
Que nos La Fares, nos Chaulieux,
Ont chanté l'Amour et sa mère;
Mais ils chantaient l'amour heureux.
L'art des vers fut toujours chez eux
Accompagné de l'art de plaire :
Quand ils célébraient leur bergère,
Ils la célébraient sous ses yeux;
Et de leurs écrits amoureux
Chaque ligne, je le parie,
Était précédée ou suivie
De ces baisers voluptueux
Dont leur Corinne ou leur Sylvie
Payait leurs chansons et leurs feux.
  Pour moi, sans être aimé comme eux,
Cependant, pour plaire à Constance,
Je vais chanter loin de ses yeux.
Mais que de talents précieux,
Accusant déja mon silence,
Demandent des vers dignes d'eux !
Et ses propos ingénieux
Dont le sel piquant nous réveille,
Et les accents mélodieux
Dont sa voix flatte notre oreille,
Et la finesse de ses yeux,
Et le sourire gracieux
Qui naît sur sa bouche vermeille;
Tout vient me charmer à la fois.
J'hésite, embarrassé du choix;
Et, semblable à la jeune abeille
Qui, quand Flore ouvre sa corbeille,
Indécise entre les couleurs
Et les parfums de mille fleurs,
Ne sait où reposer son aile,
Charmé de mille attraits divers,
J'oublie et la rime et les vers,
Et ne sais m'occuper que d'elle.

Pour y rêver, plus d'une fois
Dans les jardins et dans les bois
Errant avant l'aube nouvelle,
Je dis : « Que n'est-elle en ces lieux !
Sur ces gazons voluptueux
Je reposerais auprès d'elle ;
Ma main, de la fleur la plus belle
Parfumerait ses beaux cheveux ;
Plein d'un transport délicieux,
Je la conduirais sous les ombres
De ces bosquets mystérieux ;
Car, à côté de deux beaux yeux,
On sait que les lieux les plus sombres
Sont ceux où l'on se plaît le mieux. »
Vains regrets ! desir inutile !
Constance, ornement de la ville,
De ce champêtre et simple asile
Dédaigne la rusticité.
Allons, le sort en est jeté,
Allons près de l'enchanteresse
Admirer encor sa beauté,
Et me plaindre de sa sagesse.

A MADAME DE ***,

SUR LE GAIN D'UN PROCÈS.

1768.

La Fortune est voilée, ainsi que la Justice.
L'une éparpille l'or au gré de son caprice ;
L'autre, soulevant son bandeau,
Parfois jette un coup d'œil propice
Sur le rang, le crédit, ou de l'or en rouleau.
Or, admirez l'effet de votre bonne étoile !
Pour vous restituer un légitime bien,
Sur ses yeux, cette fois, Thémis laisse son voile,
Et l'aveugle Fortune a déchiré le sien.

A M. TURGOT.

1769.

Rien de nouveau dans cette ville immense.
Vous avez vu l'effervescence
Qu'a produite en ces lieux le monarque danois;
Jamais Paris, jamais la France
D'hommages plus flatteurs n'ont honoré leurs rois :
Du parlement l'auguste compagnie,
De l'Opéra le théâtre enchanté,
La Sorbonne, la Comédie,
Les Cicérons de l'Université,
Les beaux esprits de notre Académie,
En soi-disant latin, en français brillanté,
En prose, en vers, à l'envi l'ont fêté;
Chaque jour voyait naître une scène nouvelle,
Et jamais, je vous jure, une ferveur si belle
N'a signalé nos chers badauds,
Depuis l'époque immortelle
Du triomphe des Ramponneaux.
Nos conversations étaient cent fois plus vives :
A quel théâtre ira-t-il aujourd'hui?
Où soupe-t-il? quels seront les convives?
Quel bal nouveau prépare-t-on pour lui?
De son esprit qu'est-ce que l'on raconte?
Quelle femme lui plaît, quel jeu le divertit?
Faut-il l'appeler sire, ou bien le nommer comte?
Jamais on n'a tout dit.
Bien sensible à tout notre bruit,
Ce monarque a daigné sourire à nos caprices,
A nos douces vertus, à nos aimables vices;
N'a sifflé qu'*in petto* nos petits grands seigneurs;
A bien vanté les rois de nos coulisses,
Et les minois de nos actrices,
Et les jarrets de nos danseurs.
Quoique jeune et monarque, il réfléchit et pense :
On l'a surpris plus d'une fois

Observant en silence
Ce peuple amoureux de ses rois,
Plein de vivacité comme de patience,
Assez bien gouverné par de mauvaises lois,
Sur ses malheurs rempli d'indifférence,
S'extasiant sur des chansons,
Périssant de misère au milieu des moissons;
Faisant d'excellent vin dont l'étranger s'enivre ;
Et qui vivrait heureux, s'il avait de quoi vivre.
Enfin ce prince a fui de ce Paris charmant,
En convenant, pour l'honneur de la France,
Qu'on ne pouvait assurément
Se ruiner plus galamment,
Ni s'ennuyer avec plus de décence.
Mais, hélas ! depuis son absence,
Les esprits et les cœurs, qu'il avait occupés,
Retombent dans l'indifférence ;
Les bals, les opéra, les fêtes, les soupés,
L'importance des étiquettes;
L'exacte rigueur des toilettes,
Tout commence à dégénérer;
Et son départ laisse enfin respirer
Nos cuisiniers et nos poëtes.

A MADEMOISELLE DE B***.

1769.

Toi, dont j'ai vu couler les premiers pleurs,
Et naître le premier sourire,
Je vais sur ton berceau répandre quelques fleurs.
Pour prix du zèle qui m'inspire,
Que dans ces vers un jour papa t'apprenne à lire,
Et c'est trop m'en récompenser.
Je sais qu'en un âge aussi tendre
Tu ne peux encor les comprendre ;
Mais moi, j'ai du plaisir à te les adresser :
Même avant de sentir, tu sais intéresser.
Mes vers au moins n'ont rien dont je rougisse.

Que d'autres, célébrant des mortels corrompus,
 Encensent, dans de vieux Crésus,
  La décrépitude du vice;
Je célèbre dans toi l'enfance des vertus.
L'enfance est si touchante! Eh! quelle ame si dure
N'éprouve en sa faveur le plus tendre intérêt?
Tous les êtres naissants ont un charme secret:
  Telle est la loi de la nature.
Ces ormeaux orgueilleux, leur verte chevelure,
M'intéressent bien moins que ces jeunes boutons
  Dont je vois poindre la verdure;
  Ou que les tendres rejetons
Qui doivent du bocage être un jour la parure.
  Le doux éclat de ce soleil naissant
Flatte bien plus mes yeux que ces flots de lumière
  Qu'au plus haut point de sa carrière
  Verse son char éblouissant.
  L'été, si fier de ses richesses,
L'automne, qui nous fait de si riches présents,
  Me plaisent moins que le printemps,
  Qui ne nous fait que des promesses.
  Ciel! retranche aux jours nébuleux
   De la lente vieillesse;
  Abrége les jours orageux
  De l'impétueuse jeunesse;
  Mais prolonge les jours heureux
Et des ris innocents et des folâtres jeux!
 Le vrai plaisir semble fait pour cet âge:
L'épanouissement d'un cœur encor nouveau;
 Du sentiment le doux apprentissage;
L'univers par degrés déployant son tableau;
 Ce sang si pur qui coule dans les veines;
 Des plaisirs vifs et de légères peines;
L'esprit sans préjugés, le cœur sans passions;
 De l'avenir l'heureuse insouciance;
Pour tout palais, des châteaux de cartons,
  Et pour richesse, des bonbons:
  Voilà le destin de l'enfance.
  Ah! la saison de l'innocence
  Est la plus belle des saisons.

VERS

A MADAME LA COMTESSE DE B***,

SUR SON JARDIN D'A**.

1774.

J'ai parcouru ce jardin enchanté,
Modeste en sa richesse, et simple en sa beauté.
Qu'on vante ces jardins tristement magnifiques,
    Où l'art, de ses mains symétriques,
Mutile avec le fer les tendres arbrisseaux ;
Où des berceaux pareils répondent aux berceaux ;
Où le sable jaunit les terres nivelées ;
Où l'ennuyeux cordeau dirigea les allées ;
Où l'œil devine tout, et, prompt à tout saisir,
    D'un seul regard dévore son plaisir.
Oh ! que j'aime bien mieux l'énergique franchise
Et la variété de ces libres jardins,
    Où le dédale des chemins
M'égare doucement de surprise en surprise ;
Ces bouquets d'arbres verts négligemment épars,
Et cet heureux désordre et ces savants hasards !
    En contemplant cette heureuse imposture,
Ces naïves beautés dont Plutus est jaloux,
J'ai dit de vos jardins ce que l'on dit de vous :
    C'est l'art conduit par la nature.
    Cet asile délicieux,
Peuplé de bois, tapissé de prairies,
Inspire, dites-vous, de doctes rêveries :
Mais celle qui l'habite inspire beaucoup mieux ;
Et, malgré les attraits de ces simples retraites,
    Ce n'est pas la beauté des lieux
    Qui fait rêver dans les lieux où vous êtes.

IMITATION DE SAPHO [1].

Heureux celui qui près de toi soupire ;
Qui sur lui seul attire ces beaux yeux,
Ce doux accent et ce tendre sourire !
    Il est égal aux dieux.

De veine en veine une subtile flamme
Court dans mon sein, sitôt que je te vois ;
Et, dans le trouble où s'égare mon ame,
    Je demeure sans voix.

Je n'entends plus ; un voile est sur ma vue ;
Je rêve, et tombe en de douces langueurs ;
Et, sans haleine, interdite, éperdue,
    Je tremble, je me meurs.

LE RUISSEAU DE LA MALMAISON,

VERS POUR LA FÊTE DE MADAME DU MOLÉ.

(C'est le dieu du ruisseau qui parle.)

Parmi les jeux que pour vous on apprête,
Permettez, belle Églé, que le dieu du ruisseau,
Qui, charmé de baigner votre heureuse retraite,
Vous voit rêver souvent au doux bruit de son eau,
    Vienne s'unir à cette aimable fête.
C'est à vous que je dois le destin le plus beau :
Mes ondes, avant vous, faibles, déshonorées,
Sur un limon fangeux se traînaient ignorées ;
C'est vous de qui les soins, par des trésors nouveaux,
    Ont augmenté les trésors de ma source ;
        C'est vous qui, dans leur course,
    Sans les gêner, avez guidé mes eaux.

---

[1] Ces vers furent composés à la sollicitation de M. l'abbé Barthélemy, qui pria l'auteur de suivre, dans cette traduction, la mesure des vers saphiques. — Voyez le *Voyage d'Anacharsis*, chap. III, et la note 11.

Vous, de Marly [1] naïades orgueilleuses,
  Qu'au haut des monts vos eaux ambitieuses
S'élèvent avec peine, et fassent gémir l'air
  Du bruit affreux de leurs chaînes de fer;
    Moi, dans ma course vagabonde,
  A son penchant j'abandonne mon onde.
    Que, dans de pompeuses prisons,
Le marbre des bassins tienne vos eaux captives :
    Entre des fleurs et des gazons
  Je laisse errer mes ondes fugitives.
Allez baigner des rois le séjour enchanté;
Moi, j'arrose les lieux où se plait la beauté.
Là, prenant tour à tour vingt formes différentes,
Mes flots se font un jeu d'exprimer dans leur cours
De la charmante Églé les qualités brillantes,
Et savent toujours plaire en l'imitant toujours.
  La pureté de ces eaux transparentes,
D'un cœur plus pur encor peint la naïveté;
  Le jet brillant de ces eaux bondissantes,
De son esprit peint la vivacité.
  Voit-on mes flots, au gré de la nature,
    Suivre négligemment leur cours?
    C'est l'image de ses discours,
    Qui nous plaisent sans imposture.
    J'aime à répéter dans mes eaux
  L'azur des cieux, les fleurs de mon rivage,
    Et la verdure des berceaux;
Mais j'aime cent fois mieux réfléchir son image.

CROMWELL A CHRISTINE,

REINE DE SUÈDE,

EN LUI ENVOYANT SON PORTRAIT.

(Traduit de Milton.)

Astre brillant du Nord, intrépide amazone,
L'exemple de ton sexe et la gloire du trône !

---

[1] La Malmaison est près de Marly.

Tu vois comme ce casque, au déclin de mes ans,
D'un front déja ridé couvre les cheveux blancs.
A travers cent périls, dans des routes sans trace,
Les destins triomphants ont conduit mon audace.
Un peuple entier remit ses droits entre mes mains.
Jaloux d'exécuter ses ordres souverains,
C'est pour lui que j'ai pris, que je garde les armes;
Mais rassure ton cœur : l'auteur de tant d'alarmes,
Cromwell, dans ce tableau, se soumet à tes lois.
Ce front n'est pas toujours l'épouvante des rois [1].

VERS

A MADAME ROUX,

QUI AVAIT ENVOYÉ A L'AUTEUR UNE COURONNE DE MYRTE
ET DE LAURIER.

La Nature en riant t'a cédé son empire.
Jadis, écoutant trop un indiscret délire,
 Je voulus du peuple des fleurs
Exprimer les beautés, les formes, les couleurs;
 Mais, comparée à tes doigts enchanteurs,
  Hélas ! que peut ma faible lyre ?
Ta main créa : je n'ai fait que décrire.
  Dans ton ingénieux travail,
A tes aimables fleurs, que manque-t-il encore ?
  Du plus éblouissant émail
Leur riche vêtement à ton gré se décore;
  Je pense voir sur leurs habits
La brillante rosée épancher ses rubis;
Je crois voir du zéphyr l'haleine caressante
Balancer dans tes mains leur tige obéissante;

---

[1] Ce dernier vers est de Voltaire, qui avait traduit ainsi la fin de cette épigramme :

  Les armes à la main j'ai défendu les lois ;
  D'un peuple audacieux j'ai vengé la querelle.
  Regardez sans frémir cette image fidèle :
  Mon front n'est pas toujours l'épouvante des rois.

Et sur leurs frais boutons d'azur, de pourpre et d'or,
L'abeille de son miel recueillir le trésor.
Je cherche, en les voyant, à quelle chevelure
  Doit s'enlacer leur riante parure.
Non, jamais de Zeuxis le pinceau si vanté
N'unit tant d'artifice à tant de vérité.
J'ai vu ces arsenaux où l'airain qui bouillonne
Représente à nos yeux, ombragés de lauriers,
    Les poëtes et les guerriers ;
J'ai vu ces ateliers où la guerre façonne
  De nos héros les glaives destructeurs :
    Sans m'effrayer, ton art m'étonne,
  Et je préfère aux forges de Bellone,
  Où Mars, assis sur le bronze qui tonne,
Court arroser la terre et de sang et de pleurs,
Ce paisible atelier, brillant de cent couleurs,
    Qui pour moi, pour mon Antigone,
Enfante des lauriers, des myrtes et des fleurs.
Que ces festons charmants ont le droit de me plaire !
    Mais, en dépit de ma témérité,
    Je le sens trop, je n'ai point mérité
  Un prix si doux, un si brillant salaire.
Alcibiade seul, dans Athène autrefois,
    Beau, jeune, brave, et servant à la fois
La Minerve des arts, la Minerve guerrière,
Pour prix de ses talents et de ses grands exploits,
Eut le droit d'obtenir une fleur de Glycère.
Charmante Églé, les fleurs ne t'abandonnent pas ;
De leurs fraîches couleurs ta bouche se décore ;
    Je les vois naître sous tes pas ;
Je les vois s'animer sous tes doigts délicats ;
    Ton haleine est celle de Flore ;
De la blancheur du lis ton teint nous éblouit ;
    Comme une fleur s'épanouit,
    Je vois ton doux sourire éclore ;
Tu dis un mot : c'est une fleur encore ;
Et partout sur tes pas le printemps nous sourit.
Quand l'Éternel d'un mot créa nos paysages,
    Il s'admira lui-même en ses ouvrages :
    Toi, dont la main les reproduit pour nous,

Ton cœur doit jouir davantage.
Créer le monde est beau, l'imiter est plus doux;
Tu montres à la fois le modèle et l'image;
    Et moi, portant à tes genoux
    Mon tendre et légitime hommage,
  Je dis : « Comment cette jeune beauté,
    Dont l'aimable simplicité,
Comme la fleur des champs, est ingénue et pure,
A-t-elle su, trompant le toucher, le regard,
    Mettre à côté de la nature
    Le doux mensonge de son art?
Cet aimable prestige est sa seule imposture.
  Jadis des fleurs je chéris la culture ;
    De leur agréable parure
Je bordais mes ruisseaux, je parais mes bosquets ;
    Au souffle des vents indiscrets,
    Sous l'abri transparent d'un verre,
Je les cachais dans le fond d'une serre :
Mais les vents, la critique, ont flétri mes jardins ;
    Et je donnerais mon parterre,
Pour la moindre des fleurs qui tombent de tes mains.

VERS

POUR LE PORTRAIT DE M. CARRON,
PRÊTRE FRANÇAIS.

Des Français exilés seconde Providence,
Dans leur secret asile il cherche les malheurs ;
Il soigne la vieillesse, il cultive l'enfance,
Il instruit par sa vie, il prêche par ses mœurs ;
Et quand sa main ne peut secourir l'indigence,
Il lui donne ses vœux, sa prière et ses pleurs.

A M. DE BOUFFLERS.

Honneur des chevaliers, la fleur des troubadours,
Ornement du beau monde et délices des cours,

Tu veux donc, dans le sein de ton champêtre asile,
 Vivre oublié? La chose est difficile
Pour toi que le bon goût recherchera toujours.
  En vain, dans un réduit agreste,
Le campagnard mondain, le poëte modeste,
L'aimable paresseux veut être enseveli :
 Toujours pour toi coulera le Permesse,
   Et jamais le fleuve d'Oubli.
  Ces vers pleins de délicatesse,
Où ta muse présente au lecteur enchanté
La grace et la raison, l'esprit et la bonté,
  La bonhomie et la finesse,
  L'élégance avec la justesse,
  La profondeur et la légèreté ;
  Souvent, avec un art extrême,
 Prête au bon sens l'accent de la gaieté,
  Et se calomnie elle-même
   Par un air de frivolité :
  Ces titres heureux de ta gloire
 Seront toujours présents à la mémoire.
  Digne à la fois des palais et des champs,
Ton Aline toujours aura ces traits touchants
  Qu'elle reçut de ta muse facile,
  Lorsque ton pinceau séducteur,
  Toujours brillant, toujours fertile,
Gai comme ton esprit et pur comme ton cœur;
   Entre le dais et la coudrette,
   Entre le sceptre et la houlette,
  Nous peint cet objet enchanteur,
 Moitié princesse et moitié bergerette.
Malgré toi tout Paris répétera tes chants;
Et toujours tu joindras, dans ton aimable style,
   A la simplicité des champs,
   Toutes les graces de la ville.
Puis, quand il serait vrai que tes modestes vœux
Pussent s'accommoder de ces rustiques lieux,
  Pourrais-tu bien, au fond d'une campagne,
  Contre les vœux des Graces, des Amours,
   Enterrer l'aimable compagne
   A qui nous devons tes beaux jours?

Si tu n'avais de ton doux hyménée
Reçu pour dot qu'un immense trésor,
Je te dirais : « Va dans la solitude
Cacher tes jours et ta femme et ton or,
Et d'un triste richard l'avare inquiétude. »
Mais l'esprit, la beauté, sont faits pour le grand jour ;
La ville est leur empire, et le monde leur cour :
    Le sage créateur du monde
    Ensevelit les métaux corrupteurs
    Au sein d'une mine profonde ;
    Il cache l'or, et nous montre les fleurs.
    Si toutefois, dans ton humeur austère,
    Las du monde et de ses travers,
    Tu veux dans le fond des déserts
    Cacher ton loisir solitaire,
Avec tes goûts nouveaux permets-nous de traiter :
    Prenons un temps pour nous quitter ;
    Attends que tu cesses de plaire,
    Et tes vers de nous enchanter.
Alors, puisqu'il le faut, sois agricole ; range
    Tes fruits nouveaux dans tes celliers,
    Tes blés battus dans tes greniers,
    Tes blés en gerbes dans ta grange,
Dans tes caveaux tes choux rouges ou verts.
    Mais que m'importe ta vendange,
A moi qui m'enivrai du nectar de tes vers,
    Et quelquefois de ta louange ?
Plus d'un contrefacteur du vin le plus parfait,
Des pressoirs de Pomard et des cuves du Rhône,
Des crus de Jurançon, de Tavel et de Beaune,
    Sait assez bien imiter le fumet ;
Même d'un faux AI la mousse mensongère,
    En pétillant dans la fougère,
    Trompe souvent plus d'un gourmet :
    Mais tes écrits ont un bouquet
    Que nul art ne peut contrefaire.

A MADAME
LA COMTESSE POTOCKA,

NÉE MICHELSKA.

Eh bien! puisque l'impatience
De revoir vos climats chéris
Ainsi qu'à l'amitié vous ravit à la France,
Partez : les nobles Potockis,
Dans l'aimable Français, digne sang de ses pères,
Comme les mœurs héréditaires
De tous ces vieux héros au champ d'honneur instruits,
De vos sages leçons reconnaîtront les fruits,
Et dans le modèle des fils
Verront l'ouvrage heureux du modèle des mères.
Pour nous, qui des vertus connaissons tout le prix
(J'en jure ici par la reconnaissance),
L'Imagination, dont j'ai peint la puissance,
Saura bien vous atteindre aux plus lointains climats.
Pour nous rendre votre présence,
Elle va voler sur vos pas ;
L'amitié franchit tout; le temps ni la distance
Des objets de ses vœux ne la sépare pas,
Et le doux souvenir ne connaît point l'absence.

VERS

POUR LE JARDIN DE MADAME D'HOUDETOT.

O combien j'aime mieux vos riants paysages
Que ces parcs, de Plutus dispendieux ouvrages,
Où venaient à grand bruit se cacher autrefois
Et les ennuis des grands et les chagrins des rois!
Je trouve l'innocence et le bonheur champêtre
Dans ces lieux, que vos mains ont pris soin d'embellir.
L'oiseau, de vous charmer semble s'enorgueillir,
Les roses s'empressent d'y naître,
Et le chêne veut y vieillir.

J'aime de vos gazons les nappes verdoyantes ;
Vos élégants bosquets, vos bois majestueux,
Tout plaît à mes regards : vos routes ondoyantes
Ne me tourmentent point de replis tortueux,
Et l'on y peut marcher, y rêver deux à deux.
 A ces beaux lieux, que le bon goût décore,
Plus d'un doux monument vient ajouter encore :
  De tous ceux qui vous furent chers,
 Dont vous aimiez l'éloquence ou les vers,
Sous les abris sacrés de ces feuillages sombres,
On croit voir revenir et voltiger les ombres.
Votre art veut émouvoir, et non pas éblouir :
Pour vous aimer c'est vivre, et rêver c'est jouir :
  La douleur rêveuse a son charme.
 Dès qu'on arrive à ce jardin charmant,
  Le cœur est sûr d'un sentiment,
  Et l'œil se promet une larme.
Tout ici se conforme à vos tendres douleurs ;
Pour vous le noir cyprès rembrunit ses couleurs,
 L'onde plaintive attriste son murmure,
Un jour mélancolique éclaire l'ombre obscure,
Et le saule incliné joint son deuil à vos pleurs.
Eh ! qui peut près de vous demeurer impassible ?
Quels barbares échos peuvent rester muets ?
Les doux ressouvenirs habitent vos bosquets ;
La tristesse chérit leur silence paisible ;
  Et, pour exprimer vos regrets,
La pierre même apprend à devenir sensible.

VERS

SUR LE PORTRAIT DE MADEMOISELLE LA FAULOTTE.

 La douce rêverie et la vivacité,
  La gaieté jointe à la décence,
  La finesse avec l'innocence,
 Et la pudeur avec la volupté ;
  Voilà quel heureux assemblage
  A dû composer votre image.

D'où vient qu'avec plaisir l'œil saisit chaque trait
    De cette peinture fidèle?
     C'est qu'on trouve dans le portrait
    Ce qu'on chérit dans le modèle.
Que dis-je? Le pinceau ne parle ici qu'aux yeux :
    Où sont ces chants délicieux,
    Ces harmonieuses merveilles
Qui ravissent le cœur et flattent les oreilles?
J'écoute, et n'entends point les accents enchanteurs
    De cette voix si légère et si tendre.
    Heureusement pour la paix de nos cœurs,
    L'art de Zeuxis ne peut les rendre.
Son image sur nous aurait trop de pouvoir,
Si le pinceau joignait le bonheur de l'entendre
    Au plaisir si doux de la voir.
Et si je pénétrais dans cette ame si pure
Que dans un corps charmant enferma la nature,
    Que de sentiments délicats!
    Je voudrais bien les peindre; mais, hélas!
La vertueuse Annette à sa gloire s'oppose;
    D'un vain renom évitant les éclats,
La modeste pudeur qui dans son cœur repose
    Voile à nos yeux ses innocents appas :
    C'est le calice de la rose,
Dont le parfum s'exhale et ne se montre pas.

VERS

A M. CHARLES LACRETELLE,

AUTEUR D'UN PRÉCIS HISTORIQUE DE LA RÉVOLUTION.

Au tour facile, à la phrase nombreuse
    De l'harmonieux Cicéron,
    Vous unissez la touche vigoureuse
    De l'historien de Néron ;
Tout seconde vos vœux ; la Discorde elle-même,
Qui des serpents du Styx tressant son diadème,
Excitait aux combats les peuples et les rois,
    Vous rend hommage en rentrant dans l'abîme,

Et dé ses dissonantes voix
Forme pour vous un concert unanime :
Vos inexorables pinceaux,
Mieux que la hache et que les échafauds,
Par un supplice légitime,
Même après leur trépas punissent nos bourreaux.
J'aime à voir l'affreux Robespierre,
Dont le nom seul effraie encor la terre,
Sur les degrés sanglants de son trône abattu,
De son code assassin devenir la victime ;
Et je pense voir la Vertu
Écrivant l'histoire du Crime.

A M. LE MARQUIS D'ÉTAMPES,

QUI ANNONÇAIT A L'AUTEUR LA NOUVELLE D'UN ACCOUCHEMENT.

Un grand-papa, d'un style triomphant,
M'écrit qu'un très aimable enfant
Vient de naître dans sa famille :
Est-ce un garçon, est-ce une fille?
Je n'en sais rien ; mais cette tendre fleur
Ne déparera point celles qui sont écloses ;
De sa tige natale elle sera l'honneur :
C'est un bouton de plus dans un bouquet de roses.

AU MÊME,

QUI M'AVAIT ENVOYÉ DES VERS.

Les Grecs, en courtois chevaliers,
Dans leurs combats, s'il en faut croire
Ce qu'ont dit la fable et l'histoire,
Changeaient entre eux de boucliers :
Ainsi de vers, d'estime et de louange,
Nos muses à l'envi font un heureux échange.
Me défendre est bien noble, et vous louer bien doux.
Mais quelle distance entre nous !
Contre la censure rigide
Lorsqu'en rivaux unis nous élevons la voix,

Mon suffrage pour vous n'est qu'un faible pavois,
  Et votre éloge est mon égide.
De votre jugement je tire vanité :
Oui, puisque je vous plais, je dois blesser l'envie;
Et si Virgile est sûr de l'immortalité,
Tous deux vous m'assurez quelques instants de vie.
Vous êtes mes garants; car, enfin, c'est beaucoup
  D'être inspiré par le génie,
  Et d'être guidé par le goût.

VERS

A L'AUTEUR DES AMOURS ÉPIQUES [1].

  Chantre aimable, sur plus d'un ton
Sous vos habiles doigts votre lyre résonne;
  Virgile, Homère, et le Tasse, et Milton,
De leurs lauriers détachent un feston
  Pour composer votre couronne.
  Autrefois du brave Memnon,
  Fabuleux enfant de l'Aurore,
  Le simulacre harmonieux,
  Au gré de l'astre radieux
  Par qui le monde se colore,
  Rendait un son mélodieux :
Vous, par un art plus merveilleux encore,
De six chantres divins, astres brillants des arts,
Poëtes de Roland, d'Achille et des Césars,
Dont le Pinde moderne et le vieux temps s'honore,
  Vous rassemblez tous les rayons épars,
Et répétez les chants de leur lyre sonore.
  Poursuivez, heureux Grandmaison !
Vers la célébrité courez d'un vol agile.
  Je m'en souviens, dans ma jeune saison,
Des amis indulgents, du surnom de Virgile,
Sur la trompeuse foi de la terminaison,
Grace à la consonnance, honorèrent Delille;

---

[1] M. Parseval-Grandmaison, de l'Académie française.

Et j'étais fier alors de la comparaison..
Le charme est dissipé : ce sobriquet sublime,
Je vous le rends ; je le dus à la rime,
   Vous le devez à la raison.

A M. LE COMTE BELOZOSKI.

  Est-il bien vrai qu'au séjour des hivers
De si brillantes fleurs sous vos mains sont écloses?
L'esprit fait les climats, l'esprit dicta vos vers;
   Dans nos jardins vous répandez des roses.
Brillant comme l'été, doux comme le printemps,
   Des chevaliers vous vantez le courage,
Vous chantez la beauté, les exploits éclatants ;
   Et, sage historien du temps,
Vous mesurez sa course et bravez son outrage.

A M. DANLOUX,

PEINTRE [1].

Graces à ces couleurs dont Zeuxis eût fait choix,
Mon aimable Antigone existe donc deux fois ;
Dans un même tableau vit notre double image !
   Reçois donc notre double hommage,
  Hardi, correct, sage et brillant Danloux,
  Qui sans rivaux, mais non pas sans jaloux,
De tous les goûts as conquis le suffrage.
    Ainsi l'astre dont les rayons
      Dirigent tes crayons,
    Quand il a percé le nuage,
Par ses vives splendeurs plaît à tous les climats ;
Du Maure est adoré sur son brûlant rivage,
   Dore les sommets de l'Atlas,
   Du froid Caucase empourpre les frimas,

---

[1] Au sujet du portrait en pied de M. et madame Delille, fidèlement reproduit dans une très belle gravure.

Pénètre dans la terre, étincelle sur l'onde,
Est l'ame, le foyer et le peintre du monde.
A cet art enchanteur qu'honore ton pinceau,
Et qu'enrichit encor ce chef-d'œuvre nouveau,
    Mal à propos je servis de modèle :
      Je le sais bien; mais si j'en croi
      Mes sentiments pour toi,
    J'en puis servir à l'amitié fidèle.

A UN AIMABLE GOUTTEUX.

Cher d'Aigremont, d'où te vient, à ton âge
    Ce mal effréné, dont la rage
Au grand galop suit ton rapide essieu,
Et pour qui, t'éloignant de ton doux parentage,
    Tu te mets en pèlerinage
    Pour je ne sais quel triste lieu,
Où l'eau du cru sera ton seul breuvage?
Est-ce le dieu du vin? est-ce l'aveugle dieu?
Le buvais-tu mousseux? la trouvais-tu jolie?
Ou bien est-ce à la fois l'une et l'autre folie
(Car de l'une et de l'autre on te soupçonne un peu)?
    A ton retour tu nous en dois l'aveu.
En attendant, hélas! la goutte est du voyage;
    Mais tu la souffres comme un sage,
    Et la chantes comme Chaulieu.

TRADUCTION

D'UN MORCEAU DE LA TRAGÉDIE D'OTHELLO

DE SHAKSPEARE.

Son père m'estimait; par la publique voix
Il savait dès long-temps mes malheurs, mes exploits;
Ils lui donnaient pour moi l'intérêt le plus tendre;
Mais de ma propre bouche il voulait les entendre;
Et moi, pour satisfaire à ses vœux empressés,
Je lui contais mes maux et mes périls passés,

Quel fut mon sort obscur, comment par mon courage
Je sortis de la foule et devins mon ouvrage ;
Quel revers me plongea dans la captivité ;
Quel ami généreux paya ma liberté ;
Ce tissu varié d'espérance et d'alarmes ;
Ma jeunesse affrontant le tumulte des armes ;
Quels prodiges cent fois m'ont sauvé du trépas ;
Des milliers d'ennemis moissonnés par mon bras,
Malheureux qu'à regret immolait ma victoire,
Et sur qui je pleurais au milieu de ma gloire.
Tantôt c'était un siége et ses longues horreurs :
L'assaillant au dehors déployant ses fureurs ;
Au dedans tous les maux d'une ville affamée,
Et la contagion dévorant mon armée :
Desdémona pensive écoutait ce discours ;
Ou si, de mon histoire interrompant le cours,
Quelque soin domestique exigeait sa présence,
Bientôt, pour réparer ces courts moments d'absence,
Elle accourait vers nous, et son cœur transporté,
Écoutant mon récit avec avidité,
Partageait mon destin heureux ou misérable.
Je le vis, je saisis un instant favorable,
Et surpris à son cœur sensible et généreux
Une douce prière, objet de tous mes vœux :
C'était de répéter, de répéter encore
Ces traits qu'elle admira, ces maux qu'elle déplore.
Mon récit trop modeste en taisait la moitié ;
C'était trahir la gloire et trahir l'amitié ;
Depuis les premiers jours de ma première enfance
Jusqu'au dernier péril qu'affronta ma vaillance,
On voulait tout savoir ; et tandis que ma voix
Reprenait ce récit redemandé vingt fois,
Mes courses, mes combats sur la terre et les ondes,
Dans les sables déserts, dans les forêts profondes,
Mon coursier tout sanglant se débattant sous moi ;
Mon œil dans tous ses traits voyait courir l'effroi :
J'entendais ses soupirs, je surprenais ses larmes,
Et jouissais tout bas de ses tendres alarmes.
Un jour enfin, d'un ton mélancolique et doux :
« Quel mortel, me dit-elle, a souffert plus que vous ?

Entre tous vos amis s'il en est un qui m'aime,
A compter vos malheurs instruisez-le vous-même,
Et je ne quitte plus ce touchant entretien. »
Ces mots partis du cœur avertirent le mien ;
Elle avait révélé le secret de sa flamme,
Et l'aveu de la mienne échappa de mon ame.
Sans refuser mes vœux et sans les recevoir,
Sa touchante rougeur confirma mon espoir ;
Elle aimait mes malheurs, et moi j'aimai ses larmes.
L'amour et la pitié confondirent leurs charmes,
Et firent deux époux de deux tendres amants :
Voilà mon sortilége et mes enchantements.

COUPLETS

DEMANDÉS PAR DES JEUNES GENS DE SAINT-DIÉ,

QUI DONNAIENT UNE FÊTE AUX JEUNES PERSONNES DE LA VILLE.

Le printemps vient ; que tout s'empresse
A fêter l'âge des amours :
Peut-on mieux chanter la jeunesse,
Que dans la saison des beaux jours ?

Tout s'embellit par la jeunesse ;
Pour nous le fer arme ses mains ;
Elle eut ses fêtes dans la Grèce,
Elle eut ses jeux chez les Romains.

Toi-même, à la tête des Graces,
Vieillesse, parais à ton tour ;
Comme l'hiver, chauffe tes glaces
Aux rayons naissants d'un beau jour.

O toi, jeunesse séduisante,
Ne refuse pas son doux prix
Au poëte heureux qui te chante !
Tu peux le payer d'un souris.

Si la vieillesse obtient pour elle
Quelque jour les mêmes faveurs,
Pour rendre la fête plus belle,
Jeunesse, fais-en les honneurs.

Alors si j'y parais moi-même,
Honore-moi d'un doux accueil ;
Et que le chantre heureux qui t'aime
Soit favorisé d'un coup d'œil.

Ainsi la complaisante Aurore,
Au front jeune, au regard serein,
Permet que le soir se colore
De quelques rayons du matin.

Mais qu'entends-je ? Une voix chérie
Prête à mes vers ses sons touchants ;
Ce lieu charmant est sa patrie,
Il a double droit à mes chants.

PARALLÈLE

DE LA BIENFAISANCE ET DE LA RECONNAISSANCE ;

ÉPITRE

PRÉSENTÉE PAR LA SŒUR DE MADAME DELILLE A MADAME LA COMTESSE
POTOCKA, DONT ELLE AVAIT REÇU UNE PAIRE DE BRACELETS.

Deux déités, qui de leur main féconde
Versent la paix et le bonheur au monde,
Servant dans ses desseins le Dieu de l'univers,
Joignent d'un double nœud tous les êtres divers.
 C'est toi, divine Bienfaisance !
C'est toi, sa digne sœur, tendre Reconnaissance !
 Grace à ces deux divinités,
De services rendus, de bienfaits acquittés,
 L'esprit social se compose :
 Tout se tient dans le monde entier.

Voyez cet arbrisseau, dont le suc nourricier
Court abreuver la fleur nouvellement éclose.
Le rosier de sa sève alimente la rose;
Et la rose à son tour embaume le rosier.
  Ainsi l'aimable Bienfaisance
  Répand ses dons consolateurs ;
Ainsi le doux encens de la Reconnaissance
  Rend hommage à ses bienfaiteurs.
 Le cœur se plaît à comparer entre elles
Ces deux sœurs, qui devraient, compagnes éternelles,
  Pour consoler le genre humain,
Marcher toujours ensemble en se donnant la main,
Et qui souvent, hélas ! l'une à l'autre infidèle,
  Brisent leur chaîne mutuelle,
  Et se séparent en chemin.
  Toutes deux ont leur caractère,
  Et leur penchant, et leur pouvoir :
  L'une de l'autre est tributaire;
L'une aspire à donner, et l'autre aime à devoir;
L'une offre avec bonté, l'autre accepte sans honte.
  Par un instinct doux et puissant
  La Reconnaissance remonte,
  Et la Bienfaisance descend :
  L'une appartient à la faiblesse;
 L'autre au pouvoir; l'une, de la richesse
Verse le superflu sur l'indigence en pleurs ;
  L'autre, à sa sœur, pour récompense,
  Portant les hommages des cœurs;
  Sur la douce correspondance
  Des obligés, des bienfaiteurs,
  Des besoins et de l'abondance,
  Fonde l'utile dépendance
  Des protégés, des protecteurs,
  Du savoir et de l'ignorance,
Des grands et des petits, et du peuple et du roi ;
L'une suit le bienfait, et l'autre le devance ;
 Et, pour mieux peindre encor leur différence,
  L'une c'est vous, l'autre c'est moi.
 Mais quelques traits encor manquent au parallèle :
  De toutes deux la grâce naturelle

Sait nous plaire et nous attacher;
Mais l'une aime à paraître, et l'autre à se cacher.
  L'oubli sied à la Bienfaisance;
  Créancière sans défiance,
  Jamais, envers son débiteur,
  Sa généreuse insouciance
  D'un impitoyable exacteur
Ne se permit l'avide impatience;
  Au lieu d'arracher à nos cœurs
  Le prix forcé de ses faveurs,
De son noble abandon l'oublieuse indulgence
  Laisse à d'orgueilleux protecteurs
  De leur tyrannie obligeante
  Les officieuses hauteurs,
  Et de leur mémoire exigeante
  Les souvenirs persécuteurs.
Mais si l'oubli sied à la Bienfaisance,
Le souvenir convient à la Reconnaissance :
Il exerce sur elle un pouvoir souverain ;
Elle retient des dons l'image impérissable;
Par elle les bienfaits sont gravés sur l'airain,
  Et les injures sur le sable;
Par elle, notre cœur s'acquitte à peu de frais.
Ces liens qu'à mon bras votre main entrelace,
  A vous m'enchaînent à jamais :
Reconnaître les dons et donner avec grace,
  Voilà le code des bienfaits,
  Qui depuis long-temps est le nôtre.
A tous les cœurs bien nés l'un et l'autre est commun :
  Votre ame vient d'éprouver l'un,
  La mienne jouira de l'autre.
Ainsi des nœuds bien chers se forment entre nous.
Bien faire c'est jouir, et bien sentir c'est rendre;
L'un marque une ame noble, et l'autre une ame tendre.
Votre rôle est plus beau, mais le mien est plus doux.
  Voyez combien de délices rassemble
  Ma juste sensibilité !
  Vous chérir, c'est aimer ensemble
  L'esprit, la grace, et la bonté.

ÉNIGME

TRADUITE DE L'ANGLAIS.

Dans maint écrit, dans maint tableau,
 A l'envi l'on me défigure...
Depuis que je suis né, vainement je murmure
 Contre la plume et le pinceau :
L'un me peint l'air flétri, courbé, ridé par l'âge;
Mais, de par tous les dieux, c'est trop me faire outrage.
 Je m'emporte; mais, sur ma foi,
Par la malignité de cette humaine engeance,
 Aucun ne fut maltraité comme moi.
Je pourrais l'en punir; mais, pour toute vengeance,
 Je prétends ici trait pour trait,
 En bien, en mal, dessiner mon portrait.
D'abord, du beau côté s'il faut que je me peigne,
 Celui qui sert, celui qui règne,
 Également sont soumis à ma loi;
 Mais tout mortel est fatigué de moi;
Passé, chacun me pleure, et présent, me dédaigne.
 Le souvenir, la curiosité,
 Tout s'intéresse à ma famille entière :
 L'un, rejetant ses regards en arrière,
S'en va de mes aïeux chercher l'antiquité;
L'autre, de l'avenir franchissant la barrière,
 Vole au-devant de ma postérité.
En cercle sur mes pas le destin me ramène;
Long au gré de l'ennui, mais court pour le plaisir,
 Tantôt je vole, et tantôt je me traîne;
 Et le dégoût et le desir,
Par d'insipides jeux, par un babil frivole,
Chacun impunément l'un et l'autre me vole :
 C'est un commerce de larcins.
Victime à tout instant des caprices humains,
En public, en secret, au théâtre, aux festins,
 A m'immoler tout homme s'évertue.
Au fond d'un cabinet un lourd savant me tue,

Un fat au Ranelagh; mais plaignez mes destins :
Il n'est point de Tyburn contre mes assassins.
Tout ressent mon pouvoir : le voyageur l'admire
Sur les débris d'Athène, aux sables de Palmyre;
Je fais, mieux que Johnson, justice des auteurs,
Scandale du bon goût et fléau des lecteurs.
Tout empire me doit sa grandeur et sa chute.
    Bien ou mal traité dans mon cours,
  L'un me chérit et l'autre me rebute;
    L'un est prodigue de mes jours,
    L'autre avare d'une minute.
L'homme de loi vend cher au plaideur malheureux
    Chaque point de mon existence,
  Et le marchand pèse dans sa balance
    Jusqu'au moindre de mes cheveux.
  De moi le riche à grands frais se délivre;
    Le criminel qui va cesser de vivre
  Me prie en vain de ralentir mes pas;
    Tandis qu'en un jour de naissance,
Excédé d'étiquette et de magnificence,
Le beau monde se plaint que je ne finis pas.
  Les malheureux m'appellent à leur aide;
Eh! quel autre que moi sait guérir tous les maux,
    Et sans salaire et sans remède?
    Lorsque son imprudent regard,
D'un miroir trop fidèle interroge la glace,
La beauté sur son teint voit à regret ma trace;
Mais moi-même, en secret, réparant sa disgrâce,
    Je mûris lentement ce fard
    Dont les mains forment avec art
La blancheur de ses lis, l'incarnat de ses roses,
Sous des pinceaux flatteurs chaque matin écloses.
    Ah! calmez donc un injuste dépit :
    Belles, cessez d'accuser mon ravage;
    Belles, je rends à votre esprit
    Ce que j'ôte à votre visage.
Mais c'est trop babiller, lecteur, repose-toi;
  Car tu me perds en t'occupant de moi.

A M. DE C***,
POLONAIS.

Dans votre poétique et doux pèlerinage,
Au tombeau glorieux du chantre des Romains,
 Objet sacré de plus d'un grand voyage
Des enfants d'Albion, des Français, des Germains,
Vous n'avez donc pas fait une course inutile !
Ornement éternel du tombeau de Virgile,
Cette feuille sacrée est tombée en vos mains ;
 Vous méritiez de l'avoir en partage,
Vous qui savez chérir son sublime langage.
Cet arbre le plus vieux, le plus beau des lauriers
Qu'épargna la tempête et que respecte l'âge,
Depuis qu'il reverdit, jamais si volontiers
 A l'étranger ne céda son feuillage,
Qu'au poëte envieraient les plus fameux guerriers.
Des voyageurs obscurs la main lui fait outrage ;
Leur larcin est un vol : le vôtre est un hommage.
A ce poëte aimable, et cher au monde entier,
 Mon cœur se plaît à vous associer.
 Pour vous louer, que n'ai-je son langage ?
L'un à l'autre jadis vous eussiez été chers ;
 Vous auriez admiré ses vers,
 Il eût chanté votre courage.
 Tant que des ans le cours l'épargnera,
De ses honneurs conservez bien ce gage ;
Vous croirez voir en lui le noble témoignage
De l'admiration que Virgile inspira,
L'arbre qu'un vieux respect à son nom consacra,
Le mont qui l'embellit, le tombeau qui l'ombrage.
Pour moi, ce cher débris m'inspire un vœu pour vous :
C'est que de vos beaux jours, si précieux pour nous,
Ce laurier immortel soit la fidèle image.

A LA PRINCESSE

AUGUSTA DE BRUNSWICK.

Proscrit, errant, sans foyer, sans patrie,
Cet enfant nouveau-né d'une épouse chérie [1],
Même en nous consolant, ajoutait à nos maux ;
Mais des infortunés la généreuse amie
Lui daigne ouvrir ses bras et son ame attendrie.
    Sous des auspices aussi beaux,
  Ah ! qu'il est doux d'arriver à la vie !
    Tel ce bouton frais et vermeil,
    Qui dans l'hiver n'osait éclore,
N'attendait, pour s'ouvrir, qu'un rayon du soleil,
    Ou qu'une larme de l'Aurore.
Heureux enfant, du céleste flambeau
Apprends-nous donc enfin à bénir la lumière ;
Mêle ton doux souris aux larmes de ta mère,
    Et puisse, jusques au tombeau,
    T'accompagner dans ta carrière
Ce rayon de bonheur tombé sur ton berceau !

A MADAME LA PRINCESSE

JABLONOWSKA.

Belle Jablonowska, de mon champêtre ouvrage
Daignez d'un doux souris favoriser l'hommage.
    La campagne inspira mes chants ;
    Là sont unis l'agréable et l'utile ;
Vos agréments sont faits pour enchanter la ville,
    Mais vos goûts purs vous ramènent aux champs.
Je ne puis vous offrir des sceptres, des couronnes,
Des temples fastueux, de superbes colonnes ;
Mais les divinités, d'un regard complaisant,
    Daignent sourire au plus simple présent :

---

[1] La princesse avait tenu sur les fonts de baptême l'enfant d'un Français qui lui adressait ces vers.

Ainsi la vive Hamadryade,
Ou la Nymphe des bois, ou la jeune Oréade
  Chez la pieuse antiquité,
Dans un temple entouré d'une pompeuse arcade,
  Ou d'une riche colonnade,
Par les grands et les rois voyait son nom fêté ;
Puis rentrait dans son arbre, et sous son frais ombrage,
Oubliant et son temple et les palais du ciel,
  Se contentait de l'humble hommage
De quelque fleur, ou d'un rayon de miel.
  Peut-être un jour, m'élançant sur vos traces,
    Dans mon essor audacieux
  Je chanterai vos vertus et vos graces,
    L'antique sang de vos aïeux,
Cette noble fierté qui n'a rien de farouche,
  Qu'aucun titre n'enorgueillit ;
Ces entretiens charmants dont la grace nous touche,
    Et la bonté qui s'embellit
    En s'exprimant par votre bouche.
Alors de mon succès je ne douterai plus ;
Votre nom du public me vaudra le suffrage :
  Avec plaisir mes vers seront reçus,
  Et le sujet consacrera l'ouvrage.
Avec bonté, dit-on, mes poëmes sont lus
  Par votre aimable et vertueuse fille ;
    Pour moi c'est un titre de plus :
L'indulgence chez vous est un goût de famille ;
  Même l'on dit que ses heureux essais
Daignent de mes tableaux copier quelques traits [1] :
Si ses vers sont polis, doux, élégants comme elle,
Alors, grace à sa main noblement infidèle,
  Les miens me sembleront parfaits ;
Alors, dans mes Jardins et plus verts et plus frais,
Pour couronner mon front je choisis l'immortelle.
  Dans ses Jardins, où plus d'un connaisseur
    Goûta la grace naturelle
    De la muse pleine d'appas

---

[1] La jeune fille de la princesse s'occupait alors à traduire quelques morceaux du poëme des *Jardins*.

Qui prit la mienne pour modèle,
Les yeux ne rencontreront pas
Une fleur aussi fraîche, aussi charmante qu'elle.
A polir mes tableaux j'ai passé bien des ans;
Mais la grace n'est pas un ouvrage du temps;
Son maintien élégant, sa forme enchanteresse
    Appartiennent à la jeunesse.
Souvent l'été flétrit les filles du printemps.
    Sur ce rosier, que de ses pleurs arrose
        La jeune amante de Tithon,
        Voyez ce tendre rejeton
    Montrer la fleur nouvellement éclose
    De son modeste et timide bouton :
Du plus brillant émail sa robe se colore,
En célestes parfums son souffle s'évapore,
    Du coloris le plus éblouissant
        Son teint varié se compose :
Le papillon léger lui-même s'y repose,
L'abeille y prend ses sucs, le zéphyr caressant
D'un murmure flatteur la courtise en passant,
    Et le bouton fait envie à la rose :
Voilà mon sort; mon vers (c'est cette vieille tige)
    Perd chaque jour de son prestige;
    L'aimable fleur qui l'embellit,
    C'est le talent de votre fille,
    Où la sagesse à l'agrément s'unit;
    Par lui mon vers se rajeunit,
Et de ce frais bouton où la jeunesse brille,
    Le vieux rosier s'enorgueillit.

A M. L'OEILLART-D'AVRIGNY,

AUTEUR D'UN POEME SUR LA PÉROUSE.

Le poëte immortel d'Achille et d'Andromaque,
    Jadis d'un ton harmonieux
Chanta le prince errant de la petite Ithaque :
    Grace à tes vers ingénieux,
L'Ulysse des Français nous attache encor mieux.
A travers les écueils, sur les gouffres de l'onde,

Nous demandons aux mers sa poupe vagabonde;
  Et, tremblant pour ses jours chéris,
Craignons, en la cherchant, de trouver ses débris.
Sa Pénélope, hélas! dans le royaume sombre
Peut-être maintenant accompagne son ombre;
L'impatient desir de retrouver l'époux
Qu'à ses embrassements ravit le sort jaloux,
Lui fit voir sans terreur les voûtes infernales,
  Et du Styx les ondes fatales,
  Qui, mieux que ses remparts de fer,
Défendent en grondant la porte de l'enfer.
Aujourd'hui, dans les bois des champs Élysiens,
  Dont les paisibles citoyens
Bravent le triple cri des gueules de Cerbère,
Le couple heureux entend les vers du grand Homère,
  Et se console en relisant les tiens.

A MADAME ET MADEMOISELLE

VAILLANT DE BRULE.

Grand merci, belle Caroline,
  Grand merci, charmante Claudine,
De ces riches tissus travaillés par vos mains;
  Les rois mêmes en seraient vains.
Ces mailles, de Vulcain ingénieux ouvrage,
Qui, sur Mars et Vénus expiant son outrage,
Dans le même filet les surprirent tous deux,
Et de leur embarras amusèrent les dieux;
  Pallas, dont l'aiguille savante
Mariait les couleurs sur la toile vivante;
Arachné, que perdit un défi périlleux,
  Et dont le changement funeste
  De la tapissière céleste
  Vengea le dépit orgueilleux;
  Enfin tous ces arts merveilleux,
  Jadis si vantés dans la Grèce,
Auraient cédé la palme à votre heureuse adresse.
  Plus clairvoyant, je l'admirerais mieux;

Privé de la douce lumière,
De l'ingénieuse ouvrière
A peine j'entrevois le travail précieux;
Mais mon cœur en jouit, au défaut de mes yeux.

INSCRIPTION EN VERS

POUR MOULIN-JOLI [1].

Je suis le talisman de ces lieux de féeries :
    Malheur à qui me détruira ;
    Bonheur à qui conservera
Les droits de la nature et ces rives chéries !
    Un bon meunier autrefois me plaça
      Sur le cours de cette onde pure ;
      Un vieux curé me conserva ;
    Un couple heureux, ami de la nature,
      Me prit en gré, me respecta,
      Et dit, lorsqu'il me répara :
« Deviens le talisman de ces lieux de féeries :
    Malheur à qui te détruira ;
    Bonheur à qui conservera
Les droits de la nature et ces rives chéries ! »
  Il dit encore : « Ah ! crains que quelque jour
Le faste destructeur, l'ignorance hardie,
Pénétrant en ces lieux, n'usurpent ce séjour.
      L'ignorance, avec industrie,
      D'un air capable enlaidira
      Ce que sans art, sans symétrie,
La nature, en riant, de ses mains décora.
Les détours ondoyants de ces rives fleuries,
    Le faste les redressera ;
Ces arbres, de leurs bras couronnant les prairies,
    Le faux goût les mutilera ;
Ces réduits ombragés, propres aux rêveries,
    Un cœur faux les profanera ;

---

[1] Cette maison de campagne appartenait à M. Watelet, de l'Académie française, qui y avait fait placer ces vers.

Et partout la nature insultée et flétrie,
  En détestant la barbarie,
  De ce séjour disparaîtra.
Ah ! sois le talisman de ces lieux de féeries :
  Malheur à qui te détruira;
  Bonheur à qui conservera
Les droits de la nature et ces rives chéries ! »

TRADUCTION
DE L'ÉPITRE DE POPE
AU DOCTEUR ARBUTHNOT.

Jean, qu'on ferme la porte, et qu'on la barricade;
Qu'on mette les verrous; dis que je suis malade,
Dis que je suis mourant, que je suis mort !... O cieux !
Quels torrents de rimeurs répandus en ces lieux !
Mon œil épouvanté croit voir sur cette place
Tout l'hôpital des fous, ou bien tout le Parnasse.
Les vois-tu, récitant, courant en furieux,
Un papier dans les mains, et le feu dans les yeux ?
Contre ce vil essaim qui fourmille sans cesse,
Quel rempart assez sûr, quelle ombre assez épaisse ?
Il m'attaque par terre, il m'assiége par eau,
Se glisse dans ma grotte, investit mon berceau,
Inonde mes bosquets, borde mon avenue,
Me poursuit dans l'église, et m'atteint dans la rue;
Ou, pressé par la faim, pour mieux m'assassiner,
M'aborde... justement à l'heure du dîner.

  Est-il un vil rimeur, dont la verve grossière
Exhale en plats écrits les vapeurs de la bière;
Est-il un grand seigneur, auteur de petits vers,
Un poëte en jupon, qui rime de travers;
Un clerc encor poudreux, qui, déserteur du code,
Sache, au lieu d'un contrat, me griffonner une ode;
Un fou, qui, renfermé sans encre et sans papier,
Ait charbonné de vers les murs de son grenier?
Tous viennent m'assaillir, dans leurs fureurs étranges,
Outrés de ma critique, ou fiers de mes louanges.

Arthur voit-il ses fils négliger le barreau?
Ce sont mes maudits vers qui troublent leur cerveau.
Et le pauvre Cornus, trahi par ce qu'il aime,
S'en prend aux beaux esprits, à ma muse, à moi-même!
Toi qui sauvas mes jours, toi sans qui l'univers
Et pour et contre moi n'eût point vu tant de vers,
Quel remède contre eux? Comment fuir cette peste?
Parle : lequel pour moi crois-tu le plus funeste,
De la haine des sots ou de leur amitié?
D'un et d'autre côté que mon sort fait pitié !
Amis, je crains leurs vers; ennemis, leurs libelles;
D'une part, de l'ennui; de l'autre, des querelles.
On frappe : c'est Codrus! Je suis mort. Le bourreau,
Pour me lire ses vers, me tient sous le couteau.
Forcé de les juger, conçois-tu ma misère?
Moi, qui n'ose mentir, et qui ne puis me taire,
Rire aux yeux de l'auteur serait trop inhumain :
Écouter de sang-froid, je l'essaierais en vain.
Quel tourment! Je m'assieds, composant mon visage;
Poliment je m'ennuie, en silence j'enrage,
Et lâche enfin ces mots très peu satisfaisants :
« M'en croirez-vous? Gardez votre pièce neuf ans »
— « Neuf ans! » crie un auteur forcé de faire un livre,
Et par besoin d'écrire, et par besoin de vivre;
Qui dès le point du jour rime entre deux rideaux,
Dont le tendre zéphyr caresse les lambeaux.
« Vous blâmez donc mes vers? Je vais vous les remettre :
Ajoutez, retranchez : vous m'y verrez soumettre. »
« Deux graces seulement, dit l'autre, et rien de plus :
Votre amitié d'abord. — Et puis quoi? — Cent écus. »
« Monsieur, lisez ces mots que Damon vous adresse :
Vous connaissez le duc; parlez à son altesse.
— Mais ce Damon, monsieur, m'a cent fois outragé.
— Ah! par son repentir vous êtes bien vengé;
Ne le refusez pas; sa haine est redoutable.
Il écrit un journal; Curl[1] l'invite à sa table. »
Bon : d'où vient ce paquet? J'ouvre, et je lis ces mots :
« C'est un drame, monsieur, nouvellement éclos.

---

[1] Libraire de Londres.

L'auteur veut se cacher, attendant qu'il prospère :
A ce pauvre orphelin daignez servir de père ! »
Si je dis qu'il est mal, Dieu sait quelles fureurs !
Si je dis qu'il est bien, — « Parlez-en aux acteurs. »
Je respire à ces mots. Grâce à certaines rimes,
Nos histrions et moi ne sommes pas intimes.
La pièce est refusée. Outré de désespoir :
« Morbleu ! dit-il, je veux l'imprimer dès ce soir.
Parlez-en à Lintot. — Lui ! ce fat de libraire,
En l'imprimant *gratis*, croira déjà trop faire.
— Eh bien, retouchez-la. — Je suis bien importun ;
Mais, me dit-il tout bas, le gain sera commun. »
A ces mots, je le chasse ; et, lui rouvrant la porte :
« Vous et vos vers, monsieur, de grace, que l'on sorte. »
   Quand du plus opulent et du plus sot des rois
L'oreille s'allongea pour la première fois,
Son ministre indiscret (d'autres disent sa femme),
Plutôt que de se taire, eût cent fois rendu l'ame.
Le secret fut trahi : le garderai-je mieux,
Moi qui vois tant de sots en porter à mes yeux ?
« Modérez-vous ; souvent l'indiscrète parole
A des échos tout prêts : le mot léger s'envole,
Et les mots échappés ne reviennent jamais.
Laissons l'âne montrer ses oreilles en paix.
Quel mal peut-il vous faire, et quel si grand désordre..
— Quel mal il peut me faire ! il peut ruer et mordre.
Ces sots sont des méchants : pour trahir leurs secrets,
Je n'irai point les dire aux roseaux indiscrets.
Moi-même, à haute voix, j'en instruirai la terre :
Un sot ne reste en paix que lorsqu'il craint la guerre.
Je vous parais cruel ; retenez bien ce mot :
De tous les animaux le plus dur est un sot. »
   Intrépide Codrus, les loges, le parterre,
Par d'affreux sifflements te déclarent la guerre ;
Un rire inextinguible, un rire universel,
Éclate autour de toi, comme autrefois au ciel,
Quand Vulcain, tout froissé de sa chute funeste,
Traînait un pied boiteux devant la cour céleste :
Ton drame aussi succombe, et ta pièce est à bas :
Quel tumulte, grands dieux ! quel horrible fracas !

Inutile tempête! en vain l'orage gronde;
Codrus, sans s'ébranler, verrait crouler le monde :
Son cœur depuis long-temps s'endurcit aux revers.
C'est le sage qu'Horace a décrit dans ses vers.
Vois filer dans un coin cet animal infame;
Que l'on brise sa toile, il renouera sa trame.
Confondez les discours de ce vil rimailleur :
Il revient à l'ouvrage, avide écrivailleur;
Et, fier d'un vain tissu qui d'un souffle s'envole,
L'insecte admire en paix son ouvrage frivole.
    Mais quels sont donc mes torts? Qu'ont perdu tous ces fous?
Ce poëte a-t-il moins son sourire jaloux?
Milord, ce fier sourcil où son orgueil éclate?
Cibber, sa courtisane et ce seigneur qu'il flatte?
Henley de sa canaille est-il moins l'orateur?
Moor, de ses francs-maçons le zélé sectateur?
Bavius n'est-il plus admis à cette table?
Ce prélat trouve-t-il Philis moins admirable?
Sapho... — Bon Dieu, paix donc! De pareils ennemis...
— Ah! je crains plus encor de semblables amis.
Alors qu'il vous outrage, un sot n'est pas à craindre;
C'est lorsqu'il se repent qu'on est le plus à plaindre.
L'un me dédie un tome, et son ton empesé,
Plus que cent ennemis, m'a ridiculisé;
L'autre, la plume en main, chevalier de ma gloire,
Pour moi, contre un journal dispute la victoire;
L'autre vend mes écrits lâchement enlevés;
L'autre crie après moi : « Souscrivez, souscrivez! »
    Plusieurs, de mon corps même admirent la disgrace.
« Ovide eut votre nez; vous toussez comme Horace;
Alexandre portait l'épaule comme vous;
Vos yeux... » Bon : mes amis, cet éloge est bien doux;
Ainsi, de ces mortels fameux par leur mérite,
Ce sont précisément les défauts que j'hérite.
Quand je languis au lit, dites-moi poliment :
« Virgile reposait comme vous justement; »
Et quand j'expirerai, contez-moi, pour me plaire,
Qu'autrefois, comme moi, mourut le grand Homère.
    Ciel! quel fâcheux démon m'a mis la plume en main?
Que de papier perdu dans un métier si vain!

Dès le berceau (combien la nature est puissante!)
Je bégayais des vers d'une voix innocente.
Age heureux, où l'on sent des plaisirs sans douleurs,
Où, sans craindre d'épine, on recueille des fleurs!
Mais du moins, en rimant, j'ai suivi mon génie;
Je n'ai point de mon père empoisonné la vie :
Ma muse ne m'apprit qu'à chanter la vertu;
Qu'à surmonter les maux dont je suis combattu;
Qu'à bénir les bienfaits, tendre ami que j'honore;
Qu'à supporter ces jours que tu soutiens encore.
Mais pourquoi, dira-t-on, vous imprimer? Pourquoi?
Eh! qui n'aurait été séduit ainsi que moi?
Walsh, ce fin connaisseur, le délicat Grandville,
M'ont dit : « Vous charmerez et la cour et la ville. »
Garth, le généreux Garth, daignait guider mes pas;
Congrève me louait, Swift ne me blâmait pas;
Sheffield, Talbot, Somers, consentaient à me lire;
Le grave Atterbury m'accordait un sourire;
Et Bolyngbroke, ami de Dryden vieillissant,
Embrassait avec joie un poëte naissant.
Heureux mes vers, de plaire à leur esprit sublime!
Mais plus heureux l'auteur, de gagner leur estime!
Par eux, on jugera mon cœur et mon esprit.
Eh! que m'importe après ce qu'un Burnet écrit?
   Rappelle-toi l'essor de ma muse novice.
Elle n'osait encor livrer la guerre au vice;
Elle peignait des fleurs, des vergers, des ruisseaux:
Qui pouvait s'offenser de ces riants tableaux?
Gildon pourtant, dès lors, outragea ma personne.
« Il veut dîner, me dis-je, hélas! je lui pardonne. »
Qu'un censeur, moins fougueux, critique mes écrits :
S'il dit vrai, j'en profite; et s'il a tort, j'en ris.
Mais je connais trop bien nos graves Aristarques,
Stériles en génie, et féconds en remarques;
Le zèle, le travail, la mémoire, ils ont tout,
Excepté du bon sens, de l'esprit et du goût.
Ils savent à propos placer une virgule;
Pas un accent n'échappe à leur docte scrupule;
Un mot, une syllabe épuise leurs efforts;
Ils jugent les vivants, ils commentent les morts;

Et, par l'éclat d'autrui dissipant leurs ténèbres,
Joignent leurs noms obscurs aux noms les plus célèbres.
Tel le chêne soutient l'arbuste dans les airs ;
Tel l'ambre offre à nos yeux de la paille et des vers.
  Mais que d'auteurs choqués ! J'approuve leur murmure :
Je les appréciai ; c'est sans doute une injure.
Damon, que j'ai loué, n'est pas content de moi :
Hélas ! c'est que Damon est trop content de soi.
Pour louer un auteur, il nous faudrait connaître
Non pas tout ce qu'il est, mais tout ce qu'il croit être ;
Les beaux esprits, ainsi que les vieilles beautés,
Trouvent leurs portraits faux, s'ils ne sont pas flattés.
L'un, en un faux sublime égare sa pensée,
Et nomme poésie une prose insensée ;
L'autre, faux bel esprit, tient mon esprit tendu,
Veut être deviné, mais jamais entendu ;
L'autre, des vers d'autrui s'est enrichi sans honte ;
Traduit, pour un écu, quelque insipide conte ;
De son étroit cerveau tire vingt vers par an ;
N'écrit que pour prouver qu'il était sans talent ;
Revêt de cent lambeaux une muse postiche,
Pille, dépense peu, mais n'en est pas plus riche.
Cependant si ma muse, à ces minces auteurs,
Veut bien donner le nom d'heureux compilateurs,
Quels cris ! « Oui, disent-ils, dans sa fureur extrême,
Il lancera ses traits contre Addison lui-même. »
Eh bien ! qu'ils meurent donc dans leur obscurité.
  Mais, représentez-vous un écrivain vanté,
Plein de grace et d'esprit, sachant penser et vivre ;
Charmant dans ses discours, sublime dans un livre ;
Partisan du bon goût, amoureux de l'honneur,
Fait pour un nom célèbre, et né pour le bonheur ;
Mais qui, comme ces rois que l'Orient révère,
Pense ne bien régner qu'en étranglant son frère ;
Concurrent dédaigneux, et cependant jaloux,
Qui, devant tout aux arts, les persécute en vous ;
Blâmant d'un air poli, louant d'un ton perfide ;
Cherchant à vous blesser, mais d'une main timide ;
Flatté par mille sots, et redoutant leurs traits ;
Tellement obligeant qu'il n'oblige jamais ;

Dont la haine caresse, et le souris menace;
Bel esprit à la cour, et ministre au Parnasse,
Faisant d'une critique une affaire d'état;
Ainsi que son héros [1], dans son petit sénat,
Réglant le peuple auteur, tandis qu'en son extase
Tout le cercle ébahi se pâme à chaque phrase....
Parle, qui ne rirait de ce portrait sans nom?
Mais qui ne pleurerait, si c'était Addison?
Et qui n'aurait pitié du contraste bizarre
D'une ame si commune et d'un talent si rare?
 Mes écrits, je l'avoue, affichés en cent lieux,
Étalent sur nos murs leurs titres orgueilleux;
Et deux cents colporteurs, au lecteur qui s'empresse,
Les vendent tout mouillés au sortir de la presse:
Mais me voit-on, bouffi d'une folle hauteur,
Vouloir en souverain régir le peuple auteur?
A ce peuple importun, encor plus que risible,
Tel qu'un sultan altier, je me rends invisible.
Après les vers nouveaux je ne vais point courir:
Sans savoir s'ils sont nés, je les laisse mourir.
Je ne vais point, trottant au travers de la ville,
Colporter des couplets, répandre un vaudeville,
Remettre à l'imprimeur un écrit clandestin,
Des drames nouveau-nés décider le destin,
Une orange à la main soulever le parterre,
Dans l'ombre d'un café réformer l'Angleterre;
Las de prose, de vers, des Muses, d'Apollon,
J'abandonne à Bardus tout le sacré vallon.
 Tel qu'Apollon assis sur la double colline,
L'épais Bardus s'étale avec sa lourde mine;
Trente rimeurs gagés le parfument d'encens;
Mécène et lui déjà vont de pair dans leurs chants.
Son cabinet, orné d'un Pindare sans tête,
S'ouvre indifféremment à tout mauvais poëte.
Chaque auteur, de son goût vient recevoir la loi,
Demande ses avis, et surtout un emploi;
Admire ses tableaux et sa magnificence;
Et, pour dîner un jour, pendant un mois l'encense.

---

[1] Allusion à la tragédie de *Caton d'Utique* d'Addison.

Mais, hélas! il commence à devenir frugal :
Les uns, d'un froid éloge ont le maigre régal;
D'autres ont pour leurs vers quelque froide louange;
D'autres, plus maltraités, ont les siens en échange.
A ses yeux, que toujours le vrai talent frappa,
Dryden (qui le croirait?), Dryden seul échappa.
Mais un grand, éclairé, tôt ou tard se détrompe :
Si Dryden meurt de faim, on l'enterre avec pompe.
 Oh! puissent désormais tous ces vils protecteurs
Grossir leur triste cour de tous ces vils auteurs!
Que tout rimeur à gage ait une maison prête!
Que tout patron stupide ait un client plus bête!
Ainsi, tandis qu'un sot pour un fat rimera,
Tandis que la bassesse à l'orgueil se vendra,
Tous ces fous, loin de moi, fuiront l'un après l'autre.
O grands! mon intérêt s'accorde avec le vôtre ;
Je hais la flatterie, et vous la bonne foi;
Gibber rampe chez vous, et Gay vécut chez moi.
Ciel, fais-moi, comme Gay, vivre et mourir sans maître!
Savoir vivre et mourir, c'est le seul art peut-être.
Puissé-je, indépendant de l'univers entier,
Paraître noblement dans un noble métier,
Vivant pour mes amis, existant pour moi-même,
Lisant ce qui me plaît, et voyant ceux que j'aime;
Du faquin qui protége implacable ennemi,
Mais aux grands quelquefois donnant le nom d'ami!
Non, je n'étais point né pour les grandes affaires :
Je crains Dieu, ne dois rien, récite mes prières ;
Je dors, graces au ciel, sans rimer en rêvant :
Eh! sais-je si Dennys est ou mort ou vivant?
 « Qu'allez-vous imprimer? » vient-on souvent me dire.
Ciel! n'étais-je donc fait que pour toujours écrire?
Insensé, n'ai-je donc rien de mieux à songer,
Point d'amis à servir, de pauvre à soulager?
 « J'ai trouvé Pope et Swift enfermés tête à tête,
Dit l'indiscret Balbus ; quelque chose s'apprête. »
J'ai beau lui protester. « Eh! non, je vous connais;
Votre verve, dit-il, ne s'épuise jamais. »
Et la première horreur qu'un méchant distribue,
Ce connaisseur profond d'abord me l'attribue.

Hélas ! malheur au vers le plus harmonieux,
Qui blesse l'innocent d'un trait calomnieux ;
Dont la pudeur rougit, dont la vertu s'alarme ;
Qui peut de deux beaux yeux arracher une larme !
Me confonde le ciel, si l'on voit mes discours
Des jours d'un honnête homme empoisonner le cours !
Mais ce méchant, fléau des vertus les plus belles,
Qui compose dans l'ombre ou répand des libelles,
Qui déchire avec art, mais avec cruauté,
Le talent malheureux, l'indigente beauté ;
Ce grand qui, près des rois adulateur servile,
Sous un ruban d'azur me cache une ame vile ;
Ce fat qui me protége avec un air si vain,
Qui, vantant mes écrits, néglige l'écrivain ;
Qui, n'osant me défendre alors que l'on me blesse,
Me voit par vanité, me trahit par faiblesse ;
Qui, s'il n'est pas méchant, est du moins indiscret ;
Qui donne un ridicule, ou révèle un secret ;
Qui, prêtant à mes vers des tournures malignes,
Va dire aux grands : C'est vous que l'on peint dans ces lignes ;
Voilà ceux qu'à mes pieds je veux voir abattus :
Je suis l'effroi du vice et l'appui des vertus.

Que Sporus tremble ! — Qui ? cette chétive espèce,
Automate de soie, extrait de lait d'ânesse,
Chenille que colore un brillant vermillon ?
Quoi ! faut-il dans la mer noyer un papillon ?
— Du moins, écrasez donc cet orgueilleux insecte,
Ce ver aux ailes d'or, qui me pique et m'infecte ;
Qui, formé dans la fange, et fier de ses couleurs,
De la société flétrit toutes les fleurs ;
Parcourt, en bourdonnant, le Pinde et les ruelles,
Mais sans goûter les arts, mais sans jouir des belles :
Ainsi, dans le gibier qu'il mordille en grondant,
L'épagneul bien dressé n'ose imprimer la dent.
Son sourire éternel annonce une ame aride :
D'un ruisseau peu profond ainsi l'onde se ride.
Mannequin animé par le souffle d'autrui,
Il ne pense, il ne sent, ne juge point par lui ;
Dans chaque pas qu'il fait, chaque mot qu'il profère,
On reconnaît le fil et la main du compère :

Aux discours des savants mêle-t-il son caquet?
Parmi l'or des moissons on croit voir un bluet.
Voyez de mille excès ce bizarre assemblage :
Sérieusement fou, ridiculement sage,
Par des moyens obscurs courant après l'éclat,
Qui put n'être qu'un sot, et voulut être un fat ;
Courtisan pédantesque, et pédant petit-maître,
Dégradant ce qu'il est par tout ce qu'il veut être ;
De la société brillant caméléon,
Socrate le matin, le soir Anacréon ;
A force d'agrément parvenant à déplaire,
Ayant toujours un rôle, et pas un caractère.

Sa gravité déplaît, sa légèreté pèse ;
Lui-même est une plate et risible antithèse,
Une espèce amphibie, équivoque animal,
Avantageux et bas, doucereux et brutal ;
Tour à tour grand seigneur ou petite-maîtresse,
Mignard comme une fille, ou fier comme une altesse ;
Frivole par l'esprit, infame par le cœur ;
Fat auprès d'une femme, auprès des rois flatteur.
Belle Ève, ainsi l'on peint ton séducteur funeste,
Ange par la figure, et serpent par le reste :
C'est un être choquant, même par sa beauté ;
Affable par orgueil, rampant par vanité.

  Libre d'ambition, insensible aux richesses,
Courageux sans hauteur, complaisant sans bassesses,
Voilà le vrai poëte : il plaît, mais noblement ;
De l'orgueil d'un ministre il n'est pas l'instrument.
Flatter, même les rois, à ses yeux est coupable ;
De mentir, même en vers, sa bouche est incapable.
Chez lui la poésie est plus que de vains sons ;
La sublime morale ennoblit ses chansons ;
Il fait briller le vrai dans la fiction même :
Ce n'est point un vain nom, c'est la vertu qu'il aime.
Il respecte les grands, et ne les flatte pas ;
Il dompte ses rivaux, sans livrer de combats ;
Il voit avec mépris le louangeur stupide,
L'agresseur furieux, le défenseur timide,
Le critique implacable et qui mord sans pitié,

Le bel esprit jaloux, et qui loue à moitié,
Tant de coups sans effet, tant de traits sans blessure,
Et la haine impuissante, et l'amitié peu sûre.
Qu'on réchauffe cent fois des contes pleins d'ennui ;
Que l'on charge son nom des sottises d'autrui ;
Qu'un méchant affamé défigure, pour vivre,
Ses traits dans une estampe, et ses mœurs dans un livre ;
Qu'on l'outrage dans ceux qui lui sont les plus chers ;
Qu'on blâme sa morale, au défaut de ses vers ;
Que l'on poursuive encor, par une lâche envie,
Ses amis dans l'exil, et son père sans vie ;
Qu'enfin, jusqu'à son roi, les vils échos des cours
Fassent de ces méchants retentir les discours :
Adorable vertu, c'est à vous qu'il s'immole !
C'est pour vous qu'il souffrit ; par vous il se console !
— Mais j'insulte le pauvre, et je brave les grands.
— Oui, pour moi, l'homme vil est vil dans tous les rangs ;
Je le hais sous le froc, ainsi que sous la mitre ;
Chevalier d'industrie, ou chevalier en titre ;
Écrivain mercenaire, ou courtisan vénal ;
Assis sur la sellette, ou sur le tribunal ;
Triomphant dans un char, ou rampant dans la boue ;
Admis auprès du trône, ou conduit à la roue.
Cependant cet auteur si terrible et si craint,
Sapho sait qu'il n'est pas aussi noir qu'on le peint.
Dennys même avouera, s'il veut être sincère,
Qu'en méprisant ses vers il aida sa misère.
On l'accusa d'orgueil : il était si peu fier,
Qu'il visita Tibald et but avec Cibber.
Un prêtre contre lui vomit un gros volume.
L'a-t-on vu, pour répondre, user en vain sa plume ?
Pour plaire à sa maîtresse, un fat l'ose outrager :
Ah ! qu'elle soit sa femme, et c'est trop le venger !
Que Pope soit l'objet d'une satire amère :
Mais pourquoi dénigrer et son père et sa mère ?
Sa mère a-t-elle, hélas ! médit de son prochain ?
Vit-on jamais son père outrager son voisin ?
Lâches, écoutez-moi ; respectez sa famille,
Et ne ternissez plus l'éclat dont elle brille :
Son nom sera sacré, tant que cet univers

Chérira les vertus et lira les beaux vers.
　　Ceux dont il tient le jour, et l'époux et la femme,
Étaient nobles de nom comme ils l'étaient par l'ame.
Leurs aïeux pour l'honneur combattirent cent fois,
Quand de l'honneur encor nous connaissions les lois.
— Mais qu'étaient leur fortune et leurs biens? — Légitimes:
Ils laissèrent Crassus s'engraisser par des crimes.
Ce bon père, aujourd'hui l'objet de ses regrets,
Gentilhomme sans morgue, héritier sans procès,
Citoyen sans cabale, époux sans jalousie,
Traversa doucement l'espace de la vie.
Jamais il ne parut au tribunal des lois,
Jamais d'un faux serment n'appuya de vains droits.
Il n'était point enflé d'une vaine science :
Le langage du cœur fut sa seule éloquence.
Éclairé par l'usage, et poli par bonté,
Sain par la vie active et la sobriété,
Ses vénérables jours furent longs, sans souffrance ;
Son paisible trépas fut court, sans violence.
Ciel! accorde à son fils et sa vie et sa mort,
Et les enfants des rois vont envier mon sort !
　　Ami, jouis toujours de ta douce folie :
Pour moi, mon cœur se plaît dans sa mélancolie.
Puissé-je encor long-temps, par de pieux secours,
Conserver une mère, et prolonger ses jours ;
Sur le bord du cercueil soutenir sa faiblesse,
Égayer ses langueurs, et bercer sa vieillesse ;
Prévenir ses besoins, les lire dans ses yeux,
Et retarder encor son départ pour les cieux [1] !

---

[1] Cette traduction fut une des pièces lues à l'Académie française par l'abbé Delille, le 17 avril 1778, en présence de Voltaire, qui assistait à cette séance. Pendant la lecture, le vieux malade se rappelait les vers de Pope, les comparait à ceux du traducteur, et donnait souvent la préférence à ceux-ci.

RÉPONSE

A UNE LETTRE DE M. D'ÉTAMPES.

Le ciel a donc pour vous exaucé tous mes vœux !
Vous faites mon bonheur en vous disant heureux.
  Sagement gai, jeunement sage,
Loin de la grande ville, infernal paradis
Où viennent se damner nos jeunes étourdis ;
Loin de l'urne où du sort l'éternel ballottage
  Tire au hasard tant de différents lots,
Les malheurs du génie et les succès des sots ;
Possesseur fortuné d'un riant paysage,
  Entre l'étude et le loisir,
  Moitié travail, moitié plaisir,
Vous savez de la vie assurer le voyage.
Pour vous tout gîte est bon, tout ciel est sans nuage.
D'utiles passe-temps, d'agréables labeurs,
Des contes et des vers; vos enfants et vos fleurs ;
  Un espalier où la culture
  Aide à corriger la nature ;
  Dans la maison point de micmac ;
Le paisible échiquier, et le bruyant trictrac,
Et l'ivoire arrondi qui va chercher la blouse ;
De la gaieté sans bruit, de l'esprit sans efforts ;
A table autour de vous des esprits assez forts
  Pour être treize, au lieu de douze ;
Un cercle peu nombreux, moins brillant qu'amical ;
Quelques gouttes d'Aï dans le tonneau du mal ;
  Bons amis et bon voisinage ;
La foire du canton, la fête du village ;
  Quelques perdreaux tirés au vol ;
  Bien sans procès, Normands sans dol ;
  Des ouvriers qui vous conçoivent ;
  Des fermiers payant ce qu'ils doivent ;
Le bon curé, passant en bonheur tous prélats,
  Qui, dans sa charité féconde,
Après avoir en chaire exercé sa faconde,

Béni l'hymen, la vie et le trépas,
　　Chez les pauvres finit sa ronde ;
　　Sait, en venant de l'autre monde,
Causer tout bonnement des choses d'ici-bas ;
　De temps en temps un bal, où les musettes
Font sauter en cadence et garçons et fillettes ;
　　　Le journal et le bulletin,
　Avec le chocolat, servis chaque matin ;
　La lecture du soir, la douce causerie,
Beaucoup de promenade, un peu de rêverie,
　　　Quelques écrits intéressants,
　　Quelques billets à des amis absents,
Les beaux-arts à Paris, aux champs le jardinage,
　　　Parfois un joyeux badinage,
Vous sauvent de l'ennui, triste enfant du dégoût.
　　Bénissez donc votre partage :
L'homme heureux est celui qui sait l'être partout.

ÉPITRE

A LA CÉLÈBRE MADEMOISELLE * * *

Lorsque du haut des voûtes éternelles
Le roi des dieux venait aux demeures mortelles
Chercher ou l'homme juste, ou la jeune beauté,
　　　Sa modeste immortalité
N'allait point, dédaignant le repos des cabanes,
　　　Demander aux palais profanes
　　　La pompeuse hospitalité.
　Hôte indulgent, à son banquet céleste,
Où jamais ne siégea la douce égalité,
　　　Il préférait d'un gîte agreste
　　　L'innocente frugalité.
Là, dans l'incognito de la grandeur suprême,
Oubliant pour un jour l'étiquette des cieux,
Chez l'homme hospitalier, pauvre et religieux,
Le chaume pour lambris, des fleurs pour diadème
Du miel pour ambrosie et du lait pour nectar,
　　　En attendant que des chaumières

Le doux sommeil vint fermer ses paupières,
Jupiter dételait les aigles de son char;
    Et sans projets, et sans tonnerre,
Laissant aller le monde et rouler le Destin,
    En simple habitant de la terre,
Du pauvre laboureur partageait le festin;
Mais au départ (Baucis en offre un grand exemple),
Le voyageur sacré, de ce rustique lieu
Changeait l'obscur asile en un superbe temple,
    Et payait son écot en dieu.
Vous êtes plus puissante encore et plus modeste;
    Et mon poétique taudis,
Grace à vos traits divins, à votre voix céleste,
    Devient pour moi le paradis.

ÉPITRE

A M. DE BRULE.

Perdreaux exquis, vers pleins de grace,
Les fruits de votre veine et ceux de votre chasse
Dans notre humble logis arrivent à la fois.
    Ainsi le dieu qui d'un heureux délire
    Dans mes beaux ans m'animait quelquefois
        Partage avec vous son empire :
        Poëte, vous touchez sa lyre;
        Chasseur, vous portez son carquois.
Pour moi, qui, sur les monts, dans les plaines riantes,
Sous la fraîche épaisseur des forêts ondoyantes,
        Promenant mes rêves chéris,
Poursuis des vers, et non pas des perdrix;
    Qui dans les airs laissant l'oiseau rapide,
Le lièvre dans son gîte, et le cerf dans ses bois;
Qui, chasseur paresseux et rimeur intrépide,
        Chaque soir reviens sous mes toits
Mon portefeuille plein, ma gibecière vide;
Entre vos deux talents s'il fallait faire un choix,
Au lieu de dépeupler ces terres giboyeuses,
    De vos festins à la gaieté si chers

Inépuisables pourvoyeuses,
Fidèle au dieu du chant que dès long-temps je sers,
Je l'avouerai, pour ma muse indigente,
A vos poétiques concerts
J'aimerais mieux voler quelqu'un des jolis airs
Que votre muse négligente
Adresse à l'écho des déserts :
Gardez donc votre chasse, et laissez-moi vos vers

DITHYRAMBE
SUR L'IMMORTALITÉ DE L'AME.

1794.

D'où me vient de mon cœur l'ardente inquiétude ?
En vain je promène mes jours
Du loisir au travail, du repos à l'étude :
Rien n'en saurait fixer la vague incertitude,
Et les tristes dégoûts me poursuivent toujours.
Des voluptés essayons le délire ;
Couronnez-moi de fleurs, apportez-moi ma lyre ;
Graces, Plaisirs, Amours, Jeux, Ris, accourez tous.
Que le vin coule,
Que mon pied foule
Les parfums les plus doux.
Mais quoi ! déja la rose pâlissante
Perd son éclat, les parfums leur odeur !
Ma lyre échappe à ma main languissante,
Et les tristes ennuis sont rentrés dans mon cœur.
Volons aux plaines de Bellone ;
Peut-être son brillant laurier
A mon cœur va faire oublier
Le noir chagrin qui l'environne.
Marchons : déja la charge sonne,
Le fer brille, la foudre tonne ;
J'entends hennir le fier coursier ;
L'acier retentit sur l'acier ;
L'Olympe épouvanté résonne

Des cris du vaincu, du vainqueur
Autour de moi le sang bouillonne :
A ces tableaux mon cœur frissonne,
Et la Pitié plaintive a crié dans mon cœur.
D'un air moins turbulent l'Ambition m'appelle,
Sublime quelquefois, et trop souvent cruelle :
Pour commander, j'obéis à sa loi.
Puissant dominateur de la terre et de l'onde,
Je dispose à mon gré du monde,
Et ne puis disposer de moi.
Ainsi, d'espérances nouvelles
Toujours avide et toujours dégoûté,
Vers une autre félicité
Mon ame ardente étend ses ailes ;
Et rien ne peut calmer, dans les choses mortelles,
Cette indomptable soif de l'immortalité.
Lorsqu'en mourant le sage cède
Au décret éternel dont tout subit la loi,
Un Dieu lui dit : « J'ai réservé pour moi
L'Éternité qui te précède ;
L'Éternité qui s'avance est à toi. »
Ah ! que dis-je ? écartons ce profane langage !
L'Éternité n'admet point de partage :
Tout entière en toi seul Dieu sut la réunir ;
Dans lui ton existence à jamais fut tracée,
Et déjà ton être à venir
Était présent à sa vaste pensée.
Sois donc digne de ton auteur ;
Ne ravale point la hauteur
De cette origine immortelle !
Eh ! qui peut t'enseigner mieux qu'elle
A braver des faux biens l'éclat ambitieux ?
Que la terre est petite à qui la voit des cieux !
Que semble à ses regards l'Ambition superbe ?
C'est de ces vers, rampants dans leur humble cité,
Vils tyrans des gazons, conquérants d'un brin d'herbe
L'invisible rivalité.
Tous ces objets qu'agrandit l'ignorance,
Que colore la vanité,
Que sont-ils, aperçus dans un lointain immense,

Des célestes hauteurs de l'Immortalité ?
C'est cette perspective, en grands pensers féconde ;
C'est ce noble avenir qui, bien mieux que ces lois
Qu'inventa de l'orgueil l'ignorance profonde,
Rétablit en secret l'équilibre du monde,
Aux yeux de l'Éternel égale tous les droits,
Nos rires passagers, nos passagères larmes ;
Ote aux maux leur tristesse, aux voluptés leurs charmes,
De l'homme vers le ciel élance tous les vœux.
Absent de cet atome, et présent dans les cieux,
Voit-il, daigne-t-il voir s'il existe une terre,
S'il y brille un soleil, s'il y gronde un tonnerre,
S'il est là des héros, des grands, des potentats ;
Si l'on y fait la paix, si l'on y fait la guerre ;
Si le sort y ravit ou donne des états ?
  Eh ! qui, du sommet d'un coteau
Voyant le Nil au loin rouler ses eaux pompeuses,
Détournerait les yeux de ce riche tableau
  Et de ces eaux majestueuses,
Pour entendre à ses pieds murmurer un ruisseau ?
Silence, êtres mortels ! vaines grandeurs, silence !
L'obscurité, l'éclat, le savoir, l'ignorance,
  La force, la fragilité,
  Tout, excepté le crime et l'innocence,
  Et le respect d'une juste puissance,
Près du vaste avenir, courte et frêle existence,
Aux yeux désenchanteurs de la réalité,
  Descend de sa haute importance
  Dans l'éternelle Égalité.
Tel le vaste Apennin, de sa cime hautaine,
Confondant à nos yeux et montagne et vallon,
  D'un monde entier ne forme qu'une plaine,
Et rassemble en un point un immense horizon.
Ah ! si ce noble instinct par qui du grand Homère,
Par qui des Scipions l'esprit fut enfanté,
  N'était qu'une vaine chimère,
  Qu'un vain roman par l'orgueil inventé ;
  Aux limites de sa carrière,
  D'où vient que l'homme épouvanté,
A l'aspect du néant, se rejette en arrière ?

Pourquoi, dans l'instabilité
De cette demeure inconstante,
Nourrit-il cette longue attente
De l'immuable Éternité ?
Non, ce n'est point un vain système :
C'est un instinct profond vainement combattu ;
Et sans doute l'Être suprême
Dans nos cœurs le grava lui-même,
Pour combattre le vice et servir la vertu.
Dans sa demeure inébranlable,
Assise sur l'Éternité,
La tranquille Immortalité,
Propice au bon, et terrible au coupable,
Du temps, qui sous ses yeux marche à pas de géant,
Défend l'ami de la justice,
Et ravit à l'espoir du vice
L'asile horrible du néant.
Oui : vous qui, de l'Olympe usurpant le tonnerre,
Des éternelles lois renversez les autels ;
Lâches oppresseurs de la terre,
Tremblez, vous êtes immortels !
Et vous, vous, du malheur victimes passagères,
Sur qui veillent d'un Dieu les regards paternels,
Voyageurs d'un moment aux terres étrangères,
Consolez-vous, vous êtes immortels !
Eh ! quel cœur ne se livre à ce besoin suprême ?
L'homme, agité d'espérance et d'effroi,
Apporte ce besoin d'exister après soi.
Dans l'asile du trépas même,
Un sépulcre à ses pieds, et le front dans les cieux,
La pyramide qui s'élance,
Jusqu'au trône éternel va porter l'espérance
De ce cadavre ambitieux.
Sur l'airain périssable il grave sa mémoire,
Hélas ! et sa fragilité ;
Et sur ces monuments, témoins de sa victoire,
Trop frêles garants de sa gloire,
Fait un essai mortel de l'Immortalité.
Vous seuls, qu'on admire et qu'on aime,
Vous seuls, ô mes rivaux ! par un pouvoir suprême

Dressez des monuments qui ne sont point mortels;
Doublement investis des honneurs éternels,
Du talent vertueux vous tressez la couronne;
Votre front la reçoit, et votre main la donne :
Homère de ses dieux partagea les autels.
  Si quelquefois la flatterie
  A déshonoré vos chansons,
  Plus souvent vos sublimes sons
Font respecter les lois, font chérir la patrie.
Le Barde belliqueux courait de rangs en rangs
Échauffer la jeunesse aux combats élancée :
Tyrtée embrasait Mars de feux plus dévorants ;
  Et les vers foudroyants d'Alcée
  Menacent encor les tyrans.
Que je hais les tyrans ! Combien, dès mon enfance,
Mes imprécations ont poursuivi leur char !
Ma faiblesse superbe insulte à leur puissance :
J'aurais chanté Caton à l'aspect de César.
  Et pourquoi craindre la furie
  D'un injuste dominateur ?
  N'est-il pas une autre patrie
  Dans l'avenir consolateur ?
Ainsi, quand tout fléchit dans l'empire du monde,
  Hors la grande ame de Caton,
Immobile, il entend la tempête qui gronde,
Et tient, en méditant l'Éternité profonde,
Un poignard d'une main, et de l'autre Platon.
Par eux, bravant les fers, les tyrans et l'envie,
  Il reste seul arbitre de son sort :
  A ses vœux l'un promet la mort,
  Et l'autre une éternelle vie.
Que tout tombe aux genoux de l'oppresseur du Tibre,
Sa grande ame affranchie a son refuge au ciel.
  Il dit au tyran : Je suis libre ;
  Au trépas : Je suis immortel.
Allez, portez dans l'urne sépulcrale
  Où l'attendaient ses immortels aïeux,
  Portez ce reste glorieux,
Vainqueur, tout mort qu'il est, du vainqueur de Pharsale.
  En vain César victorieux

Poursuit sa marche triomphale :
Autour de la tombe fatale,
Libre encore un moment, le peuple est accouru ;
Du plus grand des Romains il pleure la mémoire ;
Le cercueil rend jaloux le char de la victoire :
Caton triomphe seul, César a disparu.
Que dis-je ? enfants bannis d'une terre chérie,
Français, que vos vertus triomphent mieux du sort !
Sans biens, sans foyers, sans patrie,
Votre malheur n'appelle point la mort :
Plus courageux, vous supportez la vie.
Qui peut donc soutenir votre cœur généreux ?
Ah ! la foi vous promet le fruit de tant de peines ;
Au sein de l'infortune elle vous rend heureux,
Riches dans l'indigence, et libres dans les chaînes ;
Et du fond des cachots vous habitez les cieux.
Loin donc, de l'homme impie exécrable maxime,
Qui sur ses deux appuis ébranles le devoir !
« Il faut un prix au juste, il faut un frein au crime ! »
L'homme sans crainte est aussi sans espoir.
Ainsi, par un accord sublime,
La céleste Immortalité
S'élance d'un vol unanime,
Avec sa sœur, la sage Liberté.
Et vous, vous que mon cœur adore,
Faudra-t-il donc vous perdre sans retour ?
Non, si d'un jour plus beau cette vie est l'aurore,
Nous nous retrouverons dans un autre séjour :
O mes amis ! nous nous verrons encore !
Qu'en nous reconnaissant, nous serons attendris !
Du haut des célestes lambris,
Sur ce séjour de douleurs et d'alarmes
Nous jetterons un regard de pitié,
Et nos yeux n'auront plus à répandre de larmes,
Que les pleurs de la joie et ceux de l'amitié.
Cependant, exilés dans ce séjour profane,
Cultivez les arts enchanteurs ;
Ils calmeront les maux où le ciel vous condamne ;
Ils mêleront quelque charme à vos pleurs.
Mais ne profanez point le feu qui vous anime ;

Laissez là des plaisirs les chants voluptueux,
  Et leur lyre pusillanime.
  Célébrez l'homme magnanime,
  Célébrez l'homme vertueux ;
  Et que vos sons majestueux
Soient sur la terre un prélude sublime
Des hymnes chantés dans les cieux.

ÉPITRE

A MADAME LA DUCHESSE DE DEVONSHIRE.

De vos riches tableaux que j'aime les images,
  Quand vous peignez ces monts sauvages,
Noir séjour des frimas, d'où tombent ces torrents,
Où gronde le tonnerre, où mugissent les vents,
Sillonnés de ravins, entrecoupés d'abîmes !
Lorsqu'avec tant de grace, à leurs horreurs sublimes
  Vous opposez leurs tranquilles abris,
  Leurs doux ruisseaux et leurs vallons fleuris,
 Le vrai bonheur, loin d'un luxe profane,
  A leurs rochers confiant sa cabane,
Toujours la vérité dirige vos pinceaux ;
 Vous unissez la force à la mollesse :
  Le cours des fleuves, des ruisseaux,
  Embrasse avec moins de souplesse
Le terrain varié que parcourent leurs eaux.
De la variété le mérite est si rare !
Toujours pour leurs Phaons soupirent nos Saphos ;
Deshoulières m'endort aux chants des pastoureaux :
Prodigue des grands traits dont sa muse est avare,
Mieux qu'elle vous savez varier votre ton ;
Je crois voir, à côté de l'aigle de Pindare,
  La colombe d'Anacréon.
Ainsi, des saints devoirs et d'épouse et de mère,
  Des muses l'entretien charmant
  Vient quelquefois doucement vous distraire :
  A la raison vous joignez l'agrément,

Le talent de bien dire au bonheur de bien faire :
Telles naissent les fleurs au milieu des moissons.
Mais c'était peu pour vous de briller et de plaire :
   A vos enfants vous transmettez vos dons.
De l'amour maternel tel est le caractère ;
   C'est dans ses tendres rejetons,
   Qu'est sa volupté la plus chère ;
C'est dans eux qu'il jouit, c'est pour eux qu'il espère ;
   Au milieu de ses nourrissons,
   Ainsi la rose, déja mère,
Que les zéphyrs trop tôt cèdent aux aquilons,
Ne pouvant retenir sa beauté passagère,
   Met son espoir dans ses jeunes boutons,
Leur lègue ses parfums, sa grace héréditaire,
Sa couronne de pourpre et ses riches festons.
De vous, de vos enfants c'est l'image fidèle ;
L'aimable Cavendish, graces à vos leçons,
Est le portrait charmant du plus parfait modèle ;
Comme vous elle plaît, vous vous plaisez dans elle.
Jouissez, reprenez vos aimables concerts :
   Vos chants servent d'exemple aux nôtres ;
Et le plus dur censeur eût fait grace à mes vers,
Si j'eusse été plus tôt le confident des vôtres.
C'est peu de les aimer, encouragez les arts,
Belle Georgiana ! c'est vous dont les regards
   (La mémoire encor m'en est chère)
   Ont les premiers, à ma muse étrangère,
   D'un accueil caressant accordé la faveur ;
Et dissipé la crainte attachée au malheur.
Dans les champs paternels, jadis simple bergère,
   Elle chantait aux montagnes, aux bois :
Les bois lui répondaient ; et même quelquefois,
   Il m'en souvient, sa chanson bocagère
Sut se faire écouter dans le palais des rois.
   Ce temps n'est plus : fugitive, exilée,
Sur les bords où chantaient les Popes, les Thompsons,
   Sa voix tremblante essaya quelques sons :
Albion lui sourit, elle fut consolée.
Tel un frêle arbrisseau qu'un orage soudain
   Enlève et transporte sur l'onde,

Contraint de s'exiler sur quelque bord lointain.
   Suit au hasard sa course vagabonde,
Rencontre, aborde une terre féconde;
     Là, par Zéphire transplanté,
     Bientôt l'arbuste acclimaté
Se croit dans son berceau : les enfants du bocage
   Lui font accueil; il partage avec eux
  Et la douce rosée et les rayons des cieux;
De sa fleur étrangère embellit ce rivage,
   Bénit son sort, et pardonne à l'orage.

A M. DELILLE,

EN LUI ENVOYANT LE POEME DU SAINT-GOTHARD.

  Vous dont la lyre enchanteresse
  Unit la force à la douceur,
  De la nature amant flatteur,
  Vous qui l'embellissez sans cesse,
   J'ose vous offrir, en tremblant,
  De l'humble pré la *fleur nouvelle;*
  Je la voudrais une *immortelle,*
  Si vous acceptez le présent.

        GEORGINE DEVONSHIRE.

ENVOI.

En retour de vos vers purs, nobles et faciles,
DEVONSHIRE, accueillez l'humble tribut des miens.
  Les dieux sur nous épanchent tous les biens,
  Les fruits, les fleurs et les moissons fertiles :
  Pour s'acquitter, nos vœux sont impuissants;
Mais les dieux sont trop grands pour être difficiles :
  Tout est payé d'un simple grain d'encens.

        J. DELILLE.

PASSAGE DU SAINT-GOTHARD,

POËME

PAR MADAME LA DUCHESSE DE DEVONSHIRE,

TRADUIT

PAR JACQUES DELILLE.

A MES ENFANTS.

Beaux lieux où la moisson dore trois fois les plaines,
Que des tièdes zéphyrs fécondent les haleines,
Que la nature et l'art, et les hommes et Dieu,
Ornèrent à l'envi, belle Italie, adieu !
  Je te laisse, ma sœur ! Vents, soyez-lui fidèles;
Doux zéphyrs, portez-lui la santé sur vos ailes;
Pour elle, froids hivers, tempérez vos frimas,
Et que vos durs glaçons s'émoussent sous ses pas !
  Salut, mâle Helvétie, et vous, pompeuses cimes,
Dont l'œil avec plaisir voit les horreurs sublimes !
Mon pays me rappelle; et, malgré son attrait,
D'un peuple libre et fier je m'éloigne à regret.
  Le voilà ce Tésin, dont les eaux bondissantes,
De rochers en rochers au loin rejaillissantes,
Courent vers l'Éridan, et, lassant les échos,
Lui portent, en grondant, le tribut de leurs flots.
  Fougueux enfant des monts, il voit sur ses rivages
De modestes hameaux, de riches pâturages,
Des rochers nus levant leur front chauve et hideux :
Des pins battent leur pied, leur tête est dans les cieux.
  Dans un cercle de monts aussi vieux que le monde,
Un heureux coin de terre, arrosé de son onde,
M'offre un abri paisible; et j'y goûte à la fois
Le charme des rochers, et des eaux, et des bois.
  Je pars : de ces beaux lieux je m'éloigne en silence;
Par des sentiers tournants à pas lents je m'avance.
Soudain, de monts en monts s'élançant vers les cieux,
Le pompeux SAINT-GOTHARD apparaît à mes yeux.

Là, des chemins hardis ont dompté la nature;
Un ruban de granit, de sa longue ceinture
Traverse, en serpentant, ces éternels frimas,
Et le rocher vaincu s'aplanit sous mes pas.
    Là, pas un arbrisseau, pas une trace humaine;
Quelques sauvages fleurs s'y hasardent à peine :
Et des reclus pieux, aux voyageurs si chers,
L'hospice consolant peuple seul ces déserts.
    Toutefois en ces lieux l'horreur même a ses charmes,
Les plantes leurs parfums, l'humanité ses larmes;
Et, sans cesse brûlant d'un charitable feu,
La pitié bienfaisante élève l'ame à Dieu.
    J'aime ce bon ermite; avec nous il partage
Son toit, ses simples mets, ses fruits et son laitage,
Nous peint tous nos dangers, et du passant surpris
La terrible avalange écrasant les débris.
    Le voyageur transi va, poursuivant sa route,
Où des croix ont marqué le malheur qu'il redoute;
S'avance doucement, et de ces noirs frimas
Craint d'appeler sur lui l'épouvantable amas.
    Pourtant, dans ces déserts, quelquefois la nature
Se plait à déployer sa plus riche parure,
Colore les métaux, et forme le cristal,
Frère du diamant, et son brillant rival.
    Quel spectacle pompeux! D'ici s'offre à ma vue
De cinq lacs à la fois la tranquille étendue;
Et, du sein paternel émancipant leurs eaux,
Bondissent sur des rocs mille jeunes ruisseaux.
    Ici la Reuss, du Rhin impétueuse amante,
Bat ses bords rocailleux de son onde écumante,
Et, sans cesse agitée en son lit tortueux,
Poursuit vers son époux son cours impétueux.
    Parmi tout ce fracas je cherche un lieu tranquille :
Le tumulte est sans fin, et la paix sans asile.
Une plaine au-dessus de ce bruyant chaos
Enfin m'offre un abri, me promet le repos.
    Là, bordé de troupeaux, entouré de verdure,
Le torrent adouci plus mollement murmure,
Et des frimas, pendants aux rochers d'alentour,
Des arbres protecteurs défendent ce séjour.

Agréable vallon, solitude secrète,
Ah! laisse-moi jouir de ta douce retraite;
Tu me peins cette vie, où l'homme aime à saisir
Parmi de longs chagrins un moment de plaisir.

Entre des rocs, tout fiers de leur beauté sauvage,
Nous marchons : descendus par cet étroit passage,
Un pont reçoit nos pas ; et, longtemps calme et doux,
Le torrent irrité roule en grondant sous nous.

Parmi de noirs rochers, sous des voûtes d'ombrage,
Dans toute sa terreur s'offre l'affreux passage,
Et du torrent fougueux, qui redouble l'effroi,
Les flots rejaillissants arrivent jusqu'à moi.

Enfin rit à la vue une scène plus douce;
Des prés, du mont stérile, ont remplacé la mousse;
Au noir sapin succède un vert délicieux,
Et l'héroïque Altorf se découvre à nos yeux.

Je crois les voir encor, ces scènes délectables,
Je crois voir les troupeaux regagner leurs étables,
Et du pipeau rustique et des douces chansons
A mon oreille encor retentissent les sons.

Lucerne, de ton lac que j'aimais les rivages !
Tantôt entre des bois et des rochers sauvages
Il resserre ses eaux ; tantôt en liberté
Mon regard le découvre en son immensité.

Salut, noble chapelle ! et toi, lieu mémorable,
Où, d'une main terrible ensemble et secourable,
Tell fit voler deux traits, et d'un bras triomphant
Terrassa l'oppresseur, et sauva son enfant.

Voyez sur l'autre bord, sous un épais ombrage,
Cet autre monument : là, contre l'esclavage
S'armèrent trois héros, et leur sang indompté
D'un peuple généreux scella la liberté :

Non celle qui se perd en des paroles vaines,
Veut du sang pour offrande, et marche au bruit des chaînes;
Sur le bonheur public elle fonde ses droits,
Prend la raison pour guide, et pour garde les lois.

Nous partons : nous voyons ces lieux où la culture
Partout nous montre l'art secondant la nature,
D'un profit légitime un emploi fructueux,
Et la simplicité d'un peuple vertueux.

Adieu, mâle Helvétie, où des Alpes altières
Les éternels frimas nourrissent tes rivières;
Où l'étranger surpris voit des fleurs, des glaçons,
Sur tes monts la nature, et l'art dans tes vallons!
 Souvent le voyageur, de tes roches hautaines,
Verra d'un œil charmé la beauté de tes plaines,
Tes prés fleuris, tes monts, leur sublime hauteur,
Et dans tous les regards la douce paix du cœur.
 Et vous, objets chéris de l'ame la plus tendre,
Mes enfants, vous serez empressés de m'entendre!
Mes plaisirs partagés en deviendront plus doux;
Ah! je vais donc revoir et ma patrie et vous.

VERS

ADRESSÉS A MADAME LEBRUN,

DANS UN MOMENT OU L'AUTEUR SENTAIT SA VUE AFFAIBLIE.

1784.

Quand de Milton, au bout de sa carrière,
Les yeux furent privés de la douce lumière,
 Il s'écriait : « O regrets superflus!
 C'en est donc fait? je ne les verrai plus,
 Ce beau soleil, ces fleurs, cette verdure!
Et pour moi la nature est voilée à jamais! »
Moi, je dis : « De Lebrun je ne vois plus les traits,
Ces traits que pour modèle eût choisis la peinture!
 De sa touche élégante et pure
 Je ne puis plus admirer les secrets :
 Adorable Lebrun! ce sont là mes regrets,
  Et c'est encor regretter la nature. »

ÉPITRE

A DEUX ENFANTS VOYAGEURS [1].

1801.

Enfin vous l'allez voir ce continent si vaste.
Vous partez dans vos jeunes ans,
Quand vos esprits, vos organes naissants
Peuvent saisir chaque contraste.
Mais souffrez qu'un vieillard, sans rudesse et sans faste,
Par votre aimable accueil dès longtemps prévenu,
Et profitant pour vous de tout ce qu'il a vu,
De loin vous montre sur la route
Les dangers qu'il faut qu'on redoute,
L'ennui, l'orgueil et la légèreté.
Dans chaque empire et dans chaque cité,
De voyageurs une foule pullule;
Chacun a sa marotte, et tous leur ridicule.
L'un, à la suite d'un cartel,
Qui veut du sang pour un mot, pour un geste,
Bien loin du séjour paternel,
Victime d'un orgueil funeste,
S'en va mourir d'ennui sur les bords du Texel :
Un coup d'épée eût été moins mortel.
L'autre, promeneur solitaire,
Et voyageur apothicaire,
Va chercher sur les rocs, sur la cime des monts,
Dans le fond des forêts, dans le creux des vallons,
La plante du centaure, ou l'herbe vulnéraire,
Ou le salubre capillaire :
Et, fier de son butin lentement recueilli,
Revient la tête vide, et son herbier rempli.

---

[1] Les deux fils de M. Antrobus. Pendant son séjour en Angleterre, Delille avait souvent admiré leur zèle, leurs succès, et surtout leur caractère de candeur et de docilité. Au moment de partir pour un long voyage, ces deux jeunes Anglais vinrent demander à notre poëte des conseils et des instructions. Il répondit à leurs vœux par cette épitre.

Cet autre, préférant les arts à la nature,
Va chercher la moderne ou vieille architecture.
 Il est heureux, s'il sait, à la rigueur,
 Combien Saint-Paul a de longueur,
 Combien tous les temples du monde
Le cèdent en hauteur à la grande rotonde
 Qui, s'élevant *eccessivamente*,
Va porter jusqu'aux cieux le nom de Bramante.
En maçon très chrétien il a couru la terre,
Vu tous les patrons goths, grecs, gaulois ou romains,
 — Les temples celtes ou germains.
 Il part, revole en France, en Angleterre ;
Il compte en masse, hélas ! et souvent en détail,
La nef d'Amiens, de Reims le célèbre portail.
Et du chœur de Beauvais le superbe travail,
Et les vitraux de Tours, précieux à l'histoire,
Où plus d'une famille a retrouvé sa gloire ;
Les forts de Valencienne et ceux de Luxembourg,
Et les rocs dentelés du clocher de Strasbourg ;
L'Escurial, le Louvre, et Saint-Roch, et Saint-Pierre,
Leurs châsses, leurs cercueils, le mur qui les enserre,
 La grille dont ils sont enceints ;
Enfin ses longs discours, ses récits, ses dessins,
Pleins d'autels, de tombeaux, et de marbre et de pierre,
 Même aux dévots font redouter les saints.
L'autre à bien festiner met sa philosophie ;
Où l'on mange et boit bien est sa géographie ;
Il voyage en gourmand ; il compare en chemin
La truite de Genève et la carpe du Rhin,
 Les pleurs du Christ [1] au cru de Chambertin,
  Le Calabrois, le Santorin,
 Dont un volcan féconda le terrain ;
 Les vins pourris dans les fosses d'Espagne [2].
Au vieux nectar qu'en plus d'une campagne
Nos grenadiers français buvaient, le sabre en main,

---

[1] *Lacryma-Christi :* excellent vin qui se récolte sur le revers du Vésuve.

[2] Le *Rancio*, du latin *rancidus*, parcequ'il mûrit dans des fosses creusées pour le recevoir.

Dans les foudres [1] de l'Allemagne.
Tantôt son savoir bien nourri
S'en va, d'auberges en auberges,
Chercher dans quels climats, sous quel ciel favori,
Les pois nouveaux et les asperges,
Pour complaire à sa volonté,
Préviennent le printemps, survivent à l'été.
Aux champs de la Romagne, aux Iles de l'Attique,
Dans sa gourmandise classique,
Il demande en courant le Chio, le Massique,
Qu'Anacréon et qu'Horace avaient bus,
A qui leur verve poétique
Paya de si justes tributs.
Il veut savoir quel vin moderne
Remplace le Cécube, et tient lieu du Falerne.
Il ne s'étonne pas que les arts soient perdus,
Depuis que ces vins ne sont plus.
Il goûte, il juge tout, passe de halte en halte
Des vergers de Montreuil aux oranges de Malte,
Du lièvre sans saveur et du fade lapin,
Nourris des débris du jardin,
Aux gibiers du Midi, dont la chair renommée
Est de lavande et de thym parfumée;
Ou de la bartavelle à la rouge perdrix,
Dont l'épagneul évente les esprits;
Parcourt tous les terroirs en oliviers fertiles,
De Lucque et d'Aix va comparer les huiles,
Rapporte enfin chez lui des indigestions
De tous pays, de toutes nations.
Tantôt, peu satisfait de nos serres françaises,
Il s'arrête en chemin, charmé par un beau fruit
Dont le parfum et le goût le séduit,
Prend là ses repas et ses aises.
La saison finit-elle, il appelle à grand bruit
Ses gens, ses postillons, fait atteler ses chaises,
Et disparaît tout juste avec les fraises.
D'autres, de l'avenir, du présent peu frappés,
Infatigables antiquaires,

[1] Grands vaisseaux qui contiennent plusieurs muids de vin.

Du passé seul sont occupés ;
Dans les vallons, sur les monts escarpés,
Vont déchiffrant des marbres funéraires,
Vont déterrant des urnes cinéraires,
Se pâment sur un mur bâti par Cicéron,
 Ou sur un coin du jardin de Néron ;
D'écus grecs ou romains, ou d'antiques médailles,
Ils s'en vont ramassant des restes curieux ;
Ils appliquent la loupe, ils fatiguent leurs yeux
  Sur le vert-de-gris précieux
  De ces augustes antiquailles ;
  Du vorace Vitellius
  Cherchent les casernes royales,
  Ou des Tibère, des Caïus,
  Les cavernes prétoriales ;
Comblent de leurs débris des chars et des vaisseaux ;
  Puis, fiers de ces rares morceaux,
Pour embellir leurs scènes romantiques.
Ils vont de cet amas de décombres antiques,
De colonnes sans base et de vieux chapiteaux,
Attrister leurs jardins, encombrer leurs châteaux ;
 Doctes fouillis de la Grèce et de Rome,
Où logent cent consuls, et souvent pas un homme !
Antre nobiliaire, ambitieux donjon,
Où, comme les vivants, chez d'Hozier, chez Baujon,
  Les morts inscrits sur leurs regîtres
Présentent en entrant leurs dates et leurs titres.
Des cartons sous le bras, dans les mains des crayons,
L'autre s'en va chercher loin de nos régions
  Des ruines, des paysages ;
  Dessiner quelques monts sauvages,
 Quelques rochers bizarrement taillés,
Et d'arbrisseaux rampants richement habillés,
 De beaux lointains, et de riches ombrages.
Au fond d'un porte-feuille il dépose enterrés
 Des champs flétris, des monts décolorés.
Partout où s'est montré ce grand paysagiste,
  Chaque lieu semble triste
  De voir ainsi déshonorés
  Ses bois, ses ruisseaux, et ses prés.

A qui le crayon des artistes
N'a pu laisser ce ciel pur et vermeil,
Ces beaux reflets, et ce soleil,
Le plus brillant des coloristes.
Lui cependant, tout fier de ces riches moissons,
Du grand art des Poussin récoltes poétiques,
Va bientôt dans d'autres cantons,
Pleins de grands souvenirs, fameux par de grands noms,
Autour des remparts historiques
Des Augustes et des Catons,
Reprendre ses courses classiques;
Passe des égouts de Tarquin
A cette fontaine chérie
Du grand législateur confident d'Égérie;
A la tombe où dormait Scipion l'Africain;
A la masse du Colisée,
Par un neveu papal depuis long-temps brisée;
Passe en revue et les champs et les monts;
Et, sa docte valise une fois bien remplie,
Il court en France apporter l'Italie,
Ses arcs triomphateurs, ses aqueducs, ses ponts,
Et ses temples, et leurs frontons;
Et dit, d'une ame enorgueillie :
Rome n'est plus dans Rome ; elle est dans mes cartons.
Dans de plus longues promenades,
L'autre, badaud parisien,
Chez le peuple vénitien,
A Naples, va chercher des bals, des mascarades,
La bénédiction qu'on donne au Vatican;
Ailleurs, le spectacle d'un camp,
Des manœuvres, et des parades;
Ailleurs, un beau couronnement,
Grand et superbe événement
Où les étrangers accoururent,
Où trente puissances parurent.
Quel plaisir, de retour chez soi,
De conter à ses camarades
Quel hasard le plaça tout à côté du roi !
Les fêtes, les soupers, les danses, les aubades,
Les balustres et les arcades,

Les tribunes et les balcons,
Combien les Allemands vidèrent de flacons ;
Du cérémonial de cette grande fête
　　Le fat vous étourdit la tête,
Redit chaque détail qui flatte son orgueil,
Les noms de tous les grands qui lui firent accueil :
Et même il a sur lui le ruban honorable
Que lui donna la cour dans ce jour mémorable
　　Épris de plus nobles objets,
　　Des portiques, des colonnades,
　　Des danses et des sérénades
　　Ont pour vous de faibles attraits.
Le choix savant et des vins et des mets
　　N'est point entré dans vos projets :
Pour le beau seul vous êtes nés gourmets.
　　Des cathédrales et des temples
Votre pays vous offre assez d'exemples :
Et la belle nature aux plus savants pinceaux
　　Y peut fournir d'assez riches tableaux.
　　Jeunes encore, et vertueux, et sages,
Le désordre n'a point commandé vos voyages :
Ce travers n'est pour vous qu'un objet de pitié.
De plus nobles motifs vous ouvrent la carrière ;
　　Et, quand vos pas quitteront la barrière,
　　Vous ne laisserez en arrière
　　Que les regrets de l'amitié.
　　Laissez les ruines antiques
　　A ces amateurs fanatiques
Des temples, des palais, des urnes, des tombeaux,
Pour qui les plus anciens sont toujours les plus beaux,
　　Dont l'érudition profonde
Dans chaque souterrain et dans chaque caveau
　　Court interroger le vieux monde,
　　Sans s'inquiéter du nouveau.
Étudiez les peuples et les hommes ;
Oubliez ce qu'on fut, pour voir ce que nous sommes.
　　Pour voyager avec succès,
De l'habitude encore évitez les excès.
Il ne faut aimer trop ni trop peu sa patrie ;
L'un serait sacrilége, et l'autre idolâtrie.

Les uns, obstinés citoyens,
Ne trouvent que chez eux le vrai goût, les vrais biens,
Ne conçoivent pas qu'on puisse être
Autrement que l'on est au lieu qui les vit naître ;
Qu'on soit Irlandais à Dublin,
Persé dans Ispahan, Allemand à Berlin.
Ivres de leur terre natale,
Sur le talent, la vertu, la beauté,
Ils vont braquant de tout côté
La lunette nationale ;
Et de tous les états, et de tous les pays,
Ils reviennent chagrins, haïssants, et haïs.
Pour désenfler ses hypocondres,
L'autre au sein de la France, au milieu de Paris,
Veut transporter les courses, les paris,
Et toutes les gaietés de Londres.
Pour se chauffer durant l'hiver,
Il commande un *grate* [1], un *fender* [2] ;
Pour sa fourniture complète,
Ne manque pas de faire emplète
De l'infatigable *poker* [3],
Qui, des passe-temps le plus cher,
Près d'une cheminée au *spleen* un peu sujette,
Où siégent les vapeurs et la consomption,
L'étude en bonnet noir, la lecture en lunette,
La politique auprès d'une gazette,
Et l'avarice auprès de sa cassette,
Du mélancolique charbon
Faisant partir par amusette,
Quelquefois par distraction,
La rapide étincelle et la vive bluette,
Pour égayer la méditation,
Dans les jeux du foyer remplace la pincette.
Il ne sort pas sans un spencer,
Ne lit que Milton et Chaucer ;
Pour n'en pas perdre l'habitude,

[1] La cheminée dans laquelle on place le charbon.
[2] Espèce de garde-cendres.
[3] Qui tient lieu de pincettes.

Du nom de *rout* il appelle nos bals,
Et du sort des Français n'a plus d'inquiétude
Depuis qu'ils ont adopté les wauxhalls ;
A ce bel Opéra, que le monde idolâtre,
Va de Covent-Garden regretter le théâtre ;
Sollicité avant son départ
Le combat du taureau, la chasse du renard ;
S'étonne seulement que la France ait fait grace
Aux loups, dont l'Angleterre extermina la race ;
Se fait admettre au club, paie en livres sterlings
Sa soupe à la tortue, et ses chers *plum-puddings;*
Pour mieux s'habituer à la langue française,
Se rend exactement à la taverne anglaise,
Et, dans ses jeux chéris soigneux de s'exercer,
A nos Parisiens veut apprendre à boxer ;
Partout de son pays conserve les coutumes,
Les usages et les costumes ;
Enfin, rentrant chez lui comme il était sorti,
Y revient plus Anglais qu'il n'en était parti.

D'autres, lassés du séjour de leurs pères,
Vont poursuivant de lointaines chimères,
Et, se dépaysant pour devenir meilleurs,
Dénigrent tout chez eux, adorent tout ailleurs.
Tout ce qu'ils n'avaient pas charme leurs goûts frivoles.
Ainsi les superstitions,
Chez les antiques nations,
Des cultes étrangers empruntaient les idoles.
Du joug de l'habitude ils marchent dégagés,
Et perdent leurs sagesse avec leurs préjugés.
Ainsi du bon Français quand l'humeur vagabonde
Se mit à parcourir le monde,
Partout il moissonna les sottises d'autrui,
Et dans le monde entier ne méprisa que lui.
Il courut mendier aux terres étrangères
Ses usages, ses mœurs, et ses lois passagères.
Aux rochers de la Suisse, aux plaines d'Albion,
Il croyait s'élancer vers la perfection.
Revenu, disait-il, de ses erreurs premières,
Il déliait son joug, et brisait ses lisières.
Qu'arriva-t-il ? Au lieu de nouvelles lumières,

Il rapporta, pour prix de son instruction,
    L'extravagance et la destruction.
En berline, en wiskis, en frac, en guêtre, en bottes,
En gilets écourtés, en longues redingotes,
La révolution, pour punir les Français,
A des goûts étrangers dut ses premiers succès.
    De motions nos cafés résonnèrent ;
De mots, de plans nouveaux, nos vieillards s'étonnèrent ;
    De jeunes fats et d'imberbes Catons
        Dans nos tribunes dominèrent,
        Ridiculement y prônèrent
        La république des Platons.
        Des bavards de tous les cantons
    Nos jeunes dames raffolèrent ;
    Les Graces, les Ris s'envolèrent.
    Mille petits Catilinas
Inondèrent nos clubs, nos salons, nos sénats.
Le cœur se corrompit, les esprits se troublèrent.
Comme un torrent fougueux le désordre roula :
    Plus de respect pour ses chefs, pour ses maîtres ;
    La licence à ses pieds foula
    Les ouvrages de nos ancêtres ;
    Le mauvais goût eut de nombreux fauteurs
Le tragique fit place à d'effroyables drames ;
La terreur à l'honneur succéda dans les ames,
    Et la pitié resta pour les auteurs.
La sensible amitié ne vit plus que des traîtres.
Dans ses vieux fondements l'empire chancela ;
Les débris des autels écrasèrent les prêtres,
Et sur les courtisans le trône s'écroula.
Évitez ces excès ; voyez la jeune abeille,
    Qui, dès le retour du matin,
Sur le thym odorant, sur la rose vermeille,
    Cueille la cire, et cherche son butin.
Dans sa loge natale, ou dans d'autres cellules,
Ses partialités, ses dégoûts ridicules
Ne vont point s'informer comment se fait le miel :
Elle suit son instinct, la nature et le ciel.
    Imitez-la ; repoussez tout système :
    Vous le savez, et du bien et du mal

Le ciel à tous les lieux fit un partage égal.
Avant l'étude, avant l'expérience,
N'avons-nous pas la conscience ?
C'est à ses lois que l'on doit obéir.
Sur les objets qu'on doit haïr,
Sur ceux qu'il faut qu'on aime,
Chacun est son juge à soi-même.
De l'imitation le danger est extrême.
Observez avec soin, choisissez à loisir.
L'art de bien voyager, c'est l'art de bien choisir.
Mais ne vous bornez pas aux plus prochains rivages ;
Examinez d'un regard pénétrant
D'autres pays, d'autres usages,
Et sur les bords lointains, policés ou sauvages,
Comme votre pensée, étendez vos voyages.
Vous êtes bien petits, et le monde est bien grand !
Quel que soit le climat qu'aborde votre audace,
N'espérez point trouver les lieux
Tels que les virent nos aïeux.
Le temps qui forme tout, et par qui tout s'efface,
Du monde entier change la face,
Les peuples, les climats, l'eau, la terre, et les cieux.
Vous chercheriez en vain Tyr, Carthage, Ecbatane ;
Un volcan engloutit et Lisbonne et Catane ;
Sur son terrain, par le temps exhaussé,
Le Capitole est abaissé ;
Où reposait la famille des Jules,
Des capucins ont leurs cellules.
Observez d'un regard soigneux
Les changements des lois, des hommes, et des lieux :
Vous êtes bien enfants, et le monde est bien vieux !
Sachez aussi, dans votre course,
Des peuples dispersés chercher l'antique source.
L'un est né des Gaulois, et l'autre des Germains ;
L'un est enfant des Grecs, et l'autre des Romains.
Cet autre, fier de son vieil âge,
Fils de l'Égyptien, ou du Scythe sauvage,
Changea cent fois de mœurs et d'esclavage.
Que de peuples divers, nés du même berceau,
Prennent des traits, un goût, un langage nouveau,

Et des habitudes contraires,
Dépendant du vainqueur, du siècle, et des climats!
Dans le monde habité tous les peuples sont frères ;
Et tous, ainsi que vous, ne se ressemblent pas.
Mais en vain vous offrez dans votre aimable enfance
    Cette conformité de traits ;
Il est entre vous deux des rapports plus parfaits :
Même docilité, même reconnaissance
Pour l'homme vertueux de qui l'expérience
    A vos yeux charmés dévoila
    Tous les secrets de la science ;
Même amour pour les lieux où vous prîtes naissance,
    Pour Dieu, pour votre roi : voilà
    Votre plus noble ressemblance.
La fable vainement nous entretient encor
    Et de Pollux et de Castor,
Infortunés jumeaux que le destin bizarre
Plaçait l'un dans l'enfer et l'autre dans les cieux :
    Par un sort plus doux et plus rare,
Même félicité vous réunit tous deux ;
    Même soin forma votre enfance.
    Du jeune âge oubliant les jeux,
    Dans un voyage courageux
    Allez cueillir la récompense
    De votre loisir studieux.
    Mieux instruits, vous jouirez mieux ;
Les états, les cités, les peuples et les lieux
    Ne disent rien à l'ignorance ;
Son regard n'en saisit que la vaine apparence :
    L'ignorant voit, le savant pense.
    Jadis, la veille des combats,
Des grands événements, et des lointains voyages,
    Les princes et les potentats
Interrogeaient le ciel, et consultaient les mages.
Pour moi, sans me placer au nombre des devins,
    Déjà sur vos futurs destins
    J'ai des augures plus certains,
    J'ai de plus assurés présages.
Une beauté forma vos esprits enfantins,
Une beauté qui joint à la gaieté française

La bonté germanique et la douceur anglaise.
Un sagé, ami des lois, des beaux-arts, et des dieux,
Connu par son talent, connu par sa sagesse,
    Des écrits de Rome et de Grèce
   Vous déroula les trésors précieux ;
    Ce qu'a de plus délicieux,
   De plus sublime, de plus sage,
Le bon peuple qui vit l'aurore de votre âge.
Jugez d'après son goût, voyez d'après ses yeux.
Du sensible Antrobus, dont le cœur généreux
   Des bons Français a mérité l'hommage,
   Payez l'amour, et remplissez les vœux :
   C'en est assez ; je réponds du voyage.
Mais quand par le succès il sera couronné,
Parmi ces écrivains, vos compagnons fidèles,
   N'oubliez point votre cicéroné,
Et laissez le disciple auprès de ses modèles.
Mes Jardins, pleins de fleurs, que dans nos parcs français
Ma muse transplanta de vos jardins anglais,
Parmi tous ces écrits, charme de votre route,
Grace à votre amitié, vont vous suivre, sans doute ;
Et, si j'en crois ce Gibbs, qui d'un si joli ton,
    Dans son élégante lecture,
    Récite avec affection
   Ces vers sans art, dictés par la nature,
    Je le dis sans présomption,
Le succès assuré de votre heureux voyage
    Passera mon ambition,
    Et je prévois plus d'un suffrage
    Pour ma petite édition [1].
Encore un mot. Dans votre excursion
   Vous n'oublierez pas cette France,
   Qui par le nombre et la vaillance,
   Son inépuisable opulence,
D'audacieux exploits, d'illustres attentats,
   A pesé sur tous les états.
Là, vous verrez encor l'idole de la France,

. . . .

---

[1] L'édition de poche (pocket) du poëme des *Jardins*.

L'honneur, cette brillante et trompeuse monnoie
  Qu'au bien public un esprit sage emploie,
Qui court de main en main, du noble au roturier,
Des princes aux sujets, du poëte au guerrier.
C'est l'honneur qui créa des ordres, des chapitres,
Mesure les égards sur les rangs, sur les titres ;
    Veut des plaisirs ou bruyants ou coûteux,
      Du silence seul est honteux ;
    Moins empressé, moins ambitieux d'être,
      Que jaloux de paraître,
Fait de l'orgueil la base du devoir ;
Par des distinctions, des richesses se venge ;
Commerce de respect, trafique de louange,
    Les donne pour les recevoir ;
Préfère aux vrais besoins l'or, le jaspe, et l'albâtre ;
Cherche des spectateurs et demande un théâtre ;
Se montre pour briller, brille pour éblouir,
Et jouit en effet, s'il a l'air de jouir ;
    Flétri d'un rien, heureux de peu de chose,
    Il marche fier des chaînes qu'il s'impose ;
      Pour lui le plus superbe don
Est un coup d'œil du prince, un sourire, un cordon.
Même avant ses quartiers, il compte ses services,
      Se pare de ses cicatrices.
Un brancard, décoré de ses sanglants lambeaux,
. . . .
    Un trophée ennemi conquis dans les batailles,
Des grenadiers en pleurs suivant ses funérailles,
    Le flattent plus qu'un fastueux cercueil,
Les pompes de la mort et le luxe du deuil ;
Il aime l'héroïsme, abhorre la bassesse ;
    En vain Plutus, entouré de trésors,
      Au dieu d'hymen ouvre ses coffres-forts ;
    Il veut pour dot, au lieu de la richesse,
    Un nom sans tache, un rang, et la sagesse ;
Il est souvent l'espoir des peuples abattus,
L'aiguillon des talents et l'ame des vertus.
Mais aussi qu'un grand choc ébranle un grand empire,
    L'honneur lui même à sa perte conspire.
    L'opinion, simulacre du jour,

L'opinion, divinité frivole,
Entend sa voix ; il commande : elle vole
De l'église au barreau, de la ville à la cour ;
Poursuit delà les mers sa course vagabonde ;
Nègres et blancs s'arment en un clin d'œil ;
Le sang rougit la terre et l'onde ;
Les champs, les cités sont en deuil :
On est brouillon par mode et méchant par orgueil.
Malgré les changements qu'a subis ce théâtre,
Sur ce terrain mouvant, sous ce ciel orageux,
Vos yeux surpris verront la jeunesse folâtre
Et l'allégresse opiniâtre
Recommencer ses bals, ses danses, et ses jeux,
Que sa longue enfance idolâtre.
Tel le voyageur curieux
Qui d'un volcan horrible
Vient observer l'explosion terrible,
Sur les bords du cratère interroge en tremblant
Les cavités de l'abîme brûlant,
Les points d'où partit l'incendie,
Où la lave s'est refroidie ;
Mais, parmi ces monts menaçants,
Où dans les tourbillons de ces feux étouffants
Le gouffre ensevelit les mânes
De leurs femmes, de leurs enfants,
Bientôt il voit les bergers triomphants
Rétablir en chantant leurs antiques cabanes,
Y reconduire leurs troupeaux,
Reprendre leurs joyeux pipeaux ;
Sur la terre encore mugissante,
Les gazons refleuris, la moisson renaissante,
L'industrie appelant les arts,
Les superbes cités relevant leurs remparts,
Les églises leurs tours, et les arbres leur faîte,
Et la nature en deuil, et la nature en fête.
Ainsi, d'un œil surpris, et des biens et des maux
Vous contemplerez les tableaux.
Par un moins bizarre assemblage,
Quelque pinceau capricieux
Sur un même visage,

Pour amuser nos yeux,
Aux traits du rieur Démocrite
Unirait ceux du pleureur Héraclite;
Et sur ces murs Voltaire aurait écrit :
C'est Jean qui pleure, et Jean qui rit.
Sans cesse menacé par l'océan qu'il brave,
Tel vous ne verrez point l'industrieux Batave :
Le travail, la sagesse, et toutes les vertus,
Entre leurs mains fidèles
Tiennent chez lui la clef du temple de Plutus.
Il respecte les lois et les mœurs paternelles,
Dans son terrain, conquis sur l'abîme des flots,
Doublement enrichi par la terre et les eaux;
Il est frugal au sein de l'abondance;
Hardi spéculateur, guidé par la prudence,
Son industrie est son trésor,
Son crédit est l'économie;
Dans l'avenir il rejette la vie;
Seul il règne au milieu de ce monde amphibie,
Commande aux éléments, mais obéit à l'or.
Fier de sa propreté, de sa simple élégance,
Son luxe est sans extravagance;
La seule utilité dirige ses projets;
Pour lui les prés ne sont que des pâtures,
Les chênes des sabords, et les pins des mâtures !
Les vents ne sont que des soufflets,
La mer un grand chemin, les vaisseaux des voitures.
Adieu, chers nourrissons de la riche Angleterre !
Je vous ai transportés de votre heureuse terre,
Du séjour chéri de vos rois,
De leurs simples palais, de leurs bosquets champêtres,
Ornés par les vertus de leurs augustes maîtres,
Où le pouvoir siége à côté des lois,
Au Louvre, où de Louis régnèrent les ancêtres ;
A ces jardins célébrés tant de fois,
Embellis par les arts, dessinés par Le Nôtre,
Beaux lieux tout à coup envahis
Par un peuple qui fit son malheur et le nôtre.
Quand vous aurez visité mon pays,
Revenez promptement être heureux dans le vôtre.

Là, tout doit charmer les regards :
Ce pays est celui des arts,
Des vertus, des lois protectrices,
Qui d'un bonheur égal font jouir tout l'état,
Du roi, du peuple, et du sénat,
Inexorables bienfaitrices.
Revenez donc dans cet heureux séjour,
Présent à votre esprit et cher à votre amour.
Plus on parcourt le reste de la terre,
Plus on apprend à chérir l'Angleterre.
Vers ces beaux lieux hâtez votre retour.
Ainsi la vagabonde et frileuse hirondelle,
Que loin des noirs frimas
Un printemps étranger appelle
En de moins rigoureux climats,
Revient, aime à revoir, se plaît à reconnaître
Le champ qui la nourrit, le ciel qui la vit naître,
Et ces murs paternels, et ces fragiles toits
Que son vol rasa tant de fois
D'une aile familière,
Et la solive hospitalière
Qui soutenait son nid. Là de son doux berceau
Le duvet la reçut ; là de sa tendre mère
Le bec, pour son repas, lui portait un morceau
Ou de mouche, ou de vermisseau.
Là, sa diligence attentive
Dirigea son vol faible encor,
Enhardit son aile craintive
A prendre son premier essor ;
Ce lieu, de son enfance ancien dépositaire,
Sera de ses neveux l'empire héréditaire ;
Pères, mères, enfants, au printemps réunis,
Y viendront faire encore et l'amour et leurs nids.
Revenu de ses incartades,
Le pèlerin ailé fait à ses camarades
Des récits curieux, utiles ou nouveaux :
Où sont les plus beaux grains et les plus belles eaux,
Où chantent le mieux les oiseaux,
Où sont les plus douces peuplades,
Où l'horrible vautour, où l'avide épervier

Troubla le moins ses douces promenades.
  Ce toit qui le vit essayer
Et son instinct novice et sa plume nouvelle,
  Qui jeune encor l'entendit bégayer
    La chanson paternelle,
Où la douce habitude en secret le rappelle,
  Seul peut lui plaire, et seul peut l'égayer;
    Et la plus riante charmille,
    Où, par la verdure séduit,
    Le peuple des oiseaux fourmille,
Plait moins à ses regards que cet humble réduit,
Et ces toits enfumés, berceau de sa famille.
    Aussi le zéphyr printanier
    En vain revient le convier
    A quitter sa poutre chérie :
Si long fut son exil! si douce est sa patrie!
Il partit vagabond, il revient casanier.
Ainsi le voyageur, que loin de son foyer
    Un instinct curieux exile,
    Avec transport retrouve son asile;
  C'est là qu'il veut vivre et mourir. Pourquoi
Chercherait-il encor les terres étrangères,
Chez d'autres nations et sous une autre loi?
    La défiance est mère de l'effroi.
Les changements de lieu ne nous profitent guères :
On peut s'instruire ailleurs; on ne vit que chez soi.

INSCRIPTION

MISE AU BAS DE LA STATUE DE LOUIS XV,

SUR LA PLACE DE REIMS.

De l'amour des Français éternel monument,
  Instruisez à jamais la terre
Que Louis en ces murs jura d'être leur père,
  Et fut fidèle à son serment.

VERS

A M. TURGOT,

SUR CE QU'ON REPROCHAIT A L'AUTEUR, QUI TRAVAILLAIT
A LA TRADUCTION DES GÉORGIQUES,
DE N'AVOIR PAS ENCORE TRADUIT LE QUATRIÈME LIVRE,
SUR LES ABEILLES.

Oui, je les chanterai, ces aimables abeilles ;
   Mais je veux voir notre horizon
Semé par le printemps de couleurs plus vermeilles,
   Et les chanter dans leur saison.
L'hiver m'a rendu triste et paresseux comme elles :
   Ma muse, ainsi que ces filles du ciel,
A besoin des beaux jours pour déployer ses ailes,
Pour recueillir ses fleurs, et composer son miel.

RÉPONSE IMPROMPTU

A CETTE QUESTION :

QUE FAUT-IL POUR ÊTRE HEUREUX ?

Pour être heureux, que faut-il ? De la vie
   Faire deux parts : une moitié
Est pour l'amour, l'autre pour l'amitié ;
Et toutes deux je les donne à Sylvie.

VERS

POUR LE PORTRAIT DE M. LE COMTE DE TRESSAN.

Savant illustre, intrépide guerrier,
Poëte aimable, et galant romancier,
Le compas de Newton occupa sa jeunesse ;
Les chants des troubadours bercèrent sa vieillesse ;
De nos preux chevaliers il conta les tournois,
Imita leur vaillance, et chanta leurs exploits.

VERS

SUR S. S. PIE VI.

Pontife révéré, souverain magnanime,
Noble et touchant spectacle et du monde et du ciel,
Il honore à la fois, par sa vertu sublime,
Le malheur, la vieillesse, et le trône, et l'autel.

VERS

A UNE JEUNE PERSONNE QUI AVAIT QUÊTÉ LE MATIN A L'ÉGLISE, ET QUI DANSAIT LE SOIR A UN BAL D'AMIS.

Pour l'indigent quand vous allez en quête,
Vous obtenez pour lui d'abondantes faveurs ;
Quand vous dansez dans une aimable fête,
Sans les quêter, vous gagnez tous les cœurs.

VERS

POUR DEUX JEUNES PERSONNES D'AMIENS.

Si Chloris est charmante, Iris n'est pas moins belle ;
Entre ces deux objets mon cœur reste flottant.
Ne m'en offrez qu'un seul, je vais être fidèle :
Offrez-les-moi tous deux, je vais être inconstant.

VERS

POUR LE PORTRAIT DE M. LE COMTE DE BUFFON.

La nature, pour lui prodiguant sa richesse,
Dans son génie et dans ses traits
A mis la force et la noblesse :
En la peignant, il paya ses bienfaits.

VERS

ENVOYÉS A M. DELILLE,

A L'OCCASION DE SON POEME DE L'IMAGINATION.

L'*Imagination* est l'ouvrage d'un ange ;
Ce poëme a le feu, la grace et la beauté,
Qui tous les trois en font une lettre de change
   Que vous tirez sur l'Immortalité.

D'ÉTAMPES.

RÉPONSE.

Je ne puis encor supputer
De quoi l'âge futur me sera redevable,
   Quand le temps viendra d'escompter ;
Mais envers vous je demeure insolvable.

A MADAME
LA COMTESSE POTOCKA,

NÉE MICHELSKA,

QUI AVAIT FAIT PRÉSENT D'UN COLLIER A MADAME DELILLE.

De Cypris gardez la ceinture :
Moi, je conserverai cet aimable ornement.
  Ce beau collier, donné si noblement,
  Sera pour moi (mon respect vous le jure)
    L'emblème de l'attachement ;
Pour moi son prix aurait été moins grand,
   S'il n'eût été qu'une parure.

A MADAME LEBRUN.

Honneur à vos brillants pinceaux,
Charmante rivale d'Apelles !
Tous vos portraits sont des tableaux,
Et tous vos tableaux des modèles.

VERS

POUR LE PORTRAIT DE M. ET MADAME D'ÉTAMPES.

Plus d'un sot qui revit dans de sottes estampes
Bientôt dans mes cartons est remis à l'écart :
   Mais je bénis l'artiste et l'art
   Dont le burin mit en regard
Ce couple révéré sous le nom de d'Étampes ;
Et lorsqu'il se présente à mon œil enchanté,
Je dis : « C'est le Bonheur regardant la Bonté. »

A MADEMOISELLE
JOSÉPHINE SAUVAGE,

QUI AVAIT DESSINÉ LE PORTRAIT DE LA SŒUR DE MADAME DELILLE.

Bénis soient tes crayons, ô toi, jeune beauté
Qui, de nos Rosalba suivant déjà les traces,
   A mes yeux consolés retraces,
Avec tant d'élégance et de fidélité,
Celle qui m'adoucit ma triste cécité !
   C'est le portrait de la Bonté,
   Dessiné par la main des Grâces.

A MADAME DE VANNOZ.

Jadis Orphée, aux rives sombres,
Faisait, dit-on, pleurer les ombres;
Vous faites mieux, et vos touchants accords
Enchantent les vivants, et consolent les morts.

A MADAME
LA MARQUISE DE PYVANT,
SUR DES CHAUSSONS QU'ELLE AVAIT FAITS POUR M. DELILLE,
PENDANT LE SÉJOUR DE L'AUTEUR A BRUNSWICK.

Voilà donc de votre art l'heureux apprentissage!
Je crains, en l'employant, d'avilir votre ouvrage;
Et le plus malheureux des malheureux humains
N'ose mettre à ses pieds les œuvres de vos mains.

VERS
FAITS DANS LE JARDIN DE MADAME DE P***.

Dans ce réduit, où l'Amour en silence
Aime à rêver en cessant de jouir,
Heureux qui vient avec une espérance,
Et s'en retourne avec un souvenir!

A M. LEBEL,
QUI AVAIT ADRESSÉ DES VERS A L'AUTEUR.

Vos vers sont purs; le motif en est beau;
Vous sentez comme Horace, et chantez comme Orphée;
Et votre plus brillant trophée
S'élèvera sur un tombeau.

VERS

POUR LE PORTRAIT DE MADEMOISELLE DILETTE,
SŒUR DE MADAME DELILLE.

Son regard peint la bienveillance;
Son charme est la bonté, sa grace est la décence;
De notre humble ménage elle fait les douceurs,
   Par ses vertus nous rappelle sa mère,
Met sa félicité dans celle de ses sœurs,
Et s'embellit des pleurs qu'elle donne à son père.

INSCRIPTION

POUR LE TOMBEAU DE M. DE LA TOUR-DU-PIN.

D'un sang cher aux Français rejeton glorieux,
Aimable dans la paix, intrépide à la guerre,
Philosophe chrétien, héros religieux,
   Nous le chérîmes sur la terre,
   Et nous l'invoquons dans les cieux.

IMITATION

DE QUELQUES VERS DU POEME DES JARDINS,
ENVOYÉE A M. DELILLE AVEC UN COFFRET DE BONBONS.

Hélas! je n'ai point vu ce poëte enchanteur,
Qui charme mon esprit et qui ravit mon cœur;
Mais j'en jure et Delille et sa brillante lyre,
Je verrai ce mortel que l'univers admire.

              Par madame de St.....

   Hélas! je n'ai point vu ce séjour enchanté,
   Ces beaux lieux où Virgile a tant de fois chanté;
   Mais j'en jure, et Virgile et ses accords sublimes,
   J'irai : de l'Apennin je franchirai les cimes ;
   J'irai, plein de son nom, plein de ses vers sacrés,
   Les lire aux mêmes lieux qui les ont inspirés.
              Jardins, ch. II.

RÉPONSE.

Quel contraste frappant votre épître rassemble!
Vos vers, mêlés aux miens, sont pour moi des leçons;
Et le même quatrain nous offre, unis ensemble,
   Les chicotins et les bonbons.

VERS

ADRESSÉS A M. DELILLE,

DANS UN DINER.

Ce n'est point des Jardins le chantre harmonieux,
Ce n'est point le rival des Miltons, des Virgiles,
Que je chante en ces vers, qu'on pourrait faire mieux,
Et qu'un peu plus de temps eût rendus plus faciles;
C'est le convive aimable et brillant de gaieté,
Qui semble embarrassé de sa célébrité;
C'est cet esprit léger qui s'échappe en saillie,
Qui captive toujours, et jamais n'humilie;
   Dont la douce simplicité,
Naturelle en sa bouche, ainsi que l'harmonie
Forcerait l'envieux, de sa gloire irrité,
   A lui pardonner son génie.
Laissons donc là ses droits à l'immortalité :
   Oui, Delille, aux lieux où vous êtes,
Le plus charmant convive et le plus souhaité
Fait toujours oublier le plus grand des poètes.

                       CORIOLIS.

A M. CORIOLIS.

   Les virtuoses du Parnasse
A plus d'un titre ont un mauvais renom;
   Plus d'un écrivain meurt sans race,
   Plus d'un poëme est avorton.

Vous ne redoutez point cette mésaventure,
Vos vers sont beaux, vos enfants sont jolis;
Et vivent, dira-t-on dans la race future,
Les œuvres de Coriolis!

A MADAME DE BOUFFLERS.

Jadis j'ai chanté le jardin
Du bon Adam; je préfère le vôtre :
Tout fut perdu dans le premier Éden;
Tout semble réparé dans l'autre.

A M. LESUEUR,
AUTEUR DE L'OPÉRA DES BARDES,
QUI M'AVAIT ANNONCÉ L'HEUREUX ACCOUCHEMENT DE SA FEMME.

Quand du vautour et du milan vorace
L'hymen vient au printemps reproduire la race,
Avec horreur chaque oiseau voit leurs nids ;
Mais tout se réjouit dans toute la nature,
Lorsqu'au retour de la verdure
Le rossignol fait ses petits.

INSCRIPTION
POUR LE TOMBEAU DE DUREAU DE LA MALLE.

1807.

Il n'est point tout entier dans la sombre demeure :
Il renaît dans son fils, son épouse le pleure;
Des devoirs les plus saints son cœur s'est acquitté;
Son talent rajeunit la docte antiquité [1] :
Il soigna le malheur, secourut l'indigence ;
Sa vertu pour lui seul ignora l'indulgence.

[1] Il a traduit Tacite, Salluste, et une grande partie de Tite-Live.

Le Parnasse lui dut ses plus chers nourrissons,
La morale un modèle, et le goût des leçons.
L'amitié le regrette, et la main du génie
A jeté sur sa tombe un rayon de la vie [1].

LES ADIEUX DU VIEILLARD,

FRAGMENT RÉCITÉ A UNE SÉANCE PUBLIQUE DE L'INSTITUT,
LE 9 AVRIL 1812.

Ah! que n'ai-je un langage assez tendre, assez doux!
Je conterais comment un véritable sage
De la mort autrefois sut adoucir l'image.
Poëte philosophe, il avait dans ses vers
Célébré la nature et chanté l'univers.
L'épouse qu'il aimait, secondant son délire,
Joignait ses sons touchants aux doux sons de sa lyre.
Mais pour durer toujours leur bonheur fut trop grand.
Elle, et quelques amis, l'entouraient expirant :
Trop heureux que sa main lui fermât la paupière!
Sa voix lui confiait, à son heure dernière,
Non ces vœux des mourants, reçus par des ingrats,
Ces dons trop attendus, ces vains legs du trépas,
Écrits à la lueur des flambeaux funéraires,
De la nécessité tributs involontaires,
Mais les vœux de son cœur. Dieu! par quel doux transport
Il prolongeait la vie et reculait la mort!
Ce n'était point l'effroi de ce moment terrible;
Du départ d'un ami c'était l'adieu paisible.
Viens là, viens, disait-il, ô toi que j'aimais tant!
Né pauvre, je meurs pauvre, et j'ai vécu content.
Mais c'en est fait; reçois de ma reconnaissance
Ce peu que notre amour changeait en opulence,
Tout ce luxe indigent qui, sous nos humbles toits,
Égalait à nos yeux l'opulence des rois.
Vois ces vases sans art : leurs formes sont vulgaires;
Mais nos chiffres unis te les rendront plus chères;

[1] MM. Girodet et Percier ont donné le dessin du tombeau de Dureau de La Malle.

Mais ils faisaient l'honneur de ce léger festin
Qui charmait près de toi les heures du matin.
Hélas! le ciel pour moi ne marquera plus d'heures!
Reçois donc, disait-il, de l'ami que tu pleures,
Cette image du temps, dont tu trompais le cours.
Puisse-t-elle, après moi, te marquer d'heureux jours!
Cette boîte, en mon sein si doucement cachée,
Qui par le trépas seul pouvait m'être arrachée,
Et qui, de ton absence adoucissant l'ennui,
Sentait battre ce cœur, et reposait sur lui;
Détache-la! je souffre à me séparer d'elle;
Mais j'emporte en mon âme un portrait plus fidèle.
Le mien sera-t-il cher à tes tendres douleurs?
Sera-t-il en secret mouillé de quelques pleurs?
Ce fidèle animal, témoin de nos tendresses,
Qui long-temps entre nous partagea ses caresses,
Que j'ai vu si souvent, fier de me devancer,
Reconnaître ton seuil, bondir et m'annoncer,
Et, qui dans ce moment, les yeux gonflés de larmes,
Semble prévoir ma fin, et sentir tes alarmes,
Je le lègue à tes soins. Puisse de nos amours
Le doux ressouvenir protéger ses vieux jours!
Vois-tu cette tablette, où sans faste s'assemble
Ce peu d'auteurs choisis que nous lisions ensemble?
Mon crayon y marqua les traits goûtés par toi :
Tu ne les liras pas sans t'attendrir sur moi.
Tiens, reçois cet écrit, c'est mon plus cher ouvrage;
Tous ces portraits, de moi trop infidèle image,
Ne peignent que mes traits : celui-ci peint mon cœur.
J'y déposai mes vœux, mes plaisirs, ma douleur;
Ma défaillante main le fit à ta tendresse.
Dans cet écrit si cher, c'est moi que je te laisse.
C'est moi qui me survis : un sévère destin,
Hélas! avant le temps, l'arrache de ma main;
Mais il devra le jour à des mains que j'adore.

A M. ALISSAN DE CHAZET,

QUI AVAIT ADRESSÉ DES VERS A M. DELILLE,

LE JOUR DE SA FÊTE.

1812.

Cette fleur, que va m'envier
La moins avide des abeilles,
Suffit, j'en conviens, pour payer
D'un rimeur, simple jardinier,
Les plus ambitieuses veilles.
Mais la plus noble part du trésor printanier
Dont Flore remplit ses corbeilles,
Ne vaut pas un brin du laurier
Dont vous ceignez le front de l'aîné des Corneilles [1].

[1] Allusion à *l'Éloge de P. Corneille* par M. de Chazet.

FIN DES POÉSIES FUGITIVES.

DISCOURS
SUR L'ÉDUCATION,

PRONONCÉ

A LA DISTRIBUTION DES PRIX DU COLLÉGE D'AMIENS,

EN 1766.

Jamais peut-être on n'a parlé si souvent sur l'éducation qu'on le fait aujourd'hui. Chaque jour voit éclore sur cette importante matière quelque nouveau paradoxe. Pour moi, au lieu d'imaginer un système sur ce sujet, je me contenterai de rappeler les anciens principes; au lieu d'inventer des erreurs nouvelles, je me bornerai à rappeler d'antiques vérités; et peut-être mon discours n'en paraîtra que plus nouveau. Je me propose donc de faire valoir les avantages d'une éducation mâle et solide, et les dangers d'une éducation superficielle et efféminée. Quel sujet pourrait mieux convenir, et aux auditeurs, je parle devant des pères et des mères de ce qui doit faire le bonheur de leurs enfants; et à l'orateur, il est chargé par la confiance publique de ces gages précieux; et au lieu de l'assemblée, je parle dans l'asile même de l'éducation; et à la ville entière, elle est consacrée à l'utile profession du commerce? Et quelle profession a plus besoin de cette éducation sévère, que celle qui est fondée sur une féconde économie, qui de tout temps a été l'amie de la simplicité des mœurs, et qui, en répandant le luxe dans les états, le redoute pour elle-même?

Dans un sujet si noble, je n'aurais point eu recours à ces divisions, dont la symétrie puérile semble moins imaginée pour soulager l'esprit de ceux qui écoutent, que pour étayer la faiblesse de celui qui parle, si ce sujet même ne m'en eût fourni une toute naturelle; mais puisque l'éducation a trois objets, le corps, l'esprit, le cœur, je suivrai ce partage nécessaire. Quelques personnes pourront trouver, dans les maximes de ce Discours, un excès de sévérité; mais à Dieu ne plaise que, pour éviter ce reproche, je manque à mon sujet. J'aime mieux m'entendre accuser d'avoir outré le vrai par zèle, que de m'entendre blâmer de l'avoir dissimulé par faiblesse. D'ailleurs, une réflexion me rassure; c'est que la vérité, qui, dans les cercles et les sociétés particulières, paraît si timide, souvent même si déplacée, reprend tout son ascendant et toute son autorité lorsqu'elle trouve les hommes réunis dans une nombreuse et respectable assemblée. Que me reste-t-il donc à desirer, si ce n'est de pouvoir m'exprimer d'une manière digne de mon sujet et de ceux qui m'entendent?

PREMIÈRE PARTIE.

Le corps est l'esclave de l'ame; mais, pour rendre cet esclave plus utile, il faut le rendre plus robuste. Or, cette force de corps, je dis qu'elle ne peut être le fruit que d'une éducation mâle. Loin des enfants d'abord tous nos mets raffinés, tous nos poisons agréables : l'enfance est l'âge favori de la Nature ; l'art ne viendra que trop tôt le corrompre. Qu'il donne au corps nouvellement formé le temps de se fortifier par l'usage salutaire des mets les plus simples, avant de l'énerver par la délicatesse recherchée de nos perfides aliments. Étudiez les premières sensations des enfants. Tout semble vous dire que ce vain raffinement du luxe n'est pas fait pour eux : leur appétit, toujours vif, n'a besoin d'être réveillé par aucun apprêt; pour eux, à moins qu'on ait déjà pris soin de corrompre leur goût, les mets les plus naturels sont aussi les plus attrayants. Offrez-leur, d'un côté, les viandes les plus rares; et, de l'autre, présentez-leur des fruits : vous devinez aisément leur choix; et je suis bien trompé si le verger d'un paysan ne les tente beaucoup plus que la table d'un Crésus. Donnez-leur donc une nourriture plus naturelle que délicate; contentez leurs besoins, au lieu de flatter leur goût, et n'introduisez pas, dans leur sein, le germe de la mort dès les premiers instants de la vie.

Cette sage sévérité, il faut l'étendre à tout, à leur repos, à leurs exercices, à leurs vêtements. Croyez-vous, dites-moi, qu'il soit bien essentiel pour la santé d'un enfant de le retenir long-temps enfermé dans un lit, étouffé entre des rideaux, au lieu de lui laisser respirer l'air pur et rafraîchissant du matin? Croit-on qu'il soit nécessaire de l'ensevelir mollement dans la plume, et qu'il faille employer à énerver ses forces un temps que la nature destine à les réparer? La mollesse ne produit que la mollesse. Eh! qu'ont besoin les enfants, eux que le sommeil vient trouver si facilement, de cette ressource faite pour un âge plus faible, ou peut-être plus dépravé? Voulez-vous leur procurer un sommeil profond? qu'ils l'appellent par l'exercice : une heure de mouvement leur vaudra huit heures de repos; et la course la plus légère va changer pour eux le lit le plus dur en un duvet voluptueux. L'exercice! c'est le père de la santé; mais surtout il est fait pour l'enfance. Et pourquoi, sans cela, les enfants auraient-ils reçu cette inquiétude perpétuelle, cette haine pour le repos, cette ardeur pour le mouvement? Sans doute il ne faut pas les livrer sans précaution à cette impétuosité naturelle : je ne veux pas qu'ils jouent sur le bord d'un abîme; mais que cette précaution ne soit pas excessive, de peur qu'elle ne soit funeste. Je souffre quand je vois des enfants tristement enchaînés au côté de leur mère, quand je vois ces Catons anticipés ridiculement graves, regarder du coin de l'œil le volant ou la balle qui, si les regards maternels se détournent un instant, va bientôt déconcerter toute cette décence forcée. On appelle cela une sagesse précoce; et moi, je le nomme une pédanterie ridicule. Eh! pourquoi donc le ciel vous donne-t-il des enfants? est-ce pour en faire de jolies statues? Ah! rendez-leur la liberté; réglez en eux la nature, au lieu de l'étouffer! Ils sont faits pour courir, pour bondir, et non pour partager notre indolence et notre ennui. Leur teint peut-être sera moins blanc; mais il aura la couleur vermeille de la santé. Leur chevelure sera moins artistement peignée; mais leur tempérament sera inaltérable.

Nous sommes si jaloux de leur donner des grâces! Mais puisque l'agrément est une chose si importante à nos yeux, qui ne voit combien cette éducation forte y contribue? Les corps les plus exercés sont aussi les plus agiles. La véritable élégance des postures dépend de la fermeté du maintien; et j'aime mieux les attitudes mâles, la souplesse vigoureuse d'un corps formé par de fréquents exercices, que les articulations efféminées, les courbettes ridicules de ces machines appelées petits-maîtres, qui, si j'ose ainsi parler, se meuvent par ressorts, et se disloquent pour plaire. Mais laissons-là les grâces, et revenons à la santé. Combien d'ennemis conspirent contre elle? Dès qu'un enfant voit le jour, voyez comment les saisons opposées se liguent en quelque sorte pour combattre sa faible existence! L'une semble vouloir fondre ses membres; l'autre semble vouloir les glacer. Comment sauver les enfants de ce double danger? Est-ce en les y dérobant avec soin? non : c'est en les y exposant avec prudence. Que signifient tous ces vêtements dont vous les surchargez? Ce ne sont pas des doubles tissus de laine qu'il faut opposer au froid, mais l'habitude de le braver. Pendant l'été, vous ne trouvez pas d'asile assez frais pour dérober vos enfants aux impressions de la chaleur ; autrefois on ne trouvait pas le soleil trop brûlant pour les y accoutumer : c'est à l'expérience à nous apprendre lequel de ces deux usages est le plus barbare.

L'enfance, dites-vous, est délicate ! j'en conviens. Mais ne voyez-vous pas que si elle reçoit facilement les impressions extérieures, elle les endure de même ? La flexibilité du premier âge est pour lui le don le plus heureux de la nature, si nous savions en tirer parti. Le sort de votre enfant est entre vos mains : susceptible de toutes les formes que vous saurez lui donner, à moins que la nature ne l'ait condamné en naissant, il dépend de vous de lui donner un corps robuste ou débile, d'en faire une femmelette timide ou un athlète vigoureux. N'oublions jamais qu'il s'agit moins de sauver à cet âge si tendre les incommodités de la vie, que de l'y aguerrir ; songeons que lui trop épargner la douleur pour le présent, c'est l'augmenter pour l'avenir, et qu'enfin c'est accroître sa délicatesse que la trop ménager. Cet arbre, exposé en pleine campagne aux injures de l'air, jette des racines profondes et lève un front inébranlable, tandis que, renfermé soigneusement dans nos serres artificiellement échauffées, le timide arbrisseau est flétri par un souffle.

Vous faut-il des exemples ? Deux enfants ont sucé le même lait, la même nourrice les a portés dans ses bras. L'un, sorti de parents pauvres, né pour acheter par de rudes travaux le droit de vivre, reste dans les champs où il reçut le jour : là, sauvage élève de la nature, nourri d'un pain grossier, courant à demi nu, il semble avoir été jeté au hasard sur la terre. L'autre, né d'un père opulent, retourne à la ville, sous les lambris qui l'ont vu naître, où de nombreux domestiques s'empressent autour de lui, où la tendresse inquiète d'une mère vole au-devant de toutes ses fantaisies. Après quelques années, comparez-les tous deux : n'admirez-vous pas à combien peu de frais l'un est devenu sain et vigoureux, et combien en a coûté pour rendre l'autre languissant et débile ? C'est la nature qui venge ses droits outragés. Qu'avez-vous fait ? pourrait dire à une mère cruellement complaisante cette malheureuse victime. Votre tendresse perfide m'a rendu importun à moi-même et inutile à ma patrie. Que m'importent vos misérables richesses ? si je les conserve, compenseront-elles ma santé perdue ? Si je les perds, quelle sera ma ressource ? A ce prix, qu'avais-je besoin de la vie? Ou reprenez ce funeste présent, ou rendez-moi mes bras; rendez-moi ma santé, sans laquelle la vie n'est qu'un malheur. Cet habitant des champs est mille fois plus heureux! La dureté de ses premières années lui a rendu la vie plus douce, et vous, vous avez multiplié pour moi l'inclémence des saisons; vous m'avez rendu la chaleur plus ardente et le froid plus piquant. Quelle haine eût été pire que votre amour?

Mais ce n'est pas seulement par les particuliers, c'est par les peuples entiers qu'on peut juger de l'influence d'une éducation mâle. Je ne parlerai point ici de ces Spartiates si fameux. Je n'ai garde de décrire la frugalité effrayante de leurs festins, les exercices incroyables de la jeunesse, la dureté des lois auxquelles on asservissait l'enfance même; ces jeux surtout, ces jeux souvent sanglants, où, par une émulation qui autrefois paraissait héroïque, qui même enfantait des héros, les enfants se défiaient à qui supporterait sans sourciller les coups les plus violents, souvent même les plus meurtriers : je me garderai bien, dis-je, d'offrir un pareil tableau; on ne me croirait pas, ou l'on me regarderait comme un barbare. J'aurais beau ajouter que ces hommes étaient au-dessus de l'humanité, qu'ils furent l'admiration de la Grèce, et la terreur des rois, qu'ils se croyaient plus heureux dans leur austérité, que les Asiatiques dans leur mollesse; tous ces prodiges, aussi incroyables pour nous que les mœurs qui les ont produits, ne me feraient pas pardonner une peinture si choquante pour nos mœurs; j'ai presque dit notre mollesse.

Cherchons donc ailleurs des exemples moins révoltants. Mes yeux rencontrent d'abord les Romains. Si je les considère comme guerriers, sont-ce là des hommes ordinaires? Chaque soldat portait un fardeau qui écraserait un homme de nos jours : sous cette charge prodigieuse, ils ne marchent pas, ils volent; devant eux les montagnes semblent s'abaisser, et les fleuves tarir. Si je considère leurs monuments, je vois des chefs-d'œuvre qui, par leur grandeur autant que par leur beauté, paraissent surpasser la puissance humaine; plusieurs même semblent, par leur inaltérable solidité, avoir vécu jusqu'à nos jours, comme pour attester la force des anciens, et nous reprocher notre faiblesse! Quel secret avait rendu ces hommes infatigables? Allez l'apprendre dans le lieu consacré au dieu de la guerre, théâtre des exercices de la jeunesse romaine : voyez-vous ceux-ci lancer le disque, ceux-là s'exercer à une lutte pénible; d'autres dompter un cheval fougueux, d'autres darder avec force un javelot pesant; puis, tout couverts de sueur et de poussière, se jeter dans le Tibre et le passer à la nage? Cœurs maternels, ne vous effarouchez pas! Je n'exige point de nos jours des exercices que nous sommes assez malheureux pour regarder comme des excès. Mais permettez-moi de gémir sur les progrès sensibles que fait parmi nous la mollesse. Je ne parle pas ici du luxe qui règne dans nos villes, où tant d'arts ingénieux à nous amollir, enlevant à la campagne une foule de bras, les occupent à multiplier les commodités de toute espèce qui, pour nous punir, se changent en nos besoins. La mollesse (qui l'aurait cru?) du sein de nos villes a passé jusque dans les camps. Ces tentes de Mars, où nos aïeux ne portaient que du fer et leur courage, sont étonnées de toutes ces superfluités dont regorgent nos palais. Voyez-vous ces chars brillants et commodes, qui se produisent sous mille formes nouvelles pour promener notre indolence? C'était peu de traîner nos Crésus dans nos villes, ils conduisent nos guerriers aux combats. Je crois voir nos brillants militaires sourire dédaigneusement, lorsqu'ils lisent dans l'histoire que Louis XIV, ce roi dont les fêtes brillantes attiraient l'Europe entière dans sa cour, aussi infatigable dans la guerre que magnifique dans la paix, fit à cheval la campagne de Hollande! Comment soutiendrions-nous les fatigues militaires de nos aïeux, nous qui pouvons à peine soutenir leurs délassements! A tous ces jeux où brillaient la force et l'adresse, ont succédé de tristes assemblées autour d'un tapis où l'ennui régnerait seul, si l'avarice n'y présidait en secret. A peine les promenades sont-elles fréquentées; et les hommes, partageant dans nos cercles oisifs la vie sédentaire d'un sexe auquel ils s'efforcent de ressembler, ont soin de s'étouffer dans de belles prisons : j'entends même dire qu'il est de mode, parmi les gens du bel air, de feindre une constitution faible, de *jouer le dépérissement,* et de regarder la santé comme un avantage ignoble qu'on abandonne au peuple. A quoi doit-on attribuer cette mollesse, si ce n'est à l'éducation? Si nous ne sommes pas hommes, c'est qu'on nous élève comme des femmes. Cependant, consolons-nous. Nos voitures nous dispensent d'avoir des pieds, nos valets d'avoir des bras; et bientôt nos secrétaires nous dispenseront d'avoir des lumières; car cette molle éducation ne se contente pas seulement d'énerver le corps, elle efféminé l'esprit. Voyons comment l'éducation opposée produit un effet contraire.

DEUXIÈME PARTIE.

Quel est l'objet de l'éducation considérée par rapport à l'esprit ? C'est sans doute de rendre l'homme agréable et utile dans la société. Un homme qui ne serait qu'agréable existerait inutilement pour ses concitoyens. Un homme qui ne serait qu'utile laisserait desirer en lui cet agrément précieux qui embellit la société, et pour les autres et pour nous ; car, plus nous plaisons aux hommes, plus les hommes nous plaisent à nous-mêmes.

On sera sans doute étonné de m'entendre dire qu'une éducation mâle et solide peut faire un homme aimable. Nos modernes instituteurs, si brillants et si commodes, lui accorderont tout au plus le privilége de former un homme tristement utile, destiné à tracer pesamment, dans le champ de la société, quelques sillons laborieux, capable enfin d'y faire naître quelques fruits, mais jamais d'y faire éclore des fleurs. Pour dissiper ce préjugé, jetons d'abord les yeux sur l'éducation opposée. En voyant les défauts de l'une, peut-être sentira-t-on mieux le prix de l'autre. Après avoir donné aux enfants quelques notions superficielles de géographie et d'histoire, les avoir entretenus surtout de blason, d'armoiries, et d'écussons (comme s'ils ne pouvaient s'accoutumer de trop bonne heure à regarder comme importants les emblèmes de la vanité), ne croyez pas qu'on s'occupe de former leur jugement, d'exercer leur raison ; mais, ce qui est bien autrement essentiel dans un siècle où il est si commun de dire de jolies choses, et si rare d'en faire de belles, on s'attache très sérieusement à former d'agréables causeurs : il faut qu'un cercle nombreux de personnes âgées s'occupe gravement autour d'un enfant, non pas à l'instruire, mais à l'admirer ; qu'on s'extasie sur la prétendue finesse de ses propos ; qu'on se répète avec enthousiasme ses reparties puériles à des questions souvent plus puériles encore ; qu'on en cite par d'imprudents éloges la hardiesse prématurée ; qu'enfin, on l'accoutume à ne rien penser et à tout dire. Cependant les pères enchantés, s'admirant eux-mêmes dans leurs enfants, font circuler dans la famille ces petits oracles, et l'on ne sait lequel est le plus ridicule ou du babil impertinent de l'enfant, ou de la stupide complaisance de ses admirateurs.

Qu'on s'étonne ensuite si de pareils élèves vont grossir la foule de ces jeunes présomptueux qui parlent toujours et n'écoutent jamais ; pleins d'estime pour eux-mêmes, de mépris pour les vieillards; suppléant à l'instruction par la hardiesse, et à une lente expérience par une confiance audacieuse, et dont l'ignorance indocile ne mérite même pas qu'on l'éclaire! Vos conseils viendront alors, mais trop tard : rendrez-vous dociles dans leur jeunesse ceux qui se faisaient écouter dans leur enfance?

A ces poupées parlantes comparez un jeune homme solidement instruit (le beau monde dirait pédantesquement élevé), moins fait à décider qu'à écouter, à parler qu'à réfléchir. Peut-être sera-t-il d'abord éclipsé par la frivolité charmante et par l'impertinence agréable de son concurrent; les femmes s'écrieront : *Qu'il est gauche!* Mais attendez : au milieu de ce silence modeste, qu'on appelle stupidité, mettant en usage cet esprit d'attention que lui ont donné de solides études; joignant à une connaissance anticipée des hommes, qu'il a prise dans les livres, celle que lui procure l'usage; ayant presque deviné le monde avant que de le voir; rien ne se fait, rien ne se dit devant lui impunément, et qui ne paye, pour ainsi dire, le tribut à sa raison. Convaincu qu'il importe de ne pas déplaire aux hommes, il sera poli, non de cette politesse insipide, composée de compliments doucereux, et qui, prodigués indifféremment, feraient croire aux étrangers peu instruits de nos usages que la société parmi nous n'est qu'un commerce d'ironies insultantes; mais de cette politesse raisonnée qui combine en un instant ce qu'exigent l'âge, le mérite, les circonstances, dont la sincérité fait le premier charme, et qui est cent fois plus flatteuse que la flatterie même. Insensiblement il se fait estimer; il ne plaît pas encore, mais déjà il intéresse; et si, au milieu des frivolités qui font la pâture ordinaire des conversations, il se glisse par hasard quelque sujet raisonnable, c'est alors que, par la solidité de ses principes, par la finesse de ses réflexions, par l'éloquence de son discours, il écrase, aux yeux mêmes des hommes frivoles, la futilité de celui dont on admirait il n'y a qu'un moment la brillante fatuité, et qui est étonné qu'on puisse plaire avec de la raison.

Mais c'est trop s'arrêter dans les cercles, le cabinet le rappelle. Si nos sociétés veulent des hommes agréables, la patrie veut des hommes utiles. Mères indulgentes, à quoi destinez-vous ces enfants auxquels vos timides précautions épargnent, je ne dis pas la moindre fatigue, mais même le moindre effort d'esprit? Au sortir de vos mains, il s'agit pour eux du choix important d'un état : alors ces malheureux, dont l'esprit énervé par l'inapplication ne se connaît que pour sentir sa faiblesse, promènent leurs yeux mal assurés sur les différentes conditions qui partagent la vie. A l'aspect des travaux qu'elles exigent, les uns reculent de frayeur : déja condamnés au néant par la mollesse de leur enfance, ils achèvent de s'anéantir par une inaction volontaire; et parcequ'ils ont perdu leurs premières années, ils perdent le reste de leur vie. De là cette foule de citoyens sans état, qui ne méritent ce beau nom de citoyens que parcequ'ils sont nés dans la patrie, et non par ce qu'ils ont fait pour elle ; qui contemplent dans un lâche repos le mouvement général, profitent de la société sans lui payer de tribut, passent sur la terre sans y laisser de traces, et ne sont point regrettés lorsqu'ils cessent d'être, parcequ'on doute s'ils ont jamais été.

D'autres plus hardis, ou plutôt plus imprudents, se jettent dans un état. L'ambition, la vanité soutiennent quelque temps leur ame languissante ; mais, bientôt accablés d'un fardeau qu'ils devaient de bonne heure s'essayer à porter, à peine l'ont-ils soulevé un instant, qu'ils retombent dans l'inaction où ils furent nourris, et portant partout avec eux le contraste déshonorant d'une condition laborieuse et d'une vie désœuvrée, semblent ne conserver leur état que comme un accusateur muet de leur indolence : doublement méprisables, et par la témérité de l'avoir embrassé, et par la honte de ne pas le remplir.

« Heureux au contraire celui qu'une éducation laborieuse a préparé de bonne heure aux fatigues de son état! tout entier à ses fonctions, on ne le voit point se reproduire dans tous les cercles, et fatiguer tout le monde de son inutilité. Ces sociétés où l'on s'assemble pour employer son temps, ou plutôt pour le perdre à frais communs dans le jeu ou la médisance, ne l'associent pas à leur oisiveté; mais son nom est cher aux bons citoyens, mais sa demeure est regardée comme un asile saint. Sort-il quelquefois de cette solitude consacrée par le travail ? la considération due à ses services marche partout avec lui ; les moments qu'il donne à ses amis lui sont d'autant plus chers qu'ils sont plus rares ; et on lui pardonne d'autant plus cette noble avarice de son temps, qu'on ne peut jouir de lui qu'aux dépens de la patrie. Ah! c'est alors qu'on se félicite d'avoir reçu une éducation forte et sévère ; c'est alors qu'on se rappelle avec tendresse et les parents sages qui nous l'ont procurée, et les maîtres vigilants dont nous l'avons reçue.

Mais je veux que, malgré le désœuvrement des premières années, l'activité de l'ambition, l'impulsion de l'intérêt, le ressort de la vanité, puissent, dans un âge plus avancé, donner à l'esprit une secousse violente, et rompre l'habitude de l'inaction. En prenant le goût du travail, prendra-t-on aussi des lumières ? et les causes dont nous venons de parler, en supposant qu'elles aient pu d'un jeune indolent faire un homme laborieux, pourront-elles d'un jeune ignorant faire, par une inspiration soudaine, un homme éclairé, et produire deux prodiges à la fois ?

Représentez-vous un homme qui, peu fait à voyager, se trouve dans une vaste forêt : comment se tirer d'un lieu où tout est nouveau pour lui ? incertain, inquiet, apercevant mille routes différentes, embarrassé du choix, essayant mille sentiers, et ne trouvant pas une issue, il marche, il revient ; chaque pas qu'il fait l'égare, il recule à mesure qu'il avance, et, bien loin de savoir comment sortir de ce lieu, à peine sait-il comment il y est entré ! Celui au contraire qui a de bonne heure appris à sortir, accoutumé à de justes combinaisons, s'échappe à travers les routes compliquées de ce labyrinthe, comme s'il en avait parcouru les dehors. Telle est l'image naïve de la différence que mettent la bonne et la mauvaise éducation entre deux hommes dont l'un est imbu dès son enfance d'excellentes maximes de conduite, et, porté par une heureuse habitude à réfléchir, sait, dans l'état qu'il a pris, sortir avec honneur des circonstances les plus épineuses : dont l'autre, ayant embrassé au sortir d'une éducation frivole, un état qui demande des lumières, y porte l'indécision d'un esprit sans principes, et s'y trouve en quelque sorte égaré en entrant. Le public cependant, qui le voit avec étonnement remplir un état, et qui n'a pas vu son apprentissage ; qui le voit parvenu sans savoir comment il est arrivé, l'observe avec une curiosité maligne ; et ce surveillant qui juge si sévèrement le mérite en place, bien plus impitoyable encore pour l'ignorance titrée, se venge, à la première faute, du peu de préparation qu'on apporte à la place, par le mépris de celui qui la remplit. Heureux encore, si au mépris ne se joint pas l'infortune ! Malheur à quiconque attend, pour apprendre, ce temps où il faudrait avoir appris ! Si l'on s'instruit alors, c'est à l'école de l'adversité : c'est ainsi que l'éducation jamais ne perd ses droits, c'est ainsi que, si on l'exile de l'enfance, on la reçoit dans un âge avancé, et mille fois plus douloureuse !

Mais si l'éducation négligée se fait sentir aux particuliers, l'état par un contre-coup funeste ne s'en ressentira-t-il point ? ceux qui ne sont pas bons pour eux-mêmes seront-ils bons pour la patrie ? Ici permettez-moi de m'arrêter un instant, et de jeter les yeux autour de nous. Qu'est devenue cette moisson de grands hommes répandue dans tous les états qu'ils éclairaient par leurs lumières, qu'ils vivifiaient par leurs travaux ? L'Église pleure encore ses Bossuet, ses Fléchier, ses Massillon ; le barreau, ses Patru, ses Lemaître, ses Cochin, ses d'Aguesseau ; notre profession même (car pourquoi n'en parlerais-je pas, puisque c'est elle qui donne des sujets aux autres ?) pleure ses Rollin, ses Porée, ses Coffin. La nature, dit-on, se repose ; disons plutôt que c'est nous qui sommeillons : non, les esprits ne sont pas encore stériles ; c'est nous qui ne les cultivons plus : eh ! comment le champ de la république serait-il encore fécond, lorsqu'on néglige l'éducation, qui en est la pépinière ?

Je vois partout une jeunesse impatiente de jouir sans avoir travaillé ; avide de recueillir sans avoir semé ; ardente à bâtir sans avoir jeté de fondements ; s'empresser de déshonorer des conditions auxquelles elle n'apporte que des études rapides, mais trop longues encore au gré de l'ambitieuse avarice des pères et de la molle indolence des enfants. Ne croyez-vous pas voir ces arbres auxquels une chaleur factice fait porter des fruits avant la saison ? Ces fruits précoces sont amers ; l'arbre épuisé dégénère, et paye une fécondité hâtive par une éternelle stérilité.

Si du moins cette éducation frivole avait respecté cette partie des citoyens qui, par sa naissance, par ses richesses, est appelée aux grandes places ! Mais que peut-on augurer pour la patrie, lorsqu'on voit des adolescents mollement élevés, négligemment instruits, mettre toute leur science à bien conduire un char, tout leur mérite à nourrir une meute ; et, de cet apprentissage de la frivolité, appelés au timon des affaires, n'y apporter qu'un nom, et mendier les lumières des subalternes qu'ils devaient conduire ? Nous ne sommes plus, il est vrai, dans ces siècles de ténèbres, où les nobles, méprisant la science, et jugeant au moins inutile à leurs enfants ce qu'ils auraient cru déshonorant pour eux-mêmes, ne leur laissaient que leur épée, leur château et leur ignorance. Mais l'éducation en devenant plus commune est-elle devenue plus utile ? Qu'importe que nous ne soyons plus barbares, si nous sommes frivoles ? Qu'importe à la patrie que ses défenseurs sachent accorder une guitare, s'ils ne savent pas ranger une armée en bataille ? Oh ! puisse enfin l'éducation, ranimée dans la première classe des citoyens, relever, pour ainsi dire, les colonnes de l'état ! que de là, descendant comme par degrés dans les conditions inférieures, elle fasse partout éclore des sujets laborieux et éclairés, et mettre des hommes véritables à la place de ces *ébauches* informes, de ces vains fantômes de citoyens!

Mais cette éducation ferme et sévère est non-seulement la plus capable de former des sujets laborieux et éclairés en exerçant l'esprit, elle est aussi la plus propre à former des sujets vertueux en formant le cœur; c'est ce qui me reste à envisager.

TROISIÈME PARTIE.

C'est ici le moment véritablement intéressant de l'éducation. Notre élève a déjà, du côté du corps et de l'esprit, tout ce qu'il faut pour être utile. Cependant tremblons encore! c'est le cœur seul qui achève ou plutôt qui fait l'homme. C'est donc ici surtout, père tendre, qu'il faut bannir une molle indulgence, et cesser quelque temps d'être père; ou plutôt c'est ici qu'il faut l'être plus que jamais.

Dans une éducation mâle et solide, envisagée par rapport au cœur, on peut distinguer trois choses essentielles. D'abord, une discipline sévère qui écarte loin des enfants la mollesse et la licence; en second lieu, des maximes solides qui leur inspirent un amour durable de la sagesse; enfin, des exemples vertueux qui leur offrent des modèles.

Et d'abord quand j'exige une discipline sévère, à Dieu ne plaise que j'entende par là cette farouche austérité qui abrutit l'ame des enfants au lieu de la fortifier, et qui les rend stupides sans les rendre meilleurs! à Dieu ne plaise que je veuille attrister gratuitement l'âge heureux des ris ingénus, de la douce gaieté; que par un zèle barbare, armant le sang contre le sang, j'aille glacer les tendres embrassements des pères, et flétrir l'innocent bonheur des enfants! c'est au contraire pour prolonger ce bonheur que j'ose recommander à leur égard une utile sévérité. En effet, qu'est-ce qui fait ici-bas de bonheur? ce n'est pas une exemption entière des peines de la vie: quel homme oserait y prétendre? mais une ame forte, exercée de bonne heure à les supporter. Que prétend donc faire de vos enfants cette tendresse inquiète qui semble vouloir les arracher à la condition humaine? Au premier souffle de l'adversité, que deviendront ces malheureuses victimes dont la faiblesse est l'ouvrage de la vôtre? Combien profondément pénétreront les traits de l'affliction dans des ames amollies dès l'enfance? Est-ce en les promenant mol lement sur les fleurs que vous leur apprendrez à fouler aux pieds les épines de la vie ?

Un ennemi encore plus cruel de la paix de l'ame, ce sont les passions : c'était à l'éducation à nous donner des armes contre elles ; mais c'est elle qui leur donne des armes contre nous. Eh ! comment le feu de la volupté ne fondrait-il pas des ames déja presque dissoutes par de vaines délices ? Comment pourraient se défendre de l'orgueil ceux qui, dès qu'ils ont ouvert les yeux, ont vu une foule d'esclaves empressés autour d'eux, dont les maîtres mêmes semblaient payés plutôt pour les flatter que pour les instruire ? Qu'il est à craindre qu'après avoir pu tout ce qu'ils voulaient, ils ne veulent pour leur malheur tout ce qu'ils ne peuvent point, et ne desirent pour le malheur des autres tout ce qu'ils ne doivent pas.

Car cette éducation efféminée n'anéantit pas seulement les qualités du sage, elle détruit celles du citoyen : en effet, quelle est la première ? c'est le respect pour les lois. Or, que peut produire cette enfance indisciplinée, si ce n'est une haine orgueilleuse du joug le plus nécessaire ? Obéit-on volontiers étant homme, lorsque dans l'âge de la dépendance on s'est fait obéir ? Lorsque vous entendez dire qu'un jeune homme s'est souillé par quelque grand crime, remontez jusqu'à ses premières années, et vous découvrirez que, dès ce temps même, jusque dans les jeux de l'enfance, se laissaient entrevoir ces penchants féroces qui depuis, accrus par la faiblesse des pères et fortifiés dans l'âge des enfants, ont enfin déshonoré ceux qui les ont soufferts et ceux qui les ont fait éclater. Aussi, parmi le grand nombre de sages lois dont la France s'honore, aucune ne me paraît plus louable que celle qui, faisant rejaillir sur les parents l'opprobre des peines que les lois infligent aux coupables, force les pères de veiller sur leurs enfants, par la crainte d'une ignominie utilement contagieuse.

Au respect pour les lois est essentiellement joint l'amour de la patrie... L'amour de la patrie ! il enfantait autrefois des prodiges ; il a produit les grands peuples et les grands hommes ; mais ce nom, qu'il suffisait autrefois de prononcer pour enflammer toute une nation, osons l'avouer, ne rencontre aujourd'hui que des cœurs glacés ; et, froidement prononcé par quelques citoyens, il n'est presque répété par personne. L'état entier ne devrait former qu'une vaste famille, et chaque famille forme un petit état particulier : que la patrie chancelle, des hommes avides accourront en foule se disputer ses débris ; mais qui est-ce qui osera s'ensevelir sous ses ruines ?

Où chercher les causes de cette indifférence? et comment ne voiton pas qu'une frivole éducation en est la première? Qu'est-ce que l'amour de son pays? c'est un sentiment héroïque qui nous arrache à nous-mêmes pour nous enchaîner au bien public : mais ces sentiments énergiques les demanderez-vous à ces hommes énervés dès le berceau? exigerez-vous que pour l'amour de la patrie de jeunes Adonis aillent exposer à l'ardeur du soleil la fraîcheur de leur teint? accoutumés à reposer sur le duvet, pourront-ils se résoudre, pour l'amour de la patrie, à coucher sur la dure? enfin, habitués à rechercher toutes les commodités de la vie, seront-ils capables de l'amour de la patrie, qui exige quelquefois le sacrifice de la vie même? Jugez-en par des exemples : à Sybaris, les enfants, élevés au milieu des chants mélodieux et des fêtes voluptueuses, respiraient en naissant l'air du plaisir ; à Lacédémone, la plus austère discipline présidait à l'éducation d'une jeunesse laborieuse, qui apprenait à braver la mort dès qu'elle commençait à jouir de la vie. Je vous laisse à penser quelle est celle de ces deux villes où les enfants expiraient avec plaisir pour la cause commune, et où les mères en remerciaient les dieux. Ah ! c'est que la mollesse des sens se communique à l'ame, c'est qu'en se rendant incapable de servir la patrie, on se rend bientôt incapable de l'aimer.

Mais je l'ai déja dit, l'amour de son pays est un sentiment héroïque qui exige une ame forte. L'amour de l'humanité, qui nous est si naturel, et qui n'exige qu'une ame sensible, ne sera-t-il pas plus respecté par cette molle éducation? Je remarque au contraire que ces enfants si voluptueusement élevés sont sans pitié, sans entrailles : eh! comment plaindraient-ils des maux dont ils n'ont pas d'idée? accoutumés à ne se repaître que d'idées agréables et de sensations délicieuses, leur imagination même se refuse autant que leur cœur aux misères d'autrui ; ou, si elle excite en eux quelque sentiment, c'est plutôt celui du dégoût que de la pitié ; et l'aspect de l'indigent force leurs superbes regards de se détourner, sans forcer leurs avares mains à s'ouvrir.

Je ne parle pas des devoirs sacrés d'amis ou de parents : quel est celui qui les remplit dignement? C'est celui qui les regarde moins comme des obligations pénibles que comme les plus nobles besoins de l'humanité. Mais pour penser ainsi, il faut des ames saines et pures, que le goût frivole des amusements étrangers à la nature de l'homme n'ait point encore corrompues. Fermez donc à vos enfants, par une éducation sagement sévère, la route des faux plaisirs ; et comme l'ame a besoin d'aimer, leurs sentiments reflueront comme d'eux-mêmes vers les véritables voluptés. Si au contraire vous laissez entamer leurs cœurs par la licence d'une jeunesse négligée, c'en est fait! n'espérez plus les trouver sensibles aux charmes de l'amitié et des attachements légitimes : épuisant dans de criminels plaisirs toute la sensibilité de leur ame, ils ne conserveront pour les plaisirs innocents qu'un cœur sec et aride ; pareils à ces fleuves qui, forcés par l'art de s'égarer dans des canaux détournés, laissent à sec le lit que leur avait creusé la nature.

Ceux même auxquels ils devraient être attachés par le plus grand de tous les bienfaits, par celui de la vie, pensent-ils par une indulgente facilité s'assurer leur reconnaissance? Vous vous étonnez quelquefois, pourrait-on leur dire, de voir vos caresses repoussées par l'ingrate insensibilité de vos enfants. Mais c'est à-la-fois l'effet naturel et le juste châtiment de votre aveugle complaisance pour eux : lorsque, instruits à n'aimer qu'eux-mêmes, ils sont indifférents pour vous ; lorsque, portant dans leur sein le feu des passions, ils accusent en secret ceux qui l'ont nourri par leur faiblesse ; lorsque, accoutumés à satisfaire tous leurs desirs, ils vous regardent, dès que vous voulez vous y opposer, comme des surveillants importuns ; lorsque, de cet amour des plaisirs passant à celui des richesses qui les procurent, ils osent peut-être (je frémis de le dire) hâter par des vœux dénaturés la dépouille paternelle ; qu'avez-vous à vous plaindre? Le ciel n'est-il pas équitable, en payant par la haine barbare des enfants l'amour encore plus barbare des pères?

J'en pourrais dire autant de ces parents ambitieux, qui ne voient dans leurs enfants que de vaines idoles qu'ils s'empressent de décorer, pour se faire honorer en eux : n'aimant leurs enfants que pour eux-mêmes, qu'ils n'en attendent pas de retour. Agrippine, la plus ambitieuse des femmes, fut la mère de Néron, le plus ingrat des fils.

La seconde partie d'une éducation forte et mâle, je l'ai fait consister dans des préceptes capables d'élever et d'agrandir l'ame. Mais cette partie elle-même ne s'est pas bien garantie de la contagion ; et, bien loin d'oser faire pratiquer aux enfants la vertu, à peine ose-t-on leur en parler. On les entretenait autrefois de l'amour des lois et de l'état : aujourd'hui ils n'entendent parler que de la nécessité de parvenir, et des moyens de s'avancer. Mon fils, dit un père de nos jours, songez à votre fortune ; apprenez à plaire pour réussir, et soyez agréable aux autres pour être utile à vous-même. Mes enfants, aurait dit au contraire quelqu'un de nos bons aïeux, vous avez un cœur, c'est pour aimer la patrie ; vous avez un bras, c'est pour la défendre ; c'est pour elle que vous êtes nés ; osez vivre, osez mourir pour elle. Faut-il s'étonner si des langages si différents produisent des effets si opposés ?

On a cru pendant long-temps qu'on ne pouvait de trop bonne heure inspirer aux enfants des sentiments d'humanité pour les malheureux, de tendresse pour leurs proches, d'attachement pour leurs amis. Qu'a-t-on fait depuis ? on a substitué l'apparence à la réalité ; au lieu de nous apprendre à être bons, on nous instruit à être polis. C'est chez des maîtres de graces qu'on apprend des leçons d'humanité ! dès l'enfance, cet âge heureux de la naïve franchise, on nous exerce à nous attrister de l'infortune d'autrui sans douleur ; à nous réjouir de leur bonheur sans joie. Aussi que voit-on sortir de cette école de fausseté ? des manières obligeantes et des cœurs impitoyables. Généreuse amitié, qu'est devenu ton vertueux enthousiasme ? Jamais on n'ouvrit avec plus d'empressement ses bras pour recevoir ses amis, et jamais on n'ouvrit plus lentement sa bourse pour les secourir. Les cris mêmes du sang ont fait place aux beaux discours. Depuis qu'une éducation superficielle augmente le nombre des hommes polis, celui des enfants reconnaissants diminue : déjà même les noms de père, de fils, d'époux, sont proscrits, dit-on, par mille gens du bel air ; et ces titres précieux, dont une raison plus éclairée devrait augmenter la sainteté parmi les grands, ne seront bientôt plus sacrés que pour l'aveugle instinct du peuple. Et voilà l'ouvrage de cette éducation qui met tout en de vains dehors... Ah ! ne valait-il pas mieux nous inspirer des sentiments de bonté, que de nous instruire à les contrefaire ; et former des hommes vraiment sensibles, que d'exercer de méprisables pantomimes ?

Mais comme les plus belles semences, si, lorsqu'on les a confiées à la terre, la rosée céleste ne vient hâter leur fécondité, demeurent infructueuses ; ainsi les germes de vertu se sécheront dans ces jeunes ames ; si ce qu'a semé la sagesse humaine n'est fécondé par la religion ; motif sublime, qui corrige la bassesse de nos affections en nous montrant la noblesse de notre origine ; qui nous fait faire de grands efforts pour une grande récompense ; et qui, pour en donner encore une plus haute idée, nous apprend à pardonner aux autres, et à nous humilier nous-mêmes.

Mais au lieu d'établir l'éducation sur ce fondement divin, sur quoi l'établit-on ? sur la base fragile des bienséances humaines. On ne dit point aux enfants : *Soyez religieux*, mais on leur dit :

Soyez décents. Pères imprudents! avec cette faible armure, voyons comment vos enfants soutiendront les assauts du vice. Retenus d'abord par une hypocrite timidité, ils n'iront point braver par des désordres éclatants le public, dont on leur apprit à redouter les regards ; mais lorsqu'ils le pourront décemment, ils séduiront l'innocence, ils trahiront leur foi ; et, pareils à ces fruits qui, quoique gâtés au dedans, vous séduisent encore par un brillant coloris, sous cette écorce de décence ils cacheront un abîme de corruption ; et ce masque même qui sert du moins à cacher la laideur du vice, ne croyez pas qu'ils le portent long-temps. A peine auront-ils connu les hommes, qu'ils aimeront mieux les imiter que les croire ; ils ne conserveront pas même le mérite de l'hypocrisie ; ou s'ils respectent encore quelques bienséances, ce ne sera pas celles qui proscrivent les scandales du vice, mais celles qui attachent une honte malheureuse à remplir les devoirs les plus sacrés. Ils ne rougiront pas de trahir l'amitié, de violer la justice ; mais ils regarderont comme une chose ignoble de garder la foi conjugale, et de payer leurs dettes. Et c'est ainsi qu'en voulant leur apprendre à être vertueux par décence, vous ne leur apprendrez qu'à être vicieux par respect humain. Instruisez-les donc à écouter le cri de la conscience, plutôt que la voix des hommes ; à craindre les regards de l'Être éternel, plutôt que ceux du public ; et que les maximes les plus religieuses pénétrant dans leur ame encore tendre, leur donnent une forte et profonde teinture de la vertu, au lieu de cette couleur passagère d'honnêteté qui, bientôt emportée par le frottement continuel des vices, ne laisse enfin apercevoir que la difformité mal déguisée d'une ame corrompue.

Cependant vous n'avez rien fait encore, si aux préceptes ne sont joints les exemples. Il fut un temps où, recommandée par l'innocence de nos pères plutôt que par leurs discours, la vertu s'imitait plutôt qu'elle ne s'enseignait. Une vie occupée, des entretiens honnêtes, une table frugale, une maison modeste, parée non de peintures lascives, mais des images vénérables de nos ancêtres ; voilà les leçons palpables, pour ainsi dire, que recevaient les enfants ; et leurs premiers précepteurs étaient les exemples domestiques. Mais nous, assis à nos tables voluptueuses, comment oserons-nous leur parler de frugalité? Est-ce au milieu de la licence de nos entretiens que nous saurons leur inspirer la pudeur ? Que dirai-je de ces parents indignes qui, lorsqu'ils voient s'échapper du cœur de leurs enfants les premières saillies des passions naissantes, osent sourire à ces préludes du vice? Ainsi, les premiers obstacles que rencontrent les enfants dans le chemin de la vertu, ce sont les exemples paternels. Obligés d'honorer leurs parents, bientôt ils les imitent; et la piété filiale, qui devrait être pour eux une vertu, n'est plus pour eux que la première amorce du vice. Comment peut-on oublier que rien n'est indifférent pour l'enfance? Ne remarquez-vous pas quelquefois comment, à leurs jeux folâtres, succède tout-à-coup une attention morne, indice assuré de l'impression que font sur eux des objets d'autant plus frappants pour eux, qu'ils leur sont plus nouveaux? Si leurs cœurs pouvaient s'ouvrir à nos yeux; si nous pouvions apercevoir comment un mot, un geste imprudent, ont su y graver l'image du vice, avec quelle frayeur religieuse ne parlerions-nous pas devant eux? Eh quoi! parceque cet effet est invisible, en est-il moins cruel? Combien les anciens pensaient, ou du moins agissaient différemment! Chez eux, la force des exemples épargnait l'ennui des préceptes; l'éducation était en quelque sorte une représentation continuelle. Les festins, les fêtes, les jeux, les assemblées, les cérémonies publiques, tout frappait vivement l'imagination des enfants; tout leur criait: *Soyez vertueux*, et faisait entrer la sagesse dans leur ame par tous les sens. Voulez-vous donc rendre vos enfants honnêtes? que tout dans la maison respire l'honnêteté; que tout la peigne à leurs yeux, la fasse retentir à leurs oreilles: c'est ainsi que, de la sévérité de la discipline, de la solidité des préceptes et de l'autorité des exemples, heureusement réunies, résultera cette éducation vigoureuse qui n'a jamais fleuri chez aucun peuple, qu'il n'ait été vertueux, et n'y a jamais dégénéré, qu'il ne se soit corrompu. Si je voyais une nation autrefois estimée tomber dans l'avilissement, se refroidir pour la vertu et s'enthousiasmer pour des bagatelles, applaudir l'amour de la patrie sur les théâtres, et le laisser s'éteindre au fond des cœurs; si je voyais surtout dégénérer la noblesse, et le sang le plus pur de l'état s'altérer dans son cours; si au lieu de ces guerriers, de ces sénateurs généreux et francs, je n'apercevais que des êtres bas dans leur fierté, insolents dans leur politesse; si on me montrait le nom des illustres défenseurs de l'état, traîné dans la fange de la débauche par de lâches descendants, et les châteaux antiques qu'habitaient des héros, vendus pour enrichir des courtisanes, je gémirais sur le sort d'une telle nation, surtout si j'en étais citoyen: mais en voyant la décadence de ses mœurs, je serais assuré de celle de son éducation. D'un autre côté, si je voulais prouver, par des exemples puisés dans l'histoire, le pouvoir de cette éducation ferme et solide, qui donne au corps, à l'esprit, à l'ame, toute leur énergie ; il n'est point de peuple, il n'est point d'état qui ne pût m'en fournir. Mais où puis-je en trouver de plus convenables que chez nos aïeux, et de plus brillants que sur le trône ? Vous relisez tous les jours, avec attendrissement, l'histoire de ce bon roi qui conquit son royaume pour le rendre heureux. Je n'ai pas besoin de vous dire que je parle de Henri IV ; et si je le nomme, c'est parcequ'on aime à le nommer. Or, qui d'entre nous, toutes les fois qu'il admire ses belles qualités, n'en retrouve la source dans l'éducation sévère qui le forma ? Ce fut en écoutant les maîtres les plus habiles, qu'il acquit cette supériorité de bon sens qui fait qu'on recueille avec plus de soin ses moindres paroles, qu'on ne conserve les ornements royaux des autres princes. Ce fut en gravissant parmi les rochers avec les jeunes paysans du Béarn, en se nourrissant comme eux d'un pain grossier, en portant comme eux des vêtements vulgaires, qu'il acquit cette vigueur intrépide qui semblait le multiplier et le reproduire au milieu de tant de siéges et de combats. Ce fut en vivant parmi les habitants de la campagne, en connaissant par ses yeux leur misère, qu'il apprit à y être sensible ; enfin, c'est parcequ'il avait senti qu'il était homme avant que d'être roi, qu'étant roi il se souvint qu'il était homme. Pourquoi faut-il qu'avant d'accomplir ses grands projets, la mort....? Qu'ai-je dit, Messieurs ? quel mot funeste viens-je de prononcer ? En rouvrant imprudemment une plaie ancienne, je rouvre une plaie encore sanglante ; et pouvais-je parler de la perte que fit la France dans la personne du grand Henri, sans rappeler celle qu'elle vient de faire dans un de ses plus dignes descendants ? La France le pleure encore, et moi je puis, sans sortir de mon sujet, lui payer un juste tribut d'éloges. Je puis dire qu'il fut, quoique prince, bon père, fils respectueux, époux fidèle, tendre ami ; qu'il acquit, en cultivant les arts, le droit de les protéger ; que, dans un siècle où la religion s'éteint dans les rangs les plus bas, il la conserva dans tout son éclat sur le trône ; pareil à ces hautes montagnes qui, lorsque le soleil cesse de luire dans les vallons, en retiennent sur leurs cimes les rayons mourants : qu'enfin, dès son enfance, il fut laborieux ; et que, s'il ne régna pas, il s'exerça toujours à régner. Puisse le ciel, pour dédommager de cette perte, conserver la vie de Louis-le-Bien-aimé, et ajouter aux jours du père ce qu'il retranche à ceux du fils ! Et n'oublions pas de remarquer (car pourquoi priverais-je mon sujet d'une preuve si éclatante?) que c'a été en fuyant, dès l'âge le plus tendre, la mollesse trop ordinaire sur le trône, en fortifiant son corps par ce noble amusement qui fut de tout temps celui des héros, que Louis s'est acquis cette santé robuste, pour laquelle nous ne pouvons faire des vœux, sans en faire pour notre bonheur.

Si des exemples brillants en laissaient desirer d'autres, il en est un que je n'irais pas chercher bien loin de nous. Je le trouverais dans ce digne prélat [1] qu'on aime et qu'on admire, qui étonne les plus mondains par sa gaieté, et les plus austères par sa pénitence; qui, d'une main, distribue aux justes les trésors du ciel, et, de l'autre, prodigue aux pauvres les trésors de la terre. N'est-ce pas à la dureté de sa vie qu'il doit cette vigueur inaltérable, qui semble sans cesse se renouveler pour servir sa piété, et que sa piété, à son tour, semble ranimer sans cesse? Oui, pour être assuré que sa jeunesse fut laborieuse, il suffit de voir combien sa vieillesse est robuste.

Voilà, chère jeunesse, les modèles que je dois et que vous devez vous-même vous proposer. Vous faut-il de nouveaux motifs? Voyez les pères de la ville suspendre leurs fonctions pour vous honorer de leur présence, et oublier un instant la patrie pour ceux qui en sont l'espoir? J'ose vous attester devant eux que nous nous efforçons de mériter la confiance dont ils nous honorent; que si vous quittez tous les jours pour nos écoles la maison paternelle, vous retrouvez dans vos maîtres toute la tendresse de vos pères; que nous ne vous approchons jamais avec ce front sourcilleux, tant reproché à ceux qui enseignent; et qu'enfin vous voyez en nous moins des maîtres que des amis. Mais si nous vous témoignons notre attachement par notre douceur et par notre zèle, témoignez-nous votre reconnaissance par vos travaux et par vos succès; adoucissez le poids de nos fonctions pénibles par le délicieux plaisir de ne pas les voir infructueuses. Qu'un jour les maîtres en voyant leurs élèves utiles à la patrie, puissent les reconnaître avec une noble vanité pour leurs disciples; et que les disciples, en recueillant les fruits d'une excellente éducation, puissent se rappeler avec une tendre reconnaissance le souvenir de leurs maîtres!

[1] Feu M. d'Orléans de la Motte, évêque d'Amiens.

DISCOURS

DE RÉCEPTION

A L'ACADÉMIE FRANÇAISE,

PRONONCÉ LE 11 JUILLET 1774.

Messieurs,

Vous vous rappelez sans doute, et ce spectacle frappa vivement ma première jeunesse, vous vous rappelez ce jour où M. de La Condamine, assis pour la première fois parmi vous, reçut de M. de Buffon des louanges si nobles et si bien méritées. On crut entendre l'interprète même de la nature célébrer celui qui l'avait observée le plus constamment, et le plus audacieusement interrogée : et tel est le prix des éloges donnés par un grand homme, que M. de La Condamine se crut payé de quarante ans de travaux et d'études par quelques lignes de son illustre ami.

Voilà l'orateur que mériterait encore son ombre. Au défaut du génie, je me fonde sur l'intérêt qu'excitera toujours un nom qu'on ne peut prononcer sans réveiller les idées de talents, de courage, d'humanité.

Je n'irai point chercher, dans un sujet étranger à lui, des moyens de vous intéresser : cette ressource, imaginée pour suppléer au peu d'événements que présente à la curiosité publique la vie de la plupart des gens de lettres, renfermés dans l'ombre de leur cabinet et dans le cercle de leurs études, me devient inutile, par la variété des talents de M. de La Condamine, par l'incroyable activité de son ame, la singularité piquante de son caractère ; et une vie qui suffit à tant de travaux suffirait à plusieurs éloges.

M. de La Condamine entra d'abord dans le service, et s'y distingua par cette intrépidité qu'il signala depuis dans la poursuite de la vérité. De ces jeux sanglants, il s'était fait un spectacle dont son avidité naturelle de connaître augmentait pour lui le danger. On l'a vu, dans un siége, vêtu d'une couleur remarquable, s'avancer pour voir de plus près l'effet d'une batterie de canon, dont il était le but sans s'en apercevoir. Ainsi l'observateur se montrait déjà dans le guerrier; et peut-être, au lieu de dire qu'il porta dans les sciences le courage militaire, serait-il plus vrai de croire qu'il portait déjà dans l'art militaire la curiosité courageuse du philosophe.

Sa passion dominante fut cette curiosité insatiable. Ce doit être celle de ce petit nombre d'hommes destinés à éclairer la foule, et qui, tandis que les autres s'efforcent d'arracher à la nature ses productions, travaillent à lui arracher ses secrets. Sans ce puissant aiguillon, elle resterait pour nous invisible et muette; car elle ne parle qu'à ceux qui l'appellent; elle ne se montre qu'à ceux qui cherchent à la pénétrer; elle ensevelit ses mystères dans des abimes, les place sur des hauteurs, les plonge dans les ténèbres, les montre sous de faux jours. Et comment parviendraient-ils jusqu'à nous, sans la courageuse opiniâtreté d'un petit nombre d'hommes qui, plus impérieusement maîtrisés par les besoins de l'esprit que par ceux du corps, aimeraient mieux renoncer à ses bienfaits que de ne pas les connaître; ne les saisissent, pour ainsi dire, que par l'intelligence, et ne jouissent que par la pensée? Cette qualité, dis-je, fut dominante dans M. de La Condamine; elle lui rendait tous les objets piquants, tous les livres curieux, tous les hommes intéressants.

On a prétendu que cette curiosité, précieuse dans le savant, ressemblait quelquefois à l'indiscrétion dans l'homme de société; mais ces petits torts, qu'on remarque dans un homme ordinaire, s'éclipsent dans un homme célèbre, par la considération des avantages que retire la société de ces défauts même; et c'est peut-être le louer encore que d'avouer qu'il porta cette passion à l'excès.

Pourrai-je le suivre dans ces courses immenses, entreprises à la fois par ce désir ardent de s'instruire, et par celui d'être utile? Je le vois d'abord parcourir l'Orient : on se le représente aisément courant de ruine en ruine; fouillant dans les souterrains, consultant les inscriptions, jamais plus piquantes pour lui que lorsqu'elles étaient plus effacées; mesurant ces obélisques, ces pompeuses sépultures qui paraissent vouloir éterniser à la fois l'orgueil et le néant; partout poursuivant les traces de l'antiquité, qui semble se consoler en ces lieux de l'ignorance qui l'environne, par le respect des étrangers qu'elle attire.

La Troade, si fière des vers d'Homère, appela aussi ses regards; mais il y perdit, avec regret, les magnifiques idées qu'il s'en était formées, en voyant un petit ruisseau qui fut jadis le Simoïs, quelques masures éparses dans des broussailles; et il fut obligé de voir en philosophe ce qu'il aurait voulu ne voir qu'en poëte. Il fit quelque séjour à Constantinople; mais un homme tel que lui dut être peu content d'un tel séjour : passionné pour la gloire, il ne pouvait se plaire dans un pays d'esclaves. Avide de connaître, il dut être peu satisfait d'une ville où sa curiosité éprouva, non sans dépit, qu'il était impossible, et même, si j'en crois quelques anecdotes, qu'il était dangereux de tout voir.

Mais sa passion favorite ne faisait que préluder à de plus grandes entreprises : il était fait pour se distinguer de la foule des voyageurs. Parcourir quelques états de l'Europe, connaître l'étiquette de leurs cours, goûter les délices du beau ciel de la Grèce et les charmes de l'Italie, voilà ce qu'on appelle communément des voyages, et ce que M. de La Condamine nommait ses promenades. L'Europe, où l'influence du même climat, la société des arts, les nœuds du commerce, surtout le desir, plus épidémique que jamais, de copier la France, donnent à toutes les nations un air de famille; l'Europe devait être bientôt épuisée par sa dévorante avidité; le continent même ne pouvait lui suffire, et l'ambition de connaître, dans M. de La Condamine, se trouvait aussi trop resserrée dans un seul monde. En 1735, il proposa le premier à l'Académie un voyage à l'équateur, pour déterminer, par la mesure de trois degrés du méridien, la figure du globe.

Sur sa proposition, quatre académiciens furent nommés pour cette grande entreprise, également glorieuse pour eux, pour le souverain, et pour M. le comte de Maurepas, digne bienfaiteur, pendant son ministère, des sciences et des arts, qui, par une juste reconnaissance, lui ont embelli le bonheur de la vie privée, et qu'elles viennent de céder de nouveau au besoin de l'état et à l'estime de son maître.

Ainsi, tandis que MM. de Maupertuis, Clairault, Camus et Le Monnier allaient, pour le même objet, braver les frimas du Nord, MM. Godin, Bouguer et de La Condamine allaient affronter les ardeurs du Midi. Jamais les souverains n'avaient rien fait de si beau pour l'honneur de la philosophie; jamais la philosophie n'avait médité un plus grand effort, et la vérité allait se trouver poursuivie du pôle à l'équateur.

Tandis que les collègues de M. de La Condamine se préparaient à supporter les dangers et les fatigues, lui, il se promettait de nouveaux plaisirs. Combien son cœur tressaillait d'avance de l'espoir de connaître ces contrées qui, malgré la dégradation qu'ont cru y remarquer dans le moral et même dans le physique des écrivains ingénieux; sont si fécondes en grands et magnifiques spectacles, où les arbres se perdent dans les nues, où les fleuves sont des mers, où les montagnes présentent au voyageur, à mesure qu'il monte ou qu'il descend, toutes les températures de l'air, depuis les ardeurs de la zone torride jusqu'aux frimas de la zone glaciale ; où la nature enfin, échauffée de plus près par le soleil, donne aux oiseaux de plus riches couleurs, aux fruits plus de parfum, aux poissons même plus d'activité ; prodigue à la fois ses plus admirables et ses plus funestes productions, et ses plus imposantes beautés, et ses plus effrayantes horreurs !

Mais ce grand spectacle n'était que le second objet de M. de La Condamine : la mesure des degrés du méridien réclamait d'abord tout son zèle. Il serait difficile de bien peindre et la grandeur des obstacles et celle de son courage.

On peut dire de l'astronomie ce que M. de Fontenelle disait de la botanique : ce n'est pas une science paresseuse. Voyez de combien d'arts et de connaissances elle marche accompagnée, combien d'instruments divers elle traîne à sa suite ! Condamnée à des attitudes fatigantes, veillant quand tout dort, active quand tout repose, elle semble renoncer aux douceurs du sommeil, à la lumière du jour et au commerce des hommes.

Mais si nous plaignons l'astronome dans nos villes, imaginez ce que dut éprouver M. de La Condamine dans ces contrées lointaines. Pour le bien peindre, il faudrait les couleurs, je ne dis pas de l'éloquence, mais de la poésie même; et je ne sais si je pourrai me défendre d'employer quelquefois son langage : du moins ici le merveilleux n'a pas besoin de fiction. Aux travaux fabuleux de cet Ulysse banni par la colère des dieux, cherchant sa patrie sur terre et sur mer, et échappant aux enchantements de la cour de Circé, on peut opposer sans doute les travaux réels de M. de La Condamine, s'arrachant aux délices de la capitale, fuyant sa patrie pour chercher la vérité, traversant de vastes déserts, souvent abandonné de ses guides, escaladant ces montagnes inaccessibles jusqu'à lui, menacé d'un côté par les masses de neige suspendues à leur sommet, de l'autre par la profondeur des précipices, marchant sur des volcans plus terribles cent fois que ceux de notre continent, respirant de près leurs exhalaisons, quelquefois même entendant gronder ces foudres souterrains, et voyant des torrents de soufre sillonner ces neiges antiques que n'avaient point effleurées les feux de l'équateur.

Cependant ces redoutables phénomènes irritaient sa curiosité, au lieu de l'effrayer ; il semblait que le génie des sciences veillât sur lui. Tandis qu'il sondait le volcan de Pichincha, il vit s'enflammer, à sept lieues de distance, celui de Cotopaxi, sur lequel il observait quelques jours auparavant ; et peut-être sans cet éloignement, dont sa curiosité s'indignait sans doute, entraîné par elle, et trop digne émule de Pline, il lui aurait ressemblé dans sa mort, comme il l'avait imité dans sa vie.

A d'incroyables dangers se joignaient d'incroyables fatigues : mesurer, la toise en main, une base immense ; chercher, à travers des rochers, des ravins, des abîmes, les points de ses triangles ; replanter vingt fois sur des monts escarpés des signaux, tantôt enlevés par les Indiens, tantôt emportés par les ouragans ; passer plusieurs nuits sous des tentes chargées de frimas, quelquefois arrachées par les vents ; essuyer la cruelle alternative, et des plus accablantes chaleurs dans la plaine, et du froid le plus âpre sur les montagnes, voilà quelle fut sa vie pendant sept ans entiers.

Qui le soutenait donc au milieu de tant de dangers et de travaux ? Il l'avoue lui-même avec cette candeur, la vertu des grands talents et des belles âmes : sur ces monts couverts de glace, loin du regard des hommes, il songeait à l'estime de l'Europe, à l'estime plus douce de ses concitoyens ; et, semblable à ce héros qui, au milieu des périls et des combats, s'écriait : « O Athéniens ! qu'il » m'en coûte pour être loué de vous ! » cette douce perspective lui adoucissait l'éloignement de sa patrie, l'inclémence des saisons, et le poids des fatigues.

Cependant, tandis qu'il immolait ainsi sa santé à l'amour des sciences, les habitants de ces lieux le croyaient occupé sur ces montagnes à découvrir de l'or. Et dans quel temps l'ignorance de ces peuples lui faisait-elle cette injure ? Dans le temps que M. de La Condamine, pour faire subsister ses collègues, dont les fonds étaient épuisés, avait vendu ses effets, et, ce qui était un plus grand sacrifice, avait engagé ses instruments astronomiques, était parti pour Lima, avait traversé les Cordillières du Pérou, franchi quatre cents lieues de chemins impraticables ; et, après s'être engagé en son nom dans la capitale du Pérou pour une somme de quatre-vingt mille livres, était revenu, avec les mêmes dangers et les mêmes peines, ranimer par sa présence et ses secours le zèle et les travaux de ses collègues : action admirable, où un savant déploya le courage d'un héros, et un particulier la générosité d'un roi !

Cet or qu'il allait chercher avec tant de peine quand il était nécessaire à ses découvertes, il savait le dédaigner quand il n'était plus ennobli par son usage, et plus encore quand il se trouvait en concurrence avec son amour pour les sciences.

Au moment qu'il se préparait à revoir sa patrie, et à lui porter les vérités qu'il avait conquises, on lui enlève une cassette qui renfermait ses journaux et l'argent destiné pour son voyage. Il fait publier sur-le-champ qu'il consent à perdre la somme entière, pourvu qu'on lui rende ses papiers. La condition fut acceptée, et, malgré la perte d'une somme considérable, il crut en effet avoir retrouvé son trésor.

En faisant honneur de cette élévation d'ame au caractère de M. de La Condamine, croyons qu'il en revient quelque gloire aux sciences sublimes dont il s'occupait. Sans doute l'esprit, accoutumé à contempler cette foule innombrable de globes, ne revient qu'avec dédain sur les choses terrestres, et ne voit que comme un point ce globe où nous voyons deux mondes.

Déterminé à repasser en France, il délibéra sur le choix de la route. On soupçonne bien qu'il dut préférer la plus périlleuse, si elle était la plus instructive : peut-être même eût-il suffi qu'elle fût la plus périlleuse. Il forma le projet de descendre la fameuse rivière des Amazones, qui doit, dit-on, son nom à une société de femmes guerrières séparées des hommes : société qui doit, grace à nos mœurs, trouver peu de croyance parmi nous, mais un peu moins invraisemblable dans ces contrées barbares, où les époux font tomber tout le poids des travaux sur un sexe moins fait pour les supporter lui-même que pour les adoucir aux hommes.

M. de La Condamine part pour s'embarquer sur ce fleuve immense, large de cinquante lieues à son embouchure. Mais combien de traverses, avant d'arriver au lieu de son débarquement! L'imagination se fatigue à suivre des courses qui ne lassèrent pas sa constance. Vous le verriez avec effroi marcher, suspendu par des ponts d'osier, sur des rivières rapides et profondes; suivre sur des montagnes des chemins tracés par le cours des torrents, ou, la hache à la main, se frayer une route à travers des bois épais, côtoyer des précipices, passer le même torrent vingt-deux fois en un jour, à chaque instant prêt à faire naufrage, et, dans le danger continuel de sa vie, toujours tremblant pour le recueil de ses observations.

Toutefois, dans le cours de ces voyages pénibles, dont il a fait le tableau le plus intéressant, le lecteur se repose quelquefois agréablement avec lui. On s'arrête avec plaisir dans ce hameau composé de dix familles indiennes, où, en attendant un radeau, il passa huit jours heureux, sans avoir, dit-il, ni voleurs, ni curieux à craindre : il était avec des Sauvages. Là, respirant pour la première fois après tant de fatigues, partageant les plaisirs innocents des Indiens, se baignant avec eux, recevant les fruits de leur chasse et de leur pêche, la liberté, le silence, la solitude, la beauté du lieu, le délassèrent délicieusement de ses travaux et du commerce des hommes. Sachons gré à un homme fait pour briller chez des peuples polis, d'avoir su se plaire chez un peuple sauvage : l'un suppose la beauté du génie, et l'autre la simplicité des mœurs. Son départ de ces lieux n'est pas moins intéressant que son séjour. Avant de quitter ces innocentes délices, qui avaient reposé son corps sans ralentir son courage, j'aime à le voir, pour assurer à l'Académie le fruit de ses observations, lui en adresser un extrait, qu'il nomma son testament académique, partir ensuite, escorté de ses fidèles Sauvages qui portaient ses instruments et ses effets, et s'embarquer sur la rivière des Amazones, exposant plus volontiers sa vie, depuis qu'il s'était assuré que les sciences perdraient moins à sa mort.

Je ne vous le peindrai point abandonné au courant de ce fleuve immense; ici, heurtant contre des rocs escarpés; là, entraîné par des tourbillons d'eau; tantôt arrêté par une branche qui traverse son radeau, et suspendu sur les eaux qui décroissent à vue d'œil; tantôt franchissant le fameux détroit du Pongo, où les eaux, plus rapides et plus profondes, roulant sous la voûte obscure et tortueuse de ses bords rapprochés, avec un mugissement entendu de plusieurs lieues, lancèrent son radeau comme un trait à travers les saillies des arbres et les pointes menaçantes des rochers.

Je ne vous le représenterai point, après un trajet de cinq cents lieues sur la rivière des Amazones, s'enfonçant dans la rivière du Para, large de trois lieues, échouant contre un banc de vase, obligé d'attendre sept jours les grandes marées, remis à flot par une vague plus terrible que celle qui l'avait fait échouer, et sauvé par où il devait périr. Je ne vous peindrai point les tempêtes qu'il essuya; les nations inconnues qu'il traversa, tous les dangers enfin menaçant ses jours; tandis que lui, tranquille observateur, seul au milieu de ces déserts, avec trois Indiens maîtres de sa vie, tenait tour à tour le baromètre, la sonde et la boussole.

Il faut l'avouer : en lisant ces récits dans ses Mémoires, on est quelquefois tenté d'oublier ses peines pour envier ses plaisirs. Il ignorait du moins l'ennui, le fléau de ces voyageurs qui, tristement emprisonnés, déplacés sans mouvement, parcourant les lieux sans les voir, après quelques mois du plus stérile ennui, ne ressentent pas même le plaisir d'arriver. Les tableaux variés qu'offraient à ses yeux les fleuves et leurs bords; là, des animaux inconnus; ici, des plantes nouvelles; tantôt des peuples également bizarres dans leurs parures et dans leurs mœurs; tantôt les débris de ces nations, jadis si florissantes, épars dans des déserts qui furent des empires; enfin, tant d'objets nouveaux, exposés en silence à ses yeux, dans ces immenses solitudes où la philosophie voyageait pour la première fois; tout payait un tribut à sa curiosité : et comme ces vastes fleuves sur lesquels il voguait recevaient à chaque instant des fleuves qui grossissaient leurs cours, ainsi, dans une navigation de douze cents lieues, semblait s'accroître incessamment le trésor de ses idées et de ses connaissances.

O vous qui voulez faire fleurir les sciences dans vos états, voilà les voyages dignes de votre protection! Et vous qui prétendez à instruire les hommes, voilà les voyages féconds qui sont dignes de votre courage! Pourquoi vous pressez-vous d'arranger le monde avant de l'avoir connu; et de mettre l'incertitude et le hasard de vos opinions entre vous et la vérité? Quittez les contrées déjà moissonnées par la philosophie; il est encore, il est quelques régions intactes. Là vous attend un fonds inépuisable d'observations nouvelles; là, vous verrez l'homme et la terre, moitié cultivés, moitié sauvages, luttant contre vos institutions et vos arts, offrir à vos yeux l'intéressant contraste de la nature brute et inculte, et de la nature perfectionnée ou corrompue. Hâtez-vous : déjà son ancien empire est de plus en plus resserré par les conquêtes des arts; déjà son image primitive s'efface de toutes parts : encore quelque temps, et ce grand spectacle est à jamais perdu.

Tels furent les voyages de M. de La Condamine; et je ne crois pas exagérer, en assurant qu'ils manquèrent à Locke et à Descartes; car pour Newton, les vérités que d'autres allèrent chercher si loin (je ne parle que des vérités physiques), il les avait devinées dans son cabinet.

Arrivé à Cayenne, M. de La Condamine attendit un vaisseau pour retourner en France; il y était arrivé malade, languissant, et portant déjà le germe de plusieurs infirmités. Ici, Messieurs, arrêtons-nous un moment avec lui, et peignons-nous, s'il est possible, ce qui se passait dans son cœur. Depuis dix ans, gravissant sur des montagnes, jeté dans des déserts, errant sur les eaux, depuis dix ans il est éloigné de tout ce qu'il aime. Tant que l'activité de ses travaux, l'enthousiasme de sa grande entreprise avaient distrait son cœur, mille sentiments toujours chers étaient restés, pour ainsi dire, suspendus dans son ame ; mais lorsque ses travaux furent achevés, lorsque ses yeux, si longtemps occupés à observer la nature, se tournèrent vers la France, alors son ame entière reprit son cours ; alors le souvenir de ses amis, celui de ses parents, l'ineffaçable amour de la patrie, que sais-je ? le desir de jouir de la gloire, dont jamais on ne jouit si doucement que parmi les siens ; tous ces sentiments se réveillèrent à la fois dans son cœur, et les vents et les flots amenaient trop lentement, au gré de son impatience, le vaisseau qui devait enfin le rendre à sa patrie.

Après ce grand voyage, il semblait qu'aucun lieu du monde ne pouvait plus exciter sa curiosité ; mais il n'avait pas vu l'Italie, il n'avait pas vu Rome. Et qui peut se flatter de connaître le monde, sans avoir vu cette ville à jamais intéressante par ses victoires, par ses désastres, par sa magnificence, par ses débris ; le dépôt des arts antiques, le berceau des arts naissants ; autrefois dominatrice du monde par les armes, aujourd'hui par la religion, et, qui eut, en effet, le droit de se nommer la ville éternelle ?

Il y fut reçu avec distinction par le pape Benoît XIV, dont la gaieté franche, la douce affabilité, semblaient solliciter l'oubli de son rang, parcequ'il sentait que sa véritable grandeur en était indépendante ; l'ami des étrangers, le premier objet de leur curiosité et de leur admiration dans Rome ; l'ami surtout des Français, estimé des Anglais même, qui ont placé son buste dans le muséum de Londres, où il semble triompher des préjugés de la haine nationale ; qui enfin, par ses vertus et ses lumières, faisait la gloire de Rome moderne, et eût été digne de l'ancienne. Il accorda à M. de La Condamine ce qu'il pouvait lui accorder de plus doux et de plus flatteur, son portrait, et une dispense pour épouser sa nièce. Sensible à ces bontés, M. de La Condamine le lui témoigna avec cette impétuosité franche et familière dont les souverains vraiment respectables sont plus flattés que du respect, et qui n'ôte quelque chose au rang que pour le rendre à la personne.

Il n'eût pas été content de lui-même, s'il n'eût vu à Rome que ce que les autres avaient vu avant lui. Il fit des recherches très heureuses sur les mesures anciennes qui ont si longtemps exercé nos savants : l'académicien des sciences travaillait pour l'Académie des belles-lettres. Cette variété de goûts et de connaissances était peut-être ce qui distinguait le plus M. de La Condamine de la foule des voyageurs. La plupart n'aiment et ne voient que leur objet favori : le botaniste ne cherche que des plantes; le géographe, que des positions de villes; l'antiquaire, que des inscriptions. M. de La Condamine aimait et voyait tout.

Ce mérite se remarque surtout dans son voyage d'Italie, le pays du monde peut-être le plus fécond en tout genre d'observations ; fait pour plaire au peintre, par les chefs-d'œuvre de l'art et le pittoresque des sites; à l'architecte, par les monuments antiques; au naturaliste, par la variété des productions; surtout à l'homme de lettres, qui, trouvant partout l'image des grands hommes dont les écrits ont instruit son enfance, parcourant des lieux dont les noms l'ont frappé au sortir du berceau, croit voir partout les traits de ses maîtres, et voyager dans sa patrie.

Ce qui, dans ces lieux, attira le plus son attention, fut le volcan du Vésuve, qu'il a décrit en prose, comme Virgile a peint l'Etna en vers. Après ce qu'il avait vu en Amérique, le Vésuve ne pouvait l'étonner; mais ce volcan avait englouti des villes célèbres, il avait dévoré les monuments des arts, il avait fait périr un des plus beaux génies de Rome; et cela seul le rendit plus intéressant pour sa curiosité, que tous ceux du nouveau monde.

Je ne dirai rien de son voyage d'Angleterre, qu'il n'a point publié. On se figure que l'homme peut-être le plus singulier de la France dut fort se plaire chez le peuple le plus singulier de l'Europe; et, en effet, il y avait quelque analogie entre cet homme et ce peuple; mais elle fut altérée par un événement peu considérable en lui-même, à qui cependant le nom et surtout le caractère de M. de La Condamine donnèrent de l'importance. Il eut à se plaindre d'une petite injustice dont il n'obtint point de réparation, par une suite de la tolérance qui règne dans la police de Londres. Une police trop vigoureuse effaroucherait la liberté ombrageuse de ce peuple, si jaloux et si digne de son indépendance. Ce grand principe, exposé en si beaux vers par un de leurs grands poëtes, « qu'il est » des maux qui sont des biens, et que les inconvénients particuliers » sont l'avantage commun, » leur paraît aussi vrai dans l'économie politique que dans l'économie du monde; et certains désordres y sont presque tolérés par la sagesse de la législation, comme ils sont proscrits ailleurs par la sagesse de la police. M. de La Condamine ne voulut point entrer dans ces grandes vues : irrité de n'avoir pas obtenu justice, il fit, dans les papiers publics, un appel à la nation; et chez le peuple qui respecte le plus le pouvoir des lois et le droit de l'homme, il regretta les déserts et les Sauvages.

Telle était sur lui l'impression de l'injustice apparente ou réelle; et ce n'était point chez lui l'effet d'un amour-propre révolté; c'était l'amour profond de l'équité naturelle.

Ce sentiment était fortement imprimé dans son cœur, et lui a dicté des actions à jamais honorables à sa mémoire. Dans son voyage du Levant, plutôt que de livrer au cadi de Baffa un dépôt d'argent qui lui avait été confié, on le vit se défendre contre soixante hommes, braver les coups de fusil, le canon même; enfin, traîné devant le cadi, lui en imposer par sa fermeté, lui arracher des excuses par ses menaces ; en un mot, faire respecter les droits de la propriété dans le pays des usurpations, et ceux de la liberté dans le séjour de l'esclavage.

Qui peut lire sans attendrissement ce qu'il fit dans le nouveau monde pour la mémoire du malheureux Seniergues, massacré par une populace ameutée contre les Français? L'image de cet infortuné, compagnon de ses voyages, de ses dangers, égorgé à ses yeux, égorgé dans une fête publique, à la veille d'un établissement avantageux, lui était toujours présente ; elle le poursuivait sur ces rochers, théâtre de ses travaux, comme le remords aurait dû poursuivre le coupable ; il n'en descendait que pour demander justice, au nom de ses mânes ; il quittait ses bases, ses triangles, ses méridiennes, pour éclairer par des mémoires, pour exciter par des sollicitations des juges prévenus ou timides. Pendant trois ans entiers, il ne se lassa point de demander vengeance. Voilà de ces traits d'humanité, d'enthousiasme, d'oubli de soi-même, qu'on ne peut trop répéter dans ce siècle du vil intérêt, où les ames desséchées, privées de cette surabondance de sentiments qui embrasse la société et l'avenir, aveuglés à la beauté sévère de la vertu, sourdes à la voix lointaine de la postérité, n'écoutant enfin que l'intérêt du lieu, du moment, de la personne, sont assez malheureuses pour ignorer le plaisir des privations et la jouissance des sacrifices.

Mais où M. de La Condamine déploya à la fois l'homme sensible, l'homme éloquent et l'excellent citoyen, c'est dans la défense de cette méthode, source de tant de débats, qui se vante de prévenir un mal affreux par ce mal lui-même. Jamais, sans doute, l'éloquence ne traita un sujet plus intéressant : la mère tremblante pour un fils adoré, le mari idolâtre de sa jeune épouse, celle-ci jalouse de conserver ses charmes et le cœur de son époux ; enfin, les deux sexes animés, l'un par l'intérêt de la beauté, l'autre par celui de la vie ; voilà pour qui et devant qui plaidait M. de La Condamine : il semblait que l'amour de l'humanité élevât son génie et son courage. Il lui fallait combattre à la fois les médecins, les moralistes, la voix du préjugé, la voix même du sang et de la nature : il employait tour à tour la force du raisonnement et l'arme du ridicule : c'était Cicéron ou Démosthène plaidant la cause, non plus d'un particulier, mais celle du genre humain. A la force de l'éloquence il joignait l'activité des démarches ; et enfin, pour pousser à bout ses adversaires, il offrit de se faire inoculer lui-même. Peu de philosophes hasarderaient de pareilles preuves de leurs opinions.

Ce ne serait point à moi à prononcer sur cette grande question ; s'il était possible qu'elle fût encore un problème, je remarquerais seulement que l'inoculation a pour elle deux grandes autorités, la Circassie et l'Angleterre : je veux dire le pays de la philosophie et celui de la beauté. On citera sans doute un jour le suffrage des Français, quand elle aura cessé d'être chez eux une nouveauté ; car on sait que la mode nous gouverne, même sur ce qui intéresse la vie ; et le peuple le plus éclairé de l'Europe a été un des plus lents à adopter une pratique connue dès long-temps chez des peuples presque barbares.

Quel pays cependant a été plus souvent et plus cruellement averti de son utilité ? Dans quel lieu ce mal horrible a-t-il frappé un plus grand nombre d'illustres victimes ? Comme si les Français devaient être punis, dans ce qu'ils ont de plus cher, d'avoir adopté si tard une méthode utile ; ou comme s'il eût fallu, chez un peuple imitateur de ses maîtres, que des coups multipliés forçassent enfin les chefs de sa nation à lui donner l'exemple. Vous gémissez encore, Messieurs, du dernier coup que ce monstre a frappé. Hélas ! quand l'aïeul de Louis-le-Bien-aimé fut ravi à la France par ce fléau terrible, les Français pouvaient-ils prévoir que son petit-fils éprouverait le même sort ? Ce prince, qui avait eu l'avantage unique d'avoir fait jouir la France de ce que la victoire a de plus brillant et de ce que la paix a de plus doux, au milieu des délices d'un règne tranquille, au moment que des alliances heureuses préparaient des espérances à l'état et des consolations à sa vieillesse, s'est senti tout à coup surpris par ce mal contagieux, jamais plus cruel que lorsqu'il est plus retardé, et qui n'a rien de plus affreux que de repousser les caresses du sang et les embrassements de la nature. Mais est-il des dangers que redoute la véritable tendresse? Tandis que l'héritier du trône gémissait de se voir, par la loi sacrée de l'état, privé des derniers soupirs de son aïeul, nous avons vu trois généreuses princesses, victimes volontaires, se dévouer aux horreurs de la contagion pour conserver les jours de leur père, lui prodiguer, de leurs royales mains, des secours dont la douceur allait jusqu'au fond de son ame, suspendre la violence de la douleur et charmer les angoisses de la mort. Le ciel qui nous a ravi le père s'est contenté de nous faire trembler sur le sort des enfants; et, en gémissant de sa rigueur, nous rendons graces à sa clémence. M. de La Condamine a été assez heureux pour n'être pas témoin de notre perte et de nos alarmes; sans doute il aurait, comme nous, prié le ciel d'épargner à la France ces horribles preuves de son opinion.

Mais que dis-je, Messieurs? S'il a échappé à un spectacle douloureux pour un cœur français, il a perdu la plus brillante époque de sa gloire, il a perdu son plus beau triomphe. Le chef de l'état, les deux appuis de la couronne, une auguste princesse, se soumettant à la fois à cette méthode si long-temps combattue, dont il fut l'intrépide défenseur : quel moment pour lui, s'il eût vécu! Et ce moment, Messieurs, non-seulement son zèle et ses talents l'ont hâté, mais sa pénétration l'avait prévu. Vous me saurez gré, sans doute, de rapporter les termes, j'oserais presque dire de sa prophétie. « L'inoculation, dit-il, s'établira quelque jour en France. » Mais quand arrivera ce jour? Ce sera peut-être dans le temps » funeste d'une catastrophe semblable à celle qui plongea la nation » dans le deuil, en 1711. » L'événement, Messieurs, n'a que trop vérifié ses prédictions. Tel est le sort de la plupart de ceux qui écrivent pour le bonheur du genre humain; il faut que leurs leçons, pour faire impression sur les hommes, soient secondées par les dures leçons de l'expérience. Pendant leur vie ils ne jouissent de leur succès que par un pressentiment consolateur qui avance pour eux l'avenir, et leurs lauriers ne semblent croître que pour orner leur tombeau. Philosophe courageux, si tu n'as pu jouir de l'effet de tes prédictions et de tes travaux, que tes mânes du moins jouissent de notre hommage! Chaque fois que cette méthode, consacrée par la plus glorieuse épreuve, conservera un fils à sa mère, conservera la vie et la beauté d'une épouse à son époux; chaque fois surtout que notre jeune monarque sera béni de son peuple, ton ombre recueillera aussi son tribut de bénédictions et de reconnaissance. Mais pardonne: dans le moment où ces têtes royales se sont livrées à cette épreuve effrayante pour ceux même qui l'avaient desirée, malgré ta profonde conviction de ses avantages, oui, j'ose l'assurer, toi-même aurais tremblé. Et vous, princes, notre plus cher espoir, recevez nos justes actions de graces pour avoir donné un exemple salutaire à la nation, encore plus, pour avoir rassuré sa tendresse alarmée : c'est être doublement ses bienfaiteurs.

Quand M. de La Condamine n'aurait eu d'autres titres que ceux que je viens de rappeler, l'Académie française s'honorerait à jamais de voir son nom sur sa liste ; mais il avait des droits plus immédiats à une place dans ce corps illustre.

Il fut un de ceux qui embellirent les sciences par les charmes du style, genre de mérite dont M. de Fontenelle avait donné l'exemple. A l'exception de Descartes et de Malebranche, qui avaient écrit sur les sciences avec plus d'imagination que de grace, la plupart de ses prédécesseurs les avaient hérissées d'un style barbare ; ils s'étaient, pour ainsi dire, placés à l'entrée de leur temple, comme pour effrayer ceux qui voudraient en approcher : c'étaient des dragons qui gardaient les pommes d'or. M. de Fontenelle les humanisa, leur donna un air de popularité noble ; leur sanctuaire fut ouvert sans être profané ; et, bien différents des mystères de la théologie païenne, qui perdaient les hommages du public dès qu'ils étaient divulgués, leurs mystères, exposés aux yeux des hommes, ne firent qu'acquérir de plus nombreux et de plus respectueux adorateurs.

Aussi ce philosophe aimable fut-il un des premiers que l'Académie française disputa à l'Académie des sciences. Plusieurs autres ont eu depuis le même honneur ; et, comme autrefois la capitale du monde adoptait des citoyens dans toutes les parties de l'univers, ainsi, Messieurs, vous vous faites gloire de choisir dans toutes les sociétés littéraires les ornements de la vôtre. Sur votre liste, on lit encore les noms de deux hommes célèbres, également honorés de votre adoption. L'un, après avoir sondé les profondeurs de la nature par la pénétration de son génie, en a égalé l'abondance par la richesse de son style, et la magnificence par la pompe de ses images ; l'autre, descendu des hauteurs de la géométrie, a déployé à nos yeux la marche et l'enchaînement des sciences avec une éloquence digne d'elles, et, avant lui, presque inconnue d'elles ; et, dans ses pensées, dans son style, a joint le courage et la précision spartiate à l'élégance et à la finesse attique.

M. de La Condamine mérita d'être doublement leur confrère : ses connaissances étaient vastes, son style avait de la pureté, de la noblesse, et une sage sobriété d'ornements ; il cultiva même la poésie, cet art enchanteur, dont la séduction a de tout temps dérobé quelques moments aux plus grands philosophes ; à Platon, parmi les anciens ; à Leibnitz, parmi les modernes. Ici même, quelque temps avant sa mort, le public, entendant des vers de sa composition, lui donna, avec un plaisir mêlé de regrets, des applaudissements qu'il était doublement malheureux de ne pouvoir entendre, mais dont l'amitié l'avertissait, et qui, perdus pour ses oreilles, ne l'étaient pas pour son cœur. Dans la société, il laissait échapper des vers aimables, dont la gaieté, la facilité, doivent désarmer la critique, surtout quand ils ne s'annoncent que comme les délassements d'occupations plus importantes. Lorsque, dans une riche et fertile moisson, on rencontre quelques fleurs, on n'exige pas qu'elles aient les couleurs ni les parfums de celles qu'on cultive dans nos parterres.

Ses derniers jours payèrent, par différentes infirmités, les travaux de ses premières années. Celle qu'il souffrait le plus impatiemment était sa surdité, parcequ'elle contrariait sa passion favorite. Ceux qui savaient la cause de son état ne pouvaient le voir sans un sentiment de respect. J'ai vu moi-même, Messieurs, quelque temps avant sa mort, ce philosophe, victime de son zèle pour les sciences, avec cette sorte de vénération qu'inspire la vue de ces guerriers mutilés au service de l'état.

Cependant la source de ses infirmités en était le dédommagement. Dans l'honorable repos de sa vieillesse, il revoyait en esprit cette riche variété d'objets qu'il avait vue des yeux.

Mais sa plus douce consolation, c'était l'attachement de sa digne épouse. Si jamais l'hymen est respectable, c'est surtout lorsqu'une femme jeune adoucit à son époux les derniers jours d'une vie immolée au bien public. La sienne aimait en lui un mari vertueux, elle respectait un citoyen utile. Cette impétuosité inquiète qui, dans M. de La Condamine, ressemblait quelquefois à l'humeur, loin de rebuter sa tendresse, la rendait plus ingénieuse. Elle le consolait des maux du corps, des peines de l'esprit, de ses craintes, de ses inquiétudes, de ses ennemis, et de lui-même ; et ce bonheur qui lui avait échappé peut-être dans ses courses immenses, il le trouvait à côté de lui dans un cœur tendre, qui s'imposait, par l'amour constant du devoir, ces soins recherchés qu'inspire à peine le sentiment passager de l'amour.

A sa prière, M. de La Condamine avait commencé d'écrire sa vie. On doit regretter qu'il n'ait pas achevé ; ses récits auraient eu, avec la bonne foi de l'histoire, l'intérêt du roman. Sa vie fut féconde en aventures, qui, presque toutes, prenaient leur origine dans la trempe singulière de son caractère ; car l'empire du hasard est moins étendu qu'on ne pense, et les événements extraordinaires ne cherchent guère les ames communes. Pouvaient-ils manquer à un homme qui fut toute sa vie le chevalier et quelquefois le héros de la philosophie et de l'humanité?

Le même enthousiasme et la même curiosité qui lui avaient fait si souvent exposer sa vie, ont avancé sa mort : il l'a vue s'approcher, je ne dis pas avec intrépidité, mais j'oserais presque dire avec distraction. Ce n'était point l'incrédulité stupide qui cherche à s'étourdir sur ce dernier moment, c'était l'inattention d'un homme ardent, dont l'ame se prend et s'attache, jusqu'au dernier soupir, à tout ce qui l'environne, qui se hâte de vivre, et dont l'activité n'a fini qu'avec lui.

Tel je me suis représenté cet homme célèbre, Messieurs, beaucoup mieux peint sans doute par le digne secrétaire de l'Académie des sciences, qui, ayant à caractériser dans le même homme un écrivain et un philosophe, s'en est acquitté en philosophe plein de lumières et en écrivain éloquent.

Si notre héros commun eut des connaissances plus étendues que profondes ; s'il eut dans l'esprit plus de cette activité avide qui s'élance vers plusieurs objets, que de cette pénétration patiente qui s'attache jusqu'au bout à l'objet dont elle s'est une fois saisie ; si enfin d'autres ont laissé des découvertes plus sublimes à la philosophie, personne n'a laissé de plus grands exemples aux philosophes.

Plus je sens vivement son mérite, Messieurs, plus je dois être étonné d'occuper sa place. Sans doute vous avez voulu, par cet exemple, encourager nos écrivains à puiser dans ces mines fécondes de l'antiquité, que le bel esprit moderne a trop abandonnées. Quels étaient donc ces hommes qui, après tant de siècles, font encore la réputation de ceux qui les imitent ou les traduisent? Pope et Dryden en Angleterre, Annibal Caro en Italie, ont dû, l'un à Homère, les autres à Virgile, la plus belle partie de leur gloire. Bien loin au-dessous d'eux, Messieurs, je dois au prince des poëtes latins l'hommage de votre choix, et c'est pour mon auteur favori que je m'enorgueillis de vos suffrages : il me servit à les obtenir, vous m'apprendrez à les mériter. Ici se trouvent réunis tous les genres de talents ; ici la tragédie et la comédie m'offrent ce qu'il y a de plus touchant dans la peinture des passions, et de plus piquant dans la peinture des mœurs. Ici la poésie, tantôt peignant avec magnificence les phénomènes des saisons, tantôt descendant avec noblesse à des badinages ingénieux ; l'éloquence, célébrant dans les temples et les lycées les vertus des grands hommes ; les principes des arts discutés, leurs procédés embellis par le charme des vers ; l'art important d'abréger l'étude des langues, la connaissance profonde des langues anciennes, la nôtre enrichie par vos ouvrages, épurée par le commerce de ce que la cour a de plus grand par la naissance, de plus aimable par l'esprit ; la morale déguisée sous d'agréables fictions ; l'histoire écrite avec éloquence et sans partialité ; la fable, qui, créée par un esclave dans la Grèce, embellie à Rome par un affranchi, se glorifie de devenir, entre les mains d'un des premiers hommes de la cour, l'instruction des grands et des rois : tout semble m'offrir la réalité de ce fabuleux Hélicon, où habitaient toutes les divinités des arts.

Et quelles couleurs prendrai-je pour peindre cet homme qui réunit à lui seul tous les genres ; qui dans la carrière des lettres, après avoir, comme un autre Hercule, épuisé tous les travaux, ne s'est point, comme lui, permis de repos, et ne s'est point prescrit de bornes ; dont le génie est également étendu et sublime ; qu'on pourrait comparer, par une image gigantesque s'il ne s'agissait de lui, à ces montagnes qui, non contentes de dominer la terre par leur élévation, l'embrassent encore, sous différents noms, par l'immensité de leur chaîne ?

Au sentiment de l'admiration succède celui de la reconnaissance. Je vois dans cette assemblée des personnes dont l'amitié pour moi remonte jusqu'à mon enfance ; j'y distingue ce compatriote chéri, ce panégyriste éloquent des grands hommes, qui le premier m'inspira l'amour de la poésie et le desir d'honorer notre patrie commune ; qui, malgré mes efforts, aurait encore le droit de demander ce que j'ai fait pour elle et pour sa gloire, si en m'adoptant, Messieurs, vous n'eussiez daigné m'associer à la vôtre.

Eh ! puis-je contempler la splendeur de ce corps célèbre, sans me rappeler ses illustres auteurs ? Vous avez pour protecteurs de grands monarques, pour fondateurs de grands hommes. C'est ce roi, véritablement grand en tout, qui illustra ses premières années par ses victoires, et les dernières par sa constance, et à qui il manquerait peut-être la plus belle partie de sa gloire, s'il n'eût été qu'heureux; c'est ce Seguier, qui tempéra, par le charme des lettres, l'auguste sévérité des lois; c'est ce Richelieu, ce ministre avide de tout genre de gloire, qui d'un côté, par une audace sublime, relevait la timidité rampante de la politique, de l'autre, ennoblissait, si je l'ose dire, la jalousie littéraire, ordinairement si basse, en honorant de son envie les palmes de Corneille.

A ceux qui, confondant les lettres avec l'abus trop réel des lettres, prétendent qu'elles sont dangereuses aux lois, au gouvernement, à l'autorité royale, vous pouvez donc répondre que vous avez pour auteurs et pour protecteurs un grand magistrat, un grand ministre, un grand roi.

Et quel nouveau protecteur vient animer vos travaux?

C'est celui de l'état; c'est ce roi dont la bonté active a devancé nos espérances, qui a essayé par des bienfaits la douceur de régner. Auguste espoir de la France, jouissez de votre gloire, jouissez du bonheur que vous méritez si bien, de commander à des Français! Tant d'autres princes ont des sujets, et vous avez un peuple, un peuple qui ressent pour ses rois l'ivresse de l'amour et l'enthousiasme de la fidélité, qui obéit à la tendresse, qui se laisse gouverner par l'exemple. Entendez-vous ces applaudissements qui vous reçoivent, qui vous assiègent au sortir de votre palais? Voyez-vous cette foule qui s'empresse autour de votre char? Et lorsqu'au milieu de ces cris d'allégresse, ralentissant votre marche, charmé de voir votre peuple, lui prodiguant, sans pouvoir l'en rassasier, le bonheur de vous voir, vous prolongez vos plaisirs mutuels; est-il, fut-il jamais un triomphe que vous puissiez encore envier? Ces applaudissements ne sont point un vain bruit : c'est le gage de notre bonheur et de notre gloire. Un roi avait chargé un homme de sa cour de lui rappeler tous les jours ses devoirs : votre peuple vous les rappelle de la manière la plus touchante. En vous annonçant qu'il vous aime, ses cris vous disent assez de l'aimer, et votre cœur vous le dit encore mieux. Pourrions-nous craindre les flatteurs? Mais quand vous n'en seriez pas naturellement l'ennemi, quel charme pourriez-vous trouver à la fausse douceur de l'adulation, après avoir éprouvé la douceur pure de ces acclamations si flatteuses? Malheur au souverain qui, après avoir goûté le plaisir d'être aimé de ses sujets, peut voir tranquillement les cœurs se refermer pour lui!

La plus grande partie de ces fidèles sujets ne peut vous faire entendre les cris de son amour, mais elle vous envoie le prix de ses sueurs, mais son sang est prêt à couler pour vous. Déjà, du milieu de la capitale, s'est répandu dans les provinces, dans les villes, dans les armées, sous les cabanes du pauvre, le bruit des prémices heureuses de votre règne.

Bien loin de redouter votre jeunesse, nous en tirons d'heureux augures. C'est l'âge où l'âme sensible et tendre s'ouvre à l'amour du beau, et s'épanouit à la vertu. Nous croyons voir ce moment, le plus intéressant de la nature, ce moment de l'aurore, où tout s'éveille, tout se ranime, tout reprend une nouvelle vie. Ce plaisir si touchant de rendre un peuple heureux, vous en savourez mieux la douceur en le partageant avec votre auguste épouse, qui présente le plus beau spectacle que la terre puisse offrir au ciel, la beauté bienfaisante sur le trône. Combien de fois vos cœurs se sont-ils rencontrés avec délices dans les mêmes projets de bienfaisance! Couple auguste, autrefois votre bonté était trop resserrée dans le second rang de l'état : eh bien! la voilà libre, un vaste empire lui ouvre une immense carrière; tous deux, à d'heureuses inclinations, vous joignez de grands modèles : la reine, une mère adorée de ses sujets; vous, un père qui eût été adoré des siens, si le ciel... Mais, hélas! ne rouvrons pas la source de nos larmes. Il vous parle, ce père, du fond de son tombeau: « Mon fils, dit-il, fais ce que j'au-
» rais voulu faire, rends heureux ce bon peuple! Je me consolais
» quelquefois d'être destiné au trône, par l'espérance de lui prouver
» mon amour, et de mériter le sien. » Vous hériterez aussi de son goût pour les lettres et pour les arts, dont la culture suppose toujours un état heureux et florissant : ce sont des fleurs qui naissent après les fruits. Vous ne pouvez les aimer sans protéger ce corps illustre qui, pour le louer par les expressions mêmes de votre auguste épouse, *a fait de la langue française la langue de l'Europe.* Pour moi, qu'il daigne adopter aujourd'hui, je me féliciterai à jamais de vous avoir offert le premier ce tribut académique, et je regarderai toujours cette époque comme la plus glorieuse de ma vie.

RÉPONSE

DE M. L'ABBÉ DE RADONVILLIERS

AU DISCOURS DE M. DELILLE.

Monsieur,

Vous venez prendre place parmi nous plus tard que nous ne devions l'espérer. L'événement le plus funeste nous a tenus long-temps renfermés dans la douleur et dans le silence. Bientôt il a entraîné après lui d'autres sujets d'alarmes.

Nous avons tremblé pour de nouvelles Iphigénies, victimes courageuses, non de l'ambition d'un père, mais de la piété filiale. Trois sœurs, placées à côté l'une de l'autre sur le même autel, préparées au même sacrifice, ont vu le glaive long-temps suspendu... Hâtons-nous de dire qu'il n'a pas frappé. Le même coup qui en frappait une, les immolait toutes les trois.

On commençait à peine à respirer, lorsqu'on apprend que les têtes les plus élevées de l'état se préparent à braver la cruelle maladie dont nous déplorions les ravages. A cette nouvelle, tous les cœurs sont émus, tous les esprits sont partagés. Un même intérêt, un amour égal, plus timide dans les uns, plus hardi dans les autres, inspire des avis opposés. Pourquoi, disent ceux-là, confier en même temps toutes nos espérances à une mer qui a ses écueils? Pourquoi, disent ceux-ci, s'effrayer d'un léger orage qui pousse les vaisseaux dans le port? Les règles de l'art, un nombre infini d'expériences, le courage surtout et la gaieté des malades volontaires, en un mot, tout nous rassurait; mais quand il s'agit de ce qu'on a de plus précieux et de plus cher, après que la raison est pleinement rassurée, le cœur tremble encore secrètement. Enfin nos craintes sont dissipées, et dissipées pour toujours. Qu'il nous serait doux de nous livrer aux transports de la plus vive allégresse! Mais, dans ces jours d'un deuil général, des transports de joie ne nous sont pas permis.

La nation n'a pas cessé encore de donner des larmes à son roi; et l'Académie, qui les partage, y joint celles qu'elle doit à son auguste protecteur. Notre amour est la mesure de nos regrets. Eh! quel prince fut jamais plus aimé? Ne me demandez pas s'il fut adoré dans sa famille; demandez-le à tous ses augustes enfants; ou, si le respect ne vous permet pas de les interroger, jetez seulement les yeux sur les princesses ses filles; vous verrez les marques récentes de leur tendresse comme de leur courage. Louis était roi, et il eut des amis : ne vous en étonnez pas; il les aimait lui-même, comme il en était aimé. Parmi la foule des officiers attachés à sa personne, il n'en est aucun qui ne raconte quelque bienfait reçu de son maître, ou des traits de bonté plus précieux que les bienfaits. Quittons la cour, et parcourons les provinces. Le peuple qui les habite ne connaissait que le nom de Louis. A l'abri de ce nom sacré, il a joui d'une tranquillité constante. Nos pères n'ont pas eu le même avantage; ils ont vu brûler encore le feu de la guerre civile, allumé dans ce royaume depuis deux siècles; ils ont vu encore les armées ennemies porter l'alarme jusque dans la capitale. Louis a régné soixante ans, et dans tout le cours de son règne la France a été exempte des troubles domestiques et des invasions de l'étranger; car je ne compte pas quelques incursions sur nos frontières les plus éloignées, d'où il n'a fallu, pour chasser l'ennemi, que le temps de le joindre. Je parle d'ennemis! jugez si Louis eut l'art de gagner les cœurs : il se fit aimer de ses ennemis mêmes, ou, pour mieux dire, de ses rivaux, par sa modération dans la victoire. Rapprochons-nous enfin de ces retraites paisibles consacrées aux sciences. Quel est le corps littéraire qui n'ait pas ressenti les effets de sa protection, et qui n'ait pas eu quelque part à ses graces? Et pour citer un fait qui nous regarde en particulier, tous ceux qui furent à portée de l'entendre vous attesteront que, dans l'un de ses derniers jours, il daigna encore s'entretenir assez long-temps de l'Académie. Les Français des temps à venir, qui liront plus en détail, dans l'histoire, les traits que je n'ai pu qu'indiquer, et mille autres que j'ai omis, entreront dans nos sentiments, et le roi que nous pleurons sera pour eux, comme pour nous, Louis-le-Bien-aimé.

Vous nous aiderez, Monsieur, à célébrer sa mémoire; c'est un des devoirs de la place que vous venez prendre aujourd'hui : elle était due à l'auteur des *Géorgiques françaises*. Votre poëme, qui a pour tous vos lecteurs le mérite d'une versification élégante et facile, a encore un autre mérite pour nous : il a enrichi notre littérature nationale. Jusque-là Virgile ne se trouvait point dans un cabinet de livres français. Les traductions en vers qui ont été faites autrefois sont oubliées, et les traductions en prose ne sont pas Virgile : une marche lente et timide peut-elle atteindre un vol rapide et hardi? La prose conserve le fond de l'ouvrage; mais qu'est-ce que le fond d'un ouvrage d'esprit, dépouillé de ses plus beaux ornements? Si je lis les *Géorgiques* comme une instruction sur l'agriculture, elles me paraissent au-dessous des traités de cet art les plus superficiels. Mais qu'un homme de génie leur rende la parure poétique; qu'une précision élégante rajeunisse une maxime usée, relève une observation commune, embellisse un précepte aride; qu'une description touchante remue le cœur; qu'une figure hardie transporte l'âme; qu'une harmonie variée flatte l'oreille : alors je reconnais Virgile. Ce n'est plus une ébauche légère, une froide image, telle que la prose peut la tracer avec ses crayons uniformes : c'est un portrait ressemblant, avec l'air, l'attitude, les couleurs, la vie de l'original; un portrait, en un mot, tel qu'on le voit dans vos *Géorgiques*.

Poursuivez, Monsieur, vos travaux sur l'*Énéide*. Des amis éclairés, confidents de vos ouvrages, applaudissent déjà à vos essais. Parcourez toute la carrière : le succès des premiers pas vous est un garant assuré de la gloire qui vous attend au terme. Je sais que vous pourriez aussi vous couronner de vos propres lauriers; et les vers que nous allons entendre en seront la preuve. Mais ne pensez pas qu'en nous donnant une *Énéide* française vous renonciez au nom d'auteur : traduire de beaux vers en beaux vers, c'est écrire de génie.

L'entreprise que je vous propose est longue et pénible. S'il fallait un exemple pour vous animer, je ne le chercherais point hors de cette compagnie. Je vous citerais seulement M. de La Condamine, à qui vous succédez. Je ne m'étendrai pas sur son éloge : je ne pourrais qu'affaiblir l'effet du discours éloquent que vous venez de prononcer. Je me borne donc à recueillir quelques uns des traits principaux qui formaient son caractère.

M. de La Condamine aimait de goût le bien public et les sciences, comme on aime ordinairement les plaisirs, les honneurs et les richesses : c'était en lui une passion; et quand il voyait jour à la satisfaire, il comptait pour rien les obstacles, les travaux, et même les dangers. Cette passion, toujours brûlante dans son cœur, s'enflammait encore davantage par le choc de la dispute. Alors, défenseur inébranlable de la vérité combattue, il la soutenait avec tant de chaleur, avec de si grands efforts pour la faire triompher, qu'on pouvait mettre en doute s'il aurait eu aucun regret d'en être la victime. Eh! ne puis-je pas dire qu'il l'a été? L'excès de ses fatigues au Pérou l'a fait survivre à une partie de ses sens. Qui sait si ce n'est pas encore par enthousiasme du bien public qu'il a exposé ce qui lui restait de vie? Quoi qu'il en soit, il sera toujours compté entre les hommes illustres de son siècle; il aura même une place distinguée, par le hasard unique qui a rassemblé dans sa personne les sentiments les plus nobles, les aventures les plus singulières, et les talents les plus variés. Géomètre estimable, astronome laborieux, voyageur infatigable, observateur exact, écrivain correct, à tant de noms il voulait joindre celui de poëte. Les vers avaient été dans sa jeunesse l'amusement de ses loisirs et le délassement de ses études; ils devinrent, au temps de sa vieillesse, un soulagement utile dans ses infirmités, et un aliment nécessaire à l'activité de son esprit. Vous avez décrit, Monsieur, son triomphe poétique, quand les voûtes de ce palais retentissaient de ses louanges, que lui seul n'entendait pas. Sans doute les égards dus à un vieillard si célèbre, le souvenir des événements de sa vie, et la vue de son état, intéressaient pour l'auteur, et donnaient du prix à l'ouvrage; mais, indépendamment de ces circonstances, une composition pleine de feu, des expressions fortes, des vers heureux, justifiaient les acclamations générales. Si donc la reconnaissance publique élève un jour des monuments, dans les plaines de Quito, aux hommes illustres qui ont si bien mérité des sciences, sur le monument de M. de La Condamine, parmi les sphères, les quarts de cercle et les compas, on pourra aussi laisser paraître quelques branches de laurier.

Pour remplir les devoirs de la place que j'ai l'honneur d'occuper aujourd'hui, j'ai commencé mon discours par les regrets dus à l'auguste protecteur que nous avons perdu; je le terminerai par l'hommage que doit l'Académie, dans cette première séance publique, à son nouveau protecteur. Au reste, Messieurs, n'attendez pas de moi le langage étudié d'un orateur qui emploie les couleurs de l'éloquence; je parlerai le langage simple d'un témoin qui dépose fidèlement de ce qu'il a vu. Ayant eu l'honneur d'approcher ce prince pendant long-temps, la vérité que je devais par état lui dire à lui-même, je vous la dirai de lui avec la même sincérité. La justesse d'esprit, la droiture de cœur, l'amour du devoir, telles sont les qualités principales dont le germe s'est montré dans le roi dès son enfance, et que vous voyez se développer tous les jours, depuis son avénement au trône. Il en est d'autres, non moins importantes pour sa gloire et pour notre bonheur, que vous verrez dans les occasions se développer également : ami de l'ordre, il maintiendra le respect pour la religion, la décence des mœurs, la règle dans toutes les parties de l'administration; ennemi des frivolités, il dédaignera un vain luxe, de vaines parures, un vain étalage de discours superflus. Ne craignez pas que la louange l'enivre de son encens; la louange, dès qu'elle approchera de l'adulation, n'arrivera pas aisément jusqu'à lui; lorsque les hommages dus au trône ne lui ouvriront pas l'entrée, il saura la repousser en l'écoutant avec un air de froideur et peut-être d'indignation. D'ordinaire on dit aux rois de se garder des flatteurs; aujourd'hui il faut dire aux flatteurs de se garder du roi. Cependant être roi à dix-neuf ans ! Mais rappelez-vous, Messieurs, que c'est à dix-neuf ans précisément que Charles-le-Sage, le restaurateur du royaume, prit en main les rênes du gouvernement. Puissent nos neveux, après l'expérience d'un long règne, donner à Louis XVI le même surnom que nos ancêtres ont donné à Charles V !

RÉPONSE
DE M. DELILLE,
DIRECTEUR DE L'ACADÉMIE FRANÇAISE,

AU DISCOURS DE M. LEMIERRE.

(25 janvier 1781.)

Monsieur,

L'Académie répond ordinairement au public du choix de ses membres : aujourd'hui, c'est le public qui lui est garant du vôtre ; c'est lui qui a sollicité pour vous, et jamais sollicitation n'a été ni plus pressante ni plus honorable. Il est vrai que vous avez vous-même brigué son suffrage et sa faveur de la manière la plus puissante et la plus sûre, par vos talents et vos ouvrages.

Mais pourquoi faut-il que l'Académie ne puisse se féliciter d'une acquisition nouvelle, sans déplorer une perte? Dans M. l'abbé Batteux, elle regrette un littérateur estimable, un écrivain élégant, un dissertateur ingénieux, un grammairien habile, et un admirateur éclairé de l'antiquité. C'est sans doute cette admiration qui lui fit tenter une traduction d'Horace, à laquelle il attachait peu d'importance. Il m'a dit plus d'une fois qu'il n'avait voulu que faciliter l'intelligence de l'auteur, sans avoir jamais prétendu en représenter la grace, la force ou l'harmonie. Je dois en parler moins modestement que lui; la gloire de nos confrères morts est doublement sacrée. D'ailleurs, si les auteurs les plus difficiles à traduire sont ceux qui ont le plus éminemment le mérite du style, la supériorité d'Horace en ce genre est une excuse pour son traducteur; nul poëte n'a plus de grace, et la grace est plus intraduisible que la force. Elle est aussi difficile à saisir qu'à définir; elle n'a que des demi-mouvements, que des formes heureusement indécises : tout y est indiqué, rien n'y est prononcé. Eh! que ne risquent pas, dans le transport d'une langue à une autre, des beautés si délicates et si frêles?

Un autre mérite de ce poëte, non moins effrayant pour le traducteur, ce sont ces expressions fécondes et hardies, qui, rassemblant à la fois plusieurs sensations intérieurement enrichies des idées accessoires qu'elles représentent, donnent au style un élancement et une célérité qu'il est difficile d'atteindre. Mais je parle de difficulté, et non pas d'impossibilité : bien peu d'idiomes ont une beauté primitive et élémentaire. On peut dire des langues ce que l'orateur romain disait du discours : il n'y a pas de matière plus molle, plus obéissante; les usages, les mœurs, les climats, les circonstances, les façonnent de mille manières; mais de toutes les impressions qu'elles reçoivent, celle du génie est la plus puissante et la plus profonde; c'est lui qui les pénètre de sa force, les empreint de son caractère, les embellit de son éclat, les épure, les transforme; et quand ce prodige est fait, ne dites pas : Voilà la langue de ce peuple, de cette nation; dites : Voilà la langue de ce poëte, de cet orateur. Je dirai plus : la langue que je peignais tout à l'heure comme si docile et si souple, je pourrais, à d'autres égards, vous la peindre impérieuse, exigeante. En effet, elle n'avoue parmi les écrivains que ceux qui lui apportent des tributs nouveaux; et elle déshérite, si j'ose ainsi parler, ceux qui n'accroissent pas son héritage. Or, rien n'enrichit plus les langues que leur commerce mutuel; mais il en est de ce commerce comme de celui des peuples : pour faciliter les échanges, il faut commencer par vaincre les préventions et les antipathies nationales.

Au reste, si M. l'abbé Batteux n'enrichit pas la langue par ses traductions, il lui fit des présents estimables dans les ouvrages qu'il composa depuis lui-même. Il a donné sur la poésie et l'éloquence, des préceptes dont les étrangers lui sont encore reconnaissants : non que je pense que ces préceptes soient absolument nécessaires au génie; les grandes méditations, les grands talents, les grands exemples, voilà la source des beaux ouvrages. Il est une autre utilité des livres de préceptes, trop peu sentie peut-être : c'est, en répandant le goût et la connaissance des vraies beautés, de préparer aux bons auteurs de bons juges.

Plus heureux encore que cet ancien dont le mot a été cité si souvent, M. l'abbé Batteux pouvait dire : « Ce que j'ai dit, je l'ai « fait. » Il a pratiqué avec succès ce qu'il avait démontré avec goût. Chargé plus d'une fois de représenter l'Académie, on l'a entendu parler avec autant de mouvement qu'en comporte un discours qui n'a pas pour objet d'émouvoir une grande assemblée; avec toute la clarté, toute la justesse d'un esprit droit et lumineux; enfin avec autant d'esprit que pouvait s'en permettre un disciple de l'abbé d'Olivet, un ami de l'antiquité, et enfin un ancien professeur de cette université célèbre à qui vous avez payé, Monsieur, le juste tribut d'une reconnaissance que je partage avec vous. On l'entendit surtout avec plaisir, le jour qu'assis à cette même place, il reçut le successeur du savant et infatigable éditeur de Cicéron ; il remplit avec intérêt, dans cette circonstance, la fonction douloureuse d'un directeur chargé de féliciter le successeur de son ami : sa douleur n'ôta rien à la dignité de représentant de l'Académie, et celle-ci ne diminua rien de l'expression de ses regrets. Hélas ! par une combinaison d'événements bien remarquables, ce nouvel académicien reçu par M. l'abbé Batteux, c'était M. l'abbé de Condillac, dont la mort funeste et prématurée a suivi de si près la sienne, et destiné à être remplacé dans l'Académie le même jour que celui qui l'y avait introduit.

Mais ne mêlons point ensemble les regrets de ces deux pertes, et livrons-nous du moins au plaisir de voir la première si avantageusement réparée. Plus d'un ouvrage, Monsieur, vous a mérité la place que vous occupez.

Parmi ces ouvrages, permettez que je distingue d'abord ceux qui ont attiré sur vous les premiers regards de l'Académie, et qui lui sont en quelque sorte personnels : elle se souvient avec plaisir de vous avoir vu, au rang des athlètes, disputer et remporter ses prix ; et dès lors il était aisé de prévoir que vous seriez un jour au rang des juges.

Des joutes académiques, vous avez passé aux joutes plus brillantes du théâtre ; et je conçois l'attrait qui a dû vous y entraîner. Le théâtre, en effet, est le véritable empire de la gloire littéraire. Dans les autres genres, les suffrages sont épars, souvent perdus pour l'auteur ; il n'entend pas toute sa renommée, et les rayons de la gloire ne viennent que successivement et lentement se réunir enfin sur son front : mais au théâtre, c'est au milieu des acclamations, des cris de l'ivresse, dans le lieu même de son succès, et, si j'ose m'exprimer ainsi, dans le champ de la victoire, que l'auteur reçoit sa palme et sa couronne, de l'élite brillante de la nation assemblée. Cette sensation de gloire qui doit aller profondément à l'âme, vous l'avez éprouvée, Monsieur, plus d'une fois. Des tragédies, pleines de la connaissance des effets du théâtre, vous ont donné parmi vos rivaux un rang distingué. Dans le choix de quelques uns de vos sujets, vous avez intéressé au succès de vos tragédies ce sexe dont la sensibilité, plus facile à émouvoir, est pour tant si flatteuse. C'est sous sa protection que vous semblez avoir mis *Hypermnestre* et *la Veuve du Malabar*. Dans l'une, il vous a su gré d'un héroïsme qui l'honore; dans l'autre, il vous a su plus de gré peut-être encore de l'héroïsme qui se dévoue pour lui; mais des situations intéressantes, une marche rapide, voilà ce qui a le plus efficacement protégé ces deux pièces.

Si l'envie vous objectait qu'une partie de leur succès est due aux effets du théâtre et au jeu des acteurs, vous pourriez lui répondre qu'il y a un vrai mérite à prévoir ces effets, et le public, accourant en foule à ces pièces, achèvera la réponse, ou plutôt rendra toute réponse inutile; car dans ce genre les critiques sont obscures et passagères : la réfutation est éclatante et durable.

Dans les intervalles de vos succès au théâtre, vous vous êtes exercé dans le genre didactique. Vous avez fait comme ces peintres qui, après avoir, dans des tableaux d'histoire, déployé de grands caractères et l'expression touchante des passions, descendent quelquefois à des tableaux de genre, qui ne valent que par la beauté de l'exécution et la vérité des détails. Cette comparaison, Monsieur, rappelle de plus d'une manière votre estimable poëme de la *Peinture*, moins connu de cette partie du public qui n'applaudit guère des vers qu'au théâtre, mais estimé des véritables connaisseurs. S'il est vrai, comme l'a dit Horace, que la peinture et la poésie soient sœurs, jamais sujet ne fut plus heureusement choisi, et votre poëme a resserré l'antique alliance et la fraternité de ces deux arts.

Un autre sujet moins heureux peut-être en effet, mais plus fécond en apparence, est venu rire à votre imagination avec tous les charmes de la variété et l'intérêt d'un poëme national : vous avez mis en vers les usages et les coutumes de votre pays. Ovide vous en avait donné l'exemple et l'idée; mais combien son sujet lui offrait de ressources dont vous avez été privé ! Notre religion vénérable et sainte repousse la fiction; leur culte abondait en mensonges riants. Plusieurs de leurs usages avaient été choisis chez ces Grecs si polis et si ingénieux; plusieurs des nôtres sont nés chez des peuples barbares. Nos usages manquent surtout d'un but politique; les leurs étaient une seconde législation qui gouvernait le peuple par les sens. Ces cérémonies imposantes et religieuses qui accompagnaient les traités de paix et les déclarations de guerre, l'ouverture et la clôture solennelle de l'année; ces Bacchanales, pleines de la joie tumultueuse du dieu qu'elles célébraient; ces jours privilégiés des Saturnales, où la servitude rejetait avec transport des fers qu'elle devait trop tôt reprendre; ces fêtes riantes de Cérès et de Flore; la pompe majestueuse des triomphes, la magnifique absurdité des apothéoses; enfin toutes ces solennités, tantôt champêtres, d'un peuple agriculteur, tantôt militaires, d'un peuple conquérant; et, dans les derniers temps, toutes les richesses des nations vaincues, prodiguées dans ces fêtes des souverains du monde : quel plus riche et plus magnifique sujet?

On ne m'accusera pas d'exagérer. Et comment exagérer quand on parle de Rome? Et encore je n'ai rien dit de la beauté du climat, qui les dispensait d'enfermer dans des prisons l'allégresse publique; de ces spectacles superbes étalés en plein air, et dont un soleil pur et un beau ciel auraient pu faire l'ornement et la décoration.

Vous n'aviez aucune de ces richesses, Monsieur; comme Français, je l'avoue à regret : mais si l'on ne sent pas dans votre poëme l'inspiration d'un sujet heureux, on y reconnaît souvent celle du talent, et toujours celle de l'amour de la patrie, pour qui, vous le savez, Monsieur, comme il n'est point de climats affreux, il n'est pas de coutumes barbares. D'ailleurs, aux beautés nationales et locales, vous avez substitué des peintures intéressantes en tout temps et en tout lieu : les grands spectacles de la nature, les phénomènes des saisons. En parcourant les campagnes que vous peignez avec intérêt, vous saisissez, vous consacrez les traces de la bienfaisance touchante qui va surprendre l'indigence sous le chaume[1]; et, dans la peinture que vous en faites, le public a reconnu avec plaisir les traits de la personne auguste[2] qui honore cette assemblée de sa présence, et dont je n'aurais osé blesser la modestie, si l'éloge que vous avez fait de son cœur ne faisait celui de vos talents.

Dans les éloges que vous êtes condamné à entendre de moi, je ne suis que l'écho des gens de lettres : ce sont eux encore qui reconnaissent dans vos beaux vers un caractère original, et surtout une heureuse rapidité, qualité si rare et si essentielle à la poésie, qui doit toujours s'élancer et jamais s'appesantir. Telle qu'elle nous représente ces divinités fabuleuses qui, dans leur marche aérienne et légère, semblaient ne point toucher la terre, telle elle doit être elle-même; ou, si vous me permettez une comparaison qui vous

---

[1] Allusion à un épisode du poëme des *Fastes*.
[2] Madame la duchesse d'Orléans.

soit moins étrangère, j'appliquerai à la poésie en général, et à la
vôtre en particulier, ce vers charmant de votre poëme des *Fastes :*

Même quand l'oiseau marche, on sent qu'il a des ailes.

A vos titres littéraires, vous en avez joint de plus intéressants
encore : ce sont vos qualités personnelles ; ces vertus domestiques
qui restent cachées tant que le talent demeure obscur, mais que
la réputation littéraire éclaire tout à coup et décèle au public ; qui
réfléchissent sur les talents je ne sais quel éclat plus doux, préparent plus sûrement ses triomphes, les font chérir à la rivalité et
pardonner même à l'envie.

On a aimé dans vous jusqu'à cette franchise d'un écrivain de bonne
foi, qui, sans blesser la vanité des autres, leur laisse apercevoir le
sentiment qu'il a de ses propres forces : franchise bien supérieure à
cet amour-propre timide et honteux qui, craignant de se laisser pénétrer, garde un dépit secret à quiconque ne vient pas au-devant
de lui, et ne le dispense pas de sortir de son adroite obscurité.

Cette manière de penser et de sentir vient de se montrer encore
dans le beau discours que nous venons d'entendre. Comme homme
de lettres, vous y avez parlé avec noblesse de vous-même ; comme
ami de l'humanité, vous y avez parlé avec intérêt et attendrissement de la perte qui vient d'affliger toute l'Europe. Permettez que
je joigne mes regrets aux vôtres ; votre triomphe n'en peut être ni
obscurci ni attristé. La douleur qu'inspire la mort des grands
hommes, et Marie-Thérèse en est un, est toujours mêlée de quelque
chose de consolant. Au sentiment de leur perte se joint celui de
leur gloire. C'est du milieu de cette nuit de deuil que se lève l'aurore de leur immortalité. Les Français, d'ailleurs, ont un motif
particulier de consolation : nos yeux, après s'être reposés avec attendrissement sur le tombeau de Marie-Thérèse, se reportent avec
plaisir sur ce trône où sa plus noble et sa plus fidèle image brille
des graces réunies de la jeunesse, de la beauté et de la bienfaisance. Un membre de cette compagnie[1], également distingué par
son rang et par ses qualités personnelles, a porté avec noblesse et
avec dignité au pied de ce trône le tribut de nos regrets ; une voix
éloquente, sortie de cette même Académie, va bientôt, au pied des
autels, rendre à ces mânes augustes un hommage plus solennel.
Entre ces deux éloges, s'il en était un qu'on pût placer avantageu-

[1] M. le prince de Beauvau.

sement, ce seraient ces paroles mémorables d'un roi [1] qu'on reconnaîtra aisément : « Elle fut, écrivait-il, la gloire du trône et de » son sexe; je lui ai fait la guerre, mais je n'ai jamais été son » ennemi. »

Ce peu de mots sur une grande reine, écrits par un grand roi à un philosophe célèbre, et si intéressants à recueillir, parceque c'est faire l'éloge de tous trois, ne seront pas sans doute la moins éloquente des oraisons funèbres de l'impératrice-reine.

[1] Frédéric-le-Grand.

RÉPONSE
DE M. DELILLE,
DIRECTEUR DE L'ACADÉMIE FRANÇAISE,

AU DISCOURS DE M. LE COMTE DE TRESSAN.

(25 janvier 1781.)

Monsieur,

Le tribut d'éloge que vous avez payé à la mémoire de M. l'abbé de Condillac me dispenserait de rien ajouter à ce que vous en avez dit, si mon devoir et mon inclination ne m'avertissaient également de jeter aussi quelques fleurs sur son tombeau. Vous ne regrettez qu'un homme de lettres, et je regrette un confrère.

M. de Condillac orna d'un style noble, clair et précis, différents objets de la métaphysique, cette science à la fois si vaste et si bornée; si vaste par son objet, si bornée par les limites prescrites à la raison. Placée entre les mystères augustes de la religion et les mystères impénétrables de la nature, entre ce qu'il est ordonné de croire et ce qu'il est impossible de connaître, elle peut creuser dans ce champ si étroit, mais elle ne peut l'élargir.

Abandonnés, par leur religion, à toute la liberté de leurs rêveries philosophiques, les anciens, si admirables d'ailleurs en morale et en politique, ne nous ont guère transmis, dans leur métaphysique, que des absurdités, qui, pour l'honneur de la raison, devraient être dans un profond oubli; mais qu'un respect curieux pour tout ce qu'a pensé l'antiquité a condamnées à rester immortelles.

Et cependant telle est la destinée des anciens, que dans presque tous les arts, presque toutes les sciences, les modernes se sont appuyés sur eux : ils n'ont pas achevé tous les édifices des arts, mais ils ont posé les fondements de tous ; et le système de Locke n'est, comme on le sait, qu'un développement très neuf d'un axiome très ancien, que rien n'existe dans la pensée qu'il n'ait passé par les sens. C'est ce même axiome que M. l'abbé de Condillac a développé d'une manière encore plus lumineuse, en reprenant, où Locke les avait laissées, des idées dont il semblait avoir méconnu la fécondité, comme on voit dans les mines un ouvrier habile re-

venir sur les traces des premiers travaux, et saisir une veine
abandonnée.

Tel est l'objet du beau *Traité des Connaissances humaines*, qui
plaça tout d'un coup M. l'abbé de Condillac au rang des philosophes les plus distingués. Je ne m'étendrai pas sur ses autres ouvrages, que vous avez si bien appréciés; je ne me laisserai pas même séduire par cet ingénieux *Traité des Sensations*, dont il dut l'heureuse idée à une femme, et qui réunit à l'intérêt de la vérité le charme de la fiction; mais je ne puis ne pas m'arrêter avec plaisir sur le moment où M. l'abbé de Condillac fut appelé sur un théâtre plus digne de ses vertus et de ses lumières, par le choix qu'on fit de lui pour être l'instituteur de l'infant de Parme. On a vu des philosophes célèbres refuser des propositions semblables, avec des conditions plus honorables encore et plus flatteuses, et défendre, contre la promesse de la plus haute fortune et des plus grands honneurs, leur repos honorable et leur douce médiocrité[1].

L'abbé de Condillac n'avait pas les mêmes raisons de refus. Il s'agissait d'un enfant du sang de France; et le philosophe, en acceptant, fut encore citoyen. Eh! qui convenait mieux à cette place que celui qui avait étudié si profondément l'esprit humain? Mais il ne s'agissait plus de ces brillantes hypothèses, de cette statue animée par une ingénieuse fiction; il s'agissait de former un enfant royal; il fallait épier, saisir, au moment de leur naissance, chacune de ses pensées, d'où devait dépendre un jour le sort de l'état; les diriger, les épurer; et, pour achever cette grande création, allumer dans cette âme un feu vraiment céleste, l'amour du bien public.

Lorsqu'on a dit d'un écrivain : Il fut grand orateur, grand poëte, grand philosophe; le public entend dire encore avec plaisir : Il fut simple et bon. Tel fut M. l'abbé de Condillac. Pour le regretter autant qu'il mérite de l'être, il ne suffit pas d'avoir lu ses ouvrages, il faut avoir connu ses amis, ou l'avoir connu lui-même. Il fut pleuré... Qu'ajouterai-je à ce mot?

Le public vous voit avec plaisir, Monsieur, prendre ici la place de cet illustre académicien. Votre nom et votre rang ajoutent un nouveau lustre à vos talents; et vos talents rendaient votre nom et votre rang inutiles.

Aux dons de la nature, vous avez ajouté ce goût exquis, per-

---

[1] D'Alembert venait de préférer son repos littéraire au tumulte des cours, en refusant de se rendre à Pétersbourg pour y présider à l'éducation de l'héritier du trône de Russie.

fectionné par le commerce des sociétés les plus brillantes, dont vous-même avez été l'ornement. On sait combien les agréments de votre esprit ont embelli cette célèbre cour du feu roi de Pologne, composée des hommes et des femmes les plus distingués par la naissance, les graces, le génie; et qu'Auguste, maître du monde, eût enviée à Stanislas détrôné.

Depuis long-temps vous vivez dans une retraite philosophique, où les lettres font votre bonheur et votre gloire. Il semble qu'elles veuillent vous payer aujourd'hui les heures que, dans vos plus belles années, vous avez dérobées pour elles aux plaisirs de la jeunesse et au tumulte des cours. Permettez-moi seulement de remarquer une chose très nouvelle, dans ce partage que vous leur avez fait de votre vie. Dans votre jeunesse, vous vous êtes occupé de choses sérieuses ; et de savants mémoires sur quelques objets de la physique vous ont mérité l'adoption de l'Académie des sciences. Dans un âge plus avancé, vous vous êtes livré aux brillantes féeries des romans et aux enchantements de la poésie. Digne rival des Chaulieu, des La Fare, de ce Saint-Aulaire qui composa à quatre-vingts ans quelques vers qui l'ont immortalisé (car, dans le plus petit genre, la perfection immortalise), successeur de ces hommes aimables dans la célèbre société du Temple, vous avez hérité non-seulement de leurs graces et de leur urbanité, mais encore de l'art heureux de tromper, comme eux, les ennuis de l'âge par le prestige dont vous entoure votre génie aimable et facile. Le talent le plus jeune vous envierait la fécondité de votre plume élégante ; et ce que vous appelez votre vieillesse (car ce mot semble ne devoir jamais être fait pour vous) ressemble à ces beaux jours d'hiver, si brillants mais si rares, dont la plus belle saison serait jalouse.

Peut-être tous ceux qui ne cultivent les lettres que comme un moyen de bonheur devraient-ils vous imiter ; peut-être faudrait-il que nos études, au lieu de suivre l'impression et le caractère de l'âge, luttassent contre son impulsion ; que comme vous, Monsieur, on opposât des méditations sérieuses et profondes à la bouillante effervescence et aux dangereuses erreurs de la jeunesse ; que, comme vous, on égayât, des fleurs de la littérature la plus aimable, ce déclin de l'âge, où la raison chagrine ternit et décolore nos idées ; et que par ce moyen on retînt, du moins le plus long-temps qu'il serait possible, les douces illusions qui s'envolent. Mais pour cela, Monsieur, il faudrait et ce fonds de raison qui vous a distingué de si bonne heure, et cette tournure d'imagination toujours jeune, toujours fraîche, qui, n'en déplaise à tous les romans possibles, est la véritable fée, la véritable enchanteresse. C'est par elle que vous avez rajeuni nos anciens contes de chevalerie; ils ont acquis plus de goût et d'élégance, et n'ont presque rien perdu de leur antique naïveté.

On dit que nos anciens paladins, revenus de leurs expéditions valeureuses, dans l'oisiveté de leurs châteaux, se faisaient conter les exploits des braves les plus célèbres. Vous avez mieux fait encore, Monsieur : dans la paix de votre retraite, vous avez célébré vous-même les exploits de ces anciens héros de notre chevalerie, à laquelle vous appartenez par votre naissance. C'est par ce même attrait sans doute que vous avez traduit le charmant poëme de l'Arioste, archives immortelles de ces nobles extravagances de la bravoure chevaleresque, qui depuis, corrigée par le ridicule, et réduite à son juste degré, est devenue le véritable caractère de la valeur française. Au reste, Monsieur, cet esprit de chevalerie que nous croyons si moderne, peut-être remonte-t-il plus haut qu'on ne pense. Il me semble que la Grèce eut aussi et ses paladins et ses troubadours. Hercule, Pirithoüs, Thésée allaient aussi cherchant les aventures, exterminant les monstres, offrant leurs bras et leurs vœux à la beauté ; et Homère allait chantant ses vers de ville en ville. Enfin rien ne ressemble plus à l'héroïsme d'Homère que l'héroïsme du Tasse ; car votre Arioste, Monsieur, a chanté sur un autre ton, ou, pour mieux dire, sur d'autres tons : en effet, il les a tous.

Vous savez que lorsque son poëme parut, quelqu'un lui demanda où il avait pris toutes ces folies. Vous, Monsieur, qui l'avez reproduit dans notre langue, vous lui avez plus d'une fois demandé où il avait pris ce génie si souple et si facile qui parcourt, sans disparates, les tons les plus opposés ; qui, par un genre de plaisanterie nouveau, ne relève les objets que pour mieux les abaisser ; de l'expression sublime descend subitement, mais sans secousse, à l'expression familière, pour causer au lecteur, tout-à-coup désabusé, la plus agréable surprise ; se joue du sublime, du pathétique, de son sujet, de son lecteur ; commence mille illusions qu'il détruit aussitôt ; fait succéder le rire aux larmes, cache la gaieté sous le sérieux, et la raison sous la folie; espèce de tromperie ingénieuse et nouvelle, ajoutée aux mensonges riants de la poésie.

Il semble que le peu d'importance qu'il paraît attacher à toutes ces imaginations aurait dû désarmer la critique : cependant, à ce poëte si peu sérieux, même quand il paraît l'être le plus, elle a très sérieusement reproché le désordre de son plan. Vous savez mieux que personne, Monsieur, combien ce désordre est piquant, combien il a fallu d'art pour rompre et relier tous ces fils; pour faire démêler au lecteur cette trame, comme il le dit lui-même, d'événements entrelacés les uns dans les autres; pour l'arrêter au moment le plus intéressant, sans le rebuter ; et, ce qui est le comble de l'adresse, entretenir toujours une curiosité toujours trompée.

Vous vous rappelez la fameuse querelle des anciens et des modernes. Connaissez-vous un auteur qui eût pu mettre un plus grand poids dans la balance ? Les modernes, qu'on opposait aux anciens, doivent aux anciens mêmes une partie de leur force. L'Arioste seul, vraiment original, pouvait lutter contre eux avec ses propres armes ; et ces armes, comme celles de ses héros, étaient enchantées.

Laissons à l'Italie cet éternel procès de la prééminence du Tasse et de l'Arioste, qui amuse la vanité nationale; leurs genres sont trop différents pour être comparés. Admirons la beauté noble, régulière et majestueuse de la poésie du Tasse; adorons les caprices charmants, le désordre aimable et l'irrégularité piquante de la muse de l'Arioste. Une seule chose les rapproche : c'est le plaisir avec lequel on les lit, même dans les traductions les plus faibles, où pourtant l'Arioste avait, quoique sous la même plume, perdu beaucoup plus que le Tasse ; car quel style parmi les modernes égale celui de l'Arioste ? Vous l'avez vengé, Monsieur, de l'infidélité de ses premiers traducteurs ; et je vous dirais volontiers, en style de chevalerie : « Vous avez redressé les torts de vos prédécesseurs. »

Cependant je vous crois déjà trop de dévouement à la gloire de l'Académie, pour exiger que j'établisse votre supériorité aux dépens d'un homme estimable dont le nom est sûr sa liste. L'ouvrage de M. de Mirabaud se lit avec intérêt, et, pour tout dire en un mot, il a traduit un roman : vous avez traduit un poëme.

Quelle obligation n'avons-nous donc pas, Monsieur, à votre vie retirée et paisible, puisqu'elle nous a valu des ouvrages aussi aimables ! Combien vous devez la chérir vous-même, puisqu'elle a tant contribué à votre gloire ! Cependant, Monsieur, je ne puis m'empêcher de faire contre elle quelques vœux, non en faveur d'un monde souvent frivole, qui ne vous offrirait aucun dédommagement des vrais plaisirs que vous auriez perdus, mais en faveur de l'Académie qui vous adopte : vous voyez qu'on s'y occupe de tout ce que vous aimez. Quittez donc quelquefois votre asile pour elle, et vous croirez ne l'avoir pas quitté

LETTRE

A L'ABBÉ BARTHÉLEMY,

A L'OCCASION

DU VOYAGE D'ANACHARSIS.

Si vous ne deviez pas, Monsieur, être dégoûté d'éloges, je vous dirais que votre ouvrage m'a paru effrayant d'érudition et de connaissances, comme il m'a paru enchanteur de style et d'exécution. Avant vous, on n'avait jamais imaginé qu'aucun ouvrage pût dispenser de lire Platon, Xénophon, tous les historiens et tous les philosophes de la Grèce. Votre ouvrage, le plus beau résultat des plus profondes lectures, tient lieu de tout cela ; et un littérateur peu fortuné avait raison de dire que votre livre est une véritable économie. Il était impossible de faire de toutes ces idées et de toutes ces pensées une masse plus brillante et plus solide ; et votre ouvrage m'a rappelé ce métal de Corinthe, composé de tous les métaux, et plus précieux qu'eux tous. C'est le génie qui a fondu tout cela.

Ces Grecs, qui savent à peine s'ils ont eu des aïeux illustres, seraient un peu étonnés si on leur disait qu'un étranger a passé trente ans de sa vie à faire leur intéressante généalogie, et a découvert les titres de leur gloire nationale.

On ne peut rien ajouter aux charmes de vos descriptions. Le plus grand poëte de la Grèce, cet homme dont vous avez si dignement parlé, passait pour le premier de ses historiens ; et son nouvel historien aurait, comme Platon, passé pour un de ses plus grands poëtes, si une action dramatique, des caractères bien soutenus, des images brillantes, sont de la poésie.

Les villes de la Grèce regardaient comme un titre de gloire d'être nommées dans les poëmes de celui dont elles se disputaient le berceau. Jugez, Monsieur, si moi, qui occupe dans l'empire des lettres un si petit coin, je dois être fier de trouver mon nom dans votre magnifique ouvrage ! Il est intéressant pour toutes les classes de lecteurs ; mais il acquiert un nouveau degré d'intérêt pour ceux qui ont vu les scènes des grands événements que vous décrivez. Vous avez vu les lieux mêmes aussi bien que les voyageurs les plus attentifs. En revenant d'Athènes, je m'étais flatté un moment d'être consulté par vous; je fus agréablement surpris d'être instruit par vous-même de tout ce que j'avais vu. On dit que l'Académie d'Athènes va être associée à celle de Paris; je rends graces à celui par qui va s'opérer cette confraternité : il sait combien je me tiendrai honoré de la sienne, et l'inviolable attachement que je lui ai voué.

FIN.

TABLE DES MATIÈRES
CONTENUES DANS LE SECOND VOLUME

Les Trois Règnes. — Discours préliminaire. 1
    Chant I. 13
    — II. 31
    — III. 45
    — IV. 59
    — V. 81
    — VI. 95
    — VII. 118
    — VIII. 145
    Notes. 163
La Conversation. — Préface. 195
    Prologue. 205
    Chant I. 212
    — II. 234
    — III. 255
Les Géorgiques. — Discours préliminaire. 275
    Livre I. 307
    — II. 322
    — III. 339
    — IV. 355
    Notes. 372
Poésies fugitives. — Fragments d'une ode adressée à Le Franc de Pompignan. 381
    Ode à M. le premier président Molé. 382
    — A la Bienfaisance. 386
    Epître sur les ressources qu'offre la culture des arts et des lettres. 390
    — A M. Laurent. 395
    — Sur l'utilité de la retraite pour les gens de lettres. . 403
    — Sur les voyages. 407
    — Sur le luxe. 422
    — Sur les vers de société. 428
    A madame de ***, sur le gain d'un procès. 431

TABLE DES MATIÈRES.

A M. Turgot.	432
A mademoiselle de B***.	433
Vers à madame la comtesse de B***, sur son jardin d'A***.	435
Imitation de Sapho.	436
Le ruisseau de la Malmaison.	ib.
Cromwell à Christine, reine de Suède, traduit du latin de Milton.	437
Vers à madame Roux.	438
— Pour le portrait de l'abbé Caron.	440
A M. de Boufflers.	ib.
A madame la comtesse Potocka.	443
Vers pour le jardin de madame d'Houdetot.	ib.
— Sur le portrait de mademoiselle La Faulotte	444
— A M. Charles Lacretelle.	445
A M. le marquis d'Étampes.	446
Au même.	ib.
Vers à l'auteur des Amours épiques.	447
A M. le comte Belozoski.	448
A M. Danloux, peintre.	ib.
A un aimable goutteux.	449
Traduction d'un fragment de l'Othello de Shakspeare.	ib.
Couplets demandés par des jeunes gens de Saint-Dié.	451
Parallèle de la Bienfaisance et de la Reconnaissance.	452
Enigme traduite de l'anglais.	455
A M. de C***, Polonais.	457
A la princesse Augusta de Brunswick.	458
A madame la princesse Jablonowska.	ib.
A M. L'Œillart-d'Avrigny.	460
A madame et mademoiselle Vaillant de Brule.	461
Inscription en vers pour Moulin-Joli.	462
Traduction de l'épître de Pope au docteur Arbuthnot.	463
Réponse à une lettre de M d'Étampes.	475
Épître à la célèbre mademoiselle ***.	476
— A M. de Brule.	477
Dithyrambe sur l'immortalité de l'ame.	478
Épître à madame la duchesse de Devonshire.	484
Passage du Saint-Gothard	487
Vers adressés à madame Lebrun.	490
Épître à deux enfants voyageurs.	491
Inscription pour la statue de Louis XV à Reims.	507
Vers à M. Turgot.	508
Réponse impromptu à cette question: Que faut-il pour être heureux?	ib.

TABLE DES MATIÈRES. 579

Vers pour M. le comte de Tressan.	508
— Sur S. S. Pie VI.	509
— A une jeune personne.	ib.
—. Pour deux jeunes personnes d'Amiens.	ib.
— Pour le portrait de Buffon.	ib.
— Envoyés à M. Delille.	510
Réponse.	ib.
A madame la comtesse Potocka.	ib.
A madame Lebrun.	511
Vers pour le portrait de M. et madame d'Étampes.	ib.
A mademoiselle Joséphine Sauvage.	ib.
A madame de Vannoz.	512
A madame la marquise de Pyvant.	ib.
Vers faits dans le jardin de madame de P***.	ib.
A M. Lebel.	ib.
Vers pour le portrait de mademoiselle Dilette.	513
Inscription pour le tombeau de M. de La Tour-du-Pin.	ib.
Imitation de quelques vers du poëme des JARDINS.	ib.
Réponse.	514
Vers adressés à M. Delille dans un dîner.	ib.
A M. Coriolis.	ib.
A madame de Boufflers.	515
A M. Lesueur.	ib.
Inscription pour le tombeau de Dureau de La Malle.	ib.
Les adieux du vieillard.	516
A M. Alissan de Chazet.	518
Discours sur l'éducation.	519
Discours de réception à l'Académie française.	539
Réponse de M. l'abbé de Radonvilliers au discours de M. Delille.	558
Réponse de M. Delille au discours de M. Lemierre.	563
Réponse de M. Delille au discours de M. de Tressan.	570
Lettre à M. l'abbé Barthélemy.	575

FIN DE LA TABLE.